D1830124

अभ्युत्थानम्

प्रथम विदेशी आक्रमण, जनपदों का प्रतिकार। क्षात्र, श्रम, ब्रह्म और अर्थ शक्ति तथा नागरिकों के बल पर सुदृढ़ एकीकृत राष्ट्र का निर्माण

अभ्युत्थानम्

अजीत प्रताप सिंह

वाणी प्रकाशन

प्रकाशन के उत्कृष्टतम 61 वर्ष

vaniprakashan.com

पेपरबैक पहला संस्करण : 2023
पेपरबैक दूसरा संस्करण : 2024

वाणी प्रकाशन
4695, 21-ए, दरियागंज, नयी दिल्ली-110 002
फ़ोन : +91 11 23273167, 23275710

शाखाएँ

अशोक राजपथ, पटना-800 004, बिहार
कॉफ़ी हाउस कैम्पस, महात्मा गांधी मार्ग, प्रयागराज-211 001, उत्तर प्रदेश
महात्मा गांधी अन्तरराष्ट्रीय हिन्दी विश्वविद्यालय, वर्धा-442 001, महाराष्ट्र
36/ए, शेक्सपियर सरणी, रानी बिरला गर्ल्स कॉलेज के पास, कोलकाता-700 017, प. बंगाल
sales@vaniprakashan.in
vaniprakashan@gmail.com

Abhyutthanam
by Ajeet Pratap Singh

ISBN : 978-93-5775-000-4
Novel

© अजीत प्रताप सिंह

मूल्य : ₹ 699

इस पुस्तक के किसी भी अंश को किसी भी माध्यम में उपयोग
करने के लिए प्रकाशक से लिखित अनुमति लेना अनिवार्य है।

जी.एस. ऑफसेट द्वारा दिल्ली-110 095 में मुद्रित

वाणी प्रकाशन का लोगो मक़बूल फ़िदा हुसेन की कूची से

समर्पित

जनार्दन को,
जो मेरा ईश्वर भी है,
और मेरे पिता भी

(1)

शीत ऋतु की किसी सुहावनी दोपहर प्रधानामात्य शकटार अपने घर के विशाल आँगन में धूप का आनन्द लेते हुए आसन पर बैठे राज्य से सम्बन्धित कुछ पत्र पढ़ रहे थे। जिन पत्रों को सही पाते, उन पर अपनी शासकीय मुद्रा लगाकर एक ओर रख देते। जिन्हें सही नहीं पाते, उन्हें सुधार के लिए सम्बन्धित विभाग में भेजने के लिए चिह्नित कर दूसरी ओर रख देते। इस कार्य में उनके दो बड़े पुत्र उनकी सहायता कर रहे थे। थोड़े छोटे तीन अन्य पुत्र निकट ही बैठे अपने गुरु का दिया पाठ दोहरा रहे थे और सबसे छोटे दो पुत्र सामने मैदान में लकड़ी की तलवार लिए खेल रहे थे। शकटार अपना कार्य करते-करते बीच-बीच में अपने सातों पुत्रों को देख मुस्कुरा उठते और मन-ही-मन ईश्वर को धन्यवाद देते कि उसने उन्हें ऐसे पुत्र दिये हैं जो उनके वंश और आगे चलकर राज्य के सुनाम में वृद्धि करेंगे।

एक प्रतिहारी ने सूचना दी कि आर्य चणक पधार रहे हैं और प्रधानामात्य के दर्शन की अभिलाषा रखते हैं। शकटार सोच में पड़ गये कि आर्य चणक का स्वागत किस भाँति किया जाये। यदि यह राजकीय भेंट है तो उन्हें अमात्यों के प्रधान होने की गरिमा के अनुरूप राजकीय मर्यादानुसार यहीं बैठकर उनकी प्रतीक्षा करनी चाहिए, परन्तु यदि यह अनौपचारिक भेंट है तो उन्हें स्वयं आगे बढ़कर तक्षशिला विश्वविद्यालय के अपने वरिष्ठ गुरुभाई, ब्राह्मणश्रेष्ठ चणक का स्वागत करना चाहिए। शकटार यह सब सोचते ही रह गये कि उनका बड़ा पुत्र आयुष्मान मदन उठा और आर्य चणक को ससम्मान लिवा लाया।

तथागत बुद्ध को इहलोक से विदा हुए कुछ दशक हो चुके थे। यूँ तो भारतभूमि संस्कृति के आधार पर एक राष्ट्र चिरकाल से रहा था, परन्तु वह कई छोटे-बड़े राज्यों में विभाजित था। समय-समय पर किसी एक राज्य या एक वंश का प्रभाव पूरे राष्ट्र पर पड़ता आया था। वर्तमान काल मगध-काल था। गान्धार, सौराष्ट्र, काशी, कौशल, नेपाल, मालव इत्यादि राज्यों में मगध की एक अलग ही आभा थी। गान्धार राज्य में स्थित तक्षशिला नामक विश्वविद्यालय से उत्तीर्ण अधिकांश स्नातकों का एक बड़ा प्रतिशत मगध राज्य में नियुक्त होता था। मगध इन स्नातकों का सबसे बड़ा नियोक्ता था।

मगध पर वर्तमान में महापद्मनन्द का शासन था। उस समय राष्ट्र के अनेक राज्यों में गणतन्त्र आधारित शासन था, परन्तु कई राज्य ऐसे थे जहाँ राजतन्त्र निर्बाध रूप से चल रहा था और कदाचित् उन राज्यों के लिए यही व्यवस्था उचित भी थी। राजा सर्वोपरि अवश्य होता था, पर वह मन्त्रिमण्डल के परामर्श पर ही व्यवस्था देता था। मगध में राजतन्त्र था। महापद्मनन्द एक न्यायी राजा थे, जिनके मन्त्रिमण्डल में प्रधानामात्य शकटार थे, बौद्ध अनुयायी महान प्रतिभा के धनी राक्षस थे, तक्षशिला में आचार्य रह चुके चणक के कन्धों पर राज्य की शिक्षा-व्यवस्था का भार था और नेपाल की तराई के पिप्पलि-कानन[1] के मौरिय क्षत्रियों के नेता मौर्य मागधी सेना के प्रधान सेनापति थे।

शकटार और चणक ने एक-दूसरे को प्रणाम किया। चणक को आसन ग्रहण करवाने के पश्चात् शकटार बोले, "आर्य, स्वागत में विलम्ब हेतु क्षमा चाहता हूँ। मैं द्वन्द्व में था कि अमात्य चणक का स्वागत करूँ या सहपाठी एवं मित्र चणक का? अस्तु, यह समस्या तो पुत्र मदन ने हल कर दी, परन्तु प्रश्न अभी भी वही है कि मैं किसकी संगत का लाभ लेने वाला हूँ, मन्त्री का या मित्र का?"

चणक अपनी जंघा पर हथेली पटककर सस्वर हँसते हुए बोले, "प्रधानामात्य होकर तुम्हारी बुद्धि बहुत सतर्कता का व्यवहार करने लगी है, शकटार। सामान्य-सी बात में भी इतना किन्तु-परन्तु सोच डाला तुमने। चणक तुम्हारा मित्र भी है और राज्य का एक अमात्य भी। जब वह एक ही होकर दो भूमिकाएँ साथ निभा सकता है तो यहाँ उन दोनों भूमिकाओं के साथ तुमसे मिल क्यों नहीं सकता?" अपने आपपास देखकर, तनिक रुककर चणक फिर बोले, "अच्छा, अपने सभी पुत्रों से कहो कि कहीं और जाकर खेलें। अपरिपक्व मस्तिष्क से हम बड़ों की बातें सुनेंगे तो कुछ का कुछ समझेंगे।"

---

[1] उत्तरी बिहार

सभी पुत्रों ने शकटार को देखा और नेत्रों से ही आज्ञा पाकर भीतर चले गये। उनके जाते ही आर्य चणक के चेहरे पर गाम्भीर्य छा गया। हथेली से अपना माथा रगड़ते हुए बोले, "शकटार, देश का भविष्य अन्धकार मय दिखने लगा है।"

"हैं! ऐसा क्या हुआ?"

"स्त्री मोह! पुत्र मोह! क्या तुम्हें 'महाभारत' की कथा याद है? किस प्रकार स्त्री मोह में आकर शान्तनु जैसे धर्मात्मा राजा के हाथों अनजाने ही एक अपराध हो गया था, जिसके कारण सत्ता योग्य व्यक्ति को न मिलकर अयोग्यों को मिल गयी थी। पुत्र मोह ने नेत्रों से अन्धे धृतराष्ट्र के विवेक को भी अन्धा कर दिया था जिसकी परिणति युद्ध, कदाचित् प्रथम विश्वयुद्ध में हुई थी। महाराजाधिराज महापद्मनन्द भी अपनी छोटी रानी और उनसे उत्पन्न पुत्र के मोह में अन्धे हो रहे हैं।"

शकटार अचम्भित होकर बोले, "ऐसा क्या हुआ है, मन्त्रिवर?"

चणक तनिक क्षुब्ध होकर बोले, "जो मैं कहने जा रहा हूँ, मित्र समझकर उन कटु बातों को सह लेना, शकटार। तुम कैसे प्रधानामात्य हो? तुम्हें राज्य की आन्तरिक बातों के बारे में मुझसे अधिक ज्ञान होना चाहिए! अस्तु, महाराज की अवस्था जैसे-जैसे अधिक हो रही है, वे छोटी रानी में अधिक अनुरक्त हो रहे हैं। पति-पत्नी में अधिकाधिक प्रेम हो, कोई आपत्ति नहीं, पर इसका नक्षारात्मक प्रभाव शासन-व्यवस्था पर नहीं पड़ना चाहिए। महारानी को अपना तैल-चित्र बनवाना था। कदाचित् वे कलाकारों के समक्ष अपना मन्तव्य उचित रूप से रख न सकी या कलाकार ही उन्हें समझ नहीं सके। इसका परिणाम यह हुआ कि उन कलाकारों को तीन वर्ष के कारावास का दण्ड दे दिया गया।

"ऐसे ही राजकुमार नन्द को अपने महल में कुछ नारी मूर्तियों की आवश्यकता थी, नग्न वासनामयी नारी-मूर्तियों की। उन्होंने शिल्पियों को आदेश दिया। शिल्पकार या कलाकार क्या किसी की वासना-पूर्ति के लिए कला की रचना करते हैं? भारतभूमि के कलाकारों का अभी ऐसा पतन नहीं हुआ है! शिल्पियों ने ऐसी मूर्तियों को बनाने में अपनी असमर्थता व्यक्त कर दी। उन शिल्पियों को कशाघात सहने पड़े। महारानी का चित्रकारों के प्रति और राजकुमार का शिल्पकारों के प्रति द्वेष का यह परिणाम हुआ कि पूरे मगध के सभी कलाजीवियों पर इतिहास में प्रथम बार कर का निर्धारण किया गया है। क्या अब कलाकार भी राज्य को कर देंगे? यदि उनसे कर लिया गया तो क्या वे पूर्व की भाँति निःस्वार्थ भाव से राष्ट्र एवं धर्म की सेवा कर सकेंगे? क्या फिर कभी किसी कलाकार में यह साहस होगा कि वह किसी राजपुरुष की वासना की पूर्ति का साधन बनने से स्पष्ट मना कर दे? क्या वह ऐसी कला का निर्माण करना प्रारम्भ नहीं कर देगा, जिससे उसे निम्न, क्षुद्रजनों की वासना

को उभाड़ कर सरलता से मुद्रा संचय के अवसर प्राप्त हो सके? पावन-पवित्र भाव की जगह नकारात्मक भावों को उभारेगी ऐसी कला! ओह, यह धीमा विष है। इसे रोका जाना चाहिए!"

शकटार बहुत ध्यान से चणक की बातें सुन रहे थे। यह सब सुनकर उनके मन में यही आया कि चणक कुछ अधिक ही सोच रहे हैं। क्यों न हो, ब्राह्मण तो वैसे भी बुद्धिजीवी होता है। बुद्धि को ज्ञात-अज्ञात, सभाव्य-असम्भाव्य तर्कों में उलझाये रखना ही तो उसका मनोविनोद है। चणक द्वारा अपनी बात पूरी कर लेने पर वे बोले, "आर्य, आप राज्य और समाज के सम्बन्ध में कितना सोचते हैं? आपकी बातें निश्चित ही विचारणीय हैं। मैं इस सम्बन्ध में महाराज से अवश्य वार्ता करूँगा। प्रयास होगा कि कलाकारों पर लगे कर को पूर्णतः हटा लिया जाये। और यदि ऐसा सम्भव न हुआ तो उसे न्यूनतम तो कर ही लिया जाये।"

"धन्यवाद मित्र, परन्तु मेरा आशय मात्र कलाकारों पर लगा कर ही नहीं था, अपितु यह है कि महाराज पुत्रमोह में न पड़ें। राजकुमार नन्द पर विशेष ध्यान देने की आवश्यकता है। उनकी प्रवृत्ति धर्म में नहीं है।"

"जैसा आप कहें, आर्य। मैं ध्यान रखूँगा।"

×××

मौरिय वंश प्रमुख और मगध की सेना के प्रधान सेनापति मौर्य अपने कार्यालय में कम्बोज से क्रय किये गये अश्वों का लेखा-जोखा देख रहे थे। हल्की-सी आहट हुई तो उन्होंने पत्रों पर से अपना मुख उठाकर द्वार की ओर देखा। वहाँ उनका एक कनिष्ठ अधिकारी, पदाति सेना का प्रधान रन्धक एक अधेड़ नागरिक के साथ खड़ा था। रन्धक ने सैनिक रीत से सीने पर अपने दायें हाथ की मुठ्ठी बाँध मौर्य का अभिवादन किया और उनके सिर के हल्के-से संकेत द्वारा अनुमति पाकर कक्ष में प्रवेश किया। अधेड़ का परिचय करवाते हुए रन्धक बोला, "श्रीमान, इनका नाम कर्ण है। ये राज्य कर्मचारी हैं और इनका कार्य रात्रि में राजपथों पर लगे खम्भों के दीपकों में तेल डालना है। ये पिछले कुछ दिनों से अस्वस्थ थे, अत: सहायता हेतु अपनी चौदह वर्षीया पुत्री को साथ लेकर कार्य का निष्पादन कर रहे थे। श्रीमान, इनका कहना है कि कल मध्यरात्रि से कुछ पहले राजरथ से उतरकर किसी राजपुरुष ने इनकी पुत्री का बलात् हरण कर लिया।"

यह सुन कर मौर्य अचम्भित रह गये। मगध साम्राज्य की राजधानी में ऐसा कुछ हुआ, वह भी किसी राजपुरुष द्वारा, कैसी अनहोनी और कैसी लज्जाजनक बात थी! उन्होंने कर्ण को आसन ग्रहण करने का संकेत किया और रन्धक से बोले,

"तो तुम इन्हें यहाँ क्यों लाये हो? इन्हें तो उस क्षेत्र की चौकी के पास या नगरपाल के पास या न्यायमन्त्री के पास जाना चाहिए था, अथवा कंटकशोधन[1] में अपना निवेदन प्रस्तुत करना चाहिए था।"

रन्धक कुछ उत्तर देता, उससे पूर्व ही कर्ण अपने आसन से उठा और सेनापति के चरणों में गिर गया। रोते-रोते बोला, "प्रभु! मैं सबसे पहले चौकी ही गया था। उन्होंने अपराधी का नाम सुनकर मुझे दुत्कार दिया। फिर मैं उसी समय नगरपाल के घर गया। वे सो रहे थे, अतः मुझे प्रतीक्षा करने को कहा गया। जब वे उठे और मैंने इस घटना से उन्हें अवगत कराया तो उन्होंने कहा कि ऐसा होना असम्भव है। जिसे अपहरणकर्ता बताया जा रहा है, वह तो रात्रि के उस पहर स्वयं उनके ही साथ था। हे ईश्वर, मेरी बेटी का हरण हुआ और नगरपाल अपराधी को बचाने के लिए असत्य भाषण कर रहा है। फिर मैं न्यायमन्त्री के पास गया। उन्होंने भी मुझे झिड़क दिया कि नियमतः मुझे चौकी में आवेदन देना चाहिए, फिर नगरपाल उस पर कार्रवाई करेंगे। वे अपराध की सत्यता-असत्यता की जाँच करेंगे, फिर न्यायाधीश अपराधी को दण्ड देंगे। प्रभु! मेरी सुकुमार बच्ची! बारह घण्टे से अधिक हुआ अब। जाने वह किस स्थिति में होगी? जब मुझे कुछ समझ नहीं आया तो मुझे राज्य के सेनापति का ही ध्यान आया। मेरी सहायता करें प्रभु, मुझे मेरी बच्ची दिलवा दें।"

इतना सब सुनकर सेनापति मौर्य का चेहरा परितप्त हो उठा। राज्य की बालिका का हरण हुआ और राज्य कर्मचारियों ने इस प्रकार असहयोग किया! रक्तिम नेत्रों से उन्होंने रन्धक से कहा, "रन्धक, चौकी प्रभारी और नगरपाल को अभी इसी समय मेरे समक्ष उपस्थित करो। और नागरिक, आप मुझे बतायें। क्या आप अपराधी को पहचानते हैं? निःसंकोच कहें।"

"प्रभु! वह राजकुमार नन्द थे।"

"नन्द! ओह।" तनिक रुककर उन्होंने बाहर खड़े द्वारपाल को पुकारा और कर्ण को सम्बोधित करते हुए कहा, "नागरिक, आप अपने घर जाइए। यह सैनिक आपको सकुशल घर पहुँचा देगा। आप निश्चिन्त रहिए। आपकी पुत्री को ढूँढ़ निकालने का पूरा प्रयास किया जायेगा। राजकुमार नन्द यद्यपि अत्यन्त शक्तिशाली हैं, परन्तु यदि उन्होंने कोई अपराध किया है तो उन्हें उसका दण्ड अवश्य भुगतना होगा। यदि राज्य का आन्तरिक सुरक्षा दल नागरिकों की सुरक्षा नहीं कर सकता तो यह हम सैनिकों का कर्तव्य है कि वे इस उत्तरदायित्व का भी निर्वहन करें। मैं अभी अपने सैनिकों को आज्ञा देता हूँ कि वे नगर में फैल जायें और बालिका को खोज निकालें।

---

1 कंटकशोधन – फौजदारी न्यायालय, धर्मस्थीय - दीवानी न्यायालय

आप चलें, कुछ पता चलते ही मैं स्वयं या मेरा कोई सैनिक आपको सूचित करने आपके द्वार पर उपस्थित होगा।"

कर्ण के चले जाने के बाद रन्धक बोला, "श्रीमान, क्या हम सैनिकों का राज्य के नगरीय प्रशासन में हस्तक्षेप करना अनुचित नहीं है?"

मौर्य बोले, "अवश्य है। सैनिक का कर्तव्य राजा की आज्ञा मान राज्य की सीमाओं की सुरक्षा करना है। यदि सेना आन्तरिक राजनीति में हस्तक्षेप करे तो यह राज्य के लिए शुभ नहीं होगा, परन्तु मैं सैनिक होने से बहुत पहले एक क्षत्रिय हूँ। क्षत्रिय के सामने किसी विद्वान, गौ और नारी का अपमान हो और वह कुछ न कहे तो वह क्षत्रिय नहीं है। मैंने तुम्हें चौकी प्रमुख और नगरपाल को बुलाने का आदेश दिया था। जब वे आयें तो उन्हें मेरी तरफ़ से आदेश देना कि वे नागरिक कर्ण की पुत्री को कहीं से भी ढूँढ़कर निकालें। मैं प्रधानामात्य शकटार के पास जाता हूँ।"

×××

शकटार ने सेनापति मौर्य की बातें गम्भीरतापूर्वक सुनीं और चिन्तित होकर समक्ष बैठे सेनापति से बोले, "मौर्य, यह अत्यन्त गम्भीर बात है। एक लड़की का अपहरण हुआ और अपराधी नन्द को बताया जा रहा है। नन्द महाराज की प्रिय पत्नी के पुत्र हैं। कदाचित् इसीलिए उन्हें अनेकों मन्त्रियों एवं राज सचिवों का समर्थन प्राप्त है। कहना तो नहीं चाहिए, पर अमात्यमण्डल के कई शूद्र वर्ण के मन्त्रियों का उनके प्रति विशेष झुकाव है। मेरे और चणक के विरोधी भी उनके साथ हैं। आपने बताया कि नगरपाल ने उस अभागे नागरिक से कहा कि रात्रि में नन्द उनके साथ थे। मात्र यह कूटसाक्ष्य ही नन्द को निरपराधी सिद्ध करने के लिए पर्याप्त है। यदि वह लड़की जीवित हो, तभी कोई आरोप सिद्ध हो पायेगा।"

सेनापति तनिक खिन्न होकर बोले, "तो क्या हम हाथ पर हाथ धरे बैठे रहें? यह क्या अनर्गल बात है कि कोई शूद्र है, कोई ब्राह्मण है! मगध के नागरिक के साथ एक दूसरे नागरिक ने आपराधिक कृत्य किया है। उसे उसका दण्ड मिलना ही चाहिए।"

शकटार भी तनिक उच्च स्वर में बोले, "सावधान मौर्य! मैं अन्याय का समर्थन नहीं कर रहा, राज्य और मन्त्रिमण्डल की वस्तुस्थिति बता रहा हूँ। आप सैनिक वृत्ति वाले हैं तो आपको बस दो ही पक्ष दिखते हैं। चाहते हैं कि बस इसी क्षण निर्णय हो जाये। मैं स्वयं यह बात महाराज की न्याय सभा में उठाऊँगा। आपको मन्त्रिमण्डल की स्थिति इसलिए बतायी कि आप वास्तविकता से परिचित हो जाएँ। नगरपाल बौद्ध है। मेरा विरोधी युवा मन्त्री राक्षस भी बौद्ध है।

महाराज की न्याय सभा में यह सब कारक प्रभाव डालेंगे। अस्तु, आपने अपने सैनिकों को आज्ञा दे ही रखी है, मैं भी नगर-रक्षकों को उस बालिका की खोज में भेजता हूँ और महाराज को न्यायसभा बुलाने के लिए पत्र लिखता हूँ। प्रधानामात्य यदि न्यायसभा की माँग करे तो परम्परानुसार महाराज को एक सप्ताह की सीमा के अन्दर न्यायसभा रखनी पड़ती है। ईश्वर से प्रार्थना करें कि वह बालिका सकुशल, जीवित मिल जाये अन्यथा हम कुछ नहीं कर सकेंगे।"

सेनापति ने सिर हिलाया और अनुमति प्राप्त कर चले गये। इधर शकटार ने स्वयं से कहा, 'हे ईश्वर, बालिका सकुशल हो। उसके जीवित होने में ही मगध का भला है। वह यदि मिल गयी तो राज्य का भविष्य इस अत्याचारी, कपटी नन्द से सुरक्षित रहेगा।'

×××

मगध के इतिहास में कदाचित् यह पहली बार हुआ था जब एक ऐसी न्यायसभा बैठी, जिसमें मुख्य अपराधी राजवंश से सम्बन्धित कोई व्यक्ति था। राजकुमार नन्द किसी सामान्य व्यक्ति की भाँति बिना किसी अलंकार और सुगन्धि के सामान्य वस्त्रों में सभा में उपस्थित थे। राज सिंहासन पर महाराज महापद्मनन्द विराजमान थे, परन्तु उनकी रानी और राजकुमार नन्द की माता इस सभा में अनुपस्थित थी। कदाचित् ऐसा इसलिए था कि न्याय करते समय कोई पक्षपात न हो। राजकुमार नन्द पर एक बालिका के अपहरण का अभियोग लगा था। सभा में उस बालिका के पिता नागरिक कर्ण एवं शकटार, चणक, राक्षस जैसे मन्त्रियों के साथ सेनापति मौर्य भी उपस्थित थे।

महाराज की आज्ञा के बाद सभा की कार्रवाई आरम्भ हुई। नागरिक कर्ण ने अपना अभियोग प्रस्तुत किया। इसके पश्चात् प्रधानामात्य शकटार उठे और अनुमति प्राप्त कर बोलना आरम्भ किया, "महाराज की जय हो। महाराज, इस महान राजवंश में आज तक कभी ऐसा नहीं हुआ कि किसी राजवंशी के ऊपर ऐसा अभियोग प्रस्तुत किया गया हो। महाराज, स्वयं आपने अपनी प्रजा पर सदैव पुत्रभाव रखा है। किसी वर्ण के प्रति किसी भी प्रकार का भेदभाव न रखना हमारे संविधान का मूल है। मगध का प्रत्येक नागरिक समान है, चाहे उसकी आर्थिक स्थिति कुछ भी हो, वह किसी भी वर्ण, लिंग अथवा कुल का हो। महाराज, नागरिक कर्ण का कहना है कि उनकी पुत्री का हरण राजकुमार नन्द ने किया है। राज्य की कानून व्यवस्था सँभालने वाले बल ने समय पर कार्रवाई नहीं की, जिसका परिणाम यह है कि उस बालिका के सम्बन्ध में आज चार दिन बाद भी कोई सूचना उपलब्ध नहीं है।

इससे यह तो सिद्ध होता ही है कि राजकुमार के दबाव के कारण ही राज्य-कर्मचारियों ने अपना कर्तव्य नहीं निभाया। यदि अपराधी स्वयं राजकुमार न रहे होते तो कदाचित् कर्मचारियों ने इतना अनुत्तरदायित्वपूर्ण चरित्र न दिखाया होता। एक चौदह-पन्द्रह वर्ष की बच्ची का यूँ राजपथ से अपहरण कर लिए जाने का एक ही अर्थ हो सकता है, उसके साथ यौन-अत्याचार। नारी जाति पर किसी पुरुष का यह सबसे भीषण अपराध है। वह अभी तक मिली नहीं है। ईश्वर न करे, पर सम्भावना तो यही लगती है कि कदाचित् वह जीवित ही न हो। यदि राज्य की नारियाँ सुरक्षित नहीं हैं तो यह निश्चित है कि राज्य की आयु कम हो रही है। महाराज, मेरी आपसे विनती है कि अपना कर्तव्य करने में असफल रहे इन कर्मचारियों को सज़ा दी जाये और मुख्य अपराधी को इतना कठोर दण्ड मिले कि यह जनता के समक्ष एक उदाहरण बने।"

शकटार की इन बातों को सुन महाराज तनिक विचलित अवश्य हुए थे। पुत्रमोह से जकड़े पिता के लिए पुत्र के विरुद्ध यह सब सुनना अत्यन्त हृदयविदारक था। अमात्य राक्षस महाराज महापद्मनन्द के चेहरे के उतार-चढ़ाव को पढ़ रहे थे। राक्षस खड़े हुए और अनुमति लेकर बोले, "महाराज की जय हो। महाराज! प्रधानामात्य का यह कहना सर्वथा उचित ही है कि जिस राज्य में नारी का सम्मान सुरक्षित नहीं, उस राज्य की आयु क्षीण होती है। परन्तु महाराज, प्रधानामात्य ने ही कहा कि हमारा संविधान लिंग आधारित भेदभाव नहीं करता। समानता तो यही कहती है कि यदि किसी नारी का अपमान न हो तो किसी पुरुष का भी अपमान न हो। किसी भी साक्ष्य के अभाव में किसी प्रतिष्ठित पुरुष पर इतना कुत्सित आरोप! वह भी राजवंश के व्यक्ति पर, स्वयं महाराज के पुत्र पर! राज्य के नागरिकों के मन में राजकुल के प्रति अविश्वास पैदा करने का कहीं षड्यंत्र तो नहीं यह? और इससे कलिंग, केकय, गान्धार से लेकर पारस तक क्या इस मगध राज्य का अपमान नहीं हो रहा है?" तनिक रुककर, महाराज एवं सभाजनों की ओर देख उनके हावभाव पढ़ अमात्य राक्षस पुनः बोले, "महाराज, राजकुमार की निर्दोषिता प्रमाणित करने के लिए नगरपाल का यह वक्तव्य ही पर्याप्त माना जाना चाहिए कि जिस समय की यह घटना बतायी जा रही है, उस समय तो राजकुमार नगरपाल के घर उनके अथिति बन रुके हुए थे, और नृत्य-संगीत की सभा के पश्चात् देर रात भोजन के बाद प्रायः भोर से तनिक पहले ही अपने निवास पर लौटे थे। अतः राजकुमार नन्द तो सर्वथा निर्दोष हैं ही। अब प्रश्न यह उठता है महाराज कि क्यों यह कुचक्र रचा गया? ब्राह्मण श्रेष्ठ प्रधानामात्य शकटार, ब्राह्मण-बुद्धिजीवी अमात्य चणक और क्षत्रिय-शिरोमणि सेनापति मौर्य क्यों इस मामले में इतनी रुचि ले रहे हैं? क्या यह इसलिए कि राजकुल में राजकुमार नन्द एक शूद्र रानी से उत्पन्न हैं और राज्य के

कई विभागों में ऊँचे पद पर आसीन हैं? क्या उनका किसी पद पर होना इन लोगों को रास नहीं आ रहा?"

सेनापति मौर्य से न रहा गया। कोई इतनी अनर्गल बात कर भी कैसे सकता है? झटके-से उठे और दहाड़ते हुए बोले, "राक्षस! आप भूल रहे हैं कि यह मगध का साम्राज्य है, उसकी न्यायसभा है। यहाँ वर्ण-भेद नहीं किया जाता। यदि ऐसा होता तो राज्य की जिस सेना का मैं सेनापति हूँ, उस सेना के कई विभागों के प्रमुख शूद्र न होते। राज्य के विभिन्न विभागों के सचिव शूद्र हैं, यहाँ उपस्थित मन्त्रियों में भी कई शूद्र वर्णा हैं। आपने यह अनर्गल बात कही कैसे? नागरिक कर्ण जिनकी पुत्री का हरण हुआ है, वह भी शूद्र हैं। क्या अब हम न्याय व्यवस्था में भी ब्राह्मण-शूद्र देखेंगे?"

क्रोध से फनफनाते सेनापति की ओर किंचित हास्य से देखकर राक्षस आगे बोले, "यदि आप बिना साक्ष्य के कुछ भी कह सकते हैं, तो यह सुविधा तो सभी को होनी चाहिए न, सेनापति? राजकुमार नन्द प्रजा के प्रिय हैं। वर्ण की समानता के चलते राजकुमार और बहुसंख्य प्रजा का परस्पर प्रेम सबको विदित ही है। इस प्रेम को समाप्त करने के लिए भी तो षड्यंत्र में एक शूद्र बालिका का प्रयोग किया गया हो सकता है। महाराज, जिस प्रकार उस बालिका के न मिलने पर राजकुमार नन्द पर बलात्कार और हत्या का आरोप प्रमाणित करने का प्रयास किया जा रहा है, वह भी मात्र सम्भावनाओं के आधार पर, और नगरपाल के वक्तव्य के बाद भी, तो क्या उसी तरह मैं भी एक सम्भावना व्यक्त नहीं कर सकता? वह लड़की नहीं मिली, इसका अर्थ यह भी तो हो सकता है कि जान-बूझकर एक भ्रम की स्थिति पैदा की गयी और लड़की को सकुशल राज्य के बाहर भेज दिया गया! महाराज, राजकुमार नन्द पर कोई दोष सिद्ध नहीं होता, अपितु वह एक षड्यंत्र के मेध[1] अवश्य प्रतीत होते हैं। अतः मेरी आपसे विनती है कि उन्हें आरोपमुक्त कर इस घटना की निष्पक्ष जाँच हेतु एक समिति का गठन किया जाये जो उस लड़की के अनुसंधान के अतिरिक्त, यदि कोई षड्यंत्र है, तो उसे सामने लाने का कार्य करें।"

चणक सहित कुछेक अन्य मन्त्रियों ने शकटार का साथ दिया, पर अधिकांश मन्त्री यह देख रहे थे कि उनका भला नन्द के समर्थन में हैं, अतः उनकी राय में यह मामला अनिर्णीत ही रहना चाहिए था। बालिका के पिता के वक्तव्य की काट में नगरपाल का वक्तव्य था। कोई साक्ष्य उपलब्ध नहीं तथा अन्य सभी कथन मात्र तार्किक सम्भावनाएँ थीं जो दोनों पक्षों को समान रूप से सन्तुष्ट कर रही थीं। सभी मन्त्रियों के मत जानने के बाद महाराज महापद्मनन्द ने कुछ देर मौन के

---

1 शिकार, victim

पश्चात् अपना निर्णय सुनाया, "न्यायसभा ने वादी और प्रतिवादी की बातें और उनके पक्ष में दिये गये तर्क सुने। एक बात तो स्पष्ट है कि राज्य कर्मचारियों से घोर प्रमाद हुआ है। अत: चौकी प्रभारी सहित चौकी पर उपस्थित सभी कर्मचारियों को निलम्बित किया जाता है। सेनापति मौर्य को आदेश दिया जाता है कि वे बालिका के अनुसंधान के लिए एक विशिष्ट दल का गठन करें, जिसे राज्य की ओर से असीमित अधिकार प्राप्त हों। उसे अधिकार होगा कि वह दल मुझ सहित किसी के भी महल, घर इत्यादि का निरीक्षण किसी भी समय कर सके तथा किसी भी व्यक्ति को अधिकतम दो दिन के लिए अन्वीक्षा हेतु बन्दी बना सके। प्रधानामात्य शकटार अमात्य राक्षस के साथ मिलकर एक समिति का गठन करें जो सम्भावित षड्यंत्र का पता लगाए। नागरिक कर्ण से यह राज्य क्षमा माँगता है। हमें ज्ञात हुआ है कि इन्होंने अपनी अस्वस्थता के कारण अपनी पुत्री को अपना सहयोगी बनाया था। नागरिक कर्ण को तत्काल सेवा से मुक्त किया जाता है, परन्तु उन्हें उनका करमुक्त वेतन आजीवन मिलेगा। राजकुमार नन्द पर आरोप लगा है। वे पूर्णत: दोषी सिद्ध नहीं हुए हैं, परन्तु पूर्णत: निर्दोष भी सिद्ध नहीं हुए हैं। अत: उन्हें पाँच वर्षों के लिए राजधानी पाटलिपुत्र से निष्कासित किया जाता है।"

×××

राजधानी पाटलिपुत्र से आया इन्द्रनील राजकुमार नन्द के भवन की अतिथिशाला में बहुत देर से बैठा अन्दर बुलाए ज़ाने की अथवा स्वयं नन्द के ही अतिथिशाला में उपस्थित होने की प्रतीक्षा कर रहा था। वह राजधानी से चलकर इस नगर में पिछली रात्रि ही पहुँच गया था, परन्तु उस समय राजकुमार किसी आपानगोष्ठी में व्यस्त थे, और उसके पश्चात् वे रात्रि विश्राम करने चले गये थे, अत: उसे प्रात: ही यहाँ उपस्थित होना पड़ा था। थोड़ी देर पश्चात् एक सेवक ने उसे सूचित किया कि नन्द ने उसे अपने भवन के बहि:प्रकोष्ठ में उपस्थित होने का आदेश दिया है।

इन्द्रनील एक उत्तम पीठमर्द[1] था, परन्तु लोभी स्वभाव का होने के कारण वह नन्द का अनुचर बन उसके लिए गुप्तचरी का कार्य करता था। नन्द का बहि:प्रकोष्ठ[2] देख समस्त कला मर्मज्ञ इन्द्रनील अत्यन्त प्रसन्न हुआ।

---

[1] शास्त्र तथा कलामर्मज्ञ, नागरिकों और वेश्याओं को उपदेश देकर जीवनयापन करने वाला धनहीन एकाकी नागरिक। वेश्याओं का शिक्षक।

[2] बाहरी वासगृह। आचार्य वात्स्यायन के अनुसार भवन के दो भाग होते हैं। बहि:प्रकोष्ठ और अंत:प्रकोष्ठ। आचार्य ने अंत:प्रकोष्ठ का वर्णन नहीं किया है, तथापि यह अंत:पुर अर्थात् रानियों, घर की औरतों का निवास है। बहि:प्रकोष्ठ नागरिक के रतिक्रिया का भवन होता है।

शयन हेतु शैया, निकट ही प्रणय हेतु एक दूसरी शैया, एक वेदिका जिस पर रात्रि उपभोग हेतु चन्दन-केसर के लेप, फूल, सुगन्धित चूर्ण, इत्र, मातुलुङ्ग की छाल और पान, भूमि पर पीकदान, ऊपर खूंटी पर लटकती वीणा, तनिक दूरी पर एक गोल आसन जिस पर द्यूतक्रीड़ा के पाँसे, चौपड़ इत्यादि रखे हुए थे।

इन्द्रनील ने देखा कि समस्त वस्तुएँ, फूल इत्यादि नव-नूतन और आर्द्र हैं परन्तु नन्द शयन शैया पर नहीं, अपितु प्रणय शैया पर लेटा हुआ था और दीर्घ श्वास ले रहा था। कदाचित् कुछ ही क्षण पहले कोई नायिका यहाँ से गयी हो। इन्द्रनील ने शैया पर लेटे नन्द को प्रणाम किया, जिसके प्रत्युत्तर में नन्द ने कहा, "आओ आओ-इन्द्रनील। तुम्हें प्रतीक्षा करवायी, इसके लिए क्षमा। अब तुम तो जानते ही हो कि यहाँ का समाज कैसा है। समय न दो तो विरोधी बनने में एक क्षण नहीं लगता लोगों को। कल रात्रि मधुपान कुछ अधिक ही हो गया था, अतः सोचा कि स्वस्थ मस्तिष्क से ही तुमसे मिलूँ। उस समय मिलता तो तुम्हारी आधी बातें तो समझ ही नहीं पाता।"

नन्द में कई अवगुण अवश्य थे, परन्तु उसमें एक यह गुण तो था ही कि वह अपने समर्थकों और सेवकों की भावनाओं का अत्यन्त ध्यान रखता था, और यदि ऐसा नहीं होता था तो सच्ची-झूठी बातों से सेवक की महत्ता को स्वीकार करने का दिखावा अवश्य करता था। इन्द्रनील नन्द की बातों को सुन पुनः प्रणाम कर बोला, "युवराज, यह सेवक तो आपकी सेवा के लिए जन्मा है। तनिक से विलम्ब का क्या सोचना?"

"अच्छा बताओ, क्या समाचार हैं प्रिय पाटलिपुत्र के?"

"कुमार, समाचार शुभ नहीं हैं। आपके पिताश्री महाराज महापद्मनन्द रोगशैया पर हैं। राजवैद्य का कहना है कि औषधियों के प्रभाव से उनका शरीर स्थिर तो है, परन्तु सुधार होने की सम्भावना नहीं है अर्थात् यदि औषधियाँ बन्द कर दी जायें तो महाराज की मृत्यु निश्चित है।" इतना कहकर इन्द्रनील रुक गया। उसने सोचा कि नन्द के मुखमण्डल पर उभरती भावना को पढ़े और उसके अनुसार अपनी सूचनाओं को व्यक्त करने की विधि का निर्धारण कर सके। परन्तु नन्द एक कुशल राजनीतिज्ञ था और वह राजनीतिज्ञ ही क्या जो अपनी इच्छा के विपरीत स्वयं की भावनाओं को किसी के लिए सहज-सुलभ बना दे। अपनी असफलता पर झेंपता हुआ इन्द्रनील पुनः बोला, "राज्य की शासन व्यवस्था को बनाये रखने के लिए मन्त्रियों की सम्मति से महाराज ने आपके बड़े भाई और अपने ज्येष्ठ पुत्र उग्रसेन को कार्यकारी राजा बनाया है।"

कुछ सोचकर नन्द बोला, "यह तो विधि का विधान है कि व्यक्ति जन्म लेता है और अपनी आयु पूर्ण कर अपने पितरों के पास चला जाता है। पिताजी अपना सफल जीवन जी चुके हैं, ईश्वर उनको सद्‌गति दें। ज्येष्ठ उग्रसेन से मेरी कभी नहीं बनी। वे हैं भी तो तनिक क्रोधी स्वभाव के। अच्छा इन्द्रनील, क्या प्रजा उनसे सन्तुष्ट है?"

"लगता तो यही है, प्रभु। राज्य की उत्तर-पश्चिमी सीमा के पर्वतीय राजाओं ने वर्षों से थोड़ी-थोड़ी कर हमारे मगध राज्य की कुछ भूमि बलात् हरण कर रखी है। उग्रसेन ने सत्ता मिलते ही उन क्षेत्रों को मुक्त करवा लेने का आदेश दे दिया है।"

यह सुनकर नन्द के चेहरे पर मुस्कान आ गयी, "तो ज्येष्ठ उग्रसेन उग्र-राष्ट्रवाद के बल पर सत्ता में बने रहना चाहते हैं। वैसे इन्द्रनील, उन छोटे-छोटे राज्यों को उस उज्जड पर्वतेश्वर का समर्थन प्राप्त है या नहीं? अवश्य होगा। क्या मगध की टुकड़ियाँ निकल चुकी हैं?"

"हाँ, प्रभु।"

"हूँ, यह युद्ध भी मेरे लिए शुभ ही होगा, मित्र, अच्छा, यह बताओ कि क्या मेरे अन्य भाइयों का समर्थन प्राप्त है ज्येष्ठ को?"

"निश्चित रूप से तो कुछ नहीं कहा जा सकता, परन्तु यह अनुमान है कि पण्डूक, पाण्डुगति और भूतपाल उनके पक्ष में हैं। मगध की जो टुकड़ियाँ सीमा की ओर गयी हैं, उसमें पदाति के नायक कुमार पण्डूक, अश्वसेना के नायक कुमार पाण्डुगति और गजसेना के नायक कुमार भूतपाल हैं। इन कुमारों ने उग्रसेन से स्वयं कहकर ये उत्तदायित्व ग्रहण किये हैं।"

नन्द ठठाकर हँसा और बोला, "मेरे भाइयों को लगता है कि आगे एक छोटा-मोटा युद्ध है और वे उसे कुचलकर इतिहास में अपने व्यक्तिगत शौर्य को स्वर्णाक्षरों में लिखवा लेंगे। यदि मेरा अनुमान सत्य है तो अपने राज्य की सीमा के इतने निकट मगध सेना को देख पर्वतेश्वर चुप नहीं बैठेगा। पर्वतेश्वर एक अभिमानी व्यक्ति है और हमारे कार्यकारी महाराज भी कुछ कम नहीं हैं। एक भयानक युद्ध होगा और इसके दूरगामी परिणाम होंगे। अस्तु, कोई और सूचना?"

"जी प्रभु, कार्यकारी महाराज उग्रसेन की पत्नी अपनी सखियों के साथ राज्य-भ्रमण पर निकली हैं। सम्भावना है कि दो-एक सप्ताह में वे यहाँ होंगी।"

"ठीक है। यहाँ के राज्यपाल को सूचना भिजवा देना। वह उनके स्वागत-सत्कार और आमोद-प्रमोद की उचित व्यवस्था करवा देगा। और कुछ?"

"नहीं, कुमार।"

यह सुनकर नन्द ने संकेत से उसे जाने की आज्ञा दे दी, परन्तु इन्द्रनील वहीं खड़ा रहा। यह देख नन्द पुनः बोला, "क्या कोई ऐसी बात है जो सूचना की श्रेणी में

तो नहीं आती, पर समान महत्व रखती है और तुम उसे कहने में संकोच कर रहे हो? यदि ऐसा है तो निश्चिन्त रहो, तुम्हें नन्द अपना मित्र मानता है। तुम जो भी कहोगे, वह नन्द के भले के लिए ही होगा। अतः निःसंकोच होकर कहो।"

"प्रभु, अन्यथा न लें तो मेरा एक परामर्श है। युवराज उग्रसेन की पत्नी मुक्ता के स्वागत-सत्कार और आमोद-प्रमोद में आप स्वयं विशेष रुचि प्रदर्शित करें। सम्भव हो तो उनके अधिक से अधिक निकट जाएँ। अपराध क्षमा हो, मेरा परामर्श है आप उनके इतने निकट जायें कि वे आपके इस बहिःप्रकोष्ठ में आपकी सहचरी बन जाएँ।"

उसने इन्द्रनील से ऐसी बात की अपेक्षा नहीं की थी। बड़े भाई से उसके जैसे भी सम्बन्ध हों, नारियों को लेकर उसके मन में चाहे जैसी भी भावना हो, परन्तु भाई की पत्नी के साथ ऐसा सोचना भी नन्द को अनैतिक प्रतीत हुआ। अपने रोष और किंचित क्रोध को पीकर नन्द बोला, "यह क्या कह रहे हो इन्द्रनील! अपनी ही भाभी के साथ यह सब?"

"अन्नदाता, अपराध क्षमा हो। मैंने जो कहा है, वह पूरी तरह सोच-विचार कर कहा है। युवराज्ञी मुक्ता युवराज से विवाह पूर्व अपने पूर्व पति द्वारा परित्यक्ता[1] हैं। वह राजपरिवार में विवाह से पूर्व संभुक्ता[2] रही हैं, अतः क्षतयोनि पुनर्भू[3] नायिका हैं। ऐसी स्त्री से सम्बन्ध स्थापित करना अनुचित नहीं कहा जाता।"

"परन्तु इन सबके बाद भी वे हैं तो ज्येष्ठ की पत्नी!"

"अवश्य हैं, परन्तु मुझे ज्ञात हुआ है कि वे पतिव्रता नहीं हैं। उनका यह राज्य-भ्रमण भी अपनी पिपासाओं की शान्ति हेतु ही निश्चित हुआ है। मैं पीठमर्द ऐसे ही नहीं कहा जाता, कुमार! राजमहल के न जाने कितने दूत-दूती, विट और विदूषक मेरे शिष्य हैं। स्त्री को देख उनके चरित्र का सटीक अनुमान लगाने की कला मुझे आती है। मुक्ता सच्चरित्र महिला नहीं हैं।"

"हूँ। पर यह बताओ कि इन सबका लाभ क्या होगा?"

---

1 छोड़ी हुई, त्याग दी गयी।

2 छतयोनि, जिसने सम्भोग किया हुआ हो।

3 पुनः विवाहित। कामोपभोग के लिए आचार्य वात्स्यायन ने तीन नायिकाओं को उपयुक्त माना है। कन्या (अविवाहित नवयौवना), पुनर्भू (पुनर्विवाहित), वेश्या। उत्तम नायक अपने वर्ण की कन्या से प्रेम और विवाह के पश्चात् पुत्रप्राप्ति हेतु सम्बन्ध बनाते हैं। वेश्या अधम नायक के लिए अधम नायिका होती है, जिसका उपभोग मात्र सम्भोग सुख के लिए किया जाता है। पुनर्भू नायिका भी यदि निर्लज्ज हो, परपुरुष से सम्भोग की इच्छा रखती हो, तो उसके साथ सम्भोग सुख प्राप्त किया जा सकता है।

"लाभ अवश्य होगा, कुमार! वे युवराज पर शासन करती हैं, स्वामी की भाँति व्यवहार करती हैं। यदि वे आपके पक्ष में हों तो अपने पति को आपके अनुकूल कर सकती हैं। इसके अतिरिक्त वे अपने पति को, जो इस समय सत्ता के सर्वोच्च शिखर पर हैं, आपके विपक्षियों का विपक्षी बना सकती हैं अर्थात् उग्रसेन आपके समर्थक बनें न बनें, आपके विरोधियों को तो आपके रास्ते से हटा ही सकते हैं। ऐसी स्त्रियों के अन्य अनेक प्रयोग हो सकते हैं। मैं क्या बताऊँ, कुमार स्वयं ही प्रखर मेधा के धनी हैं।"

नन्द बहुत देर बाद प्रसन्न होकर मुस्कुराया और इन्द्रनील को समुचित पुरस्कार देकर विदा किया। इन्द्रनील के जाने के पश्चात् वह शैया पर पुनः लेट गया और उसके मष्तिष्क ने आने वाले समय के लिए अपने घोड़े दौड़ाने आरम्भ कर दिये।

×××

पालकी से आती युवराज्ञी को पिछले पड़ाव पर एक खुले रथ में बैठने की प्रार्थना की गयी थी। जब वे वहाँ से चली तो थोड़ी-थोड़ी दूर पर उन्हें नृत्य करती हुई विभिन्न टोलियाँ दिखी। युवराज्ञी मुक्ता के स्वागत हेतु अतिथिशाला से सौ पग की दूरी तक मात्र धोती पहने मार्ग के दोनों ओर बलिष्ठ युवाओं को खड़ा किया गया था, जिनके एक हाथ में रक्तवर्णी पुष्पगुच्छ थे और दूसरे हाथों में पुष्प-पंखुड़ियाँ। रथ जब अतिथिशाला के निकट पहुँचा, प्रतीक्षा कर रहे युवाओं ने उन पर पुष्पों की वर्षा कर दी। रथ के रुकने पर कुमार नन्द स्वयं आगे बढ़े और अपने बड़े भाई कार्यकारी राजा उग्रसेन की पत्नी की ओर अपना हाथ बढ़ा दिया। उनके हाथों का अवलम्ब लेकर युवराज्ञी रथ से उतरी। नन्द ने यात्रा की कठिनाइयों पर औपचारिक प्रश्न पूछे और उनकी अगवानी करते हुए विशेष रूप से निर्मित किये गये अथितिशाला की ओर बढ़े। द्वार को कदाचित् जान-बूझकर अत्यन्त संकरा बनाया गया था, इतना कि उसमें से एक बार में दो व्यक्ति आसानी से पार नहीं हो सकते थे। नन्द पग बढ़ाते हुए आगे बढ़े और द्वार पर एक पैर बाहर और एक पैर अन्दर रखकर खड़े हो गये और मुक्ता से अन्दर प्रवेश करने का आग्रह करने लगे। इस परिस्थिति में सम्भव ही नहीं था कि शरीरों का स्पर्श न हो। मुक्ता आगे बढ़ी और नन्द के वक्ष से हल्के स्पर्श अथवा रगड़ के साथ कक्ष में प्रवेश किया। नन्द और मुक्ता, दोनों को ज्ञात था कि यह आलिंगन के चार भेदों में से पहला, स्पृष्टक[1] आलिंगन था।

नन्द ने विश्राम की उत्तम व्यवस्था की थी। विशेष ध्यान यह रखा गया था कि सेविकाओं की संख्या न्यूनतम रखी गयी थी और उनकी कमी पुरुषोचित सौन्दर्य से

---

1 सामने से आती हुई नायिका की देह को अपनी देह से किसी प्रकार स्पर्श करना।

परिपूर्ण बलिष्ठ युवा सेवकों द्वारा पूरी की गयी थी। नन्द ने यह कह कर विदा ली कि वे अपनी थकान मिटा लें, संध्या वेला में पुनः भेंट होगी।

संध्या के समय वे पुनः उपस्थित हुए। मुक्ता यद्यपि अतीव सुन्दरी स्त्री थी, परन्तु उनकी सुन्दरता, पहने गये वस्त्रों इत्यादि की प्रशंसा करने में नन्द ने अति कर दी। भला किस स्त्री को प्रशंसा भली नहीं लगती? नन्द बोले, "भावी महारानी! सम्पूर्ण मगध में आप जैसी सुन्दरता नहीं देखी। आप साक्षात् कमल जैसी प्रतीत होती हैं। आपके अंगों से कमल की दिव्य सुगन्ध आ रही है। आपके नेत्र चकित हरिणी के समान चंचल हैं और नेत्रप्रान्तों में लुभावनी लालिमा है। नासिका तिल के फूल के समान सुन्दर तथा शुकचक्षु के समान मनोहर है। चम्पा के फूल के समान गोरे इस छरहरे शरीर पर ये वस्त्र अत्यन्त मोहक दिखायी देते हैं। आपकी वाणी हंसिनी जैसी मधुर और सरस है। आपकी यहाँ उपस्थिति से मुझे शंका होती है कि क्या ज्येष्ठ आपसे प्रेम नहीं करते जो अपनी इतनी कमनीय संगिनी को छोड़ राजकार्य में इतने व्यस्त हैं? अन्यथा न लीजिएगा, परन्तु यदि मेरी आप जैसी कोई पत्नी होती तो मैं उसे अपने नेत्रों से दूर रखकर स्वस्थ तो नहीं ही रह पाता। अवश्य ज्येष्ठ भी इस समय आपके विरह में तड़प रहे होंगे!"

मुक्ता मुस्कुराते हुए बोली, "आप पुरुषों को समझना भी अत्यन्त कठिन है। कभी इतनी प्रशंसा करते हैं कि लज्जा से गड़ जाने का मन करता है और कभी ऐसा व्यवहार करते हैं कि अपने अस्तित्व पर ही शंका होने लगती है। उग्रसेन जब से कार्यकारी राजा बने हैं, उनके पास अपनी पत्नियों के लिए जैसे समय ही नहीं है। मैंने भी विचार किया कि यदि वे अपने राजकार्य में इतने ही व्यस्त हैं तो मैं भी मन बहलाव के लिए भ्रमण कर लूँ। मेरा सौभाग्य कि इस नगर में आप स्वयं उपस्थित हैं। मुझे ज्ञात है कि आपकी अपनी व्यस्तताएँ होंगी, परन्तु यदि आपके बहुमूल्य समय में से कुछ शेष बचता हो तो क्या आप इस नगरी के भ्रमण में मेरे सहचर बनेंगे?"

"अवश्य। यह भी कोई कहने की बात है? और यदि समय न भी हो तो भी आपसे अधिक महत्वपूर्ण तो कुछ हो ही नहीं सकता। आपकी अनुमति हो तो मैं इस पूरे काल में आपके सान्निध्य का आकांक्षी हूँ। आपके सम्मान में एक संगीत गोष्ठी का आयोजन किया गया है। यदि आप सज्ज हों तो चला जाये?"

तनिक दूर पर ही नन्द का निवास था। वहीं संगीत गोष्ठी का आयोजन किया गया था। इस गोष्ठी में कलाकारों और सेवकों के अतिरिक्त अन्य किसी नागरिक को नहीं बुलाया गया था। उन दोनों के आसन ग्रहण करते ही स्वरलहरियाँ गूँजने लगीं

और सेवकों ने मधु, मैरेय, मेदक, प्रसन्ना, आसव, अरिष्ट[1] जैसे अनेक पेय पदार्थों के साथ देश-विदेश के फल एवं हल्के पकवान परोस दिये। मुक्ता की सम्मति प्राप्त कर नन्द ने स्वयं अपने हाथों से मदिरा का एक चषक[2] बनाया और चषक थमाते हुए विशेष ध्यान रखा कि उँगलियों का हल्का स्पर्श अवश्य हो। गायकों के गायन के पश्चात् नटों के खेल आरम्भ हुए और कुछ ही समय बाद उनका स्थान नर्तकों और नर्तकियों ने ले लिया। संगीत गोष्ठी कब समापानक[3] गोष्ठी में बदल गयी, पता ही नहीं चला। नृत्य की भंगिमाएँ अधिकाधिक कामुक होती गयीं और उसके सापेक्ष चषकों की संख्या भी बढ़ती गयी। इस बीच उन दोनों के बीच की दूरी भी क्रमशः कम होती जाती थी। जब संध्या पूर्णतः समाप्त हो गयी और अन्तिम प्रस्तुति भी पूर्ण हो गयी तो नन्द के संकेत पर सभी कलाकार एक-एक कर शाला से निकलते गये। धीरे-धीरे सारे सेवक भी चले गये, परन्तु जाते-जाते दो-चार दीपकों के अतिरिक्त अन्य सभी को बुझाते गये। शेष दीपकों से आते अत्यन्त मध्यिम प्रकाश में बस नन्द और मुक्ता ही शेष बचे। मुक्ता का चषक रिक्त हो चुका था। वह नन्द की तरफ रखे एक आसव को उठाने के लिए झुकी। इस क्रिया में उसके शरीर का स्पर्श नन्द से हुआ और काम-क्रीड़ा में चतुर नन्द ने उसे तत्काल ही अपने बाहुओं में कस एक प्रगाढ़ विद्धव आलिंगन किया। मुक्ता ने भी उसका भरपूर साथ दिया। मदिरा और काम के नशे में चूर दोनों ने पीड़ितक आलिंगन के पश्चात् लतावेष्टितक, वृक्षाधिरूढ़क, तिलतण्डुलक एवं क्षीरजलक आलिंगनों के साथ सांसारिक पवित्र सम्बन्ध को लज्जित कर निर्लज्ज काम सम्बन्ध स्थापित कर लिए।

×××

नित्य की भाँति एक और संध्या नन्द मुक्ता के अस्थायी निवास पर पहुँचा और औपचारिक अभिवादन पश्चात् चुपचाप बैठ गया। मुक्ता इस नीरस व्यवहार पर आश्चर्यचकित रह गयी, क्योंकि पिछले चार माह से यह नियम-सा हो गया था कि वह आते ही एक या दो चषक मदिरापान के पश्चात् सिंह की भाँति उस पर झपट पड़ता था और काम-क्रीड़ा की विभिन्न क्रियाओं के पश्चात् ही कोई अन्य बात करता था। मुक्ता को भी यह जंगली व्यवहार रुचिकर लगता था, परन्तु आज उसका का यूँ चुपचाप बैठे रहना किसी अनहोनी की ओर संकेत कर रहा था।

[1] भिन्न-भिन्न तत्वों के मेल और विधियों से बनी विभिन्न मदिराएँ

[2] प्याला, पेग

[3] वात्स्यायन पाँच प्रकार के विनोद बताते हैं। घटानिबन्धन, गोष्ठीसमवाय, समापानक, उद्यानगमन और समस्याक्रीड़ा। समापानक का अर्थ एक-दूसरे के घर जाकर मदिरा-पान करना है।

मुक्ता ने मदिरा का एक चषक भरा और उसे नन्द के होंठों पर लगाते हुए प्रश्न किया, "क्या बात है, कुमार? आज आप स्वस्थ नहीं दिखते। यदि कोई अत्यन्त गूढ़ बात न हो तो कृपया बतायें।"

नन्द शोकपूर्ण वाणी में बोला, "समाचार शुभ नहीं है, भद्रे। कार्यकारी राजा बनते ही ज्येष्ठ उग्रसेन ने मगध वाहिनी की जिन टुकड़ियों को पर्वतीय राज्यों में हुए विद्रोह को कुचलने के लिए भेजा था, उनकी पराजय हो चुकी है।"

मुक्ता ने जैसे मक्खी उड़ायी हो, "तो इसमें इतना चिन्तित होने की क्या बात है? युद्ध में हार अथवा जीत तो होती ही रहती है। जितना मैं जानती हूँ, मागधी सेना इतनी विशाल है कि इस छोटी-सी हानि, कुछ सहस्र पदाति एवं अश्वसेना की हानि से उसे कोई अन्तर नहीं पड़ेगा।" नन्द को चुप देख मुक्ता पुनः बोली, "कदाचित् कोई और बात है जो आप मुझसे छुपा रहे हैं। है न?"

चेहरे की भंगिमाओं के समयानुकूल प्रयोग में प्रवीण नन्द चेहरे को और अधिक विद्रूप बनाकर बोला, "मात्र इतनी ही बात नहीं है, देवी। सेनाओं के साथ गये मगध कुमार पण्डूक, पाण्डुगति और भूतपाल वीरगति को प्राप्त हुए हैं।"

"ओह, यह तो अत्यन्त दुःखदायी बात है।" यद्यपि मुक्ता के चेहरे पर दुःख की एक रेखा भी नहीं दिखायी दी थी।

"देवी, राजनीतिक रूप से यह उससे भी अधिक गम्भीर बात है। मेरे ये तीनों भाई ज्येष्ठ उग्रसेन के विश्वसनीय साथी थे। इनके चले जाने से जैसे उनकी भुजाओं का सामर्थ्य भी चला गया है। राजसभा में ज्येष्ठ की स्थिति क्षीण हुई है। गुप्तचरों की सूचना के अनुसार शेष भाई अर्थात् योविषाणक, दशसिद्धक और कैवर्त भ्राता राष्ट्रपाल के पक्षधर हैं। अनेक सचिव भी उन्हीं के पक्ष में हैं। आपको तो ज्ञात ही है कि पिताश्री महाराज महापद्मनन्द अस्वस्थ हैं, अतः राजसिंहासन पर ज्येष्ठ उग्रसेन को बिठाया गया था। इस निर्णय का भ्राता राष्ट्रपाल प्रथम दिवस से ही विरोध कर रहे हैं। अब चूँकि कार्यकारी राजा का प्रथम महत्वपूर्ण निर्णय ही असफल सिद्ध हुआ, राष्ट्रपाल को उनका विरोध करने का उचित अवसर प्राप्त हो गया है। ज्येष्ठ इस समय अकेले पड़ गये हैं। पिताश्री ने उन्हें सिंहासन पर बिठाया तो अवश्य है, परन्तु यदि अन्य सभी कुमार और सचिव उनके विरोध में आ गये तो ज्येष्ठ के लिए राज करना निष्कंटक नहीं रह जायेगा।"

मुक्ता यह सब सुन अत्यन्त चिन्तित हो गयी। उसका कुम्हलाया हुआ चेहरा देख नन्द ने अन्तिम चोट की, "और देवी, इतना ही नहीं, सम्भव है कि उनकी हत्या का भी प्रयास हो। यदि ऐसा हुआ तो मगध छिन्न-भिन्न हो जायेगा।

हा देव, मैं तो आपको श्वेत वस्त्रों में, निराश्रित विधवा के रूप में देखने की कल्पना भी नहीं कर सकता। देवी, हमें इसे रोकने का प्रयास करना चाहिए।"

हड़बड़ाई मुक्ता नन्द का हाथ पकड़कर बोली, "तो आप ही बतायें कुमार, हमें क्या करना चाहिए?"

"हमें? इस हम में मैं क्या कर सकता हूँ, देवी? आप कदाचित् भूल रही हैं कि मैं तो पाँच वर्षों के लिए राजधानी पाटलिपुत्र से निर्वासित हूँ। यहाँ इतनी दूर बैठकर मैं किस भाँति आपका अथवा ज्येष्ठ उग्रसेन का सहायक हो सकता हूँ?"

"अब आप मुझे इस विपत्तिकाल में असहाय तो न छोड़ें, कुमार। कोई उपाय बतायें।"

"मैं पाटलिपुत्र में, राजनिवास में रहकर ही किसी भाँति सहायक सिद्ध होऊँगा, देवी। आप कार्यकारी राजा की पत्नी हैं। आप चाहें तो मेरे इस निर्वासन अवधि के शेष तीन वर्षों को राजा से कह समाप्त करवा सकती हैं। मेरी मन्त्रणा यही है कि आप शीघ्र ही पाटलिपुत्र प्रस्थान करें और ज्येष्ठ से कह कर मेरा निर्वासन समाप्त करवायें। निर्वासन समाप्ति की सूचना मिलते ही मैं शीघ्रातिशीघ्र राजधानी आऊँगा और देखूँगा कि कोई कैसे मेरे प्रिय ज्येष्ठ और उनकी पत्नी के मार्ग की बाधा बनता है? शेष कुमारों और कपटी सचिवों की मैं एक नहीं चलने दूँगा।"

मुक्ता निश्चयात्मक स्वर में बोली, "ऐसा ही होगा, कुमार। आपका निर्वासन तत्काल प्रभाव से समाप्त होगा। आप मेरे प्रस्थान हेतु उचित व्यवस्था कर दें। मैं कल प्रातः ही पाटलिपुत्र जाऊँगी।"

अपनी कुटिल मुस्कान छुपाता नन्द विनयशील स्वर में बोला, "जैसी आपकी आज्ञा भावी महारानी!"

×××

मुक्ता ने अपना वचन निभाया। उसके पाटलिपुत्र पहुँचने के मात्र माह भर पश्चात् ही नन्द उग्रसेन की सेवा में उपस्थित हुआ। उग्रसेन ने उसका स्वागत अपने रनिवास में किया जहाँ मुक्ता भी उपस्थित थी। अपने बड़े भाई के चरणों में प्रणिपात करने के पश्चात् कपटी नन्द ने कुलटा मुक्ता को भी प्रणाम किया और बोला, "युवराज्ञी, भावी महारानी, आप सकुशल तो पहुँच गयी थी न? मार्ग के कोई संकट तो नहीं आया?"

मुक्ता ने प्रत्युत्तर दिया, "नहीं कुमार। कोई संकट नहीं आया। मेरे अनुरोध पर आर्य ने आपका निर्वासन समाप्त कर दिया है। अब उनकी इच्छा है कि आप उन पर आने वाले सम्भावित संकटों को दूर करने में उनके सहायक हों।"

"अवश्य, देवी। ज्येष्ठ की सेवा करना इस अनुज का परम धर्म है। ज्येष्ठ आज्ञा दें। सेवक उपस्थित है।"

उग्रसेन बोले, "प्रिय अनुज। मेरी प्रिय पत्नी का यह मानना है कि मेरे चारों ओर शत्रुओं ने षड्यंत्रों का जाल बिछा रखा है। यद्यपि मुझे ऐसा प्रतीत नहीं होता। तुम सहित मेरे अन्य भाई मुझ पर अत्यन्त स्नेह रखते हैं। सारे सचिव भी मेरे प्रति उचित सम्मान प्रदर्शित करते हैं। मुझे नहीं लगता कि कोई संकट की स्थिति है।"

नन्द पुनः हाथ जोड़कर बोला, "ज्येष्ठ, यह त्रेता युग नहीं है जहाँ श्रीराम के अनुज भरत ने राज सिंहासन पर बैठने से मना कर दिया था। यह कलिकाल है और आपके सारे भाई भरत अथवा लक्ष्मण नहीं हैं। मैं पाटलिपुत्र से दूर अवश्य था, पर मातृभूमि के प्रेम में विवश होकर ही मैंने अपने कुछ सेवकों को यहाँ के राजन्य वर्ग पर दृष्टि रखने का आदेश दिया था। उनकी सूचना के अनुसार भ्राता राष्ट्रपाल आपसे असन्तुष्ट हैं और उन्हें योविषाणक, दशसिद्धक एवं कैवर्त का विश्वास प्राप्त है। भ्राता राष्ट्रपाल को सेनानायक मौर्य के साथ अनेकों बार गुप्त रूप से मिलते देखा गया है। सेनानायक मौर्य को तो मात्र आपके प्रति उत्तरदायी होना चाहिए, वे राष्ट्रपाल से क्यों मिल रहे हैं? राष्ट्रपाल को भी आपने वित्त मन्त्रालय का भार दे रखा है। वे यदि वित्त सम्बन्धित अधिकारियों से मिलें तो कोई समस्या नहीं, परन्तु सेनानायक से मिलने का क्या औचित्य है? आपके प्रिय भाई पण्डूक, पाण्डुगति और भूतपाल जब विद्रोह को दबाने आपकी आज्ञा से सीमा पर गये तो राष्ट्रपाल ने इस अभियान का प्रत्यक्ष विरोध किया था। जब हमारी सेनाएँ दुर्बल हुईं तो उन्हें समुचित धन उपलब्ध नहीं करवाया गया। यहाँ तक कि आवश्यक टुकड़ियों को भी उनकी सहायता हेतु नहीं भेजा गया। मगध पराजित हो रहा था और हमारे वित्त प्रभारी धन पर कुंडली मारकर बैठे रहे। पराजय की सूचना मिलने पर भी हमारी सेनाएँ यहीं पाटलिपुत्र में खड़ी रहीं। मगध की इस पराजय के अपराधी हैं भ्राता राष्ट्रपाल और सेनानायक मौर्य। ऐसा क्यों किया गया, यह आप जैसा राजनीति में प्रवीण राजपुरुष भलीभाँति समझ सकता है। जनता इन आन्तरिक बातों को नहीं जानती। वह तो मात्र यह देखती है कि उनके राजा की सेना पराजित हुई, राज्य के तीन राजकुमार अकाल मृत्यु को प्राप्त हुए। यदि सेनाएँ विजयी होतीं तो आपका गुणगान होता। सेनाएँ पराजित हुईं तो यह आपकी हार मानी जायेगी। सत्ताधीश को दुर्बल देख प्रजा अपने राजा पर अपना विश्वास खो देती है।"

नन्द ने पूर्णतः मिथ्या बातें कहीं थी, पर उसके स्वर के उतार-चढ़ाव और चेहरे की भंगिमाओं ने उग्रसेन पर पर्याप्त प्रभाव डाला। अब तक निश्चिन्त दिखायी देने

वाला उग्रसेन उद्विग्न हो उठा। उसे अपनी सत्ता पर आशंकाओं के बादल मंडराते दिखने लगे। उसे नन्द अपना सच्चा हितैषी प्रतीत हुआ। स्वयं को तनिक व्यवस्थित करते हुए वह बोला, "प्रिय अनुज, अब तुम ही बताओ, मुझे क्या करना चाहिए?"

इतनी सरलता से उग्रसेन को अपने जाल में फँसता देख मन-ही-मन मुस्कुराता नन्द गम्भीर स्वर में बोला, "भावी मगधराज, राजनीति कहती है कि भविष्य में सम्भावित शत्रु को उसकी शैशवावस्था में ही समाप्त कर देना चाहिए। राष्ट्रपाल, योविषाणक, दशसिद्धक एवं कैवर्त आपकी सत्ता के लिए संकटकारी हैं। उन्हें मार्ग से हटा दीजिये।"

उग्रसेन भला मनुष्य था। अपने ही भाइयों की हत्या करवाने के विचार से ही वह उद्वेलित हो उठा। भले ही वे उनके सगे भाई न हों, तो भी भाई तो भाई ही हैं, उसके पिता के अंश। उनकी हत्या? नन्द ने देखा कि इस विचार से उग्रसेन व्यथित है, अत: उग्रसेन के कुछ बोलने से पहले ही बोल उठा, "स्मरण रखें महाराज, राष्ट्रपाल और उनके सहयोगी आप के समान इतने उच्च विचार नहीं रखते। वे अवसर पाते ही आपकी हत्या करने से नहीं चूकेंगे। सिंहासन और उनके बीच में मात्र आप खड़े हैं, मात्र आप। नीति कहती है कि शत्रु का प्रतिकार अपनी मर्यादाओं के अनुसार करने से सदैव हानि उठानी पड़ती है। भाई तो सुग्रीव भी था, परन्तु उसने भी श्रीराम की सहायता से अपने भाई का वध करवा दिया था। यदि यह अनुचित होता तो मर्यादा पुरुषोत्तम श्रीराम ने ऐसा क्यों किया होता? पांडव और कौरव भी तो भाई ही थे! योगेश्वर कृष्ण ने धर्मात्मा युधिष्ठिर के पक्ष में रहकर क्या समस्त कौरवों का संहार नहीं करवाया? अधर्म के नाश के लिए धर्म को भी आपतधर्म की सहायता लेनी होती है। आप मगध के धर्मात्मा राजा हैं। धर्म की स्थापना हेतु आपका सिंहासन पर रहना अति आवश्यक है। संकोच न करें। अपने कुचक्री, अधर्मी भाइयों की हत्या करना राजा होने के कारण आपका धर्म है।"

कैसी विडम्बना थी! नन्द जैसा अधर्मी अपनी व्यक्तिगत महत्वाकांक्षाओं के लिए राम-कृष्ण जैसे महापुरुषों और सुग्रीव-युधिष्ठिर जैसे महाभक्तों का अवलम्बन ले रहा था। उग्रसेन भी कपटी नन्द की बातों में आकर स्वयं को युधिष्ठिर जैसा धर्मावतार मानने लगा था। अबकी जब उग्रसेन बोला तो उसकी वाणी में संशय का लेश भी नहीं था, "अनुज, ऐसा ही होगा। मैं अभी अपने अंगरक्षकों को उन सभी के वध की आज्ञा देता हूँ।"

नन्द शीघ्रता से बोला, "तनिक ठहरिए, महाराज। ऐसा करने पर तो प्रजा आपके विरुद्ध खुला विद्रोह कर देगी। उनकी हत्या अवश्य होगी, पर इस प्रकार कि दोष आप पर न आये। परन्तु उसके पहले कुछ अन्य बातों पर भी विचार कर लें।

सेनानायक मौर्य द्रोही राष्ट्रपाल के समर्थक प्रतीत होते हैं। सेना अपने सेनानायक के अनुशासन में होती है। राष्ट्रपाल के साथ ऐसा न्याय देख मौर्य विद्रोह न कर दे। अत: पहले तो मौर्य को ही मार्ग से हटाया जाये। पद पर रहते हुए सेनापति की हत्या से हमारी अधिक हानि होगी। मौर्य का बल उसका पद है। उससे उसका पद छीनकर या पदावनत कर किसी सीमान्त प्रदेश में भेज दिया जाये। उसके पश्चात् सभी कुमारों को एक-एक कर किसी व्याज से समाप्त किया जाये। द्रोही राष्ट्रपाल और योविषाणक को मृगया में, वन पशुओं के आखेट में अत्यन्त रुचि है। प्रत्येक एक-दो माह में वे वनों में जाते ही रहते हैं। हम उनके दल में कुछ अपने व्यक्ति भी सम्मिलित कर सकते हैं या उनके ही कुछ व्यक्तियों की निष्ठा को स्वर्णमुद्राओं से क्रय कर सकते हैं। उनके ऊपर सिंहों का आक्रमण हो सकता है, उनके ऊपर पर्वत से टूटकर विशाल चट्टानें गिर सकती हैं, उनकी नौकाएँ जलसमाधि ले सकती हैं। कुछ भी सम्भव है। आप निश्चिन्त रहें, यह कार्य मैं कर लूँगा। उनकी हत्या एक दुर्घटना प्रतीत होगी। दशसिद्धक एक कामी पुरुष है। वेश्याओं के अतिरिक्त भी उसके कई अन्य महिलाओं से सम्बन्ध हैं। उन महिलाओं के पिता या पति दशसिद्धक पर आक्षेप लगा सकते हैं और द्वन्द्व की चुनौती दे सकते हैं। यदि ऐसा हुआ तो हमारे नियमों के अनुसार उसे द्वन्द्व स्वीकार करना पड़ेगा। अभी तक दशसिद्धक को प्राप्त राजाश्रय के कारण ही ऐसा कुछ नहीं हुआ है, परन्तु अब हो सकता है। शेष बचा कैवर्त, वह तो सुरापान का रसिया है। उसे बस मदिरा मिलती रहे, उसकी अबाध आपूर्ति होती रहे तो वह कभी कोई समस्या नहीं बनेगा। सुना है कि अत्यधिक मदिरापान से मृत्यु तक भी हो सकती है।" कुछ रुककर नन्द पुन: बोला, "महाराज, बस आप धैर्य रखें और अपने निश्चय पर अटल रहें। ये झटपट हो जाने वाले कार्य नहीं हैं। इसमें कई माह या दो-तीन वर्ष लग सकते हैं, परन्तु इस प्रतीक्षा का परिणाम सुखद ही होगा।

नन्द ने निर्वात में से एक समस्या उत्पन्न की थी, एक जाल बिछाया था जिसमें उग्रसेन पूरी तरह फँस गया। उसने सेनानायक मौर्य को पदानवत कर मगध राज्य की सीमा पर एक छोटे-से दुर्ग की सुरक्षा का भार देकर पाटलिपुत्र से निष्कासित कर दिया। अपना सिंहासन बचाने के लिए उस कपटी की सभी बातों पर सहमत उग्रसेन ने यह नहीं सोचा कि जो व्यक्ति अपने चार भाइयों की हत्या का षड्यंत्र रच सकता है, वह पाँचवें को कैसे छोड़ देगा? नन्द ने पाँसे बिछा दिये थे। मगध अब उसकी मुट्ठी में आने ही वाला था।

×××

उग्रसेन और नन्द की मन्त्रणा को दो वर्ष बीत चले थे। इस बीच उसके एक भाई दशसिद्धक की हत्या हो चुकी थी। उसकी हत्या पूर्वनियोजित योजना अनुसार ही हुई थी। नन्द के एक सेवक ने एक दुश्चरित्रता स्त्री से विवाह किया। फिर उस स्त्री ने अपने रूपजाल में कामुक दशसिद्धक को फँसा लिया। कामी पुरुषों का ऐसी नायिकाओं के पंजे में आना कोई आश्चर्य की बात नहीं। किसी रात्रि नाटकीय रूप से उस स्त्री के पति ने उन्हें आपत्तिजनक स्थिति में देख लिया और शासकीय नियमानुसार दशसिद्धक को द्वन्द्व युद्ध की चुनौती दी। न्यायसभा से इस द्वन्द्व की अनुमति मिलने के पश्चात् एक सार्वजनिक मैदान में द्वन्द्व का आयोजन किया गया, जिसमें विशेष रूप से प्रशिक्षित नन्द के उस योद्धा सेवक में समस्त जनता के सम्मुख दशसिद्धक की हत्या कर दी।

एक संध्या उग्रसेन अपने निजी कक्ष में विश्राम कर रहा था। प्रतिहारी ने नन्द के आने की सूचना दी। थोड़ी देर में नन्द के साथ एक अव्यवस्थित सेवक ने प्रवेश किया और थर-थर काँपते हुए उग्रसेन को प्रणाम किया। कुछ अघटित घटा है, इसकी आशंका के साथ सावधान होकर उग्रसेन ने प्रश्न किया, "प्रिय अनुज, क्या सूचना है? तुम स्वस्थ प्रतीत नहीं होते। इस सेवक की इस दशा का क्या कारण है? क्या कुछ अमंगल घटा है?"

इस प्रश्न पर कपटी नन्द ने एक सिसकी ली और सेवक को बोलने का संकेत किया। सेवक की घिग्घी बँधी थी। कुछ क्षण स्वयं को संयत करने के पश्चात् बोला, "अनर्थ हुआ महाराज, अनर्थ हुआ। कुमार राष्ट्रपाल और कुमार योविषाणक मृगया[1] हेतु वन गये थे। तीन दिनों में उन सभी ने कुछ सिंह, अनेक वनशूकरों और हिरणों का आखेट किया। महाराज, थोड़ी ही दूर पर वनों में रहने वाली भील जातियों ने वन्यपशुओं की इतनी हत्याओं और राजकुमारों के साथ गयी टुकड़ी द्वारा नदी को प्रदूषित करने की बात पर आपत्ति जतायी। टुकड़ी के हाथी उस छोटी नदी में नहाते थे, वध किये गये पशुओं के अपशिष्ट भी उस नदी में प्रवाहित किये जाते थे। उनका कहना था कि वह नदी उनके क्षेत्र से होकर प्रवाहित होती है। उन्हें पशुओं के मल, रक्त और अपशिष्ट मिश्रित पानी पीना पड़ रहा था। उन्होंने आपत्ति जतायी। कदाचित् कुमारों ने उनकी बातें नहीं सुनी या अपने शिविर हटाने में अत्यधिक विलम्ब किया, जिससे उन वन्यजातियों ने पिछली रात्रि अचानक आक्रमण कर दिया। किसी को समझ ही न आया कि क्या हुआ है? महाराज, सबकी निर्मम हत्या कर दी गयी। दो-चार घायल सेवकों के अतिरिक्त अन्य सभी के शव उस वन में पड़े हैं।

[1] शिकार

मैं किसी प्रकार यहाँ तक आ पाया हूँ। महाराज, मगध ने अपने दो राजकुमार खो दिये हैं।" इतना कह वह सेवक अश्रु बहाने लगा।

यह सूचना सुन उग्रसेन ने नन्द की ओर देखा। वह सिर झुकाये खड़ा था। उग्रसेन कुछ पल मौन रहा, फिर उसने सेवक को जाने की आज्ञा दे दी। उसके जाते ही नन्द लपकते हुए आगे बढ़ा और उग्रसेन के चरणों को छूकर बोला, "बधाई हो महाराज, बधाई हो। आज आपका राज्य निष्कंटक हो गया। अब मात्र कैवर्त बचा है, परन्तु उससे आपको कोई हानि नहीं होगी। उसे बस मदिरा चाहिए और उसे वह प्रचुर मात्रा में मिलती रहेगी। ओह, आज मैं अत्यन्त प्रसन्न हूँ।"

उग्रसेन बोला, "क्या भीलों का आक्रमण संयोग मात्र था अथवा इसमें तुम्हारी कोई योजना थी अनुज?"

नन्द ने मुस्कुराते हुए उत्तर दिया, "कैसे भील, महाराज? वे सब पर्वतीय राज्यों के दस्यु थे। उनकी जीविका किसी भी राज्य अथवा व्यक्ति से धन लेकर आज्ञा पालन करना है। विभिन्न राज्य अवसर पड़ने पर उनकी सेवाएँ लेते रहते हैं। उनकी निष्ठा किसी राजा अथवा राज्य के प्रति नहीं, अपितु धन के प्रति है। मैंने उनका मूल्य चुकाया और उन्होंने भील होने का नाटक कर यह सब प्रपंच रचा।"

भाइयों की मृत्यु से व्यथित उग्रसेन बोला, "ईश्वर जानते हैं नन्द, मैंने कभी यह नहीं सोचा था कि मेरे कारण मेरे अनुज मारे जायेंगे। सिंहासन पर बैठने का यह मूल्य मुझे अत्यन्त भारी पड़ा है। राष्ट्रपाल इत्यादि भाइयों के साथ हमने बचपन में न जाने कितने खेल खेले, समस्त शिक्षाएँ हमने साथ लीं और आज देखो, उनकी मृत्यु के निमित्त हम बने। मैं प्रसन्न नहीं हो सकता अनुज। मैं दर्पण में स्वयं का ही सामना नहीं कर सकूँगा। पिताजी महाराज महापद्मनन्द को किस भाँति अपना मुँह दिखाऊँगा, पितरों को क्या उत्तर दूँगा?"

नन्द बोला, "महाराज, हम अब बच्चे नहीं रहे। आप भी मात्र भाई ही तो नहीं हैं! आप युवराज हैं, कार्यकारी राजा हैं, भावी महाराज हैं। आपका उत्तरदायित्व मात्र अपने परिवार के प्रति तो नहीं है, अपितु समस्त जनता के प्रति है। क्या कुचक्री राष्ट्रपाल, कामी दशसिद्धक या व्यसनी कैवर्त के हाथों में मगध की सत्ता सौंप दी जानी चाहिए थी? यह मेरा निश्चित मत है, ज्येष्ठ कि यदि राष्ट्रपाल जीवित होता तो कभी न कभी वह आपकी और आपका पक्षधर होने के कारण मेरी हत्या करवा देता। शोक न करें ज्येष्ठ, आपके कृत्य धर्मानुसार हैं।" इतना सब कहने के बाद भी उग्रसेन स्थिति में कोई परिवर्तन न देख उसने सोचा कि अच्छा ही है जो ये मूर्ख इतना व्यथित दिखायी देता है। मन्त्रिपरिषद् और जनता के सम्मुख उग्रसेन को ऐसा ही दिखना चाहिए। यदि यह प्रसन्न होता तो इसे व्यथित दिखने का नाटक करने के

लिए कहना और प्रशिक्षित करना कठिन कार्य होता। कुछ सोचकर वह पुनः बोला, "महाराज, इस शोक की घड़ी ने भी हमें एक दूसरी प्रकार की लाभ की स्थिति में पहुँचाया है। वन्यजातियों ने वर्षों से अनेकों बार कठिनाइयाँ उत्पन्न की हैं। काष्ठ और वनस्पतियों से निर्मित मसालों को लेकर कई बार टकराव की स्थितियाँ निर्मित हुई हैं। हम वन्यजातियों के इस कायरतापूर्ण कृत्य का प्रतिशोध लेने के व्याज से उनका समूल नाश कर अपनी वन्य सम्पदा को पुनः प्राप्त कर सकते हैं। आप आज्ञा दें, उनका नाश ही मगध का न्याय है।"

उग्रसेन अभी अपने पिछले कुकर्म से ही बाहर नहीं आ पाया था। वह जब बोला तो जैसे किसी अन्धे कुएँ से स्वर निकल रहे हों, "जो मन में आये, करो नन्द। तुम्हें सारे अधिकार दिये जाते हैं। मुझे कुछ दिनों के लिए अकेला छोड़ दो। मुझे पिताजी के पास जाना चाहिए। उनके दो पुत्र मारे गये हैं। तुम जाओ। भाइयों के अन्तिम संस्कार हेतु उचित प्रबन्ध करो। वन्यजातियों से भी तुम्हीं निपटो, जाओ।"

सिर नवाकर प्रणाम करता नन्द कुछ पग पीछे चला और मुड़कर मुस्कुराते हुए कक्ष से बाहर निकल गया।

×××

कुमारों के अन्तिम संस्कार इत्यादि विधिवत् सम्पन्न होने के बाद नन्द की आज्ञा से मगध की एक छोटी टुकड़ी को वनों में भील, किरात इत्यादि वन्यजातियों के समूल नाश हेतु भेज दिया गया। वन में रहने वाली इन वीर जातियों ने यद्यपि मगध सेना का डटकर सामना किया था। पर वे मगध की प्रशिक्षित सेना के सामने कितनी देर टिक सकते थे! अतः शेष बचे योद्धाओं ने कुटुम्ब सहित मगध की सीमा प्रार कर पर्वतीय राज्यों की शरण ली। नगर और वन में निवास करने वाली जनता के बीच आदिकाल से ही छोटी-मोटी झड़पें तो होती ही रहती थीं, परन्तु मगध के इस कृत्य ने वन्यजातियों को सदैव के लिए मगध का शत्रु बना दिया था।

नन्द प्रसन्न था कि उसके मार्ग में आने वाले सम्भावित कंटकों में से अधिकांश का नाश हो चुका था। उसके और सिंहासन के बीच मात्र उसके रोगशैया पर पड़े पिता और ज्येष्ठ उग्रसेन ही शेष बचे थे। एक दिन वह अपने पिता की सेवा में उपस्थित हुआ और उन्हें प्रणाम कर बोला, "पिताजी, मुझे समझ नहीं आ रहा कि मैं किस भाँति अपना दुःख प्रकट करूँ, किस भाँति आपको सांत्वना दूँ? आपके पुत्रों में मात्र मैं, कैवर्त और ज्येष्ठ ही बचे हैं। मैं आपकी इस अवस्था में आपको कष्ट नहीं देना चाहता, परन्तु आपसे भी न कहूँ तो किससे कहूँ?"

अत्यन्त कठिनाई से महापद्मनन्द सप्रयास बोले, "क्या कहना चाहते हो पुत्र?"

"पिताजी, ये सब जो दुर्घटनाएँ हुई हैं, आपको नहीं लगता कि इनमें कोई भेद है? पहले मेरे तीन भाई युद्ध में मारे गये, फिर एक भाई की हत्या मगध के ही एक नागरिक द्वारा कर दी गयी और अब दो भाई वन में मार दिये गये। युद्ध की आज्ञा ज्येष्ठ ने दी थी, दशसिद्धक की हत्या का आयोजन भी कदाचित् ज्येष्ठ की अनुमति से हुआ और क्या यह मानने वाली बात है कि मगध के दो पराक्रमी कुमारों की हत्या वे पिछड़े वनवासी कर दें? मुझे तो इन सभी घटनाओं में षड्यंत्र का भास होता है। आपने मुझ निरपराधी को भी मर्यादा की रक्षा हेतु पाँच वर्षों के लिए पाटलिपुत्र से निष्कासित कर दिया था, फिर एकाएक ही तीन वर्ष शेष रहते ही मुझे ज्येष्ठ ने वापस बुला लिया। कहीं अन्य भाइयों की तरह मेरी भी हत्या का आयोजन तो नहीं हो रहा? नगर के बाहर ऐसा सम्भव न होता, क्या इसलिए ही तो मेरा निष्कासन समाप्त नहीं किया गया? यहाँ राजधानी में ऐसा करना उनके लिए अधिक सुगम होगा। अन्ततः वर्तमान में वे ही मगध के वास्तविक शासक हैं। मैंने सदैव आपकी आज्ञा का पालन किया है, ज्येष्ठ की इच्छाओं का सम्मान किया है, परन्तु पिताजी अब मुझे ज्येष्ठ की महत्वकांक्षाओं से भय लगने लगा है। ईश्वर न करे, यदि उन्होंने आपके साथ भी कुछ ...। जो व्यक्ति अपने भाइयों की हत्या कर सकता है, उसे पितृहन्ता बनने में कितना समय लगेगा? चलिए पिताजी, मेरे साथ उज्जैन चलिए। ज्येष्ठ को यहाँ राज्य करने दीजिए।"

मगधराज निश्चित स्वर में बोले, "पुत्र, उग्रसेन ऐसा करेगा, मुझे इसकी आशा नहीं थी। परन्तु जो हो, मैं अभी भी मगध का सम्राट् हूँ। मगध को इस प्रकार छोड़कर चला जाना न राजा को शोभा देता है, न उसके राजकुमार को। नियति में जो लिखा है, उसे तो भोगना ही है, पुत्र। तुम ऐसा करो कि उग्रसेन और उसके सेवकों की गतिविधियों पर दृष्टि रखो। कुमारों की हत्याओं में उनकी संलिप्तता के अकाट्य साक्ष्य मिलें तो उन्हें मेरे सम्मुख ले आओ। यदि ऐसा हुआ तो मैं उग्रसेन को दिये सारे अधिकार छीन लूँगा। वंश परम्परा से सिंहासन पर ज्येष्ठ का अधिकार होता है, परन्तु यदि ज्येष्ठ अयोग्य हो, अपराधी हो तो कनिष्ठ भी राजा बन सकता है। उग्रसेन और तुम, दोनों ही मेरे पुत्र हो। यदि उग्रसेन अपराधी सिद्ध हुआ तो सिंहासन पर तुम बैठोगे।"

नन्द यही तो सुनना चाहता था। अपने पिता के साथ कुछ देर और मन्त्रणा कर वह बाहर आ गया। उसके मष्तिष्क में आगे की योजना आकार ले रही थी।

×××

महापद्मनन्द को रोगशैया पर पड़े अब छह वर्ष होने को आये। दो वर्ष पूर्व भीलों द्वारा कुमारों की हत्याओं के पश्चात् महापद्मनन्द मानसिक रूप से भी टूट चुके थे। उन्हें सूचनाएँ मिलती रही थीं कि जनता उग्रसेन से असन्तुष्ट है। वास्तविकता यह थी उग्रसेन जनता की भलाई के लिए अनगिनत योजनाएँ चला रहे थे, जनता को उन योजनाओं का लाभ भी मिल रहा था, परन्तु नन्द के अनुचरों द्वारा सतत् रूप में जनता के बीच प्रवाद प्रसारित हो रहा था। सबका यह मानना था कि उग्रसेन ने ही सत्ता पर निरंकुश अधिकार की प्राप्ति हेतु अपने भाइयों की हत्याएँ प्रायोजित की थीं। नन्द ने अत्यन्त सधी चालें चली थीं। वह जनता के बीच उन्मुक्त भाव से दान करता, उनकी छोटी-मोटी समस्याएँ सुनता और उन समस्याओं के निराकरण हेतु वास्तविक प्रयास भी करता। उग्रसेन से अपने मधुर सम्बन्धों का लाभ उठाकर उसने विभिन्न महत्वपूर्ण विभागों पर अधिकार कर लिया था। वह वर्णों के बीच चतुराई से भेद उत्पन्न करता, ब्राह्मणों और बौद्धों के बीच टकराव की स्थितियाँ निर्मित करता, परन्तु वह यह सब इतनी कुशलता से करता कि प्रत्येक व्यक्ति को यही प्रतीत होता कि वह उसी का पक्षधर है।

उसने कार्यकारी राजा उग्रसेन से निवेदन किया कि पिताजी महाराज का स्वास्थ्य दिनोंदिन बिगड़ता ही जा रहा है, अत: उचित होगा कि उन्हें राजकीय गतिविधियों के केन्द्र और नगरीय जीवन के कोलाहल से दूर किसी सुरम्य स्थान पर विश्राम हेतु भेज दिया जाये। उग्रसेन को भी यह विचार उचित ही लगा। उसने निकटतम वन में, प्राकृतिक परिवेश में महाराज महापद्मनन्द के लिए सभी सुख-सुविधाओं से युक्त एक नये भवन के निर्माण की अनुमति दे दी। कुछ महीनों में जब भवन का निर्माण पूर्ण हुआ तो स्वयं उग्रसेन और नन्द उन्हें उनके नये भवन तक ले आये। कुछ दिन साथ रहकर दोनों राजधानी वापस आ गये। वापस लौटते समय नन्द ने महल के मुख्य सुरक्षाधिकारी को एक गुप्त संकेत किया।

राजधानी पाटलिपुत्र की आम सभा में महीने भर बाद एक सन्देशवाहक आया और उसने अत्यन्त दारुण सूचना दी कि महापद्मनन्द का भवन न जाने कैसे अचानक ही गिर पड़ा और उसमें दब कर अनेकों सेवकों सहित महाराज महापद्मनन्द की मृत्यु हो गयी।

महाराज की अन्तिम यात्रा में पूरा नगर उमड़ पड़ा था। उनकी अर्थी को कन्धा देने वालों में कुमार नन्द, कुमार कैवर्त, प्रधानामात्य शकटार, अमात्य चणक, अमात्य राक्षस सहित अन्य अनेक गणमान्य व्यक्ति सम्मिलित थे। शव यात्रा में दु:खी जनता पैर घसीटते और 'राम-नाम' पुकारती चली जा रही थी। जनता के बीच में ही कुछ ऐसे व्यक्ति भी थे जो अत्यन्त व्यथित प्रतीत होते थे और अपना असन्तोष व्यक्त कर रहे थे।

एक बोला, "राजवंश का ऐसा नाश! एक के बाद एक असामान्य मृत्यु! क्या आप लोगों को आश्चर्य नहीं होता? पाटलिपुत्र के किस अन्य परिवार में कुछ ही वर्षों में ऐसी घटनाएँ घटी हैं?"

दूसरा बोला, "मुझे तो तभी सन्देह हुआ था जब मगध की ऐसी पराक्रमी सेना के साथ गये कुमार पण्डूक, पाण्डुगति और भूतपाल वीरगति को प्राप्त हो गये। क्या यह मानने वाली बात है कि इतने शूरवीर कुमार पर्वतीय राज्यों की उन दुर्बल सेनाओं से परास्त हो गये होंगे? और चाहे कितनी भी शत्रुता क्यों न हो, क्या अब से पहले कभी सुना भी है कि विजेता ने शत्रु राजा अथवा कुमार की हत्या की हो?"

तीसरा अचम्भित होकर बोला, "हैं! वे तो युद्ध में लड़ते हुए मारे गये थे न? क्या हम लोगों को ग़लत सूचना दी गयी थी? उनके पराजित होने के बाद उन्हें निःशस्त्र कर वध किया गया था क्या?"

दूसरे ने उत्तर दिया, "कुछ भी सम्भव है, पर मैं तो यह कह रहा हूँ कि सम्भव है वे युद्ध में परास्त ही न हुए हों, अपितु उनके अपने सहयोगियों ने ही उनकी हत्या कर दी हो।"

"तुम यह किस आधार पर कह सकते हो?"

"भई, मैं कोई राजकीय गुप्तचर तो हूँ नहीं। तुम्हारी तरह सामान्य नागरिक हूँ। मैं तो मात्र घटनाओं को भिन्न दृष्टि से देख रहा हूँ। अच्छा, तुम ही बताओ, पूर्व सेनानायक मौर्य और इस उग्रसेन में तो बड़े अच्छे सम्बन्ध थे न? फिर ऐसा क्या हुआ कि कुमारों की वीरगति अथवा हत्याओं के बाद उन्हें पाटलिपुत्र से हटा दिया गया? सेना की हार हुई और आपने अपने प्रधान सेनापति को ही हटा दिया, और प्रतिशोध हेतु ही सही, आपने पुनः आक्रमण हेतु नवीन सेना भेजी ही नहीं! क्यों? क्या इसलिए नहीं कि जिस प्रयोजन हेतु उस युद्ध का आयोजन किया गया था, वह पूर्ण हो चुका था। और सेनापति मौर्य चूँकि इस षड्यंत्र में बराबर के भागीदार थे तो उन्हें पाटलिपुत्र से दूर कर दिया गया। सुना है कि पहले तो उन्हें किसी अन्य सीमा पर भेजा गया था, परन्तु अब वे अपने पिप्पलि-कानन के गणराज्य में वापस लौट गये हैं और मौरिय क्षत्रियों के राजा के रूप में कार्य कर रहे हैं। मौरिय गण तो मगध के अन्तर्गत आता है, परन्तु फिर भी, उन्हें अपनी स्वतन्त्र सत्ता चलाने की अनुमति देना, क्या उस षड्यंत्र का पुरस्कार नहीं है?"

इनकी बातें सुन अन्य अनेक नागरिक भी निकट जमा होते गये थे। उनमें से एक बोला, "और कुमार दशसिद्धक भी तो ऐसे ही मारे गये थे।" यह सुन एक अन्य व्यक्ति बोला, "और नहीं तो क्या? यह मानने वाली बात है कि कोई सामान्य नागरिक महाराज महापद्मनन्द के पुत्र को, मगध कुमार को द्वन्द्व की चुनौती दे!

आप लोग ही बताइए, इससे पूर्व स्त्री को लेकर कब ऐसी स्थिति उत्पन्न हुई कि द्वन्द्व का आयोजन करना पड़े? हमने तो यही देखा कि कोई विवाहित स्त्री यदि किसी परपुरुष से प्रेम करती है या सम्बन्ध रखती है तो पुरुष उस स्त्री का त्याग कर देता है। यह क्या बात हुई कि उस पतित स्त्री के लिए द्वन्द्व की चुनौती देकर स्वयं के प्राण संकट में डाले जायें। द्वन्द्व क्यों करते हैं? इसीलिए न कि स्त्री पर अपना अधिकार सिद्ध कर सकें! भला कौन पुरुष किसी कुलटा स्त्री पर अधिकार सिद्ध करना चाहेगा? उसे छोड़ किसी अन्य स्त्री से विवाह नहीं कर लेगा? सुन्दर, अविवाहित स्त्रियों की कमी है क्या इस पृथ्वी पर?"

महाराज महापद्मनन्द की चिता जल चुकी थी। राजन्य वर्ग और सचिव वर्ग के व्यक्ति लपलपाती अग्नि को देखते हुए निःशब्द खड़े थे, परन्तु आम जनता के बीच विद्रोह की अग्नि जल रही थी। नन्द के पढ़ाये कुशल अभिनेता झूठी-सच्ची बातों से इस अग्नि में घृत प्रवाहित कर रहे थे। जनता के बीच छोटे-छोटे समूह बन गये थे। पहले जो बातें मात्र अभिनेता कर रहे थे, अब वही बातें द्विगुणित, त्रिगुणित, बहुगुणित होकर सामान्य लोगों के मुखों से भी निकलने लगी थी। एक समूह का केन्द्र बना एक व्यक्ति बोल रहा था, "अजी जाओ। राष्ट्रपाल जैसे धर्मात्मा दशकों, शतकों, सहस्त्राब्दियों में एक बार जन्म लेते हैं। वह तो करुणा के सागर थे। यद्यपि क्षत्रिय वृत्ति का होने के कारण उन्हें आखेट, मृगया में आनन्द आता था, परन्तु क्या कोई एक भी नागरिक है ऐसा जो कह सके कि राष्ट्रपाल से उसे कभी तनिक-सी भी कठिनाई उत्पन्न हुई हो? सामान्य नागरिकों तक के विवाहोत्सवों पर उनकी ओर से सदैव ही भेंट आया करती थी। प्रायः वे स्वयं भी आते थे। किसी श्रमिक को क्लान्त देख वे अपने रथ से उतरकर स्वयं श्रमदान करने लगते थे। मैंने तो उन्हें वीथियों पर जल छिड़कते भी देखा है। बताओ, जो व्यक्ति इतना दयालु हो, जिसके मन में अपनी जनता के लिए इतना प्रेम हो, क्या वह वन्यजातियों की समस्याओं को समझने में असफल रहा होगा? हमें बताया गया कि नदी का पानी प्रदूषित कर रहे थे कुमार के साथी। यह कोई इतनी बड़ी बात तो नहीं थी कि इसे अभिमान का प्रश्न बना लिया जाये। कुमार अपना शिविर कहीं और लगा लेते।"

किसी ने पूछा, "वही तो। कुमार ने शिविर किसी अन्य स्थान पर नहीं लगाया, इससे कुपित होकर भीलों ने आक्रमण कर दिया।"

"न, न। तुम समझे नहीं, मित्र। यदि भीलों ने ऐसी प्रार्थना की होती तो कुमार निश्चित ही उस स्थान से कहीं और चले गये होते। कोई भील था ही नहीं, कोई समस्या थी ही नहीं। ये तो भेष बनाये दस्यु होंगे जिन्होंने बहाना बनाकर दोनों कुमारों

की हत्या कर दी। अब यह तो बताने की आवश्यकता नहीं है न कि ऐसा किसके संकेत पर किया गया होगा?"

"तो क्या युवराज उग्रसेन ने यह षड्यंत्र रचा?"

"तुम ही बताओ, कुमारों की मृत्यु से प्रत्यक्ष लाभ किसका है?"

"राम-राम, राज्य की ऐसी लालसा कि अपने ही भाइयों की हत्या करवा दी?"

एक अन्य गूढ़पुरुष बोला "अरे भैया, कलयुग है। जो न हो जाये। महाराज भी तो मारे गये। वर्षों से अस्वस्थ चल रहे थे। अपने भवन में, अपने कक्ष में पड़े रहते थे, पर जीवित तो थे। वायु-परिवर्तन हेतु नगर से दूर ले जाया गया, भला क्यों? क्या किसी वैद्य ने ऐसा कहा था? अगर वायु-परिवर्तन से लाभ होने की सम्भावना होती तो इतने वर्षों के पश्चात् नहीं, अपितु अस्वस्थता के आरम्भिक माह में ही ऐसा किया जाना चाहिए था। अचानक ही महाराज को नगर से दूर किसी वन में भेजना और वहाँ उनकी मृत्यु हो जाना, क्या इससे षड्यंत्र का भास नहीं होता?"

उस वाचाल को सुन रहे सभी व्यक्तियों की ग्रीवाएँ सहमति में हिलने लगीं। गूढ़पुरुष पुन: बोला, "महाराज के जीवित रहते कोई अन्य व्यक्ति सम्राट् नहीं बन सकता। महाराज की अस्वस्थता वर्षों से चली आ रही थी। कदाचित् उग्रसेन उनकी मृत्यु की इतनी लम्बी प्रतीक्षा से थक गया होगा। इस कपटी उग्रसेन ने ही महाराज को नगर से बाहर जाने के लिए विवश किया। उसने ही वन में महाराज के विश्राम हेतु भवन का निर्माण कराया। उसके द्वारा निर्मित भवन में दबकर हमारे पुण्यात्मा महाराज स्वर्गवासी हुए।"

उसके चुप होने पर एक अन्य पुरुष बोला, "मित्रो, जो व्यक्ति मात्र कार्यकारी राजा होने पर इतने अत्याचार कर सकता है, जो अपने ही भाइयों और पिता तक की हत्या करने में संकोच नहीं करता, वह जनता के साथ क्या कुछ नहीं कर जायेगा? मित्रो, अपना भला चाहते हो तो इस पापी को राजा मत बनने दो। अभी मन्त्रों द्वारा उसका राज्याभिषेक नहीं हुआ है। अभी उसके हाथों में राजदण्ड नहीं है। अभी उसके सिर पर छत्र नहीं लगा है। इससे पूर्व की वह राजा बने, साक्षात् ईश्वर के प्रतिनिधि के रूप में अभिषिक्त हो, उसे रोक लो। इस हत्यारे, पापी, कुल कलंक, राष्ट्रद्रोही, मानवताद्रोही का वध कर दो।"

नन्द के गूढ़पुरुषों द्वारा लगायी चिंगारी अब अग्नि में परिवर्तित हो रही थी। श्मशान और उसके साथ लगे दूर-दूर तक के क्षेत्रों में महाराज महापद्मनन्द की अन्तिम यात्रा में सम्मिलित होने आयी जनता भड़क चुकी थी। धीमे स्वर में हो रही बात, धीरे-धीरे प्रचण्ड रव में परिवर्तित हो गयी। राजन्य वर्ग के साथ आये अंगरक्षक व्याकुल हो उठे। उन्होंने सामान्य प्रथा का निर्वाह करते हुए श्मशान में प्रवेश नहीं

किया था, परन्तु जब कोलाहल प्रचण्ड हुआ तो उन्होंने विवश होकर श्मशान में ही विशिष्ठ जनों के चारो ओर एक सुरक्षा घेरा बनाने का प्रयास किया। यह अभूतपूर्व घटना थी। राज्य की जनता विद्रोह कर रही थी। अंगरक्षकों को समझ आ गया कि विद्रोह का निशाना भावी महाराज उग्रसेन हैं। उन्होंने उग्रसेन को अपने घेरे में लिया और मार्ग बनाने लगे। जनता का दवाब इतना अधिक था कि एक-एक पग आगे बढ़ाने में कई-कई पल लग रहे थे। जैसे-तैसे वे उग्रसेन को उसके रथ तक ले आये, परन्तु रथ बेकार हो चुका था। रथ का सारथी जाने कहाँ था? रथ के पहिये की तीलियाँ भी तोड़ दी गयी थीं। शिविका थी, पर उसके श्रमिक नहीं थे। अन्य कोई उपाय न देख अंगरक्षक दल ने पैदल चलने का निश्चय किया। अभी वे कुछ दूर ही चल पाये थे कि जनता के एक विशाल उपद्रवी समूह के दबाव से सुरक्षा घेरा आधी घटिका के लिए टूट गया। जब अंगरक्षकों के प्रयासों से घेरा पुनः बना तो उन्होंने देखा कि अब किसी सुरक्षा की कोई आवश्यकता नहीं रह गयी थी। उग्रसेन धरती पर निश्चेष्ट पड़ा था। उसके नेत्र खुले थे, पैर मुड़े हुए थे, उसके शरीर पर तलवारों से बने अनगिनत घाव थे, जिनसे ताज़ा रक्त प्रवाहित हो रहा था। भावी महाराज, महाराज बनने से पहले ही काल का शिकार हो गया था।

कहीं दूर नन्द के चेहरे पर मुस्कान खेल रही थी।

(2)

प्रधानामात्य शकटार अपने निवास पर धीमे पगों से चलते हुए विचारमग्न थे। उन्हें राज्य की चिन्ता सता रही थी। नन्द के राजा बनने के कुछ ही वर्षों में इतने अधिक परिवर्तन हुए थे कि शकटार जैसा धीर-गम्भीर व्यक्ति भी उद्वेलित हो उठा था। उनकी विचारशृंखला तब भंग हुई जब उनके एक पुत्र ने उनका ध्यान सामने से आते अश्वारोही की ओर आकर्षित किया। शकटार भग्नहृदय से सामने से आते, फिर अश्व से उतरते चणक को देखते रहे और स्वयं को यह विचार करने से नहीं रोक सके कि कितना अद्‌भुत है यह ब्राह्मण! अन्य प्रतिष्ठित ब्राह्मण जहाँ विद्यादान में, ग्रन्थों की रचनाओं में व्यस्त रहते हैं, यह राज्य और राष्ट्र की चिन्ता में दुबला होता जाता है। शकटार ने आगे बढ़कर चणक का स्वागत किया। यद्यपि चणक अत्यन्त क्षोभ की अवस्था में थे, परन्तु मगध राज्य के आधारस्तम्भ और अपने मित्र, सहपाठी के मुख को देख द्रवित हो उठे। दोनों मित्र गले मिले, जैसे मूक होकर भी वे एक-दूसरे की वेदना समझ रहे थे। शकटार ने चणक को आसन पर बिठाया और कहा, "मुझे एक बात बताओ, चणक। तुम अन्य ब्राह्मणों की भाँति अपना गुरुकुल

क्यों नहीं चलाते? मुझे यह भी ज्ञात है कि अर्थशास्त्र विषय पर तुम्हारे पूर्वजों ने कई सूक्त प्रतिपादित किये हैं। इस ग्रन्थ को पूर्ण करने का उत्तरदायित्व भी तुम्हारा है। तुम यह सब क्यों नहीं करते? राजनीति में ही इतने निमग्न क्यों हो? मगध आज है, कल नहीं रहेगा, परन्तु तुम्हारे द्वारा संकलित ग्रन्थ सदैव रहेगा।"

"आज कितने वर्षों पश्चात् तुमने मुझे 'तुम' कहकर सम्बोधित किया, शकटार! इस आत्मीय सम्बोधन को सुन मुझे बहुत अच्छा लगा। राजनीति ने हम मित्रों को भी कितना औपचारिक बना दिया है न!" कुछ रुककर चणक पुनः बोले, "मित्र, तत्कालीन परिस्थितियों से दूर भागकर केवल स्वउत्थान करना मुझे उचित नहीं लगता। मेरा समाज अभी छिन्न-भिन्न हो रहा है, प्रजा त्रस्त है, राज्य की ओर से ऐसी नीतियाँ अपनायी जा रही हैं जिनसे भविष्य अन्धकार मय दिखता है, तो मैं कैसे इन सबसे निस्पृह रह सकता हूँ? मैं इस राष्ट्र का अंग हूँ। मगध राज्य में अधर्म हो तो मैं कैसे व्यथित न होऊँ, मित्र?"

"परन्तु यह मगध तो तुम्हारी मातृभूमि भी नहीं है। इसमें तुम्हारी इतनी आसक्ति?"

"हाँ शकटार, मगध मेरे पूर्वजों की मातृभूमि नहीं है। मेरे पूर्वज दक्षिण भारत से चलकर गान्धार राज्य में बसे। मेरा जन्म भी वहीं हुआ। मैं यहाँ मगध में आ बसा, परन्तु मित्र, मैंने कभी भी दक्षिण भारत, उत्तर-पश्चिम भारत या मध्य भारत में कोई भेद नहीं समझा। आन्तरिक व्यवस्था के लिए जिस प्रकार मगध राज्य के प्रत्येक ग्राम में एक ग्रामप्रमुख है, वैसे ही राष्ट्र की आन्तरिक व्यवस्था को सुचारू रूप से चलाने के लिए हमारे पूर्वजों द्वारा राष्ट्र के अंग के रूप में राज्यों की व्यवस्था की गयी थी। यह भी है मित्र कि किसी विशिष्ट काल की अच्छाई किसी अन्य काल में सबसे बड़ी बुराई बन जाती है। आज भारत के प्रत्येक राज्य स्वयं को स्वतन्त्र, स्वयंभू समझने लगे हैं। ईश्वर न करे, यदि कभी किसी बाहरी शत्रु ने इस राष्ट्र पर आक्रमण किया तो ये राज्य एक-दूसरे की सहायता करने के लिए आगे नहीं आयेंगे। इनके लिए अपना पड़ोसी राज्य और भारत के बाहर से आया शत्रु एक समान ही होंगे। यह सम्पूर्ण राष्ट्र ही मेरी मातृभूमि है, शकटार। मैं भारत की चिन्ता करता हूँ। मैं भारत के एक राज्य मगध में रहता हूँ, अतः मगध की चिन्ता करता हूँ। मगध के एक नगर पाटलिपुत्र में रहता हूँ अतः इस नगर की चिन्ता करता हूँ।"

"ऐसे तो तुम इस संसार में रहते हो तो संसार की भी चिन्ता करते होगे?"

तनिक मुस्कुराकर चणक बोले, "अवश्य करता हूँ, मित्र। तुम मुझे उलझाने का हास्यास्पद प्रयास न करो और जो कह रहा हूँ, उसे समझो। कई इकाइयों से मिलकर एक बड़ी इकाई बनती है। उन बड़ी इकाइयों से मिलकर पुनः एक इकाई बनती है। ग्रामों, नगरों से मिलकर राज्य, राज्यों से मिलकर राष्ट्र और राष्ट्रों से

मिलकर विश्व बनता है। ग्राम समृद्ध होंगे तो राज्य समृद्ध होगा और राज्य समृद्ध होंगे तो राष्ट्र सम्पन्न होगा। यह एक क्रम है जिसका आरम्भ बिन्दु किस छोर से होगा, कौन-सी इकाई अधिक महत्वपूर्ण है, यह समयानुकूल परिस्थिति पर निर्भर करता है। अभी अगर केकय[1] मगध पर आक्रमण करे तो पूरे मगध को एक साथ मिलकर उसका प्रतिकार करना होगा। कोई नगर या कोई ग्राम यह नहीं कह सकता कि सीमावर्ती ग्राम तो हमारा शत्रु है, अतः हमें इससे क्या कि कोई बाहरी राज्य उस पर आक्रमण करता है। यदि पारस भारत पर आक्रमण करे तो मगध यह नहीं कह सकता कि सीमावर्ती गान्धार अथवा केकय से हमें क्या सरोकार है? यदि इस विश्व के अतिरिक्त भी कही कोई सभ्यता हो और वह पृथ्वी पर आक्रमण करे तो भारत यह नहीं कह सकता कि आक्रमण तो बर्बरों पर हो रहा है, हमें क्या!"

शकटार खुल कर हँसे, फिर तत्काल संकुचित होकर बोले, "क्षमा करना मित्र, तुम्हारे तर्क अत्यन्त सटीक हैं। पृथ्वी पर परग्रहियों के आक्रमण वाली बात पर हँसी आ गयी। अस्तु, यह तो बताओ कि इस समय कैसे आना हुआ, वह भी अश्व पर? मैंने गुरुकुल में अनिवार्य शस्त्रशिक्षा के समय ही तुम्हें अश्व पर बैठे देखा था। मुझे तो यह भी लगता है कि यदि उस समय के नियमों के अनुसार यदि मौलिक शस्त्र शिक्षा अनिवार्य न होती तो तुम कदाचित् कभी किसी शस्त्र को, किसी अश्व को छूते भी नहीं।"

चणक बोले, "आज क्या बात है, शकटार? तुम्हें पहले कभी ऐसा नहीं देखा।"

"तात्पर्य? मैं तुम्हारे अटपटेपन की बात कर रहा हूँ, और तुम मुझमें ही अटपटापन देख रहे हो?"

"आश्चर्य की बात तो है ही प्रधानामात्य जी। तुम एक बार में दो परस्पर भिन्न बातें तो नहीं करते थे। अब मैं तुम्हारी किस बात का उत्तर दूँ? मैं यहाँ क्यों आया या मेरी शस्त्र शिक्षा में रुचि क्यों नहीं थी?" शकटार के कुछ बोलने से पहले ही चणक पुनः बोले, "दोनों का ही उत्तर देता हूँ। प्रत्येक मनुष्य की एक मूल प्रवृत्ति होती है। मेरी प्रवृत्ति शास्त्र अध्ययन की ओर थी अर्थात् राजनीति, दण्डनीति, अर्थशास्त्र इत्यादि। मैं अपना सारा समय इन्हीं विद्याओं को ग्रहण करने में व्यतीत करना चाहता था। शस्त्र और युद्ध मेरी प्रकृति नहीं। यह नहीं कह रहा कि ये सब अनुपयोगी हैं, अपितु ये अत्यावश्यक हैं, बस मैं इनके लिए अनुपयुक्त हूँ। यदि मैं इनके विरुद्ध होता तो अपने पुत्र विष्णुगुप्त को शस्त्र शिक्षा हेतु अन्य गुरुओं के पास क्यों भेजता?"

---

[1] झेलम और चिनाब नदियों के बीच का एक जनपद

इतना बोल चणक चुप हो गये, जैसे सोच रहे हों कि अपनी बात आरम्भ कहाँ से करें? थोड़ी देर मौन रहने के पश्चात् बोले, "मैं राज्य की वर्तमान स्थिति को लेकर चिन्तित हूँ। मुझे अत्यन्त क्षोभ होता है, स्वयं पर क्रोध आता है कि मैं क्यों नन्द जैसे राजा की सेवा कर रहा हूँ? तुमने अभी शस्त्रों की बात कही न। राज्य में प्रत्येक नागरिक के लिए आधारभूत शस्त्र शिक्षा अनिवार्य थी, परन्तु नये नियमों द्वारा इस नियम को समाप्त कर दिया गया है। मैं स्वयं अहिंसावादी हूँ, परन्तु अहिंसा का यह अर्थ तो नहीं कि स्वयं को नि:सहाय और दुर्बल बना लिया जाये। अहिंसा का अर्थ है कि आप किसी पर हिंसा करने की पहल न करें। यह अर्थ तो नहीं हो सकता न कि कोई तुम पर हिंसा करे और तुम चुपचाप बैठे रहो। स्वयं को हिंसक समूह के आगे नि:सहाय छोड़ देना क्या अहिंसा के मूलभूत सिद्धान्त का विरोध नहीं है? जब आप स्वयं पर हिंसा हो जाने देते हैं तो आप स्वयं पर हिंसा कर रहे होते हैं। शस्त्र शिक्षा नागरिकों को अनुशासित करने का सबसे उत्तम मार्ग था, जिसे हमारे राजा ने समाप्त कर दिया है। शस्त्र शिक्षा से राष्ट्र के प्रति न्यूनाधिक रूप से प्रेम पल्लवित होता है। यह भावना बनती है कि कभी यदि राष्ट्र को आवश्यकता हुई तो हम भी उसकी रक्षा हेतु अपना योगदान दे सकते हैं, परन्तु यदि शस्त्र शिक्षा समाप्त कर दी गयी तो मात्र कुछ ही वर्षों में नागरिकों के एक बड़े प्रतिशत के मन में यह बात बैठ सकती है कि राज्य की रक्षा करना मात्र सैनिकों का कर्तव्य है। मुझे ज्ञात हुआ है कि महाराज बौद्ध मतावलम्बियों के प्रभाव में ऐसा कर रहे हैं। परन्तु यदि ऐसा ही है तो बौद्धमत के मात्र एक भाग को ही स्वीकार करना और अन्य भागों की ओर से नेत्र मूंद लेना क्या न्यायसंगत है? महात्मा बुद्ध ने तो अपरिग्रह और ब्रह्मचर्य की शिक्षा भी दी थी। महाराज नन्द इन दोनों शिक्षाओं को क्यों नहीं अपनाते? शिल्पकारों और चित्रकारों पर कर का प्रावधान इन्होंने किया। कृषक और वेतनभोगी कर्मचारियों पर कर के भार को दोगुना कर दिया गया। श्रमिक वर्ग की दैनिक कार्य समय-सीमा बढ़ा दी और उनके श्रम का मूल्य यथावत् रखा। व्यापारी वर्ग के कर भी बढ़ा दिये गये हैं। कर में वृद्धि या कमी समयानुसार, परिस्थिति अनुसार होती रहती है, परन्तु कर जनता पर व्यय करने के लिए लिया जाता है न कि स्वयं के भोगविलास हेतु। तुम बताओ शकटार, महाराज के पिछले पाँच वर्ष के शासन में आमजन के लिए क्या नई सुविधाएँ आरम्भ की गयी हैं?" शकटार के उत्तर की प्रतिक्षा न करते हुए चणक बोले, "मैं ही बताता हूँ, शून्य। और करों में वृद्धि? दोगुने से अधिक। कहाँ जा रहा है यह धन? तुम्हें पता है, अब लोग नन्द को 'धनानन्द' कहने लगे हैं।"

शकटार बस सुन रहे थे। यही सब बातें उन्हें भी तो व्याकुल कर रही थीं। चणक बोल रहे थे, "हाँ, नन्द ने जनता के लिए दो कार्य अवश्य किये हैं।

मदिरा के निर्माण, आयात और विक्रय पर कर न्यूनतम कर दिया है। क्यों? क्या इसलिए कि जनता मदिरा पीकर विमत्त रहे, अपना स्वास्थ्य बिगाड़ ले और राज्य के बिगड़ते स्वास्थ्य की ओर से अपने नेत्र मूँद ले? दूसरा महत्वपूर्ण कार्य इन्होंने यह किया कि गणिकाओं और वेश्याओं की बस्ती को नगर से बाहर ही निवास करने के प्रावधान को समाप्त कर दिया है। हमारे नगरों में, हमारे घर के अमावास्य[1] में भी कोई वेश्या निवास कर सकती है और अपनी आजीविका हेतु व्यापार कर सकती है। यद्यपि वेश्याओं का होना ही राज्य और समाज की दुर्बलता का प्रतीक है, परन्तु वास्तविकता यह है कि किसी भी समाज की यौन कुण्ठाओं के बहिर्गमन को एक मार्ग देने के लिए वेश्याएँ आवश्यक हैं। हम कितनी भी बड़ी-बड़ी बातें कर लें, पर मनुष्य मनुष्यता की प्राप्ति से पहले एक पशु ही है। इस पशु के पशुत्व को भिन्न साधनों से, कई बार अनुचित साधनों से दबाये रखने की आवश्यकता होती है। तब तक होती है, जब तक कि वह धीरे-धीरे मनुष्यता प्राप्त नहीं कर लेता। यह एक अनिवार्य बुराई है। परन्तु मित्र, बुराई से दूर जाने की अपेक्षा बुराई को निकटतम लाकर समाज को अन्धे कूप में ढकेला जा रहा है।"

शकटार बोले, "तो क्या तुम वेश्याओं से घृणा करते हो?"

"वेश्या से मेरा अभिप्राय वेश्यावृत्ति और उन्हें प्रश्रय देने वाले प्रत्येक व्यक्ति से है, मित्र। यहाँ लैंगिक भेद नहीं है। मुझे उन स्त्रियों को देख मार्मिक पीड़ा होती है जो अपनी इच्छा से या किसी अनीशा[2] के कारण यह घृणित कर्म करती हैं। यदि कोई स्त्री अपनी इच्छा से यह कर्म कर रही है तो मनुष्य के रूप में उसका पतन हो चुका है, और यदि आर्थिक हीनता अथवा किसी अन्य विवशता के कारण उसे ऐसा करना पड़ रहा है तो यह राज्य एवं समाज की सामूहिक असफलता है। अस्तु, यह अलग विषय है।"

"तुम्हारी चिन्ता का विषय मात्र यही सब तो नहीं हो सकता। यह सब तो मैं भी जानता हूँ। कोई नई बात अवश्य हुई है।"

"हाँ मित्र, तुम्हें ज्ञात तो है ही कि मगध साम्राज्य के राजतन्त्र के अन्तर्गत कई स्वायत्त गणतन्त्र भी हैं, जैसे विदेह, शाक्य, मल्ल, मौरिय। इन गणराज्यों ने पाटलिपुत्र की अधीनता स्वीकार करते समय यह बाध्यकारी प्रस्ताव रखा था कि उनकी आन्तरिक स्वायत्तता अक्षुण्ण रखी जायेगी। ये सभी गणराज्य दशकों से अपनी आन्तरिक स्वतन्त्रता के साथ मगध के अंग बनकर राज्य की सेवा कर रहे हैं,

---

1 पड़ोस

2 मजबूरी

परन्तु अब हमारे राजा धनानन्द ने आदेश दे दिया है कि इन सभी गणराज्यों की स्वतन्त्रता हर ली जाये।"

शकटार अचम्भित रह गये, "क्या? और यह बात मगध के प्रधानामात्य को नहीं पता? इतना बड़ा निर्णय, और मुझे इससे दूर रखा गया? और यह सब तुम्हें कैसे ज्ञात हुआ? "

"मित्र, तुम और हम अब बस दर्शनीय वस्तु बन कर रह गये हैं। नन्द अपने चाटुकार कुछ सचिवों के अतिरिक्त अन्य किसी से कोई परामर्श नहीं करता। उन सचिवों में कुछ ऐसे भी हैं जो व्यक्तिगत स्वार्थ के लिए तो उसकी चाटुकारिता करते हैं, पर अपराधबोध से ग्रसित भी हैं। उनमें से ही एक ने मुझे इसकी सूचना दी है। उसका नाम न पूछना मित्र, वचनबद्ध हूँ।"

चणक अभी आगे भी कुछ बोलने वाले थे कि एक व्यक्ति ने प्रवेश किया और दोनों को प्रणाम कर खड़ा रह गया। वह व्यक्ति प्रधानामात्य को कुछ महत्वपूर्ण बात बताना चाहता था, परन्तु कदाचित् चणक के सम्मुख संकोच कर रहा था। शकटार बोले, "आओ गौतम, बैठो।" गौतम के स्थान ग्रहण करने के पश्चात् शकटार पुनः बोले, "बताओ गौतम, इस समय आने का कोई विशेष कारण?"

गौतम एक बार चणक की ओर देखकर शकटार से बोला, "हाँ स्वामी, राज्य की सेनाओं को सज्ज रहने का आदेश दिया गया है। सभी सेनापति अपनी-अपनी सेनाओं की रणनीतिक आवश्यकताओं की पूर्ति में व्यस्त हैं। प्रतीत होता है कि कई टुकड़ियों को अलग-अलग स्थानों पर युद्ध के लिए भेजा जाने वाला है।"

शकटार तनिक हँसकर बोले, "यह सूचना तो मुझे इन महात्मा चणक ने अभी-अभी दी है। इनके अनुसार, यह सेनाएँ विदेह, शाक्य, मल्ल और मौरिय गणराज्यों को समाप्त करने के लिए भेजी जा रही हैं। तुम यही बताने आये थे और देखो, चणक को यह तुमसे पहले ही ज्ञात था।" चणक और गौतम को देख वे पुनः बोले, "गौतम, तुम आचार्य चणक को तो जानते ही होगे। लोगों को जानना ही तो तुम्हारा काम है। मित्र चणक, यह गौतम है। गौतम और उसके साथी मेरे नेत्र एवं कर्ण हैं। और गौतम! तुम्हें चणक के सम्मुख संकोच करने की आवश्यकता नहीं। तुम इनके सम्मुख कोई भी गूढ़ सूचना व्यक्त कर सकते हो। चणक और शकटार को कभी दो अलग व्यक्ति मत समझना।"

गौतम ने चणक को पुनः प्रणाम किया और शकटार से बोला, "जो आज्ञा, स्वामी। मेरी सूचना के अनुसार, इन गणों पर आक्रमण के पीछे दो लक्ष्य हैं। प्रत्यक्ष लक्ष्य तो यही कि सभी गणराज्यों का मगध में पूर्णतः विलय कर लिया जाये, दूसरा लक्ष्य अत्यन्त व्यक्तिगत है। वर्षों पूर्व, जब महाराज मात्र एक राजकुमार थे,

किसी कन्या को लेकर उन्हें अपमान सहन करना पड़ा था। उनके अनुसार उन्हें जो अपमान और राज्य से निष्कासन सहना पड़ा, उसके दोषी सेनापति मौर्य थे।"

चणक बोले, "घटनाओं को अलग-अलग व्यक्ति कैसे भिन्न-भिन्न रूप से देखते हैं? एक कन्या का अपहरण हुआ था जिसका दोषी उन कन्या के पिता के अनुसार नन्द थे। राज्य कर्मचारियों ने उस पिता की एक न सुनी, तो वह सेनापति के पास गया। सेनापति ने उस पिता और उस कन्या को न्याय दिलाने के लिए अथक प्रयास किए, जिसमें शकटार तुमने भी और मैंने भी सहयोग किया था। यदि किसी नागरिक को न्याय दिलाने के लिए प्रयासरत् होना दोष है तो दोषी हम सब हुए।" गौतम को सम्बोधित करते हुए चणक बोले, "तो गौतम, तुम्हारे अनुसार गणों पर आक्रमण पूर्व-सेनापति मौर्य से प्रतिशोध लेने का षड्यंत्र है?"

"हाँ, आचार्य। आर्य मौर्य को जब पदानवत कर मगध से बाहर स्थानान्तरित कर दिया गया था तो उन्होंने इसे अपना अपमान समझा और राज्य की सैनिक सेवा से त्याग-पत्र देकर अपने मूल स्थान पिप्पलि-कानन चले गये थे। वहाँ उन्होंने अपने मौरिय गण के प्रधान का पद सँभाल लिया। वे मगध द्वारा अनुमोदित स्वायत्तता के अनुसार राजा की भाँति कार्य कर रहे हैं।" आगे की बात कहने में से पूर्व गौतम थोड़ा हिचक गया, परन्तु शकटार की ओर देख अन्ततः उसने पूरी बात बता देने का निर्णय लिया, "स्वामी, महाराज ने मौरिय गण को पूर्णतः परतन्त्र बनाने का आदेश ही नहीं दिया है, अपितु उन्होंने अपने विश्वस्त सेनापतियों को स्पष्ट आज्ञा दी है कि मौरिय गण का एक भी पुरुष जीवित न छोड़ा जाये। उनकी स्त्रियों के साथ क्या करना है, यह सेनापतियों की इच्छा पर है। अबोध बच्चों को वनों में खदेड़ दिया जाये। एक स्पष्ट आज्ञा यह भी है कि सेनापति मौर्य की पत्नी श्रीमती मूरा को राजा की सेवा में सकुशल उपस्थित किया जाये।"

शकटार नेत्र फाड़े गौतम को देखते रहे। चणक क्रोध से काँपते हुए बोले, "यह अधर्म! यह नृशंसता! सेनापति मौर्य की कर्तव्यपरायणता का यह पुरस्कार? एक अबोध बालिका की रक्षा हेतु किये गये प्रयास का यह दण्ड? यदि नन्द की दृष्टि में यह अपराध है भी तो मौर्य को ही दण्डित करना चाहिए, उनके पूरे राज्य का क्या दोष? एक व्यक्ति के अपराध का दण्ड समस्त पुरुषों की हत्या! समस्त बालकों की वनों में भूख-प्यास और वन्य पशुओं द्वारा मृत्यु! समस्त स्त्रियों का अपमान! और देवी मूरा! ओह, यह अत्याचारी नन्द! तुम देख रहे हो न शकटार, यह व्यक्ति एक विवाहित स्त्री का बलात् हरण कर उसे उसके पति द्वारा किये गये कर्मों का दण्ड देना चाहता है। गौतम, शकटार, मैं सदैव सोचता था कि स्वयं भगवान को भी मानव रूप में क्यों अवतार लेना पड़ता था? मुझे रावण और कंस के अधर्म का ज्ञान ही नहीं था।

रावण अथवा कंस इस नन्द जैसे ही रहे होंगे। बताओ शकटार, क्या इस दानव का नाश करने के लिए भी कोई ईश्वर अवतरित होगा या नहीं?"

शकटार उठकर चणक के निकट आकर बैठे और चणक के कन्धों पर हाथ रखकर बोले, "धैर्य धरो मित्र, धैर्य। अभी कोई पाप हुआ नहीं है। अभी हम इसे रोक सकते हैं। मैं महाराज को समझाने का प्रयास करूँगा। मुझे विश्वास है, वे समझेंगे और अपना आदेश वापस ले लेंगे। चिन्तित न हो। कुछ नहीं होगा।"

"तुम कल्पनालोक के वासी हो, शकटार", अपने कन्धों से शकटार का हाथ झटकते हुए चणक बोले, "मैंने वर्षों पहले ही तुम्हें आगाह किया था कि यह व्यक्ति कभी भी राजा नहीं बनना चाहिए। तुम तब भी आशान्वित थे, आज भी हो। विषधर से आशा किये बैठे हो कि वह डसेगा नहीं? वह सर्प है। अभी नहीं तो आने वाले समय में वह अपना विष तुम्हारे शरीर में उतारेगा ही।" इतना कह चणक उठ गये। उन्होंने पुकारकर शकटार के बड़े पुत्र को बुलाया और लेखन सामग्री लाने का आदेश दिया। उन्होंने एक पत्र पर कुछ पंक्तियाँ लिखीं और शकटार को थमाते हुए स्पष्ट स्वर में बोले, "प्रधानामात्य शकटार, आपने कुछ समय पूर्व मित्र गौतम से मेरा परिचय करवाते हुए मुझे 'आचार्य' कह कर सम्बोधित किया था। मैं अब अपने लिए मात्र यही पहचान चाहता हूँ। यह ब्राह्मण किसी अधर्मी राजा की सेवा नहीं कर सकता। अतः आपसे विनम्र निवेदन है कि आप अभी इसी क्षण मेरा त्याग-पत्र स्वीकार करें और मुझे इस दुष्ट की सेवा से मुक्त करें।"

चणक के इस निर्णय से शकटार अचम्भित रह गये, परन्तु वे अपने मित्र को जानते थे। चणक ने यदि निर्णय ले लिया, तो अब वे अपने निर्णय पर पुनः विचार नहीं करेंगे। उन्होंने पत्र स्वीकार किया और बोले, "आचार्य, आपने तो स्वयं को मुक्त कर लिया, परन्तु मैं क्या करूँ? मैं कैसे स्वयं को मगध की सेवा से मुक्त करूँ?"

"मैंने नन्द की सेवा छोड़ी है मित्र शकटार, मगध की नहीं। मैं मगध छोड़कर जा भी नहीं रहा। यहीं इसी पाटलिपुत्र में अपना गुरुकुल बनाऊँगा और यहाँ के युवाओं को धर्म, दण्ड और राजनीति की शिक्षा दूँगा। तुम प्रधानामात्य पद छोड़ नहीं सकते तो कोई बात नहीं, तुम भी अपनी ओर से भरपूर प्रयास करो और नन्द के पापों के परास को सीमित करते रहो, परन्तु मेरी यह भविष्यवाणी स्मरण रखना। वह सर्प है, वह किसी को नहीं छोड़ेगा। कदाचित् इतिहास स्वयं को पुनः दोहरा रहा है। रावण की सत्ता का नाश करने के लिए राम आये और रामराज्य की स्थापना हुई। कंस, जरासंध और दुर्योधन जैसे पापियों को समाप्त करने के लिए कृष्ण आये और धर्मराज के धर्मराज्य की स्थापना हुई। नन्द की सत्ता भी समाप्त होगी और धर्म

पुनः पुष्पित-पल्लवित होगा।" एक क्षण का विराम लेकर चणक पुनः बोले, "मित्र शकटार, क्या हम दोनों उस धर्म संस्थापक को देखने के लिए जीवित रहेंगे?"

गौतम चणक और शकटार का मुँह देख रहा था। शकटार जहाँ निराशा की प्रतिमूर्ति प्रतीत होते थे, वहीं कुछ ही पलों में चणक के भाव पूर्णतः परिवर्तित हो गये थे। उन्हें देख लगता था कि वे भविष्य में झाँक कर राजनीति के प्रकांड पंडित श्रीकृष्ण या नरोत्तम श्रीराम का जन्म देख रहे हों।

×××

भगवान बुद्ध के जीवनकाल में ही कोशल[1] राज्य के राजा विरुद्धक ने शाक्य[2] गणराज्य पर आक्रमण किया था। इस आक्रमण के फलस्वरूप कुछ शाक्य गण अपना राज्य छोड़ अलग-अलग स्थानों पर बस गये थे। इन्हीं में से कुछ गण हिमवन्त प्रदेश की ओर गये। उन्हें एक अत्यन्त ही रमणीय स्थान दिखा। अत्यन्त विस्तृत जलाशय और सघन वृक्षों से युक्त इस स्थान को देख उन गणों ने यहीं बस जाने का निश्चय किया। सुरक्षा और व्यापार, दोनों ही दृष्टियों से यह स्थान अत्युत्तम था। वह क्षेत्र मयूरों की केका से गुंजायमान रहता। गणों ने अपना नगर मयूरों को समर्पित करते हुए, भवनों और वीथियों की सरंचना मयूर की ग्रीवा की भाँति की। इस कारण इस नगर का नाम ही 'मयूर नगर' पड़ गया। धीरे-धीरे नगर का विकास होता गया और एक गणराज्य की नींव पड़ी। इस गणराज्य के लोग 'मोरिय' कहे जाने लगे। गणराज्य की राजधानी पिप्पलि-कानन बनी। यहाँ की व्यवस्था गणों द्वारा लोकतांत्रिक रूप से की जाती थी। भारतवर्ष के अन्य अनेक गणराज्यों की भाँति गणों के मुखिया को 'राजा' का सम्बोधन प्राप्त था। यह पद वंशानुगत नहीं था, अपितु गणों के बहुमत से राजा चुना जाता। राजा अपनी इच्छा से पद छोड़ सकता था, अथवा वृद्ध या दुर्बल होने पर, या सत्ता संचालन में असफल होने पर उसे पद से हटा दिया जाता एवं एक नये राजा का चयन किया जाता।

समस्त भारतवर्ष में राज्यों के बीच आपसी युद्ध होते रहते थे, परन्तु कभी भी विजेता राज्य युद्ध पश्चात् पराजित राज्य के राजा की सत्ता का हरण नहीं करता था। यदि पराजित राज्य का राजा युद्ध पश्चात् जीवित होता तो उसे, अन्यथा युद्ध में वीरगति प्राप्त कर लेने की अवस्था में उसके उत्तराधिकारी को राज्य की सत्ता पुनः सौंपकर वार्षिक कर का प्रावधान कर दिया जाता। साथ ही, राज्य की सेना को पूर्णतः या अंशतः अपनी सेना में मिला लिया जाता अर्थात् भविष्य में किसी अन्य

---

[1] आधुनिक अवध

[2] उत्तरी बिहार का एक गणराज्य जिसकी राजधानी कपिलवस्तु थी।

युद्ध में पराजित राज्य की सेना को अपनी सेवाएँ देनी होती थीं। पिप्पलि-कानन ने व्यापार के क्षेत्र में अत्यन्त उन्नति अवश्य की थी, परन्तु छोटा राज्य और कम जनसंख्या आर्थिक उन्नति का द्वार तो खोल सकती है, किन्तु सैन्य बल के लिए उसके पास पर्याप्त मानव संसाधन नहीं होते। इसी कारण जब कोसल राज्य ने पिप्पलि-कानन पर आक्रमण किया तो उसे हस्तगत करने में उन्हें अधिक समय नहीं लगा। कालान्तर में कोसल मगध से पराजित हुआ, और इस कारण पिप्पलि-कानन भी स्वत: ही मगध साम्राज्य का एक भाग बन गया।

पिप्पलि-कानन ने अपने पूर्वजों द्वारा की कई सन्धियों का सदैव मान रखा। उन्होंने अपनी आन्तरिक व्यवस्था अक्षुण्ण रखी, परन्तु उनके मन में मागधी होने का गर्व भी विकसित हुआ। मोरिय लोग मगध के सभी वर्गों में समान भागीदारी करते थे। बुद्धि से चतुर और काया से बलवान मोरिय लोगों ने जहाँ व्यापार में उन्नति की, वहीं मगध की सेना में भी उच्च पदों को सुशोभित किया, परन्तु आज, दशकों की सेवा और निष्ठा का यह फल मिला मोरियों को कि मगध सेना ने अचानक ही मोरिय गणराज्य पर आक्रमण कर दिया। मोरिय ग्रामों एवं नगरों को एक-एक कर उजाड़ती, नागरिकों का वध करती विजयनी मगध सेना राजधानी पिप्पलि-कानन की ओर बढ़ रही थी। गण प्रमुख मौर्य अपने सीमित संसाधनों पर झुंझलाते हुए अपनी सेना को विभिन्न मोर्चों पर लगा रहे थे।

"राजा मौर्य, आप क्यों नहीं सन्धि की बात करते?", कक्ष में उपस्थित एक असैनिक सदस्य बोला, "आप जानते हैं कि सौ मागधी सैनिकों पर हमारे पास मात्र एक सैनिक हैं। यह युद्ध नहीं स्वयं को जलती अग्नि में झोंक देना है। यह वीरता नहीं, मूर्खता है। आप क्यों हम सभी को मृत्यु के मुख में जाने दे रहे हैं?"

"तुम्हें क्या लगता है, विमद! मैं यह सब नहीं जानता?" राजा मौर्य बोले, "पर हम सन्धि की बात किससे करें? मगध से? सन्धि तो शत्रु से की जाती है! उस शत्रु से जो दूसरे राज्य पर आक्रमण इसलिए करता है कि राज्य के संसाधनों पर अपना आधिपत्य स्थापित कर सके। राज्य को पराजित कर उससे कर प्राप्त कर सके। उस राज्य की सैन्य शक्ति से स्वयं की सैन्य शक्ति में वृद्धि कर सके। अब तनिक बताओ विमद, मगध को इन सबमें से क्या देगा मोरिय गण? हमारे संसाधनों पर उनका अधिकार वर्षों से है, हम दशकों से उन्हें कर दे रहे हैं, हमारे नागरिक उनकी सेना में हैं, मैं स्वयं मगध सेना का प्रधान सेनापति रहा हूँ। उन्हें हम अब क्या दे सकते हैं जिससे सन्धि हो सके?"

विमद सहित अन्य सभी को आसन्न मृत्यु से भयभीत देख मौर्य प्रखर वाणी में बोले, "मैं आप सभी की चिन्ता समझ सकता हूँ। जीवित रहना मानव की मूल प्रवृत्ति है।

यदि कोई एक मार्ग भी होता तो मैंने अवश्य प्रयास किया होता। हमारे पूर्वजों ने जो यह सुन्दर समाज बनाया है, उसे यूँ उजड़ता देख मेरा मन रोता है, परन्तु हमारे पास कोई विकल्प नहीं है मित्रो। मगध सेना ने हमारे जिन ग्रामों को भस्मीभूत कर दिया है, वहाँ से एक किशोर अपने प्राण बचाकर जैसे-तैसे यहाँ आ गया था। ये सामने काका गृध्द खड़े हैं, इन्हीं की भुजाओं में उसने दम तोड़ा। गृध्द से उस किशोर ने जो कहा, वह आप सब इन्हीं के मुँह से सुन लीजिए।"

वयोवृद्ध सैनिक गृध्द ने खँखार कर अपना गला साफ़ किया, और इसके पश्चात् भी वे जब बोले तो उनकी वाणी में क्षुब्धता स्पष्ट सुनायी देती थी, "वह कोई बारह वर्ष का ग्रामीण बालक था। उत्तरी मोर्चे पर मैंने उसे नगर की ओर गिरते-पड़ते, पैरों को घसीटते आगे बढ़ते देखा। मैंने जब अपने सैनिकों को उसे लाने के लिए भेजा तो सैनिकों को अपनी ओर आता देख उस लड़के के मुख से मर्मान्तक चीख़ निकली। वह पलटकर भागना चाहता था, पर एक ही पग के बाद चेतनाशून्य होकर गिर पड़ा। वैद्यों के उपचार के बाद जब उसकी चेतना लौटी तो अपने आस-पास खड़े लोगों को देख वह पुनः चीख़ने लगा। अपने सैन्य वस्त्र उतारने के बाद हमने उसे बड़ी कठिनाई ने समझाया कि हम सैनिक नहीं हैं, तब जाकर वह तनिक शान्त हुआ। उसने जो बताया, वह सोचकर भी मुझे कँपकँपी आती है।" तनिक रुककर स्वयं को व्यवस्थित कर गृध्द बोले, "मित्रो, उस किशोर ने बताया कि एकाएक ही घुड़सवार उनके गाँव में घुस गये। जो भी सामने दिखा, उसका वध कर दिया। लोग सब कुछ छोड़-छाड़ कर वनों की ओर भागे, पर जा न सके। प्रत्येक दिशा में सैनिकों की दीवार खड़ी थी। उन सभी को घेरकर एक कोने में समेट दिया गया। फिर एक-एक कर पुरुषों, महिलाओं और बच्चों को अलग किया गया। दूध पीते शिशुओं तक को उनकी माताओं के पयोधरों से नोच लिया गया। माताओं के आर्तनाद की गूँज सुनने के लिए आपको उस स्थान पर प्रत्यक्ष उपस्थित होना आवश्यक नहीं। सभी पुरुषों और वृद्ध महिलाओं को तलवारों और भालों के एक-एक वार से मार डाला गया। वह किशोर भी उन मार डाले गये व्यक्तियों में था। कदाचित् उस पर किया गया प्रहार सही ढंग से बैठा नहीं था। उन मृत शरीरों के ढेर में दबे उस किशोर ने रक्त से डबडबायी आँखों से देखा कि स्त्रियों के वस्त्र नोचे जा रहे हैं, भेड़-बकरियों की तरह उन्हें उठाकर ले जाया जा रहा है। पूरा दिन और पूरी रात यह सब होता रहा। भूख से अकुलाये कितने ही नवजात बच्चे रोते रहे। चार-पाँच वर्ष के बच्चों ने उन बच्चों को सँभाला हुआ था। सबके पिता मारे गये, सबकी माताएँ चीत्कार कर रही थीं। प्रातः जब पिशाचों का नृत्य समाप्त हुआ तो उन्होंने अब तक जीवित छोड़े गये उन बच्चों को वनों में जाने की आज्ञा दे दी। बेचारे बच्चे, क्या समझेंगे आदेश,

और अपने माता-पिता को, भले ही वे मृत क्यों न हों, कैसे छोड़कर चले जायेंगे? देवता भी रोये होंगे यह देखकर, उन पापियों ने उन बच्चों के ऊपर से अपने घोड़े दौड़ा दिये। कोई नहीं बचा। सब मारे गये। वह किशोर भाग्य से बच रहा था। हमें यह सब बताने के बाद वह भी मर गया।" जब गृद्ध चुप हुआ तो प्रत्येक सभासद या तो क्रोध से काँप रहा था या द्रवित होकर अश्रु बहा रहा था।

कुछ पल पश्चात् विमद बोला, "महादेव, यह नृषंसता! ये तो मनुष्य कहलाने के योग्य नहीं हैं। हमें प्रतिशोध लेना होगा। राजा मौर्य, आप आदेश करें। आप जो आज्ञा देंगे, उसका अक्षरशः पालन होगा।"

"किससे प्रतिशोध लोगे, विमद?" मौर्य बोले, "उन सैनिकों से जिन्होंने यह कुकर्म किया, या उस मगधराज से जिसने इस कुकर्म की स्पष्ट आज्ञा दी? सैनिक वही करता है जो उसके राजा का आदेश होता है। राजा के चरित्र का प्रभाव पूरी सेना पर पड़ता है। हम इतने समर्थ नहीं कि प्रतिशोध ले सकें। सैनिक दृष्टि से हम प्रतिरक्षा करने में भी समर्थ नहीं हैं। हमारी, हम सबकी मृत्यु निश्चित है। अब यह हमें चुनना है कि भागते हुई अपनी पीठ पर प्रहार सहें या आगे बढ़कर मृत्यु का आलिंगन करें।"

वृद्ध गृद्ध बोला, "सबसे पहले मेरा विचार सुन लें, श्रीमान। भागेंगे तो कदाचित् सौ में से चार लोग बच भी जायें, पर क्या ये चार लोग जीवन भर इस अपराध बोध से मुक्त हो पायेंगे कि उनका जीवन अन्य छियानवे मृत्युओं का प्रतिफल है? लड़ेंगे तो कोई नहीं बचेगा, पर कदाचित् मरते समय भी हृदय में यह भाव तो होगा कि हम लड़े। हमने कायरों की भाँति भागकर नहीं, अपितु वीरों की भाँति लड़कर मृत्यु का वरण किया है। राजा, आप कुछ भी कहिए, मैं पीठ दिखाकर नहीं भागूँगा। देव-सेनापति भगवान कार्तिकेय के सेवक मयूर के वंशज हैं हम। हम युद्ध क्षेत्र से डरकर भाग नहीं सकते।"

सभी सभासदों ने गृद्ध की बात का हर्ष-चीत्कार से अनुमोदन किया। सबको शान्त कराकर राजा मौर्य बोले, "तो यही सही। अब मेरी योजना सुनिए। प्रत्येक व्यक्ति जो शस्त्र उठा सकता है, सज्ज हो जाये। प्रत्येक वह व्यक्ति जो युद्ध करने में असमर्थ हो, आज की रात्रि नगर छोड़ वनों में घुस जाये और भाग्य को अपना निर्णय करने दे। जितनी दूर हो सके, उतनी दूर निकल जाये। प्रत्येक युद्ध का एक उद्देश्य होना चाहिए। युद्ध में वीरगति को प्राप्त करना कोई फलदायक उद्देश्य नहीं हो सकता। हमारा उद्देश्य होगा, प्राण बचाकर भागते इन सभी लोगों को समय प्रदान करना। हम जितनी देर टक्कर देंगे, ये लोग उतनी ही दूर निकल सकेंगे।"

किसी को यह बात समझ नहीं आयी। अभी तो निर्णय हुआ कि सब शत्रु का सामना करेंगे, अब कौन भाग रहा है जिसे समय देने की बात राजा कर रहे हैं?

विमद बोला, "हम सब लड़ने और मरने की बात कर रहे हैं और आप बचकर भाग रहे लोगों की। कौन इतना कायर है जो बचकर भागेगा?"

"भागना सदैव कायरता नहीं होती, विमद। भागना विवशता भी होती है। हम और तुम तो युद्ध में वीरगति को प्राप्त हो जाएँगे, परन्तु वृद्ध माताएँ, नन्हे बालक, गर्भवती स्त्रियाँ, इनका क्या होगा? हमारे वीरगति को प्राप्त होने के बाद इनकी क्या गति होगी? अत: मेरा आदेश है कि प्रत्येक नागरिक, महिला अथवा पुरुष, जो शस्त्र उठा सकता है, युद्ध के लिए सज्ज हो जाये। गर्भवती स्त्रियों, वृद्धाओं और बालकों को अलग-अलग समूहों में विभाजित किया जाये और वे भिन्न दिशाओं में वनों से होते हुए अपने प्राणों की रक्षा करें। प्रत्येक समूह के साथ कोई एक अनुभवी सैनिक साथ जाये। मौरिय गण युद्ध में समाप्त हो जायेगा, परन्तु यदि कोई एक स्त्री, कोई एक बालक भी बच गया तो हमारी मृतात्माओं को यह सन्तोष रहेगा कि मोरिय गण का समूल नाश नहीं हुआ है।"

×××

काली नदी के तट पर एक झोंपड़ी के बाहर वृद्ध गृद्ध बैठा हुआ था। उसका दाहिना हाथ रुद्राक्ष की माला के मनकों को निरन्तर तीव्र गति से फेर रहा था। बायाँ हाथ यज्ञोपवीत को आगे-पीछे, ऊपर-नीचे कर रहा था, जिससे उस वृद्ध के श्वेत रोमों से भरे वक्ष पर लहर-सी उठ रही थी। उसके मुँह से निरन्तर मन्त्रों की वर्षा हो रही थी। न केवल उसके मुँह से, अपितु उस रात्रि वास्तव में मूसलाधार वर्षा हो रही थी। मेघ गर्जन से बड़े-बड़े हृदय काँप रहे थे। दूर पहाड़ों पर गिरते तड़ित और उनके प्रहारों से टूटते शिलाखण्डों के प्रचण्ड स्वर सुनायी दे रहे थे। कल-कल निनाद करती नदी में न जाने कितने वृक्ष और पशु बह गये थे। झोंपड़ी के बाहर गृद्ध के साथ झोंपड़ी का स्वामी विभु भी बैठा हुआ था। विभु की पत्नी और गाँव की अन्य अनेक महिलाएँ झोंपड़ी के अन्दर-बाहर हो रही थीं, और अन्दर से आती एक महिला की चीत्कारें प्रकृति की चीत्कारों पर भारी पड़ रही थीं। पिछले कई घण्टों से प्रसव पीड़ा झेलती उस महिला के साथ ही गृद्ध भी आशा-आशंका के बीच उलझ रहा था। आज से छह मास पूर्व जब उसके गण के नेता ने, उसके राजा ने उसे अपनी पत्नी की सुरक्षा का भार सौंपा था तो उसे यह प्रस्ताव अपमानजनक प्रतीत हुआ था। सभी अपने प्राणों का होम करने युद्ध में जा रहे थे और उसे कहा जा रहा था कि कुछ महिलाओं की सुरक्षा के नाम पर वह युद्धक्षेत्र से हट जाये, परन्तु अब उसे समझ आ गया था कि राजा मौर्य सही थे। मौरिय गणराज्य के किसी नागरिक को जीवित नहीं छोड़ा गया था। मागध सैनिकों ने सैनिक-असैनिक, बाल-वृद्ध, नर-नारी–सबकी निर्ममतापूर्वक

हत्या कर दी थी। युद्ध पश्चात् भी महीनों तक मागधी सेना ग्रामों और वनों में शेष बचे मौरियों को ढूँढ़-ढूँढ़कर मार रही थी। कदाचित् उन्हें रानी मूरा की ही तलाश थी।

तीन माह की गर्भिणी मूरा को गृद्ध के संरक्षण में सौंपते हुए मौर्य रो पड़े थे। गृद्ध को याद है कि अन्तिम विदा देते समय मौर्य ने कहा था, "काका, अपने गण की अन्तिम आशा ये नारियाँ हैं। गर्भिणी नारियों के गर्भों में हमारे गण के बीज हैं जिन्हें प्रत्येक दशा में हमें बचाना है। इनमें से यदि कुछ बच्चे भी बच गये तो समझना कि हमारा यह प्राणोत्सर्ग सफल रहा। काका, इन सभी नारियों का ध्यान रखना। बच्चों की प्रथम गुरु तो उनकी माताएँ ही होती हैं, और मुझे पूर्ण विश्वास है कि प्रारम्भिक शिक्षा देने के लिए ये सभी पर्याप्त प्रवीण सिद्ध होंगी। आप देखना कि इन बच्चों को उचित गुरु मिले। शस्त्र और शास्त्र की शिक्षा इन सभी को मिलनी चाहिए। जाइए काका, इसे अपने राजा की यह अन्तिम आज्ञा समझिए।"

उस समय का स्मरण कर गृद्ध के नेत्रों में जल भर आया। राजा ने कितने विश्वास से उन नारियों को गृद्ध के सुपुर्द किया था, परन्तु दुर्भाग्य से मागधी सेना के आक्रमणों, भूख और रोग से सभी मारे गये। बस, एक स्त्री बची थी, राजा मौर्य की अर्धांगिनी, मूरा।

बादलों का गर्जन-तर्जन अत्यन्त तीव्र हो चला था। लगता था कि असुरों की सेना का संहार करने के लिए स्वयं देवराज इन्द्र गजराज ऐरावत पर बैठ अपनी देवसेना सहित समरांगण में आ चुके हैं। प्रचण्ड युद्ध छिड़ गया है। घातक बाणों के समान गिरती बूँदें, तीव्रतर होता पवनवेग, वर्षा और वायु के साथ छोटे-छोटे मिट्टी एवं रेत के कणों से होते निरन्तर प्रहारों से ऐसा प्रतीत होता जैसे वरुण देव, पवन देव और अग्निदेव भी अपने-अपने रथों पर बैठे शत्रुओं पर प्रहार कर रहे हैं। असुरों का रेला आता जा रहा है तो देवराज इन्द्र की टुकड़ियाँ उन्हें रोकने का अनथक प्रयास कर रही हैं।

अचानक ही सब शान्त हो गया। ऐसा लगा, जैसे वृत्तासुर ने देवताओं को पराभूत कर दिया हो। अग्नि, पवन, वरुण–सब शान्त हो गये। निर्वात उपस्थित हो गया, कई प्रहरों से चलता युद्ध रुक गया। ऐसी शान्ति हुई कि हृदयों में अपशगुन का भाव जन्म लेने लगा। क्या वृत्तासुर ने देवराज का वध कर दिया? क्या अधर्म जीत गया? क्या अब प्रकृति में अन्ततः शून्य ही बचेगा?

सुनो, यह कैसी ध्वनि है? क्या इन्द्र कराहते हुए उठ बैठे हैं? यह गगन में पुनः क्षीण-सी चमक जैसी दिख रही है न? यह निनाद, यह रव तीव्रतर होता जा रहा है! इन्द्र उठ गये हैं, उन्होंने अपने सहयोगियों वरुण, अग्नि और पवन को भी प्रोत्साहित किया है! वो देखो, वृत्तासुर पुनः आया, परन्तु इस बार इन्द्र ने घनघोर गर्जना की

और उन्होंने महाकाल का आह्वान कर वज्र निकाल लिया है। वज्र की गर्जना में एक स्त्री की चीख़ मिली हुई थी। उन्होंने वृत्तासुर पर वज्र का प्रहार कर दिया। वृत्तासुर मारा गया। इन्द्र और देवसेना ने हर्ष-चीत्कार किया। उस चीत्कार में एक नवजात का प्रथम स्वर भी सम्मिलित था।

प्रकृति अपने सहज सुन्दर रूप में वापस आने लगी। असुर सेनाओं का पराभव हुआ। देव सेनाएँ अपने स्कन्धावार में लौट चलीं। पवन देव भी शान्त हो गये। गगन स्वच्छ हो गया। अन्धकार मिट गया, चन्द्रदेव प्रकट हुए। चहुँओर शान्तिस्वरूपा शीतल चाँदनी फैल गयी। तभी झोंपड़ी से एक वृद्धा निकली और गृद्ध की गोद में एक शिशु रख गयी। वृद्ध मौरिय के नेत्रों में जल भर आया। उसने ऊपर गगन में देखा और पुन: बालक के मुस्कुराते से प्रतीत होते चेहरे को देख कर अपने मन में उपस्थित स्वर्गीय राजा से कहा, "हमारा चन्द्र उदय हुआ, महाराज!"

(3)

चणक ने राज्य के अमात्य पद से त्याग-पत्र देने के बाद शासन की ओर से मिले घर को भी छोड़ दिया था और एक कुटिया में रहने लगे थे। उन्होंने छोटी-सी पाठशाला भी खोल ली थी, जिसमें विभिन्न आयुवर्ग के छात्र उनसे शिक्षा पाने आते थे। चणक राज्यसेवा में आने से पहले तक्षशिला के प्रसिद्ध आचार्य रह चुके थे। चाहते तो पुन: उसी विश्वविद्यालय में अपना आचार्य पद प्राप्त कर सकते थे, परन्तु उन्होंने मगध को न छोड़ने का निश्चय किया। चणक जैसा नागरिक अपनी प्राणप्रिय भूमि को ऐसे ही किसी अन्यायी राजा के हाथ में छोड़ भी कैसे सकता था? चणक का विचार था कि वे ऐसे नागरिक तैयार करें जो अन्याय का प्रतिकार करने का सामर्थ्य रखते हों। चूँकि विचारवान, सामर्थ्यवान, संस्कारी नागरिक एकाएक नहीं बन सकते, उनके निर्माण में वर्षों लगते हैं। अत: चणक ने विद्यालय खोला, जिससे वे बचपन से ही भविष्य के नागरिकों में सच्ची धर्म भावना निरूपित कर सकें।

चणक का एक पुत्र भी था, विष्णु। परम्परा रही है कि कोई पिता अपने पुत्र का गुरु नहीं होना चाहिए। अत: चणक उसे किसी अन्य गुरु के पास भेजते थे, परन्तु घर पर उनका पूरा प्रयास होता कि सहज चर्चा में ही वे विष्णु को शिक्षित करते रहें। विष्णु था भी बड़ा जिज्ञासु। उसे भी अपने पिता की तरह शस्त्र कम और शास्त्र अधिक लुभाते थे। यद्यपि उसके शस्त्र गुरु उससे कभी रुष्ट नहीं होते थे, क्योंकि वह उत्तम विद्यार्थी था। सैद्धान्तिक और व्यावहारिक, दोनों प्रकार के ज्ञान में उसकी समान गति थी, परन्तु उसके अन्य विषयों के गुरु उससे अत्यधिक प्रसन्न रहते।

शिक्षा के मूल सिद्धान्त तर्क में उसकी अत्यन्त रुचि थी। अपने जिज्ञासु प्रश्नों से वह गुरुओं की समस्त ज्ञान सम्पदा को आत्मसात् कर लेना चाहता था। रात्रि में भोजन इत्यादि के पश्चात् जब वह खुले आकाश के नीचे अपनी शैया पर होता तो निकट ही दूसरी शैया पर लेटे अपने पिता से दिन में पढ़े पाठ की चर्चा आरम्भ कर देता। चणक भी पूरे उत्साह से उसे कुछ-न-कुछ बताते जाते। कई बार तो ऐसा भी हुआ कि बालक विष्णु सुनते-सुनते सो जाता। फिर अगली रात्रि को वह अपने पिता से उसी प्रसंग पर पुन: चर्चा करने की प्रार्थना करता।

आज की रात्रि जब चणक अपनी शैया पर आये तब विष्णु अपनी शैया पर लेटा किसी विचार में मग्न था। नित्य की भाँति चणक उसके किसी प्रश्न की प्रतीक्षा करते रहे, परन्तु जब बहुत देर तक विष्णु कुछ न बोला तो चणक ने मृदु स्वर में पूछा, "क्या बात है, पुत्र? आज तुम अपने प्रश्नों के उत्तर स्वयं ही दे रहे हो क्या?"

विष्णु की तन्द्रा भंग हुई। उसने अपने पिता को देखा और मर्माहत स्वर में बोला, "पिताजी, समाज को किसी राजा की आवश्यकता ही क्या है? कोई राजा क्यों होता है? राजा भी तो किसी भी आम व्यक्ति की तरह एक व्यक्ति ही है न! वह भी सबकी तरह जन्म लेता है, मृत्यु को प्राप्त होता है। उसे भी रोग लगते हैं। फिर वो ही क्यों इस पृथ्वी का पालन करे?"

विष्णु के स्वर पर ध्यान रखकर चणक बोले, "कुछ घटित हुआ है क्या पुत्र? तुम विचलित प्रतीत होते हो।"

"वह मैं अवश्य बताऊँगा पिताजी, परन्तु कृपा कर पहले मेरे प्रश्न का उत्तर दीजिये। हमें क्यों किसी राजा की आवश्यकता है?"

चणक मुस्कुराए और विष्णु को ध्यान से देखते हुए बोले, "पुत्र! इसका उत्तर तो हमारे इतिहास में है। हमारे धर्मग्रंथों में एक कथा लिखी हुई है, वही सुनाता हूँ। सतयुग के आरम्भ में कोई राजा नहीं हुआ करता था। 'राजा' शब्द ही नहीं था। पाप नहीं था, अपराध का अस्तित्व नहीं था, अत: कोई दण्ड नहीं था, कोई दण्ड देने वाला नहीं था। प्रजा ही एक-दूसरे का धर्मपूर्वक पालन करती थी। फिर धीरे-धीरे शताब्दियों के कालचक्र में लोग मोह में पड़ते गये। यह मेरा, वह तेरा। यह मात्र मेरे पुत्र के लिए, यह मात्र मेरे सुख के लिए। मोह ने विवेक का नाश किया। विवेक गया तो धर्मबुद्धि गयी। लोभ उत्पन्न हुआ। किसी दूसरे के पास इतनी गौ क्यों, इतनी भूमि क्यों, मेरे पास क्यों नहीं? दूसरों की सम्पत्ति के लिए लोग लालायित रहने लगे। इसी बीच काम दोष भी उत्पन्न हुआ। काम के अधीन राग उत्पन्न हुआ। इन सभी दोषों के कारण किसी के लिए भी गम्य-अगम्य, भक्ष्य-अभक्ष्य, दोष-अदोष, वाच्य-अवाच्य में कोई भेद न रहा। सब स्वीकार्य था, कुछ भी त्याज्य नहीं था।

धर्म-विप्लव से वेद लुप्त होने लगे, वेद लुप्त होने से धर्म-मर्यादा समाप्त होने लगी। तब देवताओं ने ब्रह्मा से निवेदन किया। धर्म रक्षा हेतु ब्रह्मा ने एक लक्ष[1] अध्यायों का एक धर्मशास्त्र रचा। इसे 'त्रिवर्ग' कहा गया। इसमें तीन वर्गों अर्थ, धर्म और काम का वर्णन है। पाँच उपायों अर्थात् साम, दाम, दण्ड, भेद और उपेक्षा का सविस्तार वर्णन है। कामजनित व्यसनों यथा मृगया, द्युत, मद्यपान और स्त्रीप्रसंग तथा क्रोधजनित व्यसनों यथा कटुता, उग्रता, मार-पीट, बन्दी बनाना और आर्थिक क्षति पहुँचाना इनका वर्णन है। धर्म, अर्थ, काम और मोक्ष–इन चार पदार्थों के लक्षण और उन्हें प्राप्त करने का वर्णन है।

"पुत्र, इस नीतिशास्त्र को 'दण्डनीति' कहा गया। सबसे पहले भगवान शंकर ने इस नीतिशास्त्र को ग्रहण किया और घटती आयु को ध्यान में रख इसे संक्षिप्त किया। शंकर के इस ग्रन्थ को 'वैशालाक्ष' कहा गया। इसमें दस सहस्र[2] अध्याय थे। इन्द्र ने इसे और संक्षिप्त किया। इन्द्र के ग्रन्थ में पाँच सहस्र अध्याय थे। इसे 'बाहुदन्तक' कहा गया। फिर बृहस्पति ने इसे संक्षिप्त कर तीन सहस्र अध्यायों का ग्रन्थ रचा जिसे 'बार्हस्पत्य' कहा गया। फिर शुक्र ने इसे संक्षिप्त कर एक सहस्र अध्यायों का ग्रन्थ रचा।"

विष्णु बोल पड़ा, "पिताजी! बीच में टोकने के लिए क्षमा, परन्तु जब स्वयं ब्रह्मा ने दण्डनीति बना ही दी थी, वह भी इतनी विस्तृत, एक लक्ष अध्याय। फिर इसे संक्षिप्त करने की क्या आवश्यकता पड़ गयी? एक लक्ष से दस सहस्र, दस से पाँच, पाँच से तीन, फिर तीन से मात्र एक सहस्र। इस गति से तो कभी भविष्य में पाँच सौ, फिर सौ, फिर पचास, दस होते हुए लुप्त हो जायेगा दण्ड विधान।"

चणक खुलकर हँसे। उन्हें वास्तविक आनन्द हुआ कि उनका पुत्र कथाओं को बस सुनकर मान नहीं लेता। वे मुस्कुराते हुए बोले, "विष्णु, ये ग्रन्थ कोई हज़ार-दो हज़ार वर्ष पुराने नहीं हैं, अपितु इनकी रचना लाखों वर्ष पूर्व हुई थी। तब से न जाने कितने युग बदल गये। इसी बीच परशुराम हुए, श्रीराम हुए, कृष्ण हुए। तो इसे अभी की घटना न समझो। क्या तुम आज यह अनुमान लगा सकते हो कि कोई डेढ़ सौ या दो सौ वर्ष का व्यक्ति रथारूढ़ होकर युद्ध लड़ सकता है? आज तो सौ वर्ष की आयु तक पहुँचते-पहुँचते मनुष्य से चला नहीं जाता, साठ वर्ष का होते-होते दृष्टि दुर्बल होने लगती है। पर पुराने समय में सौ वर्ष से अधिक के द्रोण, डेढ़ सौ वर्ष से अधिक के देवव्रत भीष्म, दो सौ वर्ष के बाह्लीक, इन सभी ने प्रत्यक्ष युद्ध लड़ा।

[1] लाख (1,00,000)

[2] हज़ार (1,000)

इनकी चपलता, अस्त्र-शस्त्र संधान की तीव्रता किसी युवक से कम नहीं थी। अनुमान लगाओ कि दो सौ वर्ष में जब ऐसी युवावस्था थी तो वृद्धावस्था किस आयु में आती होगी? पुत्र, मनुष्य की आयु सदियों से क्रमशः कम होती जा रही है। जब आयु अत्यधिक थी तो लाख अध्याय की दण्डनीति व्यावहारिक थी, परन्तु आज यदि मेरी कुल आयु ही सौ वर्ष हो, तो लाख अध्यायों के अध्ययन-मनन में ही सौ वर्ष निकल जायेंगे। वह भी तब, जब मैं अपने अन्य सारे कार्य छोड़ मात्र इसे ही पढ़ता रहूँ। अतः व्यावहारिक रूप से यह उचित है कि आयु के सापेक्ष अध्यायों की संख्या कम होती जाये। तुमने सही कहा, सम्भव है कि कभी भविष्य में बस सौ या पचास अध्यायों की आवश्यकता रह जाये। यदि कल मनुष्य की कुल आयु ही बीस वर्ष हो तो हज़ार अध्याय तो उचित नहीं कहे जायेंगे। है न?"

विष्णु समझते हुए बोला, "जी, पिताजी। मेरे मूल प्रश्न का उत्तर भी मुझे मिल गया है। राजा की आवश्यकता इसलिए हुई कि वह इस दण्डनीति को प्रजा में लागू कर सके।"

"हाँ पुत्र, इसकी रचना के पश्चात् मृत्यु की मानसी पुत्री सुनीथा से वेन का जन्म हुआ। रागद्वेष से ग्रस्त वेन ने अधर्म का ही प्रचार किया था। वेदवादी मुनियों ने उसे अभिमन्त्रित कुशाओं से मार डाला। वेन का एक पुत्र था, पृथु। सभी ऋषियों ने उसे सूक्ष्म बुद्धि युक्त मान उसे आज्ञा दी कि वह धर्म का काम करे, सभी जीवों में समान भाव रखे। काम, क्रोध, मोह, लोभ से दूर रहे। धर्म का पालन करे और जो व्यक्ति अधर्म करे, उसे दण्ड दे। आचार्य शुक्र उसके पुरोहित बने। महात्मा पृथु ने इस लोक में धर्म की स्थापना की और प्रजा का रंजन किया। अतः उन्हें 'राजा' कहा गया। विद्वजनों का क्षति से त्राण करने के कारण उन्हें 'क्षत्रिय' कहा गया। उन्होंने भूमि को पालित किया अर्थात् प्रथित किया, अतः भूमि का नाम 'पृथ्वी' हुआ।"

राजा की आवश्यकता के प्रश्न पर सन्तुष्ट होकर विष्णु ने दूसरा प्रश्न किया, "पिताजी! राजा के कर्तव्य क्या हैं? राजा को कैसा होना चाहिए?"

"राजा को पिता की भाँति होना चाहिए। जिस प्रकार पिता अपने पुत्र को अनुशासन में रखने के लिए उसके प्रति कठोर होता है, परन्तु इस कठोरता के पीछे पुत्र के प्रति उसका प्रेम होता है, उसी प्रकार राजा को कठोर और स्नेही होना चाहिए। उसे इतना कठोर भी नहीं होना चाहिए कि प्रजा उससे अत्यधिक भय खाये, न इतना मृदु होना चाहिए कि प्रजा को उसका डर ही न रहे। वह एक अर्थ में प्रजा का स्वामी है, तो दूसरे अर्थ में प्रजा का सेवक। वह प्रजा से कर लेकर प्रजा का पोषण करे। कर भी इतना हो कि किसी पर वह भार न लगे। युद्धकाल न हो, शान्तिकाल हो तो कर न्यूनतम होने चाहिए। वह कर का उपयोग करे, उपभोग नहीं।

वह शान्ति और अहिंसा का पोषण करे, परन्तु यदि आवश्यक हो, राज्य-व्यवस्था के लिए धन की आवश्यकता हो तो दूसरे राज्यों से उसकी पूर्ति करे। राजा के कर्तव्य बहुत विस्तृत हैं, परन्तु एकमात्र मुख्य बात यह है कि वह प्रजापालक हो।"

"और यदि वह प्रजापालक न हो, अन्यायी हो, अधर्मी हो, तब पिताजी?"

"तब राज्य के अमात्यों, मन्त्रियों को चाहिए कि वह राजा को उचित मार्ग पर लाने का प्रयास करें। यदि तब भी राजा सद्‌मार्ग पर न आये तो उसे हटाकर उसके वंश के किसी अन्य व्यक्ति को राजा बनाने का प्रयास करें।"

"क्या उसी वंश का राजा होना इतना आवश्यक है?"

"नहीं पुत्र, आवश्यक तो नहीं। यदि ऐसा होता तो आदिकाल से एक ही वंश चला आ रहा होता। किसी व्यक्ति की तरह ही वंशों का भी जीवनकाल होता है। व्यक्ति मृत्यु को प्राप्त होते हैं, तो राजवंश भी कभी न कभी मृत्यु को प्राप्त होते ही हैं। जब ऐसा समय आता है तो कोई न कोई बाहुबल से, बुद्धिबल से वह स्थान ग्रहण कर ही लेता है।"

विष्णु ने पुनः प्रश्न किया, "और पिताजी, राजा के अधर्मी, अत्याचारी होने पर प्रजा का क्या कर्तव्य हैं?"

"प्रजा को अन्याय का विरोध करना चाहिए। न्याय की माँग करनी चाहिए। और यदि राजा अत्यन्त निरंकुश हो जाये, उसकी प्रवृत्ति आसुरी हो जाये तो प्रजा को चाहिए कि वह एकजुट होकर राजा को पदच्युत कर दे। मनु ने राजधर्म का वर्णन करते हुए कहा है, 'जिस प्रकार समुद्र की यात्रा में टूटी हुई नौका का परित्याग कर दिया जाता है, उसी प्रकार प्रत्येक मनुष्य को चाहिए कि वह उपदेश न देने वाले आचार्य, वेद मन्त्र का उच्चारण न करने वाले ऋत्विक्, रक्षा न करने वाले राजा, कटु स्त्री, गाँव में रहने की इच्छा रखने वाले ग्वाले और वन में रहने की इच्छा वाले नाई, इन छह का त्याग कर दे।' राजा और प्रजा एक-दूसरे के पूरक हैं, परन्तु यदि तुलना ही की जाये तो दोनों में से प्रजा ही बड़ी है। प्रजा राजा के लिए नहीं, अपितु राजा प्रजा के लिए है।"

कुछ देर रुककर, विष्णु को कोई अन्य प्रश्न पूछता न देखकर चणक मुस्कुराते हुए बोले, "तुम्हारे प्रश्न पूरे हो गये हों तो अब मेरे प्रश्न का उत्तर दो, विष्णु। आज के तुम्हारे प्रश्नों में तुम्हारी जिज्ञासु प्रवृत्ति से अधिक उद्विग्नता प्रतिबिम्बित होती है। कुछ विशेष हुआ है क्या?"

"ये सारे प्रश्न कई दिनों की घटनाओं पर आधारित थे, पिताजी। मेरे एक मित्र के बड़े भाई को मगध की सेना में बलात् भर्ती कर लिया गया। उनकी देहयष्टि सुदर्शन थी। वे क्षत्रिय थे और उनकी रुचि कृषिकर्म में थी, परन्तु उन्हें इसकी

अनुमति नहीं दी राज्य ने। क्या राज्य इस भाँति किसी नागरिक को उसकी इच्छा के विरुद्ध किसी अन्य कार्य में नियुक्त कर सकता है?"

"यदि राष्ट्र पर संकट न हो, युद्धकाल न हो तो ऐसा करना अनुचित है, पुत्र।"

"वही तो, पिताजी। एक दूसरी घटना सुनिए। कल गुरुकुल में मेरे एक गुरुभाई की शिक्षा पूर्ण हुई। उन्होंने जब गुरु को गुरुदक्षिणा देनी चाही, तब मैं वहीं उपस्थित था। आपको पता है पिताजी, गुरु ने एक विशिष्ट धनराशि की इच्छा की। धनराशि का उल्लेख करते समय गुरु के मुख पर लज्जा और विवशता के चिह्न देख मेरा मन भर आया था। राज्य द्वारा लगाये गये अत्यधिक करभार की पूर्ति के लिए ही तो गुरु को अपने शिष्य से ऐसी दक्षिणा माँगनी पड़ी। गुरु को विवश किया गया कि वे धनी परिवारों से आने वाले शिष्यों से गुरुदक्षिणा के नाम पर धन की माँग करें। क्या इससे आर्थिक रूप से असमान विद्यार्थियों के मन में असमानता का भाव उत्पन्न नहीं होगा?

"कल की घटना तो आपने भी सुनी होगी। मध्यम स्तर के एक श्रेष्ठी का भवन और भवन की सभी वस्तुएँ राज्य ने हस्तगत कर लीं। श्रेष्ठी की स्त्री और बच्चों का रूदन देख सबके नेत्र भर आये थे। कल तक जो व्यक्ति सम्मानपूर्वक जीवन व्यतीत करता था, वह आज पूर्ण निर्धन बन मार्ग का भिखारी बन गया। यदि वर्षा न हो और किसान के खेतों में अन्न ही न उपजे तो क्या उससे भी कर लेना चाहिए? किसी व्यापारी को व्यापार में कोई लाभ न मिला हो, तब भी क्या उससे कर वसूलना चाहिए? यह प्रजा का पोषण कहाँ हुआ, यह तो शोषण है। यहाँ तो यह प्रतीत होता है कि प्रजा के धन से राजा अपना ही पोषण कर रहा है।

"मेरे एक सहपाठी के पिता अत्यन्त निर्धन व्यक्ति हैं। वे मृत पशुओं का चमड़ा निकालकर और उसका विक्रय कर अपनी आवश्यकताओं की पूर्ति करते हैं। मृत जानवरों का चमड़ा निकालने वालों से भी यह राज्य कर वसूलता है। वे मृत जानवर, जिन्हें अनुपयोगी मान गृहस्थ नगर के बाहर डाल आते हैं, यदि उनका चर्म न निकाले जायें तो वे वही सड़-गल जायेंगे। उस नष्ट होती वस्तु से यदि कोई कुछ उपयोगी वस्तु प्राप्त कर लेता है, तो क्या उस पर भी कर देना होगा?"

आचार्य चणक के पास इन प्रश्नों के उत्तर नहीं थे। विष्णु ने भी ये प्रश्न किसी उत्तर की आशा में नहीं किये थे। पिता-पुत्र दोनों के पास अब प्रश्न ही प्रश्न बचे थे। इन प्रश्नों पर मनन करते-करते जाने कब उन्हें निद्रा ने धर दबोचा।

×××

राज्य के राजा का चरित्र सम्पूर्ण राज्य के चरित्र पर दूरगामी प्रभाव डालता है। राजा चरित्रवान हो तो प्रजा भी चरित्रवान होती है, और यदि राजा दुश्चरित्र हो तो प्रजा भी उसी रंग में रँगने लगती है। पुराने राजा के पश्चात् जो भी नया राजा बनता है, प्रजा धीरे-धीरे उसके चरित्र को आत्मसात् करती जाती है। पिछला राजा यदि दुश्चरित्र हो, और नया राजा चरित्रवान, तो प्रजा को चरित्रवान बनने में समय लगता है। परन्तु यदि राजा का चरित्र संदिग्ध हो, अथवा वह प्रत्यक्षतः भ्रष्ट आचरण वाला हो तो प्रजा पूर्व की अपेक्षा अधिक तीव्र गति से अनैतिक कर्म में लिप्त होती जाती है। यह मानव स्वभाव है कि वह पापकर्म की ओर तीव्रता से आकृष्ट होता है।

मगध राज्य भी उपरोक्त कथन का श्रेष्ठ उदाहरण था। नन्द से पूर्व के राजा धार्मिक और सद्‌चरित्र राजा थे। वे विजिगीषू[1] अवश्य थे, परन्तु उनके काल में चहुँओर धर्म का शासन था। राजा स्वयं धर्म में प्रवृत्त होते थे, अतः वे अपनी प्रजा का पालन उत्तम रीति से करते थे। नगर और ग्रामों के गुरुकुलों में वेद और शास्त्रों का पठन-पाठन नियमित रूप से चलता रहता था। प्रातःकाल नागरिकों के घरों में होने वाले यज्ञ-हवन से वातावरण पवित्र सुगन्धियों से भरा रहता था। राजा भी अपने राजकार्य से अवकाश प्राप्त कर देश और देशान्तरों के विद्वानों को बुलाकर उनके सत्संग का लाभ उठाता। विद्वानों के मध्य शास्त्रार्थ होते, जिसमें आमजन भी श्रोता बन लाभ प्राप्त करते। शान्ति बनाये रखने एवं अन्य राज्यों से युद्ध हेतु निरन्तर अस्त्र-शस्त्रों का विपणन सामान्य बात थी। सैनिक-युद्धाभ्यास होते रहते थे। त्रैमासिक रूप से राजधानी में सैन्य प्रदर्शन हुआ करते, जिससे सामान्य जन को अपने राष्ट्र पर गर्व की अनुभूति होती, राष्ट्रप्रेम की भावना प्रबल होती। शिल्पियों और कलाकारों को कर से मुक्त रखा जाता, जिससे वे दबाव मुक्त होकर उत्तम रचनाएँ बनाते, परन्तु अब नन्द के शासन में ऐसा कुछ नहीं होता था। राजसभा में धर्म की बातें नहीं होतीं, अपितु अधिकाधिक अर्थोपार्जन के लिए प्रजा पर अधिकाधिक कर लगाये जाने के मार्गों का अनुसन्धान किया जाता। गुणी आमात्यों की अवहेलना होती और कपटी, मिथ्या-प्रशंसक मन्त्रियों की बातों को रस लेकर सुना जाता। राज सभा में प्रजा के कल्याण हेतु विमर्श नहीं होता, अपितु विमर्श का विषय भोग और विलास पर केन्द्रित होता था। नगरों में मदिरालयों की संख्या बढ़ गयी थी क्योंकि मदिरा के निर्माण, उनके आयात और विपणन पर कर न्यूनतम कर दिये गये थे। वेश्याओं को नगर के अन्दर रहने और देह व्यापार की अनुमति मिल गयी थी। मांस, मदिरा और मैथुन सर्वसुलभ था। आपानगोष्ठियों की आवृत्ति बढ़ गयी थी।

---

[1] विजिगूषू - महत्वाकांक्षी, विजेता, आक्रमणकारी, अधिनायकवादी

नित्य की भाँति नन्द अपनी राजसभा में बैठा था। अपराध बढ़ गये थे, अतः न्याय की आशा में नागरजनों की भीड़ सदैव ही महल के बाहर प्रतीक्षारत रहती, परन्तु राजा को अवकाश नहीं था। उसके प्रिय मन्त्रीगण उसे अन्योन्य बातों में लगाये रखते और स्वयं वह भी इन चर्चाओं में अधिक रस प्राप्त करता। यद्यपि प्रधान अमात्य शकटार और राजभक्त राक्षस प्रयास करते कि वे राजा का ध्यान आवश्यक राजकीय कार्यों की ओर आकृष्ट कर सकें, परन्तु उन्हें निरन्तर असफलता ही मिलती। आज नन्द विचारमग्न बैठा था। उसके चाटुकार उसका मुख देख रहे थे कि राजा कुछ बोले और चर्चा शुरू की जाये। किसी समय विरोधी रहे शकटार और राक्षस ने एक-दूसरे की ओर देखा और नेत्रों के संकेत से एक-दूसरे को बोलने के लिए प्रेरित किया।

प्रथम राक्षस ही बोला, "महाराज! महाराज की जय हो।"

नन्द का ध्यान भंग हुआ। उसने तनिक अप्रसन्नता से कहा, "हाँ अमात्य, क्या कहना चाहते हो?"

"प्रभु, नागरिकों पर लगाये गये कर के विषय में मैंने और प्रधान अमात्य ने कुछ विचार किया है। यदि अनुमति हो तो उस सम्बन्ध में कुछ निवेदन किया जाये।"

"इस विषय पर फिर कभी चर्चा की जायेगी, अमात्य। अभी हम कुछ और विचार कर रहे है।" नन्द कुछ देर चुप रहने के पश्चात् बोला, "अच्छा, मेरा आप सभी से प्रश्न है। पिछले विमर्श में मुझे बताया गया था कि आचार्य कोक्कोक ने अपनी पुस्तक 'रतिरहस्य' में और कल्याणमल्ल ने अपने 'अनंगरंग' में स्त्रियों की चार श्रेणियाँ बताई हैं - पद्मिनी, चित्रिणी, शंखिनी और हस्तिनी। अब मुझे यह बतायें कि दाँत और दन्तक्षत के प्रकार क्या-क्या हैं?"

राजा की काम के प्रति यह उत्सुकता देख जहाँ शकटार और राक्षस खिन्न हो गये, वहीं चाटुकार मन्त्रियों के आनन खिल उठे। उन मन्त्रियों में एक बोल उठा, "राजन! स्त्री सौंदर्य में दाँतों का बड़ा महत्व है। यदि दाँतों की पँक्ति सम हो, वे कान्तियुक्त हों, रागग्राही हों अर्थात् पान का रंग उन पर सरलता से चढ़ जाये, तो ऐसे दाँतों को उत्तम माना जाता है। यदि दाँत बहुत बड़े-बड़े हों, उनके मध्य रिक्ति हो, वे बाहर की ओर निकले हों तो ऐसे दाँत सौंदर्य को बाधित करते हैं।"

दूसरा चाटुकार बोला, "महाराज! रति के समय जिन स्थानों पर चुम्बन किया जा सकता है, उनमें से ऊपरी ओठ, जीभ और नेत्र छोड़ अन्य सभी स्थानों पर दन्तक्षत किया जा सकता है।"

नन्द अत्यधिक रस लेता हुआ बोला, "अच्छा, इनके भेद क्या हैं?"

वही मन्त्री पुनः बोला, "महाराज, यह आठ प्रकार के होते हैं। ऐसा दन्तक्षत जिससे घाव न हो, अधरों पर मात्र हलकी लाली दिखे, उसे 'गूढक' कहते हैं। जब अधर को कसकर दाँतों से दबाया जाये, जिससे थोड़ी सूजन आ जाये तो उसे 'उच्छूनक' कहते हैं। दो दाँतों से काटने पर जो चिह्न बनता है उसे 'बिन्दु' और ऐसे दन्तक्षत को 'बिन्दु दन्तक्षत' कहते हैं। ये तीनों अधर के मध्य में किये जाते हैं। अधर या कपोल पर ऊपरी दाँत और होंठ से किये जाने वाले क्षत को 'प्रवालमणि' कहते हैं। इससे अंग पर लाली छा जाती है। जब प्रवालमणि के प्रयोग से माला जैसा चिह्न बने तो उसे 'मणिमाला' कहते हैं। जब सभी दाँतों का प्रयोग हो तो बिन्दुओं की एक माला बन जाती है जिसे 'बिन्दुमाला' कहते हैं। मणिमाला और बिन्दुमाला का प्रयोग गले और जंघाओं पर किया जाना चाहिए। यदि नायिका के ऊपरी अंग पर बादलों जैसा उभार बन जाये तो उसे 'खंडाभ्रक' और यदि कई रेखाएँ बने तो उसे 'वराहचर्वितक' कहते हैं।"

राजा नन्द अत्यन्त रस लेकर ये सब बातें सुन रहा था। अन्य मन्त्री भी अपने ज्ञान का प्रदर्शन करने के इच्छुक थे। मन्त्री के चुप होने पर नन्द दूसरा प्रश्न पूछने ही वाला था कि प्रधान अमात्य अपने आसन से उठ खड़े हुए और गम्भीर स्वर में बोले, "राजन, यह सब क्या हो रहा है? यह मगध राज्य की राजसभा है या किसी पीठमर्द की पाठशाला? दाँतों के प्रकार और उनसे होने वाले क्षतों के प्रकार जानकर हमें क्या प्राप्त हो जायेगा? दूर ग्रामों में किसान के खेतों में पानी नहीं पहुँच पा रहा, व्यापारियों के दल सैन्य सुरक्षा की आशा में नगर में रुके हुए हैं कि सुरक्षा मिले तो वे बाह्य प्रदेशों में व्यापार हेतु जा सकें। किसी नायिका के कपोल पर पड़ने वाले चिह्नों से व्यापारी और किसान को क्या लाभ प्राप्त होगा?"

प्रधान अमात्य को इस प्रकार बोलता देख चाटुकार मन्त्री सन्न रह गये। राजा नन्द भी तनिक लज्जित प्रतीत हुआ। उसने प्रथम तो नेत्र बन्द कर कुछ विचार किया, फिर अमात्य राक्षस को सम्बोधित करते हुए बोला, "प्रधानामात्य जो कुछ कह रहे हैं, उस पर आप ध्यान दें। किसानों के लिए जल की व्यवस्था करवाएँ। व्यापारियों के सार्थ को आवश्यक सुरक्षा प्रदान करें। और हाँ, चूँकि उन व्यापारियों को अतिरिक्त सुरक्षा दी जा रही है, अतः इसका शुल्क अवश्य निर्धारित कर दें।" राक्षस को यह आज्ञा देने के बाद तनिक सहज हुए नन्द ने शकटार को सम्बोधित करते हुए कहा, "अमात्य, आप तो बहुत पुराने अमात्य हैं। क्या मुझे आपको राज सभा के शिष्टाचार सिखाने की आवश्यकता होनी चाहिए? कृपया ध्यान रखें कि आप अमात्य हैं और मैं राजा।"

शकटार हाथ जोड़कर बोले, "अवश्य, राजन। आप राजा हैं और मैं आपका मन्त्री। राज्य की भलाई हेतु आपको परामर्श देना ही मन्त्रियों का कर्तव्य है। कर्तव्य पालन में यदि मुझसे कोई भूल हुई हो तो मैं क्षमाप्रार्थी हूँ।"

नन्द क्रोध में था, परन्तु शकटार की युक्तिसंगत बात पर क्या कहता? कुछ देर शकटार को घूरते रहने के बाद नन्द अचानक उठा और बिना कुछ बोले राजसभा से चला गया।

शकटार ने पूर्व के राजाओं के साथ कार्य किया था। उन्होंने सदैव ही यह पाया था कि राजा प्रजा के हित के लिए मन्त्रियों की कटु से कटु वार्ता को भी सम्मान देते थे। शकटार का मत था कि राजा भी प्रजा की सेवा के लिए देवों द्वारा नियुक्त एक सेवक ही है। वहीं मन्त्री, सचिव, अमात्य इत्यादि राजा द्वारा नियुक्त सेवक हैं, जिनसे उसे प्रजाहित के लक्ष्यों की प्राप्ति हेतु आवश्यक मन्त्रणा प्राप्त हो सके। राजा और मन्त्री, दोनों के लक्ष्य अन्ततः एक हैं और इस लक्ष्य की प्राप्ति में स्वयं राजा भी बाधक नहीं हो सकता। अमात्य राक्षस शकटार की भाँति अत्यन्त भावुक व्यक्ति नहीं थे। वे वास्तविकता समझते थे। वे राजसिंहासन के भक्त थे और सिंहासन पर बैठे व्यक्ति में पूरी श्रद्धा रखते हुए अनुनय-विनय से प्रजाहित के लक्ष्यों की प्राप्ति करते थे। शकटार और राक्षस, दोनों का उद्देश्य समान था, परन्तु शकटार शुचिता के प्रति आग्रही थे। समय के साथ, सिंहासन पर बैठे राजा के साथ तारतम्य स्थापित करने में उन्हें कठिनाई हो रही थी। राजसभा में प्रतिदिन ही अब मात्र काम सम्बन्धित चर्चाएँ ही होती थी। शकटार कभी तो शान्त बैठे रहते और कभी आपत्ति करते। आपत्ति जताते समय वे थोड़े कटु हो जाते और यह कटुता दिन-प्रतिदिन बढ़ती ही जाती। अन्ततः नन्द ने इस व्यवधान से बचने के लिए राजसभा की बैठकों का आयोजन पूर्णतः बन्द कर दिया। राज सम्बन्धित अधिकांश कार्यों को उसने अमात्य राक्षस को सौंप दिया और स्वयं को राग-रंग, वासना, मदिरा और वन आखेट तक सीमित कर लिया। राज्य की आर्थिक स्थिति डावाँडोल होती तो व्यापारियों और कृषकों पर कर बढ़ा दिये जाते, यद्यपि राक्षस इससे सहमत नहीं होता था। उस समय यह परम्परा थी कि यदि किसी कारणों से अर्थ की कमी होने लगे तो उसे अन्य सम्पन्न राज्यों पर आक्रमण कर पूरित कर लिया जाये। परन्तु चूँकि अब राज्य के सर्वाधिकार राक्षस के हाथ में थे और राक्षस स्वयं बौद्ध मतावलम्बी था, वह हिंसक युद्ध नहीं चाहता था। यह विचित्र बात थी कि दूसरे राज्यों पर आक्रमण तो हिंसा थी, इसलिए वह किसी भी प्रकार से न हो सके, इसका प्रयत्न होता था, परन्तु जनता पर करभार बढ़ा दिये जायें, यह हिंसा प्रतीत नहीं होती थी। जनता का शोषण क्या अत्यन्त धीमी हिंसा नहीं है?

सात्विक शकटार यह सब अनीति देखते और कुढ़ते रहते। प्रधान अमात्य का पद होने पर भी वे कुछ कर नहीं पा रहे थे। एक दिन जब उनसे सहन नहीं हुआ तो वे बिना किसी सूचना के राजमहल पहुँच गये और नन्द से मिलने की इच्छा व्यक्त की। महल के प्रतिहारी यह जानते थे कि नन्द इस समय शकटार से मिलना उचित नहीं समझेंगे, पर वे राज्य के सबसे बड़े पदाधिकारी की अवहेलना भी तो नहीं कर सकते थे। एक प्रतिहारी ने उन्हें ससम्मान अतिथि कक्ष में बैठाया और नन्द की आज्ञा लेने गया। अत्यधिक विलम्ब से वह प्रतिहारी वापस आया और प्रणाम करता हुआ बोला, "विलम्ब हेतु क्षमाप्रार्थी हूँ देव। महाराज ने आपको सादर लिवा लाने की आज्ञा दी है।"

शकटार मन्द हास्य हँसते हुए बोले, "क्षमा मत माँगो, प्रतिहारी। मेरा भरपूर आदर तो इस विलम्ब ने स्वयं ही कर दिया है। चलो, मार्ग दिखाओ।"

प्रतिहारी के पीछे चलते-चलते शकटार जिस कक्ष में पहुँचे, वहाँ उन्होंने राजा नन्द और उसके मित्रों को भूमि पर वर्तुलाकार बिछे गद्दों पर विश्रामावस्था में बैठे अथवा आधे लेटे हुए पाया। सबके हाथों में मैरेय के चषक थे। मध्यदेश, वाह्लीक, अवन्तिका, मालव, आभीर, सिन्ध, अपरान्तक, लाट और यवन देश की सुन्दरी युवती सेविकाएँ उनकी सेवा में उपस्थित थीं। कोई हवा कर रही थी तो कोई चषक भर रही थी, कोई किसी प्रकार का वाद्ययंत्र बजा रही थी तो कोई भिन्न नृत्य भंगिमाएँ बना रही थी। शकटार को देखते ही जहाँ अन्य सभी पुरुष शान्त हो गये। नन्द ने ऊँची आवाज में पुकारते हुए कहा, "आइए-आइए, प्रधानामात्य। विराजिए।" एक सेविका को मैरेय का चषक भर लाने और शकटार को देने का संकेत करते हुए बोला, "लीजिए, यह मैरेय लीजिए। इसमें मिर्च की जगह त्रिफला का चूर्ण मिलाया गया है। यह पाचनतन्त्र के लिए बहुत लाभदायक है।"

शकटार यह परिवेश देख अत्यन्त खिन्न थे, परन्तु स्वयं को सँभाल कर विनम्र स्वर में बोले, "क्षमा करें राजन। अभी मैरेय की इच्छा नहीं है।"

"ओहो, कोई बात नहीं। आप बताएँ, क्या प्रस्तुत करें? सहकारसुरा, रसोत्तरा, बीजोत्तरा, सम्भारिकी? मधु, मेदक, प्रसन्ना अथवा आसव?" एक पात्र की ओर संकेत करते हुए नन्द बोला, "यह देखिए। दारुहल्दी, कमल, सौंफ इत्यादि के चूर्ण से बनी इस सुरा में राब मिलाया हुआ है। इसका स्वाद अवर्णनीय है। इसे तो आपको अवश्य चखना चाहिए।"

राजा यदि इतना आग्रह करे तो उसे कितना मना किया जाये? शकटार ने एक चषक ले ही लिया। नन्द मुस्कुराते हुए बोला, "इसी भाँति आप आया करें, मन्त्रिवर।

हम सब मित्र ही तो हैं। जीवन आनन्द भोग के लिए है। अब देखिए न, इतने प्रकार के मद्य हैं कि यदि प्रातः से प्रत्येक का एक-एक चषक पान किया जाये तो रात्रि हो जाये, और इतने पर भी अनेक प्रकार के मद्य छूट ही जाएँ। बताइये द्राक्षा[1] से तो मद्य बनता है, यह पता था, परन्तु आम्रफल से भी सुरा बन सकती है, किसे पता था?"

शकटार बस होंठ फैलाकर रह गये। क्या कहते? नन्द ने अपने एक मित्र की ओर संकेत करते हुए कहा, "इन श्रीमान से मिलिए। ये सुराध्यक्ष हैं। भिन्न प्रकार के मद्य निर्माण का कार्य तो इन्हीं के निरीक्षण में परम्परागत रूप से होता ही है, परन्तु इन्होंने सुदूर देशों से, सिंघल, मलय, पारस और यवन देशों तक से भिन्न-भिन्न प्रकार के मद्य मँगवा रखे हैं। आप यदि कल भी आ सकें तो हम उन विदेशी मदिराओं का स्वाद भी चखेंगे।" जैसे कोई भूली बात स्मरण करने की चेष्टा कर रहा हो, इस प्रकार नन्द कुछ रुककर बोला, "देखिए, आप आये तो हम जो चर्चा कर रहे थे, वह मध्य में ही रह गयी। अपने सुराध्यक्ष ही कुछ कह रहे थे।" सुराध्यक्ष की ओर देखते हुए नन्द बोला, "हाँ श्रीमान, आप कुछ बछड़ा, तोता कह रहे थे न?"

सुराध्यक्ष बोला, "राजन, प्रधानामात्य के आने से पूर्व हम चर्चा कर रहे थे कि शुचि-अशुचि क्या है, क्या मान्य और क्या गर्हित है? प्राचीन ऋषियों की व्यवस्था है कि जिस प्रकार दूध दुहने से पहले गौ के थन पर बछड़े का मुँह लगा होने से दूध अशुद्ध नहीं होता, आखेट के समय कुत्ते के मुख में फँसा जीव अशुद्ध नहीं होता, पक्षी के मुख से गिरा फल अशुद्ध नहीं होता, उसी प्रकार रतिकाल में स्त्री के चुम्बन से पुरुष अशुद्ध नहीं होता। इसे इस प्रकार भी कह सकते हैं कि दुहते समय बछड़े का, आखेट के समय कुत्ते का, फल गिराने वाले पक्षी का और रतिसुख देने वाली स्त्री का मुख पवित्र होता है[2]।"

यह सुन सारे कामी पुरुष वाह-वाह कर उठे। कक्ष में उपस्थित सेविकाएँ भी मुस्कुराने लगीं। मात्र शकटार खिन्नता से भर उठे। उन्हें खिन्न देख सुराध्यक्ष बोल पड़ा, "प्रतीत होता है, प्रधानामात्य को यह बात अनुचित प्रतीत हुई। अरे भाई, यह मेरा कथन तो है नहीं! यह तो पुराने ऋषियों का वचन है।"

शकटार यद्यपि बोलना नहीं चाहते थे, परन्तु राजा नन्द सहित सबके नेत्रों को अपनी ओर केन्द्रित देख उन्हें बोलना पड़ा, "आपका कहना सही है, सुराध्यक्ष। आप मुझे अध्ययनशील व्यक्ति प्रतीत होते हैं। क्या आपने 'आयुर्वेद' पढ़ा है? अवश्य पढ़ा होगा।

---

1 अंगूर

2 वत्सः प्रस्रवणे मेध्यः शकुनिःफलपातने। स्त्रियश्च रति संसर्गे श्वा मृग ग्रहणे शुचिः।

उसमें लिखा है कि कुत्ते का मांस मधुर[1], सुस्वादु, पाचक और बल-वीर्यवर्धक होता है। अब आप बतायें सुराध्यक्ष महोदय कि क्या 'आयुर्वेद' में लिखे भर होने से आप कुत्ते का माँस खाने लगेंगे? शास्त्रों में बहुत कुछ लिखा होता है। शास्त्र व्यापक हैं, उनमें अच्छे-बुरे सभी विषयों का प्रतिपादन होता है। किसी देश में, किसी काल में, किसी परिस्थिति में एक बात उचित होती है तो किसी अन्य में वही बात अनुचित।"

नन्द हँसते हुए बोला, "तो आपका यह अर्थ है कि स्त्रियों के मुख अपवित्र होते हैं या स्त्री के चुम्बन से पुरुष अपवित्र हो जाता है?" हास्यास्पद बात थी, अत: सब हँसने लगे, परन्तु शकटार उसी गम्भीरता से बोले, "नहीं राजन, मेरा यह मन्तव्य नहीं था। अपितु यह था कि सदैव काम की ही वार्ता करना अनुचित है।"

"क्यों भाई?", नन्द बोला, "काम अनुचित कैसे है? बिना काम के क्या संसार चल सकता है? कितनी हास्यास्पद बात है कि आप काम पर आपत्ति व्यक्त कर रहे हैं, जिनके सात सुदर्शन पुत्र हैं?" इस कुत्सित बात पर सब ठहाका लगाकर हँसने लगे। कुछ सेविकाओं की भी हँसी निकल गयी। अधर्मी व्यक्ति को लगता है कि वह ऐसे किसी को नीचा दिखाकर स्वयं के कुकर्मों को ढक लेगा। शकटार विचलित नहीं हुए और बोले, "राजन, काम अनुचित नहीं। अनुचित समय पर काम अनुचित है। देव कृपा से मेरे सात पुत्र हैं, स्वर्गीय महाराज महापद्मनन्द के नौ पुत्र थे। अन्य अनेकानेक लोग अनेकानेक पुत्रों के पिता होते हैं, परन्तु इसके लिए पल-प्रतिपल बस काम की बातें ही करते रहना आवश्यक नहीं है।"

---

[1] प्रसहा भूशयानूपवारिजा वारिचारिण:
गुरूष्ण-स्निग्ध मधुरा बलोपचयवर्धना:
वृख्या: परं वातहरा: कपपित्ताभिवर्धिन:
हिता व्यायामनित्येभ्यो नरा दीप्ताग्नयश्च ये
(56-57, सूत्रस्थानम, महर्षि अग्निवेश प्रणीत चरकसंहिता)

प्रसह, भूशय, आनूप, जलज और जलचर प्राणियों का मांस गुरु, स्निग्ध, मधुर, शक्ति बढ़ाने वाला, वीर्यवर्धक, वातनाशक, कफपित्त को बढ़ाने वाला है। इनका मांस नित्य प्रति व्यायाम करने वाले, जिनकी जठराग्नि प्रदीप्त हो, उनके लिए हितकारी है।

प्रसह – अपने भोजन पर टूट पड़ने वाले जंतु जैसे गधा, घोड़ा, ऊँठ, खच्चर, चीता, सिंह, भालू, बंदर, भेड़िया, कुत्ता, बिल्ली, चूहा, बाज, गीद्ध इत्यादि।

भूशय – मेंढ़क, गोह, नेवला इत्यादि।

"आप काम को इतना गर्हित विषय क्यों मानते हैं कि उसकी चर्चा ही न हो?"

"यह आपका भ्रम है, राजन। काम गर्हित विषय नहीं, अपितु पुरुषार्थचतुष्ट्य में से एक है। भारतीय सनातन संस्कृति के मूल आधार धर्म, अर्थ, काम और मोक्ष हैं। मानव जीवन के ध्येय हैं ये। इनकी सिद्धि के लिए ही चार आश्रम बनाये गये। ब्रह्म, विद्या, ज्ञान, शक्ति के लिए जो चर्या है, वह ब्रह्मचर्य है। धर्म के साथ अर्थ और काम के अर्जन और सेवन के लिए गृहस्थ आश्रम है। कामनाओं से विरक्ति वानप्रस्थ है और संन्यास द्वारा मोक्ष की प्राप्ति होती है। बुद्धि के लिए धर्म, शरीर के लिए अर्थ, मन के लिए काम और आत्मा के लिए मोक्ष की आवश्यकता होती है। आचार परम धर्म है। शिष्ट आचरण सदाचार है। सदाचार से ही ऐहिक सुख और समृद्धि की प्राप्ति होती है। अर्थ के बिना जीवन निर्वाह सम्भव नहीं। मनुष्य का प्रत्येक कार्य अर्थ हेतु होना चाहिए। अर्थ से ही धर्म और काम का अर्जन होता है। धर्म, अर्थ और काम में अर्थ ही प्रधान है। अर्थ में मात्र मुद्राएँ ही नहीं अपितु विद्या, भूमि, पशु, धान्य, वस्त्र और मित्र– ये सभी आते हैं। काम मानव जीवन का प्रमुख अंग हैं परन्तु यह सदैव ही धर्म और अर्थ के पश्चात् ही आयेगा। धर्म और अर्थ की उपेक्षा करके काम का सेवन नहीं किया जा सकता।"

नन्द मुँह खोले यह सब सुनता रहा, फिर बोला, "प्रवचन तो बढ़िया है अमात्य, परन्तु अर्थ ही प्रमुख है तो मगध सम्राट् नन्द को अर्थ की कोई कमी तो है नहीं? प्रचुर मात्रा में अर्थ का स्वामी हूँ मैं। तो मैं क्यों नहीं काम का सेवन करूँ? तनिक बताइए तो कि मेरे पास भूमि, पशु, वस्त्र और मित्रों की कमी है क्या जो मैं आनन्द नहीं उठा सकता?"

शकटार बोले, "आप भूल रहे हैं राजन कि आपके पास जो भी सम्पत्ति है, वह राजा की निजी सम्पत्ति नहीं है। वह राजा के निजी आमोद-प्रमोद पर व्यय करने के लिए नहीं है अपितु वह प्रजा के लिए है, प्रजा पर व्यय करने के लिए है। आप सहित राजकुटुम्ब के प्रत्येक सदस्य के लिए प्रतिमाह नियत वेतन तय है, उनके लिए कुछ ग्रामों की आय बँधी हुई है। राजकोष न तो पूर्वकाल के किसी राजा की निजी सम्पत्ति थी न वर्तमान अथवा भविष्य में होनी चाहिए। और राजन, राज्य के पास भी जो सम्पत्ति है, उसमें विगत वर्षों में सतत् कमी ही आयी है। अर्थ का अर्जन नहीं हो रहा, अपितु मात्र व्यय हो रहा है, वह भी प्रजा के कल्याण हेतु नहीं।

आनूप – जल बहुल क्षेत्र में रहने वाले, जैसे सूवर, गेंडा, भैसा, नीलगाय, हाथी, हरिण, बारहसिंहा इत्यादि।

जलज – कछुआ, केकड़ा, मछली, सीप, शंख, उदबिलाव, मगरमच्छ।

जलचर- हंस, कौंच, बगुला, बत्तख, जलकौवा, पनमुर्गी, चकवा इत्यादि।

ऋषियों का वचन है कि काम का सेवन इस प्रकार होना चाहिए कि धर्म और अर्थ को क्षति न पहुँचे। राजन, आप मगध राज्य के राजा है, कोई नागरिक गृहस्थ नहीं। अतः आपका उत्तरदायित्व सबसे अधिक है। राज्य को अर्थ की हानि हो रही है। धर्म की हानि हो रही है। राज्य के शुभचिन्तकों को आपने स्वयं से दूर कर लिया है अथवा वे स्वयं ही आपसे दूर हो गये हैं। राज्य के अमात्य और प्रकांड विद्वान चणक ने मन्त्रिमण्डल से त्याग-पत्र दे ही दिया था। अन्य अनेक सद्चरित्र मन्त्री और सचिव समझ नहीं पा रहे कि वे क्या करें? आप इन कुटिल चाटुकारों से घिरे हुए हैं। आपको नहीं पता चलता कि अब आपके राज्य में न गौ सुरक्षित है, न विद्वान, न स्त्री। पशुधन की चोरियाँ बढ़ गयी हैं, विद्वान राज्य छोड़ पलायन कर रहे हैं, कुमारियों का अपहरण और शील भंग सामान्य हो चला है। युवकों में मद्यपान की प्रवृत्ति बढ़ रही है, परिवार टूट रहे हैं। सेना में असन्तोष है, व्यापारी रुष्ट हैं, किसान कष्ट में हैं। जिस मगध में दूर देशों का श्रमिक अपनी आजीविका अर्जित करता था, उस मगध के निवासी श्रमिक बन दूसरे राज्यों में पेट की क्षुधापूर्ति हेतु पलायन करने को विवश हैं। आप बतायें राजन कि क्या इन परिस्थियों में यह चर्चा उचित कही जायेगी कि गाय दुहते समय बछड़े का और रति करते समय स्त्री का मुख पवित्र होता है या अपवित्र?"

शकटार की इतनी कड़वी बातें सुन सब सन्न रह गये थे। नन्द को समझ ही न आया कि वह क्या कहे? उसने दूसरी ओर मुँह फेर लिया और चुप्पी साध ली। बहुत देर तक की नीरव शान्ति के बाद शकटार बोले, "राजन! संध्या हो चली है। मुझे जाने की आज्ञा दें। यदि कल राजसभा का आयोजन करें तो महती कृपा होगी। कुछ आवश्यक बिन्दुओं पर चर्चाओं का होना और शासकीय आदेशों का निर्गमन अतिआवश्यक है।" इतना कह शकटार उठे और प्रणाम कर कक्ष से बाहर चले गये। उनके जाने के बहुत देर बाद नन्द ने प्रतिहारी को बुलाया और आदेश दिया कि अब कभी भी शकटार को उनके भवन में प्रवेश न करने दिया जाये।

×××

शकटार की कुण्ठा बढ़ती जा रही थी। सामान्यतः यह माना जाता है कि नकारात्मक मानसिकता के लोगों के मन में ही कुण्ठा का जन्म होता है। इसका अर्थ यह भी लगाया जाता है कि कुण्ठित व्यक्ति दुष्ट प्रवृत्ति का होता है, परन्तु यदि भले व्यक्ति भी अपने आसपास केवल अधर्म होता देखते हैं तो उनमें भी नकारात्मकता का प्रतिशत बढ़ता जाता है और वे अधिकाधिक कुण्ठित होते जाते हैं। शकटार भी कुण्ठित होते जा रहे थे। नागरिकों को न्याय नहीं मिल रहा था।

सामर्थ्यवान दुर्बलों को दबाये जा रहे थे। राजकर्मचारियों में भ्रष्टाचार की प्रवृत्ति बढ़ती जा रही थी। नागरिक भी शनैःशनैः इस भ्रष्टाचार को स्वीकार करते हुए इसे संस्थागत रूप से मान्य मानने लगे थे।

रात्रि का प्रथम पहर बीत चला था। शकटार अपने शयनकक्ष में लेटे हुए विचारमग्न थे। द्वार पर आहट हुई और शकटार ने अपने पुत्र आयुष्मान मदन को कक्ष में प्रवेश करता हुआ पाया। भृकुटियों के संकेत से शकटार ने बता दिया कि वे इस समय किसी वार्ता की मनःस्थिति में नहीं हैं, परन्तु मदन ने निकट आकर सूचित किया कि बाहर कोई व्यक्ति उनसे इसी समय मिलने का इच्छुक है। शकटार न चाहते हुए भी उठे और स्वागत कक्ष में प्रवेश किया। वहाँ उन्होंने जटाजूटधारी एक साधु को भूमि पर मृगछाल बिछाये बैठे हुए देखा। साधु के सम्मुख प्रणिपात करने के लिए अपनी काया को समुचित आकार देते, उससे पूर्व ही साधु ने उन्हें ऐसा करने से बरज दिया और कहा, "गौतम गोत्र के इस साधु का आशीर्वाद है आपको, प्रधानामात्य। आइए, मेरे निकट बैठिए।"

'गौतम गोत्र का साधु', अर्थात् यह उनका गुप्तचर गौतम है, यह जानकर शकटार तनिक हँसकर उसके निकट बैठ गये और मदन को बाहर प्रतीक्षा करने को कहा। एकान्त होते ही गौतम ने उन्हें प्रणाम किया और कहा, "देव, आप कुशल से तो हैं? कुछ ही माह में आप वृद्ध दिखने लगे हैं।"

"कुशल तो आज मगध में कोई नहीं है, वत्स। कोई अन्याय सह रहा है और कोई अन्याय कर रहा है। किसी की सम्पत्ति का अपहरण हो रहा है और कोई दूसरे की सम्पत्ति का हरण कर रहा है। दोनों ही तरह के लोग कुशल नहीं कहे जा सकते। पीड़ित की अर्थहानि हो रही है तो पीड़ा देने वाली की धर्महानि। कुछ मुझ जैसे भी हैं जो यह सब देखकर भी कुछ न कर पाने की पीड़ा में जल रहे हैं। अस्तु, यह सब औपचारिकता छोड़ो और मुझे बताओ कि तुमने यह क्या भेष बना रखा है? क्या किसी विशिष्ट प्रयोजन हेतु तुमने यह वेश धरा है?"

"हाँ, देव। हम गुप्तचरों के अधीन अनेक गुप्तचर होते हैं, जिन्हें हम अपने स्वामी की आज्ञा के बिना भी भिन्न स्थानों पर नियुक्त रखते हैं। नट, नर्तक, भट, वेश्या, सेविका, नाई जैसे कई कर्मियों को मैंने आपकी पूर्वानुमति लिए बिना ही कुछ वर्ष पूर्व राजमहल में नियुक्त कर दिया था। कुछ माह पूर्व ही उनमें से कइयों ने कुछ सूचनाएँ दी थीं। आपको ज्ञात होगा कि राजकोषागार के और नहर सम्बन्धी कार्यों के अध्यक्षों को उनकी सेवा से मुक्त कर उनके स्थान पर नये अध्यक्षों की नियुक्तियाँ हुई थीं। मेरे गुप्तचरों की सूचना के अनुसार ये दोनों नवनियुक्त अध्यक्ष नन्द से मिलने जाते रहते थे। यद्यपि विभागीय अध्यक्षों का राजा से मिलना सामान्य-

सी बात है, परन्तु इन भेंटों की आवृत्ति इतनी अधिक थी कि शंका उत्पन्न हुई। एक और सूचना मिली कि गंगा नदी से निकलने वाली कुछ नहरों को कुछ समय के लिए पूर्णतया बन्द रखा जाता और सप्ताह या दो सप्ताह के पश्चात् उन्हें पुनः चालू कर दिया जाता। इसमें कोषाध्यक्ष की तो कोई भूमिका थी नहीं, अतः मैंने जाँच हेतु यह रूप धरा। मैं साधु बन गंगा के किनारों पर घूमता रहता।" इधर-उधर देख गौतम पुनः बोला, "प्रभु, नहरों के प्रवाह को बाधित करने के पश्चात् अत्यन्त गुप्त रीति से श्रमिकों के द्वारा नहर की तली में पक्के कोष्ठ बनाये जाते हैं। निर्माण पूर्ण होने के बाद प्रति रात्रि कोषागार से शकट भर स्वर्ण लाया जाता है और उन्हें उन कोष्ठों में सुरक्षित रख दिया जाता है। तीन-चार रात्रियों तक ऐसा होता है। फिर नहर में पानी को पुनः प्रवाहित कर देते हैं।"

शकटार मुँह खोले यह सूचना सुनते रहे। 'क्या राजा स्वयं ही राज्य सम्पदा की चोरी कर रहा है? शकट भर-भर स्वर्ण चुराया जा रहा है। वह स्वर्ण जो नियमतः प्रजा का है, प्रजा के लिए है?' गौतम की बात समाप्त नहीं हुई थी। वह बोल रहा था, "अभी तक चार नहरों पर ऐसा हो चुका है। चौथी बार जब यह सब आयोजन किया जा रहा था, मैंने स्वयं अपने नेत्रों से ऐसा होते हुए देखा था। प्रभु, आज पाँचवीं नहर पर दूसरी रात्रि स्वर्ण पहुँचाया जाने वाला है।"

गौतम जो कह रहा था, शकटार उस पर विश्वास नहीं कर पा रहे थे। राजा स्वयं चौर्यकर्म करे, यह कैसा पाप? राजा मदान्ध होते हैं, राजा अन्यायी, पापी होते हैं, पर क्या वे चोर भी हो सकते हैं? इतिहास में कितने ही अत्याचारी, अधर्मी राजा हुए। रावण हुआ, कंस हुआ, दुर्योधन हुआ, परन्तु क्या उन्होंने अपने ही कोष की चोरी की? ये अन्यायी राजा जैसे भी थे, अपने राज्य-राष्ट्र के धन का दुरुपयोग करते रहे, पर राज्य के धन का गुप्तरीति से भंडारण तो नहीं किया। कोई सर्वाधिकार प्राप्त राजा ऐसा क्यों करेगा? इसका तो एक ही अर्थ निकलता है कि वह अपने राज्य को अपना नहीं मान रहा और राज्य की सपंदा की चोरी इसलिए कर रहा है कि समय आने पर राज्य का त्याग कर कहीं अन्यत्र चला जाये। शकटार बहुत देर तक विचार-मनन करते रहे। फिर उन्होंने अपने पुत्र को बुलाया और आदेश दिया कि वह अपने एक और भाई के साथ शस्त्र-सज्जित होकर उपस्थित हो। कुछ ही देर में मदन और शुभ उनके समक्ष खड्ग और लघु धनुष सहित उपस्थित हो गये। शकटार ने भी स्वयं को शस्त्र सज्जित किया और कहा, "पुत्रो, इन साधु महात्मा ने मुझे ऐसी सूचना दी है जिसे मैं स्वयं अपने नेत्रों से देखना चाहता हूँ। यद्यपि हम छुपकर जाएँगे, परन्तु सम्भव है कि बल-प्रयोग की भी आवश्यकता पड़ जाये।" फिर गौतम को सम्बोधित करते हुए बोले, "चले महात्मन, हमें मार्ग दिखायें।"

नगर की अँधेरी गलियों से होते हुए गौतम उन्हें नहर के समीप लेता आया। अपने पुत्रों के समक्ष शकटार ने उसका भेद नहीं खोला था, अत: वह असमंजस में था कि यदि नन्द के शकट रक्षकों से सामना हुआ तो उसका कर्तव्य क्या होगा? अत: अन्तिम मोड़ से पहले वह शकटार से बोला, "बच्चा, तेरा लभ्य स्थान इस मोड़ के पश्चात् दिख जायेगा। अब तू अपनी इच्छा बता कि क्या मैं आगे भी तेरे साथ चलूँ अथवा नहीं? मेरी इच्छा तुझे छोड़ने की नहीं है।"

शकटार बोले, "नहीं, महात्मन। आप यहाँ तक ले आये, इतना ही पर्याप्त है। और ध्यान रखें कि किसी भी परिस्थिति में आपको स्वयं को संकट में नहीं डालना है। यदि हमें कुछ हुआ भी, तब भी आप सामने नहीं आयेंगे। आप और आपके भक्त समाज के लिए अत्यन्त उपयोगी हैं। अत: स्वयं को सुरक्षित रखें। आने वाले समय में आपकी अधिक आवश्यकता होगी। यदि मुझे कुछ हुआ तो आप मेरा प्रणाम आचार्य चणक से कहिएगा। अब आप जाएँ। प्रणाम!"

मदन और शुभ कुछ समझ नहीं पा रहे थे, परन्तु पिता की आज्ञा उनके लिए पर्याप्त थी। गौतम में शकटार को हाथ उठाकर आशीर्वाद दिया। यद्यपि उसके नेत्रों में भिन्न भावना प्रतिबिम्बित हो रही थी और वह मुड़कर वापस लौट चला। शकटार और उनके पुत्र गली को पार कर छुपते हुए नहर के निकट आ गये। दो-तीन घड़ी पश्चात् उन्होंने शकट और कुछ अश्वों के निकट आने की ध्वनि सुनी। उन्होंने देखा कि शकट शुष्क नहर के निकट आकर रुक गया और उसमें से चार बहुत बड़े पात्रों को निकाला गया। शकट के सारथी सहित पाँच अश्वारोहियों ने उन पात्रों को उठाया और शुष्क नहर में उतर गये। निर्दिष्ट स्थान पर उन पात्रों को भूमि के अन्दर रख दिया गया और उसे ढक दिया गया। विस्फारित नेत्रों से शकटार यह सब देख ही रहे थे कि उन्हें अपने पीछे पदचाप सुनायी दिये। जब तक वे मुड़ते, तब तक एक बाण उनके पुत्र शुभ के पैरों में धँस चुका था। सँभलने का अवसर मिलता, उससे पूर्व ही उन्हें चारों ओर से घेर लिया गया। पिता और पुत्रों ने अपने खड्ग निकाले और सैनिकों पर टूट पड़े। कैसी विडम्बना थी, राज्य का प्रधानामात्य अपने पुत्रों सहित राज्य के सैनिकों से युद्ध कर रहा था। शुभ तो पहले से ही घायल था, शकटार भी वार्धक्य से शिथिल हो रहे थे और वह स्थल इतना खुला भी नहीं था कि खड्ग का समुचित उपयोग किया जा सके। कुछ सैनिकों के वध के पश्चात् उन्होंने देखा कि वे लोग जितने सैनिकों को यमलोक पहुँचाते, उतने ही सैनिक अज्ञात स्थलों से पुन: उपस्थित हो जाते। प्रतिरोध करने का अर्थ स्वयं और अपने पुत्रों की निर्मम हत्या होते देखना होता, अत: उन्होंने सैनिकों के समक्ष समर्पण कर दिया। उन तीनों के हाथ बाँध दिये गये और रिक्त शकट में उन्हें बन्दी बनाकर वह छोटी सेना चल पड़ी।

×××

मध्य रात्रि से तनिक ही अधिक समय बीता था। आश्चर्य की बात यह थी कि इस समय भी मगध जैसे समृद्ध राज्य का विलासी राजा न केवल जगा हुआ था, अपितु अपने महल के बाहर प्रांगण में व्यग्रता से किसी की प्रतीक्षा कर रहा है। कुछ ही समय पश्चात् उसे व्यक्तियों के आने का स्वर सुनायी दिया। जब वे व्यक्ति निकट आये तो नन्द के आनन पर प्रसन्नता खिल गयी। अभी वह उन व्यक्तियों से कुछ पूछता, उससे पूर्व ही कुछ सैनिकों ने उसके समक्ष शकटार और उनके पुत्रों को उपस्थित कर दिया। जिस प्रकार चोर अपनी सफलता पर प्रसन्न हो रहा हो और एकाएक उसकी चोरी पकड़ ली जाये, तो उसका मुख काला पड़ जाता है, वैसी ही अवस्था नन्द की हुई। पापी व्यक्ति नैतिक रूप से शक्तिशाली पुरुष को देखते ही स्वयं को हीन समझने लगते हैं। वह अपने प्रधानामात्य को बेड़ियों में जकड़ा बस देखता ही रहा। शकटार को अपनी ओर घूरता पाकर उसके खुले मुख से कोई शब्द निकल ही नहीं रहा था। अपने स्वामी की यह अवस्था देख उसके कर्मचारियों में से एक बोला, "स्वामी, ये तीनों जन गुप्तचरों की भाँति चोरी-छिपे हमारी गतिविधियों का अवलोकन कर रहे थे। जब हमने इन्हें देखा तो इन्होंने हम पर प्राणघातक आक्रमण कर दिया। हमारे आठ सैनिकों की हत्या कर दी इन्होंने। राजा के आदेश में विघ्न पहुँचाने के अपराध में हमने इन्हें बन्दी बना लिया है। आप स्वयं ही इनका न्याय करें।"

कर्मचारी की यह बात सुन उसने स्वयं को नियन्त्रित किया और उस कर्मचारी और शकटार के अतिरिक्त सबको बाहर प्रतीक्षा करने की आज्ञा दे दी। फिर शकटार की ओर देखते हुए बोला, "प्रधानामात्य! आप गुप्तचरों की भाँति नहर पर क्या कर रहे थे?"

शकटार जितने कटु हो सकते थे, अपनी वाणी में उतनी कटुता भरते हुए बोले, "राजा नन्द! मैं अपना कर्तव्य निभा रहा था। राज्य का सर्वोच्च प्रशासनिक अधिकारी होने के कारण यह मेरा कर्तव्य है कि मैं देखूँ कि राज्य की प्रजा प्रसन्न है या असन्तुष्ट है, उसके धर्म और अर्थ का रक्षण हो रहा है या नहीं? परन्तु राजा, आप बतायें कि राज्य के धन को आपके आदेश से, अमात्य मंडल को अन्धकार में रखते हुए नहरों की तलियों में क्यों छुपाया जा रहा है? राज्य के संरक्षक होकर आप राज्य के धन का भक्षण क्यों कर रहे हैं?"

नन्द तनिक हीन स्वर में बोला, "मैं राजा हूँ। मैं कुछ भी करूँ, आपको क्या? राज्य मेरा, धन मेरा, मैं क्यों आप आमात्यों से परामर्श लेता रहूँ?"

शकटार उबल पड़ने की सीमा तक व्यथित हो चुके थे। तीव्र स्वर में बोले, "नन्द! तुम राजा हो, स्वामी नहीं। राज्य के अन्य कर्मचारियों की भाँति तुम भी मात्र एक कर्मचारी हो, जिसे व्यवस्थापन हेतु शीर्ष पद पर बिठाया गया है। शीर्ष पद पर बैठकर तुम सबके स्वामी नहीं बन जाते। तुम्हारे पद का अर्थ है कि तुम अन्य अनेक सेवकों को व्यवस्थित करने वाले सबसे बड़े सेवक हो। राज्य तुम्हारा नहीं, प्रजा का है। धन तुम्हारा नहीं, प्रजा का है। तुम राज्य के धन की चोरी करने वाले चोर हो। धन के लोभी धनानन्द, तुम एक अपराधी हो। तुम्हें इस राज्य का प्रमुख बने रहने का कोई अधिकार नहीं है। तुम राष्ट्रद्रोही हो। तुम्हारे लिए उचित है कि अभी इसी क्षण इस पद का स्वेच्छा से त्याग करो, और मगध छोड़ दो अन्यथा ..."

"अन्यथा क्या, शकटार? तुम मुझे सिंहासन से उतार दोगे? तुम मेरे समक्ष एक कीट से अधिक तुम कुछ नहीं हो। मुझे यह सिंहासन अपने सामर्थ्य से प्राप्त हुआ है। वर्षों की प्रतीक्षा, निरन्तर प्रयास का फल है यह सिंहासन। तुम्हारे कहने से मैं इसे छोड़ दूँ? मैं सेवक? किसका सेवक? तुम्हारा? मेरे आगे झुकने वाली इस प्रजा का? मैं स्वामी हूँ शकटार, स्वामी! मेरा जन्म राजकुल में हुआ है। मगध साम्राज्य मेरे पिता द्वारा निर्मित किया गया है। यह मेरे द्वारा भोगे जाने के लिए है। तुम मुझे धमकी दे रहे हो कि मगध छोड़ दूँ अन्यथा तुम छुड़वा दोगे? तनिक बताओ तो, यह कैसे करोगे? अपने साथ बन्दी बनाये गये इन दो पुत्रों के बल पर या घर में बैठे अन्य पाँच पुत्रों के बल पर? उन सभी की अभी तुम्हारे समक्ष ही हत्या करूँगा मैं। मुझे धमकी देते हो?"

नन्द ने तनिक दूर खड़े अपने कर्मचारी को सम्बोधित करते हुए कहा, "जा, जाकर इस शकटार के सबसे बड़े पुत्र को अभी मेरे समक्ष उपस्थित कर।" कर्मचारी आज्ञा सुन कक्ष से बाहर गया और अगले ही क्षण बेड़ियों में जकड़े मदन को लेकर उपस्थित हुआ। नन्द उसकी ओर देखकर बोला, "तो यह है इस कपटी शकटार का सबसे बड़ा पुत्र! क्यों शकटार, इसके बल पर तू मुझे मेरे सिंहासन से उतारेगा? ले, मैं अभी इसका मस्तक इसके धड़ से उतारता हूँ।" उसने अगले ही क्षण बायें हाथ से मदन के केश पकड़े और उसके पीछे खड़े होकर उसकी ग्रीवा पर खड्ग को तीन-चार बार घिसकर शीश उतार लिया। बलि पशुओं की भाँति एक बार में नहीं, अपितु जैसे कोई वनस्पति काटी जाती है, उस भाँति। रक्त का ताल बन गया था। मदन का धड़ अभी भी हिल रहा था, हृदय अभी भी शीश की ओर रक्त की आपूर्ति कर रहा था, परन्तु शीश नन्द के हाथ में झूल रहा था। मदन के शीश को शकटार के मुख के सम्मुख रखते हुए नन्द बोला, "देख, देख शकटार, इसके बल पर तू मेरा सिंहासन छीनने चला था?"

शकटार ने अपने प्रिय पुत्र की ओर देखा। मदन के नेत्र अभी भी खुले हुए थे। सुन्दर-सा मुख कैसा तो विकृत हो चला था? शकटार के पैर काँपने लगे थे। मुख से कुछ बोलना भारी हो चला था। विचित्र अवस्था होती है जब क्रोध, दु:ख और भय जैसी भावनाओं का संगम होता है। नन्द शकटार की अवस्था देखा पैशाचिक सुख से भर उठा। बोला, "अभी खड़ा रह, शकटार। इसी भाँति तेरे अन्य छह पुत्रों के शीश देखने हैं तुझे। रुक, अभी तो तेरा एक और पुत्र यहाँ है ही। उसकी गति भी देख।" कर्मचारी को आदेश देता हुआ नन्द बोला, "जा, इसके दूसरे पुत्र को भी ले आ।"

कर्मचारी इस वीभत्स कांड को देख अपने स्थान पर कीलित हो गया था। उसे नन्द का आदेश सुनायी ही नहीं दिया। नन्द ने जब पुनः तीव्र आवाज़ में अपना आदेश दोहराया, तब उसकी तन्द्रा टूटी और वह शकटार के दूसरे पुत्र को लेता आया। रक्त से सने अपने अग्रज की मृत देह को देख, अपने पिता की दु:ख से विकृत हो चुकी काया को देख शुभ के अन्दर क्रोध की ज्वाला भड़क उठी। वह नन्द की ओर झपटा, पर भारी बेड़ियों में जकड़े होने के कारण दो पग चलकर गिर पड़ा। बलवान कर्मचारी ने उसे अपने बाजुओं में जकड़ लिया था। कुछ पल छटपटाने के बाद शुभ शान्त हो गया और उसके नेत्रों से अश्रुधारा बह चली। भय जब अत्यधिक बढ़ जाता है तो वह क्रोध में परिवर्तित हो जाता है, और क्रोध को जब मार्ग नहीं मिलता तो वह नेत्रों के मार्ग से अश्रु बन प्रवाहित होने लगता है। कर्मचारी ने उसे घुटनों के बल बिठा दिया। नन्द पुनः उसी भाँति शुभ के केश पकड़कर उसके पीछे खड़ा हो गया, खड्ग को शुभ की ग्रीवा पर रख उसने शकटार की ओर देखा। शकटार ने अपने नेत्र मींच लिए। नन्द बोला, "अरे ओ राज्य के महान सेवक, तनिक देख तो सही कि मैं किस भाँति तेरे पुत्र को मुक्त करता हूँ? देख, देख।" इतना कह उसने जैसे ही ग्रीवा पर खड्ग का दबाव डाला, उसका कर्मचारी हाथ जोड़े घुटने के बल बैठ गया और बोला, "स्वामी! स्वामी! रुकिए, सेवक की एक विनती सुन लीजिए।"

अपने मनोरंजन में यह व्यवधान देख नन्द अप्रसन्न नेत्रों से कर्मचारी को घूर कर रह गया। कर्मचारी बोला, "प्रभु, तनिक विचार कीजिए। इस शकटार को आपकी योजना का पता कैसे चला? ये स्वयं तो गली-गली अनुसन्धान करता नहीं घूम रहा होगा। अवश्य ही इसके अन्य साथी होंगे, गुप्तचर होंगे। प्रभु, इसके अन्य शक्तिशाली सहायक भी हो सकते हैं। क्या पता, मगध के शत्रु राज्यों से इसकी कोई दुरभिसन्धि हो। प्रभु, यदि आप इसके पुत्रों का इस भाँति वध करते रहे तो हम कभी इसके सहायकों के नाम नहीं जान पायेंगे। पुत्रों के न रहने पर इस पर दबाव डालने के लिए कोई शेष नहीं बचेगा। मेरी प्रार्थना सुनिए। इसे अभी अन्धकूप में डाल दीजिए। हमें अनुसन्धान कर लेने दीजिए कि इसके सहायक कौन हैं।"

नन्द ने अपने कर्मचारी की बात सुनी। उसे उसकी बातें उचित प्रतीत हुई। शुभ की पीठ पर पद-प्रहार करते हुए नन्द बोला, "ठीक है। ले जाओ इन दोनों को। अन्धकूप में डाल दो। इसके पश्चात् आज सूर्य निकलने से पूर्व ही इसके घर से इसके शेष पुत्रों को भी उठा लाओ और उन्हें भी उसी कूप में डाल दो। ध्यान रहे कि किसी को इसकी भनक न लगे। इसके घर से इन सभी के वस्त्र इत्यादि भी लेते आना। यह प्रचारित होना चाहिए कि मगध का प्रधानामात्य अपने कुटुम्ब सहित मगध से बाहर चला गया है।" फिर वह शकटार को सम्बोधित करते हुए बोला, "देख लीजिए प्रधानामात्य महोदय, एक राजा क्या कर सकता है? तुम्हारे सभी सहायकों को एक-एक कर इहलोक का त्याग करना होगा। उन सभी की मुक्ति के पश्चात् एक-एक कर तेरे पुत्र मुक्त होंगे और अन्त में तुझे भी अवसर प्रदान किया जायेगा। मगध का सिंहासन नन्द के लिए बना है, मात्र नन्द के लिए। और हाँ, तेरा दिया नाम मुझे अच्छा लगा– धनानन्द। अब से लोग मुझे इसी नाम से जानेंगे।"

(4)

नित्य की भाँति सवितानारायण सुनहली किरणों के रथ पर आरूढ़, संसार को अपने तेज से प्रकाशित करने के लिए पूर्व दिशा से प्रकट हो रहे थे। वीथियों में नागरिकों का आना-जाना आरम्भ हो चुका था। लकड़हारे अपने सिर पर जलावन की लड़की रखे भागे चले जा रहे थे। किसी-किसी घर से मन्त्रों, स्त्रोतों की लयात्मक वाणी और शंख का पवित्र नाद सुनायी दे रहा था। बछड़े अपनी माताओं के थनों से अपना भोजन ग्रहण कर रहे थे, वहीं उनके निकट खड़ा ग्वाला बछड़े को धीरे से हटाते हुए दूध दुहने बैठ जाता, जैसे कह रहा हो कि परे हट भाई, गौ माता तेरी माता है तो मेरी भी तो है। ब्रह्मचारी अपनी पोथियाँ दबाए शीघ्रता से अपने गुरु-निवासों की ओर बढ़ रहे थे। विष्णुगुप्त भी स्नान-ध्यान के पश्चात् अपनी पोथी लेकर घर से निकला तो बाहर एक साधु को क्लान्त अवस्था में खड़ा पाया। किसी साधु का प्रातः वेला में किसी के घर के बाहर खड़ा होना आश्चर्य की बात थी। साधु का स्वागत करते हुए विष्णुगुप्त बोला, "पधारे महात्मन! द्वार से अन्दर आएँ। आदेश करें कि चणक पुत्र विष्णुगुप्त आपकी क्या सेवा करे?"

साधु वेषधारी गुप्तचर गौतम बोला, "ब्रह्मचारी! मुझे तुम्हारे पिता से मिलना है। मुझे ज्ञात हुआ था कि वे तक्षशिला गये थे। वे यदि घर में हों तो उन्हें सूचित करो कि गौतम गोत्र का एक साधु उनसे मिलना चाहता है।"

"आप पधारें महात्मन, आसन ग्रहण करें। पिताजी अभी अपने शिष्यों के साथ विचार-विमर्श कर रहे हैं। यद्यपि उन्हें कक्षा के मध्य में कोई व्यवधान नहीं चाहिए होता, परन्तु मैं उन्हें सूचित कर देता हूँ। तत्पश्चात् मैं अपने गुरुनिवास की ओर चला जाऊँगा। घर में माताजी के अतिरिक्त अन्य कोई नहीं है और वे घरेलू कार्यों में व्यस्त हैं। अत: पिताजी के आने तक आपके सान्निध्य का लाभ उठाने वाला कोई न होगा। आशा है, आप इस पर रुष्ट न होंगे।"

गौतम मन-ही-मन हँसा। इस औपचारिक शिक्षा प्राप्त बच्चे को क्या पता कि मेरा तो व्यवसाय ही प्रतीक्षा करना है। कभी-कभी तो वर्ष भर प्रतीक्षा में बैठे रहते हैं, तब कोई उपयोगी सूचना मिलती है। विष्णुगुप्त की बातों का संकेत द्वारा उत्तर देकर गौतम आसन पर बैठ गया। थोड़ी देर पश्चात् कक्ष में आचार्य चणक ने प्रवेश किया। साधु बने गौतम को पहचानने में असमर्थ चणक ने उसे प्रणाम किया। चणक बोले, "कहिए महात्मन, मैं आपकी क्या सेवा करूँ?"

गौतम बोला, "आचार्य! मैं गौतम हूँ। आपको स्मरण होगा, कुछ वर्ष पूर्व हमारी भेंट प्रधानामात्य चणक के निवास पर हुई थी।"

चणक के आनन पर मुस्कान आ गयी, बोले, "अरे हाँ, मैं भी कहूँ कि तुम्हारा चेहरा जाना-पहचाना सा क्यों लग रहा है? मुझे तब भी तनिक आश्चर्य हुआ जब विष्णु ने बताया कि कोई गौतम गोत्र का साधु मेरी प्रतीक्षा कर रहा है। भला साधु अपना परिचय इस प्रकार से कब से देने लगे? अपितु मुझे यह बताओ, मैं तो चलो, समझ नहीं पाया, परन्तु यदि किसी और को ज्ञात हुआ तो वह समझ नहीं जायेगा कि यह गौतम गोत्र बताने वाला साधु वास्तव में गौतम नामक गुप्तचर है?"

"मैंने अपना यह परिचय इसीलिए दिया था कि मुझे पहचान लिया जाये। वैसे गौतम मेरा वास्तविक नाम है भी नहीं। अत: यदि किसी को ज्ञात भी हो गया, तब भी वह मुझ तक मात्र नाम के सहारे तो नहीं पहुँच सकेगा।" कुछ रुककर गौतम बोला, "मैं यहाँ आपको कुछ बताने आया था, आचार्य।"

"हाँ-हाँ, बताओ।"

पिछली रात्रि की समस्त घटनाएँ बताने के बाद गौतम ने कहा, "आचार्य, यद्यपि प्रधानामात्य ने मुझे आदेश दिया था कि मैं वहाँ से तुरन्त हट जाऊँ, पर मैं वहाँ बना रहा। दूर से छुपकर सब देखता रहा। मेरे देखते ही देखते उन लोगों को बन्दी बना लिया गया था। आचार्य, मैं अपना कर्तव्य निर्धारित नहीं कर पा रहा था, अत: बन्दी बना लिए गये अमात्य और सैनिकों के पीछे चलता गया।" एकाएक गौतम चुप हो गया, जैसे बोलने के लिए उचित शब्द खोज रहा हो। वह जब बोला तो जैसे उसकी

वाणी किसी अन्धकूप से निकल रही हो, "आचार्य, मेरे स्वामी बन्दी बना लिए गये और मैं कुछ न कर सका। मैं बुद्धिहीनों की भाँति टुकुर-टुकुर देखता रहा। और मेरे नेत्रों के सम्मुख ही नन्द के सैनिकों ने रात्रि के अन्धकार में प्रधानामात्य के घर में घुसकर उनके सभी पुत्रों का अपहरण कर लिया। अब प्रधानामात्य और उनके सभी पुत्र कहाँ हैं, जीवित भी हैं या नहीं, यह कोई नहीं जानता।"

आचार्य चणक आश्चर्य की अधिकता से उछल पड़े। उनका सहपाठी, प्रिय मित्र, मगध का प्रेमी जीवित नहीं है? नहीं-नहीं, ऐसा नहीं हो सकता। वह कोई सामान्य व्यक्ति नहीं कि नन्द उसकी हत्या कर दे और किसी को पता भी न चले। प्रजा शकटार से प्रेम करती है। यदि शकटार की राज्य प्रायोजित हत्या की सूचना प्रजा को मिले तो वह विद्रोह कर सकती है। नहीं, नन्द जैसा राजनीतिज्ञ ऐसी मूढ़ता नहीं करेगा। अवश्य ही शकटार को बन्दी बना लिया गया है और उसके पुत्रों को इसलिए बन्दी बनाया गया होगा कि शकटार पर दबाव बनाया जा सके। चणक बहुत देर तक विचार करते रहे, जैसे उन्हें स्मरण ही न हो कि उसी कक्ष में गौतम भी बैठा हुआ है। तन्द्रा भंग होने पर चणक बोले, "गौतम, मैं अभी नन्द से मिलने जाता हूँ। तुम निश्चिन्त रहो। यदि शकटार बन्दी है तो उसे स्वतन्त्र करवाने के लिए मैं वो सब करूँगा जो आवश्यक हो। और हाँ, तुम शकटार की अन्तिम आज्ञा मत भूलना। चाहे जो हो, स्वयं को सम्मुख मत आने देना। यदि तुम पकड़े गये तो गूढ़पुरुषों का जो जाल तुमने बिछा रखा है, वह छिन्न-भिन्न हो जायेगा। जाओ, स्वयं को सुरक्षित रखो। मैं भी नन्द से मिलने जाता हूँ।"

गौतम को विदा कर चणक अपनी कक्षा में वापस आये और विद्यार्थियों को पढ़ाया गया पाठ मनन करने और आपस में ही तर्क-वितर्क करने की आज्ञा देकर कक्षा स्थगित कर दी। फिर उन्होंने राजा से मिलने के योग्य औपचारिक वस्त्र धारण किये और महल की ओर बढ़ चले। महल के द्वार पर स्वागताधिकारी ने उनका स्वागत किया और कहा, "आज्ञा करें, आचार्य। मैं आपकी किस भाँति सहायता कर सकता हूँ?"

"अधिकारी, मुझे राजा नन्द से भेंट करनी है।"

"अवश्य आचार्य, परन्तु मुझे खेद है कि मैं आपकी इस आज्ञा का पालन नहीं कर सकता। राजाज्ञा है कि उन्हें आज विश्राम करने दिया जाये। कल देर रात्रि तक वे राजकीय कार्यों में व्यस्त रहे थे। अभी वे गहरी निद्रा में हैं। आप समझ सकते हैं कि उनके विश्राम में बाधा डालना उचित नहीं होगा।"

"हुँह, राजकीय कार्यों में व्यस्त? कौन-से राजकीय कार्य अधिकारी?"

"यह मुझे कैसे पता होगा, आचार्य? आप स्वयं अमात्य रह चुके हैं। आपको ज्ञात ही होगा कि राजा राजकीय कार्यों की सभी चर्चाएँ स्वागताधिकारी के समक्ष या उसे विश्वास में लेकर नहीं करते।"

चणक व्याकुल थे, व्यग्र थे, अत: असम्बद्ध व्यक्ति से असंगत व्यंग्य कर बैठे थे। तनिक लज्जित होते हुए बोले, "क्षमा करना, अधिकारी। अस्तु, क्या तुम मुझे बता सकते हो कि क्या कल प्रधानामात्य शकटार राजा नन्द के साथ थे? अथवा क्या तुमने उन्हें देखा था?"

"नहीं, आचार्य। मैंने उन्हें नहीं देखा, मुझे कोई सूचना भी नहीं कि वे कल यहाँ थे अथवा नहीं थे। अपितु मुझे यह सूचना अवश्य मिली है कि प्रधानामात्य दीर्घ अवकाश लेकर अपने समस्त कुटुम्ब के साथ प्रवास पर गये हैं, कदाचित् उत्तर-पूर्व के राज्यों की ओर।"

"आश्चर्य की बात है, अधिकारी। शकटार मेरा परम मित्र है। वह अपने समस्त कुटुम्ब के साथ प्रवास पर चला गया, इसकी सूचना मुझे तुमसे मिल रही है। अस्तु, राजा के विश्राम में बाधा डालना उचित नहीं। तुम उन्हें सूचित कर देना कि मैं उनसे भेंट करना चाहता हूँ। जब उनका विश्राम पूरा हो जाये तो मुझे बुला लें अथवा मैं आज संध्या स्वयं ही आ जाऊँगा।"

इतना कह चणक उठ गये और महल से निकल आये। बाहर आकर वे विचार करने लगे कि अब उन्हें क्या करना चाहिए? नन्द से मिलकर भी कुछ नया तो उन्हें ज्ञात हो नहीं जायेगा, क्योंकि वह यह तो स्वीकारने से रहा कि उसने शकटार को बन्दी बना लिया है अथवा उनकी हत्या कर दी है। चणक के पास कोई सेना तो थी नहीं कि सैन्य दबाव बना सकें, अत: उन्होंने विचार किया कि नगर के गणमान्य व्यक्तियों के माध्यम से नन्द पर दबाव डाला जाये। वह एक शकटार को तो बन्दी बना सकता है, परन्तु दिन के प्रकाश में प्रत्यक्ष विरोध कर रहे अनेक गणमान्य व्यक्तियों को दबा नहीं सकता। अपने इस विचार को दृढ़ कर वे पूरे दिन विभिन्न श्रेष्ठियों, आचार्यों, धनिकों से मिलते रहे। उन्होंने पाया कि उनमें से मात्र कुछ ही लोग शकटार के लिए कुछ करने की इच्छा रखते हैं। चणक को लगता था कि प्रत्यक्ष अन्याय की बात सुनते ही समस्त समाज उनके साथ खड़ा हो जायेगा, परन्तु वे एक प्रमुख मानवीय गुण को भूल रहे थे। क्रान्ति घटित होते सब देखना चाहते हैं, सबकी कामना होती है कि अन्याय न हो, अन्याय का विरोध हो, अन्यायी को उसके कर्मों का दण्ड मिले, परन्तु वे ऐसा बस चाहते हैं। वे चाहते हैं कि वास्तविकता में प्रायोगिक रूप से यह सब कोई और करे। वन में लगी आग को बुझता देखना चाहते हैं, परन्तु स्वयं आग बुझाने के लिए सज्ज नहीं होते कि इससे कहीं अपने ही हाथ न जल जाएँ।

फिर भी, दिन भर की भेंटों के पश्चात् संध्या के समय जब चणक नन्द से मिलने उसके महल पहुँचे तो नगर के पन्द्रह गणमान्य व्यक्ति उनके साथ थे। स्वागताधिकारी ने उन सभी का स्वागत किया और नन्द को सूचित किया। यद्यपि नन्द चणक से मिलना नहीं चाहता था, यदि वे अकेले आये होते तो कदाचित् मना कर भी दिया होता, परन्तु पन्द्रह मान्य नागरिकों को मना करना तनिक कठिन था। सभी लोग नन्द के समक्ष उपस्थित हुए और आसनों पर बैठ गये। सबकी ओर दृष्टि फेरने के बाद गहरे श्याम वर्ण के चणक को तिक्त भाव से देखते हुए वह बोला, "कहिए अमात्य, कैसे आना हुआ?"

चणक बोले, "आशीर्वाद, राजन। आपको स्यात स्मरण नहीं कि अब मैं राज्य का वेतनभोगी अमात्य नहीं हूँ। त्याग-पत्र देकर कार्यमुक्त हो चुका हूँ। अब मैं मात्र आचार्य हूँ।"

"हाँ-हाँ, आप समझ तो गये थे न कि मैं आपको ही बोल रहा था? प्रत्येक बात में छिद्रान्वेषण व्यवहार के चलते ही आपको अमात्यमंडल से निकाला गया होगा। मुझे आपने बता दिया, मैं जान गया कि आप अमात्य नहीं, आचार्य हैं। अब बताइए कि आपने क्यों कष्ट किया यहाँ आने का? और साथ में ये भीड़ लेकर क्यों आये हैं?"

चणक ने मन ही मन अपना माथा पीट लिया। बता रहे हैं कि स्वयं त्याग-पत्र दिया और यह मूर्ख कह रहा है कि उन्हें निष्कासित किया गया। सर्प से मृदुल स्पर्श तो मिलेगा नहीं, फुँफकार ही मिलेगी। अतः चणक औपचारिकता छोड़ सीधे मूल बात पर आ गये, "राजन, राज्य के प्रधानामात्य के सम्बन्ध में हम सभी को शंका है। यह प्रचारित किया जा रहा है कि वे अवकाश लेकर अपने समस्त कुटुम्ब सहित किसी अन्य देश की ओर चले गये हैं। ऐसी कोई विपत्ति तो थी नहीं कि वे एकाएक कल रात्रि में ही, बिना किसी को सूचित किये प्रस्थान कर जाते। अन्य किसी को नहीं, तो कम से कम मुझे तो सूचित करते ही। उनके एकाएक विलुप्त हो जाने से किसी षड्यंत्र का भास होता है। क्या आप इस सम्बन्ध में कोई जानकारी रखते हैं, राजन?"

नन्द माथा सिकोड़कर बोला, "आप कहना क्या चाहते हैं? मगध के प्रधानामात्य कहीं चले गये तो इस सम्बन्ध में आप मुझसे प्रश्न कर रहे हैं? किस अधिकार से? क्या आप नगरपाल हैं, न्यायाधीश हैं, राजा हैं? और क्या मैं कोई अपराधी हूँ? आपका इतना साहस?"

राजा को एकाएक इतना कुपित देख सब भय मिश्रित आश्चर्य से भर उठे, मात्र चणक इस भावना से अछूते रहे। वे जब बोले, तो उनकी वाणी में पूर्ण आत्मविश्वास था, "राजा नन्द! आपकी यह अनावश्यक उग्रता बताती है कि कुछ तो गड़बड़ है।

एक सामान्य से प्रश्न पर निर्दोष व्यक्ति इस प्रकार की प्रतिक्रिया नहीं देता। परन्तु प्रश्न यदि दोषी व्यक्ति से किया जाए तो वह प्रश्न का सरल, सामान्य, संगत उत्तर न देकर प्रश्नकर्ता को भ्रमित और भयभीत करने के लिए इसी प्रकार अनौचित्यपूर्ण क्रोध करता है। मेरा प्रश्न एक नागरिक का सामान्य प्रश्न है। पुनः पूछता हूँ, क्या आप जानते हैं कि शकटार कहाँ हैं? उनके पुत्र कहाँ हैं? वे सभी जीवित हैं अथवा नहीं?"

नथुने फुलाते हुए नन्द ने उत्तर दिया, "नहीं, मुझे कोई सूचना नहीं।"

"आपको सूचना नहीं है, तो क्या आपको चिंतित नहीं होना चाहिए? आपके प्रशासन का प्रधान विलुप्त हो गया, और आप इस सूचना से संतुष्ट हैं कि वे कहीं तीर्थ यात्रा या पर्यटन के लिए निकल गए?" नन्द द्वारा घूरे जाने की उपेक्षा करते हुए चणक बोलते चले गए, "शकटार कहीं नहीं गए, अपितु उन्हें उनके पुत्रों सहित बंदी बना लिया गया है। मेरी सूचना के अनुसार वह अंतिम बार आपके महल में लाए जाते दिखे थे।"

नन्द दाँत पीसते हुए बोला, "इसका क्या अर्थ है चणक? क्या तुम मुझ पर आक्षेप कर रहे हो कि मैंने शकटार को बंदी बना लिया है? भला मैं ऐसा क्यों करूँगा, और करूँगा भी तो इस भाँति सबसे छुपा कर क्यों करूँगा? मुझे ऐसा करने की क्या आवश्यकता है? मैं इस राज्य का स्वामी हूँ, सर्वेसर्वा हूँ। मुझे यदि किसी को बंदी बनाना होगा तो किसी के भय से उसे छुपाने की क्या आवश्यकता होगी?"

कितने आश्चर्य की बात थी। जो नन्द राजा बनने से पूर्व अपनी सभी प्रकार की भावनाओं को छुपा ले जाने में सिद्धहस्त था, राजा बनने के बाद उसकी सभी भावनाएँ प्रत्यक्ष दिखाई देने लगी थी। कदाचित सत्ता मिलने के बाद मनोभावों को छुपाकर रखने का औचित्य समाप्त हो जाता है। सामने बैठे व्यक्तियों और उनमें भी चणक को देख उसका रक्त उबल रहा था। धैर्य अपनी सीमा को छूने वाला था, उससे पूर्व ही वह आसन से उठ गया और बोला, "चणक एवं आप सभी, मेरी यह बात सुन लें कि मैं आपमें से किसी के प्रति उत्तरदायी नहीं हूँ। शकटार कहाँ है, कहा गया, इससे धनानन्द को कोई सरोकार नहीं। अब इस विषय पर मुझे कोई वार्ता नहीं करनी। जाएँ आप लोग, और ध्यान रहे कि अब आपके लिए महल के द्वार लांघना मना है।" सबको वहीं बैठा छोड़ नन्द कक्ष छोड़ आन्तरिक कक्ष में प्रवेश कर गया। स्तम्भित बैठे रह गये चणक और उनके साथी भी कुछ समय पश्चात् बाहर निकल आये।

मार्ग में चलते-चलते चणक बोले, "मित्रो! हमारे राजा के नये नाम 'धनानन्द' की आप सभी को शुभकामनाएँ। अस्तु, यह तो स्पष्ट है कि नन्द ने ही शकटार को बन्दी बना लिया है।"

एक श्रेष्ठी बोला, "परन्तु आचार्य, अब हम कर भी क्या सकते हैं? कोई अपराध हो तो न्याय के लिए राजा का द्वार खटखटाया जाता है, परन्तु जब राजा ही अन्यायी हो तो किसका द्वार खटखटाया जाये?"

"नन्द का मानना है कि राजा सर्वेसर्वा होता है, परन्तु ऐसा है नहीं। किसी भी राज्य में सर्वेसर्वा प्रजा होती है। हम राजा के द्वार से निराश लौटे हैं तो अब हमारा कर्तव्य है कि प्रजा का द्वार खटखटाएँ। मैं कल प्रात: से ही इस कार्य में जुट जाऊँगा। आप सभी भी अपने-अपने स्तर पर प्रजा को जगाने का कार्य करें।"

एक अन्य श्रेष्ठी बोला, "परन्तु क्यों, आचार्य? मानते हैं कि शकटार भले व्यक्ति है, परन्तु किसी एक व्यक्ति के कारण राजा से विद्रोह करने का क्या औचित्य है? हम राजा को दोषी मानकर क्यों चल रहे हैं? सम्भव है कि शकटार ही दोषी रहे हों।"

"किसी एक व्यक्ति? किसी एक व्यक्ति के लिए क्या यह आयोजन किया जा रहा है, श्रेष्ठी? क्या आपको ज्ञात नहीं कि नन्द के कार्यकाल में आप व्यापारियों के ऊपर कितने प्रकार के नवीन कर लगा दिये गये हैं? क्या पुराने करों में भी अनावश्यक वृद्धि नहीं की गयी है? शकटार प्रथम व्यक्ति नहीं हैं जिन पर अत्याचार किया जा रहा है। इससे पूर्व सेनापति मौर्य के साथ भी यही हुआ था। शकटार अन्तिम व्यक्ति भी नहीं होंगे कि उनके पश्चात् अन्य किसी के साथ अन्याय नहीं होगा। अगले व्यक्ति आप हो सकते हैं। नगर में आग लगी हो तो यह नहीं देखते कि मेरा घर तो जल नहीं रहा, तो मैं क्यों आग बुझाने का प्रयास करूँ? आग है, नहीं बुझेगी तो कभी न कभी आपका घर भी जलाएगी।" इसी भाँति बातें करते हुए सब अपने-अपने घरों की ओर लौट गये।

अगली प्रात: नगर के चौक पर नागरिकों की भारी भीड़ खड़ी थी। अपने साथी आचार्यों और कुछ श्रेष्ठियों के साथ आचार्य चणक खड़े थे, वे कह रहे थे, "मित्रो, मैं आचार्य चणक आपको यह बताने के लिए उपस्थित हुआ हूँ कि हमारा राजा धर्म से च्युत हो चुका है। वह अन्यायी है। उसके राज में प्रत्येक नागरिक असुरक्षित है। कुछ समय पहले तक मगध राज्य के प्रधान सेनापति रहे श्री मौर्य की स्मृति आप लोगों को होगी। क्या आपको ज्ञात है कि वे कहाँ हैं? जिस व्यक्ति ने, जिसके गणों ने सदैव ही मगध राज्य की सेवा की थी, उसे इस कामुक राजा द्वारा आपकी अपनी ललनाओं की रक्षा करने का प्रयास करने के लिए दण्ड दिया गया। मौर्य की हत्या कर दी गयी। न केवल उनकी, अपितु उनके छोटे से राज्य के सभी पुरुषों की। उनकी महिलाओं को उपभोग की वस्तु बना दिया गया। उनके बच्चों को भूखा मरने के लिए छोड़ दिया गया। आप नगर में बैठे लोगों को इसका भान नहीं कि मगध

राज्य के अन्य स्वायत्त नगरों में कैसे-कैसे अत्याचार किये गये हैं, किये जा रहे हैं। वे प्रत्यक्ष अत्याचार आपके साथ अभी नहीं हो रहे, पर स्मरण रखिएगा कि सिंह के मुख में मानव लहू लग जाये तो वह कभी-न-कभी आपका आखेट अवश्य करेगा। स्त्रियों के प्रति अत्याचार बढ़ गये हैं, बढ़ते जा रहे हैं। ऐसा कोई दिन नहीं होता, जिस दिन किसी कन्या का हरण नहीं होता। राज्य की समृद्धि के लिए हम नागरिकों से कर लिया जाता है। स्वयँ को 'धनानन्द' कहने वाला नन्द धन का इतना लोभी है कि आपसे कर के रूप में धन का कर्षण करता जा रहा है। प्रत्येक माह या तो किसी कर में वृद्धि की जाती है या कोई नया कर लगा दिया जाता है। आपको आश्चर्य होगा कि यदि किसी की मृत्यु हो तो उसके दाह-संस्कार के लिए लगने वाली लकड़ी पर भी कर है, भले ही वह लकड़ी आप वन से काट कर लाएँ, स्वयं अपने घर में लगे वृक्ष को काटें, घर में रखी सूखी लकड़ी का प्रयोग करें या किसी अन्य से क्रय करे। मृत शरीर को जलाने में लगने वाली लकड़ी पर कर देना ही है। आपमें से कइयों को इसके बारे में अभी पता चला होगा। ऐसा इसलिए कि घरों में प्रतिदिन कोई मृत्यु तो होती नहीं। ऐसे न जाने कितने विचित्र कर लगाये गये हैं। आप काशी, मथुरा जैसे तीर्थस्थानों पर भी दर्शन हेतु जायेंगे तो आपको कर का भुगतान करना होगा। जीने पर कर, मरने पर कर, विवाह पर कर, सन्तान पर कर, भगवान पर कर। कर क्यों लिया जाता है? इसलिए न कि उससे प्रजा का कल्याण हो, परन्तु बताइए कि आपका क्या कल्याण किया जा रहा है? यह धन जा कहाँ रहा है? आपको नहीं पता, तो मुझसे सुनिए। आपका यह राजा चोर है। वह आपके पैसे चुरा-चुराकर उसे संग्रहित करता जा रहा है। वह तब तक आपका शोषण करता रहेगा, जब तक आपसे उसे कुछ भी लाभ होता रहे। उसके बाद आपके साथ भी वही होगा जो इस पुष्पपुर से दूर अन्य नगरों के निवासियों के साथ हो रहा है। नागरिकों की भलाई के लिए सदैव प्रयत्नशील रहे आपके प्रधानामात्य ने जब इस धनानन्द का विरोध किया तो उन्हें कुटुम्ब सहित बन्दी बना लिया गया। ईश्वर जाने कि वे जीवित हैं अथवा नहीं? अब आप सभी स्वयँ विचार करें कि जब मौर्य और शकटार जैसे व्यक्तियों की यह गति हो सकती है तो समय आने पर आपके साथ क्या होगा? अत: मेरी बात सुनिए, समझने का प्रयत्न कीजिए, हाथ पर हाथ धरे बैठे मत रहिए। प्रतीक्षा मत कीजिये कि अभी तो आपके साथ कुछ नहीं हो रहा, जब कुछ होगा, तब की तब देखी जायेगी। विश्वास कीजिये कि यदि आपके साथ कुछ होने वाला होगा, तो आपके सँभलने से पहले ही आपका अस्तित्व मिट चुका होगा। प्रतीक्षा मत कीजिए अपितु आज ही पूरी शक्ति से विरोध करना प्रारम्भ कर दीजिए। अत्याचारी नन्द से स्वयं को बचाना है तो उसे सिंहासन से उतार फेंकिए।"

चणक के इस भाषण ने लोगों को बहुत प्रभावित किया। उनके पश्चात् कुछ अन्य वक्ताओं ने ऐसी ही बातें कीं। अन्तिम वक्ता के बोलने तक जनता पर्याप्त उद्वेलित हो चुकी थी। यह क्रान्ति का विचार अत्यन्त नवीन विचार था। अब तक होता तो यही आया था कि एक ही वंश के लोग राजा बनते थे और यदि कभी सत्ता परिवर्तन होता भी तो किसी शत्रु राज्य के राजा द्वारा आक्रमण और उससे पराजित होने के बाद उसकी इच्छानुसार कोई कठपुतली राजा बैठाया जाता अथवा राज्य के ही उच्चवर्गीय सामन्तों में से कोई षड्यंत्र द्वारा राजा को अपदस्थ कर स्वयं राजा बन बैठता। परन्तु चणक कुछ भिन्न कह रहे थे। वे जनता से कह रहे थे कि प्रजा राजा धनानन्द को उसके सिंहासन से उतार दें। भाषण सुनकर सबके रक्त में उबाल आ रहा था।

परन्तु यह उबाल क्षणिक ही था। कोई भी नवीन विचार हमें क्षणिक रूप से उत्तेजित करता ही है, परन्तु जब हम शान्त मस्तिष्क से उस पर विचार करते हैं तो सार्थकता और निरर्थकता का बोध होने लगता है। जनता भी सोच रही थी कि धनानन्द को उतार दिया जाये, पर उसका स्थानापन्न कौन? क्या मदिरा की नदी में तैरने वाला उसका भाई या स्वयं चणक? या कोई ऐसा व्यक्ति जो चणक की कठपुतली हो? और, कौन जायेगा धनानन्द को सिंहासन से उतारने? क्या वह कोई बच्चा है जो सिंहासन पर भूलवश बैठ गया है और उसे पुचकारकर उतार भर देना है? उसके पास मगध साम्राज्य की विशाल विजयनी सेना है। किस नागरिक में इतना साहस है जो अस्त्र-शस्त्र, अश्व-गज से सज्जित सेना से टकरा सके? भाषण देने वाले नेताओं का क्या? ये तो बोल कर चले जाएँगे, वास्तविकता में लहू तो हमारा बहेगा। युवक हमारे मारे जाएँगे, स्त्रियाँ हमारी विधवा होंगीं। और इस पर भी शत-प्रतिशत विश्वास से कौन कह सकता है कि जो नन्द के स्थान पर आयेगा, वह नन्द जैसा नहीं होगा?

चणक और उनके साथी कई दिनों तक जनता के बीच जाकर अपनी बात रखते रहे। जनता उद्वेलित तो होती, पर शीघ्र ही शान्त भी हो जाती। कदाचित् चणक अपने समय से बहुत आगे की घटना घटित होते देखना चाहते थे। वे जनता के लिए, उसके भले के लिए कार्य तो कर रहे थे, पर कदाचित् अन्य अनेक सामान्य व्यक्तियों की भाँति यह मानकर चल रहे थे कि जिस प्रकार से वे सोचते हैं, अन्य सब भी उनकी भाँति ही सोचते होंगे जबकि उन्हें चाहिए था कि जनता के मन को समझें। जनता कभी किसी नेता विहीन आन्दोलन का भाग नहीं बनना चाहती। जब कोई नेता ही नहीं तो वह किस विश्वास पर स्वयं को किसी भी कार्य हेतु समर्पित कर सकेगी? उसे तो नेता चाहिए ऐसा नेता, जो बोले तो नेत्रों के सामने सपने साकार हो उठें,

होंठों में मुस्कान आ जाये, वक्ष फूल उठें, भुजाएँ फड़कने लगें, सामान्य मनुष्य के मुँह से भी सिंह की दहाड़ निकाल सके। ऐसा नेता जिसके लिए वह प्रसन्नता से अपना सब कुछ, यहाँ तक कि जीवन भी न्योछावर कर दे।

धनानन्द ने दस दिन तक चणक की यह उछल-कूद देखी, फिर उसका धैर्य चुक गया। अगली प्रातः पुष्पपुर निवासियों ने देखा कि भिन्न-भिन्न वीथियों में, गलियों में गधे चल रहे हैं। वे गधे रस्सियों के सहारे एक-एक मानव शरीर को खींच रहे हैं। ये शरीर किसके हैं, यह पता नहीं चलता क्योंकि सारे शरीर शीश विहीन हैं। शीश-विहीन शरीरों के शीश भिन्न चौराहों पर, उन्हीं चौराहों पर, जिन पर चणक और उनके साथी भाषण दिया करते थे, बांस के खम्बों पर टिकाए गये थे। सबसे ऊँचे खम्भे पर पूर्व-राजनयिक, पूर्व-अमात्य, तक्षशिला के पूर्व आचार्य, प्रजा हित के लिए सदैव तत्पर रहने वाले आचार्य चणक का शीश लटका हुआ था। दोपहर आते-आते इन सभी क्रान्तिकारियों की सभी चर-अचर सम्पत्ति का राज्य द्वारा हरण कर लिया गया। कल तक जो सम्पन्न नागरिक थे, वे आज अचानक एक पल में विपन्न हो गये। मात्र इतना ही नहीं, जिन नागरिकों पर तनिक भी शंका थी कि ये चणक इत्यादि के पक्षधर हैं, उन सभी को चौराहों पर कोड़े मारे गये। यदि वे शासकीय कर्मचारी थे तो उन्हें सेवा से मुक्त कर दिया गया। जो व्यापारी, कृषक अथवा अन्य व्यवसायी थे, उन पर भारी अर्थदण्ड लगाया गया। शासन के एक ही वार से क्रान्ति पूर्णतः समाप्त हो गयी।

×××

किशोरवय विष्णुगुप्त मातृकुल की किसी भूमि पर बने एक झोंपड़े के बाहर चुपचाप बैठा था। कैसी विडम्बना थी? जिस किशोर के घर पर अनेक बालक आकर शिक्षा ग्रहण करते थे, नगर से प्रत्येक वर्ग के मनुष्य उसके घर पर आकर सत्संग करते थे, जहाँ एक बड़ी गौशाला हुआ करती थी, जहाँ एक तरफ दिन भर अनाज पीसने की चक्की चलती थी, अब वह घर इस छोटे से झोंपड़े में परिवर्तित हो गया था जिसके अन्दर उसकी अचानक बूढ़ी हो गयी माँ मानसिक अस्वस्थ होकर भूमि पर निढाल पड़ी रहती। किसी स्त्री से यूँ अचानक उसका जीवन भर का साथी बलात् छीन लिया जाये, तो उसकी दशा ऐसी न हो तो क्या हो? चणक की हत्या हुए आज चार दिन हो चुके थे। विष्णुगुप्त को समझ ही नहीं आ रहा था कि वो क्या करे? अभी भी उसके पिता का शीश एक चौराहे पर लटका हुआ था।

प्रतिशोध की अग्नि में जलते विष्णुगुप्त को एकाएक ही ध्यान आया कि उसने चार दिन से भोजन नहीं किया है। भूख की ज्वाला का व्यवहार बड़ा विचित्र है।

जब तक उसका स्मरण नहीं होता, तब तक वह भीगी बिल्ली की तरह चुपचाप एक कोने में दुबकी रहती है, परन्तु जैसे ही उसकी ओर एक क्षण के लिए भी देखो, तो फिर उससे आँखें हटाकर कहीं और देखना सम्भव नहीं रह जाता। विष्णुगुप्त को ध्यान आया कि माता भी तो भूखी है। क्या करें, अन्न भण्डार तो मागधी सैनिकों ने राजाज्ञा से लूट लिया। इस झोंपड़े में अन्न कहाँ? क्या भिक्षा माँगी जाएँ?

जिस घर से प्रतिदिन जाने कितना दूध, जाने कितना अन्न विपन्न लोगों को दान किया जाता था, आज उसी घर के लड़के को भिक्षा माँगने जाना पड़ रहा था। गुरुकुल परम्परा यद्यपि अन्य अनेकों स्थानों पर अभी भी प्रचलित थी, पर बड़े नगरों में गुरुकुल का अर्थ यह था कि छात्र अपने घरों से निकलते और गुरु के गृहनिवास जाकर शिक्षा ग्रहण कर वापस आ जाते। ब्रह्मचारी बनते समय मात्र परम्परा निभाने के लिए कुछ घरों से भिक्षा माँग ली जाती थी। भिक्षा माँगने का कार्य पुनः नहीं किया जाता था। अतः विष्णुगुप्त के लिए उदरपूर्ति हेतु भिक्षा माँगना इतना आसान कार्य नहीं था, परन्तु पेट की भूख, परिजन की चिन्ता जो न कराये।

विष्णुगुप्त एक गृहस्थ के घर जाकर रुका और आवाज लगायी, "भवति भिक्षां देहि"। स्वर सुनकर गृहिणी बाहर आयी और कटोरे में पड़ा अन्न जैसे ही विष्णुगुप्त के थैले में डालने को हुई, गृहस्वामी ने उसे टोक दिया। बोला, "रुक जाओ। यह बालक राजद्रोही का पुत्र है। इसे अन्न देने से हम पर संकट आ सकता है। तुम अन्दर जाओ।" फिर वह गृहस्थ विष्णुगुप्त को सम्बोधित करते हुए बोला, "ब्राह्मण, हमें क्षमा करें। हम आपकी सहायता नहीं कर सकते। कृपया आप जाएँ।" विष्णुगुप्त उन्हें आशीर्वाद देता हुआ बाहर चला गया। उसके जाने के बाद गृहस्थ ने देखा कि उसकी पत्नी के नेत्रों में अश्रु थे। गृहस्थ बोला, "मुझे क्षमा करो, प्रिये। एक याचक तुम्हारे द्वार से भूखा चला गया, इसका दोषी मैं हूँ। तुम मुझे चाहे जो दण्ड दे लो। मुझ अकेले की बात होती तो कोई चिन्ता नहीं थी, पर यदि तुम और बच्चों पर कोई प्रभाव पड़े तो उचित है कि मैं यह पाप बारम्बार करूँ।"

दुर्भाग्य है यह देश का, जिस देश के नागरिक भय के कारण भला कार्य करने में संकोच करते हो। कोई सद्कार्य करे ही क्यों, यदि उसे पता हो कि इस सद्कार्य की प्रतिक्रिया में उसे कष्ट भोगने होंगे। विष्णुगुप्त एक अन्य गृहस्थ के द्वार पर आकर खड़ा हुआ और बोला, "भवति भिक्षां देहि"। इस घर से एक छोटा बालक निकला, जिसके हाथ में अन्न का पात्र था। उसके पीछे-पीछे उसकी माता चली आ रही थी। अबकी विष्णुगुप्त स्वयं ही बोल पड़ा, "माता, भिक्षा ग्रहण करने से पहले आपको ज्ञात हो कि मैं कथित राजद्रोही आचार्य चणक का पुत्र विष्णुगुप्त हूँ। क्या आप यह जानने के पश्चात् भी मुझे भिक्षा देना चाहती है?" राजद्रोही चणक का नाम सुनते ही

स्त्री चिहुंककर दो पग पीछे चली गयी। उसने अपने पुत्र को भी पीछे खींच लिया। फिर उसने विष्णुगुप्त के सम्मुख हाथ जोड़ लिए। विचित्र मुद्रा थी उस गृहस्वामिनी की। हाथ जोड़े खड़ी है, नेत्रों में भय और अपराध बोध है। विष्णुगुप्त समझ गया कि यह स्त्री भय के कारण काँप रही है। इहलोक का भय कि यदि भिक्षा दी तो राजकोप सहना होगा, और परलोक का भय कि भिक्षुक को रिक्त हाथ लौटाया तो पाप का भागी बनना होगा। विष्णुगुप्त ने हाथ उठाकर आशीर्वाद-सा देते हुए कहा, "न घबराएँ, माता! मैं आपकी दुविधा समझ सकता हूँ। परलोक की चिन्ता से मुक्त हों। मेरे मन में आपके लिए कोई दुर्भावना नहीं। आपका कल्याण हो।"

राजा यदि अधर्मी हो तो वह अपनी प्रजा को अधर्मी बना ही देता है। अधर्म की ओर झुकाव रखने वाले तो इसमें बड़ी प्रसन्नता से सम्मिलित हो जाते हैं, वहीं धार्मिक लोग विवश होकर अधार्मिक कृत्य करते हैं। विष्णुगुप्त इस प्रकार कुल चार घरों में हो आया था। शास्त्रानुसार भिक्षुक पाँच घरों से भिक्षा माँग सकता है। यद्यपि यह स्पष्ट नहीं कि इन पाँच घरों में क्या वे घर भी समाहित हैं, जिनसे भिक्षा मिली ही न हो। विष्णुगुप्त के मन में आया कि पाँचवें घर का चुनाव सोच-विचार कर किया जाये। ऐसा घर जहाँ से भिक्षा अवश्य ही मिले। वह यह सोच ही रहा था कि तत्काल ही एक दूसरे विचार ने उसे झकझोर दिया। क्या भिक्षुक को इस प्रकार योजना बनाकर भिक्षा माँगनी चाहिए? यदि ऐसा है तो मात्र पाँच गृहों से भिक्षा माँगने का प्रावधान क्यों बनाया गया होगा? इसीलिए न कि भिक्षा मात्र तात्कालिक उदरपूर्ति के लिए हो, न कि भंडारण के लिए। यदि यह प्रावधान न होता, तो भिक्षुक दिन भर में सैकड़ों गृहों से भिक्षा माँग कर अपना घर भरता रहता। भिक्षा माँगना आसान व्यवसाय बन जाता। इससे यह भी होता कि आज जो लोग भिक्षुक को देखते ही सहर्ष भिक्षा देने निकल पड़ते हैं, कदाचित् न निकलते। दाता को विश्वास हो कि उसके दान से किसी भूखे का पेट भर रहा है तो वह सहर्ष दान करेगा, परन्तु यदि उसे शंका हो कि सम्मुख खड़ा भिक्षुक उसके दान से अपना घर भर रहा है तो वह दान देने में संकोच करेगा।

विष्णुगुप्त बिना किसी योजना के किसी भी गृह के सम्मुख भिक्षा माँगने जाने वाला था, पर अब तक वह पर्याप्त निर्बल हो चुका था। भूख और थकान से पीड़ित विष्णु वहीं एक किनारे लेट गया। उसके मुख से अस्पष्ट-से शब्द निकल रहे थे, "भवति भिक्षां देहि"। कुछ देर पश्चात् उसे अपने मुख पर जल का भान हुआ। कठिनाई से नेत्र खोलने पर उसने देखा कि एक ग्वाला उसकी ओर देख रहा है। विष्णुगुप्त उठ बैठा। ग्वाला बोला, "भूख लगी है, पुत्र? यह मेरी झोली में कुछ भीगे चने पड़े हैं। क्या तुम इन्हें स्वीकार करोगे?"

विष्णुगुप्त स्पष्ट स्वर में बोला, "अवश्य करूँगा श्रीमान। परन्तु आपको ज्ञात हो कि मैं कथित राजद्रोही चणक का पुत्र हूँ। कदाचित् आप यह जानने के बाद मुझे भिक्षा न दें।"

ग्वाला मुस्कुराते हुए बोला, "किसी भूखे को भोजन देने के पुण्य के समक्ष किसी अन्यायी के दण्ड का कोई मोल नहीं, पुत्र। तुम नन्द की अर्थात् नन्द द्वारा मुझे मिलने वाले किसी सम्भावित दण्ड की चिन्ता न करो। ये चने लो। इन्हें खाकर स्वस्थ हो जाओ।"

विष्णु ने अपना उत्तरीय फैलाकर उन चनों को ग्रहण किया और उठ बैठा। उसे प्रस्थान करता देख ग्वाले ने पूछा, "तुम इन्हें यहीं क्यों नहीं खाते? क्या अभी और भिक्षा चाहिए, जो तुम किसी अन्य गृहस्थ के घर जाने को उठ बैठे हो?"

"नहीं श्रीमान, इतनी भिक्षा पर्याप्त है। मैं अपने घर जा रहा था। वहाँ माता हैं, जिन्होंने चार दिन से अन्न का एक दाना तक नहीं खाया है।"

"ओह। चलो, मैं भी तुम्हारे साथ चलता हूँ। तुम कितने दुर्बल प्रतीत होते हो? मार्ग में ही कहीं गिर पड़े तो? चलो।"

विष्णु ने सिर हिलाया और ग्वाले के साथ चल पड़ा। वह स्वयं को इस विचार से नहीं रोक पाया कि जहाँ तुलनात्मक रूप से अधिक समृद्ध गृहस्थ उसे भिक्षा तक देने में डर रहे थे; यह ग्वाला, जिसके शरीर पर पड़े वस्त्र उसकी निर्धनता को स्पष्ट दिखा रहे हैं, किस प्रकार निर्द्वन्द्व होकर न केवल भिक्षा दे रहा है, अपितु सारे नगर से होते हुए, सबकी दृष्टि में आते हुए भी उसके साथ चल रहा है। कुछ क्षण बाद ग्वाला बोला, "तो ब्राह्मणकुमार, अब तुमने क्या सोचा है? क्या उदरपूर्ति हेतु भिक्षा माँगते रहोगे?"

इस प्रश्न से विष्णु ठिठक-सा गया। बोला, "अभी तो भूख के कारण मेरा मस्तिष्क कार्य नहीं कर रहा है, परन्तु मैं पिछले चार दिनों से प्रतिशोध की अग्नि में जल रहा हूँ। इस नन्द ने मेरे पिता की हत्या की है। मैं उसे समाप्त करना चाहता हूँ।"

ग्वाला हँस पड़ा। बोला, "यह उचित कहा तुमने। अच्छा, एक बात बताओ? तुम्हारे पिता चणक के पिता अर्थात् तुम्हारे पितामह की हत्या भी क्या नन्द ने करवाई थी?"

"नहीं! वे वृद्धावस्था में प्राकृतिक रूप से अपने समय पर मृत्यु को प्राप्त हुए थे, परन्तु यह प्रश्न क्यों?"

"नहीं, मैं सोच रहा था कि तुम तो पिता की हत्या का प्रतिशोध लेने के लिए धनानन्द का नाश चाहते हो। तुम्हारे पिता ऐसा क्यों चाहते थे? उनकी तो कोई व्यक्तिगत हानि नहीं की थी नन्द ने। हाँ, उनके मित्र शकटार का अपहरण अवश्य किया था।

क्या तुम मानते हो कि शकटार का अपहरण ही वह कारण था, जिससे चणक ने विद्रोह का मन बनाया था?"

"नहीं, श्रीमान। अपने मित्र शकटार के लिए नहीं, अपितु नागरिकों के कष्ट, राज्य के अधर्म के कारण स्वर्गीय पिताजी ने नागरिकों को क्रान्ति का मार्ग दिखाने का प्रयास किया था।"

"फिर तुम क्यों व्यक्तिगत कारणों से नन्द का विनाश चाहते हो? लक्ष्य समान होने पर भी यदि उद्देश्य में अन्तर हो, उद्देश्य सकारात्मक, समाजोन्मुख न होकर नितान्त व्यक्तिगत हो तो उससे निर्माण नहीं होता, अपितु विनाश की एक शृंखला चल पड़ती है। माना कि तुम प्रतिशोध ले लोगे, नन्द का वध कर दोगे, उसके पश्चात् क्या? यदि तुम व्यक्तिगत प्रतिशोध भर लोगे, तो नन्द के वध से ही सन्तुष्ट हो जाओगे? नन्द के पश्चात् कोई अन्य राजा बन जायेगा। सम्भव है कि वह नन्द से अधिक अत्याचारी हो। वह पुनः किसी चणक की हत्या करेगा, पुनः कोई चणक पुत्र प्रतिशोध लेगा। यह क्रिया और प्रतिक्रिया चलती रहेगी, परन्तु परिणाम क्या प्राप्त होगा? वहीं, यदि तुम व्यक्तिगत प्रतिरोध न लेकर समाज का हित करने के उद्देश्य से नन्द का वध करोगे तो उसके वध से ही सन्तुष्ट न हो जाओगे, अपितु सिंहासन पर स्वयं बैठोगे, या किसी सुपात्र को बैठाओगे। अब यह तुम पर निर्भर है पुत्र कि तुम्हारे प्रतिशोध का उद्देश्य क्या हो?"

ग्वाले की बातों ने विष्णु के मस्तिष्क में एक विस्फोट-सा कर दिया था। उचित ही तो कह रहा है ग्वाला। नन्द को मार दिया, और उसके स्थान पर कोई दूसरा नन्द, कोई दूसरा अत्याचारी सिंहासन पर बैठ गया, तो अन्तर क्या पड़ा? नहीं, यह तो कोई समाधान नहीं। अनुपयोगी, कष्टकारी घास ो मात्र ऊपर-ऊपर से काटने का क्या लाभ, जब उसकी जड़ें भूमि में ही रहें? वह तो पुनः उग आयेगी। होना तो यह चाहिए कि घास का जड़मूल भी निकाल दिया जाये। उनकी जड़ों में मट्ठा डाल दिया जाये कि वे पुनः उग ही न पायें। भूमि की सुन्दरता हेतु उस स्थान पर औषधीय गुणों से युक्त किसी लाभदायक, किसी सुगन्धित पादप का रोपण हो। ग्वाला सही कहता है। उद्देश्य सकारात्मक हो, स्पष्ट हो, तभी लक्ष्य प्राप्ति की सार्थकता है।'

"क्या सोचने लगे, पुत्र?"

"आपकी कही बातों पर ही विचार कर रहा था, श्रीमान। आप उचित कहते हैं।"

"अभी मैं कुछ और कहना चाहता हूँ। नन्द का वध पर्याप्त नहीं है, अपितु यह तो सबसे सरल कार्य है। तुम कुछ ही वर्षों में प्रशिक्षण प्राप्त कर चतुर हत्यारे बन सकते हो। चोरी-छुपे आना और उसकी ग्रीवा उतार लेना या धन एकत्रित करके किसी हत्यारे को उसका मूल्य चुकाना, वह नन्द की हत्या कर देगा।

परन्तु यह होगी एक हत्या ही। हत्या और वध में अन्तर है। एक व्यक्ति द्वारा किसी अन्य व्यक्ति की हत्या की जाती है। किसी नायक द्वारा किसी खलनायक का वध होता है। अस्तु, तुम्हें विचार करता देख प्रतीत होता है कि तुम मेरी बातों से सहमत हो। अब मुझे तनिक यह बताओ कि तुम यह कार्य किस भाँति करोगे? क्या रूपरेखा है तुम्हारी?"

"मैं समझा नहीं, श्रीमान।"

"अरे, मैं पूछ रहा हूँ कि समाज की भलाई के लिए, जिसमें तुम्हारा व्यक्तिगत प्रतिशोध भी समाहित है, तुम क्या करोगे? क्या नन्द के द्वार पर जाकर उसे द्वन्द्व के लिए ललकारोगे?"

इतने मानसिक कष्ट में भी विष्णु के चेहरे पर मुस्कान आ गयी। बोला, "यह परिहास बढ़िया रहा, श्रीमान। न मैं कोई भीम हूँ, न धनानन्द कोई जरासंध, जो मैं उसे चुनौती दूँ और वह स्वीकार कर ले। उसके द्वाररक्षक ही मेरा वध क़र देंगे।"

"तभी तो पूछ रहा हूँ। तुम अब क्या करोगे?"

"मुझे तो कुछ समझ नहीं आ रहा। आप ही कुछ परामर्श दें।"

"मैं क्या बताऊँ? सामान्य-सा ग्वाला हूँ, कोई रणनीतिकार तो हूँ नहीं। फिर भी, तुम कहते हो तो सोचता हूँ कि मानव को अपनी रुचि को अपना सामर्थ्य बनाना चाहिए। उसे अपनी प्रकृति का भान होना चाहिए। तुम स्वयं विचारो कि तुम्हारी प्रकृति क्या है? क्या तुम्हारा मन धनोपार्जन करना चाहता है? यदि ऐसा है तो तुम इस दिशा में बढ़ो। उत्तम वैश्य बनो। प्रचुर धन कमाओ और उसका उपयोग करो। उन लोगों की धन से सहायता करो जो इस अत्याचारी शासक का विरोध कर रहे हैं। यदि धनोपार्जन तुम्हारी प्रकृति नहीं है तो क्या है? क्या शक्ति संचय? यदि ऐसा है तो शक्ति संचय करो। शरीर को बलवान बनाओ, किसी सेना का निर्माण करो। उत्तम क्षत्रिय बनो। यदि तुम्हारा मन धन अथवा शक्ति संग्रह में नहीं है, यह तुम्हारी प्रकृति नहीं है तो जो ऐसा करते हैं, उनके सहायक बनो। उत्तम शूद्र बनो। सद्चरित्र, लक्ष्य प्राप्ति के लिए प्रयासरत लोगों की सहायता करो।"

विष्णु कुछ सोचकर बोला, "आप उचित कहते हैं, श्रीमान। परन्तु विचार करने के पश्चात् मुझे प्रतीत होता है कि मेरी रुचि धन अथवा शक्ति में नहीं है। न मैं स्वयं को किसी नायक की सहायक भूमिका में देख पाता हूँ। मेरी रुचि पठन-पाठन में है।"

"यह तो और अधिक अच्छी बात है। कोई वैश्य, क्षत्रिय अथवा सहायक बन सकता है और ऐसा करने से वैश्यों, सहायकों, क्षत्रियों की संख्या में बस एक वैश्य या एक क्षत्रिय या एक सहायक की वृद्धि होती है। परन्तु ब्राह्मण बनकर एक व्यक्ति

अनेक ब्राह्मणों, अनेक सहायकों, अनेक क्षत्रियों और अनेक वैश्यों का निर्माण कर सकता है। यदि तुम्हारी रुचि पठन-पाठन में है, यदि यही तुम्हारी प्रकृति है तो वशिष्ठ, विश्वामित्र, परशुराम की भाँति एक ब्राह्मण बनो। ब्राह्मण बनकर तुम्हारी सीमा का पर्याप्त विस्तार होगा। तुम मात्र मगध तक सीमित नहीं रहोगे, अपितु तब तुम पूरे आर्यावर्त, पूरे भारतवर्ष, सम्पूर्ण संसार के हित हेतु कार्य करोगे। तुम्हारी सदिक्षाएँ व्यापक होंगी। पर ब्राह्मण बनना बहुत कठिन है, पुत्र। तुम्हें अनेक विद्याओं में पारंगत होना होगा। उन विद्याओं में भी, जो तुम्हें रुचिकर न प्रतीत होती हों। जैसे अभी तुमने कहा कि धनोपार्जन में तुम्हारी रुचि नहीं है, शक्ति संचय में तुम्हारी रुचि नहीं है, परन्तु इन सबकी विद्या तुम्हें प्राप्त करनी होगी अन्यथा तुम किसी को शिक्षित कैसे करोगे? अधिकाधिक शिक्षित हो ताकि अधिकाधिक उत्तम नागरिकों का निर्माण कर सको। श्रेष्ठ शिष्य बनो, जिससे कि श्रेष्ठ शिष्य बना सको।" विष्णु को विचार करता देख ग्वाला कुछ देर रुककर बोला, "क्या सोच रहे हो? उत्तम शिक्षा ग्रहण करना अब यहाँ, इस नगर में तो सम्भव नहीं। जिस नगर में तुम्हें अन्न नहीं मिल रहा, वहाँ शिक्षा क्या मिलेगी? सर्वश्रेष्ठ बनने के लिए श्रेष्ठतम शिक्षा चाहिए, जो श्रेष्ठतम विद्यालय में मिलेगी। आर्यावर्त में इस समय तक्षशिला से श्रेष्ठ कोई विद्यालय नहीं। सुना है कि वहाँ विषयों की अनेक शाखाएँ हैं। वह परिमाप में, शिक्षा संकायों, आचार्यों और विद्यार्थियों की संख्या में, अपनी विविधता में इतना विशाल है कि उसे विश्वविद्यालय कहा जाता है। भारतभूमि के द्वार, गान्धार[1] राज्य की राजधानी है तक्षशिला। वहाँ के राजा अम्भी सद्चरित्र, धार्मिक पुरुष हैं। तुम वहीं जाओ। अपने व्यक्तित्व का, अपनी मेधा का विकास करो। जाओ चणकपुत्र चाणक्य, तक्षशिला जाओ।"

विष्णु की आँख खुल गयी। उसने देखा कि वह तो वहीं, उसी स्थान पर लेटा हुआ है, जहाँ थकान के कारण लेट गया था। ग्वाला कहीं नहीं था। तो क्या वह सब मात्र एक स्वप्न था? क्या उसी के मस्तिष्क ने स्वप्न में ग्वाले का निर्माण किया था? जो भी था, ग्वाले ने उसे उचित मार्ग दिखाया था। उसने पुनः आँखें बन्द कीं और उस ग्वाले का ध्यान करते हुए मन की वाणी से बोला, "हे ईश्वर, तूने मेरे मन में ग्वाले का रूप धरा। जिस प्रकार कृष्ण ग्वाल रूप में गौओं को मार्ग दिखाते हैं,

---

1 उस समय गान्धार नाम के दो जनपद थे–पूर्वी और पश्चिमी गान्धार। सिन्ध और झेलम नदियों के बीच का प्रदेश पूर्वी गान्धार था, जिसकी राजधानी रामानुज भरत के पुत्र तक्ष के नाम पर बसा नगर तक्षशिला (रावलपिंडी, पाकिस्तान) थी। सिन्ध नदी के पश्चिम में पश्चिमी गान्धार था, जिसकी राजधानी भरत के दूसरे पुत्र पुष्कल के नाम पर पुष्कलावती (आधुनिक चारसद्दा जिला, ख़ैबर-पख़्तूनख़्वा, पाकिस्तान) थी।

तूने मेरे मन को मार्ग दिखाया है। मैं अवश्य तक्षशिला जाऊँगा। शक्ति भर प्रयास करूँगा कि ब्राह्मण बन सकूँ। आज से मेरा जीवन मात्र मगध के लिए नहीं, अपितु सम्पूर्ण भारतभूमि के लिए समर्पित है।"

वह उठा। अपने वस्त्र ठीक किये। उसकी दृष्टि भूमि पर पड़ी। वहाँ एक स्वच्छ वस्त्र में कुछ मुठ्ठी सूखे चने रखे थे। प्रतीत होता था कि किसी नागरिक ने उसे भूख से व्याकुल देख गुप्तदान किया था। कदाचित् उन गृहस्थों के घर का कोई सदस्य इन्हें यहाँ रख गया हो। विष्णु के मुख पर मन्दस्मिति छा गयी। राजदण्ड के भय से कदाचित् वे प्रत्यक्ष रूप से उसकी सहायता न करना चाहते हों, परन्तु किसी भिक्षुक को मरता भी नहीं देख सकते अर्थात् अभी समस्त प्रजा धनानन्द के अधर्म से संक्रमित नहीं हुई थी। विष्णु ने वह अन्न उठाया और शीघ्रता से अपनी अस्थायी कुटिया की ओर बढ़ा। उसकी माँ भूखी होगी।

कुटिया में प्रवेश करने पर उसने देखा कि उसकी माँ मृत पड़ी हुई थी।

(5)

किसी मनुष्य के भीतर सम्भावनाओं का अथाह सागर सदैव ही विद्यमान रहता है, परन्तु सामान्य जीवन की अनेकानेक सुविधाएँ, आत्मजनों का प्रेम, उनके प्रति उत्तदायित्व बहुधा इन अनन्त सम्भावनाओं के लिए रुकावट का कार्य करते हैं। जब ये रुकावटें अन्योन्य कारणों से एकाएक हट जाती हैं, तब मनुष्य के पास दो मार्ग होते हैं। पहला कि वह वहीं रुक जाये और उसी सुविधाओं को, उसी प्रेम को, उन उत्तरदायित्वों को पुनः प्राप्त करने का प्रयास करे, और दूसरा कि वह इन सबसे ऊपर उठकर स्वउत्थान करे और व्यक्तिगत आकांक्षाओं की अपेक्षा सर्वसमाज की आकांक्षाओं की पूर्ति के लिए प्रयासरत हो। विष्णुगुप्त उसी दोराहे पर खड़ा था। उसके पिता नहीं रहे, अब उसकी माता भी नहीं रही। पाटलिपुत्र में रहने का कोई कारण शेष न रहा। नियति ने उसके समक्ष विकल्प प्रस्तुत कर दिये थे कि वह अपना शेष जीवनपथ किस भाँति निर्मित करना चाहता था? उसने तक्षशिला जाने का निश्चय कर लिया।

मगध राज्य में अब प्रत्येक वस्तु पर प्रत्यक्ष अथवा अप्रत्यक्ष कर लिया जाने लगा था, जिसमें वन की लकड़ी भी सम्मिलित थी। अब कोई भी व्यक्ति अपने परिजन के अन्तिम संस्कार के निमित्त भी स्वयं लकड़ी नहीं काट सकता था। या तो वह लकड़ी काटे और कर चुकाए या बाजार से क्रय करे। विपन्न विष्णुगुप्त के पास ऐसी सुविधा कहाँ? रात्रि भर अपना कर्तव्य निश्चित करने में ध्यानमग्न रहे

उस किशोर को रात्रि के अन्तिम पहर ही माता के अन्तिम संस्कार की चिन्ता हुई। कुछ निश्चित कर वह उठा और नगर के मुख्य चौराहे पर टँगे अपने पिता के शीश को चोरी-छुपे उठा लाया। पिता के शीश को अपनी मृत माता के पार्श्व में लिटाकर उसने जीर्णावस्था को प्राप्त कुटिया के आलम्बनों को काट दिया। पूरी कुटिया उसके माता-पिता के ऊपर आ पड़ी। पश्चात् उसने उस ढेर को अग्नि दिखा दी। मगध का कैसा दुर्भाग्य कि उसके दो नागरिक, अर्थशास्त्र का प्रकांड विद्वान, मगध का पूर्व अमात्य, तक्षशिला का भूतपूर्व आचार्य अपनी भार्या सहित इस भाँति अपनी अन्तिम यात्रा पर चला।

चणक की अन्तिम यात्रा के साथ ही चणक पुत्र चाणक्य की, विष्णुगुप्त की पहली यात्रा शुरू हुई। उसने अग्नि देव को प्रणाम किया और चल पड़ा। एक तालाब के तट पर उसने अपने मलिन मुख को, मलिन मनोदशा को पूर्णत: धो दिया और चलते-चलते पाटलिपुत्र की सीमा पर आ गया। पाटलिपुत्र नगर दस कोस लम्बा और दो कोस चौड़ा नगर था, जो गंगा और शोण नदी के संगम पर बसा हुआ था। यह पूरा नगर सभी दिशाओं में बहुत ऊँचे प्राचीर से घिरा था। इस प्राचीर पर स्थान-स्थान पर चौकियाँ बनी थीं, जिनमें सैनिक नियुक्त रहते थे। प्राचीर पर भी आठ-आठ हाथ की दूरी पर शस्त्रबद्ध सैनिक खड़े रहते। प्राचीर के बाहर छप्पन हाथ चौड़ी और अट्ठाइस हाथ गहरी एक परिखा[1] थी, जिसमें नियन्त्रित नहर के द्वारा गंगा का पानी भरा रहता। इस परिखा में मगरमच्छों को पाला गया था, जिन्हें बहुत कम भोजन दिया जाता। पाटलिपुत्र में आने या बाहर जाने के लिए चौसठ महाद्वार थे जो प्रात: खोल दिये जाते थे। फिर इन द्वारों के बाहर एक अस्थायी सेतु लगाया जाता जो ऊपर प्राचीर से यान्त्रिक विधि से नियन्त्रित होता था। सन्ध्या पश्चात् इन सेतुओं को पुन: ऊपर खींच लिया जाता और द्वार बन्द कर लिया जाता।

नगर का द्वार खुल चुका था और सेतु लगा दिया गया था। लोग आ-जा रहे थे। विष्णुगुप्त भी उन लोगों के साथ बाहर निकल जाना चाहता था, परन्तु उसे ज्ञात नहीं था कि बाहर जाने, या बाहर से अन्दर आने के लिए अभिज्ञान-मुद्रा की आवश्यकता होती है। प्रहरियों ने उसे रोक दिया। किसी भी राज्य में प्रवेश करने या राज्य से बाहर निकलने के लिए अभिज्ञान-मुद्रा[2] की अनिवार्यता समूचे आर्यावर्त

---

[1] खाई

[2] पहचान-पत्र, परवाना अथवा पासपोर्ट के समतुल्य एक मुद्रा, जो नगर में प्रवेश करने अथवा नगर से बाहर निकलने के लिए आवश्यक थी। यह मुद्रा प्रदान करने का कार्य करने वाले अधिकारी को 'विविताध्यक्ष' कहा जाता था।

में तो थी ही, सुदूर पारस में भी यह आवश्यक था कि प्रत्येक आगन्तुक के पास यह मुद्रा हो। अभिज्ञान-मुद्रा एक प्रकार की शासकीय मुद्रा थी, जिसमें आवागमन पर राज्य के ओर से अनुमति दर्शाता चिह्न अंकित होता था। विष्णुगुप्त को यद्यपि निराशा तो हुई, पर राज्य व्यवस्था का पहला पाठ उसने अवश्य पढ़ लिया। परन्तु वह स्वयं को यह विचार करने से न रोक सका कि अभिज्ञान-मुद्रा की आवश्यकता तो राज्य से बाहर निकलने के लिए होनी चाहिए और पाटलिपुत्र नगर के बाहर है तो मगध ही। मगध की राजधानी से निकलकर मगध राज्य के ही एक भाग में जाने के लिए इसकी क्या आवश्यकता? कदाचित् यह व्यवस्था अस्थाई रूप से लागू की गयी थी, जिससे राजसत्ता के विद्रोहियों की पहचान की जा सके।

बाहर निकलने का कोई मार्ग नहीं, अन्दर रुके रहने का कोई प्रयोजन नहीं। करें तो क्या करें, इसी उहापोह में विष्णु एक मन्दिर की सीढ़ियों पर जा बैठा। उसकी दृष्टि थोड़ी ही दूर एक वृक्ष के नीचे आसन जमाये बैठे एक ज्योतिषी पर गयी। ज्योतिषी महाराज ठाठ से बैठे थे और आमजन उनके सम्मुख हाथ बान्धे अपनी बारी की प्रतीक्षा कर रहा था कि कब ज्योतिषी जी उस पर कृपादृष्टि डालें और भविष्य के शुभ समाचारों से उसकी सभी मनोकामनाओं की पूर्ति कर दें। विष्णु को ज्योतिष शास्त्र पर विश्वास था, परन्तु वह इस महान शास्त्र का दुरुपयोग करने वाले कपटी ज्योतिषियों से घृणा करता था। मानव कर्म छोड़ इस प्रकार की मरीचिका के पीछे क्यों भागता है?

जब सूर्य शिखर पर पहुँच गया और गर्मी असह्य होने लगी, ज्योतिषी महाराज के आसपास की भीड़ भी छँट गयी। ज्योतिषी महाराज ने सीढ़ियों पर बैठे विष्णु को देखा और अपनी ओर आने का संकेत किया। यद्यपि विष्णु को इस ज्योतिषी में कोई रुचि नहीं थी, परन्तु तपती सीढ़ियों से तो अच्छा ही था कि वृक्ष की छाया में बैठा जाये। निकट जाकर विष्णु ने प्रणाम किया, ज्योतिषी ने मुस्कुराते हुए आशीर्वचन कहे और बोला, "कहो ब्रह्मचारी, क्या अपना भविष्यफल जानना चाहोगे?"

विष्णु बोला, "भविष्य क्या सचमुच जाना जा सकता है? क्या भविष्य बताया जाना चाहिए?"

"भविष्य अवश्य जाना जा सकता है, ब्रह्मचारी, पर भविष्य छोटे-छोटे कारकों के कारण परिवर्तित भी हो सकता है। परन्तु तुम ऐसा क्यों मानते हो कि भविष्य नहीं बताया जाना चाहिए?"

"मान लीजिए कि आपने एक व्यक्ति से कहा कि वह भविष्य में बहुत धनवान हो जायेगा। अब वह व्यक्ति तो निश्चिन्त हो गया कि कुछ ही समय में वह धनवान हो ही जायेगा। यह निश्चिन्तता उसे कर्म करने के लिए प्रेरित तो न करेगी?

वह कर्म जिससे वह वास्तव में धनवान बन सकता था। अतः जो व्यक्ति अपने अथक परिश्रम से कुछ वर्षों में धनी होने वाला था, जब उसे भविष्य पता चल गया तो उसने कर्म करना ही छोड़ दिया। आज जो भविष्य बताया गया, वह कदाचित् सही था, पर भविष्य बता देने से कर्महीनता के परिणामस्वरूप भविष्य ही बदल सकता है।"

ज्योतिषी इस उत्तर पर प्रसन्न हो उठा। उसका आनन खिल उठा। अबकी जब वह बोला तो उसकी वाणी में पहले की तरह अधिकार भावना न थी, "आचार्य चणक के पुत्र से मुझे यही आशा थी। यह बताने के लिए मुझे किसी ज्योतिष शास्त्र की आवश्यकता नहीं कि आपका भविष्य उज्ज्वल है।"

विष्णु सावधान हो गया। इस ज्योतिषी को उसका परिचय किस भाँति ज्ञात हो सकता था? क्या यह वास्तव में कोई शास्त्र-पारंगत मनुष्य है या कोई गूढ़-पुरुष? तीक्ष्ण दृष्टि से देखते हुए उसने प्रश्न किया, "आप मुझे कैसे जानते हैं, महाराज?"

"मुझे महाराज न कहें, चणकपुत्र। मैं कोई ज्योतिषी नहीं। आपको कदाचित् स्मरण नहीं, परन्तु हम एक अवसर पर मिल चुके हैं। मैं आपके पिता से मिलने आया था और आपने ही अपने गृह में मेरा स्वागत किया था। आपकी पिता की नृशंस हत्या हो गयी। हमने आपको ढूँढ़ने का प्रयास भी किया था, परन्तु स्वयं हम ही संकट में थे, अतः ढूँढ़ न पाये। हमें क्षमा करें।"

"आप जो कुछ भी कह रहे हैं, मुझे कुछ समझ नहीं आ रहा। कृपया स्पष्ट कहें।"

"प्रिय विष्णु, मेरा नाम गौतम है। मैं प्रधानामात्य शकटार की सेवा में था। उनकी निजी गुप्तचर सेवा का प्रमुख था। जब अमात्य बन्दी हुए, उससे पूर्व ही उन्होंने मुझे आपके पिता की सेवा में नियुक्त कर दिया था। मैं अत्यन्त अभागा और अकुशल सेवक सिद्ध हुआ, चणकपुत्र। मैं अपने दोनों स्वामियों के किसी भी काम न आ सका। अब मगध राज्य के प्रधानामात्य राक्षस हैं और उनके गुप्तचर विभाग का प्रमुख वक्रनास है। राक्षस भले व्यक्ति हैं, परन्तु वे राजभक्त हैं। राजसिंहासन की अर्थात् धनानन्द की सेवा ही उनका धर्म है। वक्रनास अत्यन्त कुटिल व्यक्ति है। उसके गूढ़पुरुष प्रत्येक स्थान पर हैं। वे सब हम लोगों को, शकटार और चणक के सेवकों को ढूँढ़ रहे हैं। अब हमारा कोई स्वामी भी नहीं, जिसके लिए हम अपने प्राणों को संकट में डालें। अतः मैंने निर्णय लिया था कि अपने सभी साथियों के साथ मगध से बाहर निकल जाऊँगा। मेरे अधिकांश साथी मगध छोड़ चुके हैं। मैं यहाँ नगरद्वार के निकट बैठा यही देखता हूँ कि सब सकुशल निकल जाएँ। आज सौभाग्य से आप दिख गये। मैं आपके पिता की अधिक सेवा नहीं कर सका था। यदि मैं आपके किसी कार्य आ सकता हूँ तो अवश्य आज्ञा करें।"

क्या इस गूढ़पुरुष पर विश्वास करना चाहिए? कहीं यह किसी विपत्ति का कारण न बने, परन्तु अभी ही कौन सी कम विपत्ति है? नगर से निकलने का कोई मार्ग सूझता नहीं, और नन्द का क्या भरोसा, जाने कब वह चणक-पुत्र को भी बन्दी बना ले। श्रेयस्कर तो यही है कि यह द्यूत खेला जाये, गौतम की सहायता ली जाये।
विष्णु बोला, "पहले तो आप मुझसे इस प्रकार की औपचारिक भाषा में वार्ता न करें। मैं आपसे आयु और अनुभव में छोटा हूँ। मेरे पिता और अमात्य शकटार अपनी योग्यता के कारण आपके स्वामी थे, मैं तो नितान्त बालक ही हूँ। आप मुझसे अपने अनुज की भाँति व्यवहार करें।"

गौतम मुस्कुराते हुए बोला, "अवश्य, विष्णु। तुममें यह भेदबुद्धि है, देखकर प्रसन्नता होती है। अब बताओ कि मैं किस भाँति तुम्हारी सहायता कर सकता हूँ?"

"मुझे इस नगर से निकलना है। मुझे तक्षशिला जाना है। यह कैसे सम्भव हो सकता है? क्या आप इसमें कोई सहायता कर सकते हैं?"

"अवश्य, विष्णु। नन्द ने हमारे अधिकांश मित्रों को बन्दी बना लिया है या उनके घरों के बाहर प्रहरी नियुक्त कर दिये हैं, पर अभी पाटलिपुत्र भले लोगों से रिक्त नहीं हुआ है। कल प्रातः ही श्रेष्ठी धनदत्त अपना सार्थ[1] लेकर निकलने वाले हैं। उनके सार्थ में सैकड़ों व्यक्ति होते हैं। उन्हें नये श्रमिकों, दासों की आवश्यकता पड़ती रहती है। मैं स्वयं उनके सार्थ के साथ निकलने वाला हूँ। तुम भी उस सार्थ के साथ एक सेवक के रूप में निकल सकते हो। हम अभी धनदत्त के पास चलते हैं। वे अवश्य ही राजकीय कर्मचारियों से कहकर तुम्हारे लिए किसी नये नाम से अभिज्ञान-मुद्रा प्राप्त कर लेंगे।" कुछ रुककर गौतम पुनः बोला, "और विष्णु, तुम तक्षशिला जाकर शास्त्री बनोगे, आचार्य बनोगे, तब तुम मुझसे यह न कह पाओगे कि तुमसे सम्मानजनक भाषा में वार्ता न करूँ। महादेव करें कि तुम प्रकांड पण्डित बनो, महानतम नेता बनो। मैं तब तुम्हारी सेवा में उपस्थित होऊँगा। मुझे तुम्हारा सेवक बनने में प्रसन्नता होगी, मेरे भाई।"

श्रेष्ठी धनदत्त सामान्य व्यापारियों की भाँति स्थूल शरीर का स्वामी नहीं था। उसे देख यही प्रतीत होता कि सैन्य कर्म करने वाला कोई व्यक्ति विभिन्न रत्नों, अलंकारों और सुगन्धियों से युक्त होकर श्रेष्ठी बना बैठा है। धनदत्त को अपनी शारीरिक सौष्ठता पर गर्व था, पर अपनी विपुल सम्पत्ति का लेशमात्र भी अहंकार नहीं था। जब गौतम गुप्त रूप से उससे मिला और अपना प्रयोजन बताया, श्रेष्ठी तत्काल मान गया। सार्थ में रेशम, नमक, अस्त्र-शस्त्र, अश्व, हस्ती, गौ, काष्ठ और धातु निर्मित

---

1 व्यापारियों या तीर्थयात्रियों का काफिला

भिन्न आकार और उपयोग के पात्र, रत्न इत्यादि अनेकानेक पण्य वस्तुएँ थी, जिन्हें विभिन्न नगरों से एकत्रित किया गया था और जिन्हें गान्धार जनपद सहित मार्ग में पड़ने वाले भिन्न नगरों में विक्रय करना था। उन नगरों से कुछ नई वस्तुएँ भी क्रय की जातीं। गान्धार जनपद एक प्रकार से भारतवर्ष की सीमा थी। गान्धार जनपद की राजधानी तक्षशिला शिक्षा के साथ-साथ व्यापार का भी केन्द्र थी, जहाँ आर्यावर्त और पारस के राज्यों से आयी वस्तुओं का क्रय-विक्रय होता। यद्यपि गौतम ने धनदत्त को विष्णु का पूर्ण परिचय नहीं दिया था, पर चतुर श्रेष्ठी ने इस किशोर को विश्वसनीय मान रत्नों से भरे शकटों की सुरक्षा करने वाले दल में सम्मिलित कर लिया।

यदि राजा भ्रष्ट हो तो राज कर्मचारियों का भ्रष्टाचारी हो जाना कोई आश्चर्य का विषय नहीं। कुछ कार्षापण[1] की भेंट चढ़ाने भर की देर थी कि विष्णु के नये नाम 'चाणक्य' नाम की अभिज्ञान-मुद्रा तत्काल बन गयी। अगली प्रात: सार्थ अपने अधिपति धनदत्त की अगुवाई में बिना किसी रुकावट के पाटलिपुत्र से निकल गया। सार्थ प्रतिदिन कुछ कोस चलता और सन्ध्या को विश्राम करता। मगध की सीमा से निकलने के पश्चात् गौतम ने सार्थ के अधिपति को चाणक्य की वास्तविकता बता दी। आचार्य चणक के पुत्र का परिचय पाने के बाद धनदत्त ने चाणक्य को अपनी सेवा से मुक्त कर दिया और उसे एक अतिथि के रूप में मुक्त विचरण करने का अधिकार दे दिया। अब विष्णु स्वतन्त्र था। वह किसी से भी वार्ता कर सकता था। नये-नये जनपदों[2] को देखना, उनके नागरिकों से मिलना, उनकी आर्य संस्कृति के अन्तर्गत ही परन्तु मगध से भिन्न भाषा और जीवनशैली देख उसे बड़ा कौतूहल होता। वह नित्य ही नई बातें सीखता। वाहीक प्रदेश में उसने भिन्न गणराज्यों को देखा। क्षत्रिय, क्षुद्रक, कठ, मालव, केकय, मद्रक जैसे कितने ही गणराज्य इस वाहीक प्रदेश में थे। इनकी संस्कृति मगध की संस्कृति से बहुत भिन्न थी। विष्णु को आश्चर्यमिश्रित प्रसन्नता यह देखकर हुई कि इन राज्यों में स्त्री और पुरुष में बहुत अधिक भेद नहीं था। खेतों में पुरुष और स्त्री, दोनों साथ काम करते। स्त्रियाँ उन्मुक्त भाव से परपुरुष से भेंट वार्ता करती। यहाँ उन्मुक्तता थी, पर अश्लीलता नहीं थी।

इस यात्रा में गौतम ही विष्णु का गुरु था। वह उसे अपनी सामर्थ्य अनुसार सब कुछ बताता चलता। कभी-कभी धनदत्त भी उसे अपने निकट बुला लेता और प्रसन्नता से उसके प्रश्नों के उत्तर देता। एक सन्ध्या जब सब विश्राम कर रहे थे,

---

[1] उस काल का प्रमुख सिक्का। कार्षापण – ताँबे का सिक्का। निष्क – सोने का सिक्का

[2] इस पुस्तक में जनपद, राज्य और देश समानार्थी हैं। जैसे भारत एक देश है, और भारत का एक राज्य मगध अपने आप में एक देश भी है। राज्य ही जनपद है। तत्कालीन भारत में सोलह महाजनपद अर्थात् राज्य थे।

विष्णु ने गौतम से पूछा, "अग्रज, आप तो गूढ़पुरुष हैं। आपने कहा कि आप सभी गूढ़पुरुषों के अध्यक्ष थे। कृपया मुझे बतायें कि गूढ़पुरुष क्या होते हैं और वे कितने प्रकार के हो सकते हैं?"

गौतम बोला, "प्रिय विष्णु, यह सब तो तुम तक्षशिला में अपने आचार्यों से सीखोगे ही, परन्तु तुमने पूछ ही लिया है तो सुनो। गूढ़पुरुष वह है जो राजा अथवा अमात्य के अधीन रहकर गुप्त रीति से अपने राजा और राज्य की सेवा करे। युद्ध के दो प्रकार हैं, विष्णु–रणयुद्ध और मन्त्रयुद्ध। रणयुद्ध में जैसा कि तुम जानते ही हो कि राज्य के वीर पुरुष सैनिक वेश में प्रत्यक्ष युद्ध करते हैं। वे रक्त से स्नान करते हैं, अपना और शत्रु का रक्त बहाते हैं, राष्ट्र के लिए स्वयं को न्योछावर कर देते हैं। परन्तु स्मरण रहे कि राष्ट्र की सुरक्षा के लिए मात्र रणयुद्ध ही पर्याप्त नहीं। रणयुद्ध हो ही न, या हो तो उनमें जन-धन की कम से कम हानि हो, इसके लिए मन्त्रयुद्ध का आलम्बन लिया जाता है। यह मन्त्रयुद्ध गूढ़पुरुष करते हैं। न केवल इसमें, अर्थात् बाहरी शत्रुओं से, अपितु आन्तरिक शत्रुओं से राजा और राज्य की रक्षा के लिए भी गूढ़पुरुष अपनी सेवाएँ देता है। रणयुद्ध से पहले शत्रु देश को अन्दर से निर्बल बनाने, अपने देश को शत्रु देश के गूढ़पुरुषों से बचाने, साथ ही कुचक्रियों को पकड़वाकर देश को सबल बनाने का कार्य गूढ़पुरुष करते हैं। गूढ़पुरुष का अर्थ मात्र पुरुष ही नहीं है, इसमें स्त्रियाँ भी होती हैं। राज्य का सैनिक मात्र एक बार अपने प्राण देकर इस संसार से विदा होता है, परन्तु गूढ़पुरुष न जाने कितनी बार अपने प्राणों को होम करता रहता है। न केवल प्राण, अपितु अपने आत्म-सम्मान की भी बलि देता है। यदि सैनिक बन्दी हो तो उसे ससम्मान उसके गृहराज्य को सौंप देने की प्रथा है हमारे भारतवर्ष में, परन्तु यदि कोई गूढ़पुरुष बन्दी बना लिया जाये तो अनेक यातनाओं को झेलने के बाद उसकी अनाम मृत्यु निश्चित है। राज्य जान ही नहीं पाता कि उसका कोई सेवक उसके लिए बलि चढ़ गया। अनेक गर्हित कार्य करने पड़ते हैं हमें। तनिक विचारों कि राज्य के लिए सेवा करने को तत्पर युवतियों को गूढ़पुरुष के रूप में भिक्षुणी, दासी, नृत्यांगना, यहाँ तक कि वेश्या भी बनना पड़ता है।"

इतना कुछ कहकर गौतम कुछ विचारने लगा। जब कई क्षणों तक वह कुछ न बोला तो विष्णु ने उसकी तन्द्रा भंग करते हुए कहा, "तात! क्या विचारने लगे? आपने मेरे प्रश्न के प्रथम भाग का उत्तर दे दिया, द्वितीय भाग का उत्तर भी दें।"

गौतम मुस्कुराते हुए बोला, "अनुज, तुम्हारे प्रश्न का उत्तर देते समय प्रथम बार मैं अपने बारे में सोचने लगा था। सोच रहा था कि हम गूढ़पुरुषों को स्त्री-सुख, पुत्र-सुख, माता-पिता की सेवा का सुख कहाँ मिल पाता है? अस्तु, तुम्हारे प्रश्न का दूसरा भाग क्या था?" एक क्षण विचार कर गौतम पुनः बोला, "हाँ, गूढ़पुरुषों के प्रकार।

गूढ़पुरुषों के अनेक भेद हैं, जैसे कापटिक, उदास्थित, गृहपतिक, वैदेहक, तापस, सत्री, तीक्ष्ण, रसद और भिक्षुकी। इनके अर्थ इसके शब्दार्थ के समान ही हैं।

"नया-नया पण्डित अर्थात् वह छात्र जो पण्डित बनने की शिक्षा ले रहा हो, 'कापटिक' कहलाता है। सहृदय, बुद्धिमान, संन्यास वेषधारी व्यक्ति उदास्थित गुप्तचर कहलाता है। ये कृषि, पशुपालन, वाणिज्य इत्यादि कर्मों के लिए निश्चित स्थानों पर राज्य से मिले धन और व्यक्तियों को लेकर अपना काम करते हैं। ये उस धन से धनोपार्जन करते हैं। और नये-नये व्यक्तियों को धन इत्यादि से सन्तुष्ट कर राजा के लिए गुप्त सूचनाओं का क्रय करते हैं। बुद्धिमान, परन्तु वृत्ति से हीन कृषकों को गृहपतिक कहा जाता है। ये कृषक वेश में कृषि के स्थानों पर रहते हैं। और आसपास के किसानों को राजा के अनुकूल बनाते हैं। स्मरण रहे कि जब इनकी नियुक्ति शत्रु राज्य में हो तो इनका कार्य जनता को राजा के प्रतिकूल बनाना होता है, असन्तोष पैदा करना होता है। गृहपतिक के समान ही जो गुप्तचर व्यापारियों के व्यापार स्थल में कार्य करे, 'वैदेहक' कहलाता है। सिर पर जटाजूट बनाये, या मूँड़ मुंड़ाये पुरुष 'तापस' कहलाते हैं। ये अपने जैसे ही अनेक व्यक्तियों को लेकर नगर में या नगर के बाहर रहते हैं और आडम्बर दिखाकर जनता को अपने वश में रखते हैं। दिखावे के लिए शाकाहार करते हैं, परन्तु चोरी-छुपे अपने मन का भोजन करते हैं। वैदेहक और गृहपतिक गुप्तचर इन तापसों के बारे में खूब प्रचार करते हैं कि ये महात्मा हैं, त्रिकालदर्शी हैं। हस्तरेखा जानने वाले, वशीकरण मन्त्रों के ज्ञाता, शकुन विद्या, पक्षियों की बोली जानने वाले, कामकला में प्रवीण, गीत-नृत्य में निपुण स्त्री-पुरुष 'सत्री' कहलाते हैं। ये सर्वसमाज में घुल-मिल जाते हैं और राज्य की सेवा करते हैं। वे पुरुष जो अत्यन्त शक्तिशाली हों, राजा या मन्त्री के कहने पर बिना सोचे-विचारे किसी से भी भिड़ जायें, उन्हें 'तीक्ष्ण' कहा जाता है। इसी प्रकार क्रूर, आलसी, स्नेहरहित पुरुषों को 'रसद' कहा जाता है। ये लोग रसोइए, नाई, पानी भरने वाले, वस्त्र पहनाने वाले, बिस्तर बिछाने वाले, मांस पकाने वाले कर्मियों के रूप में सेवा करते हैं और आदेश मिलने पर निःसंकोच अपने स्वामी का वध कर देते हैं। साधुनी, बौद्ध भिक्षुणी, विधवा, ब्राह्मणी, धोबन इत्यादि स्त्रियाँ जो बड़े-बड़े अधिकारियों, मन्त्रियों, यहाँ तक कि रविवास तक में पहुँच रखती हैं, 'संचर' कहलाती हैं। न केवल ये, अपितु इन अधिकारियों के गृहों में दैनिन्दनी के कार्य करने वाले पुरुषों को भी 'संचर' कहते हैं। ये अपनी सूचनाओं को कापटिक इत्यादि गुप्तचरों को बता देते हैं।"

इन नवीन सूचनाओं पर मुग्ध विष्णु कुछ विचारकर बोला, "यह भी तो हो सकता है कि ये गुप्तचर अपने नियोक्ता को, अपने स्वामी से छल करे और वास्तव में शत्रु की सहायता करे।"

"अवश्य हो सकता है। मानव मन की लालसाओं का कोई पार है क्या? परन्तु राजा या अमात्य भी खूब ठोक-बजाकर ही अपने गुप्तचर तैयार करते हैं। इसके अतिरिक्त भी अन्य कई उपाय हैं, जैसे राजा इन गुप्तचरों के माता-पिता, बन्धु-बान्धवों, यदि स्त्री-पुत्र हों तो उन्हें भी, अपनी दृष्टि में रखता है। गुप्तचरों के ऊपर गुप्तचरों को नियुक्त करता है। गुप्तचरों की सूचनाओं का भी निरीक्षण-परीक्षण करता है। यदि एकाधिक गुप्तचर समान सूचनाएँ दे, तभी सूचना पर विश्वास करता है। सही सूचना देने वाले को पुरस्कृत करता है। यदि किसी गुप्तचर की एकाधिक सूचनाएँ गलत सिद्ध हों तो उसे दण्डित करता है। यह दण्ड अथवा पुरस्कार ऐसे होते हैं, जिससे अन्य गुप्तचरों को शिक्षा मिले।" कुछ क्षण रुककर गौतम पुनः बोला, "आज के लिए इतना पर्याप्त है, अनुज। मैंने जो बताया, वह इस विद्या का बहुत छोटा अंश भर है। तक्षशिला में तुम विधिवत् सम्पूर्ण ज्ञान प्राप्त करोगे। अब चलो, तनिक विश्राम कर लो। कल प्रातः उठना भी तो है। और हाँ, श्रेष्ठी कह रहे थे कि कल तुम उनके साथ उनके रथ पर यात्रा करोगे। श्रेष्ठी धनदत्त तुम्हारे पिता आचार्य चणक के छात्र रह चुके हैं, वे तुम पर स्नेह रखते हैं। उनसे भी तुम्हें बहुत कुछ सीखने को मिलेगा। तुम्हारी शिक्षित होने की भूख देख मुझे अत्यन्त आश्चर्य, परन्तु साथ ही अत्यन्त प्रसन्नता होती है, विष्णु। ईश्वर करे कि तुम वह कर सको जो तुम्हारे पिता न कर सके।"

अगली प्रातः सार्थ केकय[1] देश की सीमा में प्रवेश कर गया। पिछली सन्ध्या ही केकय के पण्याध्यक्ष के कर्मचारी सार्थ के साथ आयी सभी वस्तुओं की जाँच कर चुके थे और विविताध्यक्ष ने सबकी अभिज्ञान-मुद्राएँ जाँच ली थीं। मगध के विपरीत केकय के कर्मचारी अधिक सहृदय, परन्तु साथ ही अत्यन्त निपुण, कुशल और सत्यनिष्ठ थे। विष्णु की दृष्टि में कर्मचारियों का यह व्यवहार छुपा न रहा था। प्रातः धनदत्त के साथ रथ पर बैठे विष्णु ने धनदत्त से कहा, "तात, आपकी कृपा से मैं आर्यावर्त के विभिन्न जनपदों, गणराज्यों को निकट से देख सका। केकय आने से पहले मुझे विश्वास हो चला था कि राजकर्मचारियों का व्यवहार सदैव परपीड़क होता है, मित्रवत् नहीं होता। यद्यपि मगध की अपेक्षा अन्य राज्यों में वैसा व्यवहार

---

1 झेलम और चिनाब के बीच का क्षेत्र

कम ही था, पर था अवश्य। परन्तु केकय के कर्मचारियों को देख मन यही कहता है कि कर्मचारी हों तो ऐसे। वे कितने प्रेम से वार्ता कर रहे थे। उनकी वाणी में अहमन्यता नहीं अपितु कर्तव्यभावना स्पष्ट परिलक्षित हो रही थी। तात, आर्यावर्त के भिन्न राज्यों के कर्मचारियों में इतना अन्तर कैसे?"

श्रेष्ठी कुछ क्षण विष्णु का मुख देखते रहे, फिर बोले, "जब गौतम ने मुझे तुम्हारी वास्तविकता बतायी थी, तब मुझे यही लगा था कि तुम एक दुःखी और पलायन मानसिकता के किशोर होगे। ऐसी मानसिकता के लोग जब जितना मिल जाये, उसे ही धन्य मानते हैं। मैंने तुम्हें पूर्ण स्वतन्त्रता दे दी थी। मुझे लगा था कि तुम यह यात्रा आमोद-प्रमोद के साथ खाते-पीते व्यतीत करोगे, परन्तु मुझे ज्ञात हुआ कि तुम्हें जिस कार्य में नियुक्त किया गया था, वह तुम अब भी कर रहे हो। अपने आसपास के वातावरण को पढ़ते रहना बुद्धिमान व्यक्ति का गुण है। तुम निश्चित ही प्रखर मेधा के धनी हो। अस्तु, तुम्हारे प्रश्न का उत्तर अत्यन्त सरल है। राजकर्मचारी राजा की प्रकृति का अनुसरण करते हैं। जो राजा जितना प्रजावत्सल, कर्मठ, कर्तव्यनिष्ठ होगा, उसके कर्मचारी भी उतने ही कर्तव्यभावना से ओतप्रोत होंगे। केकय नरेश महाराज पर्वतेश्वर आर्यावर्त के सबसे गुणी राजाओं में से एक हैं। यद्यपि वे महत्वाकांक्षी भी हैं। उनका ध्येय कोई छुपा हुआ रहस्य नहीं है। वे पूरे वाहीक प्रदेश के एकच्छत्र स्वामी बनना चाहते हैं। वे जब युवराज ही थे, तभी उन्होंने अपने पिता की छत्रच्छाया में अभिसार[1] को जीत लिया था। राजा बने इन्हें अभी बहुत समय नहीं हुआ है, पर जहाँ तक मैं विचार करता हूँ, वे शीघ्र ही अपने आसपास के प्रदेशों को विजित करने का प्रयास करेंगे।"

विष्णु की रुचि भौगोलिक राजनीति में थी ही, पर श्रेष्ठी द्वारा उसे प्रदत्त कार्य के उल्लेख से उसका ध्यान रत्नों की ओर चला गया। श्रेष्ठी द्वारा अपनी बात कह लेने का पश्चात् विष्णु ने पूछा, "तात, मुझे इन रत्नों के सम्बन्ध में कुछ बताएँ। ये सुन्दर चमकने वाले पत्थर इतने मूल्यवान क्यों है कि इनके लिए इतनी अधिक सुरक्षा की व्यवस्था की जाये। ये कोई स्वर्ण तो हैं नहीं कि इनके सिक्के ढाले जायें। मात्र आभूषण रूप में इनका प्रयोग कुछ समझ नहीं आता।"

इस प्रश्न पर धनदत्त मुस्कुराते हुए बोले, "मानव मन का कोई ठिकाना नहीं, विष्णु। उसने किसी एक को देखा कि उसने हीरक, मौत्तिक, विद्रुम, हरिताश्व पहना है,

---

[1] दक्षिणी कश्मीर के झेलन और चिनाब के बीच का क्षेत्र। आधुनिक पुँछ, राजौरी, भिम्भर।

बस इतना ही ईर्ष्या का कारण बन जाता है। उसके पास है, तो मेरे पास भी होना चाहिए। उसके पास एक है तो मेरे पास वैसे चार होने चाहिए, परन्तु तुम्हारा प्रश्न बड़ा रोचक है। ईर्ष्या तो बस एक मानवीय कारण है। इन रत्नों को धारण करने या प्रयोग करने के पर्याप्त ज्योतिषीय एवं चिकिसकीय कारण भी हैं।"

"कृपया मुझे बताएँ।"

"ठीक है, सुनो। हमारे समाज में जिन रत्नों का प्रयोग किया जाता है, उनके बारे में संक्षेप में बताता हूँ। सर्वाधिक प्रिय और प्रसिद्ध रत्न है, हीरक[1], जिसे 'मणिवर', 'वज्र', 'कुलिश' इत्यादि भी कहा जाता है। यह मुख्यतः हेम, मातंग, सौराष्ट्र, पौंड्र, कलिंग, कोशल, वेणगंगा, सौवीर[2] में पाया जाता है। हीरक के कई प्रकार के भेद हैं, जैसे नर, नारी, नपुंसक। नर उत्तम, नारी मध्यम और नपुंसक अधम। जो हीरक आठ या छह कोण का हो, जिसे जल के ऊपर रखने पर इन्द्रधनुष के सात रंग दिखते हों, जो हल्का हो लेकिन आकार में बड़ा हो, गोल हो परन्तु आठों या छहों कोण अलग और स्पष्ट दिखते हों, जिसमें रेखा एवं बिन्दु न हो, वह नर है। जो छह कोण वाला, चपटा, गोल और तनिक लम्बा हो, अन्य गुण नर हीरक के समान हों, वह नारी है। तीन कोण वाला, बड़ा, भारी और जिसके कोण मुड़े हों, वह नपुंसक है। इसके अतिरिक्त रंग-रूप के भेद से हीरक चार प्रकार के होते हैं–ब्राह्मण, क्षत्रिय, वैश्य, शूद्र। नितान्त श्वेत, झाँई रहित हीरा ब्राह्मण। श्वेत परन्तु जिससे लाल आभा निकलती हो, क्षत्रिय, जिससे पीली आधा निकले, वह वैश्य और जिससे काली आभा निकले, वह शूद्र।

"हीरक को 'भार्गवप्रिय' भी कहा जाता है। यह इसलिए, क्योंकि इसकी मित्रता भार्गव से अर्थात् शुक्र से है। जिस व्यक्ति का शुक्र ग्रह पाप ग्रह में हो, अर्थात् शुक्र ग्रह कुपित हो उसे नेत्र, गुदा, शिश्न सम्बन्धी रोग होते हैं। स्त्रियों में गर्भाशय सम्बन्धित रोग होते हैं। अतः इन रोगों से बचने, शुक्र को शान्त करने के लिए हीरक का दान, धारण अथवा पान करना चाहिए। हीरा पुत्रदायक है।

---

[1] हीरक - हीरा

[2] हेम – हिमालय के अंचल, मातंग – कृष्णा और गोदावरी अंचल, गोलकुंडा, सौराष्ट्र – काठियावाड़, पौंड्र – छोटा नागपुर, संबलपुर, कलिंग – उड़ीसा, छत्तीसगढ़, गोदावरी के मध्य का प्रदेश, कोशल – अयोध्या, वेणगंगा – मध्यभारत का पन्ना, चाँदा, सौवीर – राजस्थान का दक्षिण-पश्चिम भाग।

पुत्रकामना करने वाली स्त्रियों को हीरा धारण करना चाहिए। हीरक भस्म के सेवन से नपुंसकता, राजयक्ष्मा, कुष्ठ, श्वास, जीर्ण, प्रमेह, बहुमूत्र, मन्दाग्नि, शोथ रोग दूर होते हैं।"

अपने हाथों में कुछ मुक्ता लेकर, कुछ विष्णु को थमाकर धनदत्त ने अपनी वार्ता चालू रखी। "यह जो तुम देख रहे हो, उसे मुक्ता[1] कहते हैं। मुक्ता रत्न को 'मौक्तिक', 'सौम्या', 'शुक्तिमणि', 'सिन्धुजातम' इत्यादि नामों से जाना जाता है। यह मुख्यत: सिंहल, सौराष्ट्र, ताम्रपर्णी, पारस, कावेरी नदी और पाण्ड्य में मिलते हैं। यह रत्न सम्भवत: सबसे पहला रत्न था, जिसे मनुष्यों ने पहचाना। मुक्ताओं का सबसे ज्यादा प्रयोग देवस्थानों, देवमूर्तियों के श्रृंगार के लिए किया जाता है। तुमने 'हार' शब्द तो सुना ही होगा। जो मन को हर ले, वह हार है। मुक्ताओं से बने हार को 'उर:सूत्रीका' कहते हैं। सौ लड़ियों के हार को 'देवच्छन्द', बत्तीस लड़ियों के हार को 'गुच्छ', चौबीस लड़ी को 'गुच्छार्ध', बीस लड़ी को 'माणवक', बारह लड़ी को 'अर्धहार', चार को 'गोस्तन' और एक लड़ी के हार को 'एकावली' कहते हैं। यदि एकावली हार में मात्र सत्ताइस मुक्ता हों तो उसे 'नक्षत्रमाला' कहते हैं।

"मौक्तिक आठ प्रकार के होते हैं। शंखमौक्तिक, समुद्र में पाये जाने वाले कम्बुज शंखों के अन्दर अत्यन्त देदीप्यमान, कबूतर के अंडों जैसे गोल। गजमौक्तिक, काम्बोज हाथियों के गण्डस्थल में पीले-लाल रंग के बिना आभा के मोती। ये अधम श्रेणी के मोती हैं। शूकरमौक्तिक, यह मोती किसी भाग्यशाली को ही मिल सकता है। वन में स्वच्छन्द घूमते किसी-किसी शूकर के मस्तिष्क में यह मुक्ता मिलती है। सर्पजमौक्तिक, नाग के फण में मिलता है। यह भी परम सौभाग्यशाली मनुष्य को ही मिल सकता है। मत्स्यमौक्तिक, किसी-किसी मछली के पेट में भी मोती बन सकता है। कलियुग में इसका मिलना अत्यन्त कठिन है। दर्दुरमौक्तिक, यह मोती वर्षा ऋतु में मेघों के भीतर पैदा होने वाले मेढकों के अन्दर बनता है। यह मुक्ता विद्युत की भाँति चमकीली होती है। यह देवताओं को अत्यन्त प्रिय है, मनुष्य इसे पा नहीं सकता।

---

[1] मोती, पर्ल

[2] सिंहल – श्रीलंका, ताम्रपर्णी – दक्षिण भारत की एक नदी, पारस – ईरान, पाण्ड्य – ति-निवल्ली, मदुरै।

वेणुमौक्तिक, यह बाँस में उत्पन्न होता है। शुक्तिमौत्तिक, यह समुद्र में पाई जाने वाली शुक्तियों[1] में उत्पन्न होते हैं।

"मुक्ता का सम्बन्ध चन्द्रमा से है। यदि किसी व्यक्ति का चन्द्रमा रुष्ट है तो उसे गलगण्ड, कफ, कास, वमन, क्षय, जलोदर, आमातिसार जैसे रोग होते हैं। इन रोगों में मुक्ता का धारण या पान उचित है। 'अथर्ववेद' के अनुसार, मुक्ता का धारण अनिष्टनाशक और सौभाग्यवर्धक है। मुक्ता का अर्थ ही है, मुक्त करने वाली। पारसी लोगों का मानना है कि ये देवताओं के अश्रु हैं। इन्हें धारण अथवा इनका सेवन करने से शक्ति प्राप्त होती है।"

अपनी हथेली की मुक्ताओं को किसी पात्र में रखकर धनदत्त ने एक अन्य रत्न उठाया और उसे विष्णु को थमाते हुए बोले, "यह विद्रुम[2] है। यह समुद्र में पाई जाती है। जिस समुद्र की पेंदी में बालू हो, वहाँ ये नहीं मिलते। कीचड़युक्त पेंदी वाले समुद्र में ही ये मिलते हैं। इसे 'प्रवाल' या 'भौमरत्न' भी कहा जाता है। 'विद्रुम' शब्द का अर्थ है कि यह एक द्रुम अर्थात् वनस्पति है, लेकिन 'वि' उपसर्ग से यह प्रतीत होता है कि यह वनस्पति के समान होते हुए भी वनस्पति नहीं है। कहते हैं कि प्रातःकाल की सूर्य की किरणें जब समुद्र में प्रवेश करती हैं तो वे विद्रुम बन जाते हैं। विद्रुम की मित्रता मंगल से है। मंगल के कुपित होने पर रक्तपित्त, दाद, भगन्दर, प्रमेह, रक्तदोष, अस्थियों का टूटना, रक्त अतिसार, बवासीर जैसे रोग होते हैं। इन बीमारियों में विद्रुम को पहनना, उनका दान करना या इसकी भस्म का सेवन करना अत्यन्त लाभदायक है। यह कान्ति और वीर्य बढ़ाता है। नेत्ररोग में लाभदायी है। अत्यधिक स्वेद को रोकता है। यह कामपिपासा को बढ़ाता है।"

नए रत्न को हाथ में लेकर धनदत्त बोले, "यह देखो, इसे माणिक्य[3] कहते हैं। यह कई प्रकार के होते हैं। लाल रंग के माणिक्य को 'पद्मराग' कहते हैं, यह सिंहल में पाया जाता है। भीतर से पीला और बाहर से लाल 'कुरुविन्द' कहलाता है। नवीन पत्तियों के रंग का माणिक्य 'सौगन्धिक' कहलाता है। यदि माणिक्य को प्रातः सूर्य के सामने रखने पर चतुर्दिक लाल रश्मियाँ निकलती दिखें, दूध में डालने पर यदि दूध लाल दिखायी दे, पत्थर पर घिसने पर पत्थर घिस जाये और माणिक्य को कुछ न हो, तो ऐसा माणिक्य उत्तम माणिक्य है। माणिक्य की मित्रता सूर्य से है। इसे 'रविरत्न' भी कहते हैं। यदि नवग्रह शान्ति के लिए एक ही रत्न पहनना हो तो

---

1 सीप

2 मूंगा, रेड-कोरल

3 रूबी, याकूत

माणिक्य पहनना चाहिए। सूर्य ग्रह के कुपित होने पर शिर पीड़ा, सन्तत ज्वर[1], पित्त रोग, अम्लशूल, शिरोव्रण, दाहक ज्वर होते हैं। इन रोगों की शान्ति के लिए माणिक्य का धारण और सेवन अत्यन्त लाभदायक है।"

इसी प्रकार बारी-बारी से धनदत्त नीलोत्पल, गारूत्मक, वैदूर्यमणि, हरिताश्व, राजावर्त, वैक्रान्त, पुलक, अग्निजार, पिंगस्फटिक, पुष्पराग[2] इत्यादि अनेकानेक रत्नों के बारे में उनके भेद, प्रकार, उनकी चिकित्सकीय उपयोगिता, उनका ज्योतिष शास्त्र में महत्व, असली और नकली में भेद करने की कला बताते गये और विष्णु उस सभी बातों को स्मरण करता गया।

×××

सार्थ अपनी गति से चलता हुआ वितस्ता[3] को पार कर गान्धार जनपद में प्रविष्ट हो गया। गान्धार जनपद एक विशाल राज्य था, जिसकी स्थापना राजा ययाति के पुत्र द्रुह्यु के वंशज गान्धार ने की थी। कालांतर में यह राज्य दो भागों में विभक्त हो गया। सिन्ध नदी के पश्चिम में स्थित गान्धार को 'पश्चिमी गान्धार' कहा जाता था, जिसकी राजधानी पुष्कलावती थी। पश्चिमी गान्धार में राजा हस्ती[4] राज करते थे। सिन्धु और वितस्ता के बीच अर्थात् सिन्धु के पूर्व के क्षेत्र को 'पूर्वी गान्धार' कहा जाता था, जिसकी राजधानी तक्षशिला थी। तक्षशिला व्यापार और शिक्षा का केन्द्र थी। इस शिक्षा के केन्द्र में विश्वविख्यात आचार्य निवास करते, जिनके यश से प्रभावित होकर पूरे भारत और चीन, पारस तक के विद्यार्थी चले आते थे। पूर्व से पश्चिम का व्यापार मार्ग तक्षशिला से होकर जाता था, जिससे यह नगरी समृद्ध होती गयी थी। शिक्षा और धन के संयोग से यह नगरी सारे संसार के लिए एक खिले कमल जैसी थी, जिसके रस से लाभ पाने के लिए भौरें खिंचे चले आते थे।

तक्षशिला नगरी के द्वार पर गौतम ने विष्णु से विदा ली और कहा, "अनुज, हमारा साथ अभी के लिए बस यहीं तक था। मुझे अनुमति दो।"

विष्णु बोला, "आप अब कहाँ जायेंगे, तात? आपकी क्या योजना है?"

---

[1] टायफाइड

[2] नीलोत्पल (नीलम, सेफ़ायर), गारूत्मक (पन्ना, इमरॉल्ड), वैदूर्यमणि (लहसुनिया, कैट्स-आयी), हरिताश्व (फ़िरोज़ा, टरक्वाइज़), राजावर्त (लेपिस लुजुली), वैक्रान्त (गोनस, tourmaline), पुलक (गार्नेट), अग्निजार (अम्बर, अमरग्रीस), पिंगस्फटिक (गोमेद, ज़िरकॉन), पुष्पराग (पुखराज, टोपाज़)

[3] झेलम

[4] अष्टक, ग्रीक विवरण के अनुसार अस्तस (Astes)

"योजना? कोई योजना नहीं, प्रिय विष्णु। राज्य की सेवा में आधा जीवन व्यतीत कर दिया और आज राज्य ही शत्रु बन गया। अब अपने लिए जीना चाहता हूँ। माता-पिता की सेवा तो न कर सका, पर अब गृहस्थ का जीवन जीना चाहता हूँ। अब मैं भ्रमण करूँगा और यदि कोई नगरी कोई ग्राम उपयुक्त लगा तो वहीं बस जाऊँगा, विवाह करूँगा, पुत्र-पुत्री उत्पन्न करूँगा।"

विष्णु को सहसा हँसी आ गयी। स्वयं को हठात् शान्त करते हुए बोला, "क्षमा करना अग्रज, परन्तु मुझे नहीं लगता कि आप उस मिट्टी के बने हैं जो गृहस्थी के चक्कर में फँसे। आप यह नहीं कर पायेंगे।"

"तो बताओ कि मैं क्या करूँ? मैं कोई नेता नहीं, मैं तो मात्र एक सैनिक हूँ जिसे आज्ञापालन का अभ्यास है। मुझे आज्ञा देने वाला अब कोई नहीं, और मैं मगध के अतिरिक्त अन्य किसी राज्य का सेवक होने के बारे में सोच भी नहीं सकता। मगध मेरे रक्त में हैं और मेरा रक्त इस समय दूषित है। मुझे कोई मार्ग नहीं दिखता, विष्णु। तुम बताओ कि मैं क्या करूँ?"

राजभक्ति क्या होती है, इसका उदाहरण विष्णु के समक्ष सजीव खड़ा था। गौतम जैसे सेवक तक को पता है कि राजभक्ति का अर्थ राज्य की भक्ति है, राजा की नहीं। गौतम के वचनों ने विष्णु के हृदय को द्रवित कर दिया। गौतम के हाथों को अपने हाथों में लेकर विष्णु बोला, "तब आप प्रतीक्षा करें, अग्रज। प्रतीक्षा करें। मैं, आपका विष्णु, इस विद्यापीठ से निकलकर आपको बताऊँगा कि आपको क्या करना है? मुझे ज्ञात हुआ है कि यहाँ उच्च शिक्षा प्राप्त करने में मुझे न्यूनतम आठ वर्ष का समय अवश्य लगेगा। इन आठ वर्षों में आप अपने साथियों को पुनर्गठित करें। नये साथी बनायें। ऐसे साथी, जो किसी व्यक्ति के नहीं, अपितु राज्य के लिए सर्वस्व अर्पण हेतु तत्पर रहें। एक कार्य और करें। पूरे आर्यावर्त में ऐसे पुरुषों, ऐसी महिलाओं की खोज करें जो वीर हों, धार्मिक हों, धनी हों, कर्तव्यनिष्ठ हों। ऐसे व्यक्तियों की उत्तरोत्तर प्रगति पर दृष्टि बनाये रखें।" तनिक रुककर विष्णु पुन: बोला, "परन्तु अग्रज, इस कार्य में धन की आवश्यकता तो होगी ही। इसका क्या उपाय है?"

अन्धकार को अपनी नियति मान भटक रहे किसी पुरुष के आनन पर जैसे प्रकाश की एक चमक दिखने भर से प्रसन्नता छा जाती है, जैसे प्यासे को कल-कल करती नदी का नाद सुनायी देता है और उसे आगे बढ़ने की दिशा मिल जाती है, उसी भाव से गद्गद गौतम बोला, "अवश्य विष्णु, अवश्य। मैं ऐसा ही करूँगा। अब मुझे विश्वास है कि मगध शीघ्र ही अपने पूर्व गौरव को प्राप्त करेगा। जहाँ तक धन का प्रश्न है, कुछ-न-कुछ व्यवस्था हो जायेगी। धर्मात्मा धनिकों की कमी नहीं हुई है अभी। अच्छा, अब विदा।" धन की बात करते समय गौतम के मस्तिष्क में

पाटलिपुत्र की नहरों की तलियों में नन्द द्वारा छुपायी गयी अगणित सम्पदा का चित्र उभर रहा था। यदि उनमें से एक पर भी हाथ साफ कर लिया जाये, तो धन की कोई समस्या नहीं रह जायेगी।

विष्णु ने गौतम से गले मिलते हुए कहा, "बीच-बीच में समय मिले तो अपने अनुज से मिलने आते रहना।" गौतम चला गया और विष्णु गौतम के कहे अन्तिम वाक्य पर मनन करने लगा, 'क्या मात्र मगध को ही अपना पूर्व गौरव प्राप्त करना है? क्या मैं या गौतम मात्र मगध के ही नागरिक हैं? मगध से लेकर इस तक्षशिला के मार्ग में पड़ने वाले राज्य किसके हैं? क्या वे मगध की भाँति मेरे नहीं? क्या मैं मगध की भाँति उनका नहीं?'

व्यापारिक-राजकीय औपचारिकताओं को पूर्ण कर धनदत्त विष्णु के निकट आये और बोले, "तो चलें, चाणक्य? चलो, तुम्हारा प्रवेश इस महान शिक्षा-केन्द्र में करवाया जाये।"

"अवश्य, तात।" धनदत्त के साथ विद्यापीठ के द्वार से प्रवेश करते हुए विष्णु सहसा बोला, "तात! आप मुझे अभी भी 'चाणक्य' क्यों कह रहे हैं? आपको मेरा वास्तविक नाम तो ज्ञात ही है। क्या 'चाणक्य' कहने का यह अर्थ है कि मुझे इस विद्यापीठ में अपनी पहचान गुप्त रखनी है?"

धनदत्त ठठाकर हँसा और बोला, "नहीं-नहीं, चाणक्य। मैं तुम्हें 'चाणक्य' इसलिए कहता हूँ कि तुम मेरे आचार्य चणक के पुत्र हो, इसलिए नहीं कि तुम्हें छद्मावरण की आवश्यकता है। यह तक्षशिला है मित्र, शिक्षा का केन्द्र। यहाँ परस्पर शत्रु देशों के राजकुमार और नागरिक एक साथ भाइयों की भाँति रहते और अध्ययन करते हैं। यहाँ शत्रुता नहीं निभाई जाती। यहाँ राजनीति का पाठ अवश्य पढ़ाया जाता है, पर उसका प्रयोग यदि किसी ने अपने ही सहपाठी पर किया तो उसका परिणाम भयंकर होगा। इस अलिखित नियम का पालन सभी करते हैं। तुम मगध के भगौड़े होगे, पर यदि तुम्हें यहाँ प्रवेश मिल गया तो तुम तक्षशिला के ब्रह्मचारी होगे। तुम्हारी मात्र यही एक पहचान होगी। तुम यहाँ किसी भी छल-कपट से मुक्त रहोगे।" आगे एक भवन की ओर संकेत करते हुए धनदत्त बोला, "वह भवन देखो। इसमें इस विद्यापीठ के कुलपति का कार्यालय और निवास है। वे ही निर्णय करेंगे कि तुम इस विद्यापीठ के योग्य हो या नहीं? जाओ, उनसे मिलो। मैं तुम्हारे साथ नहीं चल सकता, मेरी कोई उपयोगिता भी नहीं। यहाँ धन, पद और कुल का मूल्य शून्य है। मैं अतिथिगृह में कल संध्या तक तुम्हारी प्रतीक्षा करूँगा। यदि तुम नहीं आये तो समझ जाऊँगा कि तुम्हें इस विद्यापीठ ने स्वीकृत कर लिया है। जाओ मित्र, ईश्वर तुम्हारे साथ रहें।" इतना कहकर धनदत्त अतिथिगृह की ओर मुड़ गये।

विष्णु ने कुलपति के कार्यालय में प्रवेश किया और आज्ञा पाकर कुलपति के समक्ष बैठ गया। कुलपति ने प्रश्न किया, "अपना परिचय दो, पुत्र।"

"मैं शिष्य बनने की कामना से आपके समक्ष उपस्थित हुआ हूँ, आचार्य।"

"इतना परिचय पर्याप्त नहीं। यहाँ सभी शिष्य बनने ही आते हैं।"

"परन्तु मेरा परिचय तो मात्र इतना ही है, आचार्य कि मैं शिक्षार्थी हूँ। शिक्षा की कामना से आया हूँ, शिक्षित होना चाहता हूँ।"

कुलपति इस उत्तर से तनिक प्रसन्न प्रतीत हुए। बोले, "उत्तम, पुत्र। अब यह बताओ कि तुम किस राज्य से हो? तुम्हारे पिता अथवा माता का क्या नाम है? तुम्हारा क्या नाम है? तुम किस कुल से हो? तुम्हारी रुचि किन विषयों में है?"

"मैं मगध देश का निवासी हूँ। मेरे पिता का नाम आचार्य चणक और माता का नाम द्रमिला है। वे दोनों अब पितृलोक में हैं। कुल कुटल है। मेरा नाम विष्णुगुप्त है। मुझे 'चाणक्य' भी कहा जाता है। मेरी रुचि प्रत्येक विषय में है।"

कुलपति के आनन पर पहचान के संकेत उभरे, "क्या तुम चणक के पुत्र हो जो इस विद्यापीठ के भूतपूर्व आचार्य थे?"

"हाँ, आचार्य।"

"वे अब इस संसार में नहीं हैं, यह जानकर दुःख हुआ। अस्तु, तुम्हारी रुचि प्रत्येक विषय में कैसे हो सकती है? क्या तुम प्रत्येक विषय का अध्ययन करना चाहते हो?"

"यदि आपकी अनुमति हो तो अवश्य!"

"ठीक है पुत्र, इसका निर्णय कल करेंगे। अभी तुम विश्राम करो। कल आचार्यों के एक समूह द्वारा तुम्हारी परीक्षा ली जायेगी। यदि तुम उत्तीर्ण हुए और तुम्हें प्रवेश मिला, तब निर्णय लिया जायेगा कि तुम किन-किन विषयों को पढ़ने की योग्यता रखते हो।"

"जो आज्ञा, आचार्य।"

अगली प्रातः विष्णु को एक कक्ष में बुलाया गया, जहाँ कुलपति के अतिरिक्त विद्यापीठ के दो अन्य आचार्य भी बैठे हुए थे। अभिवादन पश्चात् विष्णु उनके समक्ष बैठ गया। एक आचार्य ने प्रश्न किया, "विद्या क्या है?"

विष्णु ने उत्तर दिया, "विद्या 'विद् ज्ञाने' धातु से बना है, अर्थात् 'ज्ञान'। आचार्य शुक्राचार्य ने दण्डनीति को विद्या माना है। आचार्य बृहस्पति वार्ता और दण्डनीति, दो विद्याओं को मानते हैं। आचार्य मनु त्रयी, वार्ता और दण्डनीति को विद्या मानते हैं।"

"और आन्वीक्षकी?"

"आचार्य मनु के मतानुसार आन्वीक्षकी त्रयी के अन्तर्गत आता है।"

"आन्वीक्षकी क्या है?"

"नास्तिक दर्शन अर्थात् सांख्य, योग और लोकायत आन्वीक्षकी विद्या है। यह त्रयी विद्या के आलम्बन से विभिन्न युक्तियों का निर्धारण करती है और बुद्धि को स्थिर करती है। यह विचारने और कार्य करने में सक्षम बनाती है।"

दूसरे आचार्य ने प्रश्न किया, "त्रयी क्या है?"

"त्रयी के अन्तर्गत 'ऋग्वेद', 'सामवेद' और 'यजुर्वेद' आते हैं। पुरातनकाल में त्रयी ही मान्य थी, परन्तु आचार्य व्यास के अनुसार इसमें 'अथर्ववेद' भी आता है। इनके अतिरिक्त इस विद्या में इतिहास तथा वेदांग अर्थात् कल्प, व्याकरण, निरुक्त, छन्द और ज्योतिष समाहित हैं।"

"वार्ता क्या है?"

"वार्ता विद्या में कृषि, पशुपालन और व्यापार विषय आते हैं। यह विद्या पशु, धान्य, खनिज, सेवक इत्यादि की प्राप्ति में सहायक है।"

तीसरे आचार्य ने पूछा, "राज्य क्या है?"

"राज्य सात प्रकृति का समूह है। राजा, अमात्य, जनपद, दुर्ग, कोष, दण्ड अर्थात् सेना और मित्र।"

"अन्य राज्यों के साथ कैसा व्यवहार किया जाना चाहिए?"

"यदि दूसरा राज्य सबल हो तो उससे सन्धि कर लेनी चाहिए। यदि दूसरा राज्य निर्बल हो तो विग्रह अर्थात् आक्रमण करना चाहिए। यदि शत्रु व्यसनों में फँसा हो, उसकी प्रजा अपनी ही सेना से पीड़ित हो, राजा शत्रु, अग्नि, जल, व्याधि के कारण अपने कोष और कर्मचारियों की रक्षा करने में असमर्थ हो तो यान अर्थात् चढ़ाई करनी चाहिए। यदि शत्रु न सबल हो, न ही निर्बल हो तो आसन अर्थात् उसकी उपेक्षा करना उचित है। यदि शत्रु बहुत प्रबल हो तो उस शत्रु के शत्रु का आश्रय लेना चाहिए। यदि शत्रु का शत्रु न मिले तो अपने ही शत्रु का आश्रय लेना चाहिए। इसे 'संश्रय' कहते हैं अर्थात् दूर से ही उसकी धन, सेना इत्यादि से सहायता करनी चाहिए, परन्तु अधिक निकट नहीं आना चाहिए। बलवान राजा का साथ कभी न कभी अनर्थकारी सिद्ध होता है। अतः धन और सेना की सहायता करते हुए भी पर्याप्त दूरी रखनी चाहिए। एक शत्रु से सन्धि और दूसरे से विग्रह अर्थात् अपनी उन्नति के लिए दोनों प्रकार की विधि को अपनाना 'द्वैधीभाव' कहलाता है।"

अगला प्रश्न पूछा गया, "एक स्थिति पर विचार करो। एक चोर ने चोरी की और राज्य के आन्तरिक सुरक्षा बल ने उसे पकड़ लिया। न्यायालय ने उसे दण्ड देना चाहा, परन्तु जिस व्यक्ति के यहाँ चोरी हुई थी, उसने उस व्यक्ति को क्षमा कर दिया। अब राज्य को क्या करना चाहिए?"

"राज्य उस चोर को चेतावनी देकर छोड़ दे।"

"अच्छा, और यदि किसी ने किसी व्यक्ति की हत्या कर दी और मृत व्यक्ति के परिजनों ने उस हत्यारे को क्षमा कर दिया। इस स्थिति में राज्य को क्या करना चाहिए?"

"क्षमा प्रदान करने पर मृत व्यक्ति के परिजनों की भर्त्सना करनी चाहिए और हत्यारे को राज्य के विधान के अनुसार दण्ड देना चाहिए।"

कुलपति ने पूछा, "ऐसा क्यों, चाणक्य? एक स्थिति में क्षमा को तुम स्वीकार करते हो और दूसरी स्थिति में अस्वीकार! ऐसा क्यों?"

विष्णु ने विनम्रतापूर्वक उत्तर दिया, "ऐसा इसलिए आचार्य, क्योंकि दोनों स्थितियाँ नितान्त भिन्न हैं। पहली स्थिति में क्षति व्यक्तिविशेष की व्यक्तिगत क्षति थी। वह अपने व्यक्तिगत धन के परिप्रेक्ष्य में कोई भी निर्णय लेने के लिए स्वतन्त्र है, परन्तु हत्या व्यक्तिगत विषय नहीं हो सकती। किसी नागरिक के जीवन की क्षति समाज की, राज्य की क्षति है। यदि इस प्रकार हत्यारों को क्षमा कर दिये जाने को शासकीय अनुमति मिल गयी तो परिजन ही क्षुद्र लाभों के लिए अपने परिजन की हत्या करवाकर हत्यारे को क्षमा करने लगेंगे।"

"साधु पुत्र, साधु।"

इसी प्रकार अनेकानेक प्रश्नों के समुचित उत्तर पाने के पश्चात् कुलपति बोले, "हम तुम्हारे उत्तरों से सन्तुष्ट हैं पुत्र, तुम्हारे पिता और तुम्हारे गुरुओं ने तुम्हें अच्छी शिक्षा दी है। तुम्हारा प्रवेश स्वीकृत किया जाता है। अब यह बताओ कि तुम्हारी रुचि किन विषयों में है?"

प्रवेश मिलने की प्रसन्नता विष्णु के आनन पर स्पष्ट परिलक्षित हो रही थी। गद्गद कंठ से स्वर निकला, "आभार कुलपति, अत्यन्त आभार। मैंने कल ही निवेदन किया था कि मेरी रुचि प्रत्येक विषय में है। मुझे सब कुछ जानना है, सब कुछ समझना है।"

इस उत्तर पर एक आचार्य ने हँसते हुए पूछा, "यहाँ तो कामशास्त्र भी पढ़ाया जाता है, ब्रह्मचारी। क्या तुम कामकला की शिक्षा भी लोगे?"

नि:शंक भाव से उत्तर दिया ब्रह्मचारी ने, "क्यों नहीं आचार्य? यदि तक्षशिला जैसा विद्यापीठ इसकी शिक्षा दे रहा है तो अवश्य ही यह शास्त्र जनोपयोगी होगा। मैं अवश्य ही इसकी शिक्षा लेना चाहूँगा।"

कुलपति बोले, "ठीक है, परन्तु सारी शिक्षाएँ मात्र आठ वर्ष में सम्भव नहीं। और सारी एक साथ दी भी नहीं जा सकती। यह प्रयोगात्मक नहीं, पुत्र। विद्यार्थी जीवन में शिक्षा के साथ विश्राम और मनोरंजन का भी महत्व है।"

"मेरा विश्राम शिक्षा ही है, आचार्य और मनोरंजन वाद-विवाद। यदि आपकी आज्ञा हो तो मैं अर्थशास्त्र, राजनीति, इतिहास, ज्योतिष, धनुर्विद्या, खड्गयुद्ध और व्यूह-रचना से अपनी शिक्षा आरम्भ करना चाहूँगा।"

कुलपति हँसते हुए बोले, "अर्थात् तुम अपने शिक्षकों को विश्राम नहीं करने दोगे? तुमने 'व्याकरण' और 'आयुर्वेद' का नाम नहीं लिया? तक्षशिला की ख्याति में इसकी शल्य चिकित्सा विभाग का अत्यधिक योगदान है। आचार्य सुश्रुत इसी विद्यापीठ के छात्र रहे हैं और फिर आचार्य भी। आचार्य पाणिनि भी सुश्रुत की भाँति यहाँ के छात्र और आचार्य रहे हैं। इन विषयों के विद्यार्थी तक्षशिला में उपस्थित हैं। यदि तुम विद्याप्राप्ति को लेकर इतने ही आग्रही हो और मनोरंजन के लिए भी तुम्हें शिक्षा ही चाहिए तो अपने अध्यापकों से मुक्ति पाने के बाद इन विद्यार्थियों के साथ समय व्यतीत करना। सहायक की भाँति उनके कार्यों में हाथ बँटाना। अब अन्तिम प्रश्न, तुम इस विद्यापीठ का शुल्क कैसे चुकाओगे?"

विष्णुगुप्त ने इस प्रश्न पर तो विचार ही नहीं किया था। अपनी धुन में उसने एक बार भी नहीं सोचा था कि विद्या का मूल्य भी तो चुकाना होगा। हतप्रभ होकर बोला, "आचार्य, मेरे पास कोई सम्पत्ति नहीं, कोई धन नहीं।"

कुलपति मुस्कुराते हुए बोले, "कोई बात नहीं, पुत्र। समय पर शुल्क ले लिया जायेगा। तुम उसकी चिन्ता न करो। जाओ, कल से तुम्हारी शिक्षा आरम्भ होगी।"

विष्णुगुप्त उठा और सभी आचार्यों की चरणवन्दना कर कक्ष से प्रफुल्लित मन बाहर आ गया। अन्दर कुलपति भी प्रफुल्लित थे। क्यों न होते, दशकों में कोई ऐसा विद्यार्थी मिलता है जो विद्या के लिए इतना आग्रही हो।

समय अपनी गति से चलता रहा। विष्णुगुप्त ऐसा छात्र सिद्ध हुआ, जिससे उसके अध्यापक अत्यधिक स्नेह भी करते और तनिक भयभीत भी रहते। वह निरन्तर अध्ययनरत रहता। जिस समय अन्य विद्यार्थी अतिरिक्त समय में विश्राम करते, वह विश्राम के नाम पर किसी अन्य विद्या की प्राप्ति में समय व्यतीत करता। पोथियों से अवकाश मिलता तो अश्वों की परीक्षा लेता। सहपाठियों संग जिस उत्साह से तर्क-वितर्क करता, उतने ही उत्साह से धनुष की टँकार से मित्रों को आह्लादित करता। अकेले ही कई विद्वानों से शास्त्रार्थ करता, तो साथियों के साथ युद्ध की व्यूह रचना बनाता। शारीरिक व्यायामों में आवृत्तियों की गणना श्लोकों से करता। एक समय के बाद प्रत्येक अध्यापक को लगने लगता कि वह अब रिक्त हो गया है। उसके पास जो कुछ भी था, विष्णु ने वह सब ले लिया, देने को कुछ शेष नहीं। ऐसे विद्यार्थियों से सच्चा अध्यापक सच्ची अनुरक्ति रखता है। जिस प्रकार प्रत्येक पिता चाहता है कि वह अपने पुत्र से पराजित हो जाये, सच्चा गुरु भी पिता की ही

भाँति अपने शिष्य से यही चाहता है। एक-एक कर वर्ष बीतते जाते और विष्णुगुप्त की ख्याति तक्षशिला की सीमा को पार करती जाती। लोग उसे 'नया परशुराम' या 'नया द्रोण' कहने लगे थे। तक्षशिला में शिक्षा प्राप्त करने वाले छात्रों पर पूरे आर्यावर्त और दक्षिण देशों के राज्य, उनके अमात्य विशेष दृष्टि रखते। शिक्षा पूरी कर वापस लौटने वाले कुमार भी अन्य छात्रों के बारे में राज्य को सूचित करते थे। प्रत्येक राज्य विष्णुगुप्त को अपनी राजकीय सेवा में नियुक्त करने को लालायित हो उठा था। आठवें वर्ष की शिक्षा पूरी करते-करते विष्णुगुप्त अर्थशास्त्र, राजनीति, व्याकरण, न्यायशास्त्र मीमांसा, दर्शनशास्त्र, कामशास्त्र, वास्तु, मन्त्र, ज्योतिष, रस विज्ञान, शस्त्र-अस्त्र, युद्ध-व्यूह के प्रकाण्ड पण्डित और मर्मज्ञ के रूप में विख्यात हो चुके थे।

वार्षिक रूप से आयोजित होने वाले दीक्षान्त समारोह में छात्रों, स्नातकों, अभिवाहकों, सम्मानित नागरिकों और भिन्न-भिन्न राज्यों से आये राजप्रतिनिधियों के समक्ष विद्यापीठ के कुलपति जब बोलने के लिए खड़े हुए, चहुँओर शान्ति छा गयी। कुलपति ने सरस्वती की मूर्ति को प्रणाम करने के पश्चात् कहा, "कुलाधिपति गान्धारनरेश अम्भी, गणमान्य अतिथिगण, सहयोगी आचार्यगण, नागरिको और प्रिय विद्यार्थियो, इस दीक्षान्त समारोह में मैं तक्षशिला विद्यापीठ का कुलपति आप सभी का स्वागत करता हूँ। यह विद्यापीठ सदियों से सम्पूर्ण भारतवर्ष एवं समस्त संसार की सेवा करता आया है। आज आर्यावर्त, दक्षिणप्रदेश और आसपास के राज्यों में से कोई भी ऐसा राज्य नहीं, जहाँ इस विद्यापीठ से उत्तीर्ण हुए स्नातक अपनी सेवा न दे रहे हों। इस विद्यापीठ में दी जाने वाली शिक्षा की गुणवत्ता ही है कि स्नातक होने के पूर्व ही, शिक्षा पूरी होने से पहले ही राज्य अथवा किसी व्यापारिक प्रतिष्ठान में अपनी सेवा देने के इच्छुक छात्र उच्च वेतन पर नियुक्त कर लिए जाते हैं।" कुछ पल रुककर और सबको एक बार पुनः देखकर कुलपति बोले, "इस विद्यापीठ का कुलपति होना परमसौभाग्य की बात है। इन स्नातकों को देख मेरा हृदय गद्गद हो उठता है। कोई व्यक्ति अत्यन्त प्रसन्न हो और ईश्वर उस पर अपनी अनवरत कृपा बरसाता जाये तो विचारिये कि उस मनुष्य की क्या दशा होती है? मैं इन स्नातकों को देख प्रसन्न हूँ। इस प्रसन्नता को समेट नहीं पा रहा, परन्तु ईश्वर ने मुझे और अधिक प्रसन्न होने का कारण दे दिया।" तर्जनी से एक शिष्य की ओर संकेत करते हुए कुलपति अपनी बात कहते गये, "उस स्नातक को देखिए। मुझे ज्ञात है कि यहाँ जो भिन्न राज्यों के राजप्रतिनिधि उपस्थित हैं, वे इस युवक से भलीभाँति परिचित हैं। हमारे तक्षशिला विद्यापीठ का गौरव है यह युवक। गान्धारनरेश मेरी इस बात से सहमत होंगे कि इस युवक के इस राज्य में उपस्थित

होने भर से गान्धार का मान बढ़ा है। यह मेरी भविष्यवाणी है कि तक्षशिला विद्यापीठ जिस प्रकार पाणिनि और सुश्रुत जैसे अपने पूर्व छात्रों पर गर्व करता है, इस युवक चणक पुत्र विष्णुगुप्त पर भी गर्व करेगा।" भावातिरेक से भर आये कंठ को सामान्य बनाते हुए कुलपति ने विष्णुगुप्त को सम्बोधित करते हुए कहा, "तात! मुझे ज्ञात है कि तुम्हारे पास गान्धार, केकय, मगध, कलिंग इत्यादि राज्यों और इन राज्यों से भी अधिक धनवान व्यापारिक प्रतिष्ठानों से प्रस्ताव मिले हैं। तुम चयन के लिए स्वतन्त्र हो। तुम जो वेतन चाहोगे, वह प्राप्त कर लोगे। जिन सुख-सुविधाओं की इच्छा करोगे, उन्हें पूरी करने में ये राज्य एवं प्रतिष्ठान तनिक भी संकोच नहीं करेंगे। तुम्हारे लिए इन प्रस्तावों के अतिरिक्त एक और प्रस्ताव भी है, पुत्र। इस विद्यापीठ की चयन-समिति एकमत से और अत्यन्त आग्रहपूर्वक यह निवेदन करती है कि तुम इस विद्यापीठ के अर्थशास्त्र के आचार्य का पदभार ग्रहण करो। अर्थशास्त्र विभाग के विभागाध्यक्ष की इच्छा है कि अब वे सेवामुक्त हों, और तुम्हें इस पद पर नियुक्त किया जाये। तुम विचार लो, पुत्र। सोच-समझकर निर्णय करना। तुम्हारा निर्णय जो भी हो, हमारा आशीर्वाद सदैव तुम्हारे साथ रहेगा।" इतना कहकर कुलपति अपने आसन पर विराजमान हो गये।

सामान्य लोकाचार में जब कोई व्यक्ति अपना भाषण पूर्ण करता है, लोग करतल ध्वनि से उसका सत्कार करते हैं, परन्तु कुलपति के चुप हो जाने के बाद भी पूर्ण शान्ति छायी रही। सबकी दृष्टि चाणक्य पर टिकी थी। चाणक्य उठे, हाथ जोड़कर कुलपति, सभी आचार्यों, अतिथियों और विद्यार्थियों का अभिवादन कर बोले, "आचार्य, जब मैं इस विद्यापीठ में प्रवेश हेतु इच्छुक शिक्षार्थी बनकर आपके समक्ष उपस्थित हुआ था, उस समय मुझे ज्ञात नहीं था कि शिक्षा के लिए शुल्क भी देना होता है। उस समय आपने कहा था कि समय आने पर आप मुझसे शुल्क ले ही लेंगे। मुझे ज्ञात हुआ कि धनी शिक्षार्थी धन से और निर्धन विद्यार्थी अपनी सेवा से यह शुल्क चुकाते हैं। मुझ दरिद्र के पास धन कहाँ था, और मैंने अन्य विद्यार्थियों की तरह सेवा भी नहीं की। सेवा करने के समय पर भी मैं किसी न किसी गुरु से, अध्यापक से, वरिष्ठ विद्यार्थियों से शिक्षा ही ग्रहण करता रहा।" सजल नेत्रों से पुनः कुलपति और कुलपति के रूप में सम्पूर्ण तक्षशिला विद्यापीठ को प्रणाम करते हुए चाणक्य बोले, "मैं आज जो भी हूँ, इस विद्यापीठ के कारण हूँ। मुझे धन, पद, ऐश्वर्य का लोभ नहीं। मुझे बस विद्या और विद्या की सहायता से राष्ट्र सेवा का लोभ है। मैं किन शब्दों में आपको धन्यवाद दूँ, जिन्होंने मुझे न केवल शिक्षित किया, अपितु मुझे इस शिक्षा का समुचित उपयोग करने की प्रेरणा भी दी। किसी राजकुल, किसी एक राज्य की सेवा करने से अधिक श्रेयस्कर तो यही है कि मैं सभी राज्यों की एक साथ सेवा करूँ।

समस्त आर्यावर्त की, समस्त भारतवर्ष की सेवा करूँ। मुझे इस विद्यापीठ का आचार्य पद सहर्ष स्वीकार है।"

चाणक्य ने अपनी बात समाप्त की और सभामण्डप करतल ध्वनि से गूँज उठा। राजप्रतिनिधियों के चेहरे तनिक खिन्न अवश्य थे, परन्तु कुलपति सहित सभी आचार्यों के नेत्र गीले थे और विद्यार्थियों के चेहरे प्रसन्नता को समेटने में असमर्थ प्रतीत होते थे।

(6)

पिछले कुछ सप्ताह से तक्षशिला नगरी के मुख्य मन्दिर, वराह मन्दिर के निकट की खुली भूमि पर एक महात्मा निवास कर रहे थे। आर्यावर्त में ऐसे तापसों का निर्द्वन्द्व भ्रमण और कहीं भी मास दो मास टिक जाना सामान्य बात थी। जब महात्मा आये थे, नितान्त अकेले थे, परन्तु कुछ ही समय में उनकी ख्याति तक्षशिला की प्रत्येक वीथी[1], प्रत्येक गृह तक प्रसारित हो गयी। प्रत्येक नागरिक उनकी ही बात करता था। महात्मा कम बोलते, पर जो भी बोलते, वह अक्षरशः सत्य सिद्ध होता। भविष्य को जानने की लालसा में नागरिकवृन्द उन्हें घेरे रहते। नागरिकों ने उनके लिए एक कुटिया का निर्माण कर दिया था। वे रात्रि में उसमें विश्राम करते और भोर से लेकर सन्ध्या तक कुटी के बाहर अग्नि प्रज्वलित कर आँखें मूँदे बैठे रहते। कभी-कभी किसी व्यक्ति को देख उसके बारे में कुछ कह देते, वह व्यक्ति धन्य-धन्य हो जाता। शासकीय वर्ग की प्रतीत होने वाली एक नारी कई दिनों से तापस के सम्मुख हाथ जोड़े बैठी रहती। उसकी सेविकाओं ने तापस का इतना गुणगान किया था कि वह स्वयं को रोक न पायी थी। तापस ने अपनी अधखुली आँखों से उसे देखा और कहा, "माता! तू क्या चाहती है? तू इन साधारण मनुष्यों की भाँति मेरे सम्मुख क्यों बैठी है? जा, घर जा और समय की प्रतीक्षा कर। तू आज माता है, पर तेरे भाग्य में राजमाता होना लिखा है।"

स्त्री आश्चर्य और दुविधा युक्त स्वर में बोली, "परन्तु बाबा, मैं राजकुल की नहीं। मैं तो बस ...।"

स्त्री की बात पूरी होने से पहले ही तापस बोला, "क्या मुझे नहीं पता कि तू कौन है? तू प्रधानामात्य सोमशर्मा की अर्द्धांगिनी है। तू राजकुल की नहीं, पर तेरा कुल राजकुल होगा। तेरा पुत्र, उसका पुत्र, उसकी कुल अट्ठारह पीढ़ियाँ गान्धार पर निर्बाध शासन करेंगी।"

---

1 गली

हर्षातिरेक से द्रवित स्त्री साष्टांग दण्डवत् होकर बोली, "मेरा पुत्र राजा होगा? मैं राजमाता बनूँगी? परन्तु ऐसा कैसे सम्भव है? गन्धारनरेश तो अम्भी हैं, युवराज आम्भी हैं। उनके होते ऐसा कैसे हो सकता है?"

"होने वाली राजमाता! मैं मात्र वह देख सकता हूँ जो भविष्य में है। मुझे तेरा पुत्र सिंहासन पर बैठा दिखता है। जैसे तुझे अभी देख रहा हूँ, बस उसी तरह उसे देख रहा हूँ। वह कैसे सिंहासन पर बैठेगा, यह मैं नहीं जानता।" इतना कहकर तापस ने अपने नेत्र मूँद लिए। यह इस बात का संकेत था कि उन्होंने जो कहना था, कह दिया।

व्यापार का केन्द्र होने के कारण तक्षशिला में धन बरसता था। अन्धा धन समाज को भी अन्धा बना देता है। तक्षशिला का समाज इस धन का उपयोग राग-रंग, नृत्य-संगीत, सुरा इत्यादि पर खुले हाथों से व्यय करने पर करता। जो कम धनी होते, वो नट-नटनियों पर, भालू, बन्दर, सर्प, सिंह की क्रीड़ा दिखाने वाले कलाकारों पर और जो अधिक धनवान होते, वो सन्ध्या के समय भिन्न क्रीड़ागनों में अपना सौंदर्य लुटाती नर्तकियों पर अपना धन और समय मुक्त हृदय से लुटाते। पिछले कुछ महीनों से एक नई नर्तकी माधवी के पीछे सारा उच्च वर्ग पागल-सा हो गया था। माधवी साक्षात् उर्वशी का अवतार थी। उसका एक-एक अंग श्वेतसुराओं से अधिक मादक था। वह जब नृत्य करती, उसके अंगों की थिरकन से रसिकों के मस्तिष्कों में विस्फोट-सा हो जाता। अन्य सहायक दासियाँ, नर्तकियाँ उन्हें छककर मदिरापान करातीं, परन्तु स्वयं माधवी कभी किसी के निकट न जाती। उसे एक बार छू लेने के लिए लोग अपना सर्वस्व अर्पण करने को सज्ज बैठे होते, पर वह पवन की भाँति उनके निकट से होकर निकल जाती। उन रसिकों में गान्धार का मुख्य सेनापति बलभद्र भी था।

प्रधानामात्य सोमशर्मा उच्चकुलीन ब्राह्मण थे। उनके कुल ने पीढ़ियों से गान्धार की सेवा की थी। जब उनकी पत्नी ने उन्हें तापस की भविष्यवाणी के बारे में बताया, वे चिन्तित हो उठे। वे अपने पुत्र को भली-भाँति जानते थे। उसमें राजा बनने की न तो योग्यता थी और न ही वह इतना महत्वाकांक्षी था। उन्हें आचार्य शुक्र द्वारा प्रवर्तित औशनस सम्प्रदाय की मन्त्रनीतियों का भलीभाँति ज्ञान था। प्रतीत होता था कि किसी शत्रुदेश ने अपना मन्त्रयुद्ध प्रारम्भ कर दिया है। औशनस नीति थी कि प्रत्यक्ष युद्ध से पहले राजा को उसके निष्ठावान मन्त्रियों-सेनापतियों से दूर कर दिया जाये। सोमशर्मा ने अपनी पत्नी को डाँट दिया और कहा कि वह ऐसे निरर्थक स्वप्न देखना बन्द करे। उस तापस की भविष्यवाणी को लेकर इतना उत्साहित न हो एवं उसकी चर्चा भी किसी से न करे। उन्होंने तत्काल ही गूढ़पुरुषों के प्रमुख को अपने समक्ष उपस्थित होने का आदेश दिया और प्रात: ही राजा एवं युवराज से मिलने का निश्चय किया। राजा वृद्ध हो रहे थे और राज्य का वास्तविक शासक युवराज आम्भी था।

कतिपय मनुष्यों की यह प्रवृत्ति होती है कि वे वह कार्य अवश्य करते हैं, जिसका उन्हें निषेध किया गया हो। अमात्य सोमशर्मा ने स्पष्ट मना किया था कि उस तापस की भविष्यवाणी के बारे में किसी से भी कोई भी चर्चा न की जाये, परन्तु वह स्त्री, जिसे अपना पुत्र महाराज बनता दिख रहा हो, कैसे अपने मन के हर्षोद्गार को अपने तक सीमित रखे? उसने सारी बातें अपनी प्रिय सेविका से कह दीं। साथ ही, यह स्पष्ट कह दिया कि इसके बारे में वह किसी से कोई बात न करे। विडम्बना है कि व्यक्ति जिसका पालन स्वयं नहीं करता, आशा करता है कि अन्य उसका पालन अवश्य करें। उस सेविका ने अपने पति को बता दिया कि शीघ्र ही वह नई राजमाता की प्रधानसेविका बनने वाली है। सेविका के पति ने प्रातः ही अपने एक मित्र को वचनबद्ध करते हुए सब कुछ बता दिया। वह मित्र युवराज आम्भी का सत्री[1] था। कोई नया राजा पुराने राजवंश का मूलोच्छेद करके ही सिंहासन पर आरूढ़ होता है, यह विचार कर अविचारी युवराज ने उसी क्षण राजद्रोह के अपराध में अमात्य सोमशर्मा को उनकी पत्नी और समस्त पुत्रों सहित क़ैद कर अन्ध-कोठरियों में डलवा दिया।

प्रधान सेनापति बलभद्र कामदग्ध हो रहा था। उसका मात्र एक ही ध्येय था कि कैसे भी माधवी उसकी अंकशायिनी बन जाये। सभ्यता का महीन आवरण ही उसे रोके हुए था अन्यथा वह तो चाहता था कि यदि माधवी उसे स्वीकार नहीं करती तो सबके देखते ही देखते माधवी का अपहरण कर ले और अपनी पिपासा शान्त करे। सोते-जागते उसके मस्तिष्क में बस माधवी ही बसती थी। आज माधवी की ओर से सभी गणमान्य व्यक्तियों, वरिष्ठ सेनाध्यक्षों, राज्यकर्मियों को निमन्त्रण दिया गया था। माधवी का जन्मदिन था आज। सन्ध्या बीतते-बीतते क्रीड़ांगन मान्य अतिथियों से भर गया था। आज प्रांगण में युवती सेविकाओं द्वारा मुक्त रूप से मधु, मैरेय, मेदक, प्रसन्ना, आसव इत्यादि मद्यपदार्थों का वितरण हो रहा था। किसी का पात्र रिक्त होते ही उसे तत्काल पूरित कर दिया जाता। माधवी स्वयं मान्य अतिथियों के पास जा-जाकर उनकी भेंट स्वीकार कर रही थी और अपनी चितवन से सबको घायल कर रही थी। औपचारिकताओं के पश्चात् नृत्य और संगीत का कार्यक्रम आरम्भ हुआ। कई नर्तकियों के नृत्य के बाद अपनी सहायिकाओं के साथ माधवी नृत्य हेतु उपस्थित हुई। उसने केश-सज्जा और वस्त्र परिवर्तित कर लिए थे। वह मादक तो थी ही, परन्तु आज की बात ही कुछ भिन्न थी। उसने न्यूनतम वस्त्र पहले थे। वस्त्र भी ऐसे, जो छुपा कम और दिखा अधिक रहे थे। नृत्य आरम्भ हुआ और

---

[1] गुप्तचर। गुप्तचरों के भेद पिछले पृष्ठों में बताये गए हैं।

माधवी ने अब तक का श्रेष्ठतम नृत्य किया। उर्वशी और रम्भा की उपमा भी न्याय न कर सके, ऐसा नृत्य। कामदेव चतुर्दिक बाणवर्षा कर रहे थे, लोग घायल होकर आहें भर रहे थे। माधवी तड़ित की भाँति किसी अतिथि के निकट जाती और शुष्क रेत की भाँति हाथ से फिसल जाती। सुरा के प्रभाव से कई अपनी सुध खो बैठे और सुरा-सुन्दरी के प्रभाव से शेष किसी न किसी दासी को अपने अंक में भर लेते। ऐसे व्यक्तियों को दासियाँ, जो वेश्याएँ ही थीं, अपने साथ ले जातीं और उनकी काम-पिपासा शान्त करतीं। एक समय के बाद सभा का प्रत्येक पुरुष संज्ञाहीन हो चुका था। मात्र बलभद्र ही प्यासे नेत्रों से माधवी को देख रहा था।

माधवी के अंग-अंग से स्वेद फूट पड़ा था। स्वेद की बूँदें भी उसे मोहक बना रही थीं। वह थिरकते पगों से सेनापति के निकट आयी और सेनापति का हाथ पकड़ कम्पित वाणी में बोली, "क्या आप मुझे कोई उपहार नहीं देंगे, सेनापति?"

"तुम आदेश करो, देवी। मैं तुम्हारा दास हूँ। जो कहोगी, वह अर्पण करूँगा।"

अपने नेत्रों में मद भरकर, सेनापति के कपोलों को सहलाते हुए माधवी बोली, "मैं मात्र एक उपहार चाहती हूँ, वीर। आपका साथ। क्या आप आज की शेष रात्रि इस दासी के साथ व्यतीत करेंगे? मात्र आप और मैं। मैं प्रेम चाहती हूँ वीर, आपका प्रेम।"

इस वार्ता में प्रेम का वास्तविक अर्थ क्या था, यह दोनों ही भलीभाँति जानते थे। बलभद्र स्वयं को रोक न पाया। शाब्दिक उत्तर देने में असमर्थ सेनापति ने माधवी के ओठों पर प्रगाढ़ चुम्बन अंकित कर दिया। श्वास को व्यवस्थित करती हुई माधवी बोली, "इतना धैर्य रखा है, तनिक और धैर्य रखें। मुझे स्नान कर लेने दें। इस स्वेद से मुक्ति पा लेने दें। मेरे साथ आएँ, मेरे कक्ष में विश्राम करें। आप शैया के पास रखी वारुणी का पान करें, तब तक मैं स्नान कर लेती हूँ।"

"जो आज्ञा, देवी।"

माधवी के कक्ष में बैठे चषक से वारुणी पीते बलभद्र कब गहरी नींद सो गया, उसे पता ही नहीं चला। प्रातः तक माधवी लुप्त हो चुकी थी। प्रधान सेनापति सहित राज्य के कई सेनापतियों और वरिष्ठ राजकर्मचारियों का कहीं अता-पता नहीं था। प्रधानामात्य सोमशर्मा राजाज्ञा से पहले ही बन्दी बना लिए गये थे। वह तापस भी जाने कहाँ चला गया था?

राजा विहीन राज्य यदि शीश विहीन धड़ के समान है, तो मन्त्रियों और सेनापति विहीन राज्य हाथ-पैर विहीन शीश के समान। गान्धार राज्य की वर्तमान स्थिति यह थी कि प्रधानामात्य, सेनापति और अन्य उच्चाधिकारी राजा की सहायता हेतु अनुपस्थित थे। स्वयं राजा वृद्ध और विरक्त थे और युवराज आम्भी अनुभवहीन।

प्रात: सूचना मिली कि केकय देश की सेनाओं ने वितस्ता[1] पार कर गान्धार में प्रवेश कर लिया है। उनका आक्रमण इतना अप्रत्याशित था कि सीमा पर उपस्थित सेनाओं को सँभलने का अवसर ही नहीं मिला। आँधी की भाँति केकय की सेनाएँ रात्रि होते-होते राजधानी तक पहुँच गयीं और उन्होंने तक्षशिला को चहुँओर से घेर लिया। नगर में जितनी भी सेना शेष थी, उसे लेकर आम्भी व्यूहबद्ध हो गया। वह राजनीति में जितना भी कच्चा हो, परन्तु उच्च स्तर का वीर अवश्य था। हार तो निश्चित ही थी, परन्तु वह क्षत्रिय ही कैसा जो युद्ध से विमुख हो। युवराज के नेतृत्व में तक्षशिला का सैन्य बल नगर का द्वार बन्द कर सज्ज खड़ा था। ऐसे युद्ध में सामान्य समीकरण यह होता है कि नगरद्वार के अन्दर, परकोटे पर खड़ा एक सैनिक बाहर खड़ी सेना के दस सैनिकों के बराबर होता है। दोनों ही सेनाएँ सज्ज खड़ी थीं। केकय के सैनिक तीरों के परास से दूर पर्याप्त दूरी पर खड़े थे। भोर होते ही जाने कैसे तक्षशिला के द्वार खुल गये और अत्यन्त न्यून सैन्य हानि के साथ केकय की सेना नगर में प्रवेश कर गयी। देखते ही देखते आम्भी को बन्दी बना लिया गया।

केकय ने शस्त्रयुद्ध से पूर्व मन्त्रयुद्ध का उपयोग किया था। तापस और माधवी ही नहीं, अपितु पिछले कई माह से केकय के सैंकड़ों गूढ़पुरुष तक्षशिला में कार्यरत थे। उन्होंने क्रीड़ागृहों, राजा, युवराज सहित उच्चाधिकारियों के घरों और सेना तक में भी अपनी पहुँच बना ली थी। जब आम्भी नगरद्वार बन्द कर तनिक निश्चिन्त हुआ था, सैनिक बने गूढ़पुरुषों ने द्वार खोल दिये थे। युवराज आम्भी और महाराज अम्भी को ससम्मान उनके राजमहलों में ही बन्दी बना लिया गया। गान्धार के राजभवन और प्रशासनिक कार्यालयों पर केकय का ध्वज लगा दिया गया। इस युद्ध के एक माह पश्चात् केकयराज पर्वतेश्वर ने पूरे राजकीय आडम्बर के साथ तक्षशिला में प्रवेश किया। नगर के गणमान्य नागरिकों और शासकीय कर्मचारियों के साथ युवराज आम्भी ने केकयराज का स्वागत किया। पूरे गान्धार में सात दिन के अवकाश की घोषणा की गयी थी। नगर को विभिन्न रंगों के पुष्पों से सजाया गया था। अपने हाथी से उतरकर पर्वतेश्वर ने वृद्ध राजा अम्भी को प्रणाम किया, युवराज आम्भी से प्रेमपूर्वक मिले और जनता का अभिवादन करते हुए गान्धार के उपास्य देव वराह के मन्दिर में नंगे पांव जाकर पूजा-अर्चना की। सन्ध्या समय केकय और गान्धार के अधिकारियों की भेंटवार्ता में पर्वतेश्वर ने पुन: राजा अम्भी को प्रणाम करते हुए कहा, "राजन! आर्य रीति के अनुसार मैंने आप पर विजय प्राप्त की है। आर्य रीति के अनुसार ही मेरा आपसे निवेदन है कि आप हमारी अधीनता स्वीकार करें।

---

1 झेलम

मैं मगध राज्य की भाँति राजकुलों के मूलोच्छेद का विरोधी हूँ। मैं मात्र इतना चाहता हूँ कि आप केकय की अधीनता में अपना निर्बाध शासन चलाते रहें।"

पराजित राजा ने मूक सहमति देते हुए अपनी ग्रीवा झुका ली। पर्वतेश्वर इससे तनिक आहत होते हुए बोले, "हतोत्साहित न हों, राजन। केकय राज्य आपको अपना दास नहीं बना रहा, अपितु आपका साथ चाहता है। यह तो हमारी परम्परा ही रही है कि राजा चक्रवर्ती पद पाने के लिए अपने आसपास के राज्यों को विजित करते हैं। राजन! वर्षों पहले मेरे पिता ने अभिसार राज्य पर विजय प्राप्त की थी। आज केकय और अभिसार भाइयों की भाँति एक-दूसरे के सहयोगी हैं। हमारे संसाधनों पर दोनों राज्यों के नागरिकों का समान अधिकार है। अभिसार का शत्रु केकय का शत्रु है और केकय के मित्र अभिसार के मित्र हैं।"

राजा अम्भी बोले, "आप सही कह रहे हैं, राजन। मुझे आपकी अधीनता, आपकी मित्रता स्वीकार्य है, परन्तु मेरा एक निवेदन है। मैं अब वृद्ध हुआ। मेरी इच्छा है कि आप मुझे शासन-कार्य से मुक्त करें और किसी सुयोग्य व्यक्ति को गान्धार का नरेश नियुक्त कर दें।"

अचम्भित पर्वतेश्वर बोले, "यह कैसे सम्भव है, राजन? हमें आपके साथ की आवश्यकता है। परन्तु यदि आपकी यही इच्छा है तो कोई अन्य क्यों, आपके पुत्र, युवराज आम्भी ही राजा बनेंगे।" गान्धार के अमात्यों को सम्बोधित करते हुए उन्होंने कहा, "यथाशीघ्र युवराज आम्भी के राज्याभिषेक की व्यवस्था की जाये। मैं स्वयं वहाँ उपस्थित रहूँगा।" युवराज की ओर देखकर पर्वतेश्वर बोले, "युवराज, मेरी समस्त शुभकामनाएँ आपके साथ हैं। आप उत्तम राजा सिद्ध हों। युवराज, आपको कदाचित् ज्ञात हो, मेरा पौत्र मलयकेतु तक्षशिला विद्यापीठ का छात्र है। मैं उससे भेंट करना चाहता हूँ। यदि आपके पास समय हो तो क्या आप मेरे साथ चलेंगे? मैं नहीं चाहता कि आपकी प्रजा मुझे निरकुंश शासक की भाँति स्वतन्त्र विचरण करते हुए देखे।"

युवराज आम्भी बोला, "जैसी आपकी इच्छा, नरेश।"

×××

महाराज पर्वतेश्वर और राजा आम्भी के साथ उनके अमात्यगण भी तक्षशिला विद्यापीठ के द्वार तक गये। राजा आम्भी पर्वतेश्वर के रथ पर ही विराजमान था। उसने सारथी को रथ रोकने का संकेत करते हुए पर्वतेश्वर से कहा, "महाराज! मेरी विनती है कि हम अपने अमात्यों को यही विश्राम करने और हमारी प्रतीक्षा करने के लिए कहें। उचित होगा यदि हम विद्यापीठ में अपने राजकीय अधिकारियों और अंगरक्षकों के साथ प्रवेश न करें।"

आम्भी की बात सुन पर्वतेश्वर के मन्त्री तनिक उद्वेलित हो उठे। कहीं यह कोई चाल न हो। यद्यपि अब गान्धार केकय के अधीन हो चुका था, परन्तु आम्भी पर विश्वास नहीं किया जा सकता था। मन्त्रियों की भंगिमा समझकर पर्वतेश्वर बोले, "परन्तु ऐसा क्यों राजन? राजा क्या कभी बिना अंगरक्षकों के चल सकता है?"

"आप उचित कह रहे हैं महाराज, परन्तु यह कोई सामान्य क्षेत्र नहीं। यह राजाओं के अधिकार की भूमि अवश्य है, परन्तु इसे आन्तरिक स्वायत्तता प्राप्त है। विद्यापीठ में यदि किसी राज्य का राजा अपने शासकीय कर्मचारियों के साथ प्रवेश करे, तो इससे यह संकेत जाता है कि विद्यापीठ उसकी अपनी सम्पत्ति है। महाराज, यहाँ देश-देशान्तर के राजकुमार अपनी शिक्षा पूर्ण करने आते हैं। परस्पर शत्रु राज्यों के राजकुमार भी निर्भय होकर एक-दूसरे के साथ विद्याध्ययन करते हैं। आप स्वयं देखिए, आज आप और हम मित्र हैं, परन्तु माह भर पूर्व ही हम शत्रु थे। इसके पश्चात् भी आपके पौत्र कुमार मलयकेतु यहाँ शिक्षा प्राप्त कर रहे थे। राजनीतिशास्त्र गुरुकुल में अवश्य पढ़ाया जाता है, परन्तु राजनीति का प्रवेश गुरुकुल में न हो, यह हमारी सनातन परम्परा रही है। विद्यापीठ में किसी राजा का प्रवेश वर्जित है। हाँ, अभिभावक अवश्य प्रवेश कर सकता है। इस विद्यापीठ में अंगरक्षकों की कोई आवश्यकता नहीं। यह अलिखित नियम ही समझिए कि यदि किसी का कोई अहित इस परिसर में हुआ तो अन्य सभी राज्य एक साथ मिलकर अहित करने वाले को दण्डित करेंगे। अधिक क्या कहूँ, आपके प्रधानामात्य चण्डवर्मा यहीं के स्नातक हैं। वे मेरी बात से सहमत होंगे।"

आम्भी के प्रति केकयराज के मन में कोई सकारात्मक अवधारणा नहीं थी। उनके गूढ़पुरुषों के अनुसार, वह एक अस्थिरचित्त, क्रोधी और अत्यन्त भावुक व्यक्ति था। उसके मुख से ऐसी नीतिपरक बातें सुन उन्हें हार्दिक प्रसन्नता हुई। प्रसन्नवदन केकयराज ने कहा, "आप उचित कह रहे हैं, आम्भी। हम यहाँ से अकेले ही जायेंगे, परन्तु क्या आप भी साथ नहीं चलेंगे? आप तो अभिभावक भी नहीं।"

"यदि आपकी इच्छा न हो तो मैं भी आपकी यहीं प्रतीक्षा करूँगा। यद्यपि गान्धार के राजा के पद पर होने के कारण मैं इस विद्यापीठ का कुलाधिपति भी हूँ।"

"यदि ऐसा है तो आप भी साथ चलें।"

प्रधानामात्य चण्डवर्मा दोनों की बातें सुन रहे थे। जब उन दोनों की बातें समाप्त हुईं, वे हाथ जोड़कर आगे बढ़े और बोले, "महाराज! कुलाधिपति! मैं केकय के अमात्य के रूप में नहीं, अपितु पूर्व छात्र होने के अधिकार से प्रवेश का अभिलाषी हूँ। मेरे कुछ सहपाठी मित्र अब यहाँ आचार्य के पद पर हैं। राजनीति में इतना अवकाश नहीं मिलता कि उनसे भेंट की जा सके। भाग्य से ही यह अवसर मिला है।"

अभी चण्डवर्मा की बात समाप्त भी नहीं हुई थी कि आम्भी ने उन्हें टोकते हुए कहा, "अवश्य प्रधानामात्य, अवश्य। आप भी चलें।"

किसी साधनसम्पन्न व्यक्ति को यदि अपनी सम्पन्नता का, अपने असीमित अधिकार का अहंकार हो तो उसे भारतवर्ष के गुरुकुलों, विद्यापीठों का यदा-कदा भ्रमण अवश्य कर लेना चाहिए। एक माह पूर्व का गान्धार विजेता सिर पर मुकुट पहने विद्यापीठ के मार्गों पर चला जा रहा था। कहीं किसी वृक्ष के नीचे एक अध्यापक शिष्यों को मन्त्रोच्चार की शिक्षा दे रहा था। किसी कार्यशाला में शिष्यगण रथ इत्यादि के निर्माण की शिक्षा ले रहे थे, कहीं खुले मैदान में अश्वों पर बैठे खड्ग-संचालन कर रहे थे, तो कहीं हस्तियों को वश में करना सिखाया जा रहा था। छात्र इधर से उधर जा रहे थे, परन्तु किसी ने औपचारिकतावश भी केकयराज, गान्धार विजेता पर्वतेश्वर को प्रणाम तक न किया। वहीं कोई साधारण सा अध्यापक भी दिख जाता तो छात्र नतमस्तक हो जाते। केकयराज प्रसन्नमुद्रा में इन सबका अवलोकन करते हुए कुलपति के कार्यालय की ओर बढ़ते गये। उधर, चण्डवर्मा अपने मित्र से मिलने उनकी कुटिया की ओर बढ़ चला।

कुटिया में शिखाधारी ब्राह्मण अंकनी[1] पकड़े कुछ लिख रहा था। द्वार पर आहट हुई और एक स्वर सुनायी पड़ा, "प्रणाम आचार्य! प्रवेश की आज्ञा है, आचार्य?"

स्वर पहचान कर आचार्य उठे और आगे बढ़कर आगन्तुक को गले लगाकर बोले, "मित्रों के लिए इस ब्राह्मण के द्वार सदैव खुले हैं, चण्ड।" दोनों मित्र एक-दूसरे की पीठ सहलाते रहे, फिर ब्राह्मण अलग होकर बोला, "आओ बैठो, मित्र।" आसन ग्रहण करवाकर और स्वयं निकट बैठकर ब्राह्मण पुनः बोला, "मैं विचार तो कर रहा था कि तुम मिलने आओगे, पर आश्वस्त नहीं था। अन्ततः केकय के प्रधानामात्य जो हो। राजनीति तुम्हें अवकाश दे, न दे?"

"ऐसा कभी हो सकता था आचार्य, कि मैं तक्षशिला में रहूँ और पूरे आर्यावर्त में प्रसिद्ध आचार्य से मिलने न आऊँ! वह भी तब, जब उस आचार्य का मित्र होने का दम्भ भी है मुझे।"

"अब यह औपचारिकता छोड़ो, चण्ड। मैं कुछ भी होऊँ, प्रथम तो तुम्हारा मित्र ही हूँ। अपने लिए 'आचार्य' सम्बोधन सुनकर थक जाता हूँ। मित्र तो मुझे मेरे नाम से ही सम्बोधित करें!"

"ठीक है, विष्णु। अच्छा, समय कितनी शीघ्रता से बीतता है न? अभी पाँच वर्ष पहले तक हम क्या थे और अब क्या हैं। तुम तो विद्यार्थी जीवन में ही प्रसिद्ध हो गये थे, आज तुम्हारे यश की समतुल्यता किससे की जाये?"

---

1 पेंसिल अथवा पेन

"तुम भी तो मात्र पाँच वर्षों में ही प्रधान अमात्य के पद पर पहुँच गये। इतना ही नहीं, तुम्हारे नेतृत्व में केकय का चिरकाल का स्वप्न भी पूर्ण हुआ। इसके लिए मेरा अभिनन्दन स्वीकार करो मित्र।"

"धन्यवाद, विष्णु। परन्तु मेरी तुलना स्वयं से न करो। तुम भी जानते हो कि मेरा यह प्रधानामात्य का पद मात्र मेरी योग्यता के कारण नहीं अपितु पूर्व प्रधानामात्य अर्थात् मेरे पिता की कृपा से प्राप्त हुआ है। और तुम! तुम तो शून्य से निकले और शिखर पर विराजमान हो। मैं जानता हूँ मित्र कि यदि तुमने आचार्य पद न स्वीकारा होता और मेरी भाँति किसी राजा के सेवक हुए होते तो इन पाँच वर्षों में मैं जो मात्र एक राज्य को अधीन कर पाया हूँ, तुम सम्पूर्ण आर्यावर्त को एक धागे में पिरो चुके होते। अच्छा विष्णु, इस विषय पर तुम्हारा क्या विचार है? महाराज पर्वतेश्वर की इच्छा है कि सम्पूर्ण वाहीक प्रदेश एक सूत्र में बँध जाये। अभी वाहीक प्रदेश[1] में कितने ही छोटे-छोटे राज्य हैं। क्या यह उचित नहीं कि सारे राज्य मिलकर एक हो जायें और एक राजा द्वारा शासित हों?"

"यह तो राजाओं की सनातन परम्परा ही है मित्र कि वे चक्रवर्ती पद की प्राप्ति हेतु आसपास के राज्यों को अपने नियन्त्रण में लेते हैं। पर्वतेश्वर सही कर रहे हैं, परन्तु उनका ध्येय क्या मात्र चक्रवर्ती कहलाने की लालसा भर नहीं है? क्या वे वास्तव में सम्पूर्ण वाहीक प्रदेश के उत्थान हेतु, समस्त प्रजा के कल्याण हेतु चक्रवर्ती बनना चाहते हैं या इतिहास में मात्र अपना सुनाम प्राप्त करने के लिए प्रयासरत हैं? तथापि, मैं उनके प्रयासों के प्रति उदासीन हूँ।"

"आचार्य होने से इस निरपेक्षता, इस उदासीनता की सुविधा तुम्हें प्राप्त है, पर यह तो बताओ कि तुम्हारे अनुमान से क्या वाहीक प्रदेश का चक्रवर्ती बनना सम्भव है?"

"मुझे राजनीति में उलझाना चाहते हो? अस्तु, अभिसार और गान्धार पर अधिकार प्राप्त करना आसान था। गान्धार शक्तिशाली प्रदेश अवश्य था, परन्तु तुम्हारे मन्त्रयुद्ध की सफलता इस राज्य की विलासिता पर आलम्बित थी। जो यह प्रदेश सजग होता, राजा और प्रजा धन की अधिकता और कर्म की न्यूनता के कारण पंगु न हुए होते, राग-रंग में डूबे कर्तव्य से विमुख न होते तो क्या तुम्हारे गूढ़पुरुष सफल हो पाते? सैनिक दृष्टि से, प्रत्यक्ष युद्ध में कदाचित् तुम विजयी हो जाते, पर युद्ध का क्या है? वह तो किसी के भी पक्ष में जा सकता था। गान्धार राजतन्त्र था। राजा को पराजित करके तुमने राज्य को पराजित कर लिया, परन्तु वाहीक

[1] सम्पूर्ण पंजाब (भारतीय और पाकिस्तानी) सहित आस-पास की भूमि।

प्रदेश के अन्य अनेक राज्य राजतन्त्र न होकर गणतन्त्र हैं। इधर क्षत्रिय, क्षुद्रक, मालव हैं तो उधर कठ और यौधेय। इनमें से किसी भी राज्य में तुम एक गणपति को पराजित करोगे, उसके स्थान पर दूसरा गणपति खड़ा मिलेगा। यह क्रम उनके अन्तिम नागरिक तक चलता चला जायेगा। कठों और यौधेयों के विरुद्ध खड़ा होने में कदाचित् इन्द्र भी संकोच कर जाएँ।"

विष्णुगुप्त का हाथ पकड़कर चण्डवर्मा बोले "तुम तो मुझे हतोत्साहित कर रहे हों मित्र। अस्तु, तुम यह तो बताओ कि अपने गृहराज्य की याद नहीं आती तुम्हें? मगधराज ने तुम्हारे प्रति कितना अन्याय किया था? क्या तुम्हारे अन्दर प्रतिशोध की अग्नि नहीं दहकती? मुझे पूर्ण विश्वास है कि यदि तुमने ठान लिया तो मगध जैसा आर्यावर्त का सर्वशक्तिशाली साम्राज्य कुछ ही समय में तुम्हारे सम्मुख नतमस्तक होगा।"

विष्णुगुप्त हँसते हुए बोले, "राजनेता कितना भी सगा हो, प्रत्यक्ष-अप्रत्यक्ष रूप से राजनीति अवश्य खेलता है। क्यों?"

चण्डवर्मा अचम्भित स्वर में बोले, "ऐसा क्यों कह रहे हो, विष्णु? मैंने क्या राजनीति की?"

"क्यों, क्या तुम यह नहीं चाहते कि मगध किसी भी कारण दुर्बल हो और केकय वाहीक प्रदेश की सीमा लांघकर मगध पर अपना भाग्य आजमाए? कठ और यौधेयों को लांघकर यदि धन-धान्य से पूर्ण विस्तीर्ण मगध हस्तगत हो गया, तो कठों और यौधेयों को भी केकय की अधीनता स्वीकार करनी पड़ेगी। वाहीक का चक्रवर्ती बनने का स्वप्न देखने वाले केकयराज के मार्ग में कठ और यौधेय हैं। यदि मगध मिल गया तो सम्पूर्ण भारत ही उनके अधीन हो जायेगा।"

"यद्यपि मेरा आशय यह नहीं था, परन्तु ऐसा हो भी तो इसमें अनुचित क्या है? तुम मगध से अपना प्रतिशोध लो, इसमें हम तुम्हारी सहायता करेंगे। इस सहायता के साथ हमारी स्वयं की सहायता स्वत: ही हो जायेगी। क्या कहते हो?"

"नहीं मित्र, मुझसे ऐसी अपेक्षा न रखो। मैं किसी एक राजा के स्वप्न की पूर्ति हेतु ऐसा कोई भी कार्य करना अनुचित समझता हूँ। जहाँ तक मेरी बात है, मेरे व्यक्तिगत प्रतिशोध की बात है तो यह किसी ब्राह्मण को, किसी आचार्य को शोभा नहीं देता कि वह व्यक्तिगत उद्देश्यों के लिए कार्य करे। आचार्य व्यक्तिनिष्ठ नहीं हो सकता। उसे तो सर्वसमाज के हित के लिए प्रयासरत होना चाहिए। मगधराज ने मुझ पर, अपनी प्रजा पर अत्याचार किये हैं, परन्तु मेरी सूचना के अनुसार मगध के प्रधानामात्य राक्षस ने उन्हें अब अत्यन्त सीमित कर दिया है। राक्षस के प्रभाव से प्रजा पर अब उतने अत्याचार नहीं हो पाते।"

"तो क्या तुम अपना शेष जीवन इसी भाँति इस कुटिया में व्यतीत करोगे? ऐसी प्रखर प्रतिभा क्या यूहीं निरर्थक रह जाएगी?"

"तुम राजनीति में हो, अत: प्रतिभा का मात्र एक ही उपयोग समझ पाते हो। राजनेता की प्रतिभा और शिक्षक की प्रतिभा और उनके उद्देश्यों में पर्याप्त भेद है। राजनेता की प्रतिभा तात्कालिक प्रभाव डालती है, वहीं शिक्षक की प्रतिभा का प्रभावक्षेत्र कई शताब्दियों तक हो सकता है।"

"कदाचित् तुम सत्य कहते हो, मित्र। अच्छा, मुझे अब अनुमति दो। महाराज भी अब लौटने वाले होंगे। कभी केकय आना तो अवश्य मिलना या तुम्हें किसी भी सहयोग की आवश्यकता हो, नि:संकोच बताना। मैं चलता हूँ।"

चण्डवर्मा चला गया, परन्तु जिस प्रकार किसी तालाब के शान्त जल में कोई हल्का-सा पत्ता भी गिर जाये, तो पूरे तालाब में विचलन उत्पन्न हो जाता है, चण्डवर्मा के शब्दों ने चाणक्य के शान्त मन को विचलित कर दिया। विद्या और ज्ञान से भरे मस्तिष्क ने व्यक्तिगत विषयों को न जाने किस कोटर में छुपा दिया था, जिसे चण्डवर्मा के शब्दों ने पुन: प्रत्यक्ष प्रस्तुत कर दिया। 'मैंने तो कभी अपने पूर्व जीवन की चर्चा किसी से नहीं की। मेरे पिता पर हुए अत्याचार की बात चण्डवर्मा को कैसे पता? ओह, मैं भी क्या निरर्थक प्रश्न पूछ रहा हूँ? यह कोई ऐसी गूढ़ बात तो थी नहीं, और चण्ड राजनीति का पण्डित है, गूढ़पुरुषों का स्वामी है। उसे यह सब ज्ञात न हो, यही आश्चर्य का विषय होना चाहिए। उसके प्रश्नों ने उद्वेलित कर दिया है। क्यों विष्णु, क्या सच में तूने अपने पिता के कटे शीश को विस्मृत कर दिया है? क्या तुझे अन्न-जल का त्यागकर मृत्यु को प्राप्त कर रही अपनी माता का स्मरण नहीं? कर्कट के ढेर की तरह माता-पिता की देह का अन्तिम संस्कार भूल गया? विद्या मिली तो क्या मातृ-पितृ ऋण से मुक्त हो गया? शिक्षक हो गया तो पुत्र न रहा? ब्राह्मणत्व प्राप्त कर सम्पूर्ण आर्यावर्त का हो गया तो क्या मगध का न रहा? नहीं-नहीं, मैं आज जो हूँ, वह अपने अतीत के कारण हूँ। इतिहास से विमुख होकर न कोई वर्तमान बनता है, न भविष्य। मुझे कुछ दिनों का अवकाश चाहिए। मैं मगध जाऊँगा। वहाँ की स्थिति देखूँगा। उसके पश्चात् ही अपना आगे का कार्यक्रम निश्चित करूँगा।'

आचार्य चाणक्य ने अपना कार्यभार अन्य आचार्यों को देकर, कुलपति से कुछ दिनों का अवकाश प्राप्त किया और अकेले ही मगध की ओर चल पड़े। केकय से होकर जाते समय चण्डवर्मा के गूढ़पुरुषों ने चाणक्य को पहचान लिया। स्वयं चण्डवर्मा चाणक्य के सम्मुख उपस्थित हुआ और औपचारिकताओं के पश्चात् बोला, "आचार्य! आप हमारे राज्य में आये और बिना सूचित किये आगे बढ़ रहे हैं?

न भूलें आचार्य कि मैं आपका मित्र भी हूँ। मुझे आदेश देते, मैं आपकी यात्रा की उचित व्यवस्था तो कर देता। आप चाहते तो न केवल केकय की सीमा तक, अपितु आपके गन्तव्य तक की यात्रा अत्यन्त सुगम हो सकती थी। अभी भी अनुमति दें। मैं अपने सेवक आपके साथ कर देता हूँ।"

"मित्र! मैं भ्रमण पर हूँ। तेरह-चौदह वर्ष पूर्व मात्र एक बार यात्रा की थी। अब इतने वर्षों बाद बहुत कुछ परिवर्तित हो गया होगा। सब देखते, समझते, उन्मुक्त भाव से आगे बढ़ने की इच्छा है। तुम्हारी राजकीय व्यवस्था में इसका अवकाश न होता। मैं तुम्हारी चिन्ता समझता हूँ। तुम अमात्य होने के कारण मेरी गतिविधियों को जानना चाहते हो और मित्र होने के नाते मेरी सुरक्षा के प्रति चिन्तित हो। मैं समझ सकता हूँ कि तुम्हारे सत्री मेरे आगे-पीछे लगे होंगे। गतिविधियों की सूचना तो तुम्हें मिलती ही रहेगी, और सुरक्षा के प्रति तुम चिन्तित न हो। शिक्षक हूँ, अत: अपनी शिक्षा का प्रयोग करना मुझे भलीभाँति आता है।"

चाणक्य ग्लुचुकायण और मद्रक होते हुए इरावती को पार कर सांकल पहुँचे। निरन्तर पूर्व की ओर चलते हुए वे विपाशा, शतद्रु[1] और यमुना पार कर मगध साम्राज्य में प्रविष्ट हो गये। कोशल अब मगध साम्राज्य का भाग था। कोशल की राजधानी श्रावस्ती का मान तनिक कम अवश्य हुआ था, परन्तु अभी भी यह व्यापार का एक मुख्य केन्द्र थी। श्रावस्ती की एक अतिथिशाला में विश्राम करते चाणक्य के सम्मुख एक व्यक्ति उपस्थित हुआ और बोला, "आचार्य! मेरा प्रणाम स्वीकार करें।"

चाणक्य ने व्यक्ति को पहचाना और गले मिलते हुए बोले, "बहुत दिनों बाद मिले अग्रज। सब कुशल तो है?"

"कुशल ही है आचार्य। क्या आपको ज्ञात है कि दो गूढ़पुरुष आप पर दृष्टि रखे हुए हैं?"

"थे। रखे हुए थे। अब जब गूढ़पुरुषों के आचार्य गौतम ने उन्हें देख लिया, तो अब तो वे किसी योग्य न बचे होंगे। सच कह रहा हूँ न?"

गौतम ठठाकर हँसा, "अस्तु, अब यह बताइए कि मुझे क्या करना है? आपके कहे अनुसार मैंने गूढ़पुरुषों की एक सेना ही बना ली है। वे विभिन्न प्रदेशों में वर्षों से व्यापारी, कृषक, गृहस्थ, तापस, सेवक इत्यादि बन सामान्य जीवन व्यतीत करते हुए अगले निर्देश की प्रतीक्षा कर रहे हैं।"

---

[1] ग्लुचुकायण – पंजाब का एक गणराज्य, मद्रक – चिनाब और रावी के मध्य का क्षेत्र, वर्तमान सियालकोट, इरावती – रावी, सांकल – कठ जनपद की राजधानी, विपाशा – व्यास, शतद्रु – सतलज।

"उन्हें अभी प्रतीक्षा करने दें। मैंने आपसे गुणवान, धार्मिक परिवारों, वीर युवकों पर दृष्टि रखने के लिए भी कहा था।"

"हाँ, उनके सम्बन्ध में क्या आज्ञा है?"

"जो युवक हैं, उनकी महत्वाकांक्षा का स्तर ज्ञात करें। जो किशोर हैं, उन्हें तक्षशिला में शिक्षा लेने के लिए प्रेरित करें। सम्भव है कि किशोरों के अभिभावक तक्षशिला के आचार्यों से परिचित न हों। उस स्थिति में उन्हें मार्ग दिखायें कि वे किस आचार्य के शिष्य बनें। आप मेरा अर्थ समझ रहे होंगे। अब मुझे बतायें कि पाटलिपुत्र की क्या स्थिति है?"

"वहाँ धनानन्द सहित प्रत्येक अमात्य के कार्यालय और गृह में मेरे सत्री उपस्थित हैं। मगध के गुप्तचर विभाग के प्रमुख वक्रनास के आधे से अधिक गूढ़पुरुष अब मेरी आज्ञा के अधीन हैं।"

"ऐसा कैसे सम्भव हुआ?"

"धन के बल पर! वक्रनास से उन्हें जितनी राशि मिलती है, मैं उन्हें उसका चार गुना धन प्रदान करता हूँ।"

"परन्तु आपके पास इतना धन आया कहाँ से?"

"मैंने चोर के घर चोरी कर ली। धनानन्द जिस धन को जनता से चुराकर गुप्त स्थानों पर छुपाता था, मैंने उन गुप्त स्थानों में से कुछ का संधान कर लिया था। वह सारा धन अब आपका है और आपकी आज्ञाओं के पालन हेतु व्यय किया जाता है।"

"उत्तम। अर्थात् अब हमें धन की चिन्ता करने की आवश्यकता नहीं?"

"कदापि नहीं।"

"उत्तम। अब यह बतायें कि राज्य की, जनता की क्या स्थिति है?"

"जनता करों के बोझ से दबी है, परन्तु विद्रोह की कोई स्थिति नहीं है। हाँ, हम चाहें तो अवश्य विद्रोह को हवा दे सकते हैं। जनता प्रसन्न नहीं है, अपितु उदासीन है। यह उदासीनता भी अब सामान्य बात हो चली है। जनता को लगने लगा है कि यही सामान्य स्थिति है। वर्षों से शोषण करने वाली व्यवस्था उन्हें सामान्य लगने लगी है। इस व्यवस्था के साथ उन्होंने सामंजस्य बना लिया है। प्रधानामात्य राक्षस ने भी धनानन्द के अत्याचारों को सीमित करने में महत्वपूर्ण भूमिका निभाई है। उसे सुरा, सुन्दरी और भूमि की प्यास है। राक्षस उसे आर्यावर्त की उत्तम से उत्तम सुरा मँगवा देते हैं। स्वेच्छा से देह बेचने वाली युवतियों की भी कमी नहीं है। प्रधानामात्य राक्षस आरम्भ में अपने अहिंसा प्रेम के कारण सैन्य अभियानों को हतोत्साहित करते थे। फिर उन्होंने राजा की इच्छा जानकर सैनिक अभियानों को अपनी अनुमति दे दी है, यद्यपि वे इन अभियानों से स्वयं को पृथक् ही रखते हैं। मगध की सेनाएँ प्रति वर्ष

कोई न कोई नया अभियान करती हैं, जिससे मगध की सीमा का निरन्तर विस्तार होता रहता है। धनानन्द को मात्र इन तीन चीज़ों से सरोकार है, राक्षस उसे ये तीन चीज़ें उपलब्ध करवा देते हैं। शेष शासन व्यवस्था प्रधानामात्य के हाथ में है। वह कोई नई जनहितकारी योजना भले न ला पाएँ, सुख में वृद्धि भले न कर पाएँ, पर ध्यान रखते हैं कि जनता को कम-से-कम दु:ख हो।"

"अर्थात् राक्षस उत्तम अमात्य हैं। अधर्मी राजा के कारण उनके हाथ बँधे हैं, परन्तु उन्होंने भी अधर्मी राजा के हाथ बाँध रखे हैं। क्या राजवंश में और कोई व्यक्ति इस योग्य नहीं, जो धनानन्द का स्थान ले सके? क्या कभी भविष्य ने आवश्यकता पड़ने पर अमात्य राक्षस हमारा साथ दे सकते हैं?"

"राजवंश में सब धनानन्द की भाँति ही कामुक और मद्यपान में स्वर्ग पाने वाले व्यक्ति हैं। मुझे तो कोई योग्य प्रतीत नहीं होता। राक्षस की राजभक्ति मात्र राज्य के लिए नहीं, अपितु राजवंश के लिए भी है। यदि राजवंश को हानि न पहुँचे, तब राक्षस आपका साथ अवश्य देंगे।"

"अच्छा। मैं स्वयं इन दोनों से भेंट करना चाहता हूँ। प्रत्यक्ष वार्ता हो सके तो ठीक, अन्यथा दूर से भी उनके दर्शन हो जायें तो ..."

"राक्षस का दिखना या उनसे मिलना कठिन नहीं। वे तो सर्वसुलभ हैं। धनानन्द से मिलना कठिन है। उसे राग-रंग से ही अवकाश नहीं, परन्तु आप सही समय पर आये हैं। अगले माह पाटलिपुत्र नगरी का वार्षिकोत्सव है। इस उत्सव में राजा का भाग लेना परम्परागत रूप से अनिवार्य है। धनानन्द भी कुछ उत्सवों में आयेगा ही। आप उस समय राजा और अमात्य, दोनों का अवलोकन कर सकते हैं।"

×××

पाटलिपुत्र नगरी! पूरे आर्यावर्त और पूरे भरतखण्ड की सबसे समृद्ध, सबसे शक्तिशाली नगरी। गंगा और शोण नदी के संगम पर बनी यह नगरी व्यापार का मुख्य केन्द्र होने के साथ-साथ शक्ति का भी केन्द्र थी। नगरी में धन के दो स्रोत थे, एक व्यापार और दूसरा सैन्य शक्ति। राज्य की सेनाएँ प्रति वर्ष किसी न किसी अभियान पर निकलतीं और किसी न किसी राज्य को अपने अधीन बनाकर उसकी सम्पदा मगध ले आतीं। पराजित राज्य वार्षिक कर देने को बाध्य होते। धनानन्द ने जब शासन सँभाला था, तब उसकी धनलिप्सा ने अपने ही राज्य के संसाधनों का, अपने नागरिकों का शोषण किया था। परन्तु जब से राक्षस ने प्रधानामात्य के रूप में सत्तासूत्र सँभाला, मागधी नागरिकों पर अत्याचार कम होने लगे थे। बौद्ध राक्षस प्रजा को प्रताड़ित करना अनुचित समझता था, परन्तु उसने सेनापति को स्वायत्तता

दे रखी थी कि वह राज्य विस्तार हेतु सेना का ऐच्छिक उपयोग करे और पराजित राज्यों से धन संग्रह करे।

चाणक्य जब किशोरावस्था में पाटलिपुत्र से गये थे, तब वे असहाय और व्यक्तित्व-रहित किशोर थे, परन्तु वर्षों बाद जब वे वापस आ रहे थे तो उनकी पहचान एक आचार्य की थी। उनके पास तक्षशिला विद्यापीठ का पहचान पत्र था, अत: नगर में प्रवेश करने में कोई कठिनाई नहीं हुई। वैसे भी वार्षिकोत्सव मनाया जा रहा था, जिसके कारण आसपास और दूरस्थ स्थानों से विभिन्न उपायों से अपनी आजीविका प्राप्त करने वाले नर-नारी नगर में प्रवेश कर रहे थे। यद्यपि उनमें नट-नटी, संगीतज्ञ, गायक, नर्तक, नर्तकी, गणिका, कुशीलव, आसव-सुरा व्यापारी, स्वर्ण एवं रत्न व्यापारी, वस्त्र-व्यापारी, अश्व एवं हस्ती व्यापारी अधिक थे, परन्तु ब्रह्मचारी, साधु, तापस इत्यादि की संख्या भी कम नहीं थी। समाज के पतन का अनुमान इससे लगाया जा सकता था कि नट-नर्तक, गणिका, कुशीलव इत्यादि को जहाँ जनता आतुरता और लिप्सा की दृष्टि से देख रही थी, वहीं ब्रह्मचारियों और साधुओं को उपेक्षा की दृष्टि से। उनकी सोच के अनुसार नट-नर्तक तो मनोरंजन करते हैं और ये ब्रह्मचारी नीरस ज्ञान की बातें कर दान के नाम पर भिक्षा ही तो माँगते हैं!

अतिथियों के लिए राज्य की ओर से अनेकानेक अस्थायी विशाल अतिथिगृह बनवाए गये थे। चाणक्य को भी उनमें से किसी एक में स्थान मिल गया। स्नान और भोजन के पश्चात् चाणक्य नगर-भ्रमण हेतु निकले। आज के पाटलिपुत्र को देख कोई स्वप्न में भी नहीं सोच सकता था कि यहाँ की प्रजा को रंच मात्र भी कोई कष्ट है। प्रजा उत्सवधर्मी होती है। यदि राजशासन उत्तम हो तो प्रजा उत्सवों में तन-मन से भाग लेती है, और यदि न हो तब भी इस मानसिकता के साथ भाग लेती है कि कठिन जीवन में कुछ समय यदि आमोद-प्रमोद हेतु मिला है तो इसका भरपूर प्रयोग क्यों न किया जाये। राजकुल और अमात्यकुलों के कितने ही कुमार, स्त्रियाँ और कुमारियाँ अपने रथों, अश्वों, पालकियों और हाथियों पर बैठ नगर में भ्रमण कर रही थीं। किसी विशिष्ट नर अथवा नारी को देख प्रजा उनके लिए मार्ग छोड़ देती और उन पर पुष्प वर्षा की जाती। वे विशिष्ट लोग भी प्रत्युत्तर में पुष्प के स्थान पर निष्क और कार्षापण लुटाते जाते। यह देख किसी भी व्यक्ति के मन में स्वभावत: यह विचार आयेगा कि प्रजाजन और विशिष्टजन कितने प्रसन्न, कितने सन्तुष्ट हैं जो एक-दूसरे पर पुष्प और धन की वर्षा करते हैं, परन्तु यदि कोई रुककर पीछे की ओर देखे तो उसे दिखेगा कि कैसे मगध के निर्धन नागरिक, अबोध बच्चे उन स्वर्ण, रजत और ताम्र सिक्कों के लिए आपस में लड़ रहे हैं। यह राष्ट्र का दुर्भाग्य ही है

कि कोई नागरिक इतना विपन्न है कि सड़क पर फेंकी हुई मुद्राओं को लपकने और छीनने में अपनी ऊर्जा व्यतीत करता है।

वार्षिकोत्सव सप्ताह भर चलने वाला उत्सव था। इसमें नागरिकों की विभिन्न श्रेणियों के मनोरजंन हेतु भिन्न-भिन्न प्रकार के आयोजन किये गये थे। निम्न, मध्यम, उच्च और राजकीय वर्गों के लिए भिन्न-भिन्न आयोजन। किसी स्थान पर कोई गायक तो कहीं कोई नर्तकी अपनी कला का विपणन कर रही थी, तो कहीं शारीरिक सौष्ठता का प्रदर्शन हो रहा था। धर्मभीरु प्रजा के लिए तापस, ज्योतिष इत्यादि भी थे, तो कहीं शक्ति प्रदर्शन कर रहे अश्वचालक, धनुर्धर भी थे। चाणक्य को ज्ञात हुआ कि इस वार्षिकोत्सव में एक धर्मसभा भी आयोजित की जाती है, जिसमें स्वयं मगधराज भी उपस्थित होते हैं। इस अधर्म के राज्य में धर्मसभा? यहाँ तो अवश्य ही जाना चाहिए, यह विचारकर चाणक्य धर्मसभा में सम्मिलित होने चल पड़े।

चाणक्य बलिष्ठ युवा थे। एक हाथ की शिखा, हाथ में दण्ड और मुख पर तेज देख प्रहरियों ने उनका स्वागत किया और स्वागताधिकारी ने ससम्मान एक आसन पर बिठाया। चाणक्य ने अपने निकट बैठे अन्य विद्वानों को देखा। मुखाकृति और वस्त्रों से स्पष्ट था कि साथ बैठे विद्वानों में कश्मीर से लेकर सुदूर दक्षिण तक के ब्राह्मण बैठे हुए थे। न केवल ब्राह्मण अपितु बौद्ध भिक्षु भी दिख रहे थे। इन विद्वानों के आगे कम आयु के ब्रह्मचारी बैठे थे। आयताकार मंडप में आयत की छोटी भुजा की ओर ब्रह्मचारियों और विद्वानों के आसन थे, दोनों लम्बी भुजाओं पर अमात्यगण और विशिष्ट नागरिकों के आसन थे और विद्वानों के ठीक सामने राजसिंहासन रखा हुआ था। सिंहासन के निकट ही एक सुदर्शन व्यक्ति खड़ा था। ज्ञात हुआ कि ये ही प्रधानामात्य राक्षस हैं। विचित्र शान्ति छाई थी और राजा की प्रतीक्षा हो रही थी। चाणक्य को यह विचार कर हँसी आ गयी कि कथित धर्मसभा में विद्वान राजा की प्रतीक्षा कर रहे हैं और राजा उनसे प्रतीक्षा करवा रहा है।

अंततः राजा तनिक लड़खड़ाते हुए उपस्थित हुआ। उसके कक्ष में प्रवेश करते ही सभा में उपस्थित सभी व्यक्ति खड़े हो गये, परन्तु चाणक्य बैठे रहे। धनानन्द कुछ क्षण खड़ा रहा और अपने सम्मुख विनीत भाव से खड़े ब्राह्मणों, श्रमणों, ब्रह्मचारियों और अन्य जनों को देखता रहा। उसकी दृष्टि काले-कलूटे ब्राह्मण पर टिक गयी जो पूरी धृष्टता से पालथी मारे बैठा हुआ था। उस ब्राह्मण पर दृष्टि जमाये नन्द अपने सिंहासन पर बैठा और अमात्य राक्षस से धीमे शब्दों में कुछ कहा। धीरे-से सिर हिलाकर और फिर सबको सम्बोधित करते हुए राक्षस बोले, "सभी ब्राह्मणों, श्रमणों, गणमान्य व्यक्तियों का महाराज धनानन्द हार्दिक स्वागत करते हैं। उपस्थित जनों से निवेदन है कि वे इस धर्मसभा में अपने मतों के द्वारा हम सबके ज्ञान में वृद्धि करें।"

अमात्य गणों के बीच बैठे पुरोहित प्रतीत होने वाले एक व्यक्ति की ओर संकेत करते हुए राक्षस पुनः बोला, "राज्य की ओर से श्री सुबल प्रश्न करेंगे और विद्वतजनों से अपेक्षा है कि वे अपने उत्तर से हमारा मार्गदर्शन करेंगे। जिन उत्तरों से महाराज और पुरोहित सन्तुष्ट होंगे, उन्हें समुचित पुरस्कार दिया जायेगा।" एक क्षण का विराम लेकर और चाणक्य की ओर दृष्टि कर राक्षस पुनः बोले, "परन्तु इससे पूर्व मेरी एक आपत्ति है। ब्राह्मणदेव, राजा के सम्मान में आप खड़े न हुए। इस धृष्टता के पीछे क्या कारण है? क्या आप स्वयं को राजा से बड़ा मानते हैं? प्रतीत होता है कि आपको उठने में कष्ट होता है, अतः कृपया बैठे-बैठे ही उत्तर दें।"

चाणक्य ने बैठे-बैठे ही उत्तर दिया, "अवश्य, अमात्य। मुझे बताया गया था कि यह धर्मसभा है। राजसभा, न्यायसभा और धर्मसभा में अन्तर होता है। राजसभा में राजा सर्वोपरि है। उसके सम्मुख समस्त प्रजा शीश नवाती है। राजसभा में बड़े से बड़ा विद्वान हो या किसी अन्य देश का राजा ही क्यों न हो, सभापतित्व करने वाला राजा उन सबसे बड़ा होता है। न्यायसभा में न्यायाधीश सबसे बड़ा है। उसके सम्मुख यदि राज्य का राजा भी आये तो राजा को न्यायाधीश के सम्मान में खड़ा होना चाहिए, परन्तु धर्मसभा में धार्मिक विचार-विमर्श होते हैं। वहाँ राजा में यदि योग्यता है, जैसे जनक थे, तो उसे अन्य विद्वानों के समकक्ष माना जा सकता है अन्यथा वह विद्वानों से कम महत्व रखता है। धर्मसभा का सभापति राजा नहीं हो सकता। और हाँ अमात्य, आपके व्यंग्य के कारण नहीं, अपितु प्रचलन के अनुसार मेरा धर्मसभा में बैठे-बैठे उत्तर देना ही समुचित है!"

नन्द क्रोधित स्वर में बोला, "अच्छा! तो ये भिखमंगे ब्राह्मण मुझसे अधिक महत्वपूर्ण हैं? जो मुझसे, राजा से भिक्षा पाता हो, वह भिक्षु दाता से बड़ा हो गया। अरे ओ ब्राह्मणो, तनिक इस कलूटे ब्राह्मण को ब्राह्मण धर्म तो बताओ!"

भारी तोंद और चिक्कन काया का एक ब्राह्मण जैसे-तैसे खड़ा हुआ और राजा प्रणाम कर बोला, "शास्त्रों में सभी वर्णों के लिए धर्म निश्चित हैं। सत्यभाषण, धन का बाँटकर उपभोग, अपनी स्त्री से सन्तान उत्पन्न करना, शौच, सरलता और अपने पालनीय व्यक्तियों का पालन, यह सब सभी वर्णों के लिए समान है। ब्राह्मण का धर्म स्वाध्याय और दान ग्रहण करना है। ब्राह्मण इस लोक और परलोक के बीच की कड़ी है। उसी के माध्यम से ईश्वर की प्राप्ति होती है। यज्ञ, अनुष्ठान, संस्कार इत्यादि करवाना ब्राह्मण का कर्तव्य तथा राजा एवं प्रजा से धन, गौ, स्वर्ण पाना उसका अधिकार है।"

नन्द बोला, "देखा ब्राह्मण, ये शास्त्र तो तुम लोगों ने ही रचे हैं न? तुम्हारे शास्त्र ही कहते हैं कि ब्राह्मण को दान लेना चाहिए। उसे धन, स्वर्ण इत्यादि मिलना चाहिए।

भीख को दान कहकर महिमामंडित कर देने से कोई अन्तर नहीं पड़ जायेगा। अब भिखमंगे कैसे किसी राजा से बड़े हो सकते हैं?"

"शास्त्र यह सब या मात्र यही सब नहीं कहते।" चाणक्य बोले, "शास्त्रों की मनमानी व्याख्या, चयनित, उथला उल्लेख कर देना पर्याप्त नहीं। ब्रह्मचर्य, गृहस्थ, वानप्रस्थ और संन्यास, ये चार आश्रम ब्राह्मणों के लिए कहे गये हैं। जो छह कर्मों[1] में तत्पर, आश्रमों के अनुसार आचरण करने वाला, तपस्वी, निरपेक्ष और उदार है, वह ब्राह्मण है। खेती, व्यापार, पशुपालन अथवा धन के लिए दूसरों की सेवा करना, ये ब्राह्मण के अकर्तव्य हैं। जो दुश्चरित्र, धर्महीन, राजसेवक हो, वह ब्राह्मण नहीं हो सकता। वेतन लेकर देव मन्दिर में पूजा करने वाला, धन लेकर ज्योतिष कर्म करने वाला ब्राह्मण चांडाल के समान है।[2] राजपुरोहित, मन्त्री, राजदूत और गूढ़पुरुष ब्राह्मण क्षत्रिय के समान हैं।[3] अश्व, हस्ती, रथी और पैदल सैनिक का कार्य करने वाला ब्राह्मण वैश्य के समान है।[4] कर्मभ्रष्ट ब्राह्मण अन्य प्रजाजनों की भाँति दण्ड का पात्र है।[5] जब राजा प्रजा पर अत्याचार करे, उस समय ब्राह्मण का धर्म है कि वह अपने तप, बल, सद् व्यवहार अथवा कपट से राजा को दबाने का प्रयास करे। प्रजा की रक्षा के लिए ब्राह्मण को शस्त्र धारण करना चाहिए।"

नन्द हँसते हुए बोला, "ये निर्धन, असहाय, श्वान की भाँति रोटी के लिए मेरी ओर निहारते ब्राह्मण राजा को दबायेंगे? तर्क करने वाले ब्राह्मण, यह तो बता कि ये सब बातें मात्र ब्राह्मणों के लिए ही क्यों है? ब्राह्मण ये करे, वो करे। जैसे भी हो, बस तुम लोगों को ब्राह्मण को ही श्रेष्ठ बताना है। क्यों?"

"नहीं राजन! अपने-अपने धर्म का पालन करने वाला प्रत्येक मनुष्य श्रेष्ठ है। सम्मान का अधिकारी मात्र ब्राह्मण ही नहीं। जो अपार संकट को दूर करे, अनाथ प्रजा जिसकी शरण में सुख पाये, जो भय को दूर कर दे, वह सम्मान का अधिकारी है। काठ का हाथी, चमड़े का हिरन, ऊसर खेत, न बरसने वाले बादल, अपढ़ ब्राह्मण और रक्षा न करने वाला राजा, ये सब निरर्थक हैं। जो प्रजा की रक्षा करे, दुष्टों का संहार करे, राष्ट्र को एक सूत्र में बाँधकर रखे, वही समूचे राष्ट्र का भार सँभाल सकता है। उपरोक्त कर्म की प्रेरणा देने वाला ब्राह्मण है, भले ही वह किसी

---

1 अध्ययन-अध्यापन, यजन-याजन, दान-प्रतिग्रह

2 आह्वायका देवलका नाक्षत्रा ग्रामयाजकाः। एते ब्राह्मणचाण्डाला महापथिकपञ्चमाः ॥

3 ऋत्विक् पुरोहितो मन्त्री दूतो वार्त्तानुकर्षकः। एते क्षत्रासमाराजन्ब्राह्मणानां भवन्त्युत ॥

4 अश्वारोहा गजारोहा रथिनोऽथ पदातयः। एते वैश्यसमा राजन्ब्राह्मणानां भवन्त्युत ॥

5 विकर्मस्थास्तु नोपेक्ष्या जातु राज्ञा कथञ्चन । नियम्याः संविभज्याश्च धर्मानुग्रहकारणात्
(बिंदु 2 से 5, अध्याय 76, राजधर्मानुशासन पर्व, शान्तिपर्व, महाभारत)

भी वर्ण का हो और उपरोक्त कर्म करने वाला ही राजा है, भले ही वह किसी भी वर्ण का हो।"

अपने ही द्वारा आयोजित-प्रायोजित सभा में एक ब्राह्मण न केवल उसे प्रत्युत्तर दे रहा है, अपितु ढके-छुपे शब्दों में बारम्बार उसे अत्याचारी भी कह रहा है। साथ ही, राजा अर्थात् उसे हटाने की बात कर रहा है, यह देख धनानन्द अत्यन्त क्रोधित हो उठा। सिंहासन से उठकर चीख़ते हुए बोला, "अरे कलुए, तू मुझे धर्म सिखाएगा? अब तुझ जैसा भिखारी मुझे अत्याचारी कहेगा? राजा के धन से अपना पेट भरने वाले तुच्छ चुटियाधारी, तेरी इतनी सामर्थ्य?"

अबकी चाणक्य भी खड़े हो गये और बोले, "राजा का धन? तुम्हें भ्रम है कि तुम हमारा पालन करते हो। तुम भ्रमवश राज्य के धन को अपना धन समझ बैठे हो। धर्मसभा में धर्म की बातें होनी चाहिए, परन्तु प्रतीत होता है कि यहाँ मात्र तुम्हारा महिमामंडन ही होता है। मैं यहाँ बैठने के लिए उपयुक्त नहीं। चलता हूँ। तुम्हारा कल्याण हो, राजन।"

इतना कह चाणक्य जाने लगे, तभी नन्द चीख़कर बोला, "जाता कहाँ है, दुष्ट? रुक, तुझे तेरे ज्ञान की दक्षिणा तो दे दूँ। प्रहरियों! बन्दी बना लो इस दुष्ट को।"

राजाज्ञा का पालन करने सभी दिशाओं से प्रहरी आगे बढ़ने लगे, यह देख चाणक्य शान्त और गम्भीर वाणी में बोले, "मैं मात्र पोथियों को पढ़ने वाला पुरुष नहीं हूँ, नन्द। मैं आचार्य हूँ। शास्त्र भी सिखाता हूँ और शस्त्र भी। एक बात निश्चित जान लो कि तुम्हारे ये प्रहरी मुझे बन्दी नहीं बना सकते, मुझे रोक नहीं सकते। मैं जिधर चाहूँ, अपने बाहुबल से जा सकता हूँ। अभी मैं बाहर जा रहा हूँ, परन्तु यदि तुमने, तुम्हारे सैनिकों ने मुझे रोकने का प्रयास किया तो मैं तुम्हारी ओर बढ़ूँगा। तुम्हारी चतुरंगिणी सेना के आने से पहले ही मैं तुम तक पहुँच जाऊँगा। अब पुनः विचार कर लो कि तुम मुझे बन्दी बनाना चाहते हो या जाने देना चाहते हो?"

चाणक्य की ऐसी ओजपूर्ण वाणी सुन सभा में उपस्थित सभी जन हतप्रभ रह गये। आगे बढ़ रहे सैनिक भय से जड़ हो गये। क्रोध में फुँफकारते नन्द को राक्षस ने सँभाला और सैनिकों को वापस अपने स्थान पर जाने की मूक आज्ञा के साथ चाणक्य से मूक क्षमा माँगी। नन्द को समझाते हुए वह उसे महल में जाने वाले द्वार से निकाल ले गया। उधर, चाणक्य भी बाहर निकल गये।

×××

चाणक्य ने कभी सोचा नहीं था कि उनके प्राणों पर इस प्रकार का संकट उत्पन्न हो जायेगा। यद्यपि उन्होंने इसी मगध राजधानी में अपने पिता की निर्मम हत्या देखी थी, परन्तु उसके पश्चात् वर्षों तक तक्षशिला विश्वविद्यालय के पवित्र वातावरण में रहते-रहते उन्होंने बाहरी संसार के कपट और अधर्म की तीव्रता का अनुभव नहीं किया था। सही भी है, बुद्धिजीवी सदैव ही अपने मस्तिष्क में चल रहे संसार को ही वास्तविक संसार समझ लेते हैं। राजसभा में जो हुआ, उससे चाणक्य सावधान हो गये। अनावश्यक वीरता प्रदर्शन सदैव ही हानिकारक होता है। जो उनके पिता के साथ हुआ, यदि वही उनके साथ हो गया तो फिर इतनी लगन से प्राप्त की गयी विद्या का क्या लाभ? विद्या तो उनकी मृत्यु के साथ ही समाप्त हो जाएगी, और मृत्यु भी कैसी? किस कारण? राजा से हुए मामूली तर्क को प्रतिष्ठा का प्रश्न बना लेना और उस पर प्राणों की बलि चढ़ा देना, यह तो कोई युक्तिसंगत बात नहीं! ईश्वर ने यदि ज्ञान और प्रज्ञा के योग्य समझा तो उसका सदुपयोग होना चाहिए, न कि बिना किसी ठोस कारण के इस शरीर का त्यागकर मिथ्या अहंकार का पोषण करना चाहिए।

यद्यपि चाणक्य को शस्त्र ज्ञान था, परन्तु एक व्यक्ति के शस्त्र संचालन से पूरे मगध या पूरे राष्ट्र में फैले अधर्म का नाश तो नहीं हो सकता था। वह यदि अपनी पूरी शक्ति से मगध पर टूट भी पड़ें तो नन्द जैसे अत्याचारी की ग्रीवा तक पहुँचने से पहले उन्हें सहस्त्रों योद्धाओं की तलवारों का सामना करना होगा। कोई व्यक्ति कितना भी वीर हो, वह अकेले तो सहस्त्रों का वध नहीं कर सकता। नन्द की ग्रीवा तो दूर, उसकी एक झलक मिलने से पहले ही स्वयं चाणक्य के टुकड़े छिन्न-भिन्न हुए छिटके पड़े होंगे। तीव्र गति से पग बढ़ाते चाणक्य को एकाएक बहुत तेज हँसी आ गयी। कितना मधुर और कितना अव्यावहारिक स्वप्न था। चाणक्य तलवार उठाये नन्द की सेना से भिड़ गये। उनके हाथों सम्पूर्ण सेना का संहार हुआ और अन्त में नन्द का वध भी। जैसे नन्द की सेना में हाड़-मांस के वीर सैनिक नहीं, अपितु सरकंडे के सैनिक हों जिन्हें वह काटते चले जा रहे हैं।

नहीं! नन्द जैसे अत्याचारी और अधर्मी को मगध जैसे महान राज्य का सर्वेसर्वा बने रहने की अनुमति नहीं दी जा सकती। उसका सिंहासन से उतरना आवश्यक था। दुर्योधन और जरासंध जैसे अधर्मियों की सत्ता को समाप्त करने के लिए जब ईश्वर का अवतार कहे जाने वाले परमयोगी कृष्ण को भी भीम और अर्जुन की सहायता लेनी पड़ी थी, विराट् युद्ध का आयोजन करना पड़ा था, तो चाणक्य को भी ऐसा ही करना होगा। उसे भी इस समाज में से ही किसी अर्जुन को खोज निकालना होगा।

पाटलिपुत्र से निकलते हुए चाणक्य ने दक्षिण मार्ग का चयन किया था। उनका विचार था कि यदि कुपित नन्द ने उन्हें बन्दी बनाने के लिए अपने सैनिक भेजे भी

होंगे तो वे सैनिक दक्षिण दिशा की ओर नहीं बढ़ेंगे। कोई ब्राह्मण शूद्रों की बस्ती से होकर निकले, यह सोचना भी अधिकांश के लिए सम्भव न होता। बहुत देर तक पैदल चलते-चलते चाणक्य थक गये थे, वस्त्रों में छुपा खड्ग भी कठिनाई पैदा कर रहा था, अतः उन्होंने थोड़ी देर के लिए विश्राम करने का निश्चय किया। सामने एक विशाल वटवृक्ष था। उसके चारों ओर मिट्टी और पत्थरों द्वारा एक समतल गोलाकार स्थान बना दिया गया था। उसी में एक विशाल शिवलिंग भी स्थापित था। प्रतीत होता था कि आसपास के निवासी संध्या समय यहाँ बैठकर सांसारिक बातें किया करते होंगे। चाणक्य ने पूरी श्रद्धा से शिवलिंग को प्रणाम किया और सूखे पत्तों को झाड़कर बैठ गये। नगरीय शिव और ग्रामीण शिव में भी कितना अन्तर है न! नगरीय शिव के चारों ओर इतना अधिक आडम्बर रच दिया जाता है कि साधारण भक्त भी शिव तक पहुँचने के लिए उन आडम्बरों का सहारा लेता है जबकि ग्रामीण शिव कितने सहज रूप से बिना किसी बाधा व्यवधान के सहज उपलब्ध हैं। चाणक्य ने शिवलिंग को पुनः प्रणाम किया और पैर सीधा करने के लिए लेट गये। विशाल वटवृक्ष की छाया में अनेक बच्चे अपने खेल खेल रहे थे। उनकी बालसुलभ चंचलता और वार्ता के बीच चाणक्य को नींद आ गयी।

अभी चाणक्य को सोते हुए कुछ ही क्षण बीते होंगे कि उनकी नींद किसी बालक की वाणी सुन उचट गयी। बालक की वाणी में सत्ता की गूँज थी। बालक कदाचित् राजा बना था और अन्य बालक राजसभा के कर्मचारी व नागरिकों का स्वांग रच रहे थे। कदाचित् न्यायसभा बैठी थी, वादी-प्रतिवादी प्रस्तुत हो रहे थे, मन्त्री राजा के सम्मुख विवाद प्रस्तुत कर रहे थे और आठ-दस ईंटों से बने सिंहासन पर बैठा राजा न्याय कर रहा था।

राजा बोला, "अगला विवाद क्या है, मन्त्रिवर?"

मन्त्री बना बालक बोल उठा, "महाराज, आपके राज्य में समस्त प्रजा सुखी और सन्तुष्ट है, परन्तु कुछ दुष्ट तो हर स्थान पर होते ही हैं।" मन्त्री ने नागरिक बने एक बालक को प्रस्तुत करते हुए कहा, "महाराज, यह शनिचर है। इसका कहना है कि इसके पशुओं को बुद्ध नामक एक व्यक्ति ने डंडों और पत्थरों से मारा। अतः इसकी विनती है कि बुद्ध को समुचित दण्ड दिया जाये।"

राजा बोला, "न्यायसभा के समक्ष बुद्ध को उपस्थित किया जाये।"

सैनिक बने दो बालकों ने बुद्ध नामक बालक को राजा के समक्ष प्रस्तुत कर दिया। राजा बोला, "बुद्ध, क्या यह सत्य है कि तुमने शनिचर के पशुओं को अकारण दंडित किया?"

बुद्ध हाथ जोड़कर बोला, "मैंने शनिचर के पशुओं पर पत्थर अवश्य चलाए, परन्तु अकारण नहीं। वे मेरे खेत में घुसे आ रहे थे। इतने परिश्रम से मैंने शाक-भाजियाँ उगाई हैं, वे सब चट कर रहे थे। मैं उन्हें भगाता नहीं तो वे मेरा सारा खेत ही चर लेते।"

तभी शनिचर आगे बढ़ा और हाथ जोड़कर बोला, "नहीं महाराज, यह असत्य भाषण कर रहा है। मैं अपने पशुओं को पर्याप्त भोजन देता हूँ। उन्हें भूखा नहीं रखता कि उन्हें किसी दूसरे के खेतों में अपनी क्षुधा शान्त करनी पड़े।"

राजा थोड़ी देर शान्त रहा, फिर बोला, "यह तो बड़ी समस्या है। वादी और प्रतिवादी, दोनों ही एक-दूसरे के विरुद्ध बोल रहे हैं। हम किसी एक के कथन को वरीयता देकर दूसरे के कथन को काट नहीं सकते। किसी एक के शब्द दूसरे के शब्द से अधिमान्य नहीं हो सकते!" राजा ने मन्त्री को सम्बोधित करते हुए कहा, "मन्त्रिवर! आपका क्या विचार है?"

मन्त्री बोला, "महाराज, मेरे विचार से जो प्रताड़ित होगा, न्याय की आशा में वो ही सबसे पहले न्यायालय के समक्ष उपस्थित होगा। अपराधी तो स्वयं चलकर न्यायालय आयेगा नहीं![1] "

कभी-कभी बालक भी कितनी तार्किक बात कर देते हैं। थोड़ी दूर पर वृक्ष के नीचे लेटे चाणक्य के अधरों पर बालकों के इस खेल ने मुस्कान ला दी। तभी उन्हें राजा की वाणी सुनायी दी, जो मन्त्री की मन्त्रणा को अत्यन्त सामान्य भाव से काट रही थी, "नहीं मन्त्रिवर! यह कोई आवश्यक नहीं। कोई भी चतुर अपराधी यह अनुमान लगा सकता है कि यदि अपराध करने के तुरन्त बाद न्याय माँगने न्यायसभा में उपस्थित हो जाओ, तो स्वाभाविक रूप से उसे निर्दोष मान लिया जायेगा। वहीं सज्जन पुरुष सदैव ही विवाद से बचने का प्रयास करता है। वह दुष्ट की दुष्टता को एक सीमा तक यह सोचकर सह ले जाता है कि छोड़ो, दुष्ट तो दुष्ट है ही, उसे उसकी दुष्टता का दण्ड ईश्वर स्वयं देंगे। इस प्रकार दुष्ट व्यक्ति सज्जन व्यक्ति की सज्जनता का लाभ उठाता चला जाता है। अत: न्यायालय के समक्ष कौन पहले आया, कौन बाद में आया, इससे कुछ सिद्ध नहीं होता। साक्षियों के साथ जो प्रमाणित हो, उसे ही सच्चा मानना चाहिए।[2] "

चाणक्य के अधरों पर खेलती मुस्कान अचानक ही लुप्त हो गयी। अब तक कोहनी के बल शीश टिकाकर लेटे चाणक्य उठ बैठे। उन्होंने किसी बालक से इतनी

---

[1] कलहे पूर्वागतो जयति, अक्षममाणो हि प्रधावति" इत्याचार्या:

[2] पूर्वं पश्चाद्वाभिगतस्य साक्षिण: प्रमाणम्

न्यायशील, इतनी तार्किक बात की आशा नहीं की थी। बालक निश्चित ही जन्मजात प्रतिभा का धनी था।

राजा बोल रहा था, "क्या कोई साक्षी है?"

मन्त्री ने एक बालक को आगे बढ़ाते हुए कहा, "हाँ महाराज, सारी घटना इस मंगल नाम के नागरिक के सम्मुख घटित हुई थी।"

राजा ने मंगल को घूरते हुए देखा और बोला, "क्यों नागरिक, क्या वास्तव में तुमने बुद्ध को लाठी और पत्थर चलाते देखा था?"

मंगल राजा के नेत्रों से निकलते तेज से घबरा-सा गया। जब वह बोला तो उसके स्वर में दृढ़ता नहीं थी। राजा ने उसका कथन सुना और मन्त्री से कहा, "साक्षी यदि सत्यवादी हो तो वह कभी भी किसी के भी सामने अपनी बात कहने में संकोच नहीं करेगा। उसके स्वर में द्वन्द्व नहीं होगा। उसकी वाणी प्रखर होगी। यह साक्षी झूठा प्रतीत होता है। हम इसे अन्तिम अवसर देते हैं। असत्य भाषण के अपराध में इसे दण्ड तो अवश्य मिलेगा, लेकिन न्यूनतम दण्ड होगा। अतः यदि साक्षी उत्तम साहस दण्ड[1] से बचना चाहता है तो सत्य बताए।"

मंगल भयभीत हो गया। हाथ जोड़कर बोला, "महाराज, अपराध क्षमा हो। मुझे शनिचर ने एक पण देकर कहा था कि यदि मैं उसकी बतायी बातें राजसभा में कह दूँ तो वह एक पण और देगा।"

राजा मुस्कुरा कर रह गया और थोड़ी देर विचार करने के पश्चात् बोला, "मंगल ने न्यायकर्ता के सम्मुख असत्य बोला, अतः उस पर दो पण का दण्ड लगाया जाता है। चूँकि वह उत्कोच के रूप में एक पण पहले ही प्राप्त कर चुका है, अतः वह दो के स्थान पर कुल तीन पण का दण्ड चुकाए। शनिचर उत्कोच देने का अपराधी सिद्ध हुआ है, अतः इस अपराध के लिए उस पर चार पण का दण्ड लगाया जाता है। शनिचर ने बुद्ध पर मिथ्या आरोप लगाया। किसी पशु को मारने का दण्ड दो पण होता है। यदि शनिचर का झूठ मान्य हो जाता तो बुद्ध पर दो पण का दण्ड लगता। अतः शनिचर पर दो गुना दण्ड लगाया जाता है। वे चार पण बुद्ध को मिलें। शनिचर के कारण न्यायालय का बहुमूल्य समय व्यर्थ व्यतीत हुआ। इसलिए इस अपराध के लिए शनिचर पर आठ पण का दण्ड लगाया जाता है। यह राशि राजकीय न्यायकोष में जमा की जाये।" न्याय देने के बाद राजा ने मन्त्री से पूछा, "मन्त्रिवर, क्या कोई और याचक है जो न्याय की आशा में न्यायसभा में उपस्थित है?" मन्त्री द्वारा न कहने पर राजा ने सभा भंग करने का संकेत किया और अपने चार ईंटों के सिंहासन से उठ गया।

---

[1] भारी दंड, जैसे वध, सर्वस्वहरण, देश- निकाला, अंगच्छेद

चाणक्य बालकों के इस खेल, उसमें भी राजा बने बालक को बहुत ध्यान से देख रहे थे। खेल समाप्त होता देख उन्होंने 'साधु-साधु' का उच्चारण किया और करतल ध्वनि की। बालकों का ध्यान भगवा पहने मुंडित केश परन्तु अत्यधिक लम्बी शिखा वाले युवा महात्मा की ओर गया। खेले गये खेल पर लज्जित होकर कुछ बालक पीछे भाग चले। कुछ वहीं खड़े रहे, परन्तु राजा और मन्त्री बने बालक साधु जैसे दिखने वाले युवक के निकट आये और उन्हें साष्टांग प्रणाम किया। बालकों के इस सौम्य व्यवहार पर रीझते हुए चाणक्य ने उन दोनों को आशीर्वाद दिया और कहा, "पुत्रो, मैं आप लोगों का यह खेल देख रहा था। मुझे अत्यन्त प्रसन्नता हुई कि आप इस प्रकार के मानसिक खेल भी खेलते हैं। क्या इस खेल का कोई नाम भी है?"

'राजा' हाथ जोड़कर बोला, "हम इसे 'राजकीलम' कहते हैं।"

चाणक्य प्रसन्न होकर बोले, "वाह, अतिउत्तम, परन्तु मुझे एक बात समझ नहीं आयी। यदि यह खेल था तो राजा को तो सब कुछ पहले से ही पता होगा। अतः राजा का न्याय भी तो बस किसी अभिनेता का अभिनय ही हुआ। सब कुछ पूर्वनियोजित हो तो ऐसे खेल में क्या आनन्द?"

अबकी 'मन्त्री' बोला, "नहीं, देव। सब कुछ नियोजित नहीं था। 'राजा' को पहले से कुछ नहीं पता था।"

चाणक्य बोले, "मैं कुछ समझा नहीं।"

"यह सब मेरा विचार था।" मन्त्री बोला, "आज प्रातः शनिचर की गाय तनिक क्रोधित थी, उसी समय उधर से बुद्ध आया। बुद्ध को देख गाय ने अपना सिर नीचे किया और ग्रीवा को इधर-उधर झटकते हुए अपने नुकीली सींगों का प्रदर्शन किया। इस घटना से मुझे आज के खेल का विचार मिल गया था।"

चाणक्य प्रसन्न होकर बोले, "साधु-साधु। पुत्र, तुम निश्चित ही कोई उच्च कोटि के कलाकार, कथाकार या किसी राज्य के मन्त्री अथवा अमात्य बनोगे। तुम्हारे गुरु को तुम पर गर्व होगा। अच्छा, ये मंगल, बुद्ध, शनीचर बालकों के वास्तविक नाम हैं?"

मन्त्री हँसते हुए बोला, "नहीं, नहीं। यह तो बस इस नाटक के लिए रख दिया था। उनके वास्तविक नाम कुछ और हैं।"

"अच्छा, और तुम दोनों का क्या नाम है?"

"मेरा नाम कुम्भ है, और ये चन्द्र है।"

"अपना पूरा परिचय दो कुम्भ।"

"मेरा नाम कुम्भ है। मैं पाटलिपुत्र नगर में अच्युत महाराज की पाठशाला का विद्यार्थी हूँ। मेरे पिता एक मागधी व्यापारी हैं।"

"तुम्हें जानकर प्रसन्नता होगी कुम्भ कि तुम्हारे गुरु मेरे बचपन के सहपाठी हैं।" चाणक्य चन्द्र को सम्बोधित करते हुए बोले, "और तुम्हारा परिचय चन्द्र?"

चन्द्र हाथ जोड़कर बोला, "देव, मेरा नाम चन्द्र है। मेरी माता का नाम मूरा है।"

"यह तो पूरा परिचय नहीं हुआ, पुत्र। न तुमने अपने गुरु का नाम बताया न अपने पिता का।"

चन्द्र दृढ़ स्वर में बोला, "नहीं, देव। यही मेरा पूरा परिचय है। मेरा कोई गुरु नहीं। मुझे अभी तक गुरु नहीं मिले हैं। मेरी माता ही मेरी गुरु है। पिता मेरे जन्म से कुछ महीने पूर्व ही स्वर्गवासी हो गये थे।"

चाणक्य अचम्भित होकर बोले, "तो क्या तुमने 'राजकीलम' में जो न्याय किया, वह तुम्हारी माता ने तुम्हें सिखाया है?"

"नहीं देव, मेरी माता के पास प्रातः उठने से लेकर रात्रि में सोने तक इतने कार्य होते हैं कि उसे मेरे साथ वार्ता करने का समय ही नहीं होता। हम रात्रि में जब सोते हैं तो वह यह अवश्य पूछती है कि मैंने आज पूरे दिन क्या किया, कितनी तेज दौड़ा, कोई आखेट किया या नहीं, पेड़ों पर चढ़ने में क्या मैं सबसे तेज सिद्ध हुआ, नदी को बिना किसी अतिरिक्त श्रम के पार कर लेता हूँ या नहीं। मैं अभी उसके प्रश्नों के उत्तर दे ही रहा होता हूँ कि उसे निद्रा दबोच लेती है। 'राजकीलम' में मैंने जो न्याय किया, वह मेरे अन्तर्मन ने किया। मुझे लगा कि ऐसे अपराधों के लिए यही दण्ड उचित हैं। "

चाणक्य स्वतः बोले, 'आश्चर्य है। दण्ड की इतनी परिष्कृत नीति, वह भी बिना गुरु के? इस बालक का अन्तर्मन इस अल्पावस्था में भी इतना विवेकशील है!' फिर वे प्रत्यक्षतः चन्द्र से बोले, "अच्छा, राजा चन्द्र, मैं ब्राह्मण हूँ। मुझे राजा से दान माँगने का अधिकार है। मैं तुमसे दान माँगता हूँ। बताओ, मुझे क्या दोगे?"

"दान!" चन्द्र तनिक हँस कर बोला, "ब्राह्मणदेव, आप कदाचित् भूल रहे हैं कि खेल समाप्त हो चुका है। अगर खेल अभी भी चल रहा होता और मैं राजा होता, तब भी आप उस खेल के पात्र तो थे नहीं। अतः आपकी याचिका पर मुझे ध्यान देने की कोई आवश्यकता नहीं। परन्तु फिर भी, आज पहली बार किसी ब्राह्मण ने मुझसे, इस शूद्र चन्द्र से कुछ माँगा है। बताइए देव, आपकी क्या अभिलाषा है? आप जो कहेंगे, वह आपके सम्मुख अवश्य रखूँगा। परन्तु आपको भी समझना चाहिए कि मेरे सामर्थ्य का परास अत्यन्त सीमित है। अतः जो भी माँगिए, मेरे परास के भीतर हो, या यदि बाहर हो तो अतिरिक्त समय प्रदान करें, जिससे मैं अपना सामर्थ्य बढ़ाकर आपके लिए वह वस्तु प्राप्त कर सकूँ।"

चाणक्य इस बालक से प्रभावित होते जा रहे थे। यह बालक दण्डनीति समझता है। यह बालक अपने सामर्थ्य को जानता है। यह नीतिवान है, दानशील है और इसे यथार्थ का भान है। चाणक्य मुग्ध होकर बोले, "प्रिय चन्द्र, दान तो मैं अवश्य लूँगा, पर पहले मेरे एक प्रश्न का उत्तर दो। यदि तुम्हारे घर में सर्प घुस आये तो क्या करोगे? क्या उस पर तथागत बुद्ध के सन्देशानुसार अहिंसा का पालन करते हुए दया करोगे और उसे घर से बाहर निकाल दोगे अथवा हिंसा का मार्ग चुनते हुए उसे मार डालोगे?"

चन्द्र बोला, "यदि मुझे पता हो कि यह सर्प विषहीन है, हानिकारक नहीं है, इसके काटने से मेरे परिजनों और पशुधन पर कोई संकट नहीं आयेगा, तो मैं उसे नहीं मारूँगा। उसे घर से भी नहीं निकालूँगा, अपितु उसे घर में टिके रहने के लिए सुविधाएँ प्रदान करूँगा। वह सर्प मेरे अन्न भण्डार को चट करने वाले, बीमारियों के वाहक शत्रु चूहों का नाश कर मेरा ही कार्य करेगा, परन्तु यदि सर्प विषधर है तो मैं उसे बिना किसी विलम्ब के, तत्काल मार दूँगा।"

"और यदि तुम्हें ज्ञात न हो कि सर्प विषधर है अथवा विषहीन, तब क्या करोगे?"

"तब मैं उसे विषधर मानूँगा और उसे वही दण्ड दूँगा जो किसी विषधर को दिया जाना चाहिए। मैं इस बात की प्रतीक्षा नहीं कर सकता कि वह मेरे किसी परिजन या पशु को काटे, उसके विषधारी या विषहीन होने की परीक्षा हो, तब उस पर कार्रवाई हो।"

चाणक्य बोले, "परन्तु पुत्र, विषधर सर्प भी तो परमपिता परमात्मा द्वारा रचित जीव है। उसके प्रति इतना कठोर होना क्या उचित है?"

चन्द्र हाथ जोड़ कर बोला, "देव, मुझे अधिक ज्ञान नहीं है। मैं तो इस परमपिता परमात्मा को जानता भी नहीं, परन्तु मैं इतना जानता हूँ कि यदि सर्प को मुझसे तनिक भी भय होगा तो वह मुझे काटे बिना नहीं मानेगा। यदि सर्प जैसा अल्पबुद्धि केवल आशंका के बल पर मेरी हत्या कर सकता है तो मैं क्यों नहीं कर सकता? सर्प की भाँति मैं भी तो आपके परमपिता परमात्मा द्वारा रचित जीव हूँ! यदि सर्प अपनी सुरक्षा के लिए मुझे डस सकता है तो मैं समझता हूँ कि मुझे भी उसका सिर कुचलने का अधिकार है।"

"उत्तम पुत्र, उत्तम। अब मेरा एक कार्य करो। मुझे अपनी माता के पास ले चलो।" चाणक्य मुस्कुराकर उठते हुए बोले।

चन्द्र सिर झुका कर बोला, "क्या अभी चलेंगे, देव? माता कदाचित् किसी कार्य में व्यस्त होंगी।"

"अच्छा पुत्र, तुम कहते हो कि वे किसी कार्य में व्यस्त होंगी अर्थात् जब वे कार्य न कर रही हों तब उनसे मिला जायें, और तुमने ही बताया था कि वे प्रातः से संध्या तक कुछ न कुछ कार्य करती ही रहती हैं। ऐसे तो उनसे भेंट सम्भव ही नहीं हो पायेगी। यदि तुम्हें कोई अन्य समस्या न हो तो मुझे अभी इसी क्षण अपनी माँ के पास ले चलो। वे किसी भी कार्य को करते हुए भी मेरी दो-चार बातें सुन सकेंगी या दो-चार क्षण का अवकाश अवश्य निकाल लेंगी।" तनिक खिन्न स्वर में चाणक्य बोले, "राजा इत्यादि भले ब्राह्मणों का तिरस्कार करें, परन्तु अभी भारतवर्ष की वह स्थिति नहीं आयी कि सामान्य नागरिक भी ब्राह्मणों की बात ही न सुने।"

चन्द्र हाथ जोड़कर बोला, "अन्यथा न लें, आचार्य। मैं तो मात्र इसलिए कह रहा था कि आप ब्राह्मण हैं, शूद्र बस्ती में जाना कदाचित् आपको उचित न लगे। अतः मैं सोच रहा था कि मैं अपनी माँ को यहीं ले आऊँगा।"

"यह किसने कहा कि ब्राह्मण शूद्र बस्ती में नहीं जा सकता? ब्राह्मण का तो यही एकमात्र कर्तव्य है कि वह प्रत्येक व्यक्ति की उन्नति के लिए सदैव प्रयत्नशील रहे। क्या शूद्र मनुष्य नहीं? अस्तु, तुम मेरी उत्कंठा समझ नहीं सकते। यह तो कोई गुरु ही समझ सकता है। चलो, मुझे अपनी माँ के पास ले चलो।" इतनी देर से चुपचाप खड़े कुम्भ को सम्बोधित करते हुए चाणक्य बोले, "पुत्र, तुम अपने घर लौट जाओ। वहाँ अपने पिता को मेरा आशीर्वाद देना। अपने गुरु से भेंट कर उन्हें मेरा प्रणाम कहना। उनसे कहना कि तुम्हारी भेंट चाणक्य नामक एक आचार्य से हुई जो तक्षशिला विश्वविद्यालय के अर्थशास्त्र विभाग का अध्यक्ष है। उनसे कहना कि आचार्य चाणक्य ने निवेदन किया है कि कुम्भ की आगे की शिक्षा के लिए उसे तक्षशिला भेज दिया जाये।"

कुम्भ विचलित प्रतीत हुआ, "जैसी आपकी आज्ञा, देव। परन्तु क्या यह मेरे गुरु का अपमान नहीं।"

"अपमान कैसा, पुत्र? गुरु तो सदैव ही शिष्य की उन्नति चाहता है। तुम्हारे गुरु को ज्ञात है कि यहाँ वे कितना भी प्रयास कर लें, तुम्हें उस स्तर की शिक्षा नहीं दे सकते जो तुम्हें तक्षशिला में प्राप्त हो सकती हैं। यहाँ उनके गुरुकुल में अधिकतम आठ-दस आचार्य होंगे, वे सीमित संख्या में विषय ज्ञान दे सकते हैं। वहाँ तक्षशिला में आचार्यों और विषयों की संख्या अत्यधिक है। वहाँ विद्यार्थी की प्रतिभा परखकर उसके अनुसार आचार्यों और विषयों की नियुक्ति होती है। तुम्हारे गुरु अच्युत तो वैसे भी बहुत भले और सहिष्णु व्यक्ति हैं। वे अपने शिष्य की प्रगति में बाधा नहीं बनेंगे। जाओ पुत्र, मैं तक्षशिला में तुम्हारी प्रतीक्षा करूँगा।"

कुम्भ चाणक्य को प्रणाम कर लौट गया। चाणक्य उसे जाते देखते रहे, फिर चन्द्र की ओर मुड़े। चन्द्र उनके बिना बोले ही समझ गया और हाथों द्वारा चलने का संकेत करते हुए एक दिशा की ओर बढ़ने लगा। तनिक ही दूर चलने पर शूद्रों की बस्ती आ गयी। अपनी गली से होकर जाते एक ब्राह्मण को देख नागरिकों को अचम्भा हो रहा था। वे अपने घरों से बाहर निकलकर उस युवा ब्राह्मण को प्रणाम कर रहे थे। वृद्ध नागरिक अपने किशोर बच्चों से ब्राह्मण को प्रणाम करने के लिए कह रहे थे। यदि कोई बालक ब्राह्मण के अत्यन्त निकट होता तो वे उसके सिर के बालों को प्रेम से सहला देते। ब्राह्मण का ऐसा सरल स्वभाव देख अनेक नागरिक उसके पीछे चलने लगे। कुछ तो इसलिए भी पीछे हो लिये कि कदाचित् कोई अत्यन्त मनोरंजक प्रसंग देखने को मिले। एक टूटी-फूटी झोंपड़ी के पास आकर चन्द्र रुका। उसके रुकते ही चाणक्य भी रुक गये और उनके पीछे भीड़ लगाकर चली आ रही जनता भी रुक गयी। चन्द्र ने झोंपड़ी के बाहर ईंधन की लकड़ियों को कुल्हाड़ी से छोटे-छोटे चीलों में बदलती पसीने से लथपथ एक स्त्री की ओर संकेत किया और आगे बढ़ कर अपनी माँ से बोला, "माँ, देखो, तुमसे मिलने कौन आये हैं?" तब तक चाणक्य भी उस स्त्री के निकट आ गये थे। उन्होंने उस स्त्री को प्रणाम करते हुए कहा, "माता, मेरा प्रणाम स्वीकार करें। मेरा नाम चाणक्य है। मैं तक्षशिला में एक आचार्य हूँ।"

स्त्री संकुचित होकर प्रणाम करते हुए बोली, "क्षमा करें। आप ब्राह्मण है। आप मुझे प्रणाम न करें। यह शोभनीय नहीं।"

"अवश्य है, माता। मैंने तो माता को प्रणाम किया है और माता का कोई वर्ण नहीं होता। अस्तु, मैं आपसे दान माँगने आया हूँ। मुझे अपना पुत्र दान कर दीजिए।"

मूरा अचम्भित रह गयी। पुत्र का दान! क्या यह ब्राह्मण अघोरी है? पुत्र का दान माँग रहा है! क्या बलि देने के लिए? मूरा ने बहुत कष्ट झेले थे। सब कुछ गँवाने के पश्चात् उसके पास बस यह एक पुत्र ही तो बचा है, क्या इसे भी ईश्वर उससे दूर कर लेगा? किसी अत्यन्त सामान्य स्त्री की भाँति मूरा झपटते हुए चन्द्र के पास गयी और उसे खींचकर अपने गले से इस भाँति लगा लिया जैसे कोई चिड़िया संकट आने पर अपने बच्चों को अपने पंखों में छुपा लेती है। चाणक्य की ओर पीठ कर मूरा कम्पित स्वर में बोली, "नहीं-नहीं, मैं अपने पुत्र को नहीं जाने दूँगी। इस संसार ने मेरा सब कुछ छीन लिया है। अब यह एक पुत्र ही तो शेष है। क्या अभी तक सबका पेट नहीं भरा जो मेरे पुत्र को भी निगलना चाहते हैं सब? नहीं, एक बार नहीं, सहस्त्र बार नहीं। मेरा पुत्र सदैव मेरे पास रहेगा।"

चाणक्य समझ नहीं पाये। कोई माता अपने पुत्र के विकास में बाधक बन रही है! परन्तु क्यों? कदाचित् इस स्त्री का अतीत असामान्य हो। स्वयं उनका अतीत भी तो असामान्य ही था। वे हाथ जोड़कर बोले, "माता, सम्भवत: मैंने अपनी बात उचित रीति से नहीं रखी। माता, मैं आपके पुत्र का गुरु बनना चाहता हूँ। मैं इसे व्यावहारिक और लौकिक शिक्षा प्रदान करना चाहता हूँ।"

मूरा अभी चाणक्य पर विश्वास नहीं कर पा रही थी। बोली, "वाह, यह कैसी उल्टी रीति? शिष्य गुरु को खोजता है कि गुरु शिष्य को खोजता है?"

तनिक मुस्कुराकर बोले चाणक्य, "माता, सामान्य शिष्य महान गुरु खोजता है और महान गुरु महान शिष्य खोजता है। अपितु मैं महान हूँ या नहीं, ईश्वर जाने, पर आपका चन्द्र महान शिष्य अवश्य बनेगा। ईश्वर की प्रेरणा से मैं यह विश्वास से कहता हूँ कि चन्द्र का जन्म भेड़-बकरियाँ चराने के लिए नहीं हुआ है। माता, चन्द्र यहाँ रहा तो आजीवन भेड़-बकरियाँ ही चराता रह जायेगा, या तनिक उन्नत हुआ तो गाय-भैंस चराएगा अथवा शरीर से बलवान हुआ तो कदाचित् किसी सेना में सम्मिलित कर लिया जायेगा। वह जीवन भर आपके पास रहेगा, तो उससे आप की ममता भले सन्तुष्ट होती रहें, पर उसका विकास रुक जायेगा। क्या आप चाहेंगी कि चन्द्र की पहचान एक श्रेष्ठ चरवाहे के रूप में हो?"

मूरा उलझन भरे स्वर में बोली, "तो आप इसे क्या बनाना चाहते हैं?"

"मैं इसे कुछ बनाना नहीं चाहता। बनना तो इसे स्वयं ही है। मैं तो बस शिक्षा के माध्यम से इसके लिए अनेकानेक द्वार खोल देना चाहता हूँ। क्या पता यह श्रेष्ठ वैद्य बने, श्रेष्ठ व्यापारी बने, श्रेष्ठ योद्धा बने, अभियन्ता बने, राजनीतिज्ञ बने, प्रशासक बने या कुछ न बने। कुछ न बनने की स्थिति में इसके पास चरवाहा बनने का विकल्प तो खुला ही है। परन्तु मैं आपको विश्वास दिलाता हूँ कि मैं इसे अपने पुत्र की भाँति मानूँगा, इसकी माता बनकर इसका रक्षण करूँगा। इसे अपनी सारी शिक्षा दूँगा। जो ज्ञान मेरे पास नहीं, वह किसी और गुरु से दिलवाऊँगा। आप बस मेरी यह विनती स्वीकार कर लें। अपना पुत्र कुछ वर्षों के लिए मुझे सौंप दें।"

मूरा बहुत देर तक सोचती रही, फिर धीरे-से बोली, "मेरे पति ने मुझसे विदा लेते समय कहा था कि इसे श्रेष्ठ गुरु से शिक्षा दिलवाना। परन्तु मेरी ममता ने, मेरे स्वार्थ ने मुझे ऐसा करने से रोक दिया। आप मेरे पुत्र को सहर्ष ग्रहण करें, ब्राह्मणदेव।"

चाणक्य को जैसे ईश्वर का वरदान मिल गया हो। वे अत्यन्त प्रसन्न हो उठे। क्यों न हो, गुरु को उसका शिष्य मिल जाना वैसा ही है जैसे माँ को महीनों के प्रसव के बाद सन्तान का प्राप्त होना। प्रसन्न चाणक्य मूरा से बोले, "आपका धन्यवाद, माता। आपके पुत्र के विकास में यह चाणक्य आपका सहभागी बन कर स्वयं को धन्य समझता है।"

फिर चाणक्य अपने पीछे खड़ी भीड़ की ओर मुड़ कर बोले, "मित्रो, मगध के निवासियो, मैंने इन बालक चन्द्र को अपने शिष्य रूप में ग्रहण किया है, परन्तु मुझे पूर्ण विश्वास है कि ऐसे अनेक चन्द्र आपके अपने परिवारों में भी होंगे। आप सबसे विनती है कि अपने पुत्रों को उत्तम शिक्षा प्रदान करने के लिए, उनके विकास के लिए उन्हें विभिन्न गुरुकुलों में अवश्य भेजें। बालक चाहे ब्राह्मण का हो या शूद्र का, शिक्षा बिना वह समाज को अपना पूर्ण योगदान नहीं दे सकता। सम्भव हो तो अपने बच्चों को तक्षशिला भेजें। वहाँ यह ब्राह्मण उनके स्वागत के लिए उपस्थित रहेगा।" इतना कहकर चाणक्य ने सम्मुख खड़ी जनता को प्रणाम किया और मूरा की ओर मुड़कर बोले, "तो माता, मैं कल प्रातः प्रस्थान करूँगा। आज चन्द्र को जी भर कर प्रेम से आप्लावित कीजिए, क्योंकि कल से इसे गुरु के कठोर प्रेम में अनेक वर्ष व्यतीत करने होंगे।"

चाणक्य वापस उसी वटवृक्ष के नीचे आकर लेट गये और अपनी भविष्य की योजनाओं पर विचार करने लगे। उनके मस्तिष्क में एक विचार जन्म ले रहा था। चन्द्र जैसे कुछ विवेकशील, यथार्थवादी शिष्य मिल जायें तो उनके अन्दर राष्ट्रप्रेम, न्याय और धर्म के बीज अंकुरित किये जा सकते हैं। ये युवा अन्याय और अधर्म को किसी भाँति स्वीकार नहीं करेंगे और जब भी, जहाँ भी अन्याय और अधर्म देखेंगे, वहाँ प्रतिरोध करेंगे। चाणक्य के अन्तर्मन ने उनसे प्रश्न किया, 'विष्णु, क्या तू राज्य में विद्रोह की अग्नि जलाना चाहता है, क्या तू अराजकता फैलाना चाहता है?' चाणक्य के अन्तर्मन ने ही उत्तर दिया, 'मैं अवश्य राज्य में विद्रोह पैदा करना चाहता हूँ। न केवल मगध राज्य में, अपितु उस प्रत्येक राज्य में, जहाँ कोई न कोई अत्याचारी, अधर्मी नन्द राज करता हो। इस मागधी नन्द ने मुझे व्यक्तिगत चोटें अवश्य पहुँचायी हैं, परन्तु मेरा उससे विरोध मात्र व्यक्तिगत नहीं है। अधर्म का विरोध करना प्रत्येक मनुष्य का परम धर्म है। क्या मैं अराजकता फैलाना चाहता हूँ? नहीं, मैं तो पहले से ही फैली अराजकता को समेट देना चाहता हूँ। अराजकता का निर्माण करने वाली शक्तियों का समूल नाश कर देना चाहता हूँ। मैं इस मगध को, अपितु सम्पूर्ण भारत को उसकी पुरानी गरिमा में पुनः जीता हुआ देखना चाहता हूँ। आज के राजा स्वर्ण, रजत और रत्नों के भण्डार को ही समृद्धि समझते हैं और मैं चाहता हूँ कि राजा सन्तुष्ट और सुखी, धर्माचरण करने वाली प्रजा को वास्तविक समृद्धि समझें।'

चाणक्य यूँ ही सोचते-विचारते भोजन भी बना रहे थे। भोजन भी क्या, कहीं से एक लोटा जल ले आए, केले का एक पत्ता लिया और उसके ऊपर अपने झोले में से एक मुट्ठी जौ का सत्तू रखा। उस सत्तू में चुटकी भर लवण छिड़का, उसे पानी से

गीला किया, उसे गूँथा। फिर एक अंश ईश्वर को अर्पित कर उस भोजन को निगल लिया। भोजन पश्चात् वे सोने के लिए वटवृक्ष के नीचे चबूतरे पर गिरे सूखे पत्तों को एक हरे पत्तों से युक्त टहनी से साफ कर ही रहे थे कि उन्हें चन्द्र के साथ एक प्रौढ़ व्यक्ति आता हुआ दिखा। जब तक वे दोनों निकट आते, चाणक्य की शैया साफ हो चुकी थी। वे पद्मासन लगाकर बैठ गये और आगन्तुकों की प्रतीक्षा करने लगे।

चन्द्र ने निकट आते ही प्रणाम किया, परन्तु प्रौढ़ उद्दण्डता से चाणक्य को घूरता रहा। चाणक्य उसके बोलने की प्रतीक्षा करते रहे, फिर थककर स्वयं ही बोल पड़े, "श्रीमान, मैं कोई कवि नहीं और आप कोई नायिका नहीं, अत: यह नेत्रों की भाषा त्यागकर जिह्वा का प्रयोग करें। बोलने और सुनने के लिए ईश्वर ने जिह्वा और कर्ण दिये हैं, नेत्रों का कार्य नितान्त भिन्न है।" चन्द्र ने सोच रखा था कि उसके ये गुरु अत्यन्त रूखे और कठोर होंगे, परन्तु उनकी ऐसी हास्यजनक बातों ने चन्द्र के मस्तिष्क पर पड़े दबाव को कम कर दिया। उसकी मुस्कान दिख न जाये, इसलिए उसने सिर झुका लिया था। प्रौढ़ ने अपने नेत्र मिचमिचाये, नासिका पुटों को फुलाया और पूछा, "क्या तुम्हीं वह व्यक्ति हो जो मेरे भांजे को मुझसे बिना पूछे ले जा रहे हो?"

चाणक्य बोले, "ओह, तो आप चन्द्र के मातुल हैं! परन्तु श्रीमान, मुझे यह कैसे ज्ञात हो सकता था कि चन्द्र का कोई मातुल भी है? मैंने तो चन्द्र की माता से अनुमति ले ली है और मुझे वही पर्याप्त लगी। पिता के न होने पर पुत्र के भविष्य से सम्बन्धित कोई भी कार्य करने के लिए उसकी माता की अनुमति पर्याप्त मानी जाती है। अन्य सम्बन्धियों की अनुमति लेना व्यावहारिक नहीं है, क्योंकि क्या पता उसके कितने मातुल हों, कितने पितृव्य हों। नहीं?"

प्रौढ़ भड़कते हुए बोला, "मूरा इस बालक की माता अवश्य है, पर इसका एकमात्र अभिभावक मैं हूँ। जब मूरा दूधमुँहे बच्चे को लेकर मेरे द्वार पर खड़ी थी, तब मैंने ही उसे सहारा दिया था। उस शिशु को मैंने ही अपनी छत्रच्छाया में इतना बड़ा किया है। मैंने न जाने क्या-क्या सहकर इसका पालन-पोषण किया। और आज जब यह इस योग्य हुआ है कि मेरा ऋण चुका सके, तुम इसे मुझसे छीन ले जाना चाहते हो? मैं ऐसा कदापि नहीं होने दूँगा। चन्द्र मेरी सम्पत्ति है। यह सदैव मेरे पास रहेगा। मैं वृद्ध हो रहा हूँ। अब यह चन्द्र का उत्तरदायित्व है कि वह मेरी सेवा करे, जैसे मैंने इसकी की थी।"

लड़खड़ाती जिह्वा, डगमगाते पैर, लहराते हाथ और बोलते समय मुँह से निकलती लार से स्पष्ट पता चलता था कि सामने खड़ा व्यक्ति निकृष्ट कोटि का एक मद्यप है। किसी बालक का पालन-पोषण करने से व्यक्ति उस बालक के

सम्मान और प्रेम का पात्र बनता है, उसका स्वामी नहीं बन जाता। और यह मद्यप क्या किसी का पालन-पोषण करेगा? यह तो स्वयं ही अपने पैरों पर खड़ा होने के लिए संघर्षरत है। मूरा को परिश्रम करते चाणक्य ने देखा ही है। जिस आयु में चन्द्र को किसी गुरुकुल में शिक्षा लेनी चाहिए थी, उसमें वह भेड़-बकरी चरा रहा था। क्या यह पालन-पोषण है? है तो क्या यह उचित पालन-पोषण है? कदापि नहीं।

चाणक्य तनिक खिन्न स्वर में बोले, "तो श्रीमान, आप क्या चाहते हैं? क्या चन्द्र सदैव आपकी बकरियाँ चराता रहे और उन बकरियों से जो धन प्राप्त हो, वह आपको अर्पित कर दे जिससे आप वृद्धावस्था में भी सतत् मदिरापान का सुख उठाते रहें?"

"अरे ब्राह्मण, व्यंग्य न कर। व्यंग्य करना मुझे भी आता है। पर तू ही बता, क्या पुत्र का कर्तव्य नहीं कि वो अपने पिता को सुखमय जीवन प्रदान करे? मैं इस पितृहीन चन्द्र का पितातुल्य मातुल हूँ। अब जब इसकी यह अवस्था हुई कि यह मेरी सेवा कर सके तो तुम इसे मुझसे दूर ले जाकर अपनी सेवा में रखना चाहते हो? नहीं, मैं ऐसा कदापि नहीं होने दूँगा।"

चाणक्य इस मद्यप से अधिक वार्ता करने के इच्छुक नहीं थे। अत: पटाक्षेप करते हुए बोले, "देखिए श्रीमान, चन्द्र को मैंने शिष्य रूप में ग्रहण कर लिया है। अब यह मेरे साथ ही रहेगा। मैं जहाँ जाऊँगा, मेरे साथ ही जायेगा। और यदि कोई इसमें बाधा उत्पन्न करेगा, तो चन्द्र के मातुल, मैं आपको विश्वास दिलाता हूँ कि उस बाधा की ग्रीवा अपने इन्हीं हाथों से मरोड़ दूँगा।"

प्रौढ़ ने तो सोचा था कि कोई दुर्बल-सा ब्राह्मण होगा जिसे वह डरा-धमकाकर भगा देगा और चन्द्र उसकी सेवा में बना रहेगा, परन्तु यह ब्राह्मण तो पर्याप्त हिंसक प्रतीत होता है। अब क्या किया जाये? प्रौढ़ ने अन्तिम प्रयास किया, "परन्तु ब्राह्मण, जब यह चन्द्र मेरी सम्पत्ति है तो तुम इसे मुझसे क्रय किये बिना कैसे ले जा सकते हो? यदि तुमने ऐसा किया तो मैं अभी यहाँ से नगर की ओर प्रस्थान करूँगा और नगरपाल के सम्मुख अभियोग प्रस्तुत करूँगा।"

यह सुन चाणक्य चिन्तित हो उठे। वे ऐसा खतरा नहीं उठा सकते थे। यदि नन्द को पता चल गया कि चाणक्य अभी भी मगध में ही है तो वह अपने दल भेज उन्हें बन्दी बना सकता है। चाणक्य के पास दूसरा मार्ग यह था कि वे इस मद्यप का वध कर दें, परन्तु अनावश्यक जीव हत्या उन्हें अनुचित प्रतीत हुई। चाणक्य बोले, "तो मातुल, यदि चन्द्र आपकी सम्पत्ति है तो उसका कुछ मोल तो होगा? बताइए, अपनी इस सम्पत्ति को आप कितने पणों में बेचेंगे?"

चाणक्य की इस बात पर चन्द्र को बड़ा अचम्भा हुआ, 'क्या वास्तव में वह किसी पशु की भाँति क्रय-विक्रय के योग्य है? यह मातुल उसे बेच रहा है और यह गुरु उसे क्रय कर रहे हैं?' परन्तु चन्द्र के दूसरे मन ने उसे समझाया कि गुरु तो उसके ही भले के लिए ऐसा करने के लिए विवश हैं। यदि वह ऐसा न करें तो उसे जीवन भर इस मातुल के चषकों में मदिरा भरने के लिए परिश्रम करना पड़ेगा। उचित ही है कि गुरु उसे क्रय कर, इस मद्यप के चंगुल से सदैव के लिए मुक्त कर दें।

लालची प्रौढ़ के लिए यह अवसर दूध देने वाली गाय से एक बार में ही अधिकतम प्राप्त कर लेने जैसा था। अतः उसने अपनी सोच से कहीं ऊँचा दाम लगाते हुए चन्द्र का मूल्य एक हज़ार पण[1] निश्चित किया। यद्यपि चाणक्य के लिए हजार पण तो क्या, एक-दो पण भी बड़ी बात थी। ब्राह्मण के पास मुद्रा कहाँ, परन्तु चन्द्र जैसे शिष्य के लिए सहस्त्र पण कोई अधिक मूल्य नहीं था। कुछ विचार कर उन्होंने मातुल से कहा, "ठीक है, यदि आप चन्द्र का विक्रय ही करना चाहते हैं तो मैं आप द्वारा निर्धारित मूल्य चुका कर ही उसे क्रय करूँगा। चन्द्र को कल प्रातः यहाँ भेज दीजिएगा। वह संध्या तक आपको सूचित कर देगा कि आप कब इसका मूल्य प्राप्त कर सकते हैं।"

कुटिल मातुल हँसते हुए बोला, "वाह जी, वाह। मैं आपको यहाँ चन्द्र के साथ छोड़कर चला जाऊँ और संध्या तक निश्चिन्त पड़ा रहूँ, जिससे आप इसे लेकर पूरे एक दिन की दूरी तय कर लें। नहीं, यह नहीं होगा।"

"कुटिल व्यक्ति को सब अपने ही समान कुटिल दिखायी देते हैं।" तनिक ऊँचे स्वर में चाणक्य बोले, "मुझे असत्य भाषण की कोई आवश्यकता नहीं, चन्द्र के मातुल। इसकी माता ने इसे मुझे सौंप दिया है। अतः मेरा अधिकार है कि मैं इसे लेकर कभी भी कहीं भी चला जाऊँ, परन्तु यदि मैं रुककर कह रहा हूँ कि इसे क्रय करने के पश्चात् ही यहाँ से जाऊँगा तो इसका अर्थ यही हैं कि मैं ऐसा ही करूँगा। यदि आपको शंका हो तो आप भी कल चन्द्र के साथ आ जायें और यहीं कहीं रुककर मुझ पर अपनी दृष्टि बनाये रखें।"

अगले दिन मामा-भांजे समय पर उपस्थित हो गये। दूर किसी दूसरे वृक्ष की ओर संकेत कर चाणक्य बोले, "मातुल, आप उस वृक्ष की छाया में प्रतीक्षा करें। जब आपको मुद्राएँ मिल जायें तब प्रस्थान करें। चन्द्र को मेरे पास ही रहने दें। आपके लिए मुद्राएँ लाने का कार्य चन्द्र को ही करना है। अतः आप निश्चिन्त होकर जायें और संध्या तक उन सहस्त्र मुद्राओं के स्वप्न देखें।"

---

1 उस समय की मुद्रा

मद्यप प्रौढ़ सिर हिलाता हुआ चला गया। उसके दूर जाते ही चाणक्य ने अत्यन्त प्रेम से चन्द्र से पूछा, "पुत्र! क्या तुम्हें यह सब उचित लग रहा है?"

चन्द्र बोला, "क्या, देव?"

"देव नहीं, अब मैं तुम्हारा गुरु हूँ, शिक्षक हूँ। तुम मुझे 'गुरु' या 'आचार्य' कह सकते हो। तुम 'आचार्य' ही कहो, सब मुझे 'आचार्य' ही कहते हैं। मेरा प्रश्न अभी के सन्दर्भ में था, पुत्र। क्या तुम्हें स्वयं को यूँ क्रय-विक्रय होता देख अनुचित प्रतीत नहीं होता?"

"आचार्य, मुझे आश्चर्य तो हुआ था कि चलो, मातुल तो लालची व्यक्ति हैं, परन्तु आप ऐसा क्यों कर रहे हैं? फिर मुझे अपनी माँ की बात याद आ गयी। विदा लेते समय उसने कहा था कि बेटा, गुरु बहुत भाग्य से मिलते हैं, और वे शिष्य वास्तव में भाग्यवान होते हैं जिन्हें उनके गुरु स्वयं ही खोज निकालते हैं। गुरु जो भी करें, भले वह हमारी दृष्टि से अनुचित ही क्यों न प्रतीत हो, वह सदैव शिष्य के लिए हितकर ही होता है।" थोड़ा रुककर और हँसते हुए चन्द्र पुनः बोला, "वैसे भी आचार्य, मातुल आज नहीं तो कल, मुझे किसी न किसी को तो बेचने ही वाले थे। यह तो मेरे लाभ की बात हुई कि मुझे मेरे गुरु ने ही ख़रीद लिया। वैसे आचार्य, सहस्र पण तो बहुत बड़ी राशि होती है। आपके पास तो निश्चित ही नहीं है। होती तो आप अविलम्ब उसे मातुल को सौंप चुके होते।"

"हाँ पुत्र, मेरे पास सहस्र क्या, एक कानी कौड़ी तक नहीं है। पर मेरे पास एक वस्तु है जिसे बेचकर मैं अवश्य ही सहस्र पण प्राप्त कर सकता हूँ।" चाणक्य ने अपने झोले में से एक पांडुलिपि निकाली और चन्द्र के हाथों में देते हुए बोले, "पुत्र, यह पुस्तक अनमोल है। मुझे आशा है कि कोई भी विद्वान आचार्य इसके लिए सहस्र मुद्राएँ सहर्ष दे देगा। इसे ले जाओ पुत्र, और नगर के आचार्यों से मिलो। उन्हें यह पुस्तक दिखाओ। यदि कोई आचार्य इसमें उत्सुक हो तो उससे सहस्र मुद्राएँ लेकर वापस लौट आना।"

"क्या इस पुस्तक का इतना मूल्य है? और आचार्य, क्या मैं प्रयास करूँ कि इसका अधिकतम मूल्य प्राप्त कर सकूँ?"

"अधिकतम अर्थात्? एक सहस्र से अधिक मूल्य? नहीं पुत्र, यह पुस्तक अनमोल है। बात मुद्राओं की नहीं है। इस पुस्तक से मुझे मुद्राएँ अर्जित नहीं करनी हैं। इसका मूल्य उतनी ही राशि है, जितनी राशि में मैं तुम्हें प्राप्त कर सकूँ। अब अधिक विलम्ब न करो। जाओ, नगर में जाओ और विभिन्न आचार्यों से मिलो। उन्हें यह पुस्तक दिखाओ। यदि मुद्राएँ मिलीं तो यथाशीघ्र लौट आओ। जाओ।" चन्द्र ने चाणक्य को प्रणाम किया और तीव्र गति से नगर की ओर बढ़ चला।

नगर पहुँचकर वह बड़े गुरुकुलों के आचार्यों से मिला। उसे यह देखकर अत्यन्त आश्चर्य हुआ कि सभी आचार्य उस पुस्तक को देखते और कुछ ही पृष्ठ पढ़ने के बाद उसे सादर प्रणाम करने के पश्चात् उसे क्रय करने में अपनी असमर्थता बता देते। चन्द्र एक अन्य गुरुकुल में पहुँचा और प्रधान आचार्य से मिलने की इच्छा व्यक्त की। एक शिष्य उसे आचार्य के पास ले गया। आचार्य कुछ लिख रहे थे। उन्होंने चन्द्र को सम्मुख बैठने का संकेत किया और लिखने में व्यस्त रहे। चन्द्र सोचता रहा कि लोग तो ब्राह्मणों के लिए कितना कुछ बोलते रहते हैं कि वे शूद्रों से घृणा करते हैं, उनकी परछाईं तक से बचते हैं, और यहाँ एक ब्राह्मण उसका गुरु बनने के लिए कितने प्रयास कर रहा है, यहाँ राजधानी में भी किसी गुरुकुल के आचार्य ने उससे उसका वर्ण नहीं पूछा। कदाचित् आचार्य जो लिख रहे थे, वह पूर्ण हुआ। अतः उन्होंने अंकनी को नीचे रखा और चन्द्र से बोले, "हाँ पुत्र, बताओ। तुम यहाँ किस विशेष उद्द्देश्य से आये हो?"

"आचार्य को कैसे पता कि मैं विशेष उद्द्देश्य से आया हूँ?"

"वो ऐसे पुत्र कि कोई बालक शिष्य बनने आता है तो अपने अभिभावक के साथ आता है, या यदि अकेले आता है तो सीधे प्रधान आचार्य से भेंट करने का आग्रह नहीं करता। अस्तु, मेरा समय बहुमूल्य है, पुत्र। अपना उद्द्देश्य बताओ।"

"आचार्य, मेरे गुरु किसी विशेष कारण से अपनी इस पुस्तक का विक्रय करना चाहते हैं। उनकी आज्ञा थी कि मैं इसे नगर के आचार्यों के पास ले जाऊँ और इसका निश्चित मूल्य एक सहस्त्र पण प्राप्त कर शीघ्र उनके पास लौट जाऊँ।" इतना कहकर चन्द्र ने पुस्तक आचार्य की ओर बढ़ा दी। आचार्य ने उसे अपने हाथों में लेकर कहा, "क्या विशेष रूप से उन्होंने नगर के आचार्यों के पास ही जाने को कहा था? तब तो यह पुस्तक वास्तव में अत्यन्त महत्वपूर्ण ग्रन्थ होगी। यदि उन्होंने राजा या मन्त्रियों के पास जाने के लिए कहा होता तो इसका अर्थ होता कि यह धन के लिए लिखी गयी रचना है। परन्तु आचार्यों के पास भेजा, अर्थात् यह धर्म के लिए लिखी गयी रचना है। पुत्र, क्या तुम बता सकते हो कि तुम्हारे आचार्य इस रचना को क्यों बेचना चाहते हैं?"

चन्द्र हाथ जोड़कर बोला, "यद्यपि गुरु ने इस पर कोई स्पष्ट आज्ञा तो नहीं दी है, परन्तु मैं समझता हूँ कि वे इसे गुप्त ही रखते।"

आचार्य बालक के इस उत्तर पर प्रसन्न होकर मुस्कुरा दिये और ग्रन्थ के पन्ने पलटने लगे। जैसे-जैसे वे पन्ने पलटते जाते, उनके चेहरे की मुस्कान लुप्त होती जाती। उनका आनन खिंच-सा गया, नासिका पुट फूलने-पिचकने लगे। उन्होंने कुछ पृष्ठ पढ़ने के बाद पुस्तक बन्द कर दी और चन्द्र की ओर घूरते हुए बोले, "इस पुस्तक के स्वामी का नाम क्या विष्णुगुप्त है?"

"नहीं, आचार्य।"

"फिर तो तुम्हारा गुरु एक चोर है जिसने मेरे मित्र विष्णुगुप्त से यह पुस्तक चुरायी है। मैं अभी दण्डधरों को सूचित करता हूँ। ऐसे चोर बच कर नहीं निकलने चाहिए।"

चन्द्र तनिक उलझकर बोला, "मेरे गुरु चोर नहीं हो सकते। वे तो एक पुनीत उद्देश्य हेतु इस पुस्तक को बेचना चाहते थे। यदि वे चोर होते, लालची होते तो मेरे यह कहने पर कि क्या मैं इसके लिए एक सहस्त्र से अधिक मूल्य प्राप्त करूँ, स्पष्ट मना नहीं कर देते। यह एक सहस्त्र भी उन्हें स्वयं के लिए नहीं चाहिए। मुद्राएँ मिलते ही वह उन्हें किसी और को सौंप देने वाले हैं।"

अब आचार्य उलझ गये। कुछ विचार कर बोले, "ठीक है, पुत्र। मैं अभी सहस्त्र मुद्राएँ तुम्हें देता हूँ, परन्तु मेरा एक निवेदन है। मुझे अपने गुरु के पास ले चलो।" चन्द्र को असमंजस में देख आचार्य बोले, "घबराओ नहीं, पुत्र। यह ब्राह्मण तुम्हें वचन देता है, तुम्हारे गुरु का कैसा भी, कोई भी अहित नहीं होगा।"

चन्द्र जिन लोगों के बीच रहता था, उनमें वचनों का कोई मूल्य नहीं होता था, परन्तु उसने पिछले दो दिनों में वचनों का मूल्य समझने वाले व्यक्ति देखे थे। अत: उसे आचार्य की बात मानने में कोई हानि नहीं दिखायी दी। इस बीच आचार्य ने अपने एक शिष्य को निकट ही रहने वाले श्रेष्ठी से मुद्राएँ लाने के लिए भेज दिया। थोड़े ही समय में मुद्राओं की थैली चन्द्र के हाथों में थी।

वटवृक्ष के नीचे बैठे चाणक्य बड़े निर्विकार भाव से नगर मार्ग की ओर देख रहे थे। प्रात: से दोपहर होने आयी थी और अभी तक चन्द्र वापस नहीं लौटा था। तभी उन्हें चन्द्र दिख गया, परन्तु वह अकेला नहीं था। उसके साथ एक वयस्क व्यक्ति भी चला आ रहा था। जब वे दोनों निकट आ गये तो चन्द्र ने अतिउत्साह से अपने हाथों में थमी थैली को आचार्य चाणक्य की ओर बढ़ाया। परन्तु चाणक्य का ध्यान तो आगन्तुक आचार्य की ओर लगा हुआ था। आगन्तुक आचार्य भी चाणक्य को एकटक देखे जा रहे थे। चन्द्र को बड़ा अटपटा-सा लगा। उनसे पुन: मुद्राओं को चाणक्य की ओर बढ़ाया और बोला, "देखिए आचार्य, मैं मुद्राएँ ले आया।" चन्द्र की वाणी से चाणक्य की तन्द्रा टूटी। उन्होंने चन्द्र की ओर देखा और कहा, "पुत्र, इसे अपने मातुल को दे आओ। और हाँ, एक अन्तिम बार अपनी माँ से मिल आओ। फिर हम दोनों यहाँ से प्रस्थान करेंगे।"

चन्द्र के जाने के पश्चात् आगन्तुक आचार्य बोले, "तो तुम आचार्य बन ही गये, विष्णु!"

चाणक्य मुस्कुराते हुए बोले, "और तुम्हें तो आचार्य बनना ही था, अच्युत!"

दोनों कुछ क्षण एक-दूसरे को देखते रहे फिर गले मिल गये। कुछ पलों के बाद वे वटवृक्ष के नीचे आमने-सामने बैठे हुए थे। अच्युत बोले, "विष्णु! तुम अचानक हम सबको बिना बताये पाटलिपुत्र छोड़कर चले गये, और आज एकाएक मुझें मेरे सम्मुख दिख रहे हो। जब विष्णु गया तो बालक था और जब वापस आया तो युवा आचार्य के रूप में। परन्तु क्या मैं तुम्हारा मित्र नहीं, विष्णु? मुझे बिना बताये तुम एक बार जा चुके थे, इस बार भी बिना मिले जा रहे थे? मुझसे क्या अपराध हुआ, विष्णु? तुम मुझे, अन्य मित्रों को इस भाँति तिरस्कृत कैसे कर सकते हो?"

चाणक्य बोले, "नहीं मित्र, मेरा उद्देश्य किसी का भी तिरस्कार करना नहीं था। जब पिछली बार मैं यह नगर छोड़कर गया था, तो कदाचित् तुम्हें याद हो कि इसे छोड़ने से बहुत पहले ही यह नगर मुझे छोड़ चुका था। बिना पिता के एक ब्राह्मण बालक को एक मुट्ठी अन्न भी नहीं दे रहा था यह नगर। मैं इसे छोड़ता नहीं तो क्या करता? पितृहीन विष्णु क्या भूख से इस नगर में मर जाता? हाँ, तुम्हें और अन्य मित्रों को सूचित नहीं किया, यह अपराध था मेरा। परन्तु मित्र, तुम ही बताओ, तुम लोग कर भी क्या लेते? तुम सब भी मेरी ही आयु के बालक ही तो थे, अपने पिताओं के आश्रित बालक। तुम्हारे अपने पिता आचार्य थे, वे मेरे गुरु भी थे, पर उन्होंने भी मुझे राजदण्ड के भय से त्याग दिया था। बताओ मित्र, पिता नहीं, गुरु नहीं, भोजन नहीं, विद्या नहीं, सुरक्षा नहीं। क्या करना था मुझे यहाँ रुककर?"

"विष्णु, विष्णु! यह नगर तुम्हारा अपराधी है, विष्णु। परन्तु मैं तो मित्र ही था, सदैव रहूँगा। वर्षों बाद आये, एक बार मुझे स्मरण कर लेते। उस समय मैं अपने पिता पर आश्रित बालक था, आज स्वतन्त्र आचार्य हूँ। मैं तब तुम्हारी कोई सहायता करने में असमर्थ था, आज सब कुछ कर सकता हूँ। तुमने मुझे एक अवसर तो दिया होता, विष्णु!"

"मुझे भी तुम मित्रों की बहुत याद आती थी, अच्युत।" चाणक्य बोले, "मैं तुम सबसे मिलना भी चाहता था, परन्तु मैं यहाँ विष्णुगुप्त बनकर नहीं आना चाहता था। मैं तक्षशिला का आचार्य चाणक्य बनकर यहाँ आया था। पिछली बार मेरे पिता आचार्य चणक ने राजा को कुपित किया था। इस बार उनके पुत्र अर्थात् मैंने राजा को कुपित कर दिया था। मैं किसी से भी मिलकर उसके प्राणों को संकट में कैसे डालता? अब तक मुझे कई योजन दूर निकल जाना चाहिए था, परन्तु इस बालक चन्द्र ने मुझे हठात् रुकने पर विवश कर दिया।"

अच्युत बोले, "इस बालक के बारे में बाद में बात करेंगे। पहले यह बताओ कि नन्द तुमसे क्यों कुपित है, और तुमने इस ग्रन्थ 'अर्थशास्त्रम्' को बेचने की सोची भी कैसे? तुम्हारे पिता, उनके पिता और उनके भी पिता, न जाने तुम्हारे कितने पूर्वजों से कितनी निष्ठा से इस ग्रन्थ की रचना की है। मैंने देखा कि इस ग्रन्थ में तुम्हारा

योगदान भी है, या कहूँ कि तुम्हारा ही अधिक है। तो इस अमूल्य ग्रन्थ को तुम क्यों कुछ मुद्राओं के लिए बेच रहे हो?"

"मुझे यह समझ नहीं आता मित्र कि कोई व्यक्ति जब प्रश्न पूछता है तो एक साथ कई प्रश्न क्यों पूछ बैठता है? यह सामान्य बात है कि सामने उत्तर देने वाला व्यक्ति पुराने प्रश्नों को कदाचित् भुला दे और सबसे अन्त में पूछे गये प्रश्न का ही उत्तर दे।" चाणक्य के अधरों पर मुस्कान खेल रही थी। "यह ऐसा ही है कि किसी बालक से पूछो कि बेटा, 'तुझे माँ अधिक प्यार करती है या पिता?' तो वह बालक कहेगा 'पिता', और जो कहो कि 'पिता अधिक प्यार करते हैं कि माँ' तो बोलेगा 'माँ'।"

अच्युत ठठाकर हँसे और बोले, "ओह ईश्वर! मान लिया आचार्य विष्णुगुप्त जी कि आप तर्कशास्त्र के भी विद्वान हैं। अब मेरे प्रश्नों का उत्तर दो। न तुम बालक हो, न सामान्य व्यक्ति, अत: तुम्हें दोनों प्रश्न निश्चित रूप से स्मरण होंगे।"

"ठीक है। नन्द मुझसे अर्थात् किसी काले-कलूटे, दाग-धब्बों के कारण भयानक दिखने वाले ब्राह्मण से क्यों कुपित है, इसका उत्तर तो तुम्हें मेरे बताये बिना भी मिल जायेगा। ऐसी बातें राजसभा की सीमाओं को शीघ्र पार कर लेती हैं। तुम्हारे दूसरे प्रश्न का उत्तर देता हूँ।" कुछ क्षण विचार कर चाणक्य बोले, "अच्युत, ईश्वरीय प्रेरणा से मुझे यह बालक मिला है। चन्द्र नाम है इसका। मुझे इसके आनन पर भारत का भाग्य लिखा दिखता है। मुझे नहीं पता कि भविष्य में यह क्या बनेगा? कदाचित् साधू बने या राजा बने या व्यापारी बने, पर यह विश्वास अवश्य है कि यह भारत के लिए प्रेरणादायी होगा। मैं तक्षशिला का आचार्य हूँ। वहाँ मेरे अनेक शिष्य हैं, परन्तु जब मैंने इस बालक को देखा तो मुझे लगा कि मैंने तो बस इसका गुरु बनने के लिए ही जन्म लिया है। मेरे जीवन का उद्देश्य ही इस बालक को शिक्षित करना है। तुम्हें कदाचित् हँसी आये, पर मेरे मन में तो यह विचार भी आया कि ईश्वर ने ऐसी परिस्थितियाँ निर्मित कीं, जैसे नन्द का राजा बनना, शकटार का बन्दी होना, मेरे पिता की निर्मम हत्या, मेरा तक्षशिला जाकर शिक्षा ग्रहण करना, आचार्य बनना, यह सब इसलिए कि मैं इसका गुरु बन सकूँ। मुझे किसी भी मूल्य पर इसका गुरु बनना था। और इसका कपटी मद्यप मातुल बिना सहस्त्र मुद्राएँ लिए इसे मुक्त नहीं कर रहा था। मेरे पास सम्पत्ति के नाम पर बस यह ग्रन्थ ही था। ग्रन्थ का उद्देश्य लोगों तक अर्थशास्त्र पहुँचाना ही तो है। वह विष्णुगुप्त के माध्यम से जाये या किसी भी आचार्य ने नाम से, क्या अन्तर पड़ता है? इसलिए मैंने चन्द्र से कहा कि वह किसी आचार्य के पास ही यह ग्रन्थ लेकर जाये। मुझे अत्यन्त प्रसन्नता है कि अब इस ग्रन्थ का स्वामी मेरा बचपन का मित्र अच्युत है। यह ग्रन्थ पूर्ण ही है। तुम चाहो तो इसमें कुछ जोड़ या घटा सकते हो।"

अच्युत बोले तो लगा, बहुत आहत हुए हों, "क्या विष्णु, तुमने मुझे इतना नीच समझ रखा है? यह ग्रन्थ विष्णुगुप्त का था और उसी का रहेगा। यह तुम्हारे ही नाम से प्रकाशित होगा। संसार इस ग्रन्थ के लिए तुम्हें धन्यवाद कहेगा और सदैव तुम्हारा ऋणी रहेगा।" आचार्य अच्युत ने अपने झोले में से ग्रन्थ निकाला और चाणक्य की ओर बढाते हुए कहा, "लो, पकड़ो इस ग्रन्थ को।"

"परन्तु मैं तो इसे बेच चुका, मित्र। मैंने इसका मूल्य भी प्राप्त कर लिया। अब इसे वापस कैसे ले लूँ? मुझे उन मुद्राओं की अत्यन्त आवश्यकता थी। अब यदि तुम्हें यह ग्रन्थ नहीं चाहिए, तब भी मैं तुम्हारी मुद्राएँ वापस नहीं कर सकता! नहीं मित्र, यह ग्रन्थ अब तुम्हारा है। मैं इसे नहीं के सकता।"

"तुम कितने कठोर हो, विष्णु! अरे, मुझे नहीं चाहिए सहस्र मुद्राएँ। वह मित्र की भेंट समझो। कहो तो ऐसी आठ-दस सहस्र मुद्राएँ और लाकर तुम्हारे चरणों में रख दूँ। यह ग्रन्थ तुम्हारा है, लो सँभालो।"

"क्रोधित न हो, मित्र। जब चन्द्र के माध्यम से मैंने तुम्हें ग्रन्थ बेचा था, तब हम मित्र नहीं थे। अस्तु, मित्रों के बीच भी कभी धन को लेकर विवाद न हो, इसलिए उचित है कि धन का प्रश्न आने पर बातें पूरी स्पष्टता से रखी जाएँ। मित्र से दान नहीं लिया जा सकता। मित्र से ऋण अवश्य लिया जा सकता है। तो मित्र, ऐसा करते हैं कि तुम्हारे यह सहस्र पण मेरे ऊपर ऋण रहे। जब मैं समर्थ होऊँगा, तब ये सहस्र पण वापस कर दूँगा और ग्रन्थ ले लूँगा।" अच्युत को कुछ बोलता देख चाणक्य उन्हें रोकते हुए बोले, "पहले मेरी बात समाप्त हो जाने दो, मित्र। यह ग्रन्थ अभी तुम ही रखो, सुरक्षा की दृष्टि से। मुझे अभी न जाने कहाँ-कहाँ भटकना है? जब जीवन में पूरी तरह से निश्चिन्तता आ जाएगी, तब यह ग्रन्थ मैं तुमसे ले लूँगा। ठीक है?"

अच्युत बोले, "ठीक है, परन्तु उन सहस्र मुद्राओं का ब्याज समझ लो, या ग्रन्थ को सँभाले रखने का मूल्य, मुझे पूरे एक सहस्र और एक पण चाहिए होंगे।"

और दोनों मित्र खिलखिलाकर हँस पड़े।

(7)

गौतम के प्रयासों और स्वयं चाणक्य की नीति के कारण चाणक्य के पटशिष्यों की संख्या अत्यधिक हो चली थी। राजवंशों, गणप्रमुखों, धनी श्रेष्ठियों के वंशों के अधिकांश युवा चाणक्य के शिष्य बनने के लिए आतुर रहते। चाणक्य भी उनका हृदय से स्वागत करते और विभिन्न कसौटियों पर कसकर अत्यन्त प्रतिभाशाली विद्यार्थियों को अपना शिष्य बनाते। इसके अतिरिक्त वे प्रतिवर्ष आर्यावर्त के भ्रमण पर निकलते।

आमजनों को परामर्श देते कि वे अपने पुत्रों– पुत्रियों को अवश्य शिक्षित करें, सम्भव हो तो तक्षशिला भेजें। चन्द्र, कुम्भ जैसे अनेक शिष्य चाणक्य से अर्थ, राजनीति, दण्डनीति और सैन्य शिक्षा प्राप्त करते। चाणक्य के अध्यापन की विधि मित्रवत् थी। वे शिष्यों को नीरस ज्ञान ही नहीं देते, अपितु चर्चा-परिचर्चा भी करते। ऐसे सत्रों में शिष्यों को तर्क करने की छूट रहती। वे शिष्यों से प्रश्न पूछते या शिष्यों को प्रश्न पूछने के लिए प्रोत्साहित करते और उन्हें ही उत्तर देने के लिए कहते।

ऐसे ही किसी सत्र में किसी शिष्य ने पूछा, "आचार्य! राजा और अमात्यों के कर्तव्य हमें ज्ञात हैं। अमात्य के पद पर किसी व्यक्ति को नियुक्त करना राजा का विशेषाधिकार है। मेरा प्रश्न है कि राजा को किसे अमात्य नियुक्त करना चाहिए? उसमें कौन-कौन से गुण होने चाहिए?"

"उत्तम प्रश्न, पुत्र। राज्य को यदि रथ समझें तो राजा और अमात्य उसके दो पहिए हैं। कोई भी रथ मात्र एक पहिए से नहीं चल सकता। अमात्य ही राजा को प्रमाद करने से रोकता है।" अन्य शिष्यों को सम्बोधित करते हुए आचार्य बोले, "क्या तुममें से कोई अजबिन्दु के प्रश्न का उत्तर देना चाहेगा?"

एक शिष्य बोला, "आचार्य, अमात्य को विश्वासी होना चाहिए। जो भी राजा बनेगा, वह कभी न कभी विद्यार्थी भी रहा होगा। अतः जब वह राजा बने तो अपने ही सहपाठी को, अपने मित्र को अमात्य बनाये। वह अपने मित्र को भलीभाँति समझता है, उस पर विश्वास कर सकता है।"

"उत्तम, पुत्र। यह मत भारद्वाज मुनि का मत है।"

एक दूसरा शिष्य बोला, "परन्तु आचार्य! यदि मित्र को अमात्य बना दिया जाये तो क्या वह समय-समय पर राजा की अवज्ञा नहीं करेगा? स्वाभाविक है कि अमात्य-मित्र राजा-मित्र पर अपना विशेषाधिकार माने और उसके कहे को अनसुना कर दे।"

"सम्भव है। तो तुम्हारे अनुसार किसे अमात्य बनाना चाहिए?"

"जो राजा के अनुकूल हो। समान गुणवान हो। राजा की आन्तरिक इच्छा को जानने वाला और उसे मानने वाला हो। वह मित्र हो या न हो, पर राजा की आज्ञा सर्वोपरि है।"

"उत्तम, पुत्र। यह मत विशालाक्ष का है, परन्तु मुझे तो यह उचित नहीं लगता। क्यों, मयूरध्वज?"

"हाँ, आचार्य। यदि अमात्य मर्मज्ञ हो, राजा की आन्तरिक इच्छा जानता हो, तो राजा भी तो यह जानता होगा कि यह मेरे मन की बात जानता है! क्या इससे वह अपने ही अमात्यों से भयभीत न होगा? तब तो राजा अमात्य के मत का अनुसरण करने के लिए बाध्य हो जायेगा!"

"यही होगा। तुम्हारा तर्क पराशर मुनि का मत है। शास्त्र भी कहते हैं कि राजा जिस मात्रा में अपने गुप्त रहस्य अमात्यों को बता देता है, उसी अनुपात में अमात्यों के अधीन हो जाता है। अत: पराशर मुनि के अनुसार राजा अमात्य उसी को बनाये, जिसने राजा की प्राण रक्षा की हो। जो राजा की रक्षा में प्राण दे देने को तत्पर हो। उससे अधिक राजभक्ति क्या होगी?"

अबकी कुम्भ बोला, "परन्तु आचार्य, राजा के लिए प्राण तो सामान्य सैनिक भी दे देते हैं। प्राणोत्सर्ग प्रणम्य है, सर्वोच्च बलिदान है, परन्तु मात्र इस भावना को तो अमात्य पद की अर्हता के लिए पर्याप्त नहीं माना जा सकता! स्वामिभक्ति तो सामान्य बुद्धि वाले मनुष्यों के अन्दर भी होती है। राजा के लिए तो व्यापारी, सैनिक, सामान्य नागरिक–सब प्राण दे सकते हैं। तो क्या सब अमात्य भी बन सकते हैं?"

"तुम्हारा तर्क बहुत प्रभावी है, पुत्र। तुम्हारे अनुसार किसे अमात्य होना चाहिए?"

"वह व्यक्ति जो स्वामिभक्त तो हो, पर दिये गये कार्य को, अपने कर्तव्य को पूरा कर सके।"

"नारद मुनि भी यही कहते हैं, परन्तु आचार्य कौणपदन्त इससे सहमत नहीं। दिये गये कार्य को सम्पन्न करने का ज्ञान होना ही पर्याप्त नहीं, अपितु उसे अन्य अनेक विषयों का ज्ञान भी होना चाहिए। उनके अनुसार जिस प्रकार कृषक का पुत्र कृषिकर्म की विभिन्न विधियाँ, आवश्यकताएँ सहज ही सीख जाता है, उसी प्रकार अमात्य का पुत्र भी अपने पिता से अनुभव ज्ञान प्राप्त कर लेता है। राजा वंश-परम्परा से बने अमात्य के अनुभवों का लाभ उठता है और अन्तर्मन में जानता है कि इस अमात्य का परामर्श उचित ही होगा। कुल क्रमागत अमात्य राजा को दूषित कर्म करने से रोक सकता है।"

"क्या इससे अमात्य राजा पर अनावश्यक अधिकार न मान बैठेंगे? यदि मैं राजा बनूँ तो मुझे तो ऐसे अमात्य नहीं चाहिए जो अपनी कुल-परम्परा के अनुसार अमात्य बन मुझ पर परामर्श के व्याज से अपना आदेश चलाए।"

"मुझे तो लगा था कि चन्द्र कुछ बोलेगा ही नहीं।" मंद स्मित के साथ आचार्य बोले, "तो चन्द्र, तुम्हारे अनुसार राजा को किसे अमात्य बनाना चाहिए?"

"जो राजा से डरे। वंश परम्परा वाले अमात्य तो राजा को कुछ समझेंगे ही नहीं। मेरे अनुसार राजा को नीतिवान, परन्तु नवीन व्यक्तियों को पद पर नियुक्त करना चाहिए।"

"तुम्हारा मत, नवीन मत नहीं, पुत्र। आचार्य वातव्याधि यही परामर्श देते हैं, परन्तु स्वयं विचारो। कोई कितना भी नीतिवान हो, परन्तु अनुभवहीन हो तो क्या उसे राज्य के इतने उत्तदायित्व वाले पद पर नियुक्त किया जा सकता है?

नवीन अमात्य एक तो राजा से ही भय खाता रहेगा। अपना स्वतन्त्र परामर्श क्या देगा, फिर उसके अधीन कर्मचारी भी उसकी अनुभवहीनता का लाभ उठाकर क्या भ्रष्टाचार में निमग्न न हो जाएँगे?"

चन्द्र विनीत भाव से बोला, "आप उचित कहते हैं, आचार्य। आपने विभिन्न आचार्यों का उल्लेख किया। फिर उनके मतों को खंडित भी किया। आचार्य! क्या यह उन आचार्यों के प्रति असम्मान नहीं? हम क्या अपने पूर्वजों की सीख न मान शिष्टाचार का उल्लंघन नहीं कर रहे?"

"नहीं पुत्र! शिक्षा जड़ नहीं हो सकती। विभिन्न आचार्यों ने जो मत दिये हैं, वे देश, काल, परिस्थिति, व्यवस्था इत्यादि के अनुसार दिये हैं। काल और परिस्थितियाँ तो सतत् परिवर्तनशील हैं, तो मत कैसे रूढ़ हो सकते हैं? परिस्थिति के अनुसार आवश्यकताएँ-परिभाषाएँ परिवर्तित होती रहती हैं।"

"फिर आचार्य, कृपया आप ही बतायें कि अमात्य में क्या गुण होने चाहिए और राजा किस प्रकार श्रेष्ठ अमात्यों की पहचान करें?"

"पुत्र, अमात्य कभी किसी विदेशी को नहीं बनाना चाहिए। जो व्यक्ति इसी धरती का पुत्र हो, शिल्प में कुशल, गम्भीर दृष्टि, विद्वान, उत्तम स्मृति, कार्यकुशल, उत्तम वक्ता, उत्साही, प्रभावशाली, प्रबन्धन गुणों से सम्पन्न, स्नेही, मानसिक रूप से सशक्त, राजभक्त, व्यावहारिक हो, जिसमें न जड़ता हो, न चपलता हो, जो अहंकारी न हो, उस व्यक्ति को अमात्य बनाना चाहिए। ये सभी गुण जिसमें हों, वह उत्तम अमात्य होता है। जिसमें तीन चौथाई गुण हों, वह मध्यम और जिसमें आधे गुण हों वह क्षुद्र अमात्य होता है। राजा को इसके अनुसार उन्हें भिन्न विभागों में नियुक्त करना चाहिए। नियुक्ति से पहले गूढ़पुरुषों से उसकी नागरिकता, उसकी शिक्षा और उसके व्यवहार की जाँच करवा लेनी चाहिए। उसे कोई महत्वपूर्ण विभाग देने से पहले उसकी योग्यता की जाँच कर ली जाये। राजा कोई छोटा-मोटा कार्य देकर उसकी योग्यता परख लें। तुम लोगों ने जो तर्क दिये हैं, वे सही भी हैं और ग़लत भी। समय एवं कार्य की प्रकृति के आधार पर अमात्यों की नियुक्ति की जानी चाहिए। राजा को मन्त्रियों के गुणों और उनके दोषों को भी उचित समय और स्थान पर प्रयोग करना आना चाहिए।"

गुरुकल का एक कर्मचारी द्वार पर खड़ा आचार्य की कक्षा समाप्त होने की प्रतीक्षा कर रहा था। आचार्य ने अपनी बात समाप्त की। जब उनकी दृष्टि कर्मचारी पर पड़ी, कर्मचारी ने उन्हें प्रणाम किया और बताया कि गान्धारराज आम्भी अतिथिकक्ष में उनकी प्रतीक्षा कर रहे हैं। अगली बार किस विषय पर चर्चा की जाएगी, यह बताकर आचार्य अतिथिकक्ष की ओर चल पड़े। चाणक्य को आता देख

राजा आम्भी खड़ा हो गया और प्रणाम करता हुआ बोला, "आचार्य! आपने मुझे समय दिया, उसका धन्यवाद।"

"बताइए राजन! मैं आपकी क्या सेवा कर सकता हूँ?"

"नहीं-नहीं। कैसी बात करते हैं? शिक्षक से कोई सेवा कैसे ले सकता है? शिक्षक से तो शिक्षा ली जाती है। मैं शिक्षित होने आया हूँ, आचार्य।"

"बताएँ राजन, मैं आपकी क्या सहायता कर सकता हूँ?"

"आचार्य! मैं पराजित हुआ हूँ। पराजय ने मेरे मन को कुण्ठित कर दिया है। मैं पराजित क्यों हुआ, आचार्य? मैं पर्वतेश्वर से कम वीर नहीं। मेरी सेना उससे दुर्बल नहीं, मेरा राज्य उसके राज्य से अधिक धनी, अधिक सम्पन्न है। फिर त्रुटि कहाँ हुई?"

"त्रुटि धन का मद चढ़ने से हुई। आपके राज्य में अथाह धन है। प्रतिवर्ष उसमें वृद्धि होती है। भारत और पारस के बीच महत्वपूर्ण स्थान पर है आपका राज्य। फिर तक्षशिला में आने वाले विद्यार्थी भी अपने साथ धन लेकर आते हैं। बिना प्रयास के मिले धन ने राजवंश से लेकर सामान्य नागरिक तक को भ्रष्ट बना दिया। सब मगन हो गये, कर्तव्य पथ से दूर हो गये। पराजय तो होनी ही थी।"

"यदि चण्डवर्मा औशनस नीति न अपनाता तो हम कभी परास्त नहीं हो सकते थे, आचार्य।"

"यदि दूसरे पक्ष ने वह किया होता तो यह न हुआ होता, यह कैसा तर्क हुआ, राजन? आप शत्रु से अपेक्षा करते हैं कि वह आपके अनुसार व्यवहार करें? चण्डवर्मा औशनस नीति क्यों न अपनाता? कोई भी अमात्य या राजा गान्धार जैसे राज्य पर मानव नीति[1] की तुलना में औशनस को अधिक उपयुक्त पाता। औशनस है क्या? शत्रु की मानसिक दुर्बलताओं को अपना शस्त्र बना लेना ही तो इस नीति का मूल है। यदि आपका सेनापति बलभद्र कामुक न होता, तो क्या कोई रूपजीवा उसे बन्दी बना सकती थी? यदि प्रधानामात्य सोमशर्मा की स्त्री लोभी, अन्धविश्वासी न होती और स्वयं आप मद्य के नशे में विवेकहीन न हो गये होते तो क्या सोमशर्मा बन्दी बनाये जाते? गान्धार के युवक रूपजीवाओं के क्रीड़ांगनों में जाना ही अपना कर्तव्य समझते हैं। यहाँ की युवतियाँ स्वर्ण और रत्नों से स्वयं को दीप्तिमान बनाना ही पर्याप्त मानती हैं। राज्य में शील, सद्गुण, सच्चरित्रता का अभाव ही आपकी हार का कारण है, राजन।"

---

[1] मानव नीति - आचार्य मनु द्वारा प्रवर्तित विचार-सम्प्रदाय की नीति, औशनस – आचार्य शुक्र सम्प्रदाय की नीति

आचार्य की ऐसी चुभने वाली बातें सुन वह हतप्रभ रह गया। कोई उसके सम्मुख इस प्रकार से बोल सकता है, उसे इसकी आशा नहीं थी। उसे बुरा लगा, पर कहीं न कहीं अच्छा भी लगा कि कोई तो है जो उसे उसके मुँह पर उसके दोष बता सकता है। फिर भी दुर्बल चरित्र का मनुष्य अपना बचाव तो करता ही है। "तो क्या आचार्य, समाज में आमोद-प्रमोद का कोई स्थान नहीं?"

"अवश्य है, राजन, परन्तु आमोद-प्रमोद और भोग-विलास में अन्तर है। कर्तव्यों का निर्वाह करते-करते मन थकने लगे तो आमोद-प्रमोद किया जाता है। कर्तव्यों को भुलाकर किया गया कर्म भोग-विलास है। मनोरंजन क्या अर्धनग्न युवतियों को नाचते हुए देखने में ही है? आकंठ मद्यपान मनोरजंन तो नहीं कहा जा सकता? क्यों नहीं आपके राज्य में युवकों के बीच द्वन्द्व का आयोजन किया जाता? अन्य राज्यों में देखिए, वहाँ के युवक एक-दूसरे की परीक्षा लेते हैं। राज्य इनका आयोजन करता है। युवक मेष औए वृषभ से लेकर सिंह तक से भिड़ जाते हैं। एक आपके युवा हैं, शाम हुई नहीं कि पहुँच गये किसी क्रीड़ांगन में। अपना धन, अपना सत्व लुटाकर वापस आये और सो गये। दोपहर बाद उठे और फिर से उन्हीं क्रीड़ांगनों में चल दिये।"

"तो मुझे क्या करना चाहिए, आचार्य? मेरे अन्दर प्रतिशोध की अग्नि भड़क रही है। मैं पर्वतेश्वर को इस अग्नि में झुलसते देखना चाहता हूँ। मैं उसे अपने सम्मुख शीश नवाए, हाथ जोड़े दया की भीख माँगते देखना चाहता हूँ। कृपया मेरी सहायता करें। मुझे मार्ग दिखायें।"

"राजन, मैं तक्षशिला विद्यापीठ का आचार्य हूँ, तक्षशिला राज्य का अमात्य अथवा पुरोहित नहीं। शिक्षक क्रियात्मक राजनीति में नहीं पड़ता, अपितु अपने विद्यार्थियों को सैद्धान्तिक राजनीति सिखाता है। आपने मुझसे अपनी पराजय का कारण पूछा, मैंने बता दिया। मैं सैद्धान्तिक ज्ञान दे सकता हूँ, पर आपकी इच्छा को पूरित करना मेरा कार्य नहीं।"

"आप ज्ञान ही दें, आचार्य।"

"स्वयं को सशक्त कीजिए। इस भोग-विलास की संस्कृति को अपने राजमहल से लेकर पथों-वीथियों तक से समाप्त कर दीजिए। स्वयं आदर्श बनिए। यदि राजा सच्चरित्र हो तो किसी बलभद्र में पथभ्रष्ट होने का सामर्थ्य न रहेगा। यदि राजा और प्रजा सच्चरित्र हो तो औशनस नीति काम नहीं कर सकती, और यदि सेना सशक्त हो तो मानव नीति भी क्या कर लेगी?"

"मैं यह सब करूँगा, आचार्य। आप इन परिवर्तनों को स्वयं देखेंगे, परन्तु ये सब तो दीर्घावधि के कार्य हैं। इस विधि से तो मुझे वर्षों लग जायेंगे। मेरा हृदय तो आज जल रहा है। मुझे तो तात्कालिक उपाय बताएँ।"

"मैं नीति की बात करता हूँ। नीति कहती है कि यदि शत्रु आपसे अधिक शक्तिशाली है तो आप उससे अधिक शक्तिशाली से मित्रता करें।"

"यहाँ वाहीक प्रदेश में केकय से अधिक शक्तिशाली कोई नहीं।"

"तो संघ बनायें। तिनकों से बनी रस्सी हाथी को भी रोक लेती है।"

आम्भी ने कोई उत्तर नहीं दिया और चुपचाप सोचता रहा। आचार्य ने थोड़ी देर प्रतीक्षा की, फिर बोले, "राजन! यदि अन्य कोई बात न हो तो अब मुझे अनुमति दें। मेरे शिष्य प्रतीक्षा कर रहे होंगे।"

"अवश्य-अवश्य, आचार्य। आपने मुझे समय दिया, उसका धन्यवाद।"

अपने राजप्रासाद की ओर लौटता आम्भी सोचता जा रहा था, 'आचार्य ने संघ बनाने को कहा। किसका संघ? ये कठ, यौधेय, क्षत्रिय, क्षुद्रक, मालव, आग्रेय, ग्लुचुकायन, मद्रक, रोहितक, शिवि क्या कभी एक संघ बन सकते हैं? असम्भव! वैसे देखा जाये तो यदि ये सब संघ बन गये तो केकय ही नहीं अपितु मगध तक को पराजित कर सकते हैं। कदाचित् पारस से लेकर लंका तक कोई भी इस शक्ति का सामना न कर सके। इन गणराज्यों का एक संघ, एक छत्र, एक राजा के अन्तर्गत आना उतना ही असम्भव है, जितना वन में भिन्न कुलों के सिंहों का एक साथ मिलकर शिकार करना। वाहीक प्रदेश के राज्य एक नहीं हो सकते, परन्तु वाहीक प्रदेश से आगे बढ़ें तो यमुना से लेकर पूर्वी समुद्र तक फैला एक विशाल साम्राज्य है, मगध। क्या धनानन्द की सहायता ली जा सकती है? मैं आज ही दूत भेजता हूँ।'

×××

पिछले एकाध महीने से तक्षशिला के वातावरण में एक विचित्र-सी उत्तेजना फैली हुई थी। दिन-प्रतिदिन सैकड़ों की संख्या में पश्चिम की ओर से शरणार्थी चले आ रहे थे। उनके पास विचित्र कहानियाँ थीं। जैसे मानव रूप में एक दावानल बढ़ा चला आ रहा हो, जो क्षण भर में नगरों को भस्म कर देता है। एक सेना है जो मांसभक्षी है, जो पवित्र पशुओं अर्थात् अश्व और गौ का भक्षण करती है और यदि पर्याप्त अश्व न मिले तो बालकों और स्त्रियों को भी खा जाती है। जो विचित्र देवताओं को पूजती है और भारतीय देवताओं के मन्दिरों को तोड़ देती है। जिसे अन्न उपजाने वाले खेतों के प्रति कोई सम्मान नहीं है। वे खड़ी फसलों में आग लगा देते हैं। सत्य-असत्य, यथार्थ-कल्पना, जितने मुख उतनी बातें।

तक्षशिला कुछ वर्ष पूर्व ही केकय से पराजित हुआ था। अब वह असैन्य, भूखे शरणार्थियों के बोझ तले दबा जा रहा था। समस्या इतनी विकराल हुई कि पौरसभा का अधिवेशन बुलाया गया। राजतन्त्र होने के पश्चात् भी पौरसभा का अपना महत्व था।

उस सभा में भिन्न कुलों और संगठनों के प्रमुख एकत्रित होते और शासन सम्बन्धित विषयों पर विचार-विमर्श करते। यद्यपि अन्तिम निर्णय राजा का होता था, परन्तु किसी भी राजा के लिए पौरसभा द्वारा पारित सुझाव को अस्वीकृत करना कठिन होता था। संथागार भरा हुआ था, धीमे स्वर में की जा रही वार्ता भी कोलाहल का रूप ले रही थी। सभी संगठनों के प्रमुखों की उपस्थिति देख पौरसभा के अध्यक्ष खड़े हुए। उन्हें अपने आसन से खड़ा देख एकाएक सब शान्त हो गये। सबको देखते हुए अध्यक्ष ने अपनी बात कहनी आरम्भ की, "पौरसभा में उपस्थित सभी प्रमुखों को सभा का उद्देश्य पता है। अन्य जनों की सूचना हेतु मैं इसे पुनः दोहराता हूँ। आज गान्धार और विशेषकर इसकी राजधानी तक्षशिला में शरणार्थियों की संख्या अत्यधिक हो चुकी है। यद्यपि प्रतिवर्ष ही इस नगरी में सहस्त्रों स्त्री-पुरुष आते ही रहते हैं, परन्तु या तो वे व्यापारी होते हैं या छात्र। नगर को इन दोनों ही श्रेणियों के मनुष्यों से कर इत्यादि के रूप में पर्याप्त धन की प्राप्ति होती है, जिससे राज्य पर कोई अतिरिक्त भार नहीं पड़ता, अपितु समृद्धि ही आती है। ये शरणार्थी शरण और भोजन तो चाहते हैं, परन्तु उनके पास धन नहीं है। मेरा आग्रह है कि आप लोग इस विषय पर अपने विचार रखें और सर्वसम्मति से कोई निर्णय लें।"

एक संगठन का प्रमुख खड़ा हुआ और बोला, "मेरे विचार से यह विषय इतना कठिन भी नहीं कि इतना विचार-विमर्श हो। क्या हम भारतीय सनातन संस्कृति को भूल चुके हैं? राजा शिवि जैसे उदाहरणों से हमारा इतिहास भरा पड़ा है। शरणार्थी को शरण देना हमारा कर्तव्य है, धर्म है। हम धर्म से कैसे विमुख हो सकते हैं?"

यह सुन एक अन्य कुल के प्रमुख खड़े हुए और गम्भीर वाणी में बोले, "आपकी बात सत्य है। शरणागत को शरण देना धर्म है, परन्तु क्या प्रत्येक परिस्थिति में एक ही रीति का पालन धर्मोचित है? हमारा राज्य अभी कुछ समय पूर्व ही अपने ही पड़ोसी से पराजित हुआ था। प्रत्यक्ष युद्ध द्वारा नहीं, अपितु मन्त्रयुद्ध द्वारा। कितनी अपमानजनक बात है कि राज्य की सेना खड़ी रही और राज्य पराजित हो गया। गूढ़पुरुषों के बल पर कितनी सुगमता से हमें हरा दिया गया। हम उन्हें नट, नर्तक, रूपजीवा, कुशीलव, तापस समझते रहे, उन्हें राज्य में निर्बाध विचरण करने दिया और परिणाम सामने है। क्या हम निश्चिन्त हो सकते हैं कि अबकी बार इन शरणार्थियों के भेष में गूढ़पुरुषों की सेना नहीं आ रही है? पिछली बार एक शत्रु ने हमारी भोग-विलास की प्रवृत्ति को लक्षित कर अपना मन्तव्य पूर्ण किया था, क्या अबकी बार पश्चिम से चला आ रहा शत्रु हमारी धार्मिक प्रवृत्ति को अपनी इच्छापूर्ति का साधन तो नहीं बना रहा?"

इस तर्क ने अनेक जनों को आन्दोलित और भयभीत कर दिया। आपसी चर्चा का शोर बढ़ने लगा तो व्यापार संघ के प्रमुख खड़े हुए और बोले, "क्या ये भूखे-नंगे लोग गूढ़पुरुष प्रतीत होते हैं? ये सुहागचिह्नों को मिटा चुकी सहस्रों स्त्रियाँ, अपने पिता अथवा माता या दोनों के लिए बिलखते बच्चे गूढ़पुरुष हैं? युद्ध में नहीं, अपितु अपने घरों में, खेतों में कार्य कर रहे इन युवाओं, अधेड़ों, वृद्धों में से किसी के नेत्र, किसी के पैर, किसी के हाथ काट दिये गये। कोई सामान्य व्यक्ति भी समझ सकता है, चाहें तो विशेषज्ञों द्वारा पुष्टि करवा लें कि विकलांग बने ये लोग जन्मजात विकलांग नहीं थे, अपितु उन्हें निर्ममता से विकलांग बना दिया गया है। पराजित प्रजा चौकन्नी हो, यह समझ आता है। परन्तु पराजित प्रजा क्या पराजय झेलकर अपने घर से भगा दिये गये लोगों के प्रति संवेदना नहीं रख सकती? हम पराजित हुए, पर जिनसे पराजित हुए, वे सनातन परम्परा को मानने वाले लोग थे। ये शरणार्थी जिनसे पराजित हुए हैं, वे जाने कैसी परम्परा के वाहक हैं जो सामान्य नागरिकों पर अत्याचार करते हैं। ये शरणार्थी हमारे अपने भाई-बन्धु हैं। हमारी अपनी संस्कृति उनकी भी संस्कृति है। यह राज्यों का युद्ध नहीं, संस्कृतियों का युद्ध है। हमें इन अभागों को शरण देनी ही चाहिए। मैं व्यापार संघ का अध्यक्ष होने के अधिकार से कहता हूँ कि इनके भरण-पोषण पर जो भी व्यय होगा, वह व्यापारी वर्ग वहन करेगा। ये शरणार्थी हमारे स्वजन हैं। धर्म स्वजन की रक्षा है और हमारा धन धर्म के लिए है।"

पूरा सभागार 'साधु-साधु' के रव से गूँज उठा। प्रतीत होता था कि शरणार्थियों को शरण देने पर सब सहमत हैं। अन्त में अध्यक्ष खड़े हुए और प्रस्ताव किया, "मेरे विचार से तक्षशिला नगरी से बाहर खुले मैदान में इन शरणार्थियों के लिए एक अस्थायी नगरी का निर्माण कर दिया जाये। कुछ समय तक इन पर विशेष दृष्टि रखी जाये। नगर में प्रवेश करने से पहले इनकी भलीभाँति जाँच हो। निर्दोष पाये जाने पर योग्य पुरुषों और महिलाओं को उनकी योग्यता के अनुसार कार्य दिये जायें और बच्चों को प्राथमिक और माध्यमिक शिक्षा हेतु विभिन्न गुरुकुलों में और किशोरों को विद्यापीठ भेजा जाये।"

प्रस्ताव सर्वसम्मति से पारित हो गया।

×××

इस घटनाक्रम से विद्यापीठ भी अछूता न रहा। युद्ध तो पहले भी हुआ करते थे। भारतवर्ष में प्रति वर्ष कहीं न कहीं, कोई न कोई युद्ध चल ही रहा होता था, परन्तु विद्यापीठ सदैव ही निर्लिप्त रहता। परन्तु यह युद्ध भारतवर्ष में होने वाले युद्धों से भिन्न था।

इसकी प्रकृति भिन्न थी। भारतवर्ष में होने वाले युद्ध से विद्वान, स्त्री, अन्न, भूमि, मन्दिर पर कोई अत्याचार, कोई अनाचार नहीं होता था। पश्चिम में हो रहे युद्ध के सम्बन्ध में ऐसी कोई सूचना नहीं मिल रही थी, जिससे कहा जा सके कि युद्ध में सनातन मूल्यों का पालन हो रहा होगा। चाणक्य अपनी कुटिया के आगे व्यग्र भाव से टहल रहे थे। उनके पट्टशिष्य भी उनकी कुटिया के प्रांगण में ही छोटे-छोटे समूह बनाकर धीमे स्वर में वार्ता कर रहे थे। चाणक्य को देख लगता था कि जैसे वे स्वयं से वार्ता कर रहे हों। उनकी दृष्टि बारम्बार मार्ग की ओर चली जाती, जैसे वे किसी की प्रतीक्षा कर रहे हों। अन्ततः उन्हें कोई आता हुआ दिखा। आगन्तुक की हथेलियों को अपनी हथेली में थाम आचार्य उपयुक्त स्थान पर बैठ गये और बोले, "अग्रज, मैं बड़ी आतुरता से आपकी प्रतीक्षा कर रहा था। सुनी-सुनायी बातों से लगता है कि राक्षसों की सेना आर्यावर्त पर चढ़ी चली आ रही है। क्या हो रहा है पश्चिम दिशा में?"

गौतम कुछ बोलने को हुए, पर बोलने से पहले गूढ़पुरुष की सहज प्रवृत्ति के अनुसार उन्होंने अपने आसपास दृष्टि घुमायी तो कई नेत्रों को अपनी ओर घूरता हुआ पाया। आचार्य ने गौतम की असहजता भाँपते हुए कहा, "ये सब मेरे शिष्य हैं। सबकी शिक्षा लगभग पूर्ण हो चुकी है। ये सब समाज में अपना स्थान बनाने के लिए सज्ज हैं। यदि सूचना अत्यन्त ही गोपनीय न हो, अकथनीय न हो तो इन्हें भी निकट बुला लिया जाये?"

गौतम की सहमति पाकर आचार्य ने सभी शिष्यों को निकट आने का संकेत किया। शिष्य निकट आकर बैठ गये, तब गौतम बोले, "आचार्य, पश्चिम दिशा से चली आ रही आँधी का स्रोत यवनदेश[1] का छोटा-सा राज्य मकदूनिया[2] है। वहाँ के राजा फ़िलिप ने पूरे यवनदेश को जीत लिया था, परन्तु उसका पुत्र उससे अधिक महत्वाकांक्षी है। फ़िलिप की एकाएक मृत्यु के पश्चात् उसके बीस वर्षीय पुत्र अलक्षेन्द्र[3] ने सत्ता सँभाली और मात्र छह वर्षों में ही वह यवन देश से चलकर आज भारत के द्वार तक पहुँच गया है। वह परमवीर और उत्कृष्ट सेनापति है। सुना तो यह भी है कि उसने ही अपने पिता की हत्या की है। उसकी वीरता, उसका उत्साह, उसकी विजयी होने की क्षुधा संक्रामक है। उसका पहला अभियान विशाल पारस[4] साम्राज्य था। उसने बात ही बात में अनातोलिया[5] जीत लिया और मिस्र पहुँच गया। नील नदी के मुहाने पर उसने अपने नाम से एक नगर बसाया और पूरे मिस्र पर अपना अधिकार जमा लिया। फिर वह इराक़, बेबीलोन, निनेवा नामक स्थानों को

[1] ग्रीस, [2] मैसेडोनिया, [3] अलेक्ज़ेंडर, सिकन्दर, [4] फ़ारस, ईरान, [5] एशिया माइनर

जीतता हुआ पारस की मुख्य भूमि पर पहुँचा और कुछ ही दिनों में पारसपुरी की विशाल सेना को हराकर सम्पूर्ण पारस का स्वामी बन बैठा। पारस, जिसके राजाओं ने कभी पूरे यवनदेश को भयाक्रान्त कर रखा था, उसका वर्तमान राजा दायरवहु तृतीय इतना कायर निकला कि युद्धभूमि से भाग कर बाख्त्री[1] चला गया। पारस को पराजित करना ग्रीस का स्वप्न था, जो पूर्ण हुआ, परन्तु अलक्षेन्द्र की क्षुधा शान्त नहीं हुई। वह आगे बढ़ता गया और पुरातन आर्य संस्कृति को मानने वाले भारतीय राज्यों की दिशा में बढ़ा।

"उसने सबसे पहले शकस्थान को भस्मीभूत किया। उसने हरउवती नगरी पर अधिकार जमा लिया। वह तभी आगे बढ़ता, परन्तु उसे सूचना मिली कि बाख्त्री में दायरवहु सेना एकत्रित कर रहा है। उसकी योजना थी कि पीछे से आक्रमण करे और अलक्षेन्द्र को हराकर अपना राज्य पुनः प्राप्त कर ले। अब सिकन्दर ने आगे बढ़ना स्थगित कर पहले दायरवहु को पूर्णतः पराजित करना उचित समझा। उसने हिन्दुकुश पर्वतमाला पार कर बाख्त्री को जीत लिया। पारस की सेना के पराभव से न केवल बाख्त्री अपितु सीर नदी तक का पूरा प्रदेश अर्थात् सुग्ध[2] भी उसके अधिकार में आ गया। आपको ज्ञात ही होगा कि सुग्ध में भारतीय मूल के व्यक्तियों की बड़ी जनसंख्या निवास करती है। इन दोनों प्रदेशों को जीत अलक्षेन्द्र ने पुनः हिन्दुकुश को पार किया और भारतवर्ष की ओर अपना अभियान आरम्भ किया।

"आचार्य, अलक्षेन्द्र उत्तम सेनापति ही नहीं, उत्तम रणनीतिकार भी है। उसमे अपनी सेना को दो भागों में विभक्त किया। एक सेना को हेफ़ेस्टियन और पर्दिकस के सुपुर्द कर उन्हें सिन्धु नदी के तट तक पहुँचने की आज्ञा दी और स्वयं कुभा नदी के उत्तर की ओर बढ़ा और उसके विविध जनपदों को जीतता गया। आचार्य! सुनने में यह अत्यन्त सामान्य और सरल विजय लगती है, परन्तु अलक्षेन्द्र की सेना को कदाचित् पहली बार भारतीय रक्षापंक्ति के रूप में इतने विकट प्रतिरोध का सामना करना पड़ा था। अलिशांग और कुनार नदियों के तट पर रहने वाली अश्वक जाति ने घनघोर युद्ध किया। इस युद्ध में अलक्षेन्द्र ने चालीस सहस्त्र मनुष्यों को दास बना लिया और दो लक्ष से अधिक पशुओं को लूट लिया। आगे बढ़ने पर उसका सामना अश्मक लोगों से हुआ। अश्मक की राजधानी मशकावती को जीतने में अलक्षेन्द्र को निश्चित ही अत्यन्त कठिनाइयों का सामना करना पड़ा होगा। आचार्य, अत्यन्त घनघोर युद्ध के बाद निश्चित पराजय जान अपनी प्रजा की रक्षा हेतु अश्मकों ने सन्धि का प्रस्ताव रखा।

---

[1] बैक्ट्रिया

[2] समरकन्द और बुख़ारा

छोटे-से राज्य को जीतने में अपनी इतनी अधिक हानि को देखते हुए अलक्षेन्द्र ने भी सन्धि करना ही उचित समझा। अश्मक की रक्षा करने के लिए उनकी सेना में सात सहस्त्र से अधिक भृत सैनिक[1] भी थे, जो वाहीक प्रदेश के मूल निवासी थे। अलक्षेन्द्र ने इन सैनिकों को अपनी सेना में सम्मिलित होने का निमन्त्रण दिया। उच्च वेतन और अधिक सुविधाओं का प्रस्ताव रखा, परन्तु धन लेकर किसी भी राज्य की ओर से लड़ने वाले उन भृत सैनिकों ने किसी विदेशी शासक के अधीन होकर लड़ना स्वीकार नहीं किया। अलक्षेन्द्र इससे अत्यन्त क्रोधित हो उठा। उसके क्रोध को लक्षित कर अश्मकों ने सन्धि में एक प्रमुख अनुबन्ध जोड़ दिया था कि इन भृत सैनिकों को सकुशल अपने देश जाने का मार्ग प्रदान किया जायेगा।"

वाहीक देश के भृत सैनिकों की ऐसी निष्ठा पर गर्व करते हुए, गौतम की बात ध्यान से सुन रहे छात्रों में से चन्द्र बोल पड़ा, "साधु-साधु। जिस राष्ट्र के भृत सैनिक भी राष्ट्र के प्रति ऐसी निष्ठा रखते हों, उस राष्ट्र को ऐसे कई अलक्षेन्द्र भी मिलकर कभी पराभूत नहीं कर सकते।"

यह गर्वोक्ति सुन गौतम के मुख पर विषाद की रेखाएँ खिंच गयीं। टूटे हुए स्वर में वह बोलता गया, "तुम्हारे उत्साह को खंडित करने का अपराध करने जा रहा हूँ, युवक। धैर्य रखना और क्षमा करना। आचार्य, अलक्षेन्द्र के अब तक के कृत्य राजाओं के अनुकूल कहे जा सकते थे। राजा उदार भी होते हैं और कठोर भी, परन्तु राजा अपने वचन का पालन अवश्य करते हैं। अलक्षेन्द्र ने अपने वचन का पालन नहीं किया। वे वीर सैनिक जब मशकावती के दुर्ग से निकल गये और आठ-दस दिन के मार्ग पर कहीं शिविर लगाकर विश्राम कर रहे थे, उन यवन म्लेच्छों[2] की सेना ने उस असावधान सेना पर आक्रमण कर दिया। आधे सैनिक तो बिना खड्ग उठाये ही काट डाले गये। जो बचे थे, उन्होंने वीरतापूर्वक युद्ध किया और वीरगति को प्राप्त हुए।" चन्द्र की ओर देख गौतम बोले, "युवक, तुम्हें यह सुनकर गर्व होगा कि जब यवन सेना इस नरसंहार के बाद अपनी जीत से सन्तुष्ट होकर वापस लौट रही थी, उस समय उन मृत वाहीक सैनिकों की स्त्रियों ने अश्रु नहीं बहाए, अपितु यवन सेना का रक्त पीने के लिए चंडी का रूप धर आक्रमण कर दिया। जब तक अन्तिम सैनिक, अन्तिम नागरिक, अन्तिम भारतीय स्त्री खड़ी रही, युद्ध चलता रहा।"

---

[1] धन लेकर किसी भी राज्य की ओर से युद्ध करने वाले सैनिक

[2] धर्माचरण न करने वाले, निर्घृण, क्रोधी, हिंसक, अविवेकी व्यक्ति अथवा समुदाय। भारत और भारतीय संस्कृति पर आक्रमण करने वाले विदेशियों के लिए इस विशेषण का प्रयोग किया जाता है।

चन्द्र सहित सभी युवकों के नेत्र भीग गये। चन्द्र कुछ कहना चाहता था, पर उसके मुख से शब्द निकल नहीं पा रहे थे। गौतम बोलता गया, "वाहीक देश का सौभाग्य है कि उसके यहाँ ऐसे सैनिक, ऐसी स्त्रियाँ हैं और वाहीक देश का दुर्भाग्य है कि उसके एक जनपद पूर्वी गान्धार का राजा आम्भी जैसा कापुरुष है।"

"आम्भी? उसने क्या किया, अग्रज?"

"अभी बताऊँगा, आचार्य। पहले पिछली बातें पूरी कर लूँ। अश्मक लोग इस विश्वासघात पर तड़पकर रह गये। जो मशकावती में थे, उनके तो हाथ बँधे थे, पर राजधानी के अतिरिक्त अन्य स्थानों के अश्मकों ने इस विश्वासघात का प्रतिशोध विश्वासघात से लिया। उन्होंने अपनी राजधानी द्वारा की गयी सन्धि को मानने से मना कर दिया और युद्ध करते रहे। अलक्षेन्द्र को उन्हें जीतने में छह माह लग गये। उधर हेफ़ेस्टियन और पर्दिकस जो सेना लेकर सिन्ध नदी की ओर बढ़ रहे थे, उन्हें भी कई जनपदों से विकट विरोध का सामना करना पड़ा। सबसे विकट युद्ध पश्चिमी गान्धार ने किया। राजधानी पुष्कलावती में बैठे राजा हस्ती ने अपनी पूरी शक्ति से यवन सेना का विरोध किया, परन्तु उत्साह से भरी विशाल यवन सेना के सम्मुख राजा हस्ती का विरोध कब तक टिकता? फिर भी, जिस सेना ने पारस को दो-तीन दिन में हरा दिया था, उस सेना को राजा हस्ती ने एक माह तक कड़ी टक्कर दी।"

आचार्य चिन्तातुर वाणी में बोले, "तो वह यवन अब सिन्धु तट तक आ गया है? कभी भी पूर्वी गान्धार अर्थात् तक्षशिला पर आक्रमण हो सकता है।"

गौतम को सिर झुकाए, कुछ न बोलते देख चाणक्य पुन: बोले, "आप बोलते क्यों नहीं, अग्रज? क्या बात है? शत्रु द्वार पर खड़ा है, क्या इससे भी अधिक अशुभ समाचार शेष बचा है आपके पास?"

लगा कि गौतम रो देंगे, "आचार्य! शत्रु द्वार पर खड़ा ही नहीं है, वह द्वार सहित पूरे गृह का स्वामी बन भी चुका है। इस राज्य के राजा ने, गान्धारनरेश आम्भी ने आज नहीं, अपितु कई माह पहले ही, जब अलक्षेन्द्र बाख्त्री और सुग्ध देश पर आक्रमण कर रहा था, तभी अपने दूत उसकी सेवा में भेज दिये थे। पूर्वी गान्धार ने, उसके राजा ने तभी अलक्षेन्द्र के सम्मुख अपनी अधीनता स्वीकार कर ली थी। जब अश्वक, अश्मक और पश्चिमी गान्धार अपनी स्वतन्त्रता, अपने स्वाभिमान, अपने राष्ट्र के लिए लड़ रहे थे; जब वाहीक के वे भृत सैनिक कट रहे थे, जब वे वीरांगनाएँ हाथों में भाले लिए यवनों की अश्वसेना के सम्मुख खड़ी थी, जब उनके बच्चे यवनों के अश्वों के खुरों तले कुचले जा रहे थे, पूर्वी गान्धार रक्त की एक बूँद बहाए बिना दास बना लिया गया था। इतना ही नहीं, जब राजा हस्ती और उनकी सेना पर्दिकस का सामना कर रही थी, तब राजा आम्भी ने यवनों को सैन्य-असैन्य सहायता भी पहुँचायी थी।"

किसी मनुष्य को तीव्र आघात लगे तो वह कष्ट में होने के बाद भी कुछ पलों तक अपने कष्ट को व्यक्त नहीं कर पाता। राजा आम्भी के इस विश्वासघात, इस राष्ट्रद्रोह ने गुरु-शिष्य मंडली को ऐसा ही आघात दिया था। यह भी सत्य है कि कितनी ही बड़ी चोट हो, कुछ पलों की विचारशून्यता के बाद व्यक्ति पीड़ा की वास्तविकता समझने लगता है और उसके भाव प्रकट होने लगते हैं। गौतम ने देखा कि कुछ शिष्यों के नेत्रों में अश्रु थे, कुछ में हताशा का भाव था, परन्तु अधिकांश क्रोधित थे। मात्र चाणक्य नेत्र मूँदे कुछ विचार करते हुए शान्त दिख रहे थे। भावनाएँ संक्रामक होती हैं और संक्रामकता भाव की तीव्रता पर निर्भर होती हैं। चाणक्य को यूँ शान्तभाव से बैठे देख शिष्यों का भी क्रोध कम होता गया। अन्ततः चाणक्य बोले, "पुत्रो! हताश या क्रोधित होने से हमें कोई लाभ न होगा। जो होना था, वह तो हो ही चुका। अब उसे हम परिवर्तित नहीं कर सकते, परन्तु जो आगे हो सकता है, उसे उचित मार्ग दिखाने में हम अवश्य सहायक हो सकते हैं। विदेशी आक्रान्ता हमारे द्वार तक आ गया है। विदेशी संस्कृति यदि मित्रवत् प्रवेश करे तो सभ्यताओं के मिलन से कुछ श्रेष्ठ का निर्माण होता है। ऐसा ही होना चाहिए। उनकी संस्कृति से हम कुछ सीखते हैं, हमारी संस्कृति से वे कुछ सीखते हैं। एक समय के बाद संस्कृतियाँ एकाकार हो जाती हैं। परन्तु आक्रान्ता विदेशी संस्कृति पराजित लोगों की संस्कृति के प्रति हेय भाव रखती हैं। वे चूँकि विजेता होते हैं, अतः उन्हें लगता है कि प्रत्येक क्षेत्र के उनके विचार पराजित लोगों के विचारों से श्रेष्ठ हैं। वे अन्तर नहीं कर पाते कि सैन्य श्रेष्ठता उन्हें अन्य विषयों जैसे अध्यात्म, चिकित्सा, साहित्य इत्यादि में भी श्रेष्ठ नहीं बना देती। इसी कारण हमारी सनातन परम्परा में सैन्य शक्ति से विजेता बना राजा दूसरे राज्य से मात्र करभार लेता है, अपनी विचारधारा आरोपित नहीं करता। पराजित राज्यों को अपनी भाषा, अपने पहनावे और अपने सामान्य व्यवहार को परिवर्तित करने की आवश्यकता नहीं होती। यवन संस्कृति इसका अवकाश नहीं देगी। हमें अपनी संस्कृति की रक्षा करनी होगी। यवनों को वापस लौटाना होगा।"

शिष्य चारुमत्स्य बोला, "आप आज्ञा दें, आचार्य। हमें बतायें कि हम क्या करें? मेरी भुजाएँ यवनों का प्रतिकार करने, उनसे प्रतिशोध लेने के लिए तड़प रही हैं। आपका अनुशासन न होता तो महादेव साक्षी हैं, मैं अभी सिन्धु पार कर उस म्लेच्छ सेना पर टूट पड़ा होता।"

"इस क्रोध का पालन करो, वत्स। समय आयेगा जब तुम्हें प्रतिशोध का अवसर मिलेगा।" कुछ क्षण विचार कर आचार्य पुनः बोले, "सभी शिष्यगण सुनें। आप सभी की शिक्षाएँ पूर्ण हो चुकी हैं। शिक्षा का उद्देश्य समाज और राष्ट्र की उन्नति में अपना योगदान देना है। आज समाज और राष्ट्र को आपकी अत्यन्त आवश्यकता है।

इसे गुरु दक्षिणा समझिए या अपनी परीक्षा, आप सभी जो राजवंशों से हैं या गणप्रमुखों के वंशज हैं, अपने राज्यों को लौट जायें और राज्य के नियन्ताओं को युद्ध हेतु सज्ज करने का प्रयास करें। अन्य छात्र भी अपनी-अपनी योग्यता के अनुसार अपना सर्वोत्तम योगदान दें। जैसे तुम शिरिषी, तुम वाक्पटु हो, अर्थ का महत्व समझते हो। यवनों से लड़ने के लिए मात्र सैनिक ही नहीं, अपितु धन की भी आवश्यकता होगी। धन न हो तो अश्व और शस्त्र नहीं होंगे, पशुओं और मनुष्यों के लिए भोजन नहीं होगा। सैनिक को भी धन की आवश्यकता होती है। असैन्य कर्मियों के लिए भी धन चाहिए। तो तुम विभिन्न राज्यों, गणों में जाओ और व्यापारी वर्ग को सहायता हेतु प्रेरित करो।" एक अन्य शिष्य को सम्बोधित करते हुए बोले, "अरालि! तुम उत्तम वक्ता हो। तुम्हारी प्रेरणा से क्लीव भी हाथ में खड्ग लेकर प्राणोत्सर्ग हेतु खड़ा हो जाये। जाओ, राष्ट्र की सुरक्षा हेतु किये जाने वाले विशाल यज्ञ में कूद पड़ने के लिए युवकों-युवतियों को तैयार करो। जंगारी! तुम्हें औषधियों में विशेष रुचि है। घायलों की सेवा के लिए विशाल मात्रा में औषधियों का निर्माण और संग्रहण करो, साथ ही भिन्न तीव्रता के विष भी बनाओ।

"पुत्रो! तुम सब अपनी-अपनी योग्यता जानते हो। उसके अनुसार कर्म करो। यद्यपि मातृभूमि की सेवा का अवसर प्रत्येक व्यक्ति के सम्मुख प्रतिक्षण उपस्थित ही होता है, अपना कर्तव्य निभाते रहना ही राष्ट्रप्रेम है, तथापि यह अवसर विशिष्ट है। यह हमारे राष्ट्र की सीमाओं को परिवर्तित कर सकता है, हमारी संस्कृति को नष्ट कर सकता है। यह अवसर हमारे लिए दुर्भाग्यपूर्ण हो सकता है, परन्तु हमें इसे अपने बाहुबल, अपने बुद्धिबल से सौभाग्य में परिवर्तित करना होगा। राष्ट्र की सीमाएँ संकुचित होने के स्थान पर विस्तृत की जा सकती हैं। संस्कृति नष्ट होने के स्थान पर प्रसारित हो सकती है। प्रत्येक आपदा अपने साथ एक अवसर भी लेकर आती है। हमें इस आपदा को अवसर ने परिवर्तित करना होगा।"

गौतम के जब अपनी बात समाप्त की थी, तब छात्रों में हताशा और क्रोध व्याप्त हो गया था। परन्तु जब चाणक्य ने अपनी बात समाप्त की, छात्र उत्साह से भर उठे थे। उत्साहित चन्द्र बोला, "आचार्य! आपने यह नहीं बताया कि आप क्या करेंगे? आप यहाँ विद्यापीठ में तो नहीं बैठे रहेंगे न?"

"नहीं, पुत्र। मैं यवनसेना का प्रतिकार करने के लिए भारतवर्ष के सबसे शक्तिशाली साम्राज्य से सहायता प्राप्त करने का प्रयास करूँगा। यद्यपि मगध का राजा अन्यायी और मूर्ख है, परन्तु इसमें कोई सन्देह नहीं कि उसकी सेना इतनी विशाल है, उसके संसाधन इतने असीम हैं कि यदि वह यवन सेना के समक्ष खड़ी भर हो जाये तो यवनों की आधी पराजय निश्चित हो जायेगी। यवन सेना का मनोबल

इसीलिए बढ़ा हुआ है कि उसने छोटे-छोटे राज्यों की छोटी-छोटी सेनाओं से युद्ध कर विजय प्राप्त की है। वह जब मगध की लक्ष-लक्ष सेना को देखेगी, तो उस महासागर से भयभीत हो जायेगी। अत: मैं सर्वप्रथम मगध जाऊँगा और धनानन्द को प्रेरित करने का प्रयास करूँगा। कुम्भ और नाचिक मेरे साथ चलेंगे। अस्तु, तुमने क्या विचार किया है, पुत्र? तुम क्या करोगे?"

"मैं आचार्य! मैं इस अलक्षेन्द्र को देखने का लोभ संवरण नहीं कर पा रहा। यदि आपकी अन्य कोई आज्ञा न हो तो मैं अलक्षेन्द्र की प्रतीक्षा करूँगा।"

चाणक्य सहित सभी आश्चर्यचकित रह गये। "तुम अलक्षेन्द्र से क्यों मिलना चाहते हो? और किस भाँति मिलोगे? इसका क्या प्रयोजन?"

"मैं उस व्यक्ति को देखना चाहता हूँ जो इतनी कम आयु में जगत् विजेता बनने का न केवल स्वप्न देखता है, अपितु उसे पूरा करने के लिए प्रयासरत भी है। जैसा आर्य गौतम ने कहा, वह उत्तम रणनीतिकार, उत्तम सेनापति है। जो उत्तम हो, उससे कुछ-न-कुछ सीखा जा सकता है। मैं अलक्षेन्द्र से अलक्षेन्द्र होने की शिक्षा लेना चाहता हूँ अर्थात् मैं उसकी रणनीति, उसकी मानसिकता समझना चाहता हूँ। जब गान्धार पर उसका आधिपत्य हो जायेगा, तब गान्धार की सेना भी उसकी सेना में सम्मिलित हो जायेगी। मैं गान्धार का सैनिक बनकर अलक्षेन्द्र का सैनिक बनूँगा और उनकी सभी रणनीतियों, सभी व्यूहों, सभी सैन्य-असैन्य कार्यकलापों को समझूँगा और समय आने पर बाहर निकल आऊँगा।"

चाणक्य की तनी भृकुटि सामान्य हुई और वे प्रसन्न स्वर में बोल उठे, "उत्तम पुत्र, उत्तम। युद्धशास्त्र का महत्वपूर्ण पाठ है कि स्वयं की शक्ति से परिचित हो, साथ ही शत्रु की शक्ति का भी पूर्ण ज्ञान रखो। तुम सही पथ पर हो पुत्र। यशस्वी बनो। मैं अभी विद्यापीठ के सभी आचार्यों की गोष्ठी बुलाने जा रहा हूँ। सर्वप्रथम तो मेरा आग्रह होगा कि तुम सबकी शिक्षा को पूर्ण मान लिया जाये और शुल्क कहें या गुरु दक्षिणा, तुम्हारी भावी सेवाओं को उसकी पूर्ति माना जाये। फिर मेरा प्रस्ताव होगा कि इस संकटकाल में शिक्षा को कुछ समय के लिए स्थगित कर राष्ट्र की सुरक्षा पर ध्यान दिया जाये। तुम सब प्रात: की पहली किरण के साथ अपने-अपने अभीष्ट मार्ग पर लक्ष्यप्राप्ति हेतु प्रस्थान करना। मैं भी कल ही मगध की ओर प्रस्थान करूँगा। अभी सब जाकर विश्राम करो।"

सारे शिष्यों के चले जाने पर गौतम बोले, "आपने मुझे कोई कार्य नहीं बताया आचार्य, मुझे क्या करना होगा?"

"आपका कार्य सबसे महत्वपूर्ण है। गूढ़पुरुषों की एक शृंखला आप स्थापित कर ही चुके हैं। अब सन्देशवाहकों की एक तीव्रतम शृंखला भी स्थापित करें।

सूचनाएँ यदि समय पर ज्ञात हो जायें तो आधी जीत तो युद्ध आरम्भ होने से पहले ही निश्चित हो जाती है। अग्रज, युद्ध शीघ्र ही आरम्भ होगा, परन्तु यह वर्षों तक चलेगा। अतः आपका कार्य शीघ्रातिशीघ्र सम्पन्न होना चाहिए और दीर्घावधि तक पूर्णतः कार्यकारी भी होना चाहिए।"

"ऐसा ही होगा, आचार्य। आज्ञा दें।"

गौतम को बाहर द्वार तक छोड़ चाणक्य कुलपति आवास की ओर बढ़ गये और कुछ ही समय में कुलपति के आदेश से विद्यापीठ के सभी आचार्य सभागार में उपस्थित थे। चाणक्य ने गौतम से प्राप्त सारी सूचनाएँ देने के पश्चात् कहा, "आदरणीय आचार्यों, शत्रु द्वार पर खड़ा ललकार रहा है। हमें उसकी चुनौती स्वीकार करनी होगी।"

एक आचार्य बोले, "आपका क्या तात्पर्य है, विष्णु? शत्रु तो आते-जाते रहते हैं। ललकारते ही रहते हैं। हम उनकी चुनौती तो कभी स्वीकार नहीं करते। चुनौती स्वीकारना, प्रतिक्रिया देना, युद्ध लड़ना ये सब राजाओं के, राज सत्ताओं के कार्य हैं, विद्यापीठों के नहीं।" इस तर्क पर बहुत सारे सिर हिलते देख चाणक्य बोले, "अवश्य हैं। आप सनातन संस्कृति को मानने वाले राजाओं के परस्पर युद्ध और यवन संस्कृति द्वारा छेड़े गये युद्ध में भेद नहीं कर पा रहे। भारतभूमि के युद्धों में राजा और सैनिक लड़ते रहते हैं, एक-दूसरे का रक्त बहाते हैं, परन्तु युद्धभूमि के निकट के खेतों में उस समय किसान अपने खेतों में बैल हांक रहा होता है, उसकी पत्नी उसके लिए भोजन लाती है। दोनों प्रेम से बैठ भोजन करते हैं और उनकी चर्चाओं में युद्ध का छोटा-मोटा अंश भी नहीं होता। वीथियों में बच्चे खेलते रहते हैं, मन्दिरों में पूजा होती रहती है, गुरुकुलों में ऋचाएँ पूर्व की भाँति ही गूँजती रहती हैं। पर यवनों के युद्ध में शरणागतों की निर्मम हत्या होती है, अभय देकर छोड़ दिये गये सैनिकों पर पीछे से वार किया जाता है, सैन्य कर्म न करने वाले पुरुषों और स्त्रियों को दास बनाकर पारस, मिस्र और ग्रीस के हाटों में बेच दिया जाता है। भारत के आन्तरिक युद्धों में जनता का धन नहीं लूटा जाता, जबकि यवन पशुधन सहित समस्त धन लूट लेते हैं। शकस्थान को भस्मीभूत कर दिया गया। यहाँ युद्ध होते हैं तो एक भी भवन नहीं जलता, वहाँ पूरे नगर को जलाकर राख कर दिया गया। क्या जो जले, वो मात्र राजभवन या प्रशासनिक भवन ही थे? नहीं आचार्यगण, वे सामान्य प्रजा के घर थे। उन्होंने जो शकस्थान के साथ किया, जो छल मशकावती के साथ हुआ, आपको क्या लगता है कि इसका पुनः दुहराव नहीं होगा?"

एक अन्य आचार्य बोले, "दूसरों के कृत्यों के आधार पर क्या हम अपना धर्म छोड़ उनकी रीति अपनाएँगे, विष्णु? विद्यापीठ का कर्तव्य विद्या का दान देना है, राजनीति नहीं। यह कैसी परम्परा डालने की बात आप कर रहे हैं? विद्यापीठों में यदि राजनीति का प्रवेश हुआ तो यह कितनी भयावह बात होगी, इसका अनुमान है आपको? भविष्य में छोटी-छोटी बातों को भी बड़ा बताकर आचार्य और छात्र सत्ता का विरोध करने लगेंगे और उनके सम्मुख हमारा उदाहरण होगा। नहीं, मेरे विचार से हमें ऐसी परम्परा की नींव डालने से बचना चाहिए।"

सबसे पहले प्रतिकार करने वाले आचार्य पुनः बोले, "वैसे विष्णु, मैं आपको बता दूँ कि हमारे इतिहास में भी ऐसे पुरुष हुए हैं जिन्होंने आर्यरीति का पालन नहीं किया। उदाहरणस्वरूप जरासन्ध, सहस्त्रार्जुन। इन्होंने भी तो नगरियों को भस्मीभूत किया था, जैसा कि ये यवन कर रहे हैं।"

चाणक्य क्रोधित होकर बोले, "आपको लज्जा आनी चाहिए, श्रीमान। वाद-विवाद का विजेता होने के लिए आप अब ऐसा कुतर्क करेंगे? क्या जरासन्ध और सहस्त्रार्जुन के कर्मों को आर्य रीति माना जा सकता है? यदि आपके पास यही उदाहरण हैं तो इन्हीं उदाहरणों से समझने का प्रयास करें। जरासन्ध का प्रतिकार करने के लिए यादवों ने अपने संघ को पुनः प्रतिष्ठापित किया और जरासन्ध से अनेकों युद्ध किये। वह तो अपनी प्रजा को दिन-प्रतिदिन के युद्ध और उसके परिणामों से बचाने के लिए योगेश्वर मथुरानगरी छोड़ द्वारिकापुरी जा बसे, तभी जरासन्ध को नगर को भस्मीभूत करने का अवसर मिला। क्या हमारे पास योगेश्वर के समान किसी और नगरी में बसने की सुविधा है? स्मरण रहे कि यादव संघ ने संघठित होकर प्रथम युद्ध ही किया था। पलायन अन्तिम विकल्प था। आप सहस्त्रार्जुन की बात करते हैं? क्या आपको इतिहास पुनः बताने की आवश्यकता है कि जमदग्नि एक आश्रम के कुलपति थे। उनके पुत्र परशुराम भी गुरुकुल के छात्र ही थे। वे आचार्य भी बने। प्रथम जरासन्ध और उसके पश्चात् अन्यायी राजाओं का उन्होंने सशस्त्र प्रतिकार किया था। 'आयुर्वेद' में कहा गया है कि वैद्य के लिए ज्ञान ही उपादेय नहीं है, प्रत्युत उसकी क्रिया का भी ज्ञान आवश्यक है। क्या यह कथन मात्र 'आयुर्वेद' के लिए ही सम्मत है या अन्य क्षेत्रों के लिए भी है? विद्यापीठों को राजनीति में प्रवेश नहीं करना चाहिए, परन्तु तब क्या हो जब विद्यापीठ जिस संस्कृति की शिक्षा प्रदान करते हैं, वह संस्कृति ही संकट में हो? तब क्या करें जब विद्यापीठों के अस्तित्व ही संकट में हों? आप सब इस बात पर निश्चिन्त हो सकते हैं कि गान्धार ने अलक्षेन्द्र की अधीनता स्वीकार कर ली है, अतः तक्षशिला विद्यापीठ को कोई हानि नहीं पहुँचेगी, परन्तु भारतभूमि के सभी राजा तो आम्भी नहीं? वे लड़ेंगे

और यदि पराजित हुए तो उनके नागरिकों के साथ वही होगा जो अश्वकों के साथ हुआ। उनके नगर भी शकस्थान की तरह राख का ढेर बना दिये जायेंगे। क्या आप लोग ऐसा होने देंगे?"

अबकी आचार्य विष्णुशर्मा बोले, "मैं आपसे सहमत हूँ, आचार्य विष्णुगुप्त। कृपया बतायें कि हमें क्या करना चाहिए?"

"सम्पूर्ण भारतभूमि आप लोगों का आदर करती है। यदि आपके मुख से कोई बात निकले तो वे उसका सम्मान करते हुए उसे पूरित करने हेतु तत्पर हो जाते हैं। मैं चाहता हूँ कि समस्त विद्वानगण अपने शिष्यों सहित भारतवर्ष में फैल जायें और उन्हें युद्ध के लिए प्रेरित करें। उन्हें बतायें कि शत्रु बलशाली है, परन्तु यदि सभी राज्य, सभी जनपद मिलकर उसका सामना करें तो उसका प्रतिकार किया जा सकता है।"

विष्णुशर्मा बोले, "ऐसा ही होगा, आचार्य।" विष्णुशर्मा के साथ अन्य अनेक आचार्य विष्णुगुप्त के बताये मार्ग पर चलने के लिए प्रस्तुत थे, परन्तु जब सभा समाप्त हुई तो ज्ञात हुआ कि अधिकांश आचार्य इसे राजनीति मान गर्हित दृष्टि से देखते थे। चाणक्य को निराशा तो हुई, पर विष्णुशर्मा जैसा सहयोगी मिलने का सन्तोष भी था। प्रातः जब भगवान भुवनभास्कर अपने सात अश्वों के रथ पर बैठकर निकले, उससे पूर्व ही चाणक्य अश्व पर बैठे मगध राज्य की दिशा में बढ़े जा रहे थे।

केकय आदि प्रदेशों को यथाशीघ्र पार कर चाणक्य अपने शिष्यों सहित मगध की राजधानी आ गये। अपने बालपन के मित्र आचार्य अच्युत के यहाँ एक प्रहर विश्राम करने के पश्चात् चाणक्य मगधराज से मिलने चले, परन्तु प्रहरियों ने उन्हें यह कहते हुए रोक दिया कि महाराज अभी विश्राम कर रहे हैं। घण्टों प्रतीक्षा के बाद भी उन्हें अन्दर जाने की अनुमति नहीं मिली। निराश चाणक्य अगले दिन पुनः आने के लिए लौट आये। इस आशा में कि महाराज किसी अन्य कार्य में व्यस्त हों, उससे पहले ही उनसे भेंट कर ली जाये, आचार्य अगले दिन प्रातः ही द्वार पर आ गये। ज्ञात हुआ कि महाराज अभी रात्रि विश्राम ही कर रहे हैं अर्थात् अभी उनकी निद्रा पूर्ण नहीं हुई है। चाणक्य के लिए यह आश्चर्य की बात थी कि कोई शासक, वह भी छोटे-मोटे नहीं, अपितु लगभग एक तिहाई भारतवर्ष का सम्राट् निद्रा और विश्राम को लेकर इतना आग्रही है। प्रतीक्षा करते-करते सूर्य सिर पर आ गया, परन्तु चाणक्य को प्रवेश न मिला। उन्हें सूचित कर दिया गया कि महाराज शासकीय कार्यों में उलझे हैं, आज उनके पास अवकाश नहीं। चाणक्य अगली प्रातः पुनः उपस्थित हो गये। पुनः पुनः उपस्थित हुए। दस दिन तक वह ब्राह्मण राजद्वार पर खड़ा रहा, परन्तु उसे प्रवेश तक न मिला।

अच्युत के कहने पर अबकी चाणक्य प्रधानामात्य राक्षस से मिले। उन्होंने बड़े प्रेम और आदर से आचार्य का स्वागत किया और चाणक्य को हुए कष्ट हेतु क्षमा माँगते हुए बोले, "विप्रवर! महाराज दिन भर शासकीय कार्यों में इतने व्यस्त रहते हैं कि उन्हें अवकाश ही नहीं मिल पाता। आप मुझे आदेश करें। अपनी सामर्थ्य भर जो भी होगा, मैं वह करने का आपको वचन देता हूँ।"

"धन्यवाद, अमात्य। आप अत्यन्त निष्ठावान सेवक हैं, जो अपने स्वामी के प्रमाद को इस प्रकार ढकने का प्रयास कर रहे हैं। मेरी स्पष्टवादिता हेतु मुझे क्षमा कीजिएगा अमात्य! राष्ट्र संकट में है, आपका व्यक्तिगत सामर्थ्य मेरा सहायक न हो सकेगा। हमारे पास औपचारिकताओं हेतु समय नहीं। कृपया आप सम्राट् से मेरी भेंट करवा दें।"

"कैसा संकट, विप्रवर?"

"मुझे विश्वास है कि आपके गुप्तचर विभाग ने आपको सारी सूचनाएँ दे ही दी होंगी। आप मेरे मुख से सुनना चाहते हैं तो सुनिए। दूर यवन देश से अलक्षेन्द्र नामक एक आँधी चली आ रही है। पृथ्वी के बड़े-बड़े साम्राज्य ढहते जा रहे हैं। पृथ्वी का एकच्छत्र सम्राट् बनना उसकी महत्वाकांक्षा है। यदि हमने अभी कुछ न किया तो भारतीय संस्कृति का लोप हो जायेगा।"

"व्यक्तिगत रूप से मैं भारतीय, यवन, पारसिक इत्यादि में भेद नहीं करता आचार्य। मैं तो चाहता हूँ कि सारी पृथ्वी बुद्ध की शरण में आ जाये। फिर भी, मैं आपकी भेंट महाराज से करवा दूँगा। आज संध्या समय आप आ जाएँ। द्वार पर मैं स्वयं आपकी प्रतीक्षा करूँगा। हाँ, कृपया इस बार महाराज से वार्ता करते समय अपने स्वाभाविक तेज को प्रस्फुटिक होने से रोक अवश्य लीजिएगा।"

राक्षस अपने वचन का पक्का था। संध्या समय चाणक्य को अतिथिकक्ष में बिठा कर महाराज को लिवा लाया। झपकते नेत्रों और उतावले पगों को देखते ही अनुमान लगाया जा सकता था कि धनानन्द किस प्रकार के शासकीय कार्यों में उलझा रहता होगा। कदाचित् संसार भर से आने वाली मदिरा की गुणवत्ता की जाँच करना ही उसका एकमात्र कार्य हो। चाणक्य को देखकर बोला, "क्या अमात्य! आप किसी कलूटे याचक के लिए मेरा समय व्यर्थ कर रहे हैं? इसे जो चाहिए, जितना चाहिए, देकर मुक्त कीजिए।"

चाणक्य खड़े हो गये और विनीत स्वर में बोले, "महाराज, यद्यपि मैं उन अर्थों में याचक नहीं हूँ, जिन अर्थों में आपकी अवधारणा है। मैं आपकी सैन्य वाहिनी का याचक हूँ। कदाचित् आपको ...।" अभी आचार्य की बात पूरी भी नहीं हुई कि उन्हें टोककर धनानन्द बोला, "सैन्य वाहिनी! अमात्य, यह ब्राह्मण तो वास्तव में रोचक

बात करता है। क्यों भई, तुम्हें सैन्य वाहिनी क्यों चाहिए? क्या किसी गाँव को हस्तगत करना है? तुम लोग तो अहिंसक होते हो न? हिंसा का आलम्बन लोगे? अरे, तुम तो अपनी जाति की स्वाभाविक दरिद्रता का प्रदर्शन करो, राजाओं की स्तुति करो। तुम्हारी कविताओं से प्रसन्न होकर एकाध गाँव तो कोई भी राजा दे देगा। जाओ, काव्य लिखो। जब पूर्ण हो जाये तो आकर उसका पाठ करना। मैं प्रसन्न हुआ तो एक के स्थान पर दो गाँव दे दूँगा तुम्हें। ठीक है? अच्छा, मैं चलता हूँ।"

किस मूर्ख से पाला पड़ा है, यह सोच चाणक्य बोले, "नहीं, महाराज। मुझे किसी गाँव या सम्पदा की अभिलाषा नहीं। आप कृपया मेरी पूरी बात सुन लें। उत्तर दिशा से एक लुटेरा हमारे राष्ट्र की सीमा में प्रवेश कर चुका है। उसने कुछ ही वर्षों में पूरे यवन प्रदेश और पारस साम्राज्य को हस्तगत कर लिया है। भारतवर्ष के छोटे-छोटे राज्यों को जीतता हुआ मगध की ओर बढ़ा चला आ रहा है। राष्ट्र की सुरक्षा का दायित्व हम सबका है और सबसे अधिक उसका, जो मुख्यभूमि का सम्राट् है। महाराज, आज आप ही हैं जो भारतवर्ष को उसके सम्भावित दुष्परिणाम से बचा सकते हैं। कृपया अपने राष्ट्रधर्म का पालन करें। राष्ट्र की रक्षा करें। अपनी वाहिनियों को आज्ञा दें कि वे इस यवनराज को गान्धार से खदेड़कर अपने राज्य में वापस भागने के लिए विवश कर दे।"

नन्द ने चाणक्य की बात सुनी और हँसते हुए बोला, "अरे ब्राह्मण, तुम जाकर छोटे-छोटे बच्चों को पढ़ाओ। ये क्या राजनीति में घुसे जा रहे हो? जानता हूँ इस अलक्षेन्द्र को और उसकी महत्वाकांक्षा को। मगध का राजा क्या इतना भी नहीं जानेगा? वह आ रहा है, तो आने दो। वह यवन देश, पारसिक साम्राज्य जीतता हुआ, वाहीक प्रदेश को रौंदता हुआ यहाँ आयेगा तो मैं उसे पकड़कर उसे ही अपना दास बना लूँगा। यदि तुम्हारे अन्दर बुद्धि है तो सोचो, एक झटके में मगध का साम्राज्य कहाँ-कहाँ तक पहुँच जायेगा? न केवल ये अहंकारी वाहीक प्रदेश वाले अपितु पारस, मिस्र और यवन देश भी मेरे अधिकार में होंगे। तुम चिन्ता न करो, तुम कविता करो। तुम्हें वही शोभा देता है। चलो जाओ।"

चाणक्य हतप्रभ रह गये। एक झटके में सारे संसार का अधिपति बनने की बात कितनी सटीक थी, परन्तु यह व्यावहारिक बात नहीं थी। नन्द को लगता है कि अलक्षेन्द्र मात्र मकदूनिया की सेना के साथ यहाँ आयेगा। जिन राज्यों को वह जीतता आ रहा है, क्या उनकी सेना भी उसकी न हो गयी होगी? वह पारस को जीत गया तो पारस की विशाल सेना उसके साथ हो गयी। कल को यदि वाहीक प्रदेश जीत गया तो केकय, यौधेय इत्यादि राज्यों की सेना भी उसकी सेना होगी। क्या तब मगध उसका सामना कर पाएगा? चाणक्य ने पुनः प्रयास किया, पर नन्द ने उन्हें

हाथ के संकेत से चुप करा दिया और बोला, "तुम्हें बात समझ नहीं आती, ब्राह्मण? मैं, मगधराज तुम्हें जाने को कह रहा हूँ और तुम धृष्ट व्यक्ति, अभी तक यहीं बैठे हो?" एकाएक क्रोधित होकर उसने अपने प्रहरियों को बुलाया और बोला, "इस कलूटे को बाहर निकालो। जाने कहाँ से आ जाते हैं और विचित्र याचनाएँ करते हैं। ब्राह्मण हो, भिक्षा माँगो। राजनीति हम राजाओं को करने दो, पर नहीं, प्रत्येक स्थान पर अपनी टांग अड़ानी है। अरे, तुम लोग मेरा मुँह क्या देख रहे हो? निकालो इसे।"

अब तक जैसे-तैसे धैर्य धारण किये चाणक्य का धैर्य चूक गया। अपने स्वाभाविक स्वर में बोले, "हे राजन! ब्राह्मण का धर्म भिक्षा माँगना नहीं, राष्ट्र और समाज का यथाशक्ति उत्थान है और इस मार्ग में जो कोई भी बाधक बने, उसे जड़मूल से हटा देना है। यह ब्राह्मण अपना धर्म निभाना जानता है। मैं पुनः आऊँगा धनानन्द, तब देखना कि भिक्षा कौन माँगता है?"

ब्राह्मण के इस क्रोध से प्रहरियों सहित अमात्य राक्षस भयभीत हो गये, जबकि नन्द ने उपहासात्मक भंगिमा के साथ उन्हें हाथ के संकेत से दुत्कार दिया। चाणक्य बाहर निकल गये। कुछ क्षणों तक क्रोधित अवस्था में चलते रहे, फिर खिलखिलाकर हँस पड़े। आकाश की ओर प्रणाम की मुद्रा में हाथ जोड़कर बोले, "आपका अत्यन्त आभार प्रभु, जो आपने मेरे मिथ्या अहंकार को इस भाँति भंग कर दिया। शिष्यों, साथी आचार्यों और आमजनों से मिले सम्मान के कारण मुझे लगने लगा था कि मैं कोई महत्वपूर्ण व्यक्ति हूँ, जिसकी कही बातों का पालन अवश्य किया जाना चाहिए। पहले ही चरण में मुझे ठोकर खाने का सौभाग्य मिला। मुझे सीख मिली कि अपने उद्देश्य की पूर्ति हेतु जाने कितनी बार मुझे ठोकरें लगेंगी? मगध न सही, छोटे-बड़े कितने ही राज्य हैं। मैं उन्हें संगठित करूँगा। कदाचित् न कर पाऊँ, परन्तु प्रयास पूरा करूँगा।"

(8)

छोटे-छोटे राज्यों की जीतता हुआ अलक्षेन्द्र पश्चिमी गान्धार पहुँच गया। पश्चिमी गान्धार को उसके सेनापतियों हेफ़ेस्टियन और पर्दिकस ने पहले से ही हस्तगत कर लिया था। नगर में कुछ समय विश्राम करने के बाद अलक्षेन्द्र सिन्धु तट पर आया। सिन्धु का विशाल पाट और नदी की चौड़ाई देख उसकी आँखें खुली रह गयीं। पर्दिकस और हेफ़ेस्टियन ने अपने अभियन्ताओं को नदी पर सेतु बाँधने का कार्य सौंपा हुआ था। भारतीय अभियन्ता भी उनकी सहायता कर रहे थे। भारत में वर्षा ऋतु में इतना पानी बरसता था कि स्थायी सेतु का निर्माण व्यावहारिक नहीं था।

एक छोटा-सा सेतु बना होता था, जिससे काम चल जाता। वर्षा ऋतु में सेतु को खोल दिया जाता। वर्तमान सेतु अलक्षेन्द्र की विशाल सेना के लिए अपर्याप्त था, अतः उसे चौड़ा करने का काम चल रहा था। सेतु बनते ही अलक्षेन्द्र की सारी सेना पूर्वी गान्धार में प्रवेश कर गयी। जैसे-जैसे सेना आगे बढ़ती, स्थान-स्थान पर गान्धार के दूत उनका स्वागत करने के लिए खड़े मिलते। भारत विजय कितनी आसान थी। हँसते-गाते हुए चलते चले जाना था।

कुछ सप्ताहों तक चलते रहने पर अन्ततः गान्धार की राजधानी तक्षशिला आ गयी। तक्षशिला नगर के बाहर राज्य की पूरी सेना अपने सर्वश्रेष्ठ संयोजन में अलक्षेन्द्र का स्वागत करने के लिए खड़ी थी। चिंघाड़ते हुए हाथी, अश्वसेना, पदाति सेना और युद्धक वाद्ययन्त्रों को देख-सुन अलक्षेन्द्र सावधान हो गया और अपनी सेना को शीघ्रता से युद्ध हेतु संगठित होने का आदेश दिया। सरिसा कहे जाने वाले अट्ठारह हाथ लम्बे भालों को अपनी ओर तना देख आम्भी को आश्चर्य हुआ। कदाचित् सैन्य सहित यवनराज का स्वागत करने का विचार उल्टा पड़ गया था। उसने मांगलिक वाद्ययन्त्रों को शान्त रहने और सेना को वहीं निश्चल खड़ी रहने का आदेश दिया और स्वयं आगे बढ़ने का निश्चय किया।

एक अकेले व्यक्ति को अपनी ओर आता देख अलक्षेन्द्र भी अपने ब्युसिफ़ेलस[1] पर चढ़ अकेले आगे बढ़ा। दोनों सेनाओं के मध्य में दोनों राजा मिले, पर हाय रे भारत का दुर्भाग्य, आक्रमणकारी राजा विजेता की भाँति गर्व से शीश उठाये था और भारत का द्वार कहे जाने वाले राज्य का राजा स्वेच्छा से शीश झुकाए खड़ा था। अलक्षेन्द्र सावधान था, परन्तु घोड़ों के रुकते ही आम्भी को घोड़े से उतरकर तलवार को दोनों हाथों में पकड़कर अपनी ओर आता देख अलक्षेन्द्र की तनी भृकुटि ढीली हो गयी। वह भी ब्युसिफ़ेलस से उतरा और आम्भी के गले लग गया।

आमने-सामने खड़ी सेनाओं ने अपने राजाओं को गले मिलता देख हर्षनाद किया। एक दुभाषिये के माध्यम से आम्भी बोला, "पृथ्वीपति सम्राट् अलक्षेन्द्र! आपका स्वागत है। अपना राज्य मैं आपके चरणों में अर्पित करता हूँ। राज्य के साथ ही उसकी सम्पदा, उसके नगर, उसके नागरिक और आपके समक्ष खड़ी यह सेना भी अर्पित करता हूँ।"[2]

---

[1] अलक्षेन्द्र (सिकन्दर/अलेक्ज़ेंडर) के घोड़े का नाम। ब्युसिफ़ेलस भी सिकन्दर की भाँति इतिहास के पन्नों में अमर है।

[2] पाठकों से निवेदन है कि वे यह पूर्वधारणा निश्चित कर लें कि आगे कभी भी जब यवन और भारतीय आपस में वार्ता करेंगे, तो वह दुभाषिये के माध्यम से ही होगी।

आम्भी के कन्धे पर हाथ रखकर अलक्षेन्द्र बोला, "मुझे प्रसन्नता है राजा आम्भी, जो मुझे आप जैसा मित्र मिला। यह तो बतायें कि आप सेना लेकर नगरद्वार पर क्यों खड़े थे? मुझे और मेरे सेनापतियों को लगा कि आप युद्ध करने आये हैं।"

"आपकी सेना को व्यूहबद्ध होता देख मैं समझ गया था, इसीलिए स्वयं निःशस्त्र होकर आपके समक्ष उपस्थित हुआ। सेना के साथ किसी राजा का स्वागत करना भारतीय परम्परा है। जब भी हमारे यहाँ कोई राष्ट्र प्रमुख आता है, सेना उसे सम्मान देने के लिए उपस्थित होती है। यदि आप सहमत हों तो आएँ, सेना का अवलोकन करें।[1]"

विचित्र परम्परा थी इन भारतीयों की। दूर देश के राजा का स्वागत सेना करती है, और राजा को सेना के बीच से होकर उसका अवलोकन करना होता है। यह कोई चाल तो नहीं? यदि ऐसा हुआ तो सारी सेना के समक्ष अकेला राजा कर भी क्या लेगा? यह सब विचार करने के पश्चात् भी अलक्षेन्द्र स्वयं को भयभीत नहीं दिखाना चाहता था। उसकी अपनी सेना आम्भी से बीस गुनी थी। यदि प्रत्येक सैनिक और अपनी प्रजा के प्रत्येक व्यक्ति की हत्या करवाने का विचार हो, तभी आम्भी ऐसा छल कर पाएगा, यह विचारते हुए अलक्षेन्द्र ने गान्धार की सेना का अवलोकन किया। तत्पश्चात् अपनी सेना को इसी विस्तृत समतल भूमि पर अपने पटमण्डप और शिविर लगाने का आदेश देकर प्रमुख सेनापतियों और अंगरक्षकों की सेना के साथ नगर में प्रवेश किया। जगत् विजेता, यवनाधिपति, पारसपति को देखने के लिए जनता उमड़ी पड़ी थी। मार्गों को विविध पुष्पों से आभूषित किया गया था। मांगलिक वस्त्र पहले नगरजन अलक्षेन्द्र पर पुष्पवर्षा कर रहे थे। मन्दिरों में बलि चढ़ती देख यवनों को सुखद आश्चर्य हुआ। देवताओं को धन्यवाद देने या उनका अनुग्रह पाने के लिए यवन भी अपने देवताओं के समक्ष बलि दिया करते थे।

पूरे दिन चले स्वागत-सत्कार के भिन्न आयोजनों से प्रसन्न यवनराज अपने आसन से उठकर अपनी भाषा में बोला, जिसे दुभाषिये ने अनुवादित किया, "मित्रो! इस पूरी पृथ्वी को एक क्षत्र के नीचे लाने के लिए मैंने एक अभियान आरम्भ किया है,

---

[1] गार्ड ऑफ़ ऑनर की परम्परा वर्तमान में सभी राष्ट्रों द्वारा अपनायी जाती है।

जिसमें ज्यूस[1] की कृपा से मुझे अब तक सफलता मिली है। हम पृथ्वी के छोर तक आ गये हैं। शीघ्र ही यह सम्पूर्ण पृथ्वी एक हो जायेगी। राजा आम्भी के मैत्रीपूर्ण व्यवहार से मुझे अत्यन्त सन्तोष हुआ है। इन्होंने मुझे अपना राज्य सौंप दिया है। मैं इन्हें अपना क्षत्रप[2] नियुक्त करता हूँ। वे मेरे नाम से गान्धार का शासन सँभालें। न केवल गान्धार, अपितु अश्वक, अश्मक और पुष्कलावती के शासक भी आम्भी होंगे। इन्होंने मुझे सौहार्दपूर्वक पच्चीस युद्धक हाथी, सौ अश्व, पाँच सौ भेड़ें, हजार स्वर्ण मुद्राएँ और अन्य अनेक वस्तुएँ प्रदान की हैं। मुझे इनकी भेंट स्वीकार है। मैं भी इन्हें कुछ उपहार देना चाहता हूँ। आम्भी से निवेदन है कि वे पच्चीस हाथी, दो सौ अश्व, सात हजार स्वर्ण और पन्द्रह हज़ार रजत मुद्राएँ, काष्ठ और ताम्र निर्मित अनेक कलाकृतियों को यवनों का उपहार मान स्वीकृत करें।"

अलक्षेन्द्र का यह औदार्य देख आम्भी और उसके अमात्यगण हतप्रभ रह गये। गान्धार दिया तो उसके प्रतिदान में गान्धार सहित अन्य अनेक राज्य मिले। धन के प्रतिदान में कई गुना धन मिला। यह तो कोई अधीनता न हुई। कुछ दिनों तक चले स्वागत-सत्कार, बलि, नृत्य-गायन के पश्चात् अलक्षेन्द्र ने आम्भी को मन्त्रणा-कक्ष में बुलाया। अपने सेनापतियों से परिचय करवाने के बाद वह बोला, "मित्र! हम यवन सदियों से स्वप्न देखते आये थे कि एक न एक दिन अपने शत्रु पारस को विजित करेंगे। मेरे पिता फ़िलिप ने ग्रीस को एक सूत्र में बाँधा। उनकी मृत्यु के पश्चात् पारस पर अभियान की उनकी इच्छा को मैंने पूरा किया। आज ग्रीस की अन्तिम सीमा गान्धार है। आपका शत्रु पोरस ग्रीस की सीमा पर खड़ा है। मैंने अपने दूत उसके पास भेज दिये हैं। यदि वह शरणागत होता है तो मुझे आशा है कि आप दोनों की शत्रुता का कोई कारण शेष न रह जायेगा, परन्तु यदि वह युद्ध का चयन करता है तो हम मिलकर उसे पराजित करेंगे। केकय भी शीघ्र ही ग्रीस साम्राज्य का भाग होगा। आप मुझे यह बतायें कि पृथ्वी का अन्तिम छोर अभी कितनी दूर है? मेरी इच्छा है कि मैं पृथ्वी के छोर पर नीचे गिरते समुद्र के तट पर खड़ा होकर घोषणा करूँ कि अब पृथ्वी एक शासन के अधीन है। हमारे इतिहासकार हेरोडोटस के अनुसार, सिन्धु के

---

[1] यूनानियों में ज्यूस अथवा ज्यूसपिटर एवं रोमवासियों में जूपिटर एक देवता हैं। इनकी समतुल्यता यदि करनी ही हो तो वैदिक साहित्य (ऋग्वेद) में 'द्यौः अथवा द्यौष्पितृ' नाम मिलता है। वैदिक युग के त्रिलोक अर्थात् विश्वसंस्था के उत्पादक तीन लोक हैं : पृथ्वी, अन्तरिक्ष और द्यौः (आकाश)। पृथ्वी और आकाश के बीच का क्षेत्र ही अन्तरिक्ष है। द्यौः सूर्य का निवास स्थान है। यूनानी विद्वान ज्यूस और इन्द्र को एक मानते हैं।

[2] गवर्नर, जो राजा के नाम पर किसी क्षेत्र का शासन करे।

बाद बस थोड़ी ही दूरी पर वह अन्तिम समुद्र है। आप अनुमान से बतायें कि हमारी सम्मिलित सेना को शेष बचे राज्यों को जीतने में कितना समय लगेगा?"

'ये ग्रीक हमारे बारे में कितना कम जानते हैं,' यह विचारते हुए आम्भी बोला, "यवनराज! भारत की सीमा सिन्धु के बाद समाप्त नहीं हो जाती, अपितु आरम्भ होती है। अभी तो आप भारत के एक बहुत ही छोटे भाग, वाहीक प्रदेश में हैं। वाहीक प्रदेश में आपका यह गान्धार, फिर केकय, उसके बाद कठ गणराज्य, यौधेय गणराज्य और ऐसे पन्द्रह-बीस गणराज्य हैं।"

अलक्षेन्द्र बीच में टोकते हुए बोला, "गणराज्य? क्या इंडोई[1] में भी हमारे एथेंस की भाँति गणराज्यीय व्यवस्था है?"

"हाँ महाराज! भारत में कई जनपदों में राजतन्त्रीय व्यवस्था है और कई जनपदों में गणराज्यीय। वाहीक प्रदेश पंचनद प्रदेश है अर्थात् पाँच नदियों के तटों पर बसा प्रदेश। इसके पश्चात् वे जनपद आते हैं जो भारत की सबसे बड़ी नदी गंगा के तटों पर बसे हैं। आपने अब तक जितनी भूमि विजित की है, यह भूमि उससे भी अधिक है। काशी, कौशाम्बी, अयोध्या, उज्जयिनी, नेपाल इत्यादि विशाल जनपद आज मगध साम्राज्य के अधीन हैं। मगध भारत की मुख्यभूमि है। उसकी सम्पत्ति, उसके सामर्थ्य की गणना नहीं की जा सकती। संसार में जितना धन है, उससे अधिक धन मगध प्रतिवर्ष व्यय कर देता है। गंगा जिस स्थान पर समुद्र से मिलती है, वह बंग प्रदेश भी अत्यन्त विशाल है। परन्तु भारत वही समाप्त नहीं हो जाता। विंध्य पर्वत श्रृंखला के आगे अभी दक्षिण भारत के द्रविड़ प्रदेश शेष हैं। उनमें से कुछ राज्यों के नाम चोल, चेर, पाण्ड्य, सतियपुत्त, केरलपुत्र तथा ताम्रपर्णी है। दक्षिण में ताम्रपर्णी[2] हमारी अन्तिम स्थलीय सीमा है। समुद्र में कई द्वीप हैं जो सांस्कृतिक रूप से भारत ही हैं, जैसे जावा, सुमात्रा, मलयदेश इत्यादि। आपने इन्हें विजित करने की अनुमानतः समय सीमा जानने की इच्छा व्यक्त की है। क्षमा सहित मेरा उत्तर है कि इसका उत्तर तो स्वयं ईश्वर को भी ज्ञात नहीं होगा। यदि अन्य राज्य आपके शरणागत हो भी गये, तब भी अहंकारी मगधराज आपकी अधीनता स्वीकार नहीं करेगा।"

भारत की यह विशालता सुन अलक्षेन्द्र के सेनापति हतप्रभ रह गये, वहीं अलक्षेन्द्र अपने इतिहासकारों की अज्ञानता पर लज्जित होते हुए भी हर्ष से भर उठा। यदि मगध और शेष भारत इतना विशाल है, इतना धनवान है, तो वह सब कुछ ही समय में मेरा होगा, यह सोच वह युवक राजा अत्यन्त प्रसन्न हो उठा।

---

[1] ग्रीक/यवन भारत को इंडोई कहते थे। इंडोई ही आगे चलकर इंडिया बना।

[2] श्रीलंका का प्राचीन नाम। तमिलनाडु में ताम्रपर्णी नाम की एक नदी भी है।

आम्भी को विदा करने के पश्चात् अलक्षेन्द्र अपने सेनापतियों के साथ आगे की योजना पर विचार-विमर्श करने लगा। उसके सेनापति यद्यपि अपने राजा से प्रेम करते थे, उनमें से कई तो बालपन से ही उसके मित्र थे, पर वे अब लगातार होने वाले युद्धों से थकने लगे थे। उन सबने अपने महानतम स्वप्नों से भी अधिक भूमि, अधिक धन प्राप्त कर लिया था। पूरी पृथ्वी जीतने के उनके अभियान के आरम्भ में वे मान कर चल रहे थे कि सिन्धु तट पर विजय प्राप्त कर वे अपने उद्देश्य की प्राप्ति कर लेंगे, परन्तु अब प्रतीत होता था कि पृथ्वी का छोर अभी उतनी ही दूर है, जितना उनके अभियान के आरम्भ में था। अलक्षेन्द्र के भय से किसी ने अपने मन की बात नहीं कही, फिर भी यदि मन में कोई बात हो तो वह किसी अन्य मार्ग से निकल ही जाती है। एक सेनापति बोला, "राजन! आपके नेतृत्व में हम कितना कुछ प्राप्त कर चुके हैं, आगे भी करेंगे। परन्तु यदि आप अनुमति दें, तो हमारे मन में एक प्रश्न है। आपका आम्भी के प्रति इतना औदार्यपूर्ण व्यवहार हमारी समझ में नहीं आता। हम जो प्राप्त करते हैं, वह अपने लिए करते हैं। परन्तु आपने तो उससे जितना प्राप्त किया, उससे कई गुना अधिक लौटा दिया। क्या यह हम यवनों के साथ अन्याय नहीं है?"

अलक्षेन्द्र मुस्कुराते हुए बोला, "मित्र! इसे ही राजनीति कहते हैं। हम इस क्षेत्र के बारे में अधिक नहीं जानते, पर हमारा अनुभव तो यही कहता है कि यहाँ के लोग पारस के लोगों की अपेक्षा विद्रोही प्रवृत्ति के हैं। यदि यहाँ हम ग्रीक मूल के व्यक्ति को क्षत्रप बनाते तो प्रजा विद्रोह कर देती। मेरी समझ यह बनी है कि प्रजा को आक्रमणकारी राजा से अथवा विजेता से तब तक कोई कठिनाई नहीं होती, जब तक उसके अपने राजा को उसका राज्य वापस न लौटा दिया जाये। आम्भी को दी गयी भूमि और सम्मान को तुम एक प्रकार का निवेश समझो। वह अब पूरी तरह से हमारा दास बन चुका है। ये भारतीय विचित्र हैं। जिसने उन्हें पराजित किया, उसकी मीठी-मीठी बातों से ही उसके दास बन जाते हैं। तुम सब देखना, यह भारतीय राजा सदैव के लिए मेरा पक्षधर बनकर मेरी सहायता करेगा। इसे जितना दिया है, उससे अधिक मैं इससे प्राप्त कर लूँगा। तुम सब निश्चिन्त रहो और आगे के अभियान की तैयारी करो। गान्धार की सेना अब हमारी सेना है। यदि उनकी व्यूह-रचना उत्तम हो, तो उनसे सीखो। साथ ही अपनी व्यूह-रचना, युद्धशैली का प्रशिक्षण दो उन्हें। भारतीय राज्यों को जीतने के लिए हम भारतीय सेना का अधिकाधिक प्रयोग करेंगे।" कुछ रुककर अलक्षेन्द्र पुनः बोला, "मैं देखता हूँ कि सांस्कृतिक स्तर पर ये भारतीय हमसे

बहुत अलग नहीं हैं। पिछले कुछ दिनों में मैंने दुभाषियों की सहायता से भारतीय संस्कृति को समझने का प्रयास किया है। हमारी तरह ही इनके कई-कई देवता हैं। ज्यूस, डायोनाइसस, अपोलो, ईरोस, एरीस, हरमीस, हेडीस, क्रोनोस, हैफ़ीस्टस, पोसाइडन जैसे देवता और हीरा, ऐफ्रोडाइटी, अथीना, आर्टेमिस, डिमीटर, हेस्टिया जैसी देवियों के समकक्ष देवी-देवता हैं इनके पास। इनके यहाँ भी यज्ञ होते हैं, बलि चढ़ाई जाती है, पर इनके यहाँ विविधता बहुत है। कोई देवताओं को मानता है, कोई नहीं मानता। कोई बलि देता है, तो कोई बलि नहीं देता। कोई केवल मांस खाता है तो कोई पशुओं को मारना पाप समझता है। बहुविवाह की प्रथा भी है इनमें, पर ये लोग यौनिक शुचिता को लेकर बहुत आग्रही हैं। मित्रो, इनके बारे में जानकर मुझे लगता है कि हम सुगमता से इन्हें अपनी संस्कृति में ढाल लेंगे। सैन्य विजय आज है, कल का क्या पता? परन्तु यदि ये हमारी संस्कृति में रच-बस गये तो अनन्तकाल तक भारत ग्रीस का दास बना रहेगा। इनके यहाँ भी साधु-संन्यासी होते हैं। मैंने अपने सांस्कृतिक दूत उनके पास भेजे हैं। कुछ ने आकर मुझसे भेंट की है। तक्षशिला में एक नंगे साधु का बहुत नाम है। वह नहीं आया।" अपने एक सेनापति की ओर देखते हुए वह बोला, "सेक्रेटस, तुम उस साधु के पास जाओ और उससे कहो कि जिसे तुम भारतीय इन्द्र कहते हो, उस ज्यूस का बेटा तुम्हें अपने समक्ष उपस्थित होने का आदेश दे रहा है। जैसे भी हो, उसे लेकर आओ।"

इसी बीच एक प्रतिहारी ने आकर सूचित किया कि एक दूत किसी यति को लेकर उपस्थित हुआ है। अलक्षेन्द्र ने यति का ससम्मान स्वागत किया और बोला, "मैंने सुना है कि आप लोग भविष्य देख सकते हैं। मुझे बतायें कि मैं भारत विजय कब तक कर लूँगा?"

यति कुछ पल मौन रहा, फिर उसने किसी पशु का सूखा चमड़ा मँगवाया। सूखा चमड़ा ऐंठकर धनुषाकार हो जाता है। चमड़े की ओर संकेत कर यति बोला, "तू इस चमड़े को भूमि पर बिछाकर बैठ।"

अलक्षेन्द्र चमड़े पर बैठा। बीच में बैठने से दोनों छोर उठ गये। यति के कहने पर वह खिसककर एक छोर पर बैठा तो दूसरा छोर उठ गया। यति बोला, "देख, अलक्षेन्द्र। भारत इस चमड़े की भाँति है। तू जिस स्थान को जीतकर आगे बढ़ जायेगा, वह विद्रोह कर देगा। उन्हें दण्ड देने के लिए पीछे आयेगा तो आगे वाले प्रदेश विद्रोह कर देंगे। तेरे भारत अभियान की यही दशा होगी। तू भारत के किसी एक भू-भाग पर भले अपनी सत्ता थोड़े समय के लिए स्थापित कर ले, सम्पूर्ण भारत जीतना किसी के वश की बात नहीं। भारत किसी का दास नहीं हुआ है, और जब

तक भारतीय धर्म से बँधे रहेंगे, तब तक वह किसी का दास नहीं बनेगा।" यति चला गया। उसके शब्दों ने यवन सेनानायकों को हतोत्साहित कर दिया, परन्तु अलक्षेन्द्र अलग मिट्टी का बना था। किसी कार्य में कठिनाई न हो, चुनौती न हो, तो उस कार्य को करने में क्या आनन्द?

अलक्षेन्द्र के आदेश पर सेक्रेटस उस हठी संन्यासी के पास गया, जिसने अलक्षेन्द्र का आमन्त्रण ठुकरा दिया था। वयोवृद्ध तपस्वी अपनी कुटिया में साधनारत थे। सेक्रेटस अलक्षेन्द्र की भाँति जिज्ञासु प्रवृत्ति का नहीं था, अतः तनिक उद्दण्डतापूर्वक बोला, "दण्डामिस![1] मैं अपने राजा, ज्यूस से पुत्र विश्वविजेता अलेक्ज़ेंडर का दूत हूँ। उनकी आज्ञा है कि आप उनके समक्ष उपस्थित हो। विद्वानों और साधुओं के साथ चर्चा करने में उनकी विशेष रुचि है। उन्होंने कई बार आपको बुलाने के लिए अपने लोग भेजे, परन्तु आप न जाने किस अहंकार में ज्यूस के बेटे की बात अनसुनी करते गये। आप आयें और देखें कि यवनराज कितने उदार हैं। वे आपको इतना धन देंगे, जिसकी आपने कभी कल्पना भी न की होगी। यदि आप आज्ञा का पालन न करें तो मुझे पूर्ण अधिकार है कि आपका शिरच्छेद कर दिया जाये।"

वृद्ध तापस ने अपने नेत्र खोले और पूर्ण शान्ति से उत्तर दिया, "जिन अर्थों में तुम्हारा राजा द्यौः का पुत्र है, उन्हीं अर्थों में मैं भी उसका पुत्र हूँ। जिसे विद्वानों के संग में रुचि होती है, वह विनीत भाव से विद्वानों के समक्ष उपस्थित होता है, न कि उद्दण्डतापूर्वक अपने पास उपस्थित होने का आदेश देता है। क्या तुम प्यास लगने पर नदी को अपने कक्ष में बुलाते हो या नदी तक जाकर नदी की विशाल जलराशि में से अपने पात्र के सामर्थ्य भर जल लेकर वापस लौट आते हो? तुम्हारा अलक्षेन्द्र मुझे ऐसा क्या दे सकता है, जिसकी अभिलाषा में मैं उसके पास जाऊँ? मुझे जो भी चाहिए, वह मेरी मातृभूमि पर्याप्त मात्रा में प्रदान कर देती है। तुम्हारा धन मेरे लिए इस मिट्टी के समतुल्य भी नहीं। तुम मेरा शिरच्छेद करोगे? अवश्य करो। जिस प्रकार तुम मेरे सिर को कटता हुआ देखोगे, मैं भी देखूँगा। मिट्टी से जन्मी मेरी यह देह मिट्टी में मिल जायेगी। इससे अधिक क्या होगा? यह देह तो वैसे भी कुछ समय में मृत हो जानी है। जो कल होना है, वह आज ही हो जाये तो क्या हानि है? तुम किसी संन्यासी को मृत्यु से नहीं डरा सकते। मृत्यु से डर तुम जैसे सत्ता और धन के दासों को लग सकता है, संन्यासी को नहीं।

---

[1] इनका भारतीय नाम अभी तक ज्ञात नहीं है। यूनानी इतिहास में इनका नाम Dandamis लिखा गया है। कदाचित् ये दण्डी या दाण्डयायन हों।

और हाँ सेनानायक, यह गर्वोक्ति रहने दो कि तुम्हारा राजा पृथ्वीपति है। अभी तो उसने विपाशा[1] नदी का तट भी नहीं देखा। पहले उसे देख लो, उसके आगे के राज्यों को जीत लो, फिर पृथ्वीपति कहनाने का दम्भ पालना।"[2]

×××

अलक्षेन्द्र की सेना अथवा कहें कि यवनों की एक परम्परा थी। यदि राज्य को हस्तगत करने में प्रत्यक्ष युद्ध करना पड़े, तो जीतने के बाद वे दिन भर, कभी-कभी कई दिन तक सामूहिक नरसंहार करते। उनकी तलवार पुरुष, स्त्री अथवा बच्चे में भेद नहीं करती थी। और यदि राज्य स्वयं ही, बिना युद्ध किये शरण में आ जाता तो खेलों के आयोजन होते, जिसमें मानवों का मानवों से, पशुओं का पशुओं से और मानवों का पशुओं से युद्ध होता। कभी-कभी इन खेलों में प्राण भी चले जाते। जीतने वाले की प्रशंसा होती, परन्तु हारने वालों की प्रतिष्ठा कम नहीं मानी जाती थी। खेल अथवा युद्ध में प्राण चले जाने पर माना जाता कि स्वर्ग में बैठे देवराज ज्यूस अपने अन्य साथी देवताओं और पूर्व में वीरगति को प्राप्त हुए मानवों के साथ उस व्यक्ति का स्वागत करेंगे। स्वर्ग में उसके सम्मान में सामूहिक भोज का आयोजन होगा, जिसमें वह देवताओं और वीर पुरुषों के साथ बैठ मद्यपान करेगा।

गान्धार में हुए खेल आयोजनों में गान्धार राज्य के भारतीय सैनिकों ने भी बढ़-चढ़कर भाग लिया था। यवनों को मानना पड़ा कि वीरता के इन खेलों में भारतीय यवनों से कम नहीं। यश और स्वर्ग की भारतीय अवधारणा बहुत भिन्न नहीं थी। विजेता युवकों में सबसे अधिक पराक्रम प्रदर्शित करने वाले भारतीय युवक को स्वयं अलक्षेन्द्र ने पुरस्कृत किया और आदेश दिया कि वह एक सप्ताह बाद आकर उससे मिले।

नियत समय पर सेनापति एंटीगोनस उस युवक को अलक्षेन्द्र के सम्मुख ले आया। शिविर में राजा आम्भी सहित सेल्युकस, टॉल्मी, फ़िलिप इत्यादि अन्य सेनापति भी उपस्थित थे। सैनिक ने अलक्षेन्द्र को यवनरीति से और आम्भी को भारतीय रीति से प्रणाम किया और सावधान मुद्रा में खड़ा रह गया। अलक्षेन्द्र बोला, "आओ, युवक। अलेक्ज़ेंडर के शिविर में तुम्हारा स्वागत है। क्या नाम है तुम्हारा?"

"चन्द्र।"

---

1 व्यास, ग्रीक में हिफ़ासिस

2 प्लूटार्क सहित ग्रीक इतिहासकारों ने Dandamis के उत्तर को विस्तार से लिखा है। उन्होंने लिखा है कि जिस अलेक्ज़ेंडर ने दुनिया के कई देशों को जीता, वह उस भारतीय नंगे बूढ़े संन्यासी से हार गया।

"तुम किस राज्य के निवासी हो?"

"यह सम्पूर्ण भारतभूमि ही मेरी माँ है, यवनराज।"

"जो शीघ्र ही मेरे ग्रीक साम्राज्य का भाग होगी, युवक। तब तुम मुझे मात्र यवनराज नहीं, 'पृथ्वीपति' कहोगे। तुम्हें और बाकियों को मुझे इस नाम से सम्बोधित करने की आदत डाल लेनी चाहिए।"

"अपराध क्षमा हो, यवनराज। परन्तु पृथ्वी इतनी छोटी नहीं कि आपके मकदूनिया से भारत तक ही विस्तृत हो। फिर भारत भी इतना छोटा नहीं कि कोई भी इसे जीतने का सहज स्वप्न देख सके। अभी तो आप भारत के द्वार पर ही खड़े हैं। पहले इस द्वार को ही पार कर लें। भारत का अन्तिम छोर तो अभी बहुत दूर है।"

सम्राट् के समक्ष इस उद्दण्डता से बात करने वाले युवक को सुन आम्भी गर्वित हुआ और यवन सेनापति आश्चर्य से भर उठे। अलक्षेन्द्र यद्यपि इस प्रकार की अवहेलना सहन करने वाला व्यक्ति नहीं था, फिर भी उसने अपने मन को शान्त रखा और बोला, "अब इतनी दूर से द्वार तक आया व्यक्ति ख़ाली हाथ द्वार से ही वापस तो न जायेगा, चन्द्र। अच्छा, यह बताओ कि तुम्हारे पिता क्या करते हैं? तुम्हारा कुल क्या है?"

"माता ने मुझे मेरे पिता का नाम नहीं बताया है। अतः कुल के बारे में मुझे कुछ नहीं पता, परन्तु यदि यह इतना ही आवश्यक है तो मैं अपने गुरु के नाम पर अपना कुल बताता हूँ, 'गुप्त'।"

"पिता का नाम नहीं पता?" यह कहकर अलक्षेन्द्र हँसने लगा। उसके सेनापति भी हँसने लगे। यवनों में कुल का अत्यन्त महत्व था। उच्च कुल में पैदा हुआ व्यक्ति ही राज्य के शीर्ष पदों पर सुशोभित हो सकता था। निम्न कुल के व्यक्ति आजीवन उच्च कुलों की सेवा ही कर सकते थे। अलक्षेन्द्र भिन्न संस्कृतियों के प्रति जिज्ञासु था, अतः उसे भारतीय वर्ण व्यवस्था की जानकारी थी। व्यक्ति जिस परिवेश में पला होता है, उसी के सापेक्ष अन्य नई चीज़ों के प्रति दृष्टिकोण बनाता है। अभी तक जिस चन्द्रगुप्त को वह ससम्मान देख रहा था, कुलहीन जानते ही उसके प्रति सारी सद्भावना समाप्त हो गयी। बोला, "तो तुम्हारा वर्ण क्या है, युवक?"

"जब कुल नहीं पता तो वर्ण कैसे ज्ञात होगा? तथापि मेरा बचपन शूद्र समाज में बीता है।"

"ओहो, तो तुम निकृष्ट शूद्र हो?"

"शूद्र निकृष्ट होते हैं, यह ज्ञान आपको कहाँ से प्राप्त हुआ?"

"यह कोई इतनी गूढ़ बात नहीं कि मुझे किसी और से जानने की आवश्यकता हो। जिसका जीवन मात्र दूसरों की सेवा में व्यतीत हो, वह निकृष्ट ही तो होगा!"

"यह यवन दृष्टिकोण होगा, यवनराज। भारतीय दृष्टिकोण से सब सेवक ही हैं। हमारी सभ्यता में हम सबका जीवन समाज और राष्ट्र के लिए समर्पित है। राष्ट्र और समाज के प्रति हम सबका दायित्व है। इस दायित्व की पूर्ति के लिए हम सब अपनी सामर्थ्यानुसार दान करते हैं। जो जिसके पास है, वह वही दान करता है। शूद्र के पास श्रम है, वैश्य के पास अर्थ है, क्षत्रिय के पास शक्ति है और ब्राह्मण के पास विद्या है। विद्या, शक्ति, अर्थ और श्रम से राष्ट्र निर्माण होता है। अत: प्रत्येक वर्ण राष्ट्र निर्माण में बराबर का भागी है। यहाँ कोई किसी से ऊँचा या नीचा नहीं। यदि होता तो मुझ सहित अनेक शूद्र युवक विभिन्न गुरुकुलों में शिक्षा न पा रहे होते, विभिन्न राज्यों में शीर्ष पदों पर न बैठे होते।"

"अच्छी बात है। मैं तुम्हारी वीरता और वाक्पटुता से अत्यन्त प्रसन्न हूँ। तुम गान्धार की सेना में हो, अत: अब मेरी सेना का एक भाग हो। जिस प्रकार तुम्हारी यह उद्दण्ड जिह्वा चलती है, यदि उसी भाँति तुम्हारी तलवार चले, तुमने जिस वीरता का प्रदर्शन खेलों में किया है, यदि वैसी ही वीरता का प्रदर्शन युद्ध में किया तो शीघ्र ही स्वयं को सेना के उच्च पदों पर बैठा पाओगे।" सेनापति सेल्युकस को सम्बोधित करते हुए अलक्षेन्द्र बोला, "सेल्युकस, तुम इसे अपनी वाहिनी में सम्मिलित कर लो।"

सेल्युकस कुछ बोलता, उससे पूर्व ही चन्द्रगुप्त बोल पड़ा, "रुकिए भावी पृथ्वीपति! मैं कोई भेड़ नहीं जिसे आप अपनी इच्छा से कहीं भी हाँक दें। मैं आपकी सेना में सम्मिलित होकर अपने ही राष्ट्र के विरुद्ध शस्त्र संचालन करूँ, यह आपने सोचा भी कैसे? भारतभूमि में राजा आम्भी जैसे राष्ट्रद्रोहियों की तुलना में पितृभूमि से प्रेम करने वालों की संख्या कहीं अधिक है। आक्रान्ता की सेवा! छी! मैं शस्त्र अवश्य उठाऊँगा, परन्तु वह आक्रान्ताओं के पक्ष में नहीं, अपितु उसके विरोध में होगा। चन्द्रगुप्त का खड्ग सदैव ही यवनों के रक्त का पान करने के लिए आतुर रहेगा, यवनाधिपति। जब तक आपको इस राष्ट्र से खदेड़ न दिया जाये, इस चन्द्रगुप्त के खड्ग की क्षुधा शान्त नहीं होगी।" इतना कह गर्व से सिर ऊँचा किये चन्द्रगुप्त शिविर से निकल गया। उसकी वाणी के ओज से हतप्रभ अनुवादक ने जब तक अटक-अटककर चन्द्रगुप्त के कहे शब्दों को ग्रीक भाषा में अनुवादित किया, वह शिविर से जा चुका था। भावार्थ समझते ही अलक्षेन्द्र ने युवक को पकड़कर उसका वध करने की आज्ञा दे दी।

चन्द्रगुप्त उनके हाथ न लगा। कुछ देर बाद सूचना मिली कि तक्षशिला से चन्द्रगुप्त अकेला ही नहीं निकला था, अपितु गान्धार की सेना का एक छोटा भाग भी उसके नेतृत्व में भाग निकला था। अलक्षेन्द्र ने अब तक भीरू भारतीय देखे थे।

उसकी सेना की विशालता, उसकी गतिशीलता और शत-प्रतिशत विजय विरोधियों को हतोत्साहित कर देती थी। जो राज्य उसके समक्ष समर्पण कर देते, मात्र वे ही नहीं, अपितु सम्मुख युद्ध करने वाले भी कर्तव्य निष्ठा, स्वाभिमान और राष्ट्रप्रेम के कारण युद्ध तो करते, पर कदाचित् उनके मन में कभी भी यह विश्वास नहीं होता था कि वे अलक्षेन्द्र को पराजित कर सकेंगे। यह युवक, यह भारतीय युवक भिन्न था। विश्वविजेता अलक्षेन्द्र के सम्मुख अकेला खड़ा था और पूरे विश्वास से उद्घोषणा कर गया कि सदैव आगे बढ़ते जाने वाली ग्रीक सेना को वह वापस खदेड़ देगा! इतना विश्वास स्वयं पर? नंगे दण्डामीस ने जो कहा, उसे किसी विक्षिप्त का प्रलाप माना जा सकता है, पर यह सैनिक चन्द्रगुप्त जो कह गया, उसकी उपेक्षा नहीं की जा सकती थी। सामर्थ्य न हो तो वाणी में सच्चाई नहीं झलकती। चन्द्रगुप्त के पीछे अवश्य कोई शक्ति है, उसे ढूँढ़कर समाप्त करना होगा।

कक्ष में एक दूत के प्रवेश ने अलक्षेन्द्र के विचारों में बाधा पहुँचायी। अप्रसन्न अलक्षेन्द्र ने संकेत से ही बोलने की आज्ञा दी। दूत बोला, "राजन! आपकी आज्ञा से ग्रीक दूत विभिन्न राज्यों में आपका सन्देश लेकर गये थे। अनेक दूत लौट आये हैं। दो राज्यों को छोड़ किसी ने भी कोई उत्तर नहीं दिया। अभिसार[1] ने कहा है कि वह यवनों का दास नहीं बनेगा। उधर जब हम केकय की राजधानी पहुँचे तो हमारा स्वागत करते हुए केकयराज पोरस ने हमसे कहा, "यवनराज ने मुझे भेंट करने और उनकी सत्ता स्वीकारने के लिए कहा है। सत्ता तो उसकी होगी, जो श्रेष्ठ होगा। यदि अलक्षेन्द्र ने कोई ऐसा काम किया होता, जिससे उनकी श्रेष्ठता प्रदर्शित होती तो मैं कदाचित् उनके प्रस्ताव पर एक क्षण के लिए विचार करता। यद्यपि तब भी उनकी केकय पर सत्ता स्वीकार नहीं ही करता। दूत, आप वापस जायें और अलक्षेन्द्र से केकयराज का सन्देश कहें। उनसे कहें कि आपने मुझे अपने सम्मुख उपस्थित होने का आदेश दिया था। आदेश अपने से निम्न व्यक्ति को दिया जाता है और पर्वतेश्वर किसी से निम्न नहीं। भेंट तो निमन्त्रित करके भी हो जायेगी। निमन्त्रण आप किसी को भी दे सकते हैं। मैं यवनराज को युद्ध का निमन्त्रण देता हूँ।"

दूत के मुख से निकलते पर्वतेश्वर के शब्दों से सेनापतियों की भृकुटियाँ तन गयीं, और अलक्षेन्द्र के होंठों पर हँसी तैर गयी। वह दूत से बोला, "अभिसार के बारे में पुनः बताओ। उसके राजा ने कहा कि वह दास नहीं बनेगा, परन्तु उसने और क्या कहा?"

"उसने और तो कुछ नहीं कहा, राजन।"

---

[1] झेलम और चिनाब के बीच का क्षेत्र, आधुनिक भिम्भर और राजौरी

"तुम उसके राज्य से होकर गये और आये। तुमने कोई विशेष बात नहीं देखी?"

"ऐसा कुछ विशेष तो नहीं था, राजन। ये भारतीय उत्सवप्रिय हैं। कदाचित् उनके यहाँ किसी उत्सव की तैयारी चल रही थी। राजधानी में अनाजों से भरी गाड़ियाँ आ रही थीं, भेड़-बकरियाँ भी। लगा कि किसी खेल का आयोजन होने वाला है। अभिसार में लोहे का काम करने वाले कर्मी अत्यधिक हैं। उनकी शालाओं से आती आवाजें कानों को बहरा कर देती हैं। मुझे यथाशीघ्र केकय भी जाना था। न भी जाना होता, तब भी मैं उस शोर करने वाले शहर से शीघ्रता से निकलने का प्रयास करता।"

दूत को जाने की आज्ञा देकर अलक्षेन्द्र आम्भी से बोला, "मित्र, क्या अभी आप लोगों का कोई विशेष त्योहार आने वाला है?"

"अब तो वर्षा ऋतु आरम्भ हो चुकी है, यवनराज। इस समय गान्धार में तो कोई उत्सव नहीं होता। जहाँ तक मुझे ज्ञात है, अभिसार में भी इस माह कोई उत्सव नहीं मनाया जाता है।"

"क्यों पर्दिकस, दूत ने जो कहा, उससे तुम्हें क्या समझ आया?"

"राजन, अभिसार युद्ध की तैयारी कर रहा है। वह खाद्य सामग्री एकत्रित कर रहा है। उसके लोहार अस्त्र-शस्त्र बना रहे हैं।"

"परन्तु क्यों? हम उसके पहाड़ी राज्य पर तो आक्रमण नहीं करने जा रहे, फिर वह इतनी तैयारी क्यों कर रहा है?" किसी से कोई उत्तर न पाकर अलक्षेन्द्र अपनी बात आगे बढ़ाते हुए बोला, "क्योंकि वह इस बार पूरी क्षमता से पोरस का साथ देना चाहता है। तुम लोगों को याद होगा कि इसकी सेना की एक टुकड़ी अश्मकों की सहायता के लिए भी आयी थी। अभिसार स्वयं समर्थ नहीं कि वह यवनसेना का प्रतिरोध कर सके। अत: जो भी हमारा प्रतिरोध करने का साहस करता है, अभिसार उसकी सहायता करने पहुँच जाता है। अबकी वह केकय की सहायता करने आ रहा है। वह केकय तक पहुँचे, उसके पूर्व ही हमें केकय को पराजित करना है। हेफ़ेस्टियन, पर्दिकस, सेल्युकस, हम अभी केकय पर आक्रमण करेंगे।"

हेफ़ेस्टियन बोला, "लेकिन अभी तो भारी वर्षा हो रही है।"

"तो क्या हुआ? क्या वर्षा ने आज तक हमारी विजययात्रा को बाधित किया है?"

"नहीं, परन्तु हम जिन वर्षाओं की परवाह न करते हुए आगे बढ़ते गये, उनमें और इस भारत की वर्षा में अन्तर है, राजन। दो-चार दिन की बारिश से हमें कोई अन्तर नहीं पड़ता, परन्तु यहाँ की बारिश तो महीनों तक होती ही रहती है। हमारे सैनिक, उनके कपड़े सूखने से पहले गीले हो जाते हैं। लगातार भारी मात्रा में हो रही वर्षा में वे कैसे लड़ेंगे?"

आम्भी बोला, "सेनानायक की बात सत्य है, राजन। वितस्ता[1] में इस समय बाढ़ आयी हुई है। इतनी विशाल सेना को उस पार ले जाना अत्यन्त कठिन होगा।"

"कठिन होगा या असम्भव होगा? यदि कठिन है तो किया जा सकता है। और यदि असम्भव हुआ तो उसे यदि हम ग्रीक सम्भव न बना सके तो अन्य लोगों और ग्रीक लोगों में अन्तर ही क्या रहा? सेना अभी प्रयाण करेगी। पोरस ने युद्ध का निमन्त्रण दिया है, मैं उसे अस्वीकार नहीं कर सकता। आखेट करने का आनन्द तो तभी है जब सिंह को उसकी मांद में घुसकर मारा जाये। हेफ़ेस्टियन, सेना को सज्ज होने का आदेश दो। आम्भी, आप भी। दो दिन के अन्दर हमारी पूरी सेना मुझे वितस्ता के तट पर चाहिए।"

अलक्षेन्द्र की पूरी सेना वितस्ता के उत्तरी छोर पर आ खड़ी हुई। एक मील से अधिक चौड़ी वितस्ता। मूसलाधार बारिश से उफनती वितस्ता। निकट की पहाड़ियों से बर्फ के टुकड़े और वनों से वनस्पतियों को बहाते ले जाती हुई वितस्ता, और वितस्ता के पार पशुपतिनाथ की जय का हुँकार भरते भारतीय सैनिक। साधारण सेनानायक यह सब देख हतोत्साहित होते थे, परन्तु अलक्षेन्द्र अलग ही मिट्टी का बना था। उसके समक्ष जितनी कठिन चुनौती होती, सुलझाने में उसे उतना ही अधिक आनन्द आता था। अपने ब्युसिफ़ेलस पर बैठा यवनराज नदी के कोहालह के बीच वितस्ता के दक्षिणी तट पर व्यूहबद्ध भारतीयों के उत्साह की थाह लेता रहा। उसने वर्षा की गिरती बूँदों के बीच हाथी पर बैठे पर्वतेश्वर[2] के नेत्रों को देखने का प्रयास किया। यद्यपि यह सम्भव नहीं था, फिर भी अलक्षेन्द्र को प्रतीत हुआ कि सामने खड़ा सेनानायक उसे घूर रहा है।

युद्ध का निमन्त्रण देने वाला पोरस वितस्ता के उस पार था। उससे मिलने के लिए नदी को पार करना आवश्यक था। अलक्षेन्द्र ने तुरन्त ही कोएनस को आदेश दिया कि वह वापस सिन्धु नदी पर जाये और हेफ़ेस्टियन द्वारा सिन्धु पर बनाये सेतु को भंग कर, उसमें प्रयुक्त सभी नावें यहाँ लेता आये। नावें आ जाने पर वितस्ता को पार किया जा सकता था, परन्तु एक मील चौड़ी, उफनती नदी को पार करना अपने आप में कठिन तो था ही, फिर उतरते ही थके सैनिकों को स्वस्थ भारतीय सैनिकों से युद्ध करना पड़ता। यह व्यावहारिक नहीं था। अलक्षेन्द्र ने अपने विश्वस्त सेनानायकों

---

[1] वितस्ता – झेलम। इसे ही ग्रीक इतिहासकारों ने Hydaspes कहा है।

[2] कई विद्वान पर्वतेश्वर और पुरु को दो भिन्न व्यक्ति मानते हैं। ग्रीक साहित्य में पर्वतेश्वर को पोरस कहा गया है।

के साथ बैठक की और उन्हें अपनी योजना समझायी। फ़िलिप की टुकड़ी को यह उत्तरदायित्व दिया गया कि वह मकदूनिया के मूल सैनिकों की एक छोटी टुकड़ी लेकर वितस्ता के किनारे-किनारे पूर्व की ओर जाये और ऐसा स्थान खोजे, जहाँ नदी का पाट कम चौड़ा हो, साथ ही ऐसा ढका-छुपा भी हो कि उस स्थान से नदी पार करते समय यवन सेना भारतीय खोजी दलों की दृष्टि से बची भी रहे। मूल मकदूनियन सैनिकों की टुकड़ी का चयन इसलिए किया गया, क्योंकि उनके बीच किसी भारतीय गूढ़पुरुष का घुसना या उनसे सूचना निकालना असम्भव होता।

पाँच दिन बाद फ़िलिप की टुकड़ी ने ऐसा स्थान खोज लिया। पूर्व दिशा में वितस्ता दक्षिण की ओर हल्की-सी मुड़ी हुई थी। उस स्थान पर नदी का पाट कम चौड़ा था और नदी में बीच-बीच में ठोस भूमि भी थी। वह स्थान पर्वतेश्वर की सेना से कई मील दूर होने और गहन वनस्पतियों वाले वन के कारण पूर्णतः अदृश्य था। यदि अलक्षेन्द्र की सेना उस स्थान पर उतरती तो शत्रु द्वारा देखे जाने की सम्भावना न्यूनतम होती। फ़िलिप की टुकड़ी छोटी थी। दस-बीस सैनिक छुपते-छुपाते कहीं भी जा सकते थे, परन्तु अब सेना के बड़े भाग को उस स्थान पर जाना था। सेना की ऐसी हलचल भारतीयों की दृष्टि से बच नहीं सकती थी। अतः अलक्षेन्द्र ने आदेश दिया कि उसकी सेना मूल स्थान से एक-दो मील दायें, फिर एक-दो मील बायें करती रहे। एक दिन सेना की बड़ी टुकड़ी प्रस्थान करती और शाम तक कहीं और पड़ाव डाल लेती। फिर दूसरे दिन प्रस्थान करती और मूल स्थान पर वापस आ जाती। अगले दिन विपरीत दिशा में यही स्थानान्तरण पुनः दोहराया जाता। आठ-दस दिन तक यह क्रम चलता रहा। सामने खड़ी भारतीय सेना इन विचलनों का अवलोकन करती और तद्नुरूप अनुसरण करती। एक समय ऐसा भी आया कि भारतीयों को लगने लगा कि यह सब निष्प्रयोज्य है। यवनों को ऐसा किनारा नहीं मिल रहा, जहाँ से वे नदी पार कर सकें। भारतीय निश्चिन्त हो गये। उन्होंने अब यवनों के साथ-साथ अपनी सेना को दायें-बायें करना बन्द कर दिया। अलक्षेन्द्र यही तो चाहता था। उसकी अगली चाल थी कि भारतीयों को पूर्ण विश्वास दिला दिया जाये कि यवन इस वर्षाकाल में नदी पार नहीं करेंगे, अपितु वर्षाऋतु के समाप्त होने की प्रतीक्षा करेंगे। इसके लिए उसने सेना के चारों ओर सुरक्षा घेरा बनाने का आदेश दिया। गान्धार से दो महीने के लिए पर्याप्त अनाज और पशु मँगाये गये। रात्रि में यवन सैनिक आग जलाकर नृत्य करते, भोज करते। इस बीच चुपके-चुपके थोड़ी-थोड़ी सेना फ़िलिप द्वारा नियत स्थान पर जाती रही। कोएनस द्वारा जो नावें सिन्धु से ले आयी गयी थी, उनमें से कुछ नावों को पहले ही उस स्थान पर पहुँचा दिया गया था। अब बस प्रतीक्षा थी तो सही अवसर की।

वह अवसर शीघ्र ही आ गया। एक दिन, दिन भर होती रही वर्षा ने सन्ध्या होते-होते विकराल रूप धारण कर लिया था।

गान्धार से भागा चन्द्रगुप्त अपनी छोटी-सी टुकड़ी लेकर पर्वतेश्वर के सम्मुख उपस्थित हुआ और यवनों से होने वाले युद्ध में सम्मिलित होने की इच्छा जतायी। पर्वतेश्वर ने न केवल उसे सम्मिलित किया, अपितु अपने प्रधानामात्य के सुझाव पर उसे योग्य जानकर सैन्य सभा में उपस्थित होने और अपना मत देने का अधिकार भी दिया। जब अलक्षेन्द्र की सेना दायें-बायें कर रही थी, और फिर जब ऐसे संकेत मिले कि वे वर्षाऋतु समाप्त होने की प्रतीक्षा करेंगे, तब पर्वतेश्वर के सभी सेनानायकों ने इस सूचना का स्वागत किया, परन्तु चन्द्रगुप्त अड़ गया। पर्वतेश्वर को सम्बोधित करते हुए बोला, "राजन, मैं अलक्षेन्द्र की सेना में कुछ दिन रहा हूँ। अलक्षेन्द्र के बारे में उसके सैनिकों से, उसके सेनानायकों से सुना है। वह वीर और चतुर है। जिन्हें आम सैनिक बाधा मानते हैं, वह उन्हीं को अपना शस्त्र बना लेता है। अदम्य साहस के धनी और श्रेष्ठ रणनीतिकार अलक्षेन्द्र के सम्बन्ध में यह विश्वास करने योग्य बात नहीं कि जिसने मात्र दस वर्षों में मकदूनिया से यहाँ वितस्ता तक की भूमि जीत ली, वह दो महीने की शान्त प्रतीक्षा करेगा। वह अवश्य किसी रणनीति पर कार्य कर रहा है। हमें असावधान नहीं होना चाहिए।"

"ठीक कहते हो, चन्द्रगुप्त। हम असावधान नहीं होंगे। हम सम्पूर्ण एकाग्रता से उसकी प्रतीक्षा करते रहेंगे। वह चाहे दो महीने बाद आये या कल ही क्यों न आ जाये, हमारी सेना उसकी ग्रीवा थामने के लिए सज्ज खड़ी मिलेगी।"

"परन्तु प्रतीक्षा क्यों?" चन्द्रगुप्त उत्साह से बोला, "हम उसकी प्रतीक्षा क्यों करें? हम ही क्यों नहीं उसकी सेना पर धावा बोल देते? मुझे पूर्ण विश्वास है कि वह कोई गूढ़ योजना बना रहा है। उसकी योजना का मूल आधार ही यह है कि हम यहाँ इस तट पर निश्चल खड़े हैं। यदि हम उस पर अभी आक्रमण कर दें तो उसकी योजना भले ही कितनी श्रेष्ठ क्यों न हो, धरी रह जायेगी।"

अमात्य चण्डवर्मा बोले, "तुम्हारी बात व्यावहारिक नहीं है, चन्द्रगुप्त। हमारी सेना का मुख्य भाग गजसेना और रथसेना है। हम इस सेना को उस पार कैसे ले जा सकते हैं?"

"क्षमा करें अमात्य, सेना इसलिए नहीं होती कि वह राजा के पैरों में बन्धन डाल दे। हाथी और रथ नहीं जाएँगे, पर घोड़े और सैनिक तो जा सकते हैं?" पर्वतेश्वर और अन्य सेनानायकों को सहमत न होता देख चन्द्रगुप्त ने दूसरी बात कही, "ठीक है, महाराज। पूर्ण सेना नहीं जा सकती, पर छोटी-छोटी टुकड़ियाँ तो जा सकती हैं? हम क्यों न ऐसी टुकड़ियाँ भेजें, दस-दस, बीस-बीस सैनिकों की,

जो जाकर उनकी सेना में अव्यवस्था फैला दें। निरन्तर ऐसे आक्रमण होते रहें, तो अलक्षेन्द्र को सँभलने का अवसर नहीं मिलेगा।"

"तुम कह रहे हो कि आत्मघाती दल भेजूँ जो रात के अँधेरे में छुपकर हमला करें?"

"हाँ, राजन! मैं यही कह रहा हूँ।"

"यह किसी क्षत्रिय को शोभा नहीं देता। जानते-बूझते अपने वीर सैनिकों की बलि? रात्रि में शत्रु पर आक्रमण? यह भारतीय रीति नहीं, नवयुवक! हम युद्ध में भी मर्यादा रखते हैं!"

"अपराध क्षमा हो, राजन! मर्यादा पुरुषोत्तम श्रीराम से अधिक मर्यादित कौन है? क्या उन्होंने बाली का छुपकर वध नहीं किया था? क्या उनके एक सैनिक हनुमान ने शत्रु के घर में घुसकर उथल-पुथल नहीं मचाई थी और क्या स्वयं आपने ही गान्धार को मन्त्रयुद्ध से पराजित नहीं किया था? मर्यादा का पालन मर्यादित शत्रु से किया जाता है। जो बर्बर है, म्लेच्छ है, उसके सम्मुख मर्यादा का क्या मोल? क्या आपको ज्ञात नहीं कि इस म्लेच्छ ने सोते हुए वाहीक सैनिकों पर आक्रमण किया था। ग्रामीणों और नागरिकों सहित इसने ग्राम के ग्राम और नगर के नगर भस्मीभूत कर दिये। भारतीय पुरुषों और स्त्रियों को दास बनाकर सुदूर एथेंस और मकदूनिया में बेच दिया इसने।"

"राम और हनुमान की बात न करो। वह अलग युग था, यह अलग युग है। गान्धार को हमने मन्त्रयुद्ध से जीता क्योंकि गान्धार को मन्त्रयुद्ध से सरलता से जीता जा सकता था। क्या वैसा ही इस यवनसेना के साथ हो सकता है? हम सम्मुख युद्ध में हैं, अत: युद्ध की परम्परा का पालन करेंगे। हममें और उनमें अन्तर होना चाहिए। तुम क्या चाहते हो कि हम भी उनकी भाँति बर्बर और म्लेच्छ बन जाएँ? जिस संस्कृति पर तुम्हें इतना गर्व है, क्या ऐसे युद्ध के बाद भी वही गर्व धारण कर सकोगे, वत्स? अमर्यादित आचरण पर्वतेश्वर की प्रकृति नहीं। तुम्हें और कुछ कहना है?"

"हाँ, राजन। अलक्षेन्द्र नदी अवश्य पार करेगा, सामने से नहीं तो किसी और स्थान से। मेरा परामर्श है कि इस स्थान की दोनों दिशाओं में बीस मील तक प्रत्येक एक मील पर तीव्रगामी अश्वारोही नियुक्त किये जाएँ। यदि शत्रु किसी और तट से आता हुआ दिखे तो हमारे पास सूचना यथाशीघ्र पहुँचनी चाहिए।"

"अति उत्तम। यह व्यवस्था पहले से है, पर बीस मील तक नहीं है। मैं अभी इसका आदेश देता हूँ। तुम कुशल रणनीतिकार प्रतीत होते हो, युवक।"

"आज्ञा हो तो एक निवेदन और है, महाराज।" पर्वतेश्वर की मूक सहमति पाकर चन्द्रगुप्त बोला, "महाराज! युद्ध के दो ही परिणाम सम्भव होते हैं– विजय अथवा पराजय।

यदि जीत गये तब तो कोई बात नहीं, पर पराजित होना स्वीकार्य नहीं होना चाहिए। जैसे रात्रि से पहले उसके लक्षण दिखने लगते हैं, वैसे ही पराजय से पहले पराजय के लक्षण दिखने लगते हैं। मेरी विनती है कि यदि देव हमारे पक्ष में न हुए, पराजय निकट आती दिखे तो हम पीछे हट जाएँ। अपनी शक्ति पुनः संचित कर पुनः जीत के लिए प्रयास करें।"

पर्वतेश्वर गर्वीले व्यक्ति थे। पराजय की बात सुनकर और पराजय के बाद युद्धक्षेत्र से पीठ दिखाकर भाग जाने का परामर्श सुनकर उनके नथुने फड़कने लगे, "क्या कहा? पराजय? पलायन? तुम निश्चित ही क्षत्रिय नहीं होगे, वत्स! क्षत्रिय या तो जीतता है, या स्वर्ग में अपना स्थान सुनिश्चित करता है। वह पलायन नहीं करता!"

"क्या योगेश्वर कृष्ण क्षत्रिय नहीं थे? वीर नहीं थे? रण छोड़कर जाने वाला प्रत्येक सैनिक कायर नहीं होता, राजन। मातृभूमि की सेवा करने के लिए इस व्यक्तिगत मान-मर्यादा का त्याग न्यायोचित है और क्षत्रियोचित भी। क्षत्रिय का एकमात्र धर्म राष्ट्र की सेवा है, राष्ट्र की सेवा में प्राण त्यागना है न कि अपने सुनाम हेतु अपनी व्यक्तिगत प्रतिष्ठा हेतु अपनी बलि चढ़ाना है। क्षत्रिय तो त्याग की मूर्ति है। प्राण त्यागना आसान है, कठिन है प्रतिष्ठा का त्याग करना। माँ की रक्षा के समक्ष पुत्र की प्रतिष्ठा का क्या मूल्य, राजन?"

सभा समाप्त हो गयी। सभी सेनानायक चले गये। पर्वतेश्वर चन्द्रगुप्त की बात पर मनन करते रहे, पर उनका रूढ़िवादी मन पलायन के लिए सहमत न हो सका।

दिन भर होती वर्षा ने सन्ध्या होते-होते विकराल रूप धारण कर लिया था। ज्यों-ज्यों अँधेरा बढ़ता गया, पवनदेव और इन्द्रदेव के मध्य होता युद्ध चरम सीमा की ओर बढ़ने लगा। अलक्षेन्द्र ऐसे ही किसी अवसर की प्रतीक्षा कर रहा था, जब नदी पार खड़ा कोई व्यक्ति चाहकर भी कुछ देख न सके। उसने अपनी सबसे मारक सेना को फ़िलिप द्वारा निर्धारित स्थान पर यथाशीघ्र पहुँचने का आदेश दिया और स्वयं अपने घोड़े पर बैठ सेना के आगे-आगे चला। हज़ारों की संख्या में सैनिक और घोड़े एक स्थान से दूसरे स्थान की ओर बढ़े और केकय की सेना को इसकी भनक तक न लगी। यदि आवाज़ हुई भी तो वह प्रकृति के रव में दब गयी। निर्धारित स्थान पर पहुँचकर एक पल का समय व्यतीत किये बिना, सारी सेना उफनती वितस्ता को पराजित करने के लिए नावों पर चढ़ गयी। कितने ही सैनिक नदी के उफनते पानी से टकरा कर नदी में समा गये, कुछेक नावें भी पलट गयीं। आकाशीय तड़ित की मार से भी कई सैनिक हताहत हुए, परन्तु अलक्षेन्द्र की प्रेरणा से वे आगे बढ़ते गये। भोर की पहली किरण के साथ नावें ठोस भूमि से टकराईं। कदाचित् भाग्य अभी अलक्षेन्द्र

के पक्ष में नहीं था। वे जिस भूमि पर उतरे थे, वह नदी का तट नहीं अपितु नदी के तट से बस थोड़ी ही दूर स्थित एक द्वीप[1] था। अब प्रकृति का प्रकोप भी शान्त हो चला था। सुबह होने से अन्धकार का प्राकृतिक आवरण भी समाप्त हो गया। सारी सेना खुले में खड़ी थी। भारतीय गूढ़पुरुषों की दृष्टि उन पर कभी भी पड़ सकती थी। अत: अलक्षेन्द्र ने नावों को छोड़ देने और नदी को बिना नावों के सहारे पैदल पार करने का आदेश दिया। वह स्वयं अपने ब्युसिफ़ेलस के साथ नदी में उतर गया। उसकी देखा-देखी सारी अश्वसेना और पदाति सैनिक पानी में उतर गये। एक मानव लहर-सी चल पड़ी थी। द्वीप और तट के बीचोबीच सैनिकों के बस सिर ही दिखायी देते थे। इधर पर्वतेश्वर को सूचना मिल गयी कि यवनसेना नदी के इस पार उतर चुकी है। उसने शीघ्र ही अपने पुत्र के नेतृत्व में रथसेना को उनका प्रतिकार करने भेजा। रथसेना जब तक यवनों तक पहुँचती, तब तक सारी सेना नदी से निकलकर स्थल पर एकत्र हो चुकी थी। रथों के साथ समस्या थी कि वे शुष्क भूमि पर तो अत्यन्त मारक सिद्ध होते थे, परन्तु आर्द्र भूमि में उनके पहिए धँस जाते। वे उतनी चपलता से प्रचालित नहीं हो पाते, जितनी उनसे अपेक्षा की जाती। रात भर प्रकृति से लड़कर भीगे हुए यवन सैनिक क्रोधित होकर उन पर टूट पड़े। यवनों की तलवारों और सरिसा भालों ने देखते ही देखते सारी रथ सेना का विनाश कर दिया। पर्वतेश्वर को सूचना मिली। वह एक क्षण को दुविधा में पड़ गया कि रथसेना की सहायता हेतु जाये या यहीं रणबद्ध होकर जमा रहे? अलक्षेन्द्र ने पर्वतेश्वर के सम्मुख असम्भव स्थिति खड़ी कर दी थी। यदि वह रथसेना की सहायता के लिए जाता तो सामने नदी के दूसरे तट पर स्थित यवन सेना नदी पार कर आ जाती। यदि वह यहीं खड़ा रहता तो पूरी रथसेना समाप्त तो होती ही, अलक्षेन्द्र बिना रोक-टोक यहाँ आ जाता। यहाँ इस स्थान पर युद्ध छिड़ने पर नदी तट पर खड़ी सेना अलक्षेन्द्र के दिखाए रास्ते से नदी पार कर लेती। अन्तत: पर्वतेश्वर ने अलक्षेन्द्र का सामना करने का निश्चय किया और पूरी सेना को उस दिशा में बढ़ने का आदेश दिया।

दोनों सेनाएँ एक दूसरे की ओर चढ़ती चली गयीं। यवनों की हुंकार सुनायी देते ही केकय नरेश की सेना ने 'पशुपतिनाथ की जय' की हुंकार भरी, हाथी चिंघाड़ने लगे। यवनों ने प्रथम बार हाथियों को युद्धक्षेत्र में देखा था। कतिपय सैनिक डरकर पीछे हटे, पर अलक्षेन्द्र को निर्द्वन्द्ध आगे बढ़ता देख उत्साहित होकर वापस लौट आये। इधर क्राट्रस भी अपनी टुकड़ी लेकर नदी पार कर गया और भारतीय सेना के पीछे आ खड़ा हुआ। यवन सैनिकों के सम्मुख भारतीय सैनिकों की संख्या अत्यन्त

---

[1] टापू

न्यून थी, परन्तु हाथियों के कारण केकय का पलड़ा भारी था। अलक्षेन्द्र ने अपने धनुर्धारियों को हाथियों के नेत्रों का निशाना लेने के लिए कहा। बीस हाथ लम्बी सरिसा सँभाले सैनिकों को आदेश दिया कि वे हाथियों की आँखें फोड़ दें। घोड़ों पर सवार सैनिकों को हाथियों के बीच से होते हुए उनके पैरों पर तलवार से घाव करने का आदेश दिया। सैनिकों ने अपने राजा के आदेश का पालन किया। इस प्रक्रिया में कितने ही सैनिक हाथियों की शुण्डों से उछाले गये, कितने ही उनके पैरों के तले कुचले गये, पर अन्ततः उनमें से कुछ सफल हुए। दसियों हाथी नेत्रविहीन होकर पीड़ा और क्रोध से छटपटाते हुए इधर-उधर भागने लगे। क्या यवन, क्या केकय–जो भी मार्ग में आया, वह नष्ट हो गया। हाथियों की एक बड़ी सेना को पंगु बनाने के बाद अलक्षेन्द्र ने अपनी अश्वसेना को दो भागों में विभक्त कर केकयसेना को दायें और बायें पक्ष को घेर लेने का आदेश दिया। सामने पैदल सेना के साथ स्वयं अलक्षेन्द्र, दायें और बायें पक्ष पर अश्वसेना और पीछे क्राट्रस की स्वस्थ टुकड़ी। केकय सेना को चारों ओर से घेर लिया गया और घेरे को धीरे-धीरे कसा जाने लगा।

इस व्यूह-रचना ने अलक्षेन्द्र को कई युद्धों में आसान विजय दिलायी थी। यवन सोच रहे थे कि बस, घड़ी-दो घड़ी की बात है और हम युद्ध जीतकर आनन्द मनाएँगे, परन्तु उनकी यह सोच कुछ ही समय में मिथ्या सिद्ध हो गयी। जीत इतनी भी आसान नहीं होने वाली थी। पर्वतेश्वर के नेतृत्व में केकय सेना ऐसे युद्ध कर रही थी, जैसे किसी सिंह को बहुत दिनों बाद आखेट मिला हो। सैनिक गिरते जाते, पर सैनिकों का उत्साह भंग नहीं होता। अलक्षेन्द्र भी उनकी जीवटता देख आश्चर्यचकित था। उसकी व्यूह-रचना भारतीयों ने भंग कर दी। चारों पक्षों में भारतीय सैनिक घुस गये और एक-एक सैनिक दसियों से भिड़ गया। अलक्षेन्द्र जानता था कि यदि राजा मारा जाये या पराजय स्वीकार कर ले, तो सारी सेना पराजय स्वीकार कर लेती है। अतः उसने सीधे पर्वतेश्वर की ओर बढ़ने का निर्णय लिया। अभी उसके घोड़े ने कुछ पग ही बढ़ाए थे कि एक केकय वीर के नीचे से ऊपर की ओर जाते खड्ग ने ब्युसिफ़ेलस की ग्रीवा एक बार में ही उतार दी। क्रोधित अलक्षेन्द्र ने पल भर में उस सैनिक को मार डाला और अपने घोड़े को मरता देखता रहा। कदाचित् उसका मन रो रहा हो। वह उसका प्रिय घोड़ा था। बचपन से उसके साथ था। सारी दुनिया उसने इसी पर बैठकर पार की थी। आज तक के सभी युद्ध उसने इसी की पीठ पर बैठकर जीते थे, पर अलक्षेन्द्र के पास शोक मनाने का समय नहीं था। उसने दूसरा घोड़ा लिया और पुनः युद्ध करने लगा। पर्वतेश्वर अपने हाथी पर बैठा तीरों और भालों से विकट युद्ध कर रहा था। यवन उसके सम्मुख आते और मारे जाते, परन्तु वह देख रहा था कि उसकी सेना तीव्र गति से कम होती जा रही थी।

स्वयं वह थकता जा रहा था। उसके हाथी को भी अनगिनत चोटें लग गयी थीं। युद्ध का परिणाम स्पष्ट था। अन्तिम साँस तक युद्ध करना है, यह विचार कर वह तीर छोड़ता गया।

घोड़े पर बैठा रक्त से नहाया चन्द्रगुप्त उसके सामने आया और बोला, "राजन! हम युद्ध हार चुके हैं। मेरी विनती है कि आप मृत्यु या पराजय की प्रतीक्षा न करें और मेरे साथ चलें। हम किसी और स्थान पर शक्ति एकत्र कर पुनः माँ भारती की सेवा में स्वयं को अर्पित करेंगे। चलिए महाराज, समय कम है।"

युद्ध करते उस क्षत्रिय को पलायन की बात सुनकर क्रोध आ गया, बोला, "तू कैसा योद्धा है चन्द्रगुप्त जो युद्ध छोड़कर भागने की बात करता है? तुझे पीठ दिखाकर भागना हो तो भाग। कुलहीन कायर, यह कदाचित् तुझे शोभा देगा, पर मैं अपने पूर्वजों के नाम पर कलंक नहीं लगा सकता। मैं पीछे नहीं हटूँगा।" निराश चन्द्रगुप्त अपनी टुकड़ी के साथ पीछे हट गया। धीरे-धीरे केकयराज की सारी सेना नष्ट होती गयी। पर्वतेश्वर के हाथी को घेर लिया गया, पर वह वीर पराजय को हठपूर्वक अस्वीकार कर रहा था। वह अब भी अपनी थकी भुजाओं से शरसंधान कर रहा था। अलक्षेन्द्र उसकी वीरता से प्रभावित हुआ। उसने अपने कुछ सेनानायकों को उसके पास भेजा कि वह अब युद्ध रोक ले। उन सेनानायकों में गान्धार का राजा आम्भी भी था। पर्वतेश्वर ने उसे लक्ष्य कर एक भाला फेंका जो उस तक नहीं पहुँचा। स्पष्ट था कि पर्वतेश्वर थक चुका था। अलक्षेन्द्र को अपनी भूल समझ आयी। उसे आम्भी को नहीं भेजना चाहिए था। अब की उसने अपने यवन सेनानायकों को भेजा। अब पर्वतेश्वर पर कोई आक्रमण नहीं कर रहा था। सब उसे घेरकर खड़े थे। कोई जब आप पर आक्रमण ही न करे, तो आप कितने ही वीर क्यों न हों, वीरगति नहीं पा सकते। पर्वतेश्वर का धनुष झुक गया। अलक्षेन्द्र पर्वतेश्वर के सम्मुख जा खड़ा हुआ। पर्वतेश्वर को युद्ध से विमुख देख उसका हाथी, जो अब तक इतने घाव लगने के बाद भी स्वामी की दृढ़ता देख खड़ा था, बैठ गया।[1]

---

[1] कतिपय ग्रीक लेखकों ने लिखा है और यूनानी लोगों के बीच प्रसिद्ध भी है कि अलेक्ज़ेंडर ने पर्वतेश्वर (पोरस) के हाथी को मार गिराया था, लेकिन अलेक्ज़ेंडर के साथ चल रहे लेखक ने लिखा है कि भारत से वापसी के मार्ग में जब उसने Hydaspes के युद्ध का वर्णन लिखा तो अलेक्ज़ेंडर ने उसे पढ़ने की इच्छा जतायी। उसमें लेखक ने लिखा था कि अलेक्ज़ेंडर ने पोरस के हाथी को मार गिराया था। यह पढ़कर अलेक्ज़ेंडर ने चलती नाव से वह किताब नदी में फेंक दी और कहा कि इतना झूठ भी नहीं लिखना चाहिए। अलेक्ज़ेंडर का शौर्य झूठ का आलम्बन नहीं लेगा।

वह वीर भारतीय राजा हाथी से उतरा और भूमि पर तनकर खड़ा हो गया। अलक्षेन्द्र उसे देख आश्चर्य से भर उठा। पचास वर्ष की वय पार कर चुका, यवनराज से डेढ़ हाथ लम्बा वीर जिसकी एक भुजा में धनुष था, जिसकी दाढ़ी और केश हवा के साथ उड़ रहे थे, जिसके नेत्रों में वीरत्व की झलक थी। अलक्षेन्द्र अपनी तलवार किसी सैनिक को पकड़ाकर पर्वतेश्वर के निकट आकर बोला, "वीर पोरस! न तुम शरण में आये न तुमने पराजय स्वीकार की। बताओ वीर, तुम्हारे साथ कैसा व्यवहार किया जाये?"

अलक्षेन्द्र के नेत्रों में देखते हुए पर्वतेश्वर बोला, "वह व्यवहार जो एक राजा दूसरे राजा के साथ करता है।"

"अवश्य पोरस, अवश्य। मैं अलक्षेन्द्र, तुम्हारी मित्रता का अभिलाषी हूँ। यह राज्य तुम्हारा ही रहेगा। न केवल यह अपितु इस क्षेत्र में जो भी राज्य मैंने जीते हैं, जो भी राज्य मैं जीतूँगा, वह सब तुम्हारा होगा।" पर्वतेश्वर को इसकी आशा नहीं थी। क्षत्रिय युद्ध में भले न पराजित हो, मित्रता के सम्मुख सदैव पराजित हो जाता है। पर्वतेश्वर और अलक्षेन्द्र गले मिल गये।

सुदूर ऊँची भूमि पर खड़े चन्द्रगुप्त ने इस मिलन को देखा और घृणा से भूमि पर थूक दिया।

(9)

जिस स्थान से यवनों ने वितस्ता को पार किया था, वहाँ अलेक्ज़ेंडर ने बुकेफला नगर बसाया। जिस युद्धभूमि में पर्वतेश्वर पराजित हुआ था, वहाँ उसने नीकिया नगर का निर्माण करवाया।

उत्साहित यवनसेना में केकय पर जीत के बाद विचित्र रोमांच हो आया था। उन्होंने न केवल प्रथम बार बाढ़, वर्षा, अंधड़ जैसी प्रतिकूल परिस्थितियों का सफलतापूर्वक सामना किया था, अपितु एक ऐसी सेना को परास्त किया था जिसका मुख्य अंग हस्तिसेना थी। सिन्धु पार करने के पश्चात् यवनसेना ने अधिकांश समय विश्राम में बिताया था। अलेक्ज़ेंडर भी भारतीय दर्शन को समझने के लिए विभिन्न संतों, साधुओं, तापसों से मिल रहा था, अतः सैनिकों को भरपूर समय मिला कि वे सामान्य भारतीय जीवन को समझ सकें। हाट बाजारों में घूमते हुए उन्होंने पाया कि यदि वे उच्छ्रृंखल व्यवहार न करें तो भारतीय उनसे भयभीत प्रतीत नहीं होते, अथवा वे उन्हें वैसी घृणा से नहीं देखते, जैसी घृणा की दृष्टि से अन्य पराजित राष्ट्रों के नागरिक देखा करते थे। यवनसेना में हर आयुवर्ग के सैनिक थे।

जो अधेड़ थे, उनके पत्नी-बच्चे तो मकदूनिया, थ्रेस, ग्रीस में थे, पर युवा सैनिकों का कहने को कोई अपना परिवार नहीं था। शारीरिक आवश्यकताएँ तो मूल्य चुकाकर या बलात्कार द्वारा पूर्ण हो सकती हैं, पर एक समय पर मानसिक आवश्यकताओं की पूर्ति पत्नी द्वारा ही हो सकती हैं। अलेक्ज़ेंडर के पास सैनिकों की इस मनोदशा की सूचना पहुँचती रहती। विवाह की अभिलाषा रखने वाले युवक सैनिकों के लिए नारियों की आवश्यकता थी।

अलेक्ज़ेंडर ने आम्भी और पर्वतेश्वर को अपने महल में बुलाया। यह महल केकय की पराजय से पहले पर्वतेश्वर के पुत्र का महल हुआ करता था जो युद्ध में वीरगति को प्राप्त हुआ था। यह भी कैसी विडम्बना थी कि जिस पर्वतेश्वर के प्रति अपनी ईर्ष्या के वशिभूत होकर आम्भी ने बिना लड़े ही यवनों के समक्ष समर्पण कर दिया था, आज वही पर्वतेश्वर यवनों से लड़कर भी आम्भी के समान ही सम्मान का अधिकारी था। अलक्षेन्द्र के लिए आम्भी और पर्वतेश्वर दोनों बराबर थे। यद्यपि आम्भी कुछ बोल नहीं पाया था, परन्तु अलक्षेन्द्र ने उसकी मनोदशा समझकर निर्णय लिया था कि वितस्ता के पूर्व के राज्यों का क्षत्रप आम्भी होगा और पश्चिम के राज्यों का उत्तदायित्व पर्वतेश्वर सँभालेगा। क्या आम्भी के मन में यह प्रश्न कभी नहीं उठा होगा कि जब दूसरों के छत्र तले ही राज करना था तो यवन अलक्षेन्द्र से अधिक श्रेष्ठ भारतीय पर्वतेश्वर न रहा होता?

अलक्षेन्द्र ने दोनों राजाओं का स्वागत किया और बोला, "मित्र आम्भी और पोरस, मैंने आप भारतीयों की संस्कृति का अध्ययन किया है। मुझे ज्ञात हुआ कि आप भारतीय राजा युद्ध के पश्चात् पराजित राजा को मृत्युदंड नहीं देते, अपितु उनका राज्य वापस उन्हीं को सौंप देते हैं। मैंने भी वही किया है। मेरा उद्देश्य विश्वविजय करना है और इसके माध्यम से मैं चाहता हूँ कि पूरे विश्व में बन्धुत्व की भावना विकसित हो। हम सबकी संस्कृतियाँ मिलकर एक हो जाएँ। यवन, पारसी, भारतीय जैसे विभेदनकारी विश्लेषण समाप्त हों और समस्त मानव समुदाय मात्र एक नाम से जाना जाये। मात्र शस्त्रों के बल पर यह उद्देश्य पूर्ण नहीं हो सकता। अतः मेरी इच्छा है कि यवनों और भारतीयों के मध्य वैवाहिक सम्बन्ध स्थापित हों। संस्कृतियों के मेल हेतु इससे अधिक उत्तम मार्ग मेरी दृष्टि में कोई नहीं। आप दोनों भी इससे सहमत होंगे। मेरी सेना में कई नवयुवक ऐसे हैं जो विवाहित नहीं हैं। मेरी इच्छा है कि उनका विवाह भारतीय युवतियों से हो।"

वाक्पटु अलक्षेन्द्र की इस चिकनी-चुपड़ी बातों को दोनों राजाओं ने सहर्ष स्वीकार किया और कुछ ही दिनों में शताधिक भारतीय ललनाओं का विवाह यवनों से करवा दिया गया। क्या किसी को पता था कि कितनी युवतियों ने अपनी इच्छा से

आततायी यवनों का वरण किया? क्या इसमें उन युवतियों के परिवारों की आर्थिक स्थिति का योगदान अधिक था या राजाज्ञा की अवहेलना का भय?

विजय और विवाह के समारोहों के पश्चात् यवनसेना की दृष्टि आगे के राज्यों को विजित करने के स्वर्णिम स्वप्नों को भोग रही थी। अलक्षेन्द्र के सम्मुख गंगा के प्रदेशों की भूमि नाच रही थी, उधर चाणक्य और उनके शिष्य एक-एक राज्य में जाकर आने वाले शत्रु के विरुद्ध राजाओं और गणप्रमुखों को सावधान कर रहे थे।

केकय की पराजय ने जहाँ कई राज्यों को हतोत्साहित किया था, वहीं कई ऐसे राज्य भी थे, जिनके मन में केकय द्वारा अन्तिम क्षणों तक किये गये प्रतिकार के प्रति अगाध सम्मान था। अभिसार जनपद यद्यपि आरम्भ से ही यवनों के प्रति द्वेषभाव रखता था, पर कदाचित् समय की माँग देखते हुए उसने समर्पण कर दिया। असिकिनी अर्थात् चन्द्रभागा[1] के पूर्व के केकय की पराजय को देख पश्चिम के राज्य मद्र[2] ने अधीनता तो स्वीकार नहीं की, परन्तु उसने सामना भी नहीं किया। उसका राजा राज्य छोड़ गंगानदी के प्रदेशों में चला गया। अलक्षेन्द्र ने अभिसार और मद्र को पर्वतेश्वर के अधिकार में दे दिया और ग्लुचुकायन की ओर बढ़ा। ग्लुचुकायन की सीमा केकय प्रदेश से मिलती थी। यह राज्य एक गणराज्य था। इसमें सैंतीस नगर थे और अनेकों गाँव थे।

अलक्षेन्द्र की सेना अपने राज्य की ओर प्रयाण कर रही है, यह सूचना मिलते ही गणों ने सभा बुलायी। गणप्रमुख बोले, "सभाजनो, आप सबको विदित ही है कि अलक्षेन्द्र नामक एक यवन राजा एक-एक कर भारतीय जनपदों को पराजित करता हुआ आगे बढ़ा चला आ रहा है। उसका अगला अभियान हमारे इस छोटे-से गणराज्य पर है। मेरी आप सभी से विनती है कि पर्याप्त सोच-विचार कर अपनी बात रखें। यह ध्यान में अवश्य रखें कि हमारी शक्ति उसकी शक्ति से कहीं अधिक कम है। अगर हम युद्ध चुनते हैं तो भारी जन-धन की हानि के पश्चात् हमारी पराजय निश्चित है। गान्धार, मद्र, अभिसार के उदाहरण देखें तो हमें ज्ञात है कि जब इन राज्यों ने समर्पण किया तो अलक्षेन्द्र ने कोई रक्तपात नहीं किया और प्रजा को अभय प्रदान करते हुए पूर्ववर्ती शासक को ही राज्यसत्ता संचालन हेतु नियुक्त कर दिया। मेरी कही बातों पर मनन कर लें और फिर मुझे अपना निर्णय बताएँ।"

---

[1] चिनाब

[2] मद्र अथवा मद्रक। रावी और चिनाब के बीच का क्षेत्र। वर्तमान सियालकोट (पाकिस्तान)। ग्रीक लेखकों ने इसके राजा का नाम भी पोरस लिखा है। संभवत चंद्रभागा नदी के दोनों तटों पर एक ही वंश के राजाओं का शासन था। अतः केकय के पोरस के नाम पर मद्र के राजा को भी पोरस मान लिया गया।

सभापति के चुप होने के बाद गणों में धीमे स्वर में वार्ता होने लगी। एक अधेड़ गणमुख्य खड़ा हुआ और बोला, "मेरे विचार से अनावश्यक युद्ध करने की कोई आवश्यकता नहीं है। हम युद्ध में जायें, मारे जायें और फिर भी हमारे नगर जलाकर क्षार कर दिये जायेंगे। यदि युद्ध में न जायें तो जैसे अभी हैं, वैसे ही बने रहेंगे। हमारे खेत, गाँव, मन्दिर, सब पूर्ववत् बने रहेंगे।"

कई गणों के शीश इस बात के समर्थन में ऊपर-नीचे होने लगे, तभी एक युवा खड़ा हुआ और बोला, "गणप्रमुखो, यदि आवेश में कोई धृष्ट बात निकल गयी, तो उसके लिए अग्रिम क्षमाप्रार्थी हूँ। क्या आप लोग सहर्ष दासत्व स्वीकार करने की बात कर रहे हैं? क्या हमारा स्वामी भारतवंशी न होकर ऐसे राष्ट्र का व्यक्ति होगा, जिसका नाम तक हमें अभी कुछ माह पूर्व ही ज्ञात हुआ था? वे छोटे क़द के बर्बर लोग हमारे स्वामी होंगे? छि: मुझे तो सोचकर भी घृणा होती है।"

"पुत्र, तुम्हारा आवेश हम समझते हैं, परन्तु वास्तविकता को प्रयोगात्मक दृष्टि से देखो। क्या भारतीय राज्यों में विजिगीषु प्रवृत्ति नहीं? वाहीक का केकय हो या गंगा तट का मगध, ये सब अपने राज्य विस्तार में लगे ही रहते हैं। अब कोई मागधी हम पर राज करे या मकदूनिया वाला, क्या अन्तर पड़ जायेगा?"

इस पर एक युवक खड़ा हुआ और हाथ जोड़कर बोला, "आप सभी गणमुख्यों और नागरिकों को मेरा प्रणाम। मैं ग्लुचुकायन का निवासी नहीं। मैं गणप्रमुख के पुत्र सेयन का सहपाठी और मित्र हूँ। गणप्रमुख ने मुझे इस सभा में एक श्रोता के रूप में भाग लेने की अनुमति दी थी, इसका मैं आभारी हूँ, परन्तु यहाँ जिस प्रकार की बातें हो रही हैं, यह सुन मुझसे चुपचाप बैठा नहीं जा रहा। ग्लुचुकायन जनपद मेरे मित्र सेयन का जनपद है। ग्लुचुकायन मेरे भारत राष्ट्र का एक जनपद है। इसकी सभा में लिया गया निर्णय सम्भवत: भारत के भविष्य का निर्धारण कर सकता है। अत: यदि आप सभी की अनुमति हो तो मैं भी अपनी बात यहाँ आपके सम्मुख रखना चाहूँगा।"

अनुमति मिलने पर वह युवक बोला, "यहाँ देख सकता हूँ कि कई युवतियाँ भी उपस्थित हैं।" एक सुन्दर युवती की ओर संकेत करते हुए बोला, "ये किसकी पुत्री अथवा बहन हैं? मैं इनके पिता एवं भाई से पूछता हूँ कि आपने इनके भविष्य के लिए क्या सोचा है, पर छोड़िए, अब इनके भविष्य की चिन्ता करने की कोई आवश्यकता नहीं है। जब यवनराज अलक्षेन्द्र आपके गणराज्य का स्वामी बन जायेगा, तब वह स्वयं निर्णय करेगा कि इस सुन्दरी को वह अपने किस सैनिक को पुरस्कार के रूप में दे दे। इसके पिता और भाई भी यवनों से सम्बन्ध स्थापित होने पर गर्व करेंगे। यवन पुरुष का श्वसुर और स्यालक बनना अच्छा ही है। नहीं?"

ऐसी धृष्टतापूर्ण बात सुन सारे गण क्रोधित हो उठे। स्वयं गणप्रमुख क्रोध में भरकर चन्द्रगुप्त के पास आये और उसकी ग्रीवा पकड़कर बोले, "दुष्ट! अतिथि की मर्यादा भूल तू हमारी बहन-बेटियों के सम्बन्ध में ऐसी अनर्गल बात कर रहा है? यह सभाभवन है, अत: मेरे पास कोई शस्त्र नहीं अन्यथा अभी तेरे टुकड़े कर देता।"

अत्यन्त सरलता से अपनी ग्रीवा छुड़ाते हुए चन्द्रगुप्त मुस्कुराते हुए बोला, "श्रीमान, आपका क्रोध उचित है। मैं क्षमाप्रार्थी हूँ। मेरी पूरी बात सुन लें। मेरा मन्तव्य समझ लें, फिर अपना न्याय करें।" चन्द्रगुप्त ऊँची आवाज में सबको सम्बोधित करते हुए बोला, "मेरे इतना कहने भर से आप सब क्रोध से भर उठे, परन्तु अभी थोड़ी ही देर पहले आपमें से अधिकांश जन यवनों की सत्ता स्वीकारने के पक्षधर प्रतीत हो रहे थे। आपको वास्तव में लगता है कि किसी यवन की सत्ता और किसी भारतीय राजा की सत्ता एक समान हो सकती है? कदाचित् आप लोगों को ज्ञात नहीं कि कैसे केकय और गान्धार की सैंकड़ों नवयुवतियों को यवनों से विवाह करने के लिए बाध्य किया गया है। गान्धार तो मित्र था यवन का, और अब केकय भी पराजित होने के बाद मित्र बन गया है। आप स्वयं देखिए, यवन अपने मित्रों के साथ कैसा व्यवहार करते हैं? अलक्षेन्द्र के सम्बन्ध में यह प्रचारित किया गया है कि वह संस्कृतियों को समझने में रुचि रखता है, विद्धानों की संगति करता है, परन्तु क्या आप लोगों को ज्ञात है कि उसने गान्धार के अनगिनत बुद्धिजीवियों को पेड़ों से लटका दिया है। गान्धार और केकय की सेना अब उसकी सेना है। वहाँ के कृषकों के उपजाये अन्न अब उसकी सेना के पेट में जाते हैं। माँस के लिए गौवें काटी जा रही हैं। वहाँ के लोहार अब यवनों के लिए शस्त्र बनाते हैं। क्या आपको इससे कोई आपत्ति नहीं कि जब आप उसके शरणागत हो जायेंगे तो आपकी बेटियों को उन म्लेच्छ यवनों की अंकशायिनी बनना होगा, आपके विद्धानों को पेड़ों पर लटककर प्राण देने होंगे? आपके किसानों द्वारा उपजाया अन्न खाकर, आपके लोहारों द्वारा बने शस्त्र लेकर वे ग्लुचुकायन के आगे के गणराज्यों का भक्षण करने निकलेंगे? क्या आप चाहेंगे कि आपके सैनिक यवनों के अधीन होकर अपने किसी भारतीय बन्धु की हत्या करें, उनकी स्त्रियों को दास बनायें, उनके नगरों और ग्रामों को जलाकर भस्म करें, उनके पशुओं की हत्या कर भोजन के रूप में यवनों की थाली में परोस दें, उनके देवालयों को तोड़ दें? यदि आप इन सब के लिए सहमत हैं तो अवश्य अलक्षेन्द्र के पैरों का चुम्बन लीजिए। स्वर्ग के देवता निश्चित ही आप पर पुष्प-वर्षा करेंगे। इतिहास में आपका नाम स्वर्णिम अक्षरों में लिखा जायेगा।"

चन्द्रगुप्त की ऐसी धिक्कारयुक्त वाणी सुनकर सारी सभा क्रोध से उफन पड़ी। यद्यपि इस बार क्रोध चन्द्रगुप्त पर नहीं, यवनों पर था। कुछ ही क्षणों में युद्ध में जाने

का प्रस्ताव सर्वसम्मति से पारित हो गया। सभा स्थगित होने पर सेयन चन्द्रगुप्त के पास आकर बोला, "तुम्हें ज्ञात है कि जिस युवती की ओर तुमने संकेत किया था, वह मेरी बहन है?"

"अरे, मुझे ज्ञात नहीं था, मित्र। मैंने तो यूँ ही किसी भी युवती की ओर अँगुली उठा दी थी। क्षमाप्रार्थी हूँ। तुम मुझे बहन के पास ले चलो, मैं उनसे भी क्षमा माँगना चाहता हूँ।"

"अरे नहीं, तुमने किसी का अपमान नहीं किया। अपितु जो किया, सही किया। एक समय तो लग रहा था कि ये सारे गणप्रमुख अलक्षेन्द्र की चरणवन्दना करके रहेंगे। यदि तुमने इस भाँति झकझोरा न होता तो ग्लुचुकायन की कीर्ति में अवश्य एक ऐसा धब्बा लग जाता, जिसे मिटाना असम्भव हो जाता। अहा, कितना आह्लादकारी विचार है यह। राष्ट्र के शत्रुओं का वध और राष्ट्र के लिए प्राणोत्सर्ग। अस्तु, तुम बताओ। अब तुम क्या करोगे?"

"क्या करूँगा का क्या अर्थ है? युद्ध करूँगा।"

"नहीं! मैं नहीं चाहता कि तुम किसी सामान्य सैनिक की भाँति यहाँ युद्ध करो। इसके लिए हम लोग पर्याप्त हैं। तुम निःसन्देह वीर हो। अस्त्र-शस्त्र में निपुण हो अपितु विद्यापीठ के समस्त शिष्यों में तुम कदाचित् सर्वश्रेष्ठ हो, परन्तु तुम इससे बढ़कर हो। पराजित मानसकिता से ग्रसित व्यक्तियों में उत्साह का संचार करने की योग्यता है तुम में। सैनिक और सेनापति तो बहुत हैं। हमें एक नेता की आवश्यकता है। ग्लुचुकायन की भाँति कई ऐसे राज्य होंगे जो उत्साहहीन हो रहे होंगे। युद्धभूमि में शस्त्र चलाने से कहीं अधिक राष्ट्रसेवा तुम ऐसी सभाओं में अपनी वाणी से कर सकते हो। तुम्हारे हाथ एक शस्त्र का वहन कर सकते हैं, परन्तु तुम्हारी वाणी कई शस्त्रों को चालित करेगी। जाओ मित्र, अन्य राज्यों की ओर जाओ। युद्ध करना हम जैसे लोगों पर छोड़ो और युद्ध करने के लिए अन्य योद्धाओं को प्रेरित करो।"

सेयन का हाथ अपने हाथों में थामकर चन्द्रगुप्त बोला, "तुम्हें सुनकर ऐसा लगा, जैसे आचार्य चाणक्य तुम्हारे मुख से बोल रहे हैं। कदाचित् उनकी भी यही इच्छा होती। ठीक है, मित्र। मैं इस युद्ध में भाग नहीं लूँगा। गान्धार, केकय, मद्र और अभिसार के कुछ सैनिक मेरे प्रति निष्ठा रखते हैं। उनमें से आधे अर्थात् एक सहस्त्र सैनिक ग्लुचुकायन में छोड़ जाता हूँ।"

"जैसा तुम उचित समझो, चन्द्र। अच्छा, अब किधर जाओगे?"

"कठ गणराज्य। मुझे नहीं लगता कि कठ कभी भी समर्पण की बात स्वप्न में भी सोचेंगे। मैं प्रयास करूँगा कि कठों की सेना लेकर अतिशीघ्र यहाँ वापस लौट आऊँ। यदि कठ यहाँ समय पर आ गये तो कदाचित् हम यहीं से अलक्षेन्द्र को वापस मोड़ देंगे।"

×××

ग्लुचुकायन के प्रतिरोध से यवनसेना को वितस्ता के तट पर हुए पर्वतेश्वर के प्रतिरोध का स्मरण हो आया। अन्ततः यवन विजयी तो हुए, पर यवनों के मन से यह भावना सदैव-सदैव के लिए निकाल दी गयी कि भारत के राज्यों पर सहज जीत प्राप्त हो सकती है। अलक्षेन्द्र ने ग्लुचुकायन भी पर्वतेश्वर को सौंप दिया, परन्तु उससे पूर्व उसने सारे नगर को भस्मीभूत करवा दिया।

चाणक्य की गुप्तचर सेना उन्हें पल-प्रतिपल की सूचनाएँ देती रहती थी। मगध राज्य से निराश होकर वे किसी अन्य शक्तिशाली राजा की सहायता प्राप्त करने का विचार बना रहे थे, तभी उन्हें सूचना मिली कि उनका शिष्य चन्द्र वाहीक प्रदेश के गणराज्यों को एक के बाद एक उत्साहित और प्रतिरोध हेतु प्रेरित करता घूम रहा है। उसी के प्रयासों से कई गणराज्य जो अलक्षेन्द्र के समक्ष पराजय स्वीकार करने का विचार बना रहे थे, अब अलक्षेन्द्र को कड़ी टक्कर दे रहे थे। चाणक्य को यह समझ आ गया कि बड़े राज्य अपने अहंकार में कदाचित् कुछ न करें तो क्यों न इन छोटे-छोटे राज्यों, गणराज्यों का संघ बनाकर प्रतिकार किया जाए! चन्द्र सांकल के कठों के पास गया है। कठ अपनी वीरता के लिए प्रसिद्ध हैं। यदि उन्हें यौधेयों का साथ मिल जाये तो कदाचित् अलक्षेन्द्र की आँधी को वहीं सांकल में रोका जा सकता है। यौधेय की ओर बढ़ने से पहले चाणक्य ने मगध सेना के असन्तुष्ट सैनिकों को अपनी ओर करने का प्रयास किया, परन्तु मगध के तन्त्र को भेद पाना किसी बाहरी के वश की बात नहीं थी। राक्षस भला व्यक्ति था, पर राजभक्त था। गौतम के साथ मगध से बाहर निकलते समय एकाएक चाणक्य बोले, "अग्रज! क्या ऐसा सम्भव है कि आर्य शकटार अभी जीवित हों? यदि शकटार होते तो हमें मगध से यूँ रिक्त हाथ वापस न लौटना पड़ता।"

शकटार गौतम के पहले स्वामी थे। उनके स्मरण ने गौतम को भावुक कर दिया। बोला, "आचार्य, जब उन्हें उनके पुत्रों सहित बन्दी बनाया गया था, तब मैंने अपनी पूरी क्षमता से उन्हें मुक्त करवाने का प्रयास किया था। उन्हें यहीं इसी नगर की कालकोठरी में रखा गया था। मैंने बारम्बार प्रयास किया और हर बार असफल रहा। कालकोठरी से निकलने वाले शवों पर भी दृष्टि रखता था। एक-एक कर शकटार के पुत्रों के शव देखे मैंने। आचार्य, उनके शरीर इतने निर्बल, तेजहीन हुआ करते थे, जैसे उन्हें भोजन न दिया जाता हो। यद्यपि आर्य शकटार का शव कभी नहीं दिखा, परन्तु जो दुष्ट शावकों की हत्या कर दे, वह क्या सिंह को छोड़ देगा? मैंने अपने प्रयासों में कोई कमी नहीं रखी थी, पर अन्ततः मैं थक गया। निरर्थक प्रतीत होने लगा था सब।"

"हूँ, इतने वर्ष हो भी तो गये। कदाचित् वे जीवित न हों, परन्तु मैं चाहता हूँ कि आप एक बार पुनः प्रयास करें। अब आप अधिक साधन-सम्पन्न हैं। आपके गूढ़पुरुषों की संख्या असीम है और यह भी तो है कि इतने वर्षों में, यदि वे जीवित हैं, तो उनके बन्दीगृह की जटिलताओं में पहले की अपेक्षा न्यूनता आ गयी होगी। आप इस कार्य में लगें। पाटलिपुत्र और उज्जयिनी के बन्दीगृहों पर विशेष ध्यान दें। शकटार का जीवित होना हमारे लिए वरदान सिद्ध होगा।" इतना कह चाणक्य ने गौतम से विदा ली और अपने अश्व को यौधेयों के राज्य की ओर दौड़ा दिया।

यौधेय पहुँचकर जब चाणक्य ने अपना परिचय दिया, तब नगरद्वार उनके लिए सुगमता से खुल गया। नगरद्वार के भीतर उनके पढ़ाए कई शिष्य उनका स्वागत करने के लिए उपस्थित थे। चाणक्य जब अतिथिगृह में पहुँचे, तब उनका स्वागत करने स्वयं यौधेयों के गणपति उपस्थित हुए। औपचारिकताओं के पश्चात् गणपति विनम्रतापूर्वक बोले, "आदेश करें, आचार्य। हम आपकी किस प्रकार सेवा कर सकते हैं?"

"क्या आपको विदित है गणपति कि भारत राष्ट्र में आजकल क्या हो रहा है?"

"विदित है, आचार्य। तभी पूछ रहा हूँ कि आप हमसे क्या चाहते हैं?"

"मैं चाहता हूँ कि आप और समस्त भारत अपना कर्तव्य निभाएँ। भारत पर आक्रमण करने वाले विदेशियों को या तो नष्ट कर दें या उन्हें पराजित होकर भागने पर विवश कर दें।"

"अवश्य, हम ऐसा ही करेंगे।"

"आपके मुख से यह सुनकर सन्तोष हुआ, गणपति। तो शीघ्रता से अपनी सेना को सांकल की ओर प्रयाण करने का आदेश दें। अलक्षेन्द्र उधर बढ़ रहा है। कठ लड़ने के लिए प्रतिबद्ध हैं। यदि यौधेयों का साथ मिल गया तो निश्चित ही यवन पूर्णतः पराजित हो जायेंगे।"

"आप कदाचित् सत्य कह रहे हैं, आचार्य, परन्तु मेरा यह आशय नहीं था कि हम अपनी सेना लेकर किसी और की भूमि पर युद्ध करने जाएँ। यवन सेना आ ही रही है। उसे ही आने देते हैं। जब वह यहाँ पहुँचेगी, तब देखेगी कि यौधेय कोई केकय या अश्मक की भाँति सहज ग्रास नहीं कि कोई भी उसे उठाकर मुँह में रख ले और निगल जाये। यौधेय उनके दाँत तोड़कर, श्वान की भाँति पूँछ को पिछली टाँगों में छुपाकर भागने पर विवश कर देंगे।"

गणपति की यह बातें सुन चाणक्य अवाक रह गये। 'यह क्या बातें कर रहा है? दाँत तोड़ देंगे, कुत्ता बना देंगे। क्या यह कोई बच्चों का युद्ध है या ये इतने अहंकारभाव से भरे हैं कि अपने समक्ष किसी को कुछ गिन ही नहीं रहे?'

चाणक्य प्रकटत: बोले, "अवश्य आप यह कर सकते हैं। यौधेयों की वीरता से कौन अनभिज्ञ है, परन्तु मेरी प्रार्थना है कि आप अपनी वीरता अपने राष्ट्रबन्धुओं के साथ मिलकर दिखायें। यौधेय के मार्ग में कठ खड़े हैं। कठों की सहायता करना, स्वयं अपनी सहायता करना है।"

"क्षमा करें, आचार्य। आपके प्रति हमारे हृदय में अत्यन्त आदर है, परन्तु आप हमें निर्देशित नहीं कर सकते। यह राजनीति की बात है, प्रयोगात्मक राजनीति। आप राजनीति के शिक्षक हैं, परन्तु हम राजनीति को व्यवहार्य में लाते हैं। कठ कभी भी हमारे मित्र नहीं रहे। वे निश्चित ही वीर जाति हैं, पर उन्हें अपनी वीरता पर अत्यन्त घमंड है। वे अपने समक्ष किसी को कुछ समझते ही नहीं। उनके नेत्रों में अन्य सभी के लिए जो उपेक्षाभाव दिखता है, वह हमें मित्र बनने से रोक देता है। हम उनके पास नहीं जायेंगे। आप यदि कठों के प्रतिनिधि होते, तब हम अवश्य विचार करते। यदि उन्हें हमारी सहायता चाहिए तो वे या तो औपचारिक निमन्त्रण भेजें, सहायता की याचना करें या स्वयं अपनी समस्त सेना लेकर यहाँ आ जाएँ। आप यही तो चाहते हैं कि कठ और यौधेय मिलकर अलक्षेन्द्र का स्वागत करें। हम अवश्य करेंगे, पर इसके लिए उन्हें हमारे पास आना होना। हम कहीं नहीं जायेंगे।"

"परन्तु ..."

"क्षमा करें आचार्य। आपकी बात को काटने का दुस्साहस कर रहा हूँ। यह सब मैंने जो भी कहा है, वह मेरी अपनी व्यक्तिगत सोच है। आपको ज्ञात है कि हम एक गणराज्य हैं। हमारा शासन पाँच सहस्त्र सभासदों द्वारा चुने गये सांसदों के माध्यम से चलता है। मैं यह कर सकता हूँ कि आपको यौधेयों की संसद में आमन्त्रित करूँ। आप वहाँ अपनी बात रखें। यदि हमारी संसद आपकी बात से सहमत हुई, तब हम सभी उस निर्णय का सम्मान करने के लिए बाध्य होंगे, परन्तु मैं अभी स्पष्ट कर दूँ कि मैं व्यक्तिगत रूप से आपके प्रस्ताव का समर्थन नहीं कर पाऊँगा।"

"ठीक है, गणपति। मुझे आप अपनी संसद में बोलने का अवसर दें। कदाचित् आपकी संसद आपसे असहमत और मुझसे सहमत हो।"

यौधेयों की संसद में आचार्य चाणक्य बोले। अपनी तेजोमय वाणी में धाराप्रवाह वक्तव्य देने के बाद उन्हें आशा थी कि संसद उनके पक्ष में अपना मत व्यक्त करेगी। चाणक्य के पश्चात् गणपति सहित अनेक सांसदों ने अपने विचार रखे। कुछ नवयुवक सांसद जो चाणक्य के शिष्य रह चुके थे या जिन सांसदों के पुत्र उनके शिष्य थे, उन्होंने चाणक्य का समर्थन किया, परन्तु अधिकांश मिथ्या अहंकार से भरे और भूतकाल की घटनाओं से चालित थे। उन्होंने कठों की सहायता करने से मना कर दिया।

उन्हें यह समझ ही नहीं आ रहा था कि उनकी सहायता प्रत्यक्षत: कठों की नहीं अपितु सम्पूर्ण भारतभूमि की सहायता सिद्ध होती। चाणक्य का प्रस्ताव अस्वीकृत हो गया।

निराश चाणक्य जब अतिथिगृह में विश्राम कर रहे थे, तब उनके कुछ यौधेय शिष्य उनसे मिलने आये। उनमें से भूति नामक शिष्य बोला, "आचार्य! हम सब क्षमाप्रार्थी हैं। हम आपके महान उद्देश्य को समझते हैं, आपके विचारों से पूर्णत: सहमत हैं। व्यक्तिगत सामर्थ्य से हम आपका साथ देने के लिए प्रतिबद्ध हैं। आप हमें आदेश दें कि हम क्या करें?"

अपने शिष्यों के म्लान मुखों को देख चाणक्य तनिक भावुक स्वर में बोले, "पुत्रो! तुम सब भारत का भविष्य हो। मुझे यह तो ज्ञात था कि भारत में जातिगत अहम भाव अत्यन्त रूढ़ है, परन्तु यह इतना विकृत होगा, इसकी आशा नहीं थी। गर्व और अहंकार में अत्यन्त क्षीण रेखा होती है, पुत्र। तुम्हारे गणप्रमुख और सभासदों ने उस रेखा को पार कर लिया है। राज्य के स्वतन्त्र उपभोग ने यौधेयों सहित समस्त गणों और जनपदों को एक-राष्ट्र की चेतना से दूर कर दिया है। तुम सब यदि गान्धार को अपराधी मानते हो कि उसने यवनों को भारतभूमि में प्रवेश करने दिया, तो क्या उसी मापिका पर यह दोष यौधेयों का नहीं माना जायेगा? गान्धार ने पीछे हटकर यवनों को वाहीक प्रदेश में घुसने का मार्ग दे दिया। इधर, आज यौधेयों ने आगे न बढ़ने का निर्णय लेकर भी तो वही कार्य किया। गान्धार ने शस्त्र नहीं उठाये और अपने राष्ट्रबन्धुओं को यवनों की दया पर छोड़ दिया। तो क्या यौधेयों ने गान्धार से कोई भिन्न कार्य किया?"

यौधेयों को गान्धारों के समतुल्य बताये जाने पर सभी शिष्य लज्जा से गड़ गये। एक शिष्य बोला, "आचार्य, हम गान्धारों की भाँति कायर नहीं। अवसर आने पर आप हमारे बाहुबल को अवश्य देखेंगे।"

"क्या मैंने तुम लोगों की रणकुशलता नहीं देखी है, पुत्र? तुम भूल तो नहीं रहे कि तुम्हें यह ज्ञान मैंने ही दिया है, परन्तु क्या तुम वास्तव में इसे ही वीरता समझते हो कि युद्धभूमि में शत्रु का रक्त बहाया जाये या स्वयं वीरगति को प्राप्त हो जाया जाये? यह अवश्य ही वीरता है, परन्तु बस यही सम्पूर्ण वीरता नहीं, अपितु यह तो अत्यन्त छोटा सा एक भाग भर है। वीरता होती है यथार्थ को समझना, अपने पूर्वग्रहों से मुक्ति पाना, अपने अहम को पीछे रख सर्वजन एवं राष्ट्र के हित में निर्णय लेना। यौधेय इस अर्थ में वीर हैं कि वे शत्रु का वध करने का सामर्थ्य रखते हैं, पर क्या इसे वास्तविक वीरता कहा जायेगा, जब वे परिणाम जानते हुए भी अपने राष्ट्रबन्धुओं की

सहायता हेतु आगे नहीं आ पा रहे, अपने पूर्वग्रहों से मुक्त नहीं हो पा रहे? अच्छा, मैं तुम लोगों से एक प्रश्न पूछता हूँ। क्या तुम सब अपनी व्यक्तिगत क्षमता से आगे बढ़कर कठों की सहायता के लिए आओगे?"

भूति बोला, "मैं तो आऊँगा, आचार्य! कठ भी मेरे लिए किसी यौधेय से कम नहीं। हमारा चारुमत्स्य भी तो कठ है। यदि चारुमत्स्य मेरा भाई है तो उसकी मात्रभूमि मेरी भी मातृभूमि है। मैं अवश्य आऊँगा, आचार्य!" अन्य शिष्यों ने भी यही उद्गार व्यक्त किये।

"सुनकर अच्छा लगा, परन्तु तुम लोग मेरा प्रश्न नहीं समझे। मेरा अर्थ था कि क्या तुम सब अपनी-अपनी सेना के साथ कठों की सहायता हेतु आगे आओगे? तुममें से कई सभासदों के पुत्र हैं। कुछ तो स्वयं सभासद हैं। मुझे ज्ञात है कि तुम्हारे अधिकार में कुछ सेना होती है। तुममें से कुछ धनिकों के पुत्र हैं। क्या तुम अपने समस्त धन के साथ आगे आओगे?"

इस प्रश्न पर सभी शिष्यों के शीश झुक गये। उनमें से एक बड़ी कठिनाई से बोला, "हम स्वयं आने के लिए सज्ज हैं आचार्य, परन्तु पिता, गण और संसद के निर्णय की अवहेलना कैसे कर सकते हैं? हमारे अधिकार में मात्र हमारे प्राण हैं। इसको हम सहर्ष अर्पण कर सकते हैं, परन्तु सेना या धन पर हमारा कोई अधिकार नहीं।"

चाणक्य उठे और शिष्यों के कन्धों पर हाथ रखकर बोले, "कोई बात नहीं, पुत्र। तुम्हारी यह भावना प्रणम्य है। यथार्थता के धरातल पर तुम पन्द्रह-बीस सैनिकों से कठों और यवनों के युद्ध में कोई अन्तर नहीं पड़ जायेगा। अतः तुम सब यहीं रहो। ईश्वर न करे, यदि कठ पराजित हुए तो यवन इधर बढ़ेंगे। यौधेय भारतवर्ष की प्रमुख शक्ति है। गंगा के प्रदेशों की ओर बढ़ने से पूर्व उन्हें यौधेयों का सामना करना होगा। अतः तुम सब यहीं प्रतीक्षा और उद्योग करो। साथ ही, एक कार्य और करना। जनसामान्य के अन्दर यौधेय जाति के गर्व को भारतवर्ष के बृहत्तर गर्व से जोड़ने का प्रयास करना। उन्हें प्रेरित करना कि वे स्वयं के अलग अस्तित्व को समग्र भारत के अस्तित्व के साथ जोड़कर देखें।" इसी प्रकार की अन्य अनेक बातें समझाते हुए वह ब्राह्मण यौधेय प्रदेश से विदा हुआ। अब उसका अश्व कठों की राजधानी सांकल की ओर बढ़ रहा था।

×××

इरावती[1] नदी का पूर्ववर्ती प्रदेश, कठ गणराज्य। सौंदर्य और वीरता, शस्त्रविद्या और शास्त्रज्ञान का अद्‌भुत समायोजन। 'कठोपनिषद' का निर्माण इसी गण के तत्वचिन्तकों द्वारा किया गया था। यह एक विचित्र गण था जहाँ नागरिकों में परस्पर कोई भेदभाव नहीं था। वर्ण की कौन कहे, वहाँ स्त्री और पुरुष में भी कोई भेद न था। स्त्री और पुरुष साथ ही शास्त्र का पाठ करते, शस्त्र का अभ्यास करते, खेतों में हल चलाते और युद्धों में शत्रुओं का संहार करते। केकयराज पर्वतेश्वर की राज्य विस्तार की महत्वाकांक्षा के सबसे बड़े अवरोधक कोई थे, तो वे कठ थे। कठों ने कई बार केकय की सेना को धूल चटायी थी। गौर वर्णी त्वचा, नीली आँखों और पर्याप्त लम्बाई के कठ अपने शारीरिक सौष्ठव और सुन्दरता के कारण देवतुल्य प्रतीत होते थे। कठों में ही ऋषि नचिकेता हुए थे, जिनके सम्बन्ध में यह प्रचलित है कि वे यमलोक से वापस लौट आये थे। सम्भवत: यह बस कथा ही हो, परन्तु इस गण में प्रत्येक बालक को यम के द्वार तक जाना ही होता था। शिशु राज्य की सम्पत्ति हुआ करते थे। जब शिशु एक माह के हो जाते, तब उनकी शारीरिक जाँच की जाती। जिन शिशुओं में दुर्बलता के लक्षण होते या जो कुरूप होते, उन्हें यमद्वार से आगे भेज दिया जाता। जो स्वस्थ और सुन्दर होते, वे यमद्वार से वापस लौट आते।[2] यह प्रथा कदाचित् क्रूर प्रतीत होती हो, परन्तु इस प्रथा के कारण राज्य को न केवल स्वस्थ और सुन्दर नागरिक मिलते थे अपितु उन्हें यह बोध भी रहता था कि उन्हें उनका जीवन मात्र अपने गण, अपने राज्य के लिए प्राप्त हुआ है। माता को अपना पुत्र सर्वाधिक प्रिय होता है, पर जब माता भी राष्ट्र हित हेतु अपने पुत्र बलिदान करने लगे तो यह निश्चित है कि राष्ट्र सर्वोत्तम की प्राप्ति अवश्य करेगा।

बालकों और बालिकाओं को साथ-साथ शारीरिक और शास्त्रीय शिक्षा दी जाती। साथ पढ़कर, साथ खेलकर उनमें मैत्री भावना विकसित होती। युवकों और युवतियों की ऐसी सहज मैत्री लैंगिक भेदभाव की आशंका को उत्पन्न होने से पहले ही समाप्त कर देती। सहज आकर्षण की परिणीति प्रेम और प्रेम की परिणीति विवाह है। युवक और युवती को अपना जीवनसाथी चुनने का अधिकार था। राज्य भी ऐसे विवाहों को प्रोत्साहित करता। नैसर्गिक बात है कि युवती बलिष्ठतम, योग्यतम पुरुष का चयन करेगी और युवक सुन्दरतम स्त्री से प्रेम करेगा। कठों में पुरुष अन्य पुरुषोचित गुणों के साथ सुन्दर भी होते थे और स्त्रियाँ स्त्रियोचित गुणों के साथ शास्त्र और युद्ध विद्या में निपुण भी होती थीं। ऐसे युग्मों के मिलन से श्रेष्ठ सन्तान उत्पन्न होती।

---

[1] रावी

[2] ऐसी प्रथा ग्रीस के स्पार्टा में भी थी।

कठों का राजा वह बनता, जो सबसे अधिक बलिष्ठ, सबसे अधिक युद्धनिपुण और अत्यन्त सुन्दर होता।

चारुमत्स्य वर्तमान राजा का भ्रातृपुत्र था और तक्षशिला विद्यापीठ का विद्यार्थी था। चन्द्रगुप्त और उसकी छोटी-सी सेना का स्वागत करने चारुमत्स्य नगरद्वार पर आया और सैनिकों के लिए उचित व्यवस्था का निर्देश देकर अपने सहपाठी को अपने घर लेता आया। जल-पान इत्यादि के पश्चात् चन्द्रगुप्त के आग्रह पर चारुमत्स्य उसे गणप्रमुख के पास ले आया। पचास वर्षीय गणप्रमुख किसी सभागार में ऊँचे सिंहासन पर विराजमान नहीं थे, अपितु सामान्य जनों की भाँति कटिवस्त्र पहने भुरभुरी मिट्टी में मल्लयुद्ध कर रहे थे। आगन्तुक को देख अन्य मल्लों को द्वन्द्व करता छोड़ भूमि पर ही बैठ गये और आगन्तुक को अपने पास आने का संकेत किया। भूमि पर बैठ चन्द्रगुप्त अपना परिचय दे ही रहा था कि गणप्रमुख उसकी बात बीच में ही काट कर बोले, "हम सब तुम्हें भलीभाँति जानते हैं, चन्द्र। ये चारुमत्स्य तुम्हारी प्रशंसा करता रहता है। विद्यापीठ से जब भी वापस आता है तो इसकी जिह्वा पर बस तुम्हारा और आचार्य चाणक्य का ही नाम होता है। फिर तुम्हारे बारे में हमारे गुप्तचरों ने भी कई बातें बताई हैं कि कैसे तुमने अलक्षेन्द्र की सेना में सम्मिलित होकर उनकी युद्धनीति को समझने का प्रयास किया, कैसे अलक्षेन्द्र का तिरस्कार किया। पर्वतेश्वर की सेना में सम्मिलित होकर तुमने वीरतापूर्वक युद्ध किया। अब तुम प्रत्येक जनपद में घूम-घूमकर यवनों का प्रतिकार करने के लिए उन्हें उत्साहित करने का प्रयास कर रहे हो। तुम्हारे प्रयास श्लाघनीय हैं, परन्तु तुम्हें यहाँ आने की क्या आवश्यकता थी? क्या तुम्हें लगता है कि कठ भी किसी की दासता स्वीकार कर सकते हैं, जो उन्हें प्रेरित करने के लिए अतिरिक्त प्रयास की आवश्यकता हो?"

चन्द्र हाथ जोड़कर बोला, "नहीं-नहीं, पितृव्य। कठों के सम्बन्ध में पूरे भारतवर्ष में ऐसा कोई सोच भी कैसे सकता है?"

"हूँ। तो बताओ, तुम्हारा यहाँ आने का क्या प्रयोजन है? तुम सेना भी साथ लाए हो।"

"पितृव्य! आपने गुप्तचरों का उल्लेख किया, अत: मुझे विस्तार से कुछ कहने की आवश्यकता प्रतीत नहीं होती। आप अधिकांश समाचार जानते ही होंगे। अलक्षेन्द्र बढ़ा चला आ रहा है। अब उसका सामना ग्लुचुकायन गण करने वाले हैं। मैं आपसे यह प्रार्थना करने आया था कि अलक्षेन्द्र की प्रतीक्षा यहाँ करने से अधिक उचित होगा कि आप उसका सामना ग्लुचुकायन गणों के साथ मिलकर करें। वे प्राणपण से अलक्षेन्द्र का प्रतिकार करने के लिए सज्ज हैं। यदि उन्हें आपका साथ मिले तो कदाचित् हम एक इतिहास बना सकते हैं।"

"हूँ। तुम्हारा प्रस्ताव उचित है। हमें अवश्य जाना चाहिए, परन्तु मुझे सूचना मिली थी कि ग्लुचुकायन वाले उहापोह में थे कि यवनों का प्रतिकार करें या उनका स्वागत करें? तुम्हारे प्रयासों से उन्होंने प्रतिकार करने का निर्णय लिया। अब यह बताओ कि हम ऐसे अस्थिरचित्त लोगों की सहायता करने कैसे जाएँ? यह भी तो सम्भव है कि वे हमारे पहुँचने से पहले ही अपना मन पुनः परिवर्तित कर लें और युद्ध के स्थान पर यवनों का स्वागत करने लगें। तब हमारी स्थिति क्या होगी?"

"ऐसा नहीं होगा, पितृव्य। ग्लुचुकायन वीर प्रजाति है। वे आपसी विचार-विमर्श में कितनी ही विरोधाभासी बातें करें, पर एक बार निर्णय लेने के पश्चात् पीछे नहीं हटते। इसके अतिरिक्त मैं अपनी एक सहस्त्र सैनिकों की टुकड़ी को सेयन के अधिकार में छोड़ आया हूँ। सेयन हमारा सहपाठी है। वह और उसके नेतृत्व में जो सेना है, वह किसी भी विरोधी विचार को पनपने ही नहीं देगी।"

"वाह, तुम तो उत्तम नीतिकार भी हो। नेता को ऐसा ही होना चाहिए। विश्वास अवश्य दिखाये, पर अपनी ओर से पूरा प्रबन्ध भी करे।"

"तो क्या मैं आश्वस्त हो जाऊँ कि आप अपने गणों को ग्लुचुकायन के साथ मिलकर युद्ध करने के लिए मनाने का प्रयास करेंगे?"

इस प्रश्न पर गणप्रमुख हँसते हुए बोले, "सभी गणतन्त्र एक जैसे नहीं होते, पुत्र। कठों में राजा गणतांत्रिक रूप से चुना जाता है। इसके पश्चात् किसी भी विषय पर राजा का आदेश पर्याप्त है। मैं अभी आदेश देता हूँ। कल प्रातः सारी सेना प्रयाण करेगी।"

"अनुगृहीत हुआ पितृव्य।"

कठों ने कभी भी दूसरे की भूमि में जाकर युद्ध नहीं किया था। यह प्रथम अवसर था। युद्ध तो कठों का मनोरंजन था, पर किसी की सहायता करने का भाव उन्हें अधिक उत्साहित कर रहा था। सारा नगर अश्वों के पुटों में लग रही नाल, रथों की ठोक-पीट और युवाओं के रणोद्घोष से गूँज रहा था। सन्ध्या होते-होते गृहों के बाहर वार्धक्य को प्राप्त गृहस्वामी खड़े हो गये। वे अपने घर से निकलने वाले युवाओं की प्रतीक्षा कर रहे थे ताकि उन्हें विधिवत् विदा कर सकें। उनके हाथों में शस्त्र थे, जो उन्हें उनके पिताओं ने, उनकी माताओं ने दिये थे, जिन्हें अब वे अपनी सन्तानों को देने वाले थे। गर्व से शीश उठाये युवा स्त्री-पुरुष घरों से निकलते, युद्ध के लिए पर्याप्त असमर्थ हो चुके अपने माता-पिता को प्रणाम करते, उनसे शस्त्र लेते और सैनिकों के लिए नियत स्थान पर प्रस्थान कर जाते। उन सैनिकों में कोई पिता-पुत्री था, कोई

माता-पुत्र, कोई पति-पत्नी था तो कोई भाई-बहन। छोटी-छोटी टुकड़ियों में से पुरुषों की किसी टोली की सेनापति कोई महिला थी, तो महिला सैनिकों का नेता कोई पुरुष। रात्रि में सब साथ भोजन करने वाले थे और प्रातः की पहली किरण से साथ प्रस्थान। उन टुकड़ियों में चन्द्रगुप्त की टोली भी घूम-घूमकर यवनों की युद्धपद्धति बताती जाती। चन्द्रगुप्त भी सेनानायकों के साथ बैठकर युद्ध की रणनीति पर विचार कर रहा था कि उसे गणप्रमुख का बुलावा आया।

चन्द्रगुप्त जब गणप्रमुख के सम्मुख आया तो उनका म्लान मुख देख हतप्रभ रह गया। युद्ध में जा रही सेना का सर्वोच्च सेनापति इस भाँति निरुत्साहित कैसे दिख सकता है? चन्द्रगुप्त बिना किसी औपचारिकता के बोला, "कोई अशुभ सूचना है, पितृव्य?"

क्षीण स्वर में बोले गणप्रमुख, "हमने अत्यधिक विलम्ब कर दिया, चन्द्र। मुझे स्वयं ही आगे बढ़कर ग्लुचुकायन गण की सहायता करनी चाहिए थी। जाने क्यों यह विचार मेरे मन में नहीं आया? कदाचित् तुम न आये होते तो यह विचार आता भी नहीं।"

"परन्तु हुआ क्या, पितृव्य? क्या यवन हमसे पहले पहुँच गये?"

"हाँ, पुत्र! वे मात्र हमसे पहले पहुँच ही नहीं गये, अपितु उन्होंने ग्लुचुकायन को पराभूत कर दिया है। मैं अपने पूर्व कथनों के लिए ईश्वर से क्षमा माँगता हूँ। मैं ग्लुचुकायन को भीरु मानता था, परन्तु उन्होंने ऐसा युद्ध किया कि मुझ कठ को भी उनसे ईर्ष्या होती है। सैनिकों ने ही नहीं, अपितु सामान्य नागरिकों ने, किसानों और श्रमिकों तक ने यवनों से घनघोर युद्ध किया। आज ग्लुचुकायन के नगर जल रहे हैं। अधिकांश नागरिकों को मार दिया गया है। सामूहिक हत्याकांड का आयोजन किया गया था। तुम्हारे मित्र की कोई सूचना नहीं है, पर जब कोई सैनिक नहीं बचा तो वह भी नहीं बचा होगा।"

इस सूचना से चन्द्रगुप्त को अत्यन्त दुःख पहुँचा। कुछ क्षण शोक मनाने के बाद चन्द्रगुप्त बोला, "देव! सैनिक दृष्टि से ग्लुचुकायन यवनों से दुर्बल थे। इसलिए मेरा प्रयास था कि उसे कठों की सहायता मिल जाये। उनका यह विनाश कदाचित् अन्य गणों को हतोत्साहित करेगा। नगरों को जलाने और नागरिकों की सामूहिक हत्याएँ राक्षसी नीति है। यह पैशाचिक है, पर प्रभावी है।" कुछ क्षण रुककर पुनः बोला, "पितृव्य! अब आपकी क्या योजना है? बाहर आपकी सेना युद्ध हेतु, प्रयाण हेतु सज्ज है। उनके लिए क्या आज्ञा है?"

"प्रतिशोध! हम प्रतिशोध लेंगे। अब ग्लुचुकायन जाने का कोई लाभ नहीं। हम देखेंगे कि यवन किस राज्य की ओर बढ़ते हैं? वे जिस भी राज्य की ओर जाएँगे,

हमारी सेना भी उसी दिशा में प्रस्थान करेगी। मैं ईश्वर से प्रार्थना करता हूँ कि वे इधर हमारी ओर ही आएँ। कठ अलक्षेन्द्र को दिखायेंगे कि वास्तविक युद्ध क्या होता है? सैनिक अपने घरों में नहीं लौटेंगे। वे अगली सूचना तक युद्ध का, विभिन्न व्यूहों का अभ्यास करेंगे। तुम यवनों की सेना में रह चुके हो। तुम भी सेनानायकों के साथ मिलकर ऐसे व्यूहों की योजना बनाओ जो यवनों की व्यूह रचना को काट सके।"

कठ गणपति की ऐसी रणनिपुण बातें सुन चन्द्र प्रसन्न होकर बोला, "अवश्य पितृव्य, अवश्य। मेरा एक अनुरोध भी है। यह युद्ध मात्र कठों का युद्ध नहीं होगा। कठों के स्वाभिमान से मैं परिचित हूँ, अतः कहने में तनिक संकोच होता है। युद्ध और युद्धाभ्यास में अतीव धन की आवश्यकता होती है। मैं धन से आपकी सहायता करना चाहता हूँ। कृपया इसे अभिमान का प्रश्न न बनायें।"

"हूँ। ठीक है, परन्तु तुम्हारे पास धन कैसे? मुझे तो इस पर भी आश्चर्य था कि तुम्हारे पास अपनी एक सेना भी है। अब धन भी? कैसे?"

"सेना तो सकल भारतभूमि से प्रेम करने वाले युवाओं की है, पितृव्य। कुछ गान्धार, कुछ केकय, कुछ मद्र, कुछ अभिसार। पराजित राज्यों के हार न मानने वाले सैनिक। धन का प्रबन्ध आचार्य चाणक्य और उनके सहयोगी आचार्यों द्वारा किया गया है। राष्ट्र से प्रेम तो धनवान वणिक भी करते हैं। वे रक्त नहीं दे सकते, पर धन दे सकते हैं। आचार्य का मत है कि जो जिसमें समर्थ हो, उसी से अपना समर्थन दे तो राष्ट्र पुष्पित, पल्लवित और सुरक्षित रह सकता है।"

"तुम्हारे आचार्य प्रणम्य व्यक्ति हैं। एक बार उनसे मिलने की अभिलाषा है। देखो, कब पूरी होती है? अच्छा, अब चलो। चलकर अपने वीरों को नई स्थिति के बारे में सूचित करते हैं।"

प्रातः की पहली किरण से कठों ने युद्धाभ्यास आरम्भ कर दिया था। तलवारों के टकराने से हुआ रव बड़ा कोलाहलपूर्ण था, पर यदि कोई उन वीरों के निकट खड़ा होकर उन्हें निहारता तो उसे योद्धाओं के साँसों की लयात्मक आरोह-अवरोह सुनायी देती। युद्ध करते योद्धा के श्वसन स्वर पर ध्यान देकर यह जाना जा सकता है कि उसका मस्तिष्क युद्ध करते हुए भी कितना शान्त है? दो प्रहर बाद उन योद्धाओं ने एक विचित्र दृश्य देखा। सुन्दर श्वेत अश्व पर भगवा धोती पहने एक व्यक्ति आता हुआ दिखा। उसने शरीर के ऊपरी भाग में कोई वस्त्र नहीं पहना था। एक मोटा-सा यज्ञोपवीत उसके वक्ष पर नृत्य कर रहा था। उसके चेहरे पर कदाचित् किसी व्याधि के अवशेष दिख रहे थे। उसका वर्ण काला था, परन्तु उसके आनन पर जो तेज था,

शरीर की जो पुष्ट संरचना थी, उससे सुन्दरता के प्रति आग्रही कठ समझ न पाये कि इस व्यक्ति को सुन्दर माना जाये या असुन्दर? ऐसा तेज जैसे कोई ऋषि हो, ऐसा गठन जैसे कोई योद्धा हो, अश्व संचालन ऐसा जैसे कोई राजा हो, चेहरे पर ऐसी करुणा जैसे कोई सन्त हो। निकट आया ब्राह्मण अभी पूरी तरह अश्व से उतरा भी नहीं था कि चन्द्रगुप्त और चारुमत्स्य दौड़ते हुए आये और ब्राह्मण के चरणों में झुक गये। चारुमत्स्य जैसे प्रमुख नागरिक को साष्टांग प्रणाम करता देख अन्य कठों ने भी ब्राह्मण को प्रणाम किया। सबको आशीर्वाद देते चाणक्य ने अपने चरणों में झुके शिष्यों को उठाया और उनके साथ गणप्रमुख से मिलने गये। गणप्रमुख ने उन्हें प्रणाम किया और कहा, "आपसे मिलने की बड़ी इच्छा थी, आचार्य। आपके और आपके साथियों, शिष्यों द्वारा इस विपत्तिकाल में किये जा रहे प्रयास अत्यन्त श्लाघनीय हैं। हम गण तो मात्र अपने-अपने गणराज्यों की मान रक्षा हेतु प्रयत्नशील हैं, परन्तु आपकी दृष्टि समस्त भारत पर है। मैं देख रहा हूँ कि आपके नेतृत्व में भारत पुनः एक शक्ति के रूप में प्रतिष्ठित होगा। आचार्य, आप अभी कहाँ से आ रहे हैं?"

"गणप्रमुख, राष्ट्र को एक भाव से चालित करने के मेरे प्रयास अभी तक तो असफल ही सिद्ध हुए हैं। मैं प्रथम तो मगध गया था, फिर यौधेय प्रदेश। परन्तु दोनों ने ही मेरी विनती पर ध्यान नहीं दिया। दोनों ही अपनी सीमाओं में सिमटे रहना चाहते हैं। वे आगे बढ़कर अपने सांस्कृतिक बन्धुओं की सहायता करने के अभिलाषी नहीं। यद्यपि दोनों की इस प्रवृत्ति में मूलभूत अन्तर है। जहाँ यौधेयों की कोई महत्वाकांक्षा नहीं, वहीं मगध चाहता है कि अलक्षेन्द्र अन्य सभी राज्यों को हस्तगत करता हुआ, उन्हें दुर्बल बनाता हुआ आगे बढ़े, जिससे कि अन्ततः उसे पराजित कर एक झटके में ही वह वाहीक प्रदेश का स्वामी बन जाये। मुझसे अधिक सफल तो मेरे ये शिष्य हुए हैं।"

चन्द्रगुप्त बोला, "आचार्य! हमारी सफलता भी आपकी ही प्रेरणा है। यदि आपके गूढ़पुरुषों की सहायता न मिलती तो हम भी क्या कर लेते? आज जो मेरे पास छोटी-सी सेना है, थोड़ा-बहुत धन है, युद्ध के संसाधन हैं, वे आपकी ही प्रेरणा से प्राप्त हैं। आचार्य, असफल तो हम भी हुए। मैं सेयन से कहकर आया था कि कठों को लेकर शीघ्र अतिशीघ्र उसकी सहायता हेतु आऊँगा, परन्तु यवन मुझसे तेज़ निकले। हमारा सेयन और समस्त ग्लुचुकायन वीरगति को प्राप्त हुआ।"

"एक बड़े युद्ध में कई बार छोटे-छोटे युद्धों में हमें पराजित भी होना पड़ता है पुत्र। वैसे भी, हमारा कर्तव्य तो कर्म करना है।"

चारुमत्स्य बोला, "अब क्या योजना है, आचार्य?"

"मेरी सूचना के अनुसार यवनों का अगला लक्ष्य सांकल है। वे यहीं आ रहे हैं। नगरद्वार से प्रवेश करते समय मैंने युद्धाभ्यास करते युवकों-युवतियों को देखा। यह युद्ध निर्णायक होगा। मैंने अपने गूढ़पुरुषों को आज्ञा दी है कि वे यवनों के बीच कठों, यौधेयों और मागधों की सैन्य शक्ति, उनकी विशालता और उनकी वीरता का झूठा-सच्चा प्रचार-प्रसार करते रहें। युद्ध में जितना महत्व शस्त्रों का है, उतना ही महत्व मन्त्रों का है।"

गणप्रमुख बोले, "परन्तु क्या यह उचित है, आचार्य?"

"इसमें अनुचित क्या है, गणप्रमुख? आपको सूचना मिली होगी कि यवन जिस भी राज्य को युद्ध द्वारा जीतते हैं, उन्हें जलाकर क्षार कर देते हैं। युद्ध के बाद विजित प्रदेश को जलाना, नागरिकों का वध करना भी एक प्रकार का मन्त्रयुद्ध ही है। इससे अन्य राज्य भयभीत होते हैं। वे बिना युद्ध किये भय के कारण दासता स्वीकार कर लेते हैं। हतोत्साहित करने के इस अमानुषिक कर्म की तुलना में हमारा कर्म तो नितान्त निर्दोष है। युद्ध में अपनी शूरता के साथ शत्रु की भीरुता भी समान महत्व रखती है। युद्ध में जीत अन्तिम और एकमात्र लक्ष्य है। इसे प्राप्त करने का प्रत्येक मार्ग उचित है। अस्तु, आप लोगों की क्या योजना है? किस प्रकार के व्यूह की रचना करने वाले हैं आप?"

"आपके शिष्य चन्द्रगुप्त ने बताया कि अलक्षेन्द्र की व्यूह रचना कुछ ऐसी होती है कि वो सामने खड़ी सेना के दायें और बायें पक्ष पर अपनी अश्वारोही सेना से आक्रमण करता है। जब सेना उस अश्व सेना का सामना करने के लिए दायें अथवा बायें मुड़ती है, तब वह अपनी पैदल सेना को शत्रु सेना के मध्य भाग पर आक्रमण करने का आदेश देता है। सुव्यवस्थित रीति से खड़ी सेना एकाएक ही छिन्न-भिन्न हो जाती है। दायें, बायें और मध्य भागों में बँटी सेना अभी सँभल भी नहीं पाती कि उसकी एक अश्वसेना पूरा चक्कर काटकर पीछे पहुँच जाती है और शत्रुसेना का समूल नाश हो जाता है। उसकी पैदल सेना के पास अत्यन्त लम्बे भाले होते हैं। आश्चर्य की बात है कि वे इतने बड़े भाले को एक हाथ में थामे सुगमता से संचालित कर लेते हैं और दूसरे हाथ से ढाल को भी पकड़े रहते हैं। पूरी पैदल सेना एक इकाई, एक शरीर की भाँति व्यवहार करती है। एक आदेश पर वह पल भर में दायें या बायें या पूरी तरह से मुड़ जाती है। इस नितान्त उत्कृष्ट व्यूह-रचना को देखते हुए हम सबने अर्थात् हमारी युद्धसभा और चन्द्रगुप्त ने यह निर्णय लिया है कि हम खुली भूमि पर युद्ध करने नहीं जायेंगे। खुली भूमि पर युद्ध करने से यवनों को अपने व्यूह को संचालित करने का अवसर मिल जायेगा। हम अपने नगर के चारों ओर एक वृत के आकार में अपनी रथसेना को रखेंगे। यह रथ किसी के सम्मुख नहीं, अपितु एक

वृत्ताकार पथ पर, एक दिशा में खड़े रहेंगे। यवनों के आक्रमण पर रथसेना अपने वर्तुल में घूमती रहेगी। शत्रु की ओर आमुख रथ-चक्रों पर तीक्ष्ण धार के शस्त्र लगे रहेंगे। सारथी के अतिरिक्त प्रत्येक रथ पर दो धनुर्धर होंगे, जो छोटे धनुषों से बाण वर्षा करते रहेंगे। रथों के इस चक्र के भीतर हमारी अश्व सेना और पदाति सेना होगी। इस व्यूह के पीछे स्थान-स्थान पर काष्ठ के बने अत्यन्त ऊँचे चौड़े स्तम्भ होंगे, जिन पर धनुष-बाण से सज्ज धनुर्धर होंगे जो निरन्तर बाण वर्षा करते रहेंगे। यदि ईश्वर ने चाहा तो यह कठ प्रदेश यवनों के लिए यमभूमि सिद्ध होगी, आचार्य!"

यह व्यूह-रचना सुन चाणक्य प्रसन्न होकर बोले, "अहा, श्रेष्ठ व्यूह-रचना। इस व्यूह को भेदना वास्तव में कठिन होगा, गणप्रमुख। अस्तु, यह बतायें कि जो अशक्त हैं, जो युद्ध नहीं कर सकते, उनके लिए क्या व्यवस्था है?"

आचार्य के इस प्रश्न पर गणप्रमुख तनिक क्रोधित होकर बोले, "कठों में अशक्त नहीं होते, आचार्य!"

"इसे अभिमान का प्रश्न न बनायें, गणप्रमुख। प्रत्येक नगर में, प्रत्येक वीरजाति में अशक्त होते ही हैं। क्या आपके यहाँ वृद्धजन या कम आयु के बालक नहीं हैं या गर्भवती स्त्रियाँ नहीं हैं?" गणप्रमुख को निरुत्तर देख आचार्य पुनः बोले, "युद्ध जीतने के लिए किये जाते हैं। जीत के लिए पूरा प्रयास किया जाता हैं, परन्तु युद्ध का परिणाम हमारे ही पक्ष में हो, यह अनिश्चित है। इतनी श्रेष्ठ व्यूह-रचना का निर्माण कर यवनों की युद्धनीति के एक भाग का प्रतिकार तो आपने कर लिया, परन्तु दूसरे भाग का क्या? यदि देव प्रतिकूल हुए, हमारी पराजय हुई, तब आप भी जानते हैं कि अलक्षेन्द्र क्या करेगा? वह सभी शेष नागरिकों की हत्या कर देगा। राज्य की रक्षा आपका कर्तव्य है, तो कठों का समूल नाश न हो सके, यह देखना भी आपका ही कर्तव्य है। ये बालक, बालिकाएँ, गर्भवती स्त्रियाँ कठों की अगली पीढ़ी के वाहक हैं। राज्य की भाँति इनका संरक्षण भी महत्वपूर्ण है।"

"तो आप क्या आज्ञा देते हैं?"

"आज्ञा नहीं, परामर्श। इन सभी जनों को किसी सुरक्षित स्थान पर भेज दिया जाये। चन्द्रगुप्त की सेना में कुछ युवक दुर्गम पर्वतीय प्रदेशों से हैं। आप इन सभी अशक्त जनों को उनके साथ भेज दें।"

"ऐसा ही होगा, आचार्य। अन्य कोई परामर्श?"

"आपकी व्यूह-रचना को तनिक परिष्कृत करना चाहता हूँ।"

"आदेश करें।"

"शत्रु जब भी आयेगा, आते ही एकाएक आक्रमण नहीं कर देगा। वह नगर से दूर सैन्यवास बनायेगा। कई दिनों तक वहीं बैठा रहेगा। अपनी विशाल सेना के लिए

उसे अन्न और जल की आवश्यकता होगी। मेरा परामर्श है कि उसके सम्भावित सैन्यवास के एक योजन तक की भूमि को तृणविहीन कर दिया जाये। खेतों को जलाकर भस्म कर दिया जाये। दूर-दूर तक घातक टुकड़ियों को इस निर्देश के साथ बैठा दिया जाये कि यदि वे पीछे किसी राज्य से अन्न और पशुओं के लिए चारा लेकर आते दिखें तो छुपकर वार किया जाये और अन्न-चारे को नष्ट कर दिया जाये। आसपास के सभी जलस्त्रोतों को विषाक्त कर दिया जाये। रात्रि में जब शत्रु की अधिसंख्य सेना विश्राम कर रही हो, उनके अन्न भण्डार को नष्ट करने का प्रयास किया जाये। मैं कुछ औषधियों का ज्ञान रखता हूँ। यदि वायु की दिशा उचित हो, तो दूर से ही उन औषधियों के ढेर को सुलगा दिया जाये, जिससे धुएँ से शत्रुओं को पीड़ा पहुँचे।"

गणप्रमुख टोकते हुए बोले, "आचार्य! यद्यपि यह सब हमारी पद्धति नहीं, परन्तु आपके कहने पर हम यह सब करेंगे। पर मुझे इसका अधिक लाभ नहीं दिखता। उन्हें अन्न, जल मिल ही जायेगा, कदाचित् वे इनकी पर्याप्त मात्रा लेकर चलते हों। थोड़े-बहुत कष्ट तो कोई भी सेना सह लेगी।"

"अवश्य। मैं यह कह भी नहीं रहा कि इन उपायों से विजय मिलेगी। विजय तो प्रत्यक्ष युद्ध के बाद ही प्राप्त होगी। इन कृत्यों का उद्देश्य शत्रु के अन्दर खीझ उत्पन्न करना है। इनसे उसकी मानसिकता अस्वस्थ होगी।" चन्द्रगुप्त की ओर देख आचार्य बोले, "अच्छा चन्द्र, क्या तुमने यवनों के उन यन्त्रों को देखा जो दूर से ही छोटी-बड़ी शिलाओं को शत्रु सेना पर, उसके दुर्ग पर प्रक्षेपित करते हैं? उनका क्या उपाय किया है?"

"उन यन्त्रों के लिए अभी कोई विशेष विचार नहीं बना, आचार्य। आप ही कोई मार्ग बताएँ।"

"युद्धभूमि में उनको निष्क्रिय करना कठिन है। वे किसी मानव द्वारा चलाए गये बाण की सीमा से भी दूर होते हैं। यदि बाण वहाँ तक पहुँच भी गये, तब भी वे क्या ही कर पायेंगे? गणपति, आप अपने कुछ सबसे चपल युवाओं को इस कार्य के लिए नियुक्त करें। मेरे कुछ गूढ़पुरुष यवनों के साथ बने हुए हैं। यवनों की सेना में यवनों के अतिरिक्त पारसिक और भारतीय सम्मिलित हैं। उनमें मेरे गूढ़पुरुष घुल-मिल गये हैं। जब यवन यहाँ आएँगे तो उनमें से कोई न कोई मुझसे मिलने अवश्य आयेगा। उसे उन यन्त्रों तक पहुँचने का मार्ग ज्ञात होगा या वह ऐसा मार्ग ज्ञात कर लेगा। यन्त्रों का निर्माण अत्यन्त श्रमसाध्य कार्य है, परन्तु उन्हें विनष्ट करना अत्यन्त सरल होगा। आपके चपल, चतुर सैनिक यह कार्य सुगमता से कर लेंगे।"

इसी प्रकार की अनेक रणनीतियाँ बनाते हुए कठ शत्रुओं की आतुरता से प्रतीक्षा करते रहे और अन्ततः एक दिन उन्होंने यवनों की विशाल सेना को आते हुए देखा। कुछ ही दिनों में सांकल के बाहर की विशाल समतल भूमि पर यवनों के शिविर ही शिविर दिखायी देने लगे। यवनों के साथ ही कुछ पारसिक और कुछ भारतीय शैली के शिविर भी लगे हुए थे। यवन सेना को बृहत्तर भारत में आये कई वर्ष हो चुके थे, पर जाने क्यों अभी उसकी सेना में हाथियों का उपयोग नगण्य था। कुछ हाथी अवश्य थे, पर वे माल ढोने के कार्यों में ही प्रयुक्त किये जाते थे। युद्धक हस्तिसेना थी ही नहीं। चाणक्य के गुप्तचरों की सहायता से कठों ने अभियान्त्रिकी के उत्कृष्ट उदाहरणों को, शिला प्रक्षेपण यन्त्रों को पूर्णतः निष्क्रिय कर दिया। रात्रि में जब पवन की दिशा यवनों की ओर होती तो चाणक्य द्वारा निर्देशित शुष्क वनस्पतियों को आग लगाकर धुआँ किया जाता, जिसके विषैले प्रभाव से मनुष्य और अश्व अस्वस्थ हो जाते। आसपास एक योजन से अधिक के क्षेत्र में सभी जलस्रोतों को विषाक्त कर दिया गया था। यवन सेना का एक बड़ा भाग दूर-दूर से पानी ढोने के काम में लगा था। उसमें भी कई बार गूढ़पुरुष विष मिला देते। युद्ध आरम्भ होने से पहले ही कई यवन मारे जा चुके थे।

अलक्षेन्द्र हतप्रभ था। ऐसी युद्धनीति उसने कभी नहीं देखी थी। भारतभूमि के राज्य मुख्यतः दो प्रकार की नीतियाँ अपनाते थे। या तो वे अपनी सेना लेकर खुली भूमि में आ जाते, या वे अपने दुर्ग के भीतर बैठे रहते और शत्रु की प्रतीक्षा करते कि वह दुर्ग में घुसने का प्रयास करे, पर यहाँ कठ अपने दुर्ग के भीतर बैठे हैं और साथ ही अप्रत्यक्ष युद्ध भी कर रहे हैं। अलक्षेन्द्र ने अपने जो दूत भेजे थे, उनमें से मात्र एक को ही वापस किया कठों ने। उस दूत ने बताया कि जब वह कठों के सम्मुख अलक्षेन्द्र की मित्रता का प्रस्ताव रख रहा था तो कितने ही पुरुषों ने घृणा से भूमि पर थूक दिया था। जब उसने पूर्ण समर्पण की बात की तब उन्होंने खड्ग निकाल लिए और सभी दूतों को बन्दी बनाकर मात्र उसे यह कहते हुए लौट जाने की अनुमति दी कि वह जाकर अलक्षेन्द्र को कठों का सन्देश दे सके। सन्देश यह था कि अलक्षेन्द्र स्वयं मुँह में तृण लेकर कठ गणपति के सम्मुख समर्पण करे और फिर अपने सभी शस्त्र और अश्व यहीं छोड़कर मकदूनिया वापस लौट जाये अन्यथा विश्व विजय का स्वप्न देखने वाले अलक्षेन्द्र की सम्पूर्ण सेना का विनाश कर, स्वयं उसे नेत्रविहीन कर भारत की वीथिकाओं में भिक्षा माँगने के लिए छोड़ दिया जायेगा।

दूत की इन बातों से जहाँ यवन सेनापतियों को क्रोध आ गया, वहीं अलक्षेन्द्र स्थिरचित्त बना रहा। उसने अधिक देर न करते हुए प्रातः की पहली किरण के साथ दुर्ग को घेर लेने और युद्ध का आरम्भ करने की आज्ञा दे दी। प्रातः जब यवन सेना

व्यूहबद्ध होकर कठों के दुर्ग को घेरने आयी तो उसने विचित्र दृश्य देखा। कठ अपनी रथ सेना के साथ दुर्ग के बाहर खड़े थे, परन्तु रथों के मुख की दिशा यवनों की ओर न नहीं थी, अपितु वे पाँच-पाँच रथों की पंक्ति में खड़े थे और उनका दाहिना पार्श्व यवनों की ओर था। पूरे नगर को उन्होंने इस प्रकार से एक वक्र का निर्माण कर, अथवा कहें कि वृत्ताकार अवस्था में खड़े होकर घेर रखा था। सबसे बाहरी रथों के दायें पहियों में पतले, लम्बे और दोनों फलकों पर तीक्ष्ण शस्त्र लगे थे। रथों में, दुर्ग पर और लम्बे मचानों पर धनुर्धारी खड़े थे। कठों के सम्बन्ध में अलक्षेन्द्र की सूचना यह थी कि वे युद्ध के लिए अत्यन्त उतावले होते हैं और शत्रु को देखते ही उस पर टूट पड़ते हैं। परन्तु यहाँ जो दृश्य था, वह उसकी पूर्वसूचना से नितान्त विपरीत था। सारी कठ सेना शान्त और निश्चल खड़ी थी। उनकी ऐसी कोई योजना नहीं थी कि वे स्वयं आगे बढ़ें और यवनों पर आक्रमण करें अपितु वे तो शत्रु की धैर्यपूर्वक प्रतीक्षा कर रहे थे। दो प्रहर तक जब सेनाएँ ऐसे ही खड़ी रहीं, तब अन्ततः अलक्षेन्द्र ने अपनी सेना को आगे बढ़ने का आदेश दिया। दुर्ग और मचानों पर खड़ी सेना के विशाल धनुषों से छोड़े जाने वाले बाणों के परास में आते ही कठों ने बाण वर्षा आरम्भ कर दी। यवन पदाति सेना के एक हाथ में कई हाथ लम्बे भाले होते थे और दूसरे हाथ में बड़ी चौकोर ढालें। बाणों को अपनी ओर आता देख पूरी सेना ने ढालों को ऊपर उठा लिया, अग्रिम और दायें-बायें पक्ष के सैनिकों ने ढाल को अपने सामने कर लिया। इस प्रकार अब भले ही कितने भी बाण उन पर मारे जाते, सब निष्काम सिद्ध होते। बाणों को व्यर्थ जाता देख कठों ने बाण वर्षा रोक दी। यवनों की पदाति सेना के इस गठन का उत्तर किसी भी सेना के पास नहीं था। दूर पीछे खड़ा अलक्षेन्द्र अपनी इस सफलता पर ढंग से मुस्कुरा भी नहीं पाया था कि उसने देखा कि एक नये प्रकार की वर्षा हो रही है और उससे पदाति सेना का व्यूह पूरी तरह भंग हो चला है। अब की बाणों के स्थान पर छोटी-छोटी गोलियाँ बरस रही थीं जो पदाति सेना के ढालों पर गिरकर फट जातीं और उनमें से विचित्र गन्ध निकलती। इस गन्ध से यवन सैनिकों का मन अस्वस्थ हो जाता और वे उल्टियाँ करते हुए अपने गठन को भूल इधर-उधर गिर पड़ते। ढालों के हटते ही बाणों की वर्षा होती, जिससे सैनिकों की पीड़ा सदैव के लिए समाप्त हो जाती। जिस प्रकार यवनों ने विशाल प्रक्षेपण यंत्र बनाये थे, जिससे बड़ी शिलाओं को प्रक्षेपित किया जा सके, उसी प्रकार कठों ने बच्चों के खेलने वाली गुलेलों के प्रयोग से रासायनिक गोलियों को यवनों पर प्रक्षेपित किया था। पदाति सेना आगे बढ़ती, गुलेलों की मार उनके सुरक्षा कवच को छिन्न-भिन्न कर देती और फिर बाणों की मार से उनका प्राणान्त हो जाता।

अब अलक्षेन्द्र ने अपनी अश्व सेना को दायें और बायें दिशा से बढ़कर चक्कर काटकर दुर्ग के पीछे पहुँचकर आक्रमण करने का आदेश दिया। अश्वसेना घूमकर पीछे की ओर पहुँच रही थी और उसने देखा कि हर पक्ष में कठों की रथ सेना उसी गठन में स्थिर खड़ी है। जब वे पीछे पहुँचे, उन्हें कोई अन्तर नहीं दिखा। जिस प्रकार की व्यूह-रचना आगे थी, वही व्यूह-रचना दायें-बायें और पृष्ठ क्षेत्रों में भी थी। अलक्षेन्द्र पहली बार इतना विवश हुआ था। कहीं एक छोटा-सा मार्ग भी नहीं था, जिससे कठों का व्यूह तोड़ा जाये। पूरे दिन यवन किसी ढिलाई की आशा लिए दुर्ग को घेरकर खड़े रहे। अगले दिन भी कोई मार्ग न देख अलक्षेन्द्र ने अपनी सेना को सीधे आगे बढ़कर जैसे भी हो, व्यूह तोड़ने का आदेश दिया। पदाति और अश्व सेना कठों पर टूट पड़ी। उन्हें बढ़ता देख कल से निश्चल खड़ी रथ सेना के पाँच वर्तुलों में से बाहरी रथ चलने लगे। बाकी चार रथ वैसे ही निश्चल खड़े रहे। जैसे कोई बालक अपने हाथ में एक रस्सी पकड़, उसके दूसरे छोर पर पत्थर बाँध जोर-जोर से घुमाये तो एक तीव्रगामी वृत्त बन जाता है, वैसा ही कुछ कठों की रथ सेना ने किया। वे एक के पीछे एक तीव्रता से अपने रथों को चलाये जा रहे थे। यवनों के अश्व निकट आते, उससे पूर्व ही रथों और दुर्ग पर बैठे धनुर्धारियों के बाणों का आखेट बन जाते। यदि उनसे बचकर निकट आ भी जाते, तब रथों के पहियों में लगे तीक्ष्ण शस्त्रों से कट जाते। कुछ ऐसी ही परिणति पदाति सेना की भी होती। रासायनिक गोलियों, बाणों और पहियों में लगे शस्त्रों की मार से बचकर यदि किसी यवन के सरिसा से कोई सारथी मारा जाता, तो उसका स्थान लेने के लिए दूसरे सैनिक रथ में ही बैठे हुए थे। यदि कोई रथ निष्क्रिय हो जाता तो दूसरे वर्तुल में खड़ा रथ उसका स्थान ले लेता। पूरे दिन यवन आगे बढ़ने का प्रयास करते रहे, परन्तु उन्हें सफलता तो नहीं ही मिली, अपितु उनको अत्यधिक सैन्य हानि उठानी पड़ी। इधर कठों में मरने वालों की संख्या अत्यन्त न्यून थी।

सात दिनों तक ऐसा युद्ध चलता रहा। यवनों की हताशा बढ़ती जा रही थी। उनकी तिहायी सेना समाप्त हो चली थी। प्रत्येक संध्या यवन स्वयं ही युद्ध रोक देते। अलक्षेन्द्र की सेना के कुछ व्यक्ति श्वेत पताकाओं को दिखाते हुए निकट आते और अपने मृत एवं घायल सैनिकों को उठा ले जाते, परन्तु इस अवधि में भी कठ सेना पूरी तरह सज्ज खड़ी रहती। कठों को भलीभाँति ज्ञात था कि इन युद्धविराम काल में भी यवन कदाचित् कोई षड्यंत्र कर सकते हैं। भारतीय मानसिकता के लिए यह आश्चर्य की बात ही थी कि वे शत्रु का विश्वास नहीं कर रहे थे। युद्ध समाप्ति के पश्चात् जहाँ यवन सेना अपने शिविरों में लौट जाती, कठों की सेना पूरी तरह से सन्नद्ध खड़ी रहती। थके सैनिकों और अश्वों को प्रतिस्थापित अवश्य कर दिया जाता,

पर व्यूह-रचना में तनिक-सी भी ढिलायी नहीं रखी गयी। कठों को इतने लम्बे समय तक ऐसे अनुशासन का अभ्यास नहीं था। वे तो शत्रु के साथ भिड़कर युद्ध करने में विश्वास रखते थे, परन्तु प्रत्येक सैनिक अपने सेनानायक के, और प्रत्येक सेनानायक अपने राजा के आदेश का पालन पूरी निष्ठा से करता था। यवनों के लिए कहीं कोई छोटा-सा मार्ग नहीं छोड़ा गया था, पर वास्तविकता तो यह है कि कोई भी योजना कितनी भी पुष्ट हो, कहीं न कहीं, कोई न कोई छिद्र या तो छूट जाता है या धीरे-धीरे बन जाता है। इतने लम्बे समय तक चले घेराव ने कठों, या कहें कि आचार्य चाणक्य के गूढ़पुरुषों को सांकल आने से रोक दिया था। एक महत्वपूर्ण सूचना कठों तक पहुँच ही नहीं पायी।

अगली प्रातः पुनः युद्ध आरम्भ हुआ। कठ अपनी उसी व्यूह-रचना के साथ पूर्वाह्न तक अजेय थे कि तभी उन्हें युद्धक गजों की चिंघाड़ सुनायी दी। यवनसेना की सहायता करने हाथियों की सेना आ पहुँची थी। दुर्ग पर खड़ा चन्द्रगुप्त बोला, "आभूषणों से लदे उस हाथी को देखिए, आचार्य। उस पर विराजमान व्यक्ति को देखिए। यह केकयनरेश पर्वतेश्वर स्वयं चले आये हैं।"

"दुर्भाग्य है भारतभूमि का। चन्द्र, इस राष्ट्र को ये अलक्षेन्द्र जैसे दस म्लेच्छ मिलकर भी पराजित नहीं कर सकते। भारत यदि कभी पराजित होगा तो भारत से ही। कभी पर्वतेश्वर को हराने के लिए आम्भी आ जायेगा, तो कभी कठों को हराने के लिए पर्वतेश्वर।"

"इन हाथियों का क्या करें, आचार्य?"

"वही, जो हस्तिसेना से युद्ध करने के लिए हम पारम्परिक रूप से करते आये हैं। अब यह शकट व्यूह छिन्न-भिन्न हो जायेगा। प्रत्यक्ष युद्ध होगा।"

पर्वतेश्वर के हाथियों को आकंठ मदिरा पिलायी गयी थी। उन्मुक्त हाथियों ने कठों के रथों को तृण की भाँति बिखेर दिया। जो रथ सेना अब तक यवनों का काल बनी हुई थी, वह दो घड़ी में ही स्वयं कालातीत हो गयी। दुर्ग के बाहर खड़े कठों पर क्रोधित यवन टूट पड़े। यवन इतनी जनहानि के पश्चात् भी कठों से कई गुने थे और अब तो उन्हें पर्वतेश्वर के तीन सहस्र स्वस्थ सैनिकों की सहायता भी मिल गयी थी। बाहर खड़े कठों को परास्त करने के बाद पर्वतेश्वर के हाथियों ने दुर्ग के द्वारों को अपने प्रचण्ड आघातों से गिरा दिया। तुमुल युद्ध छिड़ा। एक-एक कठ सैनिक कई-कई शत्रुओं का वध करने के बाद गिरता जाता। यवन और कठ इस प्रकार भिड़ गये थे कि उन्हें अपने शस्त्र चलाने के लिए पर्याप्त स्थान ही नहीं मिल रहा था। अपनी छोटी तलवारों से एक-दूसरे का वध करते हुए वे भूमि पर गिरते जा रहे थे। एक समय ऐसा आया कि कठों की संख्या अत्यन्त न्यून हो गयी, पर तभी यवनों

ने देखा कि पन्द्रह वर्ष की आयु से अधिक की प्रत्येक कठ-बालिका और दस वर्ष से अधिक आयु का प्रत्येक कठ-बालक युद्धघोष करते हुए यवनों से भिड़ गया। वे वृद्ध भी अपनी तलवारों के साथ आ गये, जिन्होंने युद्ध करना वर्षों पहले छोड़ दिया था। आँखों में रक्त, शरीर पर रक्त और रक्त से कीचड़ बनी भूमि। माँ भारती के लिए शत्रुओं के रक्त से स्नान करते कठों को देख स्वयं देव-सेनापति कार्तिकेय को भी ईर्ष्या हो चली थी। माँ भारती के लिए अपने रक्त का, अपनी अस्थि-मज्जा का दान देते कठों ने कदाचित् महर्षि दधीचि को भी हीन-भावना से ग्रसित कर दिया था।

कठों की पराजय निश्चित थी, पर वे तो कठ थे। जीत में या हार में, उनका उत्साह कभी समाप्त नहीं हो सकता। भय या पराजय का विचार तो कठों की पीढ़ियों ने कभी जाना ही नहीं था। उन्होंने तो बालपन से यही शिक्षा पाई थी कि यदि वे जीवित हैं तो इस एकमात्र उद्देश्य के लिए कि जब भी अवसर मिले, अपने प्राणों को अपने बन्धु, अपने मित्र, अपने प्रेमी और अपनी भूमि के लिए होम कर दें। कठों का राजा अपनी लम्बी तलवार से यवनों की ग्रीवाओं को चीरता हुआ अपने आसपास देखता जा रहा था। उसे कुछ दूरी पर अपने कठ वीरों के साथ कन्धे से कन्धा मिलाकर युद्ध करता कुलहीन चन्द्रगुप्त दिखा। तनिक ही दूरी पर वह ब्राह्मण भी रक्त से पूरी तरह भीगा हुआ युद्ध कर रहा था, जिसके सामर्थ्य का अनुमान लगाना असम्भव था। राजा, कठों का गणप्रमुख, चन्द्रगुप्त के पास आया और बोला, "पुत्र! वह देखो। तुम्हारे आचार्य तो हम कठों को लज्जित कर रहे हैं।"

चन्द्रगुप्त कदाचित् समझ न पाया। राजा द्वारा इंगित करने पर अपनी दृष्टि को उस दिशा में घुमाने पर उसने देखा कि आचार्य दक्षिण देश की विशिष्ट युद्धशैली में शत्रुओं का संहार कर रहे हैं। रक्त से उनका यज्ञोपवीत मैला हो गया है। उनकी धोती जांघ से चिपक गयी है। उनकी शिखा उनके शरीर के घूमने पर इधर-उधर दोलायमान है। आचार्य के प्रति सम्मान तो प्रत्येक शिष्य के मन में होता ही है, पर आचार्य का यह रूप देख सम्मान, प्रेम और गर्व से उसके नेत्र भर आये। राजा बोला, "पुत्र! हम कठ तो युद्ध के लिए ही बने हैं, परन्तु किसी सामान्य सैनिक की भाँति इस महापुरुष की गति नहीं होनी चाहिए। इन्हें यहाँ से सुरक्षित ले जाओ।"

अपने सम्मुख दस-दस वर्ष के बालकों को, सुकुमारी लड़कियों को युद्ध करता देख स्वयं पलायन के विचार से चन्द्रगुप्त को घृणा हो आयी। तिक्त स्वर में बोला, "पितृव्य! आचार्य को मैं युद्धभूमि से सुरक्षित निकल जाने के लिए कह दूँगा, परन्तु कृपया मुझे जाने के लिए न कहें। वहाँ ग्लुचुकायन में भी सेयन ने ऐसी ही मीठी-मीठी बातें बनाकर जाने के लिए विवश कर दिया था। नहीं पितृव्य, मैं नहीं जाऊँगा!"

"तो क्या करोगे? यहाँ मरकर क्या प्राप्त कर लोगे? यदि तुम्हारे मित्र सेयन ने तुम्हें ग्लुचुकायन से जाने के लिए विवश न किया होता तो क्या तुम आज यहाँ कठों की सहायता करने के लिए उपस्थित होते? कठ वीर हैं, प्राण देना जानते हैं। परन्तु तुम और तुम्हारे आचार्यों की नीतियों ने हमें जीत के मार्ग तक पहुँचा ही दिया था। जिस प्रकार तुम दोनों ने हमारी सहायता की, उसी प्रकार अन्य जनपदों की सहायता करो। यहाँ प्राण गँवाने के लिए हम कठ पर्याप्त हैं। जाओ, समय व्यर्थ न करो। तुम्हारी और तुम्हारे आचार्य की आवश्यकता कदाचित् यौधेयों को, मगध को, कलिंग को होगी। मालवों और छुद्रकों को तुम्हारी नीतियों, तुम्हारे संसाधनों, तुम्हारे ज्ञान की आवश्यकता होगी। जाओ पुत्र, अपने पितृव्य की आज्ञा मानो।"

घनघोर युद्ध के पश्चात् भारत की अन्यतम वीर जाति कठों की पराजय अन्तत: हो ही गयी। यह पहला युद्ध था जिसमें यवनों को एक समय पराजय की झलक दिखने लगी थी। यदि पर्वतेश्वर के हाथी न आ गये होते, तो कदाचित् कठों ने अलक्षेन्द्र की सारी सेना का विनाश कर उसे वास्तव में भारत की वीथियों में भिक्षा माँगने योग्य बना दिया होता। युद्ध समाप्त हुआ और युद्धबन्दियों की गणना की गयी। सहस्रों कम आयु के बालक, बालिकाएँ, सहस्रों प्रौढ़ एवं वृद्ध पुरुष और स्त्रियाँ, परन्तु किसी की भी ग्रीवा झुकी हुई नहीं थी। वे घुटनों के बल बिठा दिये गये थे, परन्तु उनके नेत्रों को झुका देने का सामर्थ्य किसी में नहीं था। अपने घावों पर औषधि का लेप लगवाने के पश्चात् अलक्षेन्द्र अपने सेनापतियों, आम्भी और पर्वतेश्वर के साथ भ्रमण पर निकला। कठ बन्दियों ने अपने शत्रु यवनराज का मुस्कुराकर स्वागत किया, परन्तु आम्भी और पर्वतेश्वर को देख घृणा से भूमि पर थूक दिया। एक पर्वतेश्वर को छोड़ पराजितों को कभी क्षमा नहीं किया था अलक्षेन्द्र ने, परन्तु यह कठ पहली पराजित जाति थी जो पराजय के पश्चात् भी शत्रु की आँखों में आँखें डाल रही थी, मुस्कुरा रही थी। इस मुस्कुराहट ने यवनराज के क्रोध में घृत का कार्य किया। उसके एक आदेश पर उन सभी बन्दी कठों के पीछे खड़े म्लेच्छ सैनिकों ने अपने भालों को उनकी पीठों में घुसा दिया। अस्थियों को तोड़ता हुआ वह तीक्ष्ण धातु हृदय को विदीर्ण करता हुआ सामने से बाहर आ गया। अलक्षेन्द्र ने सारे नगर के सभी नागरिकों का वध करने का आदेश दे दिया, परन्तु उसके आदेश का पालन करने गयी सेना रिक्त हाथ वापस आ गयी। ज्ञात हुआ कि अभी जिनकी हत्याएँ यवनों ने की थीं, वे सब सामान्य नागरिक ही थे।

कुल बन्दियों की गणना की गयी। सत्रह सहस्र कठ नागरिकों की, जिनमें अधिकांश बालक और वृद्ध थे, हत्याएँ की गयी थीं। नगर को जला दिया गया। अलक्षेन्द्र और उसके यवन सेनापति इस सामूहिक पैशाचिक कृत्य पर अट्टाहस

कर रहे थे, उधर आम्भी एवं पर्वतेश्वर एक-दूसरे की ओर देखते हुए पश्चात्ताप की अग्नि में जल रहे थे।

(10)

यवनों के भारत में प्रवेश से थोड़ी हलचल तो हुई थी, पर कठों के बलिदान ने जैसे प्रत्येक भारतीय को झकझोर कर रख दिया था। कठ कोई सबके मित्र नहीं थे, पर कठों की विद्वता, वीरता, सहजता से मृत्यु को वरण करने की अभिलाषा, उनकी सुन्दरता, उनकी स्पष्टता का सभी मित्र-शत्रु समान भाव से सम्मान करते थे। मालव, छुद्रक, अग्रश्रेणि उसके मित्र थे, यौधेय-मागध उदासीन थे, केकय शत्रु था, परन्तु उनके इस सामूहिक नाश से सबको समान दु:ख पहुँचा था।

चण्डवर्मा बहुत व्यथित था। जब व्यथा उसके हृदय की सीमा के परासक्षेत्र से बाहर निकल गयी, तब वह अपने राजा के सम्मुख गया और बोला, "राजन! क्या हमने उचित किया?"

पर्वतेश्वर ऐसे प्रश्नों का सामना नहीं करना चाहते थे, पर प्रश्न उनके प्रधानामात्य ने किया था, अत: बोले, "युद्ध में तो वीर वीरगति को प्राप्त होते ही हैं, अमात्य!"

"वीर! निश्चित ही कठ वीर थे। उनकी वीरता के साक्षी हम स्वयं हैं। युद्धभूमि में सैनिक मरते ही हैं। वे अपनी मातृभूमि पर प्राणन्योछावर के लिए ही सेना में सम्मिलित होते हैं, पर क्या उनके बालकों की हत्याएँ भी उचित कही जाएगी? जिन बालिकाओं पर अपनी आयु प्राप्त करने पर नई पीढ़ी के सृजन का उत्तदायित्व होता है, उन्हें मृत्यु की ओर ढकेल देना क्या धर्म है? जिस जाति के विद्वान मनीषियों ने उपनिषदों की रचना में अपना योगदान दिया, उनके वंशजों का वध? राजन, आइए मेरे साथ। आज सात दिन पश्चात् भी वह पुस्तकालय जल रहा है, जिसमें न जाने कितनी शताब्दियों से एकत्रित ज्ञान को सहेजकर रखा गया था। वे ग्रन्थ कठों की नहीं, इस भारतभूमि की सम्पत्ति थे।"

"आप जानते हैं अमात्य कि इन प्रश्नों के उत्तर क्या हैं? मुझसे यह सब प्रश्न न करें।"

"क्यों न करूँ? क्या कठों पर हुए अत्याचारों के लिए हम उत्तरदायी नहीं हैं? आप स्वयं अपनी स्वतन्त्रता के लिए इन यवनों से युद्ध करने गये थे, अब वह सब भूल उन्हीं यवनों की सहायता कर रहे हैं? इस सहायता के कारण ही वह म्लेच्छ कठों को परास्त कर पाया है।"

मानवों का स्वभाव होता है कि वह अपनी गलती जानते हुए भी स्वयं को सही सिद्ध करने के लिए कुतर्क करता है। पर्वतेश्वर भी कुछ अलग नहीं थे। "कठ हमारे शत्रु थे। शत्रु के शत्रु की सहायता करना शास्त्रोचित है।"

"तो क्या शास्त्र इस पैशाचिक कृत्य की भी आज्ञा देते हैं? आपको क्या हो गया है, राजन? जिस स्वतन्त्रता के लिए आप प्रयत्नशील थे, उसी स्वतन्त्रता के लिए कठों ने भी युद्ध किया। क्या उनसे आपकी शत्रुता आपकी न्यायबुद्धि को कुन्द कर रही है? आप तो अलक्षेन्द्र के मित्र हैं न? क्यों नहीं रोका उसे? इस बर्बरता में आपका, हमारे केकय का कोई योगदान नहीं?"

"तुम अपनी सीमा भूल रहे हो, चण्डवर्मा!"

"नहीं, केकयनरेश। मैं नहीं, आप। आप अपनी संस्कृति, अपना धर्म, अपना गौरव भूल रहे हैं। आप यह सब भूलकर इन म्लेच्छों के सहायक बन रहे हैं। इस सहायता से आपकी अपनी संस्कृति को मानने वालों, आपके धर्म बन्धुओं, राष्ट्रबन्धुओं की हत्याएँ हो रही हैं और आप चुप हैं। मैंने केकय की सेवा का व्रत लिया था, पर अब लगता है कि मैं केकय की सेवा नहीं कर रहा, अपितु यवनों की सेवा करते हुए अपनी मातृभूमि के साथ द्रोह कर रहा हूँ।" कुछ रुककर चण्डवर्मा पुनः बोला, "राजन! मैं आपका त्याग करता हूँ। आपके प्रति मेरे मन में अब कोई सम्मान शेष नहीं। मेरे लिए आप में, आम्भी में और म्लेच्छ अलक्षेन्द्र में कोई अन्तर नहीं। आप म्लेच्छों के सहायक हैं और मैं आपका सहभागी नहीं बनना चाहता। विष्णु सही कहता था। इस राष्ट्र के लिए आप जैसे स्वतन्त्र राजा अभिशाप हैं। मेरी सेवा अब किसी एक राज्य के लिए आरक्षित नहीं होगी। केकयराज, मेरा अन्तिम प्रणाम।"

चण्डवर्मा केकयराज की सेवा छोड़कर जा रहा है, यह समाचार सुन चण्डवर्मा जैसे विचार रखने वाले कितने ही अमात्य और सेनापति अपनी सेना सहित चण्डवर्मा के साथ चल पड़े। ऐसा ही कुछ गान्धारों के शिविर में हुआ। प्रधानामात्य सोमशर्मा और प्रधान सेनापति बलभद्र भी गान्धारराज आम्भी की सेवा से मुक्त होकर अन्यत्र चले गये। वे सब एक ऐसा नेता चाहते थे, जो उन्हें वह मार्ग दिखाए, जिससे भारतभूमि की वास्तविक सेवा की जा सके।

कुछ दूरी पर जाकर ये दोनों सेनाएँ मिल गयीं। कभी शत्रु रहे चण्डवर्मा और बलभद्र एक-दूसरे के गले मिले। प्रौढ़ सोमशर्मा को प्रणाम किया। चण्डवर्मा औशनस नीति का प्रकाण्ड विद्वान था, उसी की नीतियों के कारण कभी गान्धार को पराजय का मुख देखना पड़ा था। सोमशर्मा बोले, "चण्डवर्मा! कितनी विचित्र बात है न! आपके कारण ही हम गान्धारों को केकय के सम्मुख पराजित होना पड़ा था

और आज आप और हम एक-दूसरे के सम्मुख खड़े हैं। क्या आपको नहीं लगता कि यदि हमारा राजा आम्भी आपके द्वारा अपमानित न हुआ होता, तो कदाचित् इतिहास कुछ और होता?"

"आप आदर्शवादी व्यक्ति हैं, मन्त्रिश्रेष्ठ। आपकी दृष्टि प्रत्येक स्थान पर आदर्श ही आदर्श देखती है। हम एक राज्य के रूप में सदैव ही एक-दूसरे को पराजित करने का प्रयत्न करते आये हैं। गान्धार धनी, परन्तु दुर्बल राज्य था। कोई भी सबल राज्य, दुर्बल राज्य को अपने अधीन करेगा ही। परन्तु यह कोई कारण नहीं कि पराजित राजा किसी दूसरे राष्ट्र के, किसी दूसरी संस्कृति के राजा से मैत्री कर ले। यदि मैत्री करे भी तो समान स्तर पर हो, न कि मैत्री के नाम पर दासत्व स्वीकार कर ले। आम्भी की कुण्ठा ने उसे अलक्षेन्द्र का दास बना दिया था। हम आपस में युद्ध करते हैं, पर राजाओं का, सामान्य नागरिकों का, विद्वानों और श्रमिकों का वध नहीं करते, शत्रु के खेतों और नगरों को नहीं जलाते, पुरुषों और स्त्रियों को दास बनाकर उनका विक्रय नहीं करते, अपितु वार्षिक कर निश्चित कर पुनः राजा को उसका राज्य सौंप देते हैं। नागरिकों को कोई अन्तर नहीं पड़ता, परन्तु दूसरी संस्कृति के राजा हमारी संस्कृति को मान्यता नहीं देते। वे राजाओं का, प्रजा का वध करते हैं। मन्दिरों, पुस्तकालयों, खेतों को जलाते हैं। क्या आम्भी यह सब नही जानता था? फिर भी उसने अलक्षेन्द्र से मित्रता की। केकय और गान्धार की आपसी शत्रुता को देखकर अलक्षेन्द्र मकदूनिया से नहीं निकला था। वह तो वर्षों पहले से अपने अभियान को क्रियान्वित कर रहा था। आम्भी ने उसका मार्ग सरल कर दिया।"

अबकी बलभद्र बोला, "हाँ, आम्भी के कारण केकय हारा और केकय के कारण कठ परास्त हुए।"

"सही कह रहे हैं आप। मैं केकय होने के कारण केकय नरेश के इस अधर्म का पक्ष नहीं ले रहा। इसीलिए तो उनका त्याग कर यहाँ आपके सम्मुख खड़ा हूँ। कोई राजा राष्ट्र से, संस्कृति से बड़ा नहीं हो सकता। मेरी स्वामिभक्ति उस राजा के लिए नहीं, जो संस्कृति के विनाशकों का पक्षधर हो।"

"उचित कहते हो, चण्डवर्मा।" सोमशर्मा बोले, "आपके साहस को देखकर ही हम भी आम्भी को त्याग आये हैं, परन्तु अब हमें समझ नहीं आ रहा कि क्या करें? आजीवन किसी स्वामी की छत्रच्छाया में रहे हैं, उसके आदेशों का पालन किया है। कभी स्वतन्त्र रूप से कुछ किया ही नहीं। हम किसे अपना नेता मानें?"

"यही प्रश्न मेरे सम्मुख भी आया था, पर इसका उत्तर है मेरे पास। आचार्य चाणक्य हमें दिशा दिखायेंगे। मैं तो उन्हें ही अपना नेता मानता हूँ।"

"चाणक्य तो शिक्षक हैं। और वे आपके सहपाठी भी रहे हैं न?"

"हाँ, शिक्षक से अधिक उत्तम मार्गदर्शक कौन हो सकता है? मैं उनका सहपाठी अवश्य रहा हूँ। वे मुझे अपना मित्र मानते हैं, परन्तु मैंने उनके मन में सकल भारतभूमि के प्रति प्रेम को देखा है। वे हमारी तरह भारत को खंडों में नहीं देखते। उसकी स्पष्ट विचारधारा मुझे उनकी ओर आकृष्ट करती है। हम तो सत्ताधारी समुदाय से हैं, इसलिए हमारा इस राजनीति में लिप्त रहना समझ आता है, पर वे मात्र शिक्षक होने के पश्चात् भी प्रथम दिन से यवनों के विरोध में प्रयत्नशील हैं। उनकी महत्वाकांक्षा राजपद नहीं, अपितु भारत कल्याण है। उनसे अधिक श्रेष्ठ नेता कौन हो सकता है? मैं तो उनके दिखाए पथ पर ही चलूँगा।"

"फिर हम भी आपका अनुसरण करेंगे। जो पाप हम गान्धारों से हो चुका है, उसका पश्चात्ताप तो हमें करना ही है। अभी वे कहाँ हैं?"

"अभी इसकी कोई स्पष्ट सूचना नहीं है। मेरे कुछ गूढ़पुरुष उन्हें खोज रहे हैं। परन्तु मुझे लगता है कि उनसे पहले ही उनके गूढ़पुरुष हमें खोज लेंगे। सोमशर्मा, आचार्य के सामर्थ्य का अनुमान इसी बात से लगाइए कि मैं सत्ता में शीर्षपुरुष होकर गूढ़पुरुषों का स्वामी था और आचार्य मात्र आचार्य होने के बाद भी गूढ़पुरुषों की कहीं अधिक विस्तृत शृंखला के स्वामी हैं। साथ ही उनके गूढ़पुरुष किसी राज्य के प्रति नहीं, अपितु सकल राष्ट्र के प्रति अपना उत्तरदायित्व समझते हैं। मुझे तो इस पर भी आश्चर्य होता है कि वे किस प्रकार इतनी बड़ी संस्था को चालित करते हैं? उनके वेतन का भुगतान कैसे करते हैं? अस्तु, हम कुछ समय तक इसी स्थान पर प्रतीक्षा करेंगे। हमारे गूढ़पुरुषों ने उन्हें या उनके गूढ़पुरुषों ने हमें खोज लिया, तभी यहाँ से प्रस्थान करेंगे।

×××

कठ गणराज्य के सीमावर्ती एक छोटे-से प्रदेश भगल[1] की भूमि पर आचार्य चाणक्य अपने कुछ शिष्यों और एक छोटी-सी सेना के साथ चिन्ताग्रस्त बैठे हुए थे। मयूरध्वज, चन्द्रगुप्त, कुम्भ सहित सारे शिष्य उनके निकट बैठे अगले आदेश की प्रतीक्षा कर रहे थे कि एकाएक होते कोलाहल ने उन सबका ध्यान अपनी ओर खींच लिया। आचार्य के गूढ़पुरुषों ने कुछ मील की दूरी पर स्थित चण्डवर्मा एवं सोमशर्मा की सेना को ढूँढ़ निकाला था और उन्हें विश्वसनीय समझकर आचार्य के निकट ले आये थे। विप्पतिकाल में किसी की छोटी-सी सहायता भी आपको पुनः जीवित कर देती हैं। चन्द्रगुप्त और उसके साथियों के लिए चण्डवर्मा की इस सेना

---

[1] इसे ग्रीक लोगों ने फेगेलस कहा है।

ने संजीवनी का कार्य किया। औपचारिकताओं के पश्चात् जब सभी एक स्थान पर एकत्रित हुए, तब चण्डवर्मा बोले, "आचार्य! दशकों से चली आ रही परम्परा ने मेरे दृष्टिकोण को संकुचित कर दिया था। मैं बृहत्तर दृश्य देख ही नहीं पाया कि बाहरी शत्रु हम सबका शत्रु है। युद्ध तो हम भी करते हैं आचार्य, परन्तु समूची जाति का मूलोच्छेद? इस पाप में मेरा केकय भी भागीदार रहा है। पाप के पंक में डूबा यह नराधम, यह भूतपूर्व प्रधानामात्य आपके समक्ष न्याय की आशा में उपस्थित हुआ है। हे ब्राह्मण! मेरा न्याय करो। मुझे दण्ड दो।"

चण्डवर्मा की ऐसी वाणी सुन उपस्थित सभी जन द्रवित हो उठे। सोमशर्मा और बलभद्र भी उठकर चण्डवर्मा के निकट हाथ जोड़कर खड़े हो गये। उन्होंने भी मूक वाणी से वही प्रार्थना की जो चण्डवर्मा कर रहे थे। चाणक्य उठे और सभी को बैठने का संकेत कर अपने पूर्व सहपाठी के हाथों को पकड़ कर बोले, "तुम तो नीतिवान पुरुष हो, चण्ड। तुम अपने स्वामी की आज्ञा का पालन कर रहे थे, अतः यह अपराध तुम्हारा अपना अपराध नहीं है अपितु इसके दोषी केकयराज पर्वतेश्वर हैं।" गान्धारों की ओर देख चाणक्य ने यही बात कही, "सेनापति बलभद्र और अमात्य सोमशर्मा, आपने भी जो किया, अपने राजा आम्भी के कहने पर किया। अतः आप किसी भी नियम के अनुसार दोषी नहीं कहे जायेंगे। आप सभी स्वस्थ हों।" पुनः चण्डवर्मा को सम्बोधित करते हुए बोले, "और मित्र, आप लोग मुझसे न्याय क्यों माँगते हैं? मैं तो कोई राजा नहीं?"

"मित्र विष्णु, तुम कुछ भी कहो, पाप तो हुआ है। राजकीय नियमों के अनुसार भले हम दोषी न हों, पर देवता की दृष्टि में, माँ भारती की दृष्टि में हम दोषी हैं। विष्णु! तुम राजा नहीं, अतः यदि दण्ड नहीं दे सकते तो परामर्श दो, शिक्षा दो। तुम आचार्य हो, हमें बताओ कि हम ऐसा क्या करें जो हमारे हृदयों पर पड़ा यह बोझ कुछ कम हो सके?"

"पश्चात्ताप करो, मित्र। प्रतिशोध लो। तुम्हारे निरपराध भाइयों की निर्मम हत्याएँ हुई हैं। अतः उन हत्यारों का वध करो। तुम्हारे राष्ट्र को दास बनाने का प्रयास हुआ है। अतः उन आततताइयों को अपने राष्ट्र से खदेड़ हो। ऐसा प्रतिशोध लो कि अगले सहस्र वर्षों तक पुनः कोई यवन हमारी भूमि की ओर देखने से भी डरे। तुम क्षत्रिय हो, अतः क्षत्रियों की भाँति व्यवहार करो। दुष्ट के हृदय में भय और निर्बल के हृदय में साहस का संचार करो।"

"अवश्य आचार्य, अवश्य। यदि आप मेरे पथप्रदर्शक हों तो मैं कुछ भी करने को प्रस्तुत हूँ। आप हमारे नेता बनें और आदेश दें कि हम क्या करें?"

"तो सुनो। अलक्षेन्द्र भले ही कठों से हुए युद्ध में विजेता सिद्ध हुआ है, पर एक समय ऐसा भी आया था जब यवनों को लगा कि वे युद्ध हार जायेंगे। यवनों के भय का अनुभव किया था मैंने। यवन सैनिक दृष्टि से नि:सन्देह वीर जाति है, परन्तु उन्होंने सतत् जीत का स्वाद चखा है। वे हिंस्र पशुओं की भाँति अपना आखेट करते हैं, परन्तु यदि उनका प्रबल प्रतिकार हो तो जिस प्रकार हिंस्र पशु भी अपनी पूंछ दबाकर भाग जाता है, यह यवन भी यही करेंगे। अभी तक इनका सामना कायर पारसिकों, आम्भी जैसे कायर भारतीयों या तुलनात्मक रूप से सैन्य दृष्टि से दुर्बल भारतीयों से हुआ था। सतत् जीत से यवनों के मन में यह बात बैठ गयी थी कि अलक्षेन्द्र महान है, वह देवता का पुत्र है। परन्तु उनकी यह भावना सांकल के युद्ध के पश्चात् अब उतनी दृढ़ नहीं रही है। मेरे गूढ़पुरुषों ने उनके भय को पढ़ा है। यही नहीं, वे उनके भय में सतत् वृद्धि कर रहे हैं। यद्यपि यौधेय वीर जाति है, वे अवश्य ही अलक्षेन्द्र से युद्ध करेंगे, तथापि यवनों के बीच यौधेयों के सम्बन्ध में झूठी-सच्ची बातों का प्रसार हमारे गूढ़पुरुष कर रहे हैं। भय का बीजारोपण कर दिया गया है। मुझे पूर्ण विश्वास है कि भले ही अलक्षेन्द्र भयभीत न हो, अधिकांश सेना सहित उसके कई सेनापति अवश्य भयभीत हो उठेंगे। सैनिकों की शक्ति राजा है और राजाओं की शक्ति का आधार उसके सैनिक। यदि सैनिक ही विद्रोह कर दें, तो राजा चाहकर भी कुछ नहीं कर सकता। अत: मुझे विश्वास है कि अलक्षेन्द्र यौधेयों से युद्ध नहीं करेगा। बिना यौधेयों से लड़े वह गंगा के तट पर बसे क्षेत्रों की ओर नहीं बढ़ सकता तथापि हमें बुरे से बुरे भविष्य के लिए सज्ज रहना चाहिए।"

कुछ क्षण रुककर वे पुनः बोले, "यौधेय गण भले ही हमारी सहायता के लिए आगे नहीं आये थे, पर हमें उनकी सहायता के लिए अवश्य ही जाना चाहिए। सेनापति बलभद्र, आप चण्डवर्मा और चन्द्रगुप्त की सेना को अपनी सेना में मिला लीजिए और यौधेय गण की ओर प्रस्थान कीजिए। यदि यवन वहाँ आये तो उन्हें और संसार को यह ज्ञात होना चाहिए कि गान्धार में मात्र आम्भी जैसे कायर ही नहीं रहते। उसने गान्धारों की ख्याति पर जो कालिख लगायी है, उसे आपको मिटा देना है।"

बलभद्र यह सुनकर वक्ष फुलाकर बोला, "आचार्य, मैं अपने रक्त से इस अपमान को धो डालूँगा। मुझे यह अवसर देने के लिए आपका कोटि-कोटि धन्यवाद।"

"तो आप अभी से अपनी यात्रा के लिए सज्ज हों। कुछ अन्य व्यवस्थाएँ देखकर हम सब भी यौधेय पहुँच जायेंगे। आप अभी यहीं से हम सब से विदा ले लें।"

बलभद्र के चले जाने के पश्चात् मयूरध्वज बोला, "आचार्य! मुझे पूर्ण विश्वास है कि आप जो भी आदेश देंगे, वह श्रेष्ठतम ही होगा अपितु एक शंका है। अभी यौधेयों के मार्ग में तो यह भगल राज्य भी है और यदि वे दूसरा मार्ग लेते हैं तो

उनका सामना सौभूति राज्य से होगा। हम भगल या सौभूति की सहायता न करके सीधे यौधेयों के पास क्यों जा रहे हैं? सौभूति भी कठों के समान वीरजाति है। उनकी प्रथाएँ भी एक-दूसरे से मिलती हैं।"

चाणक्य जब बोले तो उनके स्वर में स्पष्ट व्यथा परिलक्षित हो रही थी, "पुत्र! भगल एक दुर्बल राज्य है। मेरी सूचना के अनुसार भगल के सत्ताधीशों ने यवनों का स्वागत करने का मन बना लिया है। वे युद्ध नहीं करेंगे अपितु अपने राज्य को यवनों के चरणों में सहर्ष अर्पित करेंगे। सौभूति से मुझे बहुत आशाएँ थीं, परन्तु उन्होंने भी यवनों के पास अपने शान्तिदूत भेजे हैं। अभी कुछ कहा नहीं जा सकता, परन्तु लगता तो यही है कि वे भी दासत्व स्वीकार कर लेंगे। प्रथम विचार यही था कि हम यवनों की दिशा देख सौभूति की सहायता करें, परन्तु जिसके मन में अभी भी संशय हो, वह हमारे किसी काम का नहीं।"

अबकी चन्द्रगुप्त बोला, "एक प्रश्न मेरा भी है, आचार्य। आपने समस्त सेना आर्य बलभद्र को दे दी। बलभद्र निश्चित ही योग्य व्यक्ति हैं, परन्तु अब मेरे लिए, हम सबके लिए क्या आदेश है?"

"चण्डवर्मा और सोमशर्मा, जिस प्रकार आप दोनों केकय और गान्धार से राष्ट्रभक्त सैनिकों को अपने साथ लेते आये थे, वैसे ही भगल और सौभूति में कई सेनापति और सैनिक होंगे जो अपने शासकवर्ग से सहमत न होंगे। आप दोनों का कार्य है कि ऐसे सैनिकों को अपने पक्ष में करें। आपकी सहायता के लिए इन दोनों राज्यों में गूढ़पुरुष नियुक्त किये जा चुके हैं। वे स्वयं ही आपसे सम्पर्क कर लेंगे। यदि आप इस अभियान में सफल होते हैं तो ऐसे सैनिकों को लेकर किसी सुरक्षित स्थान पर मेरे अगले आदेश की प्रतीक्षा करें।" चन्द्रगुप्त और मयूरध्वज की ओर देखकर आचार्य बोले, "यदि मेरा अनुमान सही है तो अलक्षेन्द्र गंगा के तटों की ओर नहीं बढ़ेगा। मार्ग में यौधेय खड़े हैं। अतः वह सौभूति होते हुए शिवि[1], मालव और क्षुद्रक की ओर बढ़ेगा। मयूरध्वज, तुम स्वयं मालव हो। क्षुद्रकों के साथ मालवों का चिरकाल से विरोध चला आ रहा है। ज्ञात इतिहास में पिछली बार मालव और क्षुद्रक महाभारत के युद्ध में कौरवों के पक्ष से युद्ध में सम्मिलित हुए थे। उस समय इन दोनों गणराज्यों को कौरवों के पक्ष में धर्म दिखा था, अतः धर्म की रक्षा हेतु वे साथ लड़े थे। वर्तमान युद्ध भी धर्मयुद्ध है। अबकी शत्रु बाहरी है। यदि ये दोनों राज्य अपनी पुरातन शत्रुता का विस्मरण कर साथ आ जायें तो यवनों का मार्ग अवरुद्ध हो जायेगा। यवन न तो भारत को आक्रांत कर पायेंगे और न ही वे जीवित अपने

[1] वितस्ता और असिक्नी नदी के संगम पर बसा क्षेत्र। वर्तमान में झंग जिला (पाकिस्तान)

यवनदेश वापस लौट पायेंगे। मयूरध्वज, तुम मालव जाओ और मालव-क्षुद्रक संघ बनाने का प्रयास करो। चन्द्रगुप्त, यही कार्य तुम्हें क्षुद्रक गण जाकर करना है। संघ बन जाने के पश्चात् मयूरध्वज, तुम मालव में ही रुकना और यवनों की प्रतीक्षा करना। यदि वे वहाँ आयें तो उनका सामना करना। चन्द्रगुप्त, तुम और आगे बढ़कर अम्बष्ठ, क्षत्रिय, आग्रेय, शूद्र, मुचिकर्ण, साम्ब और ब्राह्मण जनपदों से होते हुए पातालप्रस्थ तक जाओ। प्रत्येक जनपद में यह प्रेरणा भरते जाना कि उन्हें यवनों की अधिकाधिक हानि करनी है। उन्हें भी एक संघ बनाने के लिए प्रेरित करना। यद्यपि यह कार्य कठिन है, अत: जो भी परिस्थिति के अनुकूल सर्वोत्तम नीति हो, उसके पालन का प्रयास करना। ध्यान रहे पुत्र कि तुम्हें स्वयं किसी भी युद्ध में भाग नहीं लेना है, अपितु युद्ध से पूर्व ही आगे बढ़ जाना है या पीछे लौट जाना है। पातालप्रस्थ तुम्हारी अन्तिम सीमा है। उसके पश्चात् तुम्हें जो उचित लगे, वह करना।"

सबको आज्ञाएँ देने के पश्चात्, सबके कर्तव्य निर्धारित करने के पश्चात् आचार्य उठे और अपनी कुटिया में जाकर विभिन्न जनपदों में स्थित अपने गूढ़पुरुषों के लिए आज्ञाएँ लिखने लगे। संध्या समय चण्डवर्मा पुनः चाणक्य के समक्ष उपस्थित हुए। चाणक्य उस समय भी कुछ लिख रहे थे। चण्डवर्मा को उचित स्थान पर बिठाकर और अपनी अंकनी को विश्राम देकर चाणक्य बोले, "मित्र, इस समय कैसे आना हुआ? वह भी अकेले। क्या कोई विशेष बात थी?"

"इस युद्धकाल में तो प्रत्येक बात ही विशिष्ट है, मित्र। यद्यपि मैं तुम्हारी बहुत सारी बातें समझ नहीं पाता हूँ।"

चाणक्य हँसते हुए बोले, "मुझमें ऐसा क्या समझ नहीं आता तुम्हें, मित्र? साधारण ब्राह्मण हूँ, शिक्षक हूँ। और क्या जानना शेष हैं?"

"कितनी ही बातें हैं। जैसे तुम्हारी विवाहयोग्य आयु वर्षों पहले आ चुकी है, परन्तु तुम न जाने क्यों विवाह नहीं करते? ऐसा तो कोई पिता ही न होगा जो इतने प्रसिद्ध आचार्य को अपनी कन्या दान करने में एक क्षण का भी संकोच करे।"

"विवाह एक कर्तव्य है, मित्र। और मुझे प्रतीत होता है कि मैं कदाचित् वैवाहिक जीवन के कर्तव्यों का पालन नहीं कर पाऊँगा। किसी युवती से विवाह करने का क्या औचित्य, जब आपके पास उसे प्रेम करने का, उससे उत्पन्न बच्चों से लाड़ लड़ाने का समय ही न हो। छोड़ो इस विषय को। तुम यह बताओ कि इसके अतिरिक्त तुम्हें मुझमें और क्या विचित्र लगता है?"

"विचित्रता तो है तुममें। तुम्हारी मेधा से तो हम सब परिचित ही थे, पर कभी यह नहीं सोचा था कि तुम मात्र आचार्य बनोगे। और यह तो कल्पनातीत बात है कि किसी आचार्य के पास इतनी सुघड़ गुप्तचर व्यवस्था है। तुम इतने विपन्न दिखते हो,

पर इतने साधन-सम्पन्न कैसे हो कि भारतवर्ष के प्रत्येक राज्य में तुम्हारे गूढ़पुरुष भरे पड़े हैं। तुम्हारे पास अपनी एक सेना भी है, जो तुम्हारे आदेश पर कुछ भी करने को सज्ज है। तुम्हारी एक वाणी पर व्यापारी-वर्ग स्वर्ण का भण्डार खोल देते हैं। प्रत्येक राज्य के कुलीन वर्ग से लेकर सेवक जनों तक तुम्हारा नाम श्रद्धा से लिया जाता है।" चाणक्य को कुछ न बोलता देख चण्डवर्मा पुनः बोले, "तुम कुछ नहीं बोलोगे, यह मैं जानता हूँ। मित्र, भारतभूमि के प्रति तुम्हारी निष्ठा किसी भी शंका से परे है। हम यह देख चुके हैं कि आम्भी जैसा कायर हो या पर्वतेश्वर एवं यौधेयों जैसे वीर, ये सब अपने-अपने राज्य से परे नहीं देख पाते। आज अलक्षेन्द्र का संकट उपस्थित है। यदि हम पराजित हो गये तो बात ही क्या, परन्तु हम किसी भाँति जीत भी गये, अलक्षेन्द्र को वापस उसके देश भेज भी दें, तब भी यवनों ने तो मार्ग देख ही लिया है। कल को अलक्षेन्द्र ही या उसका कोई पुत्र, कोई सेनापति या कोई भी यवन यदि पुनः आक्रमण करे, तब हम क्या करेंगे? कल वे पुनः उसी मार्ग से आयेंगे। अधिक सैन्यशक्ति के साथ आयेंगे। तब क्या होगा? सम्भव है कि उस समय का गान्धारराज उन्हें रोकने का प्रयास करे और केकयराज यवनों का साथ दे।"

यह सब सुन चाणक्य बोले, "इस विषय पर मैंने कई बार विचार किया है, मित्र। भारतभूमि सनातन संस्कृति की पालक है और इस संस्कृति के अन्दर अनेकानेक संस्कृतियाँ हैं। भाषा-बोली, वस्त्र-वर्ण, आचार-व्यवहार जैसे कई कारक हैं जो हमें एक-दूसरे से भिन्न दिखाते हैं। इनके अतिरिक्त भी अन्य अनेक छोटे-बड़े कारणों से हमारे यहाँ कई सारे राज्य, अनेक शासक हो गये हैं। कुछ तो ये शासक और कुछ यहाँ की जनता भी स्वयं को दूसरों से भिन्न समझती है। वे दूसरे राज्य की भूमि को अपनी मातृभूमि नहीं मानते। दूसरों के कष्ट से उन्हें कष्ट नहीं होता। विश्वबन्धुत्व की बात करने वाले हमारे राष्ट्रजनों के मध्य राष्ट्रबन्धुत्व की भावना विलोपित हो गयी है। भारतभूमि एक है और इसे एक दर्शाने के लिए, नागरिकों में एकत्व की भावना विकसित करने के लिए मुझे यह अपरिहार्य प्रतीत होता है कि सकल भारत का एक सम्राट् हो। ऐसा सम्राट् जो क्षेत्र की संकीर्णता से परे हो, जो केकय और मागध में भेद न करे। जिसके छत्र तले विदेशी आक्रमणकारियों का सामना करने के लिए गान्धार की भूमि पर मात्र गान्धार के नहीं, अपितु कर्नाटक, कलिंग, नेपाल के भी सैनिक हों। एक राष्ट्र, एक सम्राट्, एक सेना, एक भावना हो।"

"धन्य आचार्य, धन्य। यही उत्तम है।" तनिक रुककर चण्डवर्मा पुनः बोले, "परन्तु क्या सभी जनपदों को यह स्वीकार्य होगा?"

"अधिकांश को होगा। जिन राज्यों ने अलक्षेन्द्र की दासता स्वीकार कर ली, उन्हें किसी भारतीय का वरदहस्त क्या अधिक श्रेयस्कर नहीं लगेगा?

जो राज्य अलक्षेन्द्र से पराजित हुए, क्या उन्हें अभय देने वाले सम्राट् के प्रति वे शत्रु का भाव रख पायेंगे? जो राज्य इस विदेशी आक्रमणकारी के प्रति उदासीन रहे, क्या उस राज्य की जनता ऐसे सम्राट् की उपेक्षा कर पायेगी जो समस्त राष्ट्र के प्रति उत्तदायित्व का भाव रखता हो? कुछ राज्य अवश्य ही एक राष्ट्र, एक सम्राट् के विचार से सहमत नहीं होंगे। उनके लिए हमारी पुरानी परम्परा तो है ही, जो हमें दूसरे राज्य पर आक्रमण करने और उसे अपने अधिकार में लेने को अनुचित नहीं बताती।"

"साधु-साधु। तो आचार्य, जब आपने इतना कुछ विचार कर ही लिया है तो निश्चित ही सकल भारत का सम्राट् कौन होगा, यह भी विचार कर ही लिया होगा?"

"अभी नहीं, चण्ड। कुछ योग्य पुरुष अवश्य हैं मेरी दृष्टि में।"

"आचार्य, एक योग्य पुरुष को तो मैं जानता हूँ अपितु मुझे पूर्ण विश्वास है कि वह सम्राट् बनने के लिए सर्वथा उपयुक्त और सर्वश्रेष्ठ चयन होगा।"

"कौन?"

"आप! आप से अधिक श्रेष्ठ कौन है? आप नीतिनिपुण हैं, स्वाभाविक नेतृत्वकर्ता हैं। 'अर्थशास्त्र' पर आपका अद्‌भुत अधिकार है। आप लोकप्रिय हैं, शास्त्र और शस्त्र, दोनों में आपकी समान गति है। आपके पास अनेक प्रभावशाली मित्र हैं। आपके शिष्य अपने-अपने गणों में, जनपदों में प्रभाव रखते हैं। अधिकारविहीन होकर जब आप इतने शक्तिशाली हैं, तो अधिकारप्राप्ति के पश्चात् कौन है जो आपकी आभा के समक्ष टिक सके? आपसे श्रेष्ठ सम्राट् कोई नहीं हो सकता।"

चाणक्य खुलकर मुस्कुराए और बोले, "अरे नहीं, मित्र! मुझे शासक बनने की कोई अभिलाषा नहीं। वैसे भी मेरी प्रकृति शासक की नहीं, अपितु शिक्षक की है। मैं राजा का सहायक अवश्य हो सकता हूँ, वह भी अल्पावधि तक। राजा कदापि नहीं हो सकता। मेरे सक्षम अन्य अनेकों कार्य हैं, जो राजपद के साथ सम्भव न होंगे।"

"राजा से अधिक बड़ा कौन है? उससे अधिक महत्वपूर्ण कार्य क्या हो सकते हैं?" चण्डवर्मा आश्चर्य से बोले।

"छोटे या बड़े की बात नहीं है, मित्र। बात रुचि की है। समाज के निर्माण में सबका अपना योगदान, सबका अपना महत्व है। राजा यदि व्यवस्था को बनाये रखता है तो कोई न कोई उस व्यवस्था का निर्माण भी तो करता है। अभी न जाने कितने विषय हैं जिन्हें मैं लिपिबद्ध करना चाहता हूँ कि उसका लाभ हमारी आने वाली पीढ़ियों को मिले। अभी न जाने कितनी विद्याएँ हैं जो मुझे सीखनी हैं, दूसरों को सिखानी हैं। मैं तो शिक्षक ही भला।"

चण्डवर्मा अपने मित्र के इस उत्तर से तनिक निराश स्वर में बोले, "तो आप किसे योग्य पाते हैं? क्या वह कोई राजा है, राजवंशी है?"

"नहीं। कोई वर्तमान राजा नहीं। वर्तमान राजाओं ने, गणप्रमुखों ने निराश ही किया है।"

"कदाचित् आप मुझे नाम बताना नहीं चाहते।"

"ऐसा नहीं है, मित्र। मेरे मन में कोई नाम अभी निश्चित नहीं है, पर तुम्हारी जिज्ञासा देखते हुए और इस विश्वास के साथ कि तुम इसे अभी गुप्त ही रखोगे, यह अवश्य बता सकता हूँ कि वह मेरा कोई शिष्य ही होगा। वे सब अभी अपनी अन्तिम कसौटियों पर कसे जा रहे हैं। जो सफल हुआ, योग्य हुआ, व्यावहारिक हुआ, मेरा प्रयास होगा कि वह सकल भारत का सम्राट् बने।"

थोड़ी देर और वार्ता करने के पश्चात् चण्डवर्मा अपने शिविर में वापस लौट आये। चण्डवर्मा भी राजनीतिज्ञ थे। उन्होंने अनुमान लगा लिया था कि चाणक्य के कौन-से शिष्य सम्राट् बनने की योग्यता रखते हैं। सेयन, चारुमत्स्य सहित अनेक शिष्य तो यवनों के साथ हुए विभिन्न युद्धों में वीरगति को प्राप्त हो चुके थे। अब जो शेष बचे थे, उनमें दो ही सबसे अधिक प्रतिभाशाली थे। पहला राजवंशी मालव मयूरध्वज, दूसरा कुलहीन चन्द्रगुप्त।

×××

भगल लोगों ने यवनों की अधीनता स्वीकार कर ली। यवनों के स्वागत में भगल गणप्रमुख ने अपने भण्डार खोल दिये थे। संध्या बीत चली थी। खुले मैदान में आपानक गोष्ठी चल रही थी। मदिरा और खाद्य पदार्थों का अम्बार लगा था। स्थान-स्थान पर अग्नि जली थी, जिस पर बकरे, मुर्गे, भैंसें और शूकर पक रहे थे। यवन और भारतीय मिलकर मदिरापान कर रहे थे। अलक्षेन्द्र भी अपने यवन सेनापतियों के साथ एक स्थान पर बैठा मद्य ने नशे में अपनी पिछली विजयों की महिमा गा रहा था। एकाएक कहीं शोर उठा। सबने देखा कि कुछ यवन सैनिक किसी भारतीय को पकड़ कर ला रहे हैं। भारतीय दुबला-पतला युवक था, जो बन्दी बनाये जाने और कदाचित् मृत्युदंड की आशंका में छटपटा रहा था, छूटने का प्रयास कर रहा था।

अलक्षेन्द्र के सम्मुख लाये जाने और भगल गणप्रमुख के यह कहने पर कि सामने यवनाधिपति अलक्षेन्द्र खड़े हैं, वह युवक अनुशासन में खड़ा हो गया। अलक्षेन्द्र को बताया गया कि यह युवक न तो भगल है, और न ही गान्धार अथवा केकय। इसके पास कोई परिचय-पत्र भी नहीं। यह कोई गुप्तचर है जो उनके बीच घुल-मिलकर सूचनाएँ एकत्रित कर रहा था। मद में चूर अलक्षेन्द्र बोला, "तो गुप्तचर, क्या सूचनाएँ एकत्रित कीं तुमने? हमारी सैन्य शक्ति, हमारा पराक्रम, हमारी विजय पताका तो सर्वत्र प्रसारित है ही। विश्व के प्रत्येक कोने पर अलक्षेन्द्र

की विजयवाहिनी का स्वागत करने के लिए राजन्य वर्ग सिर झुकाए खड़ा रहता है। जो हतबुद्धि सिर नहीं झुकाते, उनके सिर धड़ से अलग होकर भूमि पर गिरकर हम यवनों को प्रणाम करते हैं। तो बताओ गुप्तचर, ऐसा क्या है जो तुम्हें और तुम्हारे स्वामी को जानना है? पर पहले यह बताओ कि तुम्हारा स्वामी कौन है?"

युवक गुप्तचर अब भयभीत नहीं दिख रहा था। जब वह बोला तो उसकी वाणी में कोई कम्पन नहीं था, "यवनाधिपति, मैं किसी का दास नहीं। अत: कोई मेरा स्वामी नहीं। यह दासत्व और स्वामित्व की व्यवस्था आपके यवनदेश में होगी, हमारी भारतभूमि में सब समान हैं।"

"तुम भारतीय बड़े विचित्र जीव हो। एक होगा जो झट-से हमारे चरणों पर झुक जायेगा और हमारी 'हाँ' में 'हाँ' मिलाएगा, और एक होगा जो तुम्हारी तरह सामने खड़ा होकर भारतीय, भारतीयता की अतिश्योक्तिपूर्ण स्तुति करेगा। ये जो इतने राजा मेरे चरणों में झुक गये, क्या ये भारतीय नहीं? क्या ये मेरे दास नहीं?"

"जो पराजित हुआ, वह तो बराबर का हुआ कि उसने आपको टक्कर दी। जो बिना युद्ध के ही आपके चरणों में आ गिरा, वह भारतीय कहलाने के योग्य नहीं, परन्तु यवनाधिपति, ऐसे राज्य और ऐसे भीरु राजा अपवाद हैं। अश्वों के बीच कुछ खच्चर हों तो उन्हें उदाहरण नहीं बनाया जा सकता। अभी तो आप भारत की सीमा पर ही खड़े हैं। तनिक आगे तो बढ़िए और भारत की मुख्य भूमि की सेनाओं को देखिए। तब आपको ज्ञात होगा कि भारत है क्या?"

"हह, भारत की मुख्य भूमि? सिन्धु से पहले कहा कि सिन्धु पार है भारत। फिर वितस्ता और अब यह विपाशा। कितनी नदियों को पार करूँगा जब तुम्हारा वास्तविक भारत आयेगा, युवक?"

"सिन्धु के परे भी भारत ही है, हमारी अन्तिम सीमा हिन्दुकुश पर्वत है। आप क्षुद्र देशों के निवासियों के लिए यह विचारना भी सम्भव नहीं कि जिस क्षेत्रफल को हम भारत की सीमा कहते हैं, उतने में तो आपके दस राष्ट्र समाहित हो जाएँ। आप भारत में एक आक्रान्ता के रूप में प्रविष्ट हुए हैं, यवनराज। आपको छिट-पुट विजय भी मिली है। अभी तक आपकी यात्रा आपके लिए सुखद ही रही है, पर इस सुखद यात्रा की अन्तिम सीमा यह विपाशा है। इसके परे मेरी जन्मभूमि है, जिसे संसार 'यौधेय' के नाम से जानता है। महावीर कठों को तो आप अभी भूले न होंगे? आपको ज्ञात हो, और इसे मेरी धृष्टता न समझी जाये कि हम यौधेयों के समक्ष कठ कुछ भी नहीं थे। यौधेय शान्तिप्रिय हैं, स्वयं किसी पर आक्रमण नहीं करते, परन्तु यह विश्वास है कि जिन कठों ने आपको तारे दिखा दिये थे, यदि वे हमसे युद्ध करते तो उन्हें परास्त करने में हमें एक घड़ी से अधिक का समय नहीं लगता।"

अनुवादक द्वारा जैसे-जैसे भारतीय युवक के बोले शब्दों को अनुवादित किया जाता, यवनसेना में भय का संचार होता जाता। कठ, जिन्होंने अब तक का सबसे तगड़ा प्रतिरोध किया था, वे इन यौधेयों के समक्ष कुछ नहीं! यवन तो समझते थे कि उन्होंने सबसे शक्तिशाली को परास्त कर दिया, अब तो बस हँसते-खेलते आगे बढ़ना है। इधर वह युवक बोल रहा था, "मैं आपको भयभीत नहीं करना चाहता, यवनराज। आप आएँ, आगे बढ़ें, मुझे यौधेयों का प्रतिनिधि समझकर मेरा निमन्त्रण स्वीकार करें। हम भारतीय उत्सवधर्मी होते हैं। युद्ध भी उत्सव है। सही बताऊँ तो हम यौधेयों से आसपास के राज्य इतने भयभीत रहते हैं कि दशकों से हमने कोई वास्तविक युद्ध ही नहीं लड़ा। बस, मित्र राज्यों के साथ युद्धाभ्यास ही करते रहते हैं। हमारे यहाँ पाँच सहस्र सभासद हैं। वे ही मिल-जुलकर शासन चलाते हैं। प्रत्येक सभासद राज्य की सेना को एक हाथी, चार अश्व, एक रथ और दस सैनिक देता है। अच्छा, हमने सुना था कि पर्वतेश्वर के हाथियों ने आपकी सेना को बहुत व्यथित किया था और कठों के रथों का आपके पास कोई उत्तर नहीं था? पर्वतेश्वर के हाथी न आ गये होते तो आपकी पराजय तो निश्चित थी न? अब देखिए, वितस्ता के युद्ध में बस एक सौ तीस हाथियों से आप व्यथित हो उठे थे। कठों के युद्ध में बस थोड़े-से रथों ने आपको मृत्यु का मुख दिखला दिया था। हमारे पास पाँच सहस्र युद्धक हाथी हैं और पाँच सहस्र रथ हैं। आपके स्वागत के लिए हम सज्ज हैं, यवनराज। आइए, विपाशा पार कीजिए। आपको यह यौधेय युद्ध-निमन्त्रण देता है।"

यवन जिसे देवपुरुष मानते थे, जिसे ज्यूस का पुत्र कहते थे, उसके समक्ष किसी साधारण-से भारतीय का यूँ प्रभावशाली स्वर में चुनौती प्रस्तुत करता देख यवनों के मुख खुले के खुले रह गये। युवक के सम्मुख अलक्षेन्द्र की आभा भी फीकी पड़ गयी थी। अलक्षेन्द्र ने क्रोध में आकर उस युवक का वहीं तत्काल वध करने की आज्ञा दे दी। जब यवनों के तीक्ष्ण भाले उस युवक की पीठ को विदीर्ण कर रहे थे, जब उसके वक्ष से रक्त की धारा फूट रही थी, तब उस युवक ने अस्पष्ट स्वर में कहा, "माँ भारती की जय। आचार्य, मेरा अन्तिम प्रणाम।"

उस युवक के मृत मुख पर पीड़ा नहीं, अपितु परम सन्तोष के चिह्न दिख रहे थे। यवनों के बीच आचार्य के कई गुप्तचर इसी उद्देश्य से भेजे गये थे कि वे कैसे भी यवनों को हतोत्साहित करें, उनमें भय का संचार करें। वे इस उद्देश्य में सफल भी हो रहे थे, परन्तु इस अनाम युवक ने एक ही बार में शत्रु के हृदय में संशय का, भय का, अनिश्चितता का बीजारोपण कर दिया था। अलक्षेन्द्र क्रोधित होकर अपने शिविर में चला गया। यवन सेनापति और सारी सेना भी अपने-अपने शिविरों में लौट गयी।

यवन सेना में यह चर्चा चल पड़ी कि अलक्षेन्द्र ने पर्वतेश्वर को बुलाया और उस युवक द्वारा बताये गये यौधेयों की सैन्य शक्ति के विवरण की सत्यता के सम्बन्ध में पूछताछ की। पर्वतेश्वर ने माना कि यौधेयों की सैन्य शक्ति वास्तव में उतनी ही है। यही नहीं, यौधेयों के बाद महान मगध साम्राज्य भी है, जिसकी सेना में दो लक्ष पदाति, बीस सहस्र अश्वारोही, दो सहस्र रथ और चार सहस्र हाथी हैं। यह मागधी सेना तो मगध की अपनी सेना है। इसके अतिरिक्त मगध साम्राज्य के अन्तर्गत आने वाले कलिंग, कर्नाटक, नेपाल इत्यादि राज्यों की भी अपनी सेनाएँ हैं जो किसी भी अन्य राज्य को कड़ी टक्कर दे सकती हैं।

यह सब विवरण सुन अलक्षेन्द्र तो उत्साह से भर उठा था कि अब उसे यौधेय और मगध जैसे राज्यों को परास्त कर वास्तविक विश्वविजेता बनने का स्वर्णिम अवसर उपलब्ध हुआ है, परन्तु उसकी सेना थक चुकी थी। वर्षों पहले यवन देश से निकली सेना ने जितना सोचा था, उससे कहीं अधिक बड़ी थी यह दुनिया। इस विश्व को जय करने के अभियान में जितना सोचा था, उससे अधिक समय लग चुका था। वे जीतते जाते थे और उन्हें लगता कि अब उस जीत के भोग का अवसर उपस्थित हुआ, उससे पूर्व ही उनका राजा और आगे बढ़कर एक और युद्ध में उन्हें झोंक देता। प्रत्येक नये अभियान पर निकलने से पहले उनके मन में यह विचार आता कि अबकी बार जीत मिलने के पश्चात् विश्व का अन्तिम छोर आ जायेगा और हम हँसी-खुशी वापस अपनी मिट्टी, अपनी पत्नी, अपने बच्चों के पास लौट चलेंगे। पर यहाँ तो जैसे-जैसे आगे बढ़ो, पृथ्वी का छोर उतना ही दूर खिसकता जाता है। प्रत्येक यवन ने बालपन से ही पारस को अत्यन्त शक्तिशाली साम्राज्य समझा था। जब उन्होंने उस शक्तिशाली साम्राज्य को सहज ही जीत लिया तो उन्हें लगा था कि भारत भी पारस की भाँति एक बार में ही उनकी झोली में आ गिरेगा, परन्तु यहाँ तो पग-पग पर संकट है। जीतने का क्या लाभ, जब आगे एक और प्रबल शत्रु सामना करने को सज्ज खड़ा मिले। कठों को जैसे-तैसे परास्त किया, अब ये यौधेय आ खड़े हुए। यौधेयों को परास्त करना असम्भव लगता है, पर माना कि जैसे-तैसे उन्हें भी परास्त कर ही लिया, फिर? फिर उससे भी अधिक शक्तिशाली साम्राज्य, मगध। कौन जाने मगध के बाद कौन हो? कौन जाने कि हम जीवित बचें ही? मर भी जायें और यवन विश्वविजेता न बनें तो ऐसे प्राणोत्सर्ग का लाभ भी क्या?

यवन सेना ने विपाशा पार कर आगे बढ़ने से स्पष्ट मना कर दिया। यवन सेनापतियों ने सैनिकों को समझाने का प्रयास अवश्य किया, पर वास्तविकता तो यह थी कि यवन सेनापति भी इस सतत् अभियान से थक चुके थे। अन्ततः स्वयं अलक्षेन्द्र ही सैनिकों के समक्ष आया और बोला, "मेरे साथियो, हमने आठ वर्ष पूर्व

जब हेलस्पोंटोस[1] जलडमरूमध्य को पार किया था, तब से लेकर अब तक हमने अनातोलिया[2], सीरिया, मिस्र, बेबीलोन, फ़ारस, बैक्ट्रिया जीत लिया। हमारी यवन सेना की धूम से आज सारा विश्व प्रफुल्लित है। हमारे सामने बस एक अन्तिम लक्ष्य शेष है, इंडोई, जिसे यहाँ के असभ्य लोग 'भारत' कहते हैं। भारत के जाने कितने राज्य हम पहले ही जीत चुके हैं। यहाँ हमें ऐसी चुनौतियाँ मिलीं जो कभी ज्यूस और पोसाइडन को भी नहीं मिली थीं। हमने समुद्र पार किये हैं, फिर ये छोटी-छोटी नदियाँ हमारे सामने हैं ही क्या? हमने घोड़ों की पीठ पर बैठ हाथियों को हराया है। हाँ, आगे एक बड़ी सेना है, कुछ अधिक हाथी भी हैं, पर मेरे वीर सैनिको, यह उन सबके आगे तो कुछ भी नहीं, जिन पर हम पहले से ही विजय प्राप्त न कर चुके हों। बस दो-तीन युद्ध और फिर गंगा के वे तट हमारे होंगे, जिनसे धन की अथाह वर्षा होती है। कुछ दूर और चलना है, फिर हम पृथ्वी का छोर देखेंगे। हमारे पुरखे जो न कर पाये, उस फ़ारस को हम पहले ही हरा चुके हैं। वे स्वर्ग में बैठे हमसे ईर्ष्या कर रहे हैं। अब हम वह करेंगे, जिनसे हमारी आने वाली पीढ़ियों को भी ईर्ष्या होगी। जब मैं बालक था और मेरे महान पिता फ़िलिप एक-एक कर सारे ग्रीक राज्य जीतते जा रहे थे, तब मैं सोचता था कि क्या वे मेरे लिए दुनिया का कोई कोना छोड़ेंगे भी? तब हमारी दुनिया फ़ारस तक सीमित थी। आज हम जानते हैं, फ़ारस के बाद भी एक बड़ी दुनिया है। बस भारत जीत लें, उसके बाद जीतने के लिए कुछ शेष बचेगा ही नहीं। सोचो कि हमारे बच्चों को हम यह सारा संसार उपहार में देंगे। हमारा नाम विश्वविजेता के रूप में इतिहास के पन्नों में हमेशा-हमेशा के लिए अंकित हो जायेगा।" इतना कहकर अलक्षेन्द्र ने अपनी सेना पर एक दृष्टि डाली। पहले जब वह ऐसे भाषण देता था, तब सेना का उत्साह देखते ही बनता था, परन्तु अबकी सारी सेना लज्जा से सिर झुकाए चुपचाप खड़ी थी। अलक्षेन्द्र पुनः बोला, "तुम लोगों को डर किस बात का है? मैं, ज्यूस का पुत्र, तुम्हारे साथ, तुम्हारे आगे-आगे चल रहा हूँ। हम जीतेंगे तो इस संसार के स्वामी होंगे। यदि मृत्यु को प्राप्त हुए तो अपने पिताओं के साथ, देवताओं के साथ स्वर्ग में उत्सव मनाएँगे। एक बात निश्चित जान लो कि मैं भारत को जीते बिना वापस नहीं लौटूँगा। तुम जाना चाहो तो जाओ, पर अपने देश पहुँचने पर जब नागरिक तुमसे पूछेंगे कि तुम्हारा राजा कहाँ है, तो क्या उत्तर दोगे? क्या कह पाओगे कि तुम डरकर भाग आये और अपने राजा को वहीं भारत में अकेला छोड़ दिया? मैं वापस नहीं जाऊँगा, भले ही मुझे अकेले ही क्यों न

1 डार्डेनेल्स (Gallipoli का जलडमरूमध्य, 'सी ऑफ हेल'), उत्तर-पश्चिमी तुर्की में एक संकीर्ण, प्राकृतिक जलडमरूमध्य

2 एशिया माइनर

युद्ध करना पड़े। जो जाना चाहता है, वो जाये, पर जो मेरा साथ देंगे, उन्हें विश्वास दिलाता हूँ कि जब हम जीतकर अपने देश लौटेंगे तब हमारे पास इतना धन होगा कि प्रत्येक सैनिक राजाओं की भाँति जीवन व्यतीत करेगा। तो बताओ मित्रो, कौन है मेरे साथ?"

ऐसे भाषण पर वीरों की भुजाएँ फड़कने लगती हैं, पर यवन सेना वास्तव में थक चुकी थी। सारे सैनिकों की ग्रीवाएँ झुकी की झुकी ही रहीं। अलक्षेन्द्र मुँह खोले इस नीरवता को निहारता ही रह गया। अन्ततः एक सेनापति आगे बढ़ा। यह सेनापति जीवित बचे सबसे पुराने सेनापतियों में से एक था, जो अलक्षेन्द्र के पिता फ़िलिप की सेवा में भी रहा था। कोएनस बोला, "राजन, हम आपके साथ पृथ्वी के अन्तिम छोर ही नहीं, नरक तक जाने के लिए सज्ज हैं। आपके आदेश पर हम अग्नि में, समुद्री तूफान में कूद सकते हैं। परन्तु राजन, हम सब थक चुके हैं। हमारा उत्साह भंग हो चला है। हमारे अनगिनत मित्र मारे जा चुके हैं। जब हम अपने देश से चले थे, तब हम यवन सैन्य वस्त्र पहनकर निकले थे। वे वस्त्र अब तार-तार हो गये। हमें फ़ारसियों और भारतीयों के वस्त्र पहनने पड़ते हैं। पता नहीं, हमारे माता-पिता जीवित हैं भी या नहीं? हम उन्हें देखना चाहते हैं। अपनी पत्नियों से प्यार करना चाहते हैं, बच्चों को गले लगाना चाहते हैं। राजन, हमारा विनम्र निवेदन है कि अब वापस मकदूनिया चलें। हमें कुछ दिन अपनों के बीच विश्राम करने दें, अपने देश की हवा में साँस लेकर पुनर्जीवित होने का अवसर प्रदान करें। राजन, उसके पश्चात् हम पुनः आपके साथ भारतविजय के लिए लौटकर आयेंगे। नई पीढ़ी के सैनिक भी हमारे साथ होंगे। तब हम एक ही बार में पूरे भारत को ग्रीस बना लेंगे, पर अभी, इस समय हम और आगे बढ़ने की सामर्थ्य खो चुके हैं।"

कोएनस की इस बात पर सारी सेना ने शोर मचाकर अपनी सहमति जताई। अलक्षेन्द्र पहले तो हतप्रभ हुआ, फिर मारे क्रोध के मुट्ठियाँ पीसता हुआ अपने शिविर में घुस गया। उसने आज्ञा दे दी कि जब तक वह स्वयं न कहे, कोई उससे मिलने न आये। क्रोध और लज्जा के वशीभूत वह वीर तीन दिनों तक अपने शिविर से बाहर नहीं निकला। उसका स्वप्न उसके नेत्रों के समक्ष ही टूटकर चूर हो रहा था, वह भी उसी के सैनिकों के द्वारा। उसने कई बार यह विचार बनाया कि यवन सैनिकों को वापस भेज दे और स्वयं फ़ारसी और भारतीय सेनाओं के बल पर भारतविजय के अपने अभियान को चालू रखे, परन्तु क्या फ़ारसी और भारतीय सैनिक विश्वसनीय थे? भारत के जिन आरम्भिक राज्यों को उसने जीता था, वहाँ से अब विद्रोह ही सूचनाएँ प्राप्त हो रही थीं। यदि यह प्रचारित हुआ कि यवनराज के पास यवनसेना है ही नहीं, तब यह छिट-पुट विद्रोह प्रचण्ड रूप ले सकता है।

सैनिकों की बात भी सत्य ही है कि वे थकी हुई मानसिकता से युद्ध नहीं लड़ सकते। अन्ततः अलक्षेन्द्र को घोर निराशा में यह निर्णय लेना पड़ा कि अब वापस लौटने का समय आ गया है। वह अपने देश जायेगा और पुनः शक्ति संचय कर वापस आकर अपने स्वप्न को पूर्ण करेगा। इस बीच न जाने किस कारण से कोएनस की मृत्यु हो चुकी थी।

अपने विशाल साम्राज्य के निर्माण में उसने जो यात्रा की थी, उसकी पूर्वी सीमा निर्धारित करने के लिए उसने व्यास के पश्चिमी तट पर यूनानी देवताओं के नाम पर बारह विशाल वेदिकाओं का निर्माण किया। यवन रीति से पूजा-अनुष्ठान के पश्चात् उसकी सेना ने पश्चिम की ओर प्रस्थान किया और पर्वतेश्वर के अधिकार क्षेत्र वितस्ता के तट पर आ पहुँची। यहाँ उसने एक बड़ी सभा का आयोजन किया, जिसमें उसके द्वारा विजित सभी प्रदेशों के राजाओं, अधिकारियों को निमन्त्रित किया गया। भारत से वापस लौटने से पहले अलक्षेन्द्र विजित प्रदेशों में शासन व्यवस्था सुनिश्चित करना चाहता था, अपने क्षत्रप नियुक्त करना चाहता था ताकि उसके न रहने पर भी उसके नाम पर ये क्षत्रप शासन करते रहें और उनमें कोई आपसी तनाव न हो। उसने विपाशा और वितस्ता के बीच के क्षेत्र का क्षत्रप पर्वतेश्वर को नियुक्त किया। अलक्षेन्द्र से पराजित होने के पश्चात् भी पर्वतेश्वर का पुराना स्वप्न अन्ततः फलीभूत हो ही गया। अब वह मद्र, कठ और अन्य अनेक जनपदों का स्वामी बन गया था। अभिसार का राजा, जो सदैव ही अलक्षेन्द्र के विरोध में मित्र देशों को अपनी सैनिक सहायता देता आया था, पर्वतेश्वर जैसे वीर राजा द्वारा यवन अधीनता स्वीकारने के पश्चात् यवन का शरणागत हो गया था। अभिसार और उरिशा के राज्य उसे सौंपे गये। वितस्ता और सिन्ध के बीच का क्षेत्र गान्धारराज आम्भी को मिला। कुभा[1] घाटी के प्रदेश का क्षत्रप ऑक्सयाट्र्स, पश्चिमी गान्धार का क्षत्रप निकनौर और पश्चिम के क्षेत्रों का क्षत्रप पाइथॉन हुआ। इसके अतिरिक्त यवनाधिकार के सभी प्रदेशों में यवन सेना की छावनियाँ बनायी गयीं, ताकि कभी कोई विद्रोह करने का साहस न कर सके। पश्चिमी गान्धार की राजधानी पुष्कलावती में मुख्य छावनी थी, जिसका प्रबन्धक प्रसिद्ध सेनापति फ़िलिप था। यह सब प्रबन्ध करने के पश्चात् 326 ईसा पूर्व के अन्तिम महीनों में अलक्षेन्द्र की वापसी की यात्रा आरम्भ हुई।

अलक्षेन्द्र ने राज्य विभाजन में उत्तम कूटनीति का प्रयोग किया था। भारतीय प्रदेशों को छह भागों में विभक्त किया और तीन राज्यों के क्षत्रप यवन बनाये तो तीन के क्षत्रप भारतीय हुए, परन्तु अलक्षेन्द्र की मानसिकता एक शासक से अधिक एक

---

[1] काबुल नदी

सेनापति की ही थी। वह चाहता तो जिस मार्ग से आया था, उसी मार्ग से वापस लौट सकता था, पर उसकी अधिक से अधिक प्राप्त करने की लोलुभ मानसिकता ने उसे एक नये मार्ग से वापस लौटने के लिए प्रेरित किया। उसका विचार था कि जाते-जाते भी पंजाब के अधिकाधिक राज्यों को हस्तगत कर लिया जाये। उसका दुर्भाग्य कि उसकी इस प्रवृत्ति का पूर्वानुमान एक शिक्षक ने लगा लिया था और उसके मार्ग को अधिकाधिक कंटकाकीर्ण करने के लिए अपने दो श्रेष्ठ शिष्यों को भेज चुका था।

वापसी के मार्ग में जब अलक्षेन्द्र सौभूति[1] राज्य पहुँच रहा था, तब मयूरध्वज मालव गणराज्य में और चन्द्रगुप्त क्षुद्रक गणराज्य में अधिकारियों से मिल रहे थे।

(11)

मयूरध्वज और चन्द्रगुप्त के सम्मिलित प्रयासों से सदियों से एक-दूसरे के शत्रु रहे मालव और क्षुद्रक गणराज्य आज मालव की राजधानी में सम्मिलित बैठक कर रहे थे। दोनों राज्यों के शीर्ष अधिकारी साथ बैठे तो थे, पर उनके मन भूतकाल में हुई विभिन्न घटनाओं के कारण एक-दूसरे के प्रति अविश्वास से भरे हुए थे। भारत पर यवनों का आक्रमण कई राज्यों के लिए आपसी शत्रुता को परिणति तक पहुँचाने का स्वर्णिम अवसर भी लेकर आया था। उनके समक्ष पूर्व के उदाहरण भी स्पष्ट थे। गान्धार ने केकय के प्रति या केकय ने कठों के प्रति अपनी शत्रुता निभाने के लिए यवनों का सफल प्रयोग किया था। मन में यह बात भी थी कि यदि हम यवनों के विरोध में खड़े हुए और दूसरे पक्ष ने यवनों से सन्धि कर ली, तब क्या होगा? चाणक्य के शिष्यों के समक्ष यह समस्या खड़ी थी कि अविश्वास की इस खाई को कैसे पाटा जाये?

क्षुद्रक अधिकारी ने सभा में एक नया ही प्रश्न खड़ा कर दिया। तनिक तिक्त स्वर में बोला, "मान लिया कि हम संघ बनाकर यवनों का प्रतिकार करते हैं। ऐसा करने पर हमारी सेनाएँ मिलकर एक हो जाएँगी। सेना का एक सर्वोच्च सेनापति भी होगा। मेरा प्रश्न यह है कि सर्वोच्च सेनापति का पद किसे मिलेगा?"

अहम भाव का त्याग संसार का सबसे कठिन कार्य है। मालव कैसे सहे कि उनका नेतृत्व कोई क्षुद्रक करे या क्षुद्रक ही क्यों किसी मालव को अपना नेता माने? पुराने शत्रुओं को तो बस एक छोटे-से अग्निकण की आवश्यकता ही होती है, आग तो स्वयं ही लग जाती है। समान धरातल पर, समान उद्देश्य को लेकर आरम्भ हुई यह सभा इस एक प्रश्न पर आपस में उलझ पड़ी। बढ़ते रव के बीच एकाएक ही

[1] भेरा, नून मियानी (पाकिस्तान)

मयूरध्वज के दहाड़ते स्वर ने सबको शान्त होने पर विवश कर दिया, "चुप हो जाइए आप सब। क्या हो गया है आप लोगों को? शत्रु बढ़ा चला आ रहा है और आपके नेत्रों में एक-दूसरे के प्रति अविश्वास समाप्त होने का नाम ही नहीं ले रहा? वो चतुर यवन यह बात भलीभाँति जानता था कि इन छोटे-छोटे राज्यों के लोग इतने उथले हैं कि कभी साथ मिलकर उसका सामना नहीं करेंगे। हिरण भी यदि मिलकर सिंह का सामना करें तो वो भाग खड़ा होगा, परन्तु सिंह यह जानता है कि हिरणों के बीच कभी संगठित होने की बुद्धि आएगी ही नहीं, अतः वह निर्द्वन्द्व होकर उनके बीच घुसा चला जाता है और किसी एक को अपना ग्रास बना लेता है। वह बार-बार ऐसा करता है, पर हिरणों के मस्तिष्क अपने आगे किसी अन्य को देख ही नहीं पाते। आप क्षुद्रक और आप मालव वही सुन्दर, मनमोहन मृग हैं और अलक्षेन्द्र के लिए उसकी मृगया हैं। मत मिलिए कभी, दूर-दूर रहिए और प्रतीक्षा कीजिये जब वह पहले एक को, फिर दूसरे को निगल न जाये। सेना का नेता कौन हो, यह प्रतिष्ठा का प्रश्न बना लिया? क्या किसी क्षुद्रक को वास्तव में यह लगता है कि मालवों के पास उनसे कम योग्य सेनानायक होंगे? यही प्रश्न मालवों से पूछता हूँ। मैं स्वयं मालव हूँ और मुझे उस प्रत्येक सेनानायक के साथ कार्य करने में कोई आपत्ति नहीं, जो यवनों के विरुद्ध युद्ध संचालन करे। वो कोई क्षुद्रक हो, मालव हो, केकय हो या कोई भी हो, कोई अन्तर नहीं पड़ता।"

इतना कहकर जब वह शान्त हुआ और अन्य कोई कुछ न बोला, तब चन्द्रगुप्त खड़ा हुआ और बोला, "मित्र मयूरध्वज की बात सही है। यह समय छोटी-छोटी बातों पर असहमत होने का नहीं है। मैं यह देख रहा हूँ कि आप स्वयं को दूसरे से अलग समझते हैं। सेना जब युद्ध करती है, तब प्रत्येक सैनिक इस विश्वास के साथ लड़ता है कि उसका साथी सैनिक उसकी सुरक्षा कर रहा है कि उसका साथी सैनिक उसे स्वयं से भिन्न नहीं समझता। यहाँ हम दो सेनाओं को मिलाने की बात कर रहे हैं, जिनके हृदयों में एक-दूसरे के प्रति सम्मान होते हुए भी अविश्वास की भावना अत्यन्त प्रबल है। मालवों और क्षुद्रकों को एक होना ही होगा और यह एकत्व की भावना मात्र कहने से, उपदेशों से सम्भव प्रतीत नहीं होती। अतः मेरा प्रस्ताव है कि मालवों और क्षुद्रकों के बीच पारिवारिक सम्बन्ध स्थापित हों।"

इस प्रस्ताव ने सबको चौंका दिया। मालव गणप्रमुख बोले, "तो क्या तुम यह कहना चाहते हो कि मेरे पुत्र मयूरध्वज का विवाह क्षुद्रक गणप्रमुख की पुत्री के साथ किया जाये?"

"हाँ पितृव्य, परन्तु मैं मात्र गणप्रमुखों की सन्ततियों के मध्य विवाह की बात नहीं कर रहा, अपितु प्रत्येक परिवार की बात कर रहा हूँ। दोनों गणों के विवाह योग्य

युवकों और युवतियों के विवाह हों। मालवों के घरों में क्षुद्रक वधुएँ हों, क्षुद्रकों के घरों में मालव वधुएँ। एक मालव की बहन का जीवनसाथी क्षुद्रक हो तो वह अपनी बहन के पति की जीवनरक्षा के लिए प्राण लगा देगा। क्षुद्रक पिता अपनी बेटी के परिवार को अपना परिवार मानेगा। एक का उत्कर्ष दूसरे का गर्व होगा। एक का दु:ख दूसरे का दु:ख होगा। मालव और क्षुद्रक का मनभेद सदैव के लिए मिट जायेगा।"

सारी सभा इस प्रस्ताव पर सहमत हो गयी। निश्चय किया गया कि आगामी सप्ताह में सामूहिक विवाह का आयोजन किया जायेगा। दो सहस्र युवकों-युवतियों के विवाह-बन्धन में बँधने का अनुमान किया गया। चन्द्रगुप्त के इस प्रस्ताव पर दोनों गणों के गणमान्यजनों को यह स्पष्ट हो गया कि चन्द्रगुप्त विवेकवान, नीतिवान और धीर पुरुष है। सम्मिलित सेना के सर्वोच्च सेनापति का निर्णय भी तत्काल ही ले लिया गया। क्षुद्रक गणपति बोले, "पुत्र चन्द्रगुप्त, जिस शत्रुता को हम सदियों से अपने साथ लेकर चल रहे थे, जिसे हम अपने वंशजों को देने वाले थे, उसे तुमने एक क्षण में निर्मूल कर दिया। तुम्हारा प्रस्ताव यह बताता है कि तुम नये रक्त के साथ नई मेधा से युक्त पुरुष हो। तुमने स्वयं को कई बार सिद्ध किया है। हम सब तुम्हें अपना सर्वोच्च सेनापति नियुक्त करते हैं। तुम हमारा नेतृत्व करो।"

चन्द्रगुप्त हाथ जोड़कर बोला, "श्रीमान, आपके इस प्रस्ताव ने मेरा मान बढ़ाया है। मुझे यह उत्तरदायित्व स्वीकार करने में अत्यन्त प्रसन्नता होगी, परन्तु मुझे क्षमा करें। यद्यपि मैं स्वयं चाहता हूँ कि यवनों के रक्त से अपने खड्ग की प्यास बुझाऊँ, पर मेरे आचार्य ने मुझे स्पष्ट आज्ञाएँ दी हैं। मुझे पूर्वनिर्धारित पथ पर आगे बढ़ना है।" क्षुद्रक गणपति के साथ-साथ अन्य गणों को निराश होता देख चन्द्रगुप्त पुनः बोला, "परन्तु मुझमें और मयूरध्वज में कोई भेद नहीं है। आचार्य के सभी शिष्य योग्य हैं अपितु युद्धकला में, सैन्य-संयोजन में मयूरध्वज मुझसे अधिक श्रेष्ठ है। कदाचित् इसीलिए आचार्य ने मयूरध्वज को यहीं मालव में रुकने और यवनों का प्रतिकार करने की आज्ञा दी है। आपने मुझ पर अपना विश्वास जताया है और मुझे मयूरध्वज पर पूर्ण विश्वास है। मयूरध्वज चन्द्रगुप्त से अधिक योग्य सेनापति है।"

सभा समाप्त हो गयी। निर्णय लिया गया था कि यथाशीघ्र सामूहिक विवाह करा दिये जायें और सेनाएँ सज्ज हो जायें। प्रधान सेनापति मयूरध्वज होंगे। यवन यदि आये तो पहले मालव आएँगे, अतः क्षुद्रक सहायता हेतु यथाशीघ्र उपस्थित होंगे। आगे के राज्यों को एकजुट करने, उन्हें उत्साहित करने के अपने उद्देश्य की पूर्ति हेतु चन्द्रगुप्त अपने पथ पर आगे बढ़ गया। चन्द्रगुप्त की योजना थी कि जैसे मालवों और क्षुद्रकों का एक संघ बन गया है, उसी प्रकार आगे के छोटे-छोटे राज्यों के संघ

बन जायें और वे सब स्थान-स्थान पर मिलकर यवन सेना का सामना करें। यदि संघ बन जाये तो उत्तम, पर यदि संघ न बने, तब भी कम-से-कम ऐसा तो अवश्य हो कि कोई राज्य दूसरे राज्य से पुरानी शत्रुता का स्मरण रख यवनसेना से न जा मिले।

चन्द्रगुप्त सबसे पहले अम्बष्ठ गणराज्य गया। अम्बष्ठओं को अपने अनुकूल पाकर उसने पड़ोसी गणराज्य क्षत्र और वसाति को वार्ता हेतु निमन्त्रण भेजा। कदाचित् चन्द्रगुप्त को अपनी महत्ता का भान न भी रहा हो, पर सम्पूर्ण भारत में चाणक्य और उनके शिष्यों, उनमें भी विशेषकर चन्द्रगुप्त का नाम बड़े आदर-सम्मान और किंचित भय से लिया जाता था। युद्ध की परिस्थितियों में शत्रु एवं मित्रों के बीच जितना योगदान सेना और गुप्तचरों का होता है, उतना ही योगदान प्रचारकों का भी होता है। यवनों के प्रतिकार स्वरूप मात्र आचार्य चाणक्य ही विद्यापीठ से निकलकर पूरे भारत में अभियान नहीं चला रहे थे, अपितु उनके इस उत्तिष्ठ भारत के संकल्प में उनके कई साथी आचार्य भी बराबर के भागी थे। इन आचार्यों में से एक आचार्य विष्णुशर्मा भी थे। उन्होंने पंजाब के इन गणराज्यों की गलियों-वीथियों में तत्कालीन परिस्थितियों का ऐसा विशद वर्णन किया था कि युद्धों के प्रति प्रसिद्ध भारतीय उदासीनता विलुप्तप्राय हो चली थी। अब बच्चा-बच्चा अन्य गणों के राजाओं, उनकी नीतियों, उनकी सन्धियों के बारे में जानता था। देश पर हुए आक्रमण के प्रति कौन लोग डटकर खड़े हैं, इन लोगों के नेता कौन हैं, ये सभी सूचनाएँ न्यूनाधिक रूप से सबको ज्ञात थीं। अतः जब क्षत्र और वसाति राज्यों को चन्द्रगुप्त का निमन्त्रण आया तो इन राज्यों के गणप्रमुख उसकी उपेक्षा न कर सके। इन तीन राज्यों की सम्मिलित सभा में चन्द्रगुप्त ने पुनः अपना मन्तव्य स्पष्ट किया। इन राज्यों से उसकी, उसके माध्यम से आचार्य चाणक्य की और आचार्य के माध्यम से सम्पूर्ण राष्ट्र की क्या अपेक्षाएँ हैं, यह बताया। निवेदन किया कि वे एक संघ बनाकर, एक सम्मिलित सेना के रूप में यवनों का प्रतिकार करें। लम्बी वार्ता और विचार-विमर्श से चन्द्रगुप्त को यह स्पष्ट हो गया कि वसाति और क्षत्र संघ बनाकर युद्ध करने की इच्छा नहीं रखते। अपितु इन दोनों की तो कोई इच्छा ही नहीं थी कि वे यवनों से युद्ध करें। वे तो उदासीन रहना चाहते थे।

देर तक समझाने के पश्चात् भी जब क्षत्रों और वसातियों ने उदासीन व्यवहार नहीं छोड़ा, तब चन्द्रगुप्त को क्रोध आ गया। अपने खड्ग की मूठ पकड़कर दहाड़ते हुए स्वर में वह पुरुषसिंह बोला, "गणप्रमुखो! आप लोगों को क्या लज्जा नहीं आती? शत्रु हमारे राष्ट्रबन्धुओं, संस्कृतिबन्धुओं की हत्याएँ करता चला आ रहा है, हमारी राष्ट्रीय गरिमा को छिन्न-भिन्न कर रहा है, कला के उत्कृष्ट प्रतिमान हमारे देवस्थलों को, पुस्तकालयों के रूप में हमारे ज्ञान के भण्डार को अग्नि को समर्पित

कर रहा है और आपके पास मात्र जीवित रहने की अभिलाषा शेष बची है? क्या करेंगे जीवित रहकर, जब आपके राज्यों पर व्यय की जाने वाली राशि नौकाओं में भरकर यवनदेश भेज दी जाएगी? कैसे सिर उठाकर चलेंगे, जब आपकी ग्रीवाओं में यवनों की दासता का पाश बँधा होगा?" ऐसी अन्य अनेक बातों का भी जब कोई परिणाम न निकला, तब चन्द्रगुप्त सावधान करते हुए बोला, "यदि यही आपका अन्तिम निर्णय है कि आप यवनों के प्रतिरोध में शस्त्र नहीं उठाएँगे, तो मेरी चेतावनी भी सुन लीजिए। आप यवनों के पक्ष में भी शस्त्र नहीं उठाएँगे। यदि ऐसा हुआ तो स्मरण रहे कि यवन आज नहीं तो कल यहाँ से चले ही जाएँगे, परन्तु मैं यहीं इसी भारतवर्ष में रहूँगा। विश्वासघात का पुरस्कार देने मैं स्वयं आऊँगा और विश्वास रखिए कि मेरे साथ केकय, गान्धार, शिवि, सौभूति, मावल, क्षुद्रक, ग्लुचुकायन, यौधेय इत्यादि राज्यों के राष्ट्रभक्त सैनिक भी होंगे। यह न समझिए कि आपकी प्रजा आपके इस राष्ट्रद्रोह में आपका साथ देगी। क्षत्र और वसाति के राष्ट्रभक्त नागरिक भी हमारे साथ होंगे। आपने यवनों के साथ युद्ध में हमारा साथ न देकर, स्वयं ही यवनों की दासता स्वीकार करने का मन बना लिया है। आपके इस निर्णय ने आपकी प्रजा को भी दासत्व को भोगने के लिए विवश किया है। हम आएँगे और आपकी प्रजा को इस दासता से मुक्त करवाएँगे। आप मात्र शक्ति को प्रणाम करते हैं तो जायें आप, और उस समय की प्रतीक्षा करें, जब भारत का चक्रवर्ती सम्राट् आपको अपना सामर्थ्य दिखाएगा। जाएँ।"

क्षत्र और वसाति गणप्रमुख अपने अभिमान में चूर क्रोधित होकर सभा से चले गये, तब अम्बष्ठों के प्रमुख ने चन्द्रगुप्त को ससम्मान देखते हुए कहा, "आर्य चन्द्रगुप्त! आपके मुख से निकली 'एक राष्ट्र, एक सम्राट्' की बात कितनी मोहक और गर्वित करने वाली है? क्या सच में भारत एक सम्राट् द्वारा शासित एक राष्ट्र होगा? क्या भावी सम्राट् का नाम निश्चित हो चुका है? कृपया हमें उनका नाम बतायें, ताकि हम अपने इस छोटे-से गणराज्य के शासकीय अभिलेखों में उनका नाम लिख सकें और उनके नाम से राज्य का कार्य कर सकें।"

चन्द्रगुप्त उस वृद्ध अम्बष्ठ के हाथों को पकड़ कर बोला, "नहीं पितृव्य, अभी किसी सम्राट् की चर्चा नहीं चल रही। यह तो मेरा अनुमान भर है।"

"मात्र अनुमान? कोई तो बात हुई होगी? न होती तो आप यह बात कहते ही क्यों?"

"आप विश्वास करें, पितृव्य। अभी कोई बात नहीं हुई, पर मैं अपने गुरु को जानता हूँ। मेरे गुरु दिखने में अत्यन्त कठोर हैं, पर मैं उन्हें जब भी देखता हूँ तो मुझे मेरी माँ का स्मरण हो आता है। वह भी अत्यन्त कठोर बनने का दिखावा करती थी,

पर मैं उसके मन की बात तत्काल समझ लेता था। मेरे गुरु, मेरे आचार्य निश्चित ही 'एक राष्ट्र, एक सम्राट्' की बात सोच रहे हैं। उन्होंने मुझसे और जहाँ तक मुझे ज्ञात है, अन्य किसी से भी अभी ऐसी कोई चर्चा नहीं की है। पर सच कहूँ पितृव्य, मैं तो उस क्षण की प्रतीक्षा कर रहा हूँ जब आचार्य सम्राट् की घोषणा करेंगे और मैं मूरा का बेटा चन्द्र उस सम्राट् का छत्र लिए उसके पीछे खड़ा रहूँगा।"

"यदि ऐसा है आर्य चन्द्रगुप्त और यदि हम अम्बष्ठ जीवित रहे तो आप हमें भी अपने साथ ही पायेंगे।"

"आप 'जीवित रहे तो' का क्या तातपर्य? आप क्यों नहीं जीवित रहेंगे?"

"क्योंकि हमने पूर्ण प्रतिरोध का निर्णय लिया है। एक भी अम्बष्ठ के रहते यवन आगे नहीं बढ़ पाएगा। या तो वह यहीं मरेगा अन्यथा हम भी ग्लुचुकायन और कठों के मार्ग पर चलेंगे।"

"नहीं, पितृव्य! बलि भी समयानुसार परिवर्तित होती है। एक समय था जब सर्वस्व अर्पण उचित था। यवन राष्ट्र में आ रहे थे, अतः उन्हें किसी भी मूल्य पर रोकना आवश्यक था। अब वे राष्ट्र से भाग रहे हैं। उन्हें रोकना, उन्हें उनके पापों का दण्ड देना आवश्यक है, पर उसका मूल्य इतना अधिक नहीं हो सकता कि अम्बष्ठों की वीर जाति को अपना सर्वस्व दे देना पड़े। मुझ अनुभवहीन की एक मन्त्रणा स्वीकृत करेंगे, पितृव्य?"

चन्द्रगुप्त के कन्धे पर हाथ रखकर वात्सल्य युक्त वाणी से बोले गणप्रमुख, "तुमने मुझे इतनी बार 'पितृव्य' कह दिया कि अब तो तुम जो कहोगे, उसे अवश्य ही मानूँगा। कौन पिता अपने बालक के हठ का मान नहीं रखता? तथापि, तुम और अनुभवहीन? यदि तुम अनुभवहीन हो तो कदाचित् अब तक के दीर्घ जीवन में मेरी किसी अनुभवी से भेंट ही नहीं हुई। तुम तो आदेश करो। जो कहोगे, उसका अक्षरशः पालन किया जायेगा।"

"तो पितृव्य, आप अपनी पूरी क्षमता से यवनों का प्रतिकार करें। परन्तु तब तक ही, जब तक कि आप उन पर भारी हों। जैसे ही आपको लगे कि पराजय निश्चित है, आप उनसे सन्धि कर लें। न्यूनतम हानि के साथ जीवित रहें ताकि भविष्य में यदि कभी अवसर आया तो हम अधिकतम लाभ की स्थिति में हों। आज पराजित होकर, हम कल बड़ी विजय प्राप्त करेंगे।"

"तुम्हारी नीति के अक्षरशः पालन का वचन दे चुका हूँ, अतः यही करूँगा। परन्तु पुत्र, मैं और पराजय स्वीकार कर लूँ, फिर मैं अपनी प्रजा से और स्वयं से ही नेत्र कैसे मिला पाऊँगा?"

"हम भारतीयों से साथ यह समस्या है पितृव्य कि हम बड़ा परिदृश्य नहीं देखते और इन महत्वहीन बातों पर इतना अधिक ध्यान देते हैं। राष्ट्र के सम्मुख यदि प्राणों की बलि चढ़ा सकते हैं, तो क्या अपना अहम अर्पित नहीं कर सकते? क्या हो जायेगा यदि आपकी प्रजा आपको वीर न माने, परन्तु आप तो जानते हैं न कि आपने ऐसा किस उद्‌देश्य से किया? उद्‌देश्य ही महत्वपूर्ण हैं, अन्य व्यक्तिगत उपलब्धि या लांछन नितान्त गौण होने चाहिए। तथापि, आप निश्चिन्त रहें। यह जो भी होगा, अल्पकालिक होगा। सत्य आपकी प्रजा को शीघ्र ही दिख जायेगा।"

अम्बष्ठों से विदा लेकर चन्द्रगुप्त अग्रश्रेणी[1], शूद्र, मुचिकर्ण, साम्ब, ब्राह्मण होता हुआ पातालप्रस्थ तक गया। उस दिशा में पातालप्रस्थ अन्तिम भू सीमा थी, उसके पश्चात् समुद्र था। सभी राज्यों को यथासम्भव प्रतिरोध करने, यवन सेना को त्रस्त करने और दुर्बल पड़ने पर सन्धि कर लेने का कूटनीतिक परामर्श देता वह युवक जब अपनी वापसी की यात्रा में था तो उसे सन्तोष था कि यवनों को उनकी करनी का भरपूर दण्ड अवश्य मिल जायेगा। यद्यपि वह जानता था कि ये सभी राज्य शब्दशः वही नहीं करेंगे, जो उन्हें करने का परामर्श वह दे आया है। जैसे अग्रश्रेणी अभिमानी हैं, वे कभी सन्धि नहीं करेंगे। शूद्र, मुचिकर्ण, साम्ब कदाचित् चन्द्रगुप्त की नीति पर चलें, पर ब्राह्मण और पतालप्रस्थ पर निश्चयात्मक रूप से कुछ नहीं कह सकते। आचार्य चाणक्य के निर्देशों का अक्षरशः पालन करने के पश्चात् अब वह अपने अगले कर्तव्य के निर्धारण हेतु स्वतन्त्र था। वह गान्धार की ओर बढ़ा, क्योंकि गान्धार ही उनकी कर्मभूमि थी और वह आम्भी के शासन में यवनों के अधिकार में थी। स्वतन्त्र राज्यों को प्रेरित कर लिया, अब परतन्त्र राज्यों के अन्दर से विद्रोह की अग्नि प्रस्फुटित करने का समय आ गया था।

×××

अपनी वापसी की यात्रा में अलक्षेन्द्र का सामना ऐसे राज्य से हुआ जहाँ नमक की पहाड़ियाँ थीं। अलक्षेन्द्र डरा हुआ था कि उसकी थकी और हतोत्साहित सेना पर कही इस नये राज्य के सैनिकों ने छिपकर आक्रमण कर दिया, तो न जाने क्या हो? सूचना मिली थी कि इस गणराज्य का नाम सौभूति था और ये भी कठों और यवनदेश के स्पार्टा वालों की तरह शक्ति और सौंदर्य के प्रेमी होते हैं। इनके यहाँ भी शिशु की शारीरिक परीक्षा होती है और कुरूप एवं दुर्बल शिशुओं को यमलोक भेज दिया जाता है।

---

[1] विद्वानों के बीच मतभेद है कि यह अग्रश्रेणी है या आग्रेय। रोमन इतिहासकारों ने इसे Agalassi नाम दिया है। श्री काशीप्रसाद जायसवाल इसे अग्रश्रेणी बताते हैं। 'महाभारत' के 'विजय पर्व' में एक राज्य आग्रेय का उल्लेख है।

कठों जैसी परम्परा वाले सौभूति गण यदि कठों के समान ही व्यूहबद्ध होकर युद्ध करने आ गये, तो किसे पता कि परिणाम क्या हो?

परन्तु भारत के शत्रुओं का भाग्य प्रबल था। सौभूति गणराज्य ने युद्ध न करने का निर्णय लिया और अलक्षेन्द्र का आधिपत्य स्वीकार कर लिया। सौभूतियों ने यवनसेना का स्वागत किया, राग रंग एवं उत्सव का आयोजन हुआ। जैसी कि परम्परा थी, पशुओं एवं मनुष्यों के द्वन्द्व का आयोजन भी हुआ। मदिरा का चषक लिए अपने आसन पर पसरा अलक्षेन्द्र बाघ और मनुष्य का द्वन्द्व देख रहा था। यह बाघ अलक्षेन्द्र को किसी भारतीय राजा ने उपहार में दिया था। बाघ अब तक के सभी द्वन्द्वों में अपराजित रहा था, अत: अलक्षेन्द्र को अत्यन्त प्रिय भी था। इस द्वन्द्व में भी जब बाघ विजेता घोषित हुआ, तब दर्प के मारे अलक्षेन्द्र अपने निकट बैठे सौभूति गणप्रमुख से बोल पड़ा, "श्रीमान! क्या सौभूतियों के पास कोई मनुष्य या कोई पशु है जो मेरे इस बाघ को हरा सके?"

गणप्रमुख ने विनम्रता से उत्तर दिया, "सिंह का सामना तो सिंह ही कर सकता है यवनराज, परन्तु यदि आप बेमेल युद्ध ही चाहते हैं तो मेरे श्वान आपके इस बाघ का सामना करेंगे।"

"श्वान? कुत्ता? कोई कुत्ता इस बाघ का सामना करेगा? कुत्ते तो बाघ को देखते ही भाग जाते हैं। यह तो उनकी सहज प्रवृत्ति है! वे कैसे किसी बाघ से लड़ेंगे?"

" प्रत्यक्षम् किम् प्रमाणम्? आप आदेश करें और स्वयं देखें।"

"ठीक है, पर मुझे यह द्वन्द्व बराबरी का नहीं लगता। अत: आप मेरे एक बाघ के सामने अपने चार श्वान उतारें।"

ऐसा ही किया गया। जब सौभूतियों के चार श्वान उस वृत्ताकार क्रीड़ांगन में आये, तब उनकी देहयष्टि और भावभंगिमा देख प्रत्येक यवन सुखद आश्चर्य से भर उठा। संकेत होते ही सारे श्वान एक साथ बाघ पर कूद पड़े। तनिक ही देर में स्पष्ट हो गया कि चारों को यदि यूँ ही आक्रमण करने दिया गया तो बाघ का प्राणान्त हो जायेगा। दो श्वानों को हटा लिया गया। अब बाघ का पलड़ा भारी था। प्रत्यक्ष हार दिखने के बाद भी श्वान अपने स्वभाव के अनुसार भाग नहीं रहे थे। यह देख अलक्षेन्द्र प्रभावित होता हुआ बोला, "वाह, यह जीव तो उत्कृष्ट स्वामिभक्त है।"

इस पर गर्व करता हुआ गणप्रमुख बोला, "अभी तो आपने कुछ देखा ही नहीं।" और इतना कहकर उसने एक आज्ञा दी, जिसके क्रियान्वयन में युद्ध कर रहे श्वानों की एक-एक टाँग काट दी गयी। आश्चर्यजनक रूप से स्वयं के दर्द पर ध्यान न देते हुए वे अभी भी बाघ पर ही केन्द्रित थे। अत्यधिक रक्तस्राव के कारण वे श्वान मर गये, पर अन्तिम श्वास तक भी उनकी आक्रामकता में कोई कमी नहीं आयी थी।

उनकी इस स्वामिभक्ति को देख जहाँ सौभूति गणप्रमुख गौरवान्वित था, वही अलक्षेन्द्र स्वयं को यह विचारने से न रोक सका कि जब कुत्ते तक खाना खिलाने वाले के प्रति इतने स्वामिभक्त हो सकते हैं, तो अन्न देने वाली अपनी भूमि के प्रति ये भारतीय इतने कृतघ्न कैसे हो जाते हैं? अच्छा ही है, ज्यूस की कृपा से यदि ये भारतीय मेरे प्रति ऐसे निष्ठावान हो जायें तो मुझे विश्वविजेता बनने में स्वयं ज्यूस भी नहीं रोक पायेंगे।

सौभूतियों को अपने नाम पर राज्य चलाने का निर्देश देकर अलक्षेन्द्र अपनी सेना सहित वितस्ता के तट पर आया। अपने अधीन राज्यों को आदेश देकर उसने दो सहस्र से अधिक विशाल नौकाओं का निर्माण करवाया। इन नौकाओं में कुछ युद्धक नौकाएँ थीं, कुछ में अश्व लदे थे और कुछ में युद्धक सामग्रियों के साथ खाद्य सामग्री। अपनी कुछ सेना इन नौकाओं में और शेष सेना को नदी के दोनों तटों पर चलवाते हुए वह वितस्ता और असिकनी[1] नदियों के संगम तक आ पहुँचा। इस संगम के निकट शिवि[2] नामक गणराज्य था, जिसके निवासी स्वयं को भगवान शिव के गण मानते थे। ये वस्त्रों के स्थान पर पशुओं के चर्म का प्रयोग करते और युद्ध में लाठियों का प्रयोग करते। यवनों को तट पर उतरते देख शिविओं ने प्रचण्ड आक्रमण किया। पहले झटके में यवनों को अत्यधिक हानि उठानी पड़ी, परन्तु यवन शीघ्र ही सँभल गये और व्यूहबद्ध हो गये। एकाध प्रहर युद्ध करने के पश्चात् शिवियों ने सन्धि प्रस्ताव भेज दिया और यवनों की अधीनता स्वीकार कर ली।

यवन इस विजय से अत्यन्त प्रसन्न हुए। उनका उत्साह लौट रहा था। पहले सौभूति जैसे पराक्रमी जाति का बिना युद्ध किये ही उनके चरणों में लोट जाना और अब इन विचित्र शिवियों का पराजय स्वीकार कर लेना। लगता था कि वापसी की यात्रा ऐसी ही सुखद, मनोरंजक होगी। उन्हें क्या पता था कि शिवियों की यह हार वास्तविक हार नहीं अपितु रणनीति का भाग थी। वास्तविक युद्ध तो अभी आगे होना था, जहाँ महीनों पहले से ही इस युद्ध की तैयारी आरम्भ हो चुकी थी, पर भारत के दुर्भाग्य को अभी बहुत कुछ देखना शेष था।

यवन नदी में आगे बढ़े। नदी के दोनों तटों पर भी सेनाएँ चल रही थीं। यवनदेश से एक नई स्वस्थ सेना चली आयी थी, जिसमें तीस सहस्र पदाति और छह सहस्र अश्वारोही थे। इससे यवनों में नई ऊर्जा का संचार हुआ था। यह नई सेना अभी-अभी युवा हुए तरुणों की थी, जिन्होंने अपने घरों में अलक्षेन्द्र के साथ गयी विश्वविजयनी सेना की कहानियाँ सुनी थीं। इन्होंने अभी तक कोई कष्ट नहीं झेले थे

[1] वितस्ता (झेलम), असिकनी (चिनाब)

[2] वर्तमान झंग जिला, पाकिस्तान

और ये इतिहास में अपना नाम अंकित करने के लिए उत्साहित थे। आगे चलकर दोनों नदियों की शान्त धाराएँ एक-दूसरे से जब मिलने लगीं, तब नाव से चली आ रही सेना ने देखा कि धाराओं ने प्रचण्ड रूप धर लिया है। विशाल भंवर बना हुआ था जो नावों को अपनी ओर खींच रहा था। देखते ही देखते उस नौसेना का सबसे बड़ा जहाज़ उस भँवर में समाहित हो गया और न जाने कितने अश्व बह चले। पीछे आ रही नावों को जैसे-तैसे रोका गया, परन्तु जिस नाव में स्वयं यवनाधिपति बैठा था, वह भंवर की ओर खिंची चली जा रही थी। निश्चित मृत्यु जान सारे सैनिक नदी में कूदने लगे। उन्हें कूदता देख अलक्षेन्द्र भी नदी में कूद पड़ा। कुछ ही पलों में नदी तट पर खड़ी सेना को समझ आ गया कि उसके राजा को तैरना नहीं आता है। अनगिनत स्वामिभक्त सैनिक अपने राजा को बचाने उस उफनती नदी में कूद पड़े। दसियों सैनिकों की बलि देकर अलक्षेन्द्र के प्राण बचाए जा सके।

आसन्न मृत्यु से प्राण बच गये, यह मानकर अलक्षेन्द्र ने अपने देवताओं को धन्यवाद दिया और कुछ दिन उसी स्थान पर विश्राम करने का निर्णय ले लिया। इस जल दुर्घटना से अलक्षेन्द्र डर भले गया हो, पर इसी के कारण उसे वह महत्वपूर्ण सूचना सुनने का अवसर मिल गया, जिसने भारतीयों की सारी योजना को निरर्थक सिद्ध कर दिया। मालवों ने सारी व्यवस्था इस बात को ध्यान में रखकर की थी कि यवनसेना जलमार्ग से आएगी और शत्रुसेना के नगर के निकट आने से पूर्व क्षुद्रकों की सहायता आ जायेगी। दो पाटों में पिस जायेंगे यवन, परन्तु यह सारी रणनीति उस जल दुर्घटना के कारण धरी रह गयी। यवनों के गुप्तचरों द्वारा इस योजना का भान होते ही अलक्षेन्द्र ने नियरकस के नेतृत्व में नावों को धीरे-धीरे सावधानीपूर्वक आगे बढ़ने और शेष सेना को तीव्रता से थलमार्ग से चलकर मालवों के नगरों को भस्मीभूत करने का आदेश दे दिया। तड़ित की भाँति यवन सेना मार्ग में आने वाले पहले मालव नगर पर टूट पड़ी। थोड़े-से असावधान सैनिकों को क्षण भर में मारकर पिशाचों का नृत्य आरम्भ हुआ। युवतियों को बन्दी बनाने के बाद शेष दो सहस्त्र से अधिक पुरुषों, महिलाओं और बच्चों को मार डाला गया। इस विजय पर प्रसन्न और उत्साहित सेना ने बिना विश्राम किये ही दूसरे और फिर तीसरे नगर पर इसी प्रकार आक्रमण कर सभी नागरिकों का वध कर दिया। मयूरध्वज की रणनीति में ये सारे नगर अनारक्षित थे, जिसका पूरा लाभ उठाया था यवनों ने।

मालवों की मुख्य सेना नदी मार्ग से आने वाली यवनसेना की प्रतीक्षा में जिस स्थान पर आरक्षित खड़ी थी, वह उतनी शीघ्रता से अपने नगरों की रक्षा हेतु नहीं आ सकती थी। अतः मात्र कुछ सहस्त्र तीव्रगामी अश्वों के साथ मयूरध्वज नगर रक्षा हेतु भागा चला आया था। नगर-द्वार को भलीभाँति बन्द कर वह यवनों की प्रतीक्षा

करने लगा, साथ ही ईश्वर से प्रार्थना भी कि उसकी शेष सेना और क्षुद्रकों की मित्र सेना भी शीघ्रातिशीघ्र युद्ध हेतु प्रस्तुत हो जाये। कदाचित् यवन सेना-समूह के रूप में भारतीयों से अधिक तीव्र थे, अतः कई दिनों के अन्तर से वे मुख्य नगर पहुँच गये और नगर को घेर लिया। तीव्रता से चलने के कारण यवन भी अपने शिला प्रक्षेपित करने वाले यन्त्रों को नहीं ला पाये थे, अतः वे नगर की दीवार को तोड़ने में असमर्थ थे। उपाय मात्र साधारण सीढ़ियाँ थीं। यवनों की जो नई सेना अभी-अभी यवनदेश से आयी थी और जिसने तीन नगरों को बड़ी सुगमता से जीत लिया था, वह बड़े उत्साह से बड़ी-बड़ी सीढ़ियों को लेकर आगे बढ़ी। बाणों के परास क्षेत्र में आते ही मालवों ने बाणों की वर्षा कर दी। यवन सीढ़ी लेकर आगे बढ़ते और तीरों से बिंधकर वहीं गिर जाते। यवनों की ढालें भी उनका बचाव करने में असमर्थ थीं। साधारणतया ढालें तीरों के वेग को सह लेती हैं, पर मालवों के चलाए बाण इतनी तीव्रता से आते, जैसे वे तीर न होकर प्रचण्ड शक्ति और वेग से फेंके गये भाले हों। उन बाणों के दबाव से ढालें अपने स्थान से विचलित हो जातीं और कोई न कोई अन्य बाण उस रिक्त स्थान से प्रवेश कर सैनिक को भेद देता। एक प्रहर तक जब यही क्रम बार-बार दोहराया गया तब अलक्षेन्द्र ने क्रोध में आकर सारी सेना को एक साथ आगे बढ़ने का आदेश दिया। जब सहस्त्रों सैनिक साथ बढ़े, तब अत्यधिक हानि होने पर भी कई सीढ़ियाँ लग ही गयीं और विद्युत की तीव्रता से यवन दीवारों पर चढ़ अन्दर की ओर कूद पड़े।

यवनों ने जीत का चीत्कार किया। पिछले तीन नगर भी नगरप्रवेश के साथ ही पराजित हो गये थे, परन्तु उनकी यह प्रसन्नता अधिक देर तक टिक नहीं पाई। उन्होंने देखा कि अभी तो बस, एक दीवार पार की है। मालवों ने ऐसी दो और दीवारें खड़ी की थी। एक बार पुनः अलक्षेन्द्र ने पुरानी रणनीति अपनाते हुए सभी सैनिकों को एक साथ आगे बढ़ने और दीवार पर सीढ़ी लगाने का आदेश दिया। सैनिक आगे बढे, और भारी जनहानि के साथ यह दीवार भी पार कर ली गयी। अब मात्र एक दीवार शेष थी, परन्तु यह तो सामान्य बात थी कि सबसे आन्तरिक दीवार पर सबसे सघन प्रतिरोधक क्षमता से युक्त सैन्य बल नियुक्त होगा।

मालवों की ओर से आने वाले बाणों की तीव्रता और हर्ष चीत्कार इतना कोलाहलपूर्ण और भयभीत करने वाला था कि यवनों का साहस न होता कि वे आगे बढ़ें। अलक्षेन्द्र ने पुनः साथ बढ़ने का आदेश दिया, परन्तु अब सेना अपना सारा उत्साह खो चुकी थी। नई-नई आयी सेना के अधिकांश युवा सैनिक मारे जा चुके थे। शेष यवनसेना में वही पुराने और थके हतोत्साहित सैनिक बचे थे जो अब अपने प्राणों को बारम्बार संकट में डाल चुके होने के बाद पुनः संकट में नहीं डालना चाहते थे,

वह भी तब, जब वे अपने देश की वापसी की यात्रा कर रहे थे। अपनी ऐसे अवज्ञा देख यवनाधिपति को अतिशय क्रोध आ गया। उसने अकेले आगे बढ़ने का निर्णय लिया और सीढ़ी उठाकर दीवार की ओर दौड़ पड़ा। उसके साथ उसका एक साथी युसेटस भी था जो अलक्षेन्द्र को उस पवित्र ढाल से सुरक्षित किये हुए था, जिसे अलक्षेन्द्र ट्रॉय के एथेना देवी के मन्दिर से लेकर आया था। उनके साथ दो अंगरक्षक, लियोनेटस और अर्बरीस भी थे। बाणों की वर्षा के बीच अलक्षेन्द्र ने सीढ़ी लगायी और युसेटस के पीछे-पीछे दीवार पर चढ़ने लगा। उनके पीछे दोनों अंगरक्षक भी थे। यवनसेना ने अपने राजा का यह अदम्य साहस देखा तो वे भी भागे-भागे आये और उसी सीढ़ी पर चढ़ने का प्रयास करने लगे। अब एक सीढ़ी इतने पुरुषों का भार कैसे सहती? बड़ी कठिनाई से अलक्षेन्द्र और उसके तीनों साथी दीवार पर चढ़े ही थे कि सीढ़ी अत्यधिक भार वहन न कर पाने के कारण टूट गयी।

वह अद्‌भुत दृश्य था। दीवार के एक ओर यवन सेना, दूसरी ओर मालव सेना और दीवार पर मात्र तीन साथियों के साथ खड़ा यवनाधिपति। अलक्षेन्द्र ने दोनों ओर बारी-बारी से देखा और मालवों की ओर कूद पड़ा। यवनों की आह निकल गयी। अलक्षेन्द्र के पीछे-पीछे उसके तीनों साथी भी कूदे, जिसमें से अर्बरीस की मृत देह ही नीचे आ पाई। उसके वक्ष पर एक विशाल बाण बिंधा हुआ था। मालवों ने देखा कि स्वयं यवनाधिपति आ फँसा है तो उन्होंने बाणों की वर्षा कर दी। जैसे-तैसे तीनों ने पेड़ों के पीछे छिपकर अपने प्राण बचाए। बाणों को व्यर्थ होता देख मालवों ने सीधा आक्रमण कर दिया। प्राणपण से युद्ध करते चपल अलक्षेन्द्र ने कई मालवों का वध कर दिया। सैनिकों को मरते देख मयूरध्वज ने मालव सैनिकों को आगे बढ़ने और अलक्षेन्द्र से खड्गयुद्ध लड़ने से रोक दिया। चूहा फँस चुका है, तो व्यर्थ ऊर्जा क्यों नष्ट की जाये? अब मालव हाथ में तीर-धनुष लेकर अर्धवृत्ताकार घेरा बनाकर अलक्षेन्द्र की ओर बढ़ने लगे। हताश यवनाधिपति आसपास पड़े पत्थरों को उठा-उठाकर पास आते मालवों पर मारने लगा। उधर दीवार के बाहर उसकी सेना हाहाकार करती हुई प्राणप्रण से दीवार पर सीढ़ी लगाने का प्रयास कर रही थी और इधर उनका विश्वविजयी राजा कुछ मालवों के हाथों चूहे की भाँति मरने वाला था। उसके दोनों साथी अपनी ढालों से अपने राजा को बचाने का भरसक प्रयास कर रहे थे, तभी भगवान शंकर के धनुष से निकले अग्नि जैसे बाण ने उस म्लेच्छ के वस्त्रों को विदीर्ण कर दिया और उसके वक्ष में घुस गया। भारत का शत्रु, वह पापी यवन मुख से रक्त वमन करता गिर पड़ा।

अंगरक्षकों ने धरती पर गिरे रक्त थूकते अपने राजा को जैसे-तैसे ढाल से सुरक्षा प्रदान करने की कोशिश की, परन्तु कदाचित् उसकी आवश्यकता नहीं थी।

एक हाथ में धनुष पकड़े, परन्तु आक्रमण की मुद्रा से विहीन मयूरध्वज अलक्षेन्द्र के सम्मुख आया और दर्प से बोला, "हे म्लेच्छ सम्राट्, बोल तुझ पराजित योद्धा के साथ क्या व्यवहार किया जाये?"

भारतीय अनुवादक द्वारा जब मयूरध्वज की बात को अलक्षेन्द्र ने सुना, तब उसे वितस्ता का वह युद्ध याद आ गया जब ऐसा ही प्रश्न उसने पर्वतेश्वर से पूछा था। समय कितनी तीव्रता से परिवर्तित होता है? कल जो प्रश्न मैंने कृपापूर्वक एक भारतीय राजा से पूछा था, वही प्रश्न आज एक साधारण युवक मुझसे कर रहा है। मयूरध्वज ने जब अलक्षेन्द्र को प्रश्न का उत्तर देने में असमर्थ पाया, तब बोला, "अरे बोलो यवनराज, क्या चाहते हो? जिस प्रकार तुमने वीर पर्वतेश्वर को प्राणदान दिया था, क्या वैसा ही प्राणदान नहीं चाहते? मित्रता के नाम पर तुमने जो छल किया था, क्या उसका भय है तुम्हें? न घबराओ, हम भारतीय छल नहीं करते, पर ऋण भी नहीं रखते। जाओ, तुमने हमारे एक राजा को प्राणदान दिया था, वह ऋण आज पूरा हुआ। युद्ध का दान माँगने फिर कभी आना। मैं युद्ध को रोकने का आदेश देता हूँ। तुम्हें सकुशल निकलने का मार्ग देता हूँ। जब स्वस्थ हो जाना, तब पुनः आना। यह मालव, यह भारतीय तुम्हें यही मिलेगा।"

घायल अलक्षेन्द्र उस मालव की सारी बातें ध्यान से सुन रहा था। मयूरध्वज के प्रस्ताव पर उसने धीमे स्वर में जो कहा, उसे युसेटस ने दोहराया, "मैं आपकी मित्रता पाकर अनुग्रहीत हुआ। अब कोई युद्ध नहीं होगा। हम यवन पराजय स्वीकार करते हैं। प्राणों का दान लेना हम यवनों के लिए नई बात है और प्राणदाता से ही पुनः युद्ध करना तो पाप होगा। मैं आपसे सन्धि करना चाहता हूँ। अपने शिविर में पहुँचने के बाद मैं योग्य व्यक्तियों को दूत बनाकर आपके पास भेजूँगा। आपके और मेरे प्रतिनिधि मिलकर सन्धि-पत्र बना लेंगे।"

मयूरध्वज ने इस प्रस्ताव को स्वीकार किया। शंखध्वनि की गयी, जिससे मालव सैनिकों को युद्ध विराम की सूचना दे दी गयी। इधर लियोनेटस को दीवार के बाहर अभी भी लड़ रही यवनसेना को युद्ध विराम की सूचना देने के लिए भेजा गया। युद्ध रुक गया। द्वार खोल दिये गये। घायल अलक्षेन्द्र को कन्धों पर उठाये यवन द्वार से बाहर निकले। बाहर सिर झुकाए खड़ी सेना को देख अलक्षेन्द्र अपनी यवन भाषा में कुछ बोला, जिसे युसेटस ने दोहराया, "ग्रीस के बेटो! छी! तुम सब 'ग्रीस के बेटे' कहलाने के योग्य नहीं। तुमने अपने राजा को इन भारतीय कीड़ों के आगे असहाय छोड़ दिया। जिन्हें मैंने एक केंचुए से अधिक नहीं समझा था, आज वे मुझ पर हँस रहे हैं। ये मेरे वक्ष से निकलता रक्त ज्यूस का शाप है तुम्हें। तुम सबको कभी भी ज्यूस और अपने पूर्वजों के साथ मदिरा पीने का अवसर नहीं मिलेगा।

मैं ज्यूस का बेटा तुमसे तुम्हारा सारा यश छीनता हूँ। यदि तुम्हें यह वापस चाहिए तो अभी इसी क्षण इस नगर को क्षार कर दो, भस्म कर दो। एक-एक प्राणी का वध कर दो। कोई भी मालव अपने पैरों पर और कोई भी भवन अपनी नींव पर खड़ा न रहे।" इतना बोलकर म्लेच्छाधिपति प्रज्ञाहीन हो गया और उसकी अब तक प्रज्ञाहीन खड़ी सेना की काया में जैसे एकाएक ही विद्युत का प्रवाह हुआ। सारी सेना असावधान खड़ी भारतीय सेना को काटती खुले द्वारों से नगर में प्रवेश कर गयी। एकाएक हुए इस आक्रमण ने, इस विश्वासघात ने मालवों को सँभलने का अवसर ही नहीं दिया और देखते ही देखते प्रहर भर में मालवों का पराभव हो गया। जिस सेना के सेनापति ने अभी प्रहर भर पहले ही यवनाधिपति अलक्षेन्द्र को प्राणदान दिया था, अब दस-बारह सैनिकों के साथ सुरक्षित सेना की ओर भागा जा रहा था।

(12)

अभिसार राज्य ने सदैव ही यवनों का प्रतिरोध करने वाले राज्यों को सैनिक एवं आर्थिक सहायता पहुँचायी थी। जब यवन गान्धार तक नहीं पहुँचे थे और अभी अश्वकायनों से ही युद्ध कर रहे थे, तब भी अभिसार के राजा ने अपनी सशस्त्र सेना अश्वकायनों के सहायतार्थ भेजी थी। पश्चिमी गान्धार के पतन और पूर्वी गान्धार द्वारा बिना युद्ध के ही सन्धि कर लेने के पश्चात् जब केकयराज पर्वतेश्वर ने यवनों से युद्ध करने की तैयारी की, तब भी अभिसार ने युद्धक उपकरणों एवं अश्वों की सहायता पहुँचायी थी। इतना ही नहीं, वे सेना सज्जित कर पर्वतेश्वर की सहायता करने भी चल पड़े थे, परन्तु उनके पहुँचने से पूर्व ही पर्वतेश्वर पराजित हो चुके थे। अभिसार के राजा रणकुशल और व्यावहारिक व्यक्ति थे। अब यदि वे यवनों का प्रतिरोध करते, तब उन्हें न केवल यवन अपितु पर्वतेश्वर की सेना का भी सामना करना पड़ता। अपनी हार और जन-धन की अपार हानि को देख उन्होंने यवनों की अधीनता स्वीकार कर ली, परन्तु भीतर ही भीतर वे अन्य प्रतिरोधी शक्तियों की सहायता करते रहे। वे यवनों के इतने विश्वासपात्र बने कि जब अलक्षेन्द्र भारत छोड़कर जाने का विचार बना रहा था और उसे अपने द्वारा विजित प्रदेशों पर क्षत्रपों की नियुक्ति करनी थी, तब उसने हिमालय और आस-पास सभी उत्तरीय प्रदेशों का क्षत्रप अभिसार के राजा को बनाया। इस प्रकार यवनों के भारतीय प्रदेशों के छह क्षत्रपों में से एक गुप्त रूप से यवन विरोधी भारतीयों का सहायक बना रहा। इसी प्रदेश के किसी गुप्त स्थान पर आचार्य चाणक्य अपने सहयोगियों के साथ पूरे भारत की राजनीति पर दृष्टि जमाये हुए थे। चण्डवर्मा, सोमशर्मा एवं बलभद्र के प्रयासों से

उनके साथ राष्ट्रभक्तों की एक मध्यम आकार की सेना भी थी। आचार्य पुरातन एवं नवीनतम युद्धनीतियों के साथ उन्हें प्रशिक्षित कर रहे थे। गूढ़पुरुषों के प्रमुख गौतम उन्हें अन्य राज्यों से आती सूचनाओं को समय-समय पर स्वयं उपस्थित होकर बता जाते। पिछली भेंट के बाद एक माह बीत चुका था और आचार्य आशा करते थे कि शीघ्र ही गौतम नवीन सूचनाओं के साथ उपस्थित होंगे। एक संध्या आचार्य किसी ग्रन्थ में डूबे हुए थे कि गौतम उपस्थित हुए। आचार्य ने उनका स्वागत किया और आसन पर बिठाने के पश्चात् बोले, "इस बार का अन्तराल अत्यधिक लम्बा हो गया, अग्रज। यदि आप स्वयं नहीं आ सकते थे तो अन्य अनेक अवसरों की भाँति अपने किसी सहायक को भेज देते। अस्तु, आप स्वयं आ गये हैं, इसकी प्रसन्नता है मुझे। बताएँ, क्या समाचार हैं? आपकी मुखमुद्रा देखकर प्रतीत होता है कि आपके पास एकाधिक शुभ समाचार हैं।"

"हाँ, आचार्य। अबकी मैं कई शुभ समाचारों के साथ उपस्थित हुआ हूँ। विलम्ब के लिए क्षमाप्रार्थी हूँ, परन्तु इस बीच ऐसी कोई विशिष्ट सूचना नहीं थी कि किसी सहायक को आपके पास भेजने की आवश्यकता पड़ती।"

"मेरी अधीरता के लिए क्षमा करें, अग्रज। मैं कदाचित् आपके प्रति उद्दण्ड होता जा रहा हूँ जबकि आप न जाने कितने वर्षों से मगध एवं भारत के लिए प्राणप्रण से अपनी सेवाएँ देते आ रहे हैं।"

"औपचारिकताएँ छोड़ें आचार्य और पहला शुभ समाचार सुनें। मेरे सहयोगियों ने अमात्य शकटार को ढूँढ़ निकाला है। उन्हें उज्जयिनी के अन्ध-कारावास में रखा गया था।" आचार्य को उत्साहित और व्यग्र होता देख गौतम तनिक मुस्कुराते हुए बोले, "हाँ आचार्य, मैं समझ रहा हूँ कि आप क्या कहना चाहते हैं। कुछ उत्कोच और कुछ साहस के बल पर अमात्य शकटार को कारावास से मुक्त करवा लिया गया है। अभी वे हमारे उज्जयिनी के एक श्रेष्ठी-बन्धु के निवास पर स्वास्थ्य लाभ ले रहे हैं। कुछ दिनों में जब वे स्वस्थ हो जाएँगे, तब उन्हें पूरी सुरक्षा के साथ यहाँ लेता आऊँगा।"

"अहा, इस सूचना ने मुझे कितना आह्लादित किया है, मैं बता नहीं सकता। मेरे पिता के मित्र शकटार मेरे लिए पितातुल्य हैं। मैं उनके दर्शनों के लिए व्यग्र हो रहा हूँ। परन्तु अग्रज, उन्हें वहीं विश्राम करने दें। वे वहीं अधिक सहायक सिद्ध होंगे। आप उन्हें मेरा प्रणाम कहिएगा। उन्हें भारत की वर्तमान स्थिति से अवगत करवाकर मेरी ओर से निवेदन कीजिएगा कि वे हमारी यथासम्भव सहायता करें। मगध में आज भी कई अमात्य होंगे जो नन्द के प्रति दुराग्रह रखते होंगे। उन अमात्यों को अपनी ओर मिलाने का प्रयास करें। मगध के कई महाधनवान श्रेष्ठी भी उन पर श्रद्धा रखते होंगे।

उनके कहने पर कदाचित् हमें अपने उद्देश्य की पूर्ति के लिए धन की कमी नहीं होगी। अग्रज, उनके पैर छूकर आप उन्हें मेरा यह सन्देश दीजिएगा कि पितृव्य! मुझे आपके पुत्रों की असमय और अन्यायपूर्ण मृत्यु का दुःख है। जिस प्रकार आपने अपने पुत्र खोये हैं, मैंने अपने पिता को खोया है। धनानन्द के अत्याचारों का अन्त निकट है। यदि आपका साथ मिले और गंगामैया की कृपा से मेरी योजनाएँ सफल हुईं, तो शीघ्र ही धनानन्द का न्याय होगा।" चाणक्य जब यह बोल रहे थे, तब गौतम उनके नेत्रों की विशिष्ट द्युति को मन्त्रमुग्ध होकर निहार रहे थे। चाणक्य कुछ पल शान्त रहने के पश्चात् पुनः बोले, "अस्तु, अन्य सूचना क्या है, अग्रज?"

"दूसरी सूचना आपके शिष्य चन्द्रगुप्त से सम्बन्धित है। जैसा कि आपको पूर्व ज्ञात है कि मालवों और क्षुद्रकों के बीच एक नवाचार का आरम्भ कर आपके शिष्यों ने सन्धि करवा दी थी। इसके पश्चात् चन्द्रगुप्त अपनी आगे की यात्रा में मार्ग में पड़ने वाले प्रत्येक राज्य को आपकी आज्ञानुसार संगठित करते हुए पातालप्रस्थ तक पहुँचे एवं इसके पश्चात् वे सीधे अश्वकायनों के राज्य में चले गये। वहाँ उन्होंने अश्वकों को संगठित किया और यवनों के विरुद्ध ऐसी अग्नि प्रज्वलित की कि अश्वकों ने पुष्कलावती के यवन क्षत्रप निकनोर की हत्या कर दी। निकनोर का सहायक शशिगुप्त अवश्य बच निकला। एक समय तो ऐसा लगा था कि पूरा पश्चिमी गान्धार एवं सिन्ध के पश्चिम से लेकर कुभा[1] की घाटी तक का सारा प्रदेश स्वतन्त्र हो जायेगा, परन्तु निकट के राज्यों में उपस्थित यवन सेना के आ जाने से ऐसा हो न सका। पुष्कलावती में स्थापित यवनसेना का सेनापति फ़िलिप अब पुष्कलावती का क्षत्रप है। चन्द्रगुप्त ने अग्नि प्रज्वलित कर दी है। निरन्तर विद्रोह के कारण यवनों का आधिपत्य दुर्बल होता जा रहा है।"

अपने शिष्य द्वारा किये गये कार्यों को सुन चाणक्य का मुखमंडल खिल उठा। प्रसन्न स्वर में बोले, "चन्द्र योग्य पुरुष है। इसके जैसे कर्मठ युवा राष्ट्र का भविष्य सकारात्मक रूप से परिवर्तित करने की सामर्थ्य रखते हैं। अग्रज, मुझे आप जैसे साथी और चन्द्र जैसे युवा मिले हैं, तभी मैंने एक राष्ट्र का स्वप्न देखा है। अच्छा, मयूरध्वज की क्या सूचना है? वह भी योग्य पुरुष है।"

"अवश्य, आचार्य। मयूरध्वज ने भारतीय गौरव को एक नई ऊँचाई प्रदान की है। उन्होंने भारतीयता के अपमान का ब्याज सहित प्रतिकार किया। यद्यपि यवनों के भाग्य से मयूरध्वज की रणनीति असफल रही थी। यवनों ने पूर्व निश्चित मार्ग को छोड़ थलमार्ग से मालव प्रदेश पर आक्रमण किया। इससे न तो क्षुद्रक समय

[1] काबुल

पर सहायता हेतु आ सके और न मालव ही अपने नगरों को बचा सके, परन्तु मयूरध्वज ने तीव्रता से मालव राजधानी को सुरक्षित किया और यवनों को राजधानी के बाहर ही रोक लिया। आचार्य, आपको सुनकर प्रसन्नता होगी कि मालवों के बाणों ने यवनाधिपति को घायल कर दिया था। जब वह म्लेच्छ भूमि पर धूल-धूसरित रक्तवमन कर रहा था, तब वीर मयूरध्वज ने उससे पूछा कि बता यवन, तेरे साथ कैसा व्यवहार किया जाये? केकयनरेश पर्वतेश्वर से यही अपमानजनक प्रश्न किया था उस म्लेच्छ ने। जब अलक्षेन्द्र लज्जा से सिर झुकाये मालवों के सम्मुख अहसाय अवस्था में घायल श्वान की भाँति भूमि पर लोट रहा था, तब अपनी महानता का परिचय देते हुए आपके योग्य शिष्य मयूरध्वज ने उसे प्राणदान देते हुए कहा कि जाओ म्लेच्छाधिपति, अपने प्राणों की भिक्षा ग्रहण करो और स्वस्थ होकर पुनः युद्ध के लिए प्रस्तुत होना। घायल और निःशस्त्र का वध करना भारतीयों की परम्परा नहीं।" ये सारी बातें करते समय गौतम आचार्य की भावभंगिमा को परिवर्तित होते देख रहे थे। गौतम को यह आशा थी कि इस सूचना पर आचार्य अत्यन्त प्रसन्न होंगे, परन्तु वे खिन्न प्रतीत हो रहे थे। अतः अपने स्वर के उत्साह को तनिक न्यून करते हुए गौतम बोलते गये, "यद्यपि यवनों ने इस सदाशयता को अपना अपमान समझा और विश्वासघात किया। सन्धि की बात की और जब मालव असावधान हुए, तब उन्होंने पूरी शक्ति से आक्रमण कर नगर को हस्तगत कर लिया और अपनी राक्षसी प्रवृत्ति का परिचय देते हुए सभी नागरिकों एवं सैनिकों की हत्या कर दी, परन्तु मयूरध्वज बच निकले।"

इतना कहकर गौतम चुप हो गये। चाणक्य की भंगिमा खिन्नता से परिवर्तित होकर क्रोध को परिलक्षित कर रही थी। गौतम तनिक भयभीत होकर बोले, "आचार्य! मालवों की इस पराजय ने उनके उत्साह को भंग नहीं किया। उन्होंने पूरी शक्ति से यवनों के मार्ग को अवरुद्ध कर दिया था। अलक्षेन्द्र के घायल होने के कारण यवन उस तीव्रता से आगे नहीं बढ़ पाये। अतः क्षुद्रकों को वह आवश्यक समय मिल गया, जिससे वे मालवों से आ मिले। भयंकर युद्ध हुआ। कुछ दिनों के पश्चात् दोनों पक्षों को यह लगने लगा था कि इस युद्ध का कोई सार्थक परिणाम नहीं निकलेगा। यवन थक चुके थे। उनका उत्साह समाप्त हो चला था, परन्तु मालवों के रणनीतिक बिन्दु यवनों के अधिकार में थे ही, एवं उन्हें पीछे से यवन क्षत्रपों जैसे आम्भी, पर्वतेश्वर इत्यादि से सहायता मिल सकती थी। अतः दोनों पक्षों ने अपना भला-बुरा समझते हुए सन्धि का निर्णय लिया। आचार्य, यवनों के आक्रमण के पश्चात् यह पहली सन्धि है जिसे 'वास्तविक सन्धि' कहा जा सकता है। अब तक तो सन्धि का अर्थ यवनों का आधिपत्य स्वीकार करना ही था। सन्धि हेतु निमन्त्रण मिलने के पश्चात् सौ क्षुद्रक

एवं मालव अधिकारी यवनों के शिविर में गये। वहाँ उनका भव्य स्वागत हुआ। उन सभी के लिए यवनाधिपति के समान ही स्वर्णजड़ित सिंहासन प्रस्तुत किये गये। सन्धि के अनुबन्धों में मुख्य बात यह थी कि यवन अपने अधिकार के सारे मालव प्रदेश मालवों को सौंप देंगे एवं उनके द्वारा की गयी सम्पत्ति की हानि की क्षतिपूर्ति करेंगे। साथ ही, भविष्य में कभी भी कोई यवन क्षत्रप मालवों और क्षुद्रकों के राज्यों पर आक्रमण नहीं करेगा। व्यापार की अनुमति होगी, पर कभी भी किसी यवन सेना को उनके राज्य से होकर प्रस्थान करने की अनुमति नहीं होगी। यवनों ने नदी मार्ग से अपनी सुरक्षित निकासी के साथ यह सारे प्रतिबन्ध स्वीकार किये। आचार्य! यह हम भारतीयों की विजय ही है न?"

"विजय! आप इसे विजय कहते हैं? अग्रज! मैं अभी अत्यन्त क्षुब्ध हूँ। मेरे मुख से कुछ अनर्गल निकल सकता है। अतः प्रार्थना है कि अभी एक प्रहर तक मुझे एकान्त में रहने दिया जाये।"

चाणक्य की क्षुब्धता को समझने में असमर्थ गौतम हाथ जोड़कर बोले, "मेरे लिए क्या आज्ञा है, आचार्य?"

"आप अभी जाकर ये सभी सूचनाएँ यहाँ उपस्थित हमारे सभी साथियों को दें। उनसे निवेदन करें कि एक प्रहर के बाद वे सभी यहाँ उपस्थित हों। आप भी आएँ। अपने सभी विश्वासपात्र साथियों को भी लेकर आएँ। चण्डवर्मा, बलभद्र इत्यादि से कहें कि वे अपने अधीन सभी यूथपतियों और मन्त्रियों को लेकर उपस्थित हों। अभिसार राज्य के कुछ मन्त्री भी यहाँ होंगे, उन्हें भी ले आयें। उनसे कहें कि मैं उन सबसे बात करना चाहता हूँ।"

"जैसी आज्ञा, आचार्य।"

आज्ञानुसार सभी प्रमुख व्यक्ति उपस्थित हो गये। चाणक्य ने मुस्कुराते हुए उनका स्वागत किया और सबको बैठने का संकेत कर स्वयं तनिक ऊँचे स्थान पर बैठकर बोले, "लगातार होते युद्ध अथवा युद्ध सम्बन्धित उद्योग के कारण आप सभी श्रान्ति का अनुभव कर रहे होंगे। मैंने भी सदैव राजनीति की ही बातें की हैं। अतः मैंने सोचा कि क्यों न आप लोगों के मन को शान्त करने के लिए कुछ मनोरंजन किया जाये। अतः आज मैं आप लोगों को कुछ कथाएँ सुनाऊँगा।"

उपस्थित सभी व्यक्ति यह सोचकर आये थे कि जाने कैसी गम्भीर वार्ता एवं कर्तव्यों के निर्धारण हेतु आचार्य ने बुलाया है। सभी दबाव लेकर आये थे, पर आचार्य की इन बातों ने उनके दबाव को तिरोहित कर दिया।

सबके मुखमंडल प्रसन्न हो उठे। चाणक्य बोले, "आप लोगों ने महर्षि वाल्मीकि एवं उनकी कृति 'रामायण' के सम्बन्ध में अवश्य सुना होगा। रामकथा से आपका परिचय होगा ही। अधिकांश लोग श्रीराम को नारायण का अवतार मानते हैं एवं जो नहीं मानते, वे भी यह तो मानते ही हैं कि श्रीराम ज्ञात इतिहास के सर्वश्रेष्ठ मनुष्य थे, पुरुषोत्तम थे। उनके जीवन की ही कथा है। जब उनकी पत्नी का हरण हुआ, तब श्रीराम ने वानरों के साथ गठबन्धन किया। वानरों के अत्याचारी राजा बाली का वध किया एवं उसके भाई धर्मात्मा सुग्रीव को सिंहासन पर बिठाया। बाली अत्यन्त शक्तिशाली पुरुष था। इतना कि कदाचित् प्रत्यक्ष युद्ध में श्रीराम उसका वध नहीं कर सकते थे या यदि वध करने में समर्थ भी होते तब भी उन्हें हानि उठानी पड़ती और जाने कितना समय व्यर्थ व्यतीत होता। उनका उद्देश्य यथाशीघ्र अपनी पत्नी का अनुसन्धान एवं मुक्ति था। समय व्यर्थ करना एवं अपनी वीरता का अनावश्यक प्रदर्शन उन्हें उचित नहीं लगा, इसलिए उन्होंने अपने मूल कर्तव्य के निर्वहन हेतु बाली का छुपकर वध किया। मात्र एक क्षण में, मात्र एक बाण से उन्होंने बाली का वध कर दिया। क्या इस छल के कारण श्रीराम की अपख्याति हुई? क्या वे पुरुषोत्तम के पद से, अपने मित्रों एवं भक्तों की दृष्टि से गिर गये? नहीं न? बाली एक क्रूरकर्मा पुरुष था। वह धर्मयुद्ध का अधिकारी नहीं था। दया का पात्र नहीं था। जो व्यक्ति अपने भाई की पत्नी का हरण करे, उसका बलात्कार करे, वह अपनी जनता के साथ क्या नहीं करता होगा? ऐसे पापियों का संहार कैसे भी मार्ग से हो, वह धर्म का मार्ग स्वत: ही हो जायेगा।

"रावण बलशाली था। उसकी सेना में महामाली, अशनिप्रभ, सुप्तघ्न, यज्ञकोप, तपन, प्रघास, अग्निकेतु, सुपार्श्व, चक्रमाली, देवान्तक, नरान्तक जैसे महावीर थे। सब मारे गये। इनके अतिरिक्त प्रहस्त, निकुम्भ, कुम्भकर्ण, कुम्भ और धूम्राक्ष जैसे योद्धा भी मारे गये जो शक्ति में रावण के समान ही थे। अब रावण के पास मात्र एक योद्धा शेष बचा था, उसका पुत्र इन्द्रजीत। इन्द्रजीत के वध से राक्षसों की पराजय सुनिश्चित हो जाती। परन्तु इन्द्रजीत अत्यन्त वीर, मायावी और रणकुशल योद्धा था। रावण के सभी योद्धा मिलकर भी इन्द्रजीत की समतुल्यता नहीं कर सकते थे। उस अकेले योद्धा ने राम एवं लक्ष्मण सहित अधिकांश वानर सेना को एक बार तो पराजित ही कर दिया था। मायावी इन्द्रजीत ने एक चाल चली। उसने सबके सम्मुख देवी सीता का वध कर दिया। जिनके कारण यह युद्ध हो रहा था, उन्हें ही अकाल मृत्यु की भेंट चढ़ता देख सारी वानर सेना हतोत्साहित हो गयी। जब पुरुषोत्तम राम को इसकी सूचना मिली तो वे मूर्च्छित हो गये। नीतिवान लक्ष्मण ने उन्हें सहारा दिया और भला-बुरा सब कुछ सुनाकर राम को पुनः युद्ध के लिए, अपने क्षत्रिय धर्म के

निर्वाह के लिए उत्साहित करने का प्रयास किया। जब भक्त विभीषण को इस घटना की सूचना मिली, तब वे युद्ध छोड़ भागे-भागे आये और बताया कि यह सब तो इन्द्रजीत की माया थी। वास्तव में इन्द्रजीत को लगातार होते युद्ध के कारण समय नहीं मिल पा रहा था कि वो निकुम्भला के मन्दिर में यज्ञादि कर अतिरिक्त शक्ति प्राप्त कर सके। वह जानता था कि यदि वानरसेना के समक्ष सीता का वध कर दिया जाये तो सेना युद्ध को निरर्थक मान पीछे हट जायेगी एवं श्रीराम सहित सभी सेनापति निर्वीर्य होकर बैठ जायेंगे। इस बीच वह निकुम्भला की पूजा कर शक्ति संचित कर पूरे वेग से वानरों पर आक्रमण करेगा एवं महाराज सुग्रीव सहित सभी वानरों का वध कर श्रीराम एवं सौमित्र को पराजित कर देगा। आप सभी उसके बुने जाल में फँसकर यहाँ शोक निमग्न बैठे हैं और वह अपनी योजना के क्रियान्वयन में लगा हुआ है। उठिए श्रीराम, शोक त्यागिये एवं स्वयं विचारिये कि जिन देवी सीता के लिए यह युद्ध हो रहा है, जिनके लिए रावण ने अपने अनगिनत पुत्र, पौत्र और वीरों को मर जाने दिया, क्या उनका इस भाँति वध सम्भव है? रावण ऐसा कदापि नहीं होने देगा और इन्द्रजीत अपने पिता के विरुद्ध ऐसा कर्म कर ही नहीं सकता। अतः स्वस्थ हो जाइए और विचार कीजिये कि इस इन्द्रजीत को और अधिक शक्तिसम्पन्न होने से कैसे रोका जाये?"

राक्षसराज विभीषण की यह नीतिकुशल बात सुनकर सभी वानरों के मुख खिल गये। श्रीराम भी स्वस्थ हो उठे और बोले, "मित्र विभीषण, आप सत्य कहते हैं। मैं मोह के वश हो चला था। अस्तु, इस युद्ध में यदि सौमित्र, महाराज सुग्रीव, हनुमान एवं अन्य वानर मित्र मेरी भुजाएँ हैं तो आप मेरी प्रज्ञा हैं। आप ही बतायें कि इन्द्रजीत को रोकने के लिए हम क्या करें?"

विभीषण हाथ जोड़कर बोले, "प्रभु! मेरी इच्छा तो यह है कि स्वयं आप चलें और उस नराधम इन्द्रजीत का वध कर दें, परन्तु आप अभी-अभी शोक से बाहर आये हैं। अतः आज्ञा दें कि सौमित्र, हनुमान, अंगद इत्यादि सभी वीर चलें एवं इन्द्रजीत को निकुम्भला के मन्दिर में ही घेरकर मार डालें।"

"ऐसा ही हो।"

राम की आज्ञा पाकर विभीषण सभी वीरों को निकुम्भला के मन्दिर तक ले आये। राक्षस कुमार के सभी अंगरक्षकों का वध कर दिया गया। यह कोलाहल सुन इन्द्रजीत पूजा अधूरी छोड़ उठ गया और रथारूढ़ होकर युद्ध करने आ गया। उसकी मुख्य सेना यद्यपि दूर थी, परन्तु थोड़ी-सी सेना उसकी सहायता हेतु आ गयी। भयंकर युद्ध छिड़ा। विभीषण एवं सौमित्र ने इन्द्रजीत पर मिलकर आक्रमण किया। अवसर देखकर सौमित्र ने इन्द्रजीत के सारथी का वध कर दिया।

सारथीविहीन रथ को सँभालने के लिए जब इन्द्रजीत घोड़ों की रास को थामता, उसे सौमित्र के बाण आ लगते। घोड़ों की रास छोड़ता और धनुष थामता, तब सौमित्र घोड़ों को निशाना बनाते। तभी प्रमाथी, रभस, शरभ और गन्धमादन जैसे पराक्रमी वानर इन्द्रजीत के चारों अश्वों पर कूद पड़े और उनके भार से सारे अश्व मारे गये। फिर उन वानरों ने अपने हाथों से ही रथ को छिन्न-भिन्न कर दिया। पराक्रमी इन्द्रजीत अब भूमि पर खड़ा था। जानते हैं सौमित्र ने तब क्या किया? उन्होंने यह नहीं कहा कि जाओ राक्षस कुमार, वापस जाओ और रथारूढ़ होकर अस्त्र-शस्त्र से सज्जित होकर पुनः युद्ध के लिए प्रस्तुत हो। यह नहीं कहा कि मैं धर्मात्मा दशरथ का पुत्र निहत्थे शत्रु पर वार नहीं करूँगा अपितु उन्होंने अपने सबसे उत्तम बाणों से उसके वध के निमित्त निरन्तर बाणवर्षा की। सूर्य अस्ताचलगामी हुए, अन्धकार घिर आया, अतः इन्द्रजीत को अवसर मिल गया। वह पुनः रथारूढ़ होकर युद्ध करने आ गया। इस बार परमवीर विभीषण ने अपनी गदा से सारे अश्वों के सिर तोड़ दिये और सौमित्र ने पुनः उसके सारथी का वध कर उसे रथविहीन कर दिया। अबकी अधिक अवसर न देते हुए उन्होंने इन्द्रजीत का तत्काल वध कर दिया।"

इतना कहकर चाणक्य अपने साथियों की ओर देखते हुए बोले, "आप जानते हैं जब सौमित्र अपने मित्रों सहित राम के समक्ष उपस्थित हुए तो राम ने क्या किया? उन्होंने रथविहीन निःशस्त्र इन्द्रजीत के वध के लिए सौमित्र की आलोचना नहीं की अपितु गले लगाकर स्वागत किया। विभीषण एवं वानरों द्वारा घेरकर किये गये वध पर उन्होंने सबकी प्रशंसा की।"

कथा सुनकर सबको समझ आ रहा था कि आचार्य क्या सन्देश देना चाह रहे हैं? आचार्य पुनः बोले, "एक दूसरी कथा सुनिए। त्रिगर्त राज्य के कुलगुरु ऋषि शेशिरायण और अप्सरा रम्भा का पुत्र काल अत्यन्त शक्तिशाली पुरुष था। यवनदेश के राजा सन्तानहीन थे। उन्होंने ऋषि से उनका पुत्र माँग लिया। आगे चलकर काल यवनदेश का राजा बना। आर्यावर्त में उसे कालयवन के नाम से जाना गया। वह जरासंध का मित्र था। जब कृष्ण ने जरासंध के जमाता कंस का वध कर दिया और मथुरा पर मगध की पकड़ दुर्बल हुई, तब प्रतिशोध लेने के लिए जरासंध ने मथुरा पर आक्रमण कर दिया। प्रजा को बचाने और सेना की अनावश्यक हानि का विचार कर कृष्ण और बलराम मथुरा छोड़ कहीं चले गये। जरासंध की सेना ने उनका पीछा किया। गोमान्तक पर्वत पर कृष्ण की चतुराई से सारी मगध सेना की जलसमाधि बन गयी, जरासंध प्राण बचाकर भागा। अपनी ऐसी पराजय और अपमान से कुण्ठित हुए मगधनरेश ने पुनः सेना सज्जित की, अपने सभी मित्रों को मथुरा पर आक्रमण करने के लिए आमन्त्रित किया। अबकी उसने कालयवन की भी सहायता ली।

क़ालयवन अपनी विशाल सेना लेकर एक दिशा से और जरासंध दूसरी दिशा से मथुरा को क्षार करने के लिए बढ़े। इतनी बड़ी सेना से युद्ध में निश्चित हार जानकर और बार-बार के युद्धों से तंग आकर यादवों ने निश्चय किया कि वे कहीं दूर चले जायेंगे। कृष्ण ने सबको द्वारिका भेज दिया और स्वयं कालयवन की ओर बढ़े। क्या उन्होंने कालयवन से आमने-सामने की लड़ाई लड़ी? क्या उन्होंने युद्धदान माँगा? नहीं, उन्होंने कालवयन को अपना मुख भर दिखाया और उल्टी दिशा में भागने लगे। कालयवन अपनी सेना सहित उनके पीछे भागा। कृष्ण वनों में, पर्वतों पर भागते गये और यवनसेना उनके पीछे लगी रही। यवनों के सारे बड़े अस्त्र, रथ, गज उस मार्ग पर किसी काम के नहीं थे। धीरे-धीरे कई दिवसों की दौड़ में सारी सेना निर्रथक सिद्ध होती हुई पिछड़ गयी। एक समय ऐसा भी आया कि कालयवन के सारे साथी, सारे अंगरक्षक पीछे छूट गये। मात्र कालयवन ही उन पर्वतीय दुर्गम पथों पर चपल कृष्ण के पीछे लगा रहा। कृष्ण एक गुफा में घुस गये और छुपकर बैठ गये। उस गुफा में राजा मुचुकन्द विश्राम कर रहे थे। मुचुकुन्द पिछली शताब्दियों के एक राजा थे जो देवासुर संग्राम में भाग लेने देवलोक गये थे। देवों की विजय के बाद जब वे वापस आये, तब तक उनका सारा कुल समाप्त हो चुका था। निराश मुचुकुन्द तब से इस गुफा में विश्राम कर रहे थे। कालयवन ने जब गुफा में किसी को सोता हुआ पाया तो उसे लगा कि कृष्ण ही थककर सोए हुए हैं। उसने क्रोधित होकर सोए हुए व्यक्ति को लात मार दी। इस पर मुचुकुन्द क्रोधित होकर उठे और उनके क्रोध में वह परमप्रतापी कालयवन भस्म हो गया।"

अपने साथियों को देख चाणक्य बोले, "प्रत्येक कथा हमें कोई-न-कोई शिक्षा अवश्य देती है। कृष्ण एवं कालयवन की कथा से हमें क्या शिक्षा मिलती है? कतिपय मनुष्य यह प्रश्न अवश्य करेंगे कि मुचुकुन्द के नेत्रों में ऐसी ज्वाला कैसे हो सकती है कि वह किसी व्यक्ति को भस्म कर दे या देवासुर संग्राम हुआ भी या नहीं या यह कि ये कृष्ण विष्णु के अवतार थे या नहीं थे। भगवान होते भी हैं क्या, इत्यादि। यदि कोई ऐसे प्रश्न करे तो करता रहे, पर कथा का मर्म क्या है, यह कथा हमें क्या बताती है? कृष्ण भगवान हों तब तो उनकी बात ग्राह्य है ही और यदि वे भगवान न होकर मात्र एक पुरुष हैं, किसी राज्य के नायक हैं, एक राजनीतिज्ञ हैं, तब भी क्या उनकी नीति ग्रहणीय नहीं है? कथा कहती है कि कालयवन अत्यन्त शक्तिशाली था। उसे कोई पराजित नहीं कर सकता था। उसके पास असंख्य सेना थी, जिसका सामना करना मथुरा वासियों के सामर्थ्य के बाहर की बात थी। अब उस कालयवन में और इस यवनाधिपति अलक्षेन्द्र में क्या अन्तर है? अलक्षेन्द्र की अथाह सेना को मालवों ने एक दीवार के सहारे रोक लिया।

स्वयं अलक्षेन्द्र मालवों के पाश में फँस गया। न जाने कितने ग्रन्थालयों को, नगरों को उसने भस्मीभूत किया था, असंख्य स्त्री-पुरुषों की निर्मम हत्या की थी, युवतियों का बलात्कार हुआ, उन्हें विक्रय के लिए दूर देशों में भेजा गया, पवित्र पशुओं की हत्याएँ कीं, उस अत्याचारी को प्राणदान दे दिया मयूरध्वज ने? और आप लोग उसके इस कृत्य को सुनकर गौरवान्वित हो रहे हैं कि भारतीय निःशस्त्र पर आक्रमण नहीं करते? क्या राम, लक्ष्मण और कृष्ण अभारतीय थे? इन्द्र ने वृत्त का वध किया तो क्या वे देवता नहीं रहे? शत्रु को जीवित छोड़ देने के राष्ट्रद्रोही, समाजद्रोही कृत्य को आप किस प्रकार से धर्म मान सकते हैं? निःशस्त्र द्रोण का वध करने वाले पांडव सेनापति धृष्टद्युम्न को कृष्ण और युधिष्ठिर ने कुछ नहीं कहा, अपितु उनकी प्रशंसा ही की गयी थी। यह शत्रु को जीवित छोड़ देना सद्गुण नहीं, विकृति है। कबूतर जैसा कोई असहाय हो, तब शिवि जैसे राजा दान दें तो उसे उचित कहा जायेगा, परन्तु जो सर्प आपको काट चुका हो, भविष्य में भी डस सकता हो, उसे कैसे जीवनदान दे सकते हैं? यह हम भारतीयों के भीतर कैसा रोग लगता चला जा रहा है? न हम पिछले उदाहरणों से कुछ सीख रहे हैं, न वर्तमान से। इतिहास को देखे बिना, परिणाम को सोचे बिना किया गया कर्म सदैव ही विनाशकारी होता है। इतिहास बताता है कि हमारे सर्वश्रेष्ठ पुरुषों ने समाज का हित देखते हुए शत्रु का वध किया। जैसे बन पड़ा वैसे वध किया। सोचिए कि यदि सौमित्र ने विभीषण इत्यादि के साथ मिलकर असावधान इन्द्रजीत का वध न किया होता और इस सद्गुण विकृति से ग्रसित होते कि असावधान एवं निःशस्त्र शत्रु का वध न किया जाये, तब इन्द्रजीत की ही विजय होती। रावण के कृत्यों को, परस्त्रीगमन को, अपहरण को ही धर्म मान लिया जाता। यदि कृष्ण में व्यक्तिगत सुनाम की लालसा होती और वे भगोड़ों की भाँति भागे न होते, तो कदाचित् कालयवन से युद्ध में जीत भले जाते, पर उस जीत का मूल्य सहस्त्रों नागरिकों की अकाल मृत्यु होती। क्षत्रिय होते हुए भी भागे और थके हुए निःशस्त्र कालयवन को अपने पाश में फँसाकर यमलोक भेज दिया। यदि द्रोण की हत्या न की जाती, तो द्रोण कभी न कभी पुनः स्वस्थ होकर पांडवों का वध करते और स्त्री को नग्न कर अपनी जंघा पर बिठाने की मानसिकता वाले दुर्योधन की विजय होती। परिणाम सोचे बिना, व्यक्तिगत सुनाम के लिए किया गया कोई भी धर्म साक्षात् अधर्म है। अलक्षेन्द्र ने पर्वतेश्वर को प्राणदान दिया और मयूरध्वज ने इसका प्रतिकार अलक्षेन्द्र को प्राणदान देकर किया। सुनने में यह कितने गौरव की बात लगती है, पर क्या वास्तविकता यही है? अलक्षेन्द्र ने पर्वतेश्वर को प्राणदान देकर अपना मित्र नहीं बनाया, अपितु अपना दास बनाया। इस घटना के बाद अपने ही भारतवंशी गणों को पराजित, प्रताड़ित करने में केकय ने यवनों का साथ दिया।

कठों का समूल नाश केकयराज की सहायता के बिना सम्भव न था। अब बताइए आप लोग, क्या अलक्षेन्द्र ने इस कथित मित्रता का लाभ उठाने के लिए ही तो नहीं पर्वतेश्वर को प्राणदान दिया था? और हमारे मयूरध्वज ने किस महत उद्देश्य के लिए यवनराज को जीवित छोड़ा और इसका परिणाम क्या हुआ? एक ही प्रहर के भीतर यवनों ने विश्वासघात किया और मयूरध्वज की घृणित सदाशयता, विकृत सद्गुण का शुल्क निरपराध मालव नागरिकों को अपने रक्त से देना पड़ा।"

चाणक्य के इस ओजस्वी भाषण ने जैसे सभी श्रोताओं के नेत्रों से अन्धकार को पोंछ दिया हो। सब मन्त्रमुग्ध से इस ब्राह्मण की बात सुन रहे थे। चाणक्य तनिक साँस लेकर पुनः बोले, "मैं चाहता हूँ कि प्रत्येक भारतीय धर्म, दया, मानवता का वास्तविक अर्थ समझे। धर्म धार्मिकों के लिए है, दया दयावानों के लिए है, मानवता मानवों के लिए है। अधर्मी, क्रूर, अमानवीय पुरुषों के लिए धर्म, दया और मानवता का कोई मूल्य नहीं। इनके प्रति किया गया धार्मिक कृत्य, दया एवं मानवीय व्यवहार स्वयं अपने हाथों ही अपने समाज, अपने राष्ट्र के प्रति किया गया महापातक है। अग्रज गौतम, आप सभी गुरुकुलों में मेरा यह सन्देश पहुँचाएँ कि धर्म के पाठ में यह सम्मिलित किया जाये कि अत्याचारियों के प्रति कैसा व्यवहार किया जाना चाहिए। स्पष्ट विभाजन हो कि धर्म सबके लिए नहीं है, एवं अधर्मी के प्रति अधर्म ही धर्म है। साथ ही यह भी प्रसारित करें कि हमारे इतिहास के राम, लक्ष्मण, कृष्ण, सात्यकि, भीम, इन्द्र, मोहिनी जैसे पात्रों की कहानियाँ पुनः लिखी जाएँ। 'महाभारत', 'रामायण' जैसे ग्रन्थों का पठन-पाठन नई दृष्टि के साथ, मात्र भगवत भजन हेतु नहीं, अपितु युद्ध में शत्रु के प्रति व्यवहार को दृष्टि में रखकर किया जाये। कवियों और गद्यकारों को प्रोत्साहित किया जाये कि वे ऐसे ग्रन्थों के इन प्रकरणों को आधार बनाकर नवीन काव्य एवं गद्य की रचना करें। समाज में संक्रामक रोग की भाँति प्रसारित हो रही इस सद्गुण विकृति को पूर्णतः रोकने का प्रयास हो। नायकों में खलनायकत्व और खलनायकों में नायकत्व न देखा जाये, अपितु हमारे ऋषियों ने जो बातें इतनी स्पष्टता से पहले से ही रख दी हैं, उन्हें ही प्रसारित एवं प्रचारित किया जाये।"

×××

मगध से आचार्य अच्युत आये हुए थे। उनका बालसखा विष्णु आचार्य चाणक्य बनकर कुछ अधिक ही व्यस्त हो गया था, जो तीन दिन से आये अच्युत से कुछ क्षणों की भेंट ही कर सका था। आज चौथे दिन मध्याह्न के ठीक बाद चाणक्य अच्युत की कुटिया में आये और उनके सम्मुख बैठ गये। अच्युत ने उन्हें थोड़ी देर

देखा और बोले, "आज अन्य दिनों की भाँति शीघ्रता से कुछ औपचारिक वाक्य बोलकर भागने का मन नहीं है क्या, विष्णु? आज तो तुम बिलकुल शान्त बैठे हो। आर्यावर्त का भार आज भर के लिए कन्धे से उतार लिया है क्या?"

ऐसे मीठे व्यंग्य सुन चाणक्य को हँसी आ गयी, फिर गम्भीर होकर बोले, "मित्र, मैं हृदय से क्षमाप्रार्थी हूँ, जो तुम्हें समय न दे सका। आज कुछ निश्चय कर निश्चिन्त हुआ हूँ। परन्तु तुम बताओ, ऐसे अचानक मगध छोड़कर कैसे चले आये?"

"तक्षशिला विद्यापीठ में आचार्यों की नई नियुक्तियाँ हो रही हैं। मगध में अपनी ऊर्जा व्यर्थ नष्ट करता रहा हूँ। अब सोचता हूँ कि मुझे पहले ही तक्षशिला आ जाना चाहिए था। तक्षशिला जा रहा था तो विचार आया कि तुमसे भी मिलता चलूँ। तुम वहाँ के शिष्य रहे हो, आचार्य हो और एक विभाग के अध्यक्ष भी हो। तुम्हारे अनुभवों से मुझे कुछ लाभ मिल सकता है, परन्तु यहाँ तो तुम्हारा अलग ही रूप देखने को मिला। एक आचार्य इतनी बड़ी सेना के बीच! प्रातः से संध्या तक युद्ध विषयक मन्त्रणा! यह सब क्या है, विष्णु?"

"यह दुर्भाग्य है, मित्र। दुर्भाग्य है कि भारतवर्ष के एक कोने में आततायियों का आक्रमण होता है और मध्यभाग के एक तुम जैसे नागरिक को इसकी गम्भीरता का भान ही नहीं?"

"ऐसा नहीं है, मित्र। मुझे यह ज्ञात है कि कोई म्लेच्छ भारत की सीमा पर आया हुआ है, पर युद्ध तो होते रहते हैं। हमारा मगध ही प्रतिवर्ष कहीं न कहीं युद्ध कर रहा होता है। इसमें कौन सी नई बात है?"

"पिछले दो वर्षों में मैंने यह प्रयास किया कि समस्त भारत को इस विभीषिका का पता चल जाये, अपने तापस वेषधारी गुप्तचरों के माध्यम से अलक्षेन्द्र और उसकी सेना द्वारा किये जा रहे अत्याचारों को जन-जन तक पहुँचाया जाये। परन्तु हमारे देश की मानसिकता ही ऐसी हो चली है कि जब तक संकट स्वयं अपने ऊपर न आ जाये, हम संकट को संकट मानते ही नहीं। न केवल यह, अपितु यदि संकट सच में हमारे सम्मुख खड़ा हो, हमें प्रभावित कर रहा हो तो हम प्रतिकार नहीं करते अपितु उसके साथ सामंजस्य बनाने लगते हैं। संकट छोटा हो या बड़ा, हमारी मानसिकता नहीं बदलती। अच्छा अच्युत, एक प्रश्न का उत्तर दो। यदि मैं नन्द की सत्ता समाप्त करने के लिए आज मगध पर आक्रमण करूँ तो क्या मगधवासी मेरी सहायता करेंगे?"

"क्या तुम सच में मगध पर आक्रमण करने वाले हो?"

"प्रश्न का उत्तर प्रश्न से न दो मित्र।"

"ठीक है। तुम मेरे मित्र हो और मैं मागधी हूँ। मैं तुम्हारी सत्यनिष्ठा, तुम्हारी धार्मिकता समझता हूँ। अतः मैं तुम्हारा साथ दूँगा। पर समस्त मागधियों के सम्बन्ध में ऐसा नहीं कहा जा सकता। तुम उनके राज्य पर आक्रमण करने वाले शत्रु के रूप में देखे जाओगे। तुम्हारा विरोध होगा, मित्र।"

"और ऐसा क्यों होगा? इसके पीछे क्या कारण होगा?"

"कारण की क्या आवश्यकता है? स्पष्ट है कि तुम आक्रमणकारी हो, उनके राज्य पर आक्रमण कर रहे हो!"

"यह तो है ही, पर ऐसा क्यों है कि मागधी मेरा साथ न देकर धनानन्द जैसे अधर्मी, व्यसनी, व्याभिचारी राजा का साथ देंगे? मैं ही बताता हूँ। क्योंकि इतने वर्षों के नन्दशासन में रहते हुए मगधवासियों ने सामंजस्य बिठाना सीख लिया है। उन्हें लगता है कि जो विचित्र कर शासन ने लगाये हैं, वह कोई विचित्र बात है ही नहीं। राजा को अधिकार है, वो कैसा भी कर लगा सकता है। राजा व्याभिचारी है, तो क्या हुआ? राजा को अधिकार है कि वह व्याभिचार में आकंठ डूबा रहे। मेरे घर की युवती सुरक्षित है तो कोई अन्तर नहीं पड़ता। और यदि मेरे घर की युवती का अपहरण हो जाता है तो कदाचित् ईश्वर की यही इच्छा रही होगी। ऐसे राज्य में पीड़ित भी इतना अधिक सामंजस्यवादी हो जाता है कि उसे कुछ भी विचित्र नहीं लगता। अब अपना ही उदाहरण लो। तुम तो मगध की राजधानी में अपना स्वतन्त्र गुरुकुल चलाते थे न? अब अचानक मगध छोड़ तक्षशिला की ओर क्यों चल पड़े? इसीलिए न कि तुम मगध में शिक्षक के रूप में अपने कर्तव्य का पालन नहीं कर पा रहे थे। तुम जो समाज को देना चाहते हो, समाज से जो पाना चाहते हो, वह वहाँ सम्भव नहीं है। मैं क्षमा माँगते हुए यह कहने की धृष्टता कर रहा हूँ मित्र कि तुम मगध से आ तो गये, परन्तु आने का कारण नहीं समझ रहे। तुम्हें भी यही लगता है कि धनानन्द जैसे अधर्मी की सत्ता को समाप्त करने के लिए किया गया आक्रमण और मगध पर किया जाने वाला आक्रमण समान है। मैं मित्र हूँ, मात्र इसलिए तुम मेरा साथ दोगे। जो मैं तुम्हारा मित्र न होता तो तुम हृदय से उसी धनानन्द का साथ देते, जिसने तुम्हें मगध को ही छोड़कर चले जाने के लिए विवश किया है। अब दूसरी बात सुनो। तुम्हें लगता है कि जैसे भारत के राजा एक-दूसरे पर आक्रमण करते हैं, वैसे ही भारत की एक सीमा पर सामान्य-सा युद्ध हो रहा है। परन्तु क्या वास्तव में यह ऐसा ही है? भारत के आपस के युद्धों में क्या खेतों में लगे अन्न को जलाया जाता है? क्या असैनिकों का, वह भी युद्ध-पश्चात् वध होता है? क्या शिक्षकों की हत्या और शिक्षालयों को भस्मीभूत किया जाता है? तुम तक्षशिला में नियुक्त होने आये हो न, परन्तु क्या तुम्हें ज्ञात है कि शिक्षकों की इतनी रिक्तियाँ हुई कैसे?

मुझ जैसे कई आचार्य और सहायक कर्मचारी इस म्लेच्छ के प्रतिकार हेतु गुरुकुल छोड़ वास्तविक संघर्ष कर रहे हैं। धीरे-धीरे ही सही, हम सफल भी हो रहे हैं। अलक्षेन्द्र अब पीठ दिखाकर भाग रहा है। उसके विजित प्रदेशों में सशस्त्र क्रान्ति आरम्भ हो चुकी है। यह युद्ध है और युद्ध में कौन जीतेगा, कौन पराजित होगा, यह कहना कठिन है। परन्तु यदि सारा भारत एक होता, सबको यह लगता कि यह युद्ध अन्य भारतीय युद्धों की भाँति न होकर, समस्त भारत के प्रति किया गया युद्ध है, युद्ध के नाम पर बर्बरता है और समस्त भारत एक साथ अलक्षेन्द्र के विरोध में खड़ा होता तो हमारे राष्ट्रबन्धुओं को वह कष्ट न झेलना पड़ता। विद्वानों को पेड़ों पर लटकाकर उनका प्राणान्त किया गया, युवतियों के साथ अनन्त अत्याचार हुआ, गौ और अश्व जैसे पवित्र पशुओं का भक्षण हुआ। यदि अलक्षेन्द्र को पुष्कलावती के पार ही रोक दिया जाता, भारत पर आक्रमण करने के अपराध में उसे वहीं मृत्युदंड अथवा भारी आर्थिक दण्ड दे दिया जाता तो आने वाली अनेक शताब्दियों तक किसी म्लेच्छ का साहस न होता कि वो कुभा को पार कर सके। हमारी इस उदासीन, अनुत्तरदायी प्रवृत्ति ने हमें बहुत हानि पहुँचायी है। मैं प्रयासरत हूँ कि आगे इसकी कोई सम्भावना न बचे। मैं तो आचार्य हूँ, मेरा कार्य शिक्षण है, परन्तु जब राष्ट्र पर, संस्कृति पर संकट हो तो अन्य सभी कार्य गौण हो जाते हैं या कदाचित् शिक्षण का परास विस्तृत हो उठता है।" अच्युत के मुख पर विषाद की रेखाएँ देख चाणक्य नम्र स्वर में बोले, "अरे मित्र, व्यथित न हो। इस संकटकाल में मैंने समय-समय पर तुमसे कई बार सहायता ली है और तुमने बिना प्रश्न किये सामर्थ्यभर अपना पूरा प्रयास किया है। मैं आभारी हूँ। परन्तु क्या ही अच्छा होता यदि तुमने अपने मन में मित्र की सहायता करने के स्थान पर राष्ट्र के प्रति कर्तव्य भावना से वे सारे कार्य किये होते।"

अच्युत दृढ़ स्वर में बोले, "तो मित्र, अब मुझे बताओ कि मैं किस भाँति तुम्हारा सहायक हो सकता हूँ? अस्त्र-शस्त्र के संचालन का ज्ञान है मुझे। मैं तुम्हारे लिए उपयोगी सिद्ध होऊँगा।"

चाणक्य हँसते हुए बोले, "नहीं-नहीं, मित्र। मुझे सैनिकों की आवश्यकता अवश्य है, पर इतनी भी नहीं कि बुद्धिजीवियों को सैनिक बना दूँ। सबका अपना महत्व और अपना कार्य है। तुम मगध के एक गणमान्य शिक्षक हो। तुम्हारी बात जनता अधिक ध्यान से सुनेगी। यदि तुम मेरी सहायता करना ही चाहते हो तो मगध के लोगों को 'एक राष्ट्र, एक भावना' के प्रति सचेत करो। हाँ, यह ध्यान रखना कि तुम्हें अभी धनानन्द का विरोध नहीं करना है। मैं नहीं चाहता कि मेरे पिता के साथ जो हुआ, वह तुम्हारे साथ हो। अत: अत्यन्त सावधानी से अपने शब्दों का चयन करना।"

चाणक्य और अच्युत बात कर ही रहे थे कि एक सैनिक ने कुटिया में प्रवेश किया और निवेदन किया कि उनके द्वारा बुलाये गये सभी व्यक्ति दूसरे कक्ष में बैठे उनकी प्रतीक्षा कर रहे हैं। चाणक्य ने अच्युत से विदा ली और अस्थायी मन्त्रणा कक्ष में आ बैठे। वहाँ पहले से ही आचार्य विष्णुशर्मा, चन्द्रगुप्त, चण्डवर्मा, सोमशर्मा, गौतम, मयूरध्वज इत्यादि बैठे हुए थे।

सबके बैठ जाने के पश्चात् आचार्य ने गौतम की ओर देखा। गौतम ने संकेत समझकर बोलना शुरू किया, "आचार्य, अलक्षेन्द्र अब भारत की अन्तिम सीमा से घायलावस्था में ही निकल चुका है। मालवों और क्षुद्रकों के साथ सन्धि के पश्चात् यवन अम्बष्ठों के राज्य से होकर निकल रहे थे। यहाँ अम्बष्ठों ने साठ सहस्त्र पदाति, छह सहस्त्र अश्वारोही एवं पाँच सौ रथों के साथ यवनों पर पूरी शक्ति से आक्रमण किया। चन्द्रगुप्त के अनुमान के अनुसार ही क्षत्र और वसाति गणराज्यों ने बिना युद्ध किये ही यवनों की अधीनता स्वीकार कर ली थी एवं यवनों को अपने संसाधनों के उपयोग की सुविधा प्रदान की। इससे अम्बष्ठों की स्थिति दुर्बल हो गयी। अन्ततः दोनों पक्षों की भारी हानि के पश्चात् उनमें सन्धि हो गयी। इसके पश्चात् यवन सेना अग्रश्रेणी राज्य में घुसी। चालीस सहस्त्र पदाति और तीन सहस्त्र अश्वों की सेना के साथ अग्रश्रेणियों ने उनका सामना किया। ये अग्रश्रेणी भी भिन्न पदार्थ से निर्मित हुए हैं। उन वीरों ने दास बनने के स्थान पर मृत्यु का वरण करना अधिक श्रेयस्कर समझा। सेना परास्त हो गयी, उनका समूल नाश हो गया। तब वहाँ के निवासियों ने शस्त्र सज्जित होकर यवनों को आश्चर्य में डाल दिया। परन्तु अधिक बड़ा आश्चर्य तो उनकी प्रतीक्षा कर रहा था। युद्धभूमि में समस्त सैनिकों, समस्त पुरुष नागरिकों का वध करने के पश्चात् जब यवनसेना अपनी घृणित परिपाटी के अनुसार अबलाओं पर अत्याचार करने के उद्देश्य से नगर में घुसी तब उन्होंने वह देखा जिसकी आशा कदाचित् स्वयं हमने भी कभी न की होगी। स्थान-स्थान पर विशाल चिताएँ जल रही थी, बड़े-बड़े भवन धू धू जल रहे थे और एक-एक कर सभी महिलाएँ, युवतियाँ अपने बच्चों सहित अग्नि में जय हर[1] बोलते हुए कूद रही थी। यवन सेना के निकट आने तक एक भी युवती ऐसी नहीं थी जो राख में न परिवर्तित हो गयी हो। जिन भवनों को जलाकर यवन अट्टाहस करते थे, वे भवन स्वयं जलकर यवनों को चिढ़ा रहे थे।"

---

1 यह पद श्री सावरकर से लिया गया है। भारत के सम्भवतः पहले जौहर के लिए 'जय हर' का प्रयोग उनकी पुस्तक 'छः स्वर्णिम पृष्ठ' में है।

यह विवरण सुन सबके मन खिन्न हो उठे। गौतम बोलते गये, "आचार्य, इसके पश्चात् यवन दक्षिण-पश्चिम की ओर बढ़े और वहाँ शूद्र जनपद ने उनका मार्ग रोक लिया। शूद्रों ने अतुलनीय पराक्रम का प्रदर्शन किया, परन्तु अन्ततः वे भी पराजित हुए। आगे साम्ब और मुचुकर्ण के राज्य थे। साम्ब ने यवनों की अधीनता स्वीकार कर ली, एवं साम्ब से अपने चिरकालिक शत्रुता के कारण मुचिकर्ण ने यवनों का विरोध किया। पर वे भी यवनों के कष्ट में तनिक ही वृद्धि कर सन्धि हेतु सहमत हो गये।"

गौतम अभी बोल ही रहे थे कि चन्द्रगुप्त ने उन्हें टोकते हुए कहा, "बीच में बोलने के लिए क्षमा चाहता हूँ तात। परन्तु आपके विवरण से यहाँ बैठे व्यक्तियों को कदाचित् यह लग रहा है कि यवन अपने पराक्रम के कारण राज्यों को अधीन करते हुए आगे बढ़ते चले गये। परन्तु मैं स्पष्ट कर दूँ कि यह पराजित राज्यों की सोची-समझी नीति थी। जिन राज्यों ने अन्तिम क्षण तक युद्ध किया, वे प्रणम्य हैं, परन्तु जिन्होंने प्रतिकार के बाद सन्धि कर ली, उन्होंने आचार्य के आशीर्वाद से मेरे कहने पर ऐसा किया। कृपया उन्हें उन वीरों से कम न समझा जाये जिन्होंने अपने प्राण न्योछावर कर दिये। राष्ट्र की रक्षा हेतु किसी राज्य के सैनिकों ने अपने प्राण त्याग दिये, तो वहीं राष्ट्र के पुनः निर्माण हेतु कुछ राज्यों ने अपने प्राणों को सुरक्षित रख लिया। राष्ट्र की मनसा का निर्माण ये वीरगति को प्राप्त सैनिक, नागरिक करते हैं, और उनकी इच्छा को भौतिक रूप से साकार करने के लिए इन जीवित नागरिकों एवं सैनिकों की आवश्यकता होती है। तथापि, जिन राज्यों ने यवनों की अधीनता सहर्ष स्वीकार की है, उन्हें इस अपराध का दण्ड अवश्य मिलेगा।"

"अवश्य।" गौतम अपनी बात को आगे बढ़ाते हुए बोले, "आगे बढ़ने पर यवनों के समक्ष ब्राह्मण जनपद के सैनिक चट्टान की भाँति खड़े हो गये। आचार्य, जैसा आपको विदित है, इस जनपद के ब्राह्मणों ने समस्त पंचनद प्रदेश में यवनों के प्रतिकार हेतु जनता के बीच विद्रोह की अग्नि प्रज्वलित करने में अहम भूमिका निभाई है। गान्धार प्रवास में इस अलक्षेन्द्र ने कई ब्राह्मणों, मुनियों, तपस्वियों को अपने समक्ष उपस्थित होने का आदेश दिया था। कुछ गये और कुछ ने इस आदेश की अवहेलना की। परन्तु सबने ही अलक्षेन्द्र को खरी-खोटी ही सुनायी थी। उस समय तो अलक्षेन्द्र मानसिक स्तर पर उनसे पराजित होकर आगे बढ़ गया था, परन्तु ब्राह्मणों ने इसके पश्चात् यवनों के विरोध में जो प्रचार किया, उससे वह चिढ़ा बैठा था। पुष्कलावती में भीड़ द्वारा क्षत्रप निकनोर की सड़क पर पीट-पीटकर किये गये वध का समाचार उसे मिल चुका था। इसके लिए ब्राह्मणों को दोषी मानकर उसने ब्राह्मण जनपद के प्रत्येक नागरिक को वृक्षों पर लटकाकर मारने का आदेश दे दिया।

बालक-वृद्ध, युवा-प्रौढ़ सबको बड़ी निर्दयता से पेड़ों पर लटका कर मार डाला गया।"

इतना कहकर गौतम कुछ क्षण रुके। सभी को शान्त देख वे पुनः बोले, "इसके पश्चात् उस दिशा में भारत की अन्तिम सीमास्थली पट्टनप्रस्थ पहुँचकर उन्होंने भारत से निकलने की ओर पहला पग बढ़ाया। हाँ, पट्टनप्रस्थ के नागरिक यवनों की अधीनता स्वीकार नहीं करना चाहते थे, परन्तु उनके पास पर्याप्त सैन्यबल भी नहीं था कि वे प्रतिकार कर सके। अतः उन्होंने नगर को छोड़कर अन्यत्र चले जाना ही श्रेयस्कर समझा। मानवरहित नगर से होते हुए यवनसेना समुद्रतट पर पहुँच गयी। वहाँ यवनराज ने अपनी सेना को दो भागों में विभक्त किया। सेनापति नियार्कस के नेतृत्व में अपनी नौकाओं को समुद्रमार्ग से और दूसरे भाग को स्थल मार्ग से निकाल ले गया। यह स्पष्ट नहीं हुआ कि वह स्वयं जलमार्ग से गया या स्थलमार्ग से।"

गौतम जब चुप हुए, तब बहुत देर तक पूर्णतः शान्ति बनी रही। सब चाणक्य का मुख देख रहे थे। चाणक्य बोले, "अलक्षेन्द्र के चले जाने के पश्चात् भी आंशिक भारतभूमि पर अभी भी यवनाधिकार है। अधिकांश पंचनद प्रदेश उनके अधिकार में है। पर्वतेश्वर, आम्भी, शशिगुप्त जैसे भारतीय यवन-क्षत्रप बने हुए यवनों के नाम पर शासन चला रहे हैं। इनकी पीठ पर यवन सेनापति फ़िलिप है, जिसने स्थान-स्थान पर अपनी शक्तिशाली सैन्य टुकड़ियाँ स्थापित की हुई हैं। यवन भयभीत होकर आगे नहीं बढ़े, यह हमारी जीत है, पर यवनों ने जितनी भी भूमि भारत से छीनी है और अभी भी उस पर अपनी सत्ता को बनाये हुए हैं, यह हमारी हार है। हमें समस्त भारतभूमि को उनके पाश से मुक्त कराना है। विद्रोह की गति और तीव्र करने की आवश्यकता है। प्रमुख यवनों को अपने मार्ग से हटाना है और प्रयास करना है कि यवनों के अधिकार में जो भारतीय प्रदेश हैं, उनके यवन और भारतीय अधिकारियों के मध्य शंका और भय की उत्पत्ति हो। अस्तु, अग्रज गौतम, मगध के क्या समाचार हैं? क्या पितृव्य शकटार उपयोगी सिद्ध हो रहे हैं?"

"जी, आचार्य। उन्होंने कई मन्त्रियों को अपने पक्ष में कर लिया है। यद्यपि अति-गोपनीयता के कारण उनकी गति अत्यन्त धीमी है, परन्तु उन्होंने दुर्ग रक्षकों के प्रमुख को अपने पक्ष में मिला लिया है।"

मयूरध्वज ने प्रश्न किया, "परन्तु तात, जो व्यक्ति अपने अन्नदाता के साथ विश्वासघात कर सकता है, क्या वह समय आने पर हमारे साथ विश्वासघात नहीं करेगा?"

इसका उत्तर आचार्य ने दिया, "निष्ठाएँ अत्यन्त कठिनाई से प्राप्त होती हैं, पुत्र। अपने साथियों, अनुचरों की उन निष्ठाओं को बनाये रखना अत्यन्त कठिन होता है।

धनानन्द को मिली निष्ठाएँ आनुवंशिक हैं, जो दुर्बल एवं सबल दोनों प्रकार की हो सकती हैं, परन्तु धनानन्द का चरित्र ही ऐसा है कि उसके अनुचर अधिक समय तक उसके प्रति निष्ठावान रह ही नहीं सकते। मुझे पूर्ण विश्वास है कि अग्रज गौतम के साथियों ने प्रमुख दुर्ग रक्षक की भलीभाँति जाँच की होगी।"

गौतम बोले, "जी, आचार्य। अन्य राज्यों में हमें निष्ठाओं को क्रय करने के लिए विपुल मात्रा में धन लगाना पड़ता है, परन्तु मगध में, वह भी पाटलिपुत्र में हमें मात्र भय का संवरण करना होता है। वहाँ के कई अधिकारियों में स्वामिभक्ति कम और नन्द का भय अधिक है। कई तो उससे घृणा करते हैं। धन नहीं, अपितु उसके अत्याचार ही पर्याप्त हैं। उदाहरण के लिए, इस प्रमुख दुर्ग रक्षक का पुत्र क्षत्रियोचित मानसिकता का व्यक्ति है, परन्तु मात्र इसलिए कि वह निपुण गायक है, उसे राजकीय गायकों की मंडली में सम्मिलित कर लिया गया। जिसकी इच्छा सैनिक बनने की थी, उसे उसकी इच्छा के विरुद्ध गायक बना दिया गया। मगध में व्यवसाय की स्वतन्त्रता नहीं है, आचार्य। आपका मन भले ही किसी अन्य विधा में हो, परन्तु राजा अथवा कोई भी सत्ताधारी आपको किसी भी अन्य कार्य में नियुक्त कर सकता है, वह भी मात्र अपने मनोरंजन के लिए अथवा अपने प्रदत्त लक्ष्य को पूरा करने के लिए। ग्रामों से कितने ही कुशल श्रमिकों को, पैतृक कौशल सीखते नवयुवकों को सेना में सम्मिलित कर लिया जाता है। प्रधानामात्य राक्षस चूँकि बौद्ध हैं, और कोई उनकी कोपदृष्टि का भाजन नहीं बनना चाहता, अतः बौद्ध नागरिकों को कोई कुछ नहीं कहता अपितु उनके साथ विशिष्ट व्यवहार होता है। इसका एक परिणाम यह भी हो रहा है कि शनैःशनैः एक बड़ा वर्ग बौद्धमत को अंगीकार कर रहा है। अस्तु आचार्य, दुर्ग रक्षक के अपने पक्ष में होने का यह अर्थ है कि अब हम गूढ़पुरुषों का आना-जाना सुगम हो चुका है। साथ ही यदि हम सशस्त्र आक्रमण करें तो हमें परिखा की चिन्ता करने की आवश्यकता नहीं है। हमें दुर्ग के सभी द्वार खुले मिलेंगे।"

"उत्तम। यह अति उत्तम कार्य हुआ, तात।" चण्डवर्मा बोले, "इससे हमारे पास मन्त्रयुद्ध और शस्त्रयुद्ध, दोनों का विकल्प मिल गया है। आचार्य आदेश करें।"

गान्धार के पूर्व प्रधानामात्य की ओर देख चाणक्य ने प्रश्न किया, "आप क्या कहते हैं, अमात्य सोमशर्मा?"

"आप जैसा आदेश करें, आचार्य। मेरे गान्धार की पराजय इसी मन्त्रयुद्ध के कारण हुई थी। गान्धार की तुलना में मगध में कुछ अधिक ही अनाचार है, अतः विजय भी आसानी से मिल जानी चाहिए। मेरे विचार से अमात्य चण्डवर्मा की गान्धार नीति ही अपनायी जाये। पहले मन्त्रयुद्ध से मगध को खोखला किया जाये, फिर शस्त्रयुद्ध से उसे हस्तगत कर लिया जाये।"

"आचार्य, मन्त्रयुद्ध में अत्यधिक समय व्यर्थ होगा और यह तो पहले से चल ही रहा है। तात गौतम वर्षों से और अमात्य शकटार महीनों से यह कर रहे हैं। अभी सुअवसर है। दुर्गपाल हमारे पक्ष में है। त्वरित आक्रमण कर हमें मगध ले लेना चाहिए।" उत्साहित स्वर में मयूरध्वज ने अपने विचार प्रस्तुत कर दिये। अजबिन्दु, कुम्भ, कारिषी इत्यादि शिष्यों ने भी तत्काल आक्रमण के पक्ष में अपने विचार रखे।

चन्द्रगुप्त को शान्त बैठा देख आचार्य ने उसे भी अपना मत देने के लिए कहा। चन्द्रगुप्त बोला, "आचार्य, मैं दुविधा में हूँ कि अधिक महत्व का कार्य कौन-सा है? अभी गान्धार इत्यादि पराजित राज्यों से यवनों का समूल नाश या मगध पर आक्रमण? फ़िलिप या नन्द?"

"परन्तु किसी एक का चयन तो करना ही होगा, पुत्र।"

"आचार्य, दोनों ही समान महत्व के कार्य हैं और दोनों का ध्येय भी एक ही है। अभी मगध पर आक्रमण करें, उसे पराजित कर उसके सैन्य-सामर्थ्य के बल पर इन पराजित राज्यों को मुक्त करें या इन पराजित राज्यों को मुक्त कर इनकी सम्मिलित सेना के साथ मगध को पराजित करें। हमारा एक भारत का लक्ष्य दोनों ही मार्गों से प्राप्त किया जा सकता है।" तनिक रुककर चन्द्र पुनः बोला, "आचार्य! हमारे पास अभी जो शक्ति है, उससे मगध से प्रत्यक्ष युद्ध करना कदाचित् भूल सिद्ध हो। यह अवश्य है कि हम यदि जीते तो एक बार में ही इतनी शक्ति अर्जित कर लेंगे कि देखते ही देखते सारे गणराज्य हमारे अंग बन जायेंगे, परन्तु यदि हारे तो इतनी कठिनाई से जो भी अब तक अर्जित किया है, वह खो देंगे। मुझे अधिक उत्तम यही लगता है कि तात गौतम के नेतृत्व में मन्त्रयुद्ध द्वारा मगध के सुरक्षातन्त्र को धीरे-धीरे दुर्बल किया जाये और हम अपना पूरा ध्यान इन छोटे राज्यों पर लगाएँ। धीरे-धीरे ही सही, हम इन्हें स्वतन्त्र कराते हुए एक सूत्र में बाँध लेंगे और फिर सम्मिलित शक्ति से मगध को पराजित करना सरल हो जायेगा।"

इस उत्तर पर चाणक्य तनिक प्रसन्न प्रतीत हुए। पुनः कई पक्षों पर लम्बी चर्चा हुई। अधिकांश मगध पर आक्रमण के पक्ष में थे। चन्द्रगुप्त जैसे जो पक्ष में नहीं थे, वस्तुतः वे भी विपक्ष में नहीं थे। अन्ततः आचार्य चाणक्य ने निर्णय ले लिया। योजना थी कि जितने असैनिक व्यक्ति हैं, वे अपनी पूरी क्षमता से यवन अधिकार में पड़ी भूमि पर विद्रोह की ज्वाला जलाए रखेंगे और समस्त सैन्यबल कूटरीति से धीरे-धीरे मगध में प्रवेश करेगा। मगध पर घोषणा करके युद्ध नहीं होगा, अपितु राजधानी के आसपास के वनों में सारी सेना इस प्रकार छुपी बैठी रहेगी कि संकेत मिलते ही दुर्ग को घेर लिया जाये। विशाल मगधसेना का बहुत छोटा-सा भाग दुर्ग के भीतर रहता था, जो दुर्ग के द्वार बन्द होने पर अजेय था, परन्तु द्वार यदि समय पर खोल दिये

जायें तो उन्हें समाप्त कर दुर्ग पर अधिकार जमाना कठिन नहीं होगा। राजतन्त्र की यह दुर्बलता तो है कि यदि सर्वोच्च नेता, अर्थात् राजा को बन्दी बना लिया जाये या उसका वध कर दिया जाये तो एक बार में ही पूरे राज्य की पराजय हो जाती है।

योजना के विभिन्न पक्षों पर समुचित चर्चा और कठिनाइयों के समाधान निश्चित करने के बाद आचार्य चाणक्य बोले, "अब मैं सबके सम्मुख सबसे महत्वपूर्ण बात रखना चाहता हूँ। अभी तक का हमारा संघर्ष आततायी को बाहर भगाने तक सीमित था, परन्तु अब हम समस्त भारतभूमि को 'एक राष्ट्र और एक सम्राट्' के अन्तर्गत लाने के लिए प्रयत्नशील हैं। पराजित हुए तो पुनः पुनः प्रयास करेंगे और अन्ततः विजय प्राप्त करके ही रहेंगे। मेरा प्रश्न है कि इसके पश्चात् क्या? हम जीत गये, नन्द हार गया, फिर सत्ता के शिखर पर कौन बैठेगा? राजा कौन होगा? यदि इसका निश्चय हम उस दिन के लिए छोड़ेंगे तो सम्भव है कि नई महत्वाकांक्षाएँ जन्म लें। पूर्वकाल में अपने योगदान की प्रतिपूर्ति की माँग की जायेगी। सत्ता के लोभ में आपस में ही खींच-तान होगी। अपने को योग्य मानने वाले पुरुष अन्य योग्य व्यक्तियों को अपने मार्ग से हटाने का प्रयास करेंगे। अतः उचित यही है कि लक्ष्य के लिए पहला पग उठाने से पहले ही यह निश्चित हो जाये कि हमारा नेता कौन होगा? राजा कौन बनेगा? आचार्य विष्णुशर्मा, आपका क्या विचार है? आप किसे राजा बनने के योग्य पाते हैं?"

"मित्र, तुम सही कहते हो। पहले से ही नेतृत्व का निर्णय हो जाये तो भविष्य की कई समस्याओं को उनके जन्म से पहले ही समाप्त किया जा सकता है, परन्तु क्या यहाँ बैठे किसी भी व्यक्ति को कभी भी यह शंका रही है कि हमारा नेता कौन है? तक्षशिला के मुझ जैसे कुछ आचार्य तुमसे ही प्रेरित होकर भारत की वीथियों पर जनजागरण करते हुए चले हैं। ये कुम्भ इत्यादि हमारे शिष्य तुमसे ही प्रेरणा पाकर युद्ध कर रहे हैं। ये सोमशर्मा, चण्डवर्मा, बलभद्र जैसे विभिन्न राज्यों के उच्चाधिकारी तुम्हें ही अपना नेता मानकर तुम्हारी शरण में आये हैं। विलक्षण प्रतिभा के धनी ये श्रीमान गौतम यदि हमारे साथ न होते, तो कदाचित् हम यहाँ तक पहुँच ही नहीं पाते। ये भी तुम्हें नमन करते हैं। तुम्हारा प्रश्न सही है, पर अनावश्यक है। हमारे नेता तुम हो, अतः तुम ही राजा हो। अहा, यह दृश्य कितना मधुर है! तक्षशिला का मेरा साथी, आचार्य विष्णुगुप्त, मगधविजेता, नन्दसंहारक, भारत के एकच्छत्र सम्राट्, सम्राट् चाणक्य!"

आचार्य विष्णुशर्मा का यह वचन सुन अनेक श्रोताओं के मुख खिल गये। चण्डवर्मा तो रो ही दिये, परन्तु वे जानते थे कि चाणक्य इससे सहमत नहीं होंगे। चाणक्य विनीत भाव से आचार्य विष्णुशर्मा को प्रणाम करते हुए बोले,

"क्षमा करें, आचार्य। मुझे राजा नहीं बनना। यह मेरी प्रकृति के विरुद्ध है। फिर मेरी रुचि तो शिक्षण में है। मैं इसी में प्रसन्न हूँ। मुझे अभी अन्य अनेक कार्य करने हैं। राज्य संचालन उन कार्यों में बाधक होगा।"

"यदि ऐसा है चाणक्य, तो तुम ही बताओ। तुम किसे योग्य पाते हो?"

चाणक्य ने एक-एक कर सभी को देखा। सोमशर्मा और चण्डवर्मा क्रमशः गान्धार और केकय के अमात्य रह चुके थे। सोमशर्मा प्रधानामात्य होते हुए भी अपने राज्य को सुरक्षित नहीं रख पाये थे। गान्धार के प्रधान सेनापति बलभद्र भी राज्य के संकट के समय भोग-विलास में मग्न थे। चण्डवर्मा उत्तम अमात्य थे, धार्मिक और राष्ट्रभक्त थे, परन्तु वे दासवृत्ति के व्यक्ति थे। वे पहले पर्वतेश्वर के आभामंडल से प्रभावित थे और अब चाणक्य से। ये लोग राजकर्मचारी बनने के योग्य थे, पर राजा बनने का तत्व इनमें नहीं था। अभिसार के राजा यद्यपि वहाँ उपस्थित नहीं थे, पर वे उत्तम विकल्प थे। पर क्या वे सर्वोत्तम चयन बन सकते हैं? उनकी राष्ट्रभक्ति सन्देह से परे है, वे नीतिकुशल भी हैं, परन्तु उनमें एकाग्रता और आत्मविश्वास की कमी है। शिष्यों में से भी अधिकांश राजा बनने की योग्यता नहीं रखते। आचार्य की दृष्टि अन्ततः मयूरध्वज और चन्द्रगुप्त पर आ टिकी। 'मयूरध्वज उत्तम वीर है, कुशल वक्ता है, महत्वाकांक्षी है, परन्तु अधीर है। इसका एक गुण त्वरित निर्णय लेने की क्षमता है। परन्तु यह राजा के लिए गुण नहीं, अपितु अवगुण है। त्वरित निर्णय सैनिक का गुण है। राजा को तो सभी पक्षों पर सोच-विचार कर निर्णय लेना चाहिए। मयूरध्वज सहृदय है, परन्तु राजा को तो शत्रुओं के साथ कठोर होना चाहिए। शत्रु को जीवित छोड़ दिया था इसने। धार्मिक है, पर क्या धर्म के वास्तविक विवेचन की क्षमता है इसमें?'

अन्ततः आचार्य चाणक्य ने अपनी दृष्टि चन्द्रगुप्त पर स्थिर की। उसे देख ऐसा प्रतीत हुआ कि वह इस चर्चा में, इस विमर्श में सम्मिलित ही नहीं है। कदाचित् वह मगध पर होने वाले युद्ध की रणनीतियों पर विचार कर रहा हो। अन्य सभी चाणक्य के मुख से भारत के राजा के नाम की घोषणा सुनने के लिए टकटकी लगाये बैठे थे। चाणक्य शान्त, स्थिर और ओजपूर्ण वाणी में बोले, "चन्द्रगुप्त।"

चन्द्रगुप्त का नाम सुनते ही मयूरध्वज सहित उसके सभी सहपाठी उसका अभिनन्दन करने आगे बढ़े। वरिष्ठों ने भी उसके कन्धों पर हाथ रख शुभकामनाएँ दीं। चन्द्रगुप्त को पहले तो यह किसी स्वप्न जैसा लगा, फिर प्रकृतिस्थ होकर वह आगे बढ़ा और गुरुजनों को प्रणाम कर चाणक्य के चरणों में झुक गया। आचार्य ने उसे गले लगा लिया और फिर बिठाते हुए बोले, "राजन, मैं चणक पुत्र विष्णुगुप्त आपके प्रति अपनी निष्ठा बनाये रखने की शपथ लेता हूँ।

मैं शपथ लेता हूँ कि भारतराष्ट्र एवं उसके नागरिकों के हित में आपके द्वारा दिये गये आदेशों का अक्षरशः पालन करूँगा।"

अद्भुत दृश्य था। एक गुरु, एक आचार्य अपने ही शिष्य के सम्मुख खड़ा होकर उसके आदेशों के पालन की, उसके प्रति अपनी निष्ठा की शपथ ले रहा था। चन्द्रगुप्त ने बहुत प्रयास किया, पर वह अपने अश्रु रोक नहीं पाया। गलियों में खेलते एक बालक को उठाकर लाने वाले इस पुरुष ने न केवल शिक्षित किया था, अपितु अब उसे राजा भी बना दिया था।

अन्य लोग चाणक्य की इस शीघ्रता पर तनिक अचम्भित रह गये थे। निर्णय लेते ही राजा के प्रति शपथ! परन्तु यदि चाणक्य ने मार्ग दिखाया है तो सबको अनुसरण करना ही था। एक-एक कर सबने चन्द्रगुप्त के सम्मुख निष्ठा की शपथ ली। इन सबके बाद चाणक्य अपने शिष्यों से बोले, "जाओ पुत्रो, तुम सब आज आनन्द मनाओ।" चन्द्रगुप्त को सम्बोधित करते हुए बोले, "राजन! आप भी जाएँ। विश्राम करें। कल प्रातः भेंट होगी।" सोमशर्मा और बलभद्र को भी जाने के लिए कह दिया। गौतम स्वयं उठकर आज्ञा लेकर चले गये। आचार्य विष्णुशर्मा और चण्डवर्मा भी उठने लगे थे कि उन्हें चाणक्य ने संकेत से बैठे रहने को कहा। अन्य सभी के चले जाने के पश्चात् चाणक्य बोले, "आज मन हल्का हो गया, मित्रो। जब आप कोई लक्ष्य निश्चित करते हैं, परन्तु पहला पग उठाने में ही जब अत्यधिक समय लग जाये, तो मन में भार-सा बनने लगता है। ऐसी स्थिति में लक्ष्य की ओर बढ़ा पहला चरण भी लक्ष्यप्राप्ति जैसी अनुभूति देता है। आज मैं अत्यन्त प्रसन्न हूँ। आप लोग बैठिए, मैं कोई मीठा पेय बनाकर लाता हूँ।" चाणक्य प्रसन्नमन उठे और तीन चषक रस बनाकर ले आये। रसास्वादन करते हुए चण्डवर्मा बोले, "एक प्रश्न करूँ, आचार्य?"

"चण्डवर्मा! औपचारिकता छोड़ो। आसपास देखो, हम मात्र तीन लोग हैं यहाँ। अभी हम मित्रों की भाँति बैठे हैं। तुम मेरे सहपाठी रहे हो, विष्णुशर्मा मेरे सहकर्मी हैं। तो यह बोझिल औपचारिकता छोड़ो और अपनत्व के भाव से कुछ भी कहो, कुछ भी पूछो।"

"यह तुमने चन्द्रगुप्त को राजा बनाने का जो निर्णय लिया है, वह क्या सच में हमारे सम्मुख अभी लिया है या यह पहले से ही सुविचारित निर्णय है?"

"निर्णय की घोषणा तो मैंने अभी की। विचार कई महीनों से था, परन्तु इसकी दिशा भिन्न थी। चन्द्रगुप्त को ही राजा बनाना है, ऐसा विचार नहीं था। अपितु प्रत्येक व्यक्ति को चन्द्रगुप्त की कसौटी पर देखता था कि क्या यह व्यक्ति चन्द्रगुप्त से अधिक योग्य है? मैंने मात्र अपने शिष्यों पर ही नहीं, अपितु सभी राजाओं पर,

गणप्रमुखों पर विचार किया था। मुझे इन सबमें चन्द्रगुप्त ही सबसे उत्तम लगा।"

आचार्य विष्णुशर्मा बोले, "निःसन्देह चन्द्रगुप्त श्रेष्ठ पुरुष है, पर मैं तुमसे सुनना चाहता हूँ कि तुम उसमें कौन-कौन से गुण देखते हो?"

"चन्द्रगुप्त में शास्त्रों में लिखे राजा के सभी गुण हैं। वह वीर है। सद्जनों के प्रति कृपालु है, परन्तु दुष्टों के प्रति कठोर है। वह अत्यन्त विनीत स्वभाव का नहीं है, परन्तु अत्यन्त कठोर भी नहीं है। वह उत्तम वक्ता ही नहीं, अपितु उत्तम श्रोता भी है। वह गुरुजनों के परामर्श सुनता है, उनका पालन करता है, परन्तु अन्धानुकरण नहीं करता। वह धर्म को समझता है। भिन्न व्यक्ति, भिन्न स्थिति, भिन्न परिवेश में कर्तव्य, आचरण, मानसिकता भी भिन्न होनी चाहिए, इसकी प्रज्ञा है उसमें। सैनिकों, सामान्य नागरिकों, व्यापारियों और श्रमिकों सभी के साथ उसका व्यवहार प्रणम्य है। वह शस्त्र के साथ-साथ अर्थ के महत्व को भी समझता है। पात्र व्यक्ति ही उसकी दया अथवा क्रोध के भागी बनते हैं। वह चतुर है, नीतिवान है, स्थिर-बुद्धि है। राष्ट्रप्रेम से आप्लावित है। महत्वाकांक्षी है, परन्तु उसकी महत्वाकांक्षा स्वयं तक सीमित नहीं है, अपितु स्वयं के लिए है ही नहीं। विभिन्न परिस्थितियों में उसने स्वयं को सिद्ध किया है। यवनों के बीच घुसकर उनकी रीति-नीति जानना, अलक्षेन्द्र के सम्मुख खड़े होकर उसे भारतीय गौरव का पाठ पढ़ाना, यवनों के विरुद्ध पहले केकय और फिर कठों के साथ मिलकर युद्ध, युद्ध नीतियों का कुशल प्रयोग, अनेक राज्यों को युद्ध के निमित्त प्रेरित करना, मालवों और क्षुद्रकों के मध्य सन्धि, पश्चिमी गान्धार में विद्रोह इत्यादि उसके कृत्य हमें बताते हैं कि वह योग्यतम व्यक्ति है। शिक्षा ने इसे निखारा अवश्य है, पर यह युवक शिक्षा से पूर्व किशोरावस्था में ही स्पष्ट सोच का धनी था। जब मैं इससे पहली बार मिला था और प्रश्न किया था कि तुम्हारे घर में सर्प आ जाये तो तुम क्या करोगे? सामान्य लोग उत्तर देते कि मार देंगे या बाहर निकाल देंगे। इसने उत्तर दिया कि यदि मुझे पता हो कि यह विषधर है तो मैं उसे मार दूँगा, क्योंकि यदि मैंने दया दिखायी तो यह मुझे या मेरे घर के सदस्यों को कभी-न-कभी डस लेगा। सर्प अपनी प्राणरक्षा के लिए मुझे डस सकता है, तो मुझे भी अधिकार है कि मै अपनी प्राणरक्षा के लिए उसे मार दूँ। यदि यह ज्ञात हो कि सर्प विषधर नहीं है तो उसे जीवित छोड़ दूँगा। वह मेरे घर के चूहों इत्यादि को मारकर मेरा भला ही करेगा, परन्तु मुझे ज्ञात न हो कि वह विषधर है या विषहीन, संशय हो तो मैं उसे जीवित नहीं छोड़ूँगा। कुछ सर्प विषधर नहीं होते, तो कुछ होते भी तो हैं? जीवन के साथ द्यूत नहीं खेला जाता।"

"अद्भुत!" विष्णुशर्मा बोले, "परन्तु तुमने कदाचित् एक पक्ष पर विचार नहीं किया विष्णु। चन्द्र कुलहीन है। उसके पिता के सम्बन्ध में हम कुछ नहीं जानते।

माता शूद्रों की बस्ती में रहती हैं। तुमने ही बताया था कि तुमने चन्द्र को कुछ मुद्राएँ देकर उसके मातुल से क्रय किया था। क्रय-विक्रय तो पशुओं का होता है या इन यवनों में मनुष्य रूप में दासों का। चन्द्र मुझे भी प्रिय है, परन्तु उसका यह पक्ष सम्पूर्ण भारत के सम्राट् के लिए निश्चित ही कई जनों को अप्रिय प्रतीत होगा। कुलहीन, शूद्र और दास को भला कोई कैसे अपना सम्राट् मान पाएगा?"

चाणक्य अपने मित्र की ऐसी बात पर तनिक क्षुब्ध प्रतीत हुए, "अन्य व्यक्तियों की छोड़ो विष्णु, तुम अपनी बताओ। क्या तुम्हें चन्द्र के कुलहीन या शूद्र होने से कोई समस्या है?"

"छीः विष्णु! कैसी बात करते हो? मैं भी तुम्हारी भाँति आचार्य हूँ, ब्राह्मण हूँ। चन्द्र की योग्यताओं से भलीभाँति परिचित हूँ। मुझे क्यों समस्या होगी? मैं तो दूसरों की सम्भावित प्रतिक्रियाओं के प्रति तुम्हें सचेत कर रहा था।"

"क्षमा करना, मित्र। यह वर्ण विभेद अपने मूलरूप से इतना अधिक परे जा रहा है कि अब शंका होती है कि कहीं हम एकजुट होने के स्थान पर भिन्न मार्ग पर न चल पड़ें। अस्तु, तुम्हारे प्रश्न के समाधान के लिए हमारे पास शास्त्र प्रमाण और वर्तमान परिस्थितियाँ पर्याप्त हैं। राजा बनने के लिए किसी विशिष्ट वर्ण में उत्पन्न होना तो कभी कोई मापदंड रहा ही नहीं। यदि कोई व्यक्ति प्रजा का रंजन कर सके, दुष्ट का संहार कर सके, प्रजा को अभय और न्याय दे, शासन व्यवस्था सुचारू रूप से चला सके, राज्य को उन्नति के मार्ग पर रख सके, वह राजा बनने के योग्य है। नीतिशास्त्र के आदिगुरु बृहस्पति के शिष्य आचार्य भीष्म अपनी 'गीता' में यह बात कह गये हैं कि यदि कोई शूद्र राजा बनने की उपरोक्त योग्यताएँ रखता है तो प्रजा को उसकी शरण में जाना चाहिए। उस प्रजा में ब्राह्मण, क्षत्रिय, वैश्य–सब ही आते हैं। वर्तमान परिस्थितियों को देखें तो आज के मगध का राजा भी शूद्र वर्ण का ही है। उसकी प्रजा में सभी वर्णों के लोग हैं। उन्हें जब इस अधर्मी नन्द से समस्या नहीं, तो चन्द्र से क्यों होगी? फिर आज तो सम्पूर्ण भारत ही अनाथ है, पददलित है, अनारक्षित है। आज वह यवन राष्ट्र के एक भाग को दास बनाकर, स्थान-स्थान पर अपने सैनिक स्कन्धावार स्थापित कर चला गया है। कल को इन्हीं पराजित प्रदेशों को अपना आधार बनाकर वह या उसके वंशज, उसके राज्य के अन्य विस्तारवादी मानसिकता के लोग पुनः भारत पर आक्रमण करेंगे। जनता को विचारना होगा कि यवनों का दास बनना अधिक श्रेयस्कर है या किसी कथित शूद्र की प्रजा बनना जो इन यवनों को रोकने के लिए ही सिंहासन पर बैठा है। यवनों द्वारा पराजित भूमि में सब दास होंगे, भले वह ब्राह्मण हो या शूद्र, परन्तु एक भारतवंशी के राज्य में ही प्रजा को अपने व्यक्तिगत धर्म के पालन की स्वतन्त्रता सम्भव है।

अतः चन्द्रगुप्त की वंशहीनता को लेकर यह प्रश्न उठना ही नहीं चाहिए, और यदि उठा भी तो उनके समाधान के लिए मैं, आप और अन्य प्रज्ञावान व्यक्ति हैं न?"

(13)

यद्यपि चन्द्रगुप्त को आचार्य चाणक्य ने राजा बना दिया था और सभी लोग उससे राजोचित सम्मान और मर्यादा में ही वार्ता करते थे, परन्तु चन्द्रगुप्त को भलीभाँति ज्ञात था कि वह मात्र कुछ सहस्र सैनिकों, कुछ अमात्यों एवं कुछ मित्रों का राजा है। उसके पास राज करने के लिए कोई भूमि नहीं है और ये सैनिक, ये मित्र उसे शासन योग्य भूमि दिलाने के लिए प्राणप्रण से तत्पर हैं। उसका राज्याभिषेक नहीं हुआ है। बस, कुछ लोगों ने निष्ठा की शपथ ली है। अतः वास्तविकता समझते हुए उसका व्यवहार पूर्व की भाँति मित्रवत् ही रहता। कभी युद्धाभ्यास करते सैनिकों के बीच पहुँच जाता और उनके कार्यों का न केवल अवलोकन करता, अपितु सशरीर भाग भी लेता। कभी शिविर इत्यादि की व्यवस्था में लगे श्रमिकों की सहायता करता तो कभी आखेट हेतु निकले दल के साथ चल देता। कभी पाकशाला में तो कभी पण्यशाला में, वह पहले की ही भाँति सर्वत्र दिखायी देता, सबके लिए सहज उपलब्ध रहता।

मगध पर आक्रमण की तिथि निश्चित हो चुकी थी। सेना की टुकड़ियाँ धीरे-धीरे पाटलिपुत्र के आसपास के घने वनों में स्थापित हो चुकी थीं। निश्चित तिथि से दो दिवस पूर्व आचार्य चाणक्य और चन्द्रगुप्त भी अपने सहयोगियों के साथ आ पहुँचे। अगले दिन सारी सेना धीरे-धीरे वन के वृक्षों की अन्तिम सीमा से आधे योजन पूर्व तक पहुँच गयी और संकेत की प्रतीक्षा करने लगी। योजनानुसार मध्यरात्रि के पश्चात् मगध का प्रमुख दुर्गपाल द्वार खोल देता और प्रातः होने से पूर्व ही सारी सेना राजधानी में प्रवेश कर महत्वपूर्ण स्थानों पर अधिकार कर लेती। सब मध्यरात्रि की प्रतीक्षा कर रहे थे। चाणक्य अपने समवयस्क सहयोगियों के साथ, तो उनसे थोड़ी ही दूर चन्द्रगुप्त अपने मित्रों के साथ बैठे हुए थे। मालव मयूरध्वज ने यौधेय भूति की ओर देखते हुए चन्द्रगुप्त से प्रश्न किया, "राजन! हमारा अनुमान हैं कि यवनों से प्रत्यक्ष सामना करने वाले राज्यों में से केकय और गान्धार के अतिरिक्त अन्य अधिकांश राज्य सहर्ष आपका नेतृत्व स्वीकार कर लेंगे। कम-से-कम मालव गण के प्रति मैं आश्वस्त हूँ, परन्तु क्या वे राज्य जिन्होंने यवनों का सामना नहीं किया, वे भी आपके छत्र के नीचे आना स्वीकार करेंगे?"

चन्द्रगुप्त बोला, "तुम्हारा संकेत यौधेय गणराज्य की ओर है न, मित्र? अभी से कुछ कहना तनिक शीघ्रता होगी, परन्तु वे यदि हमारी भावना को समझेंगे तो अधिक कठिनाई नहीं आनी चाहिए। क्यों भूति, तुम क्या कहते हो?"

भूति बोला, "राजन, मैं और आपके अन्य यौधेय सहपाठी सच्चे मन से आपको अपना राजा मानते हैं, परन्तु मैं अपने गण की ओर से कुछ भी कहने में असमर्थ हूँ। साथ ही, यह तो निश्चित है कि यदि आप आक्रमणकारी बनकर आएँगे तो आपका प्रतिरोध होगा।"

"नहीं, मित्र। मैं आक्रमणकारी नहीं बनना चाहता। यद्यपि अभी हमारी राज्यनीति निश्चित नहीं हुई है, परन्तु आचार्य के आशीर्वाद से मैं बस इतना चाहता हूँ कि कुछ विशिष्ट क्षेत्रों को छोड़कर अन्य सभी विषयों में राज्यों को पूर्ण स्वतन्त्रता दी जाये। यौधेय या अन्य कोई भी राज्य अपनी आन्तरिक शासन व्यवस्था पूर्ववत् ही चलायमान रखे। जहाँ गणतन्त्र है वहाँ गणतन्त्र रहे, जहाँ राजतन्त्र है वहाँ राजतन्त्र रहे। बस, शासन धर्मपूर्वक होता रहे। साथ ही, एक राष्ट्र की भावना विकसित हो। सुरक्षा केन्द्रीय विषय हो। कोई भी राज्य यह न समझे कि वह दास बनाया गया है, अपितु यह समझे कि वह सम्पूर्ण भारत के राज्य शासन में समान रूप से उत्तरदायित्व निभा रहा है। यदि ईश्वर सहायक हों तो मेरे शासन में प्रत्येक व्यक्ति और प्रत्येक राज्य को अपने व्यक्तिगत धर्म, अपने आचार, अपने नियम और अपनी परम्पराओं के पालन की स्वतन्त्रता होगी। राज्यों के बीच स्वस्थ प्रतिस्पर्धा होगी, परन्तु कटुता के लिए कोई अवकाश नहीं होगा। सेनाएँ एक-दूसरे के साथ लड़कर अपनी शक्ति का अपव्यय नहीं करेंगी, अपितु साथ मिलकर अपनी रणनीतियों को परिष्कृत करेंगी और समय आने पर साथ मिलकर शत्रु का प्रतिकार करेंगी।"

चन्द्रगुप्त अभी बोल ही रहा था कि दूर मगध की दिशा में कहीं अग्नि प्रज्वलित देख ठिठक गया। कुम्भ बोला, "अग्नि! क्या मध्यरात्रि बीत चली और मगध के द्वार खोल दिये गये हैं?"

कारीषि बोला, "नहीं, अभी तो मध्यरात्रि में समय है और यह अग्नि पूर्वनिर्धारित संकेत की तरह प्रज्वलित नहीं है। फिर नगरद्वार तो बहुत दूर है। यह तो अत्यन्त निकट ही कहीं जल रही है। क्या किसी सैनिक ने आज्ञा की अवहेलना करते हुए भोजन पकाने के लिए अग्नि जलायी है?" तनिक रुककर किसी अन्य दिशा में संकेत करता हुआ पुनः बोला, "वो उधर देखो। उधर भी अग्नि जल रही है। राजन, यह तो सुनियोजित रूप से अग्निकांड हो रहा प्रतीत होता है।"

देखते ही देखते अन्य कई दिशाओं में भी अग्नि दिखायी देने लगी। तभी वन की अन्तिम सीमा में नियुक्त नाचिक अश्व दौड़ाता हुआ उपस्थित हुआ और व्यग्र

स्वर में बोला, "राजन, अनर्थ हुआ। मागधी सैनिकों ने पूरा वन घेर लिया है और स्थान-स्थान पर अग्नि प्रज्वलित करते जा रहे हैं। हमारी गोपनीयता भंग हो चली है।"

चन्द्रगुप्त ने तत्काल आदेश दिया, "सभी लोग अपने प्राणों की रक्षा करते हुए पीछे लौट जाये।"

आदेश का यथाशीघ्र पालन हुआ। घुप्प अन्धकार में सेना शीघ्रता से पीछे लौटने लगी। कितने ही सैनिक वृक्षों से टकराकर घायल हुए, कितने ही गिर पड़े और उनके ऊपर से अन्य सैनिक निकल गये। अग्नि-शलाकाएँ जला ली गयीं, पर उनका प्रकाश इस सघन वन के लिए अपर्याप्त था। जैसे-तैसे पीछे हटते सैनिकों को हठात् रुक जाना पड़ा। उनके वापसी में मार्ग में वन धू-धू जल रहा था। पीछे अग्नि से बचकर भाग रहे सैनिकों के सम्मुख पुनः अग्नि आ गयी थी। मागधियों ने सारी सेना को घेरकर अग्नि लगायी थी। अग्निदेव बड़ी तत्परता से अपनी क्षुधा शान्त कर रहे थे। उनका पहला निवाला वन के वृक्ष थे, दूसरा निवाला वन्यप्राणी बने और अन्तिम निवाला थे राष्ट्र को एकजुट करने की अभिलाषा में मगध पर आक्रमण करने निकले सैनिक। प्राणियों के चीत्कार से वह वनप्रान्त गूँज उठा। उन चीत्कारों में दूर कहीं वक्रनास का अट्टाहस भी सम्मिलित था।

युद्ध से पहले ही पूर्णतः पराजित चन्द्रगुप्त अपने साथियों के साथ भागा चला जा रहा था। न जाने उसके सभी साथी सुरक्षित थे भी या नहीं? इस अव्यवस्था में भी उसने निश्चित किया था कि उसके गुरु सुरक्षित रहें। आचार्य और चन्द्रगुप्त के अश्व साथ-साथ चल रहे थे। अन्य साथी भी भिन्न दिशाओं से पीछे हटते हुए वन से निकल रहे थे। प्रातः हुई और इसी के साथ गुरु और शिष्य, दोनों के अश्व भी भीषण अग्निकांड से उपजी थकान और प्यास से गिर पड़े। उनकी प्राणरक्षा सम्भव न थी, अतः दोनों उनके प्राण निकलने की प्रतीक्षा में वहीं बैठ गये। परिवार के किसी प्राणी की मृत्यु पर जो वेदना हमें घेर लेती है, उसी मनस्थिति में चन्द्र को निराश बैठा देख चाणक्य बोले, "पुत्र! क्या निराश हो चले हो?"

"नहीं, निराश नहीं, दुःखी हूँ, आचार्य। कितने महीनों के प्रयासों के पश्चात् हम इन निःस्वार्थ राष्ट्रभक्त सैनिकों को एकजुट कर पाये थे। आपने भी वर्षों की तपस्या के बाद कितने उत्तम शिष्य प्राप्त किये थे। पता नहीं उनमें से कितने बचे हैं? आचार्य, वीर की मृत्यु भी वीरोचित रूप से होनी चाहिए। यदि ये मेरे भाई युद्ध लड़ते हुए मारे जाते, तब मुझे दुःख तो होता पर सन्तोष भी होता कि वे लड़ते हुए मरे। एक महान उद्देश्य की पूर्ति हेतु उन्होंने अपने प्राण त्यागे। परन्तु इस भाँति, भागते हुए, जलकर, कुचलकर मर जाना? आचार्य! मुझे मृत्यु से आपत्ति नहीं, उसके प्रकार से है। किसी सैनिक को ऐसी मृत्यु नहीं मिलनी चाहिए।"

"पुत्र, जीवन हमें विकल्प देता है। हम चयन करते हैं कि हम अपना जीवन कैसे जियें, परन्तु मृत्यु की यही तो सुन्दरता है कि वह अवश्यम्भावी है, और वह विकल्प नहीं देती। हमारा काम अपने चयनित रीति से जीवन जीना है, मृत्यु स्वयं अपना मार्ग चुनती है। तुम सही कहते हो कि किसी सैनिक की मृत्यु दुःखदायी है, परन्तु इससे उनकी मृत्यु की गरिमा पर कोई अन्तर नहीं पड़ता। कर्तव्य भावना प्रमुख है पुत्र, परिणाम नहीं। वे सारे सैनिक तुम्हारे नेतृत्व में युद्ध करने आये थे। वे युद्ध हेतु प्रस्तुत थे। युद्ध होता और मारे जाते या युद्ध होने से पूर्व ही मारे गये, इससे उनकी वीरता पर, उनके तुम्हारे अथवा राष्ट्र के प्रति समर्पण पर कोई अन्तर तो नहीं पड़ जाता, चन्द्र। वे हुतात्मा वीरगति को प्राप्त हुए हैं। सैनिक युद्ध के लिए घर से निकलते ही स्वर्ग का अधिकारी हो जाता है, भले उसकी मृत्यु युद्ध में शत्रु के वार से हो या किसी दुर्घटना के कारण। पुत्र, उनकी मृत्यु पर शोक अवश्य करो, पर उनकी मृत्यु पर क्षुब्ध होकर उनके राष्ट्रप्रेम का अपमान न करो।"

आचार्य अभी बोल ही रहे थे कि आहट सुनकर चौकन्ने हो गये। चन्द्रगुप्त ने भी अपना खड्ग निकाल लिया। थोड़ी देर बाद उन्हें अपने साथी नाचिक और कारीषि दिखायी दिये। निकट आकर वे चाणक्य के पैरों में गिर पड़े और मर्यादा भूलकर अपने राजा के गले लग पड़े। कारीषि रुआँसे स्वर में बोला, "हम आशा छोड़ चले थे कि आप दोनों को जीवित देख भी पायेंगे या नहीं? आचार्य, इस एक रात्रि में इतने अपनो को खो चुके हैं कि अब सहनशक्ति चुक रही है।"

कारीषि और नाचिक को बिठाते हुए आचार्य बोले, "शान्त हो जाओ पुत्र, और बताओ कि क्या हमारे मित्रों में से कुछ जीवित हैं? क्या कुछ सेना बची है?"

"आचार्य, मयूरध्वज के नेतृत्व में सेना का एक बड़ा भाग उत्तर दिशा की ओर निकल गया था, परन्तु उधर मागधों की एक बड़ी टुकड़ी उनकी प्रतीक्षा कर रही थी। थके और क्लान्त सैनिकों ने अन्तिम क्षण तक उनका प्रतिकार किया, परन्तु ...। हमें मयूरध्वज अत्यन्त घायलावस्था में मिला था। अभी उसके प्राण नहीं निकले हैं। कदाचित् वह बच जाये। भीलों की एक बस्ती ने हमें शरण दी है। हम मयूरध्वज को उनके स्थान पर ले आये और अपने अन्य साथियों को ढूँढ़ने निकले है। चलिए, आप दोनों हमारे अश्वों पर बैठें और चलकर विश्राम करें।"

आचार्य अपने और चन्द्र के मरणासन्न अश्वों की ओर संकेत करते हुए बोले, "चलते हैं, पुत्र। ये हमारे साथी अपनी अन्तिम यात्रा की ओर अग्रसर हैं। इन्हें विदा करके चलते हैं।" थोड़ी देर में दोनों अश्वों के प्राण निकल गये। उनकी चिता सजाकर अग्नि को प्रणाम कर गुरु और शिष्य चल पड़े। कुछ योजन दूर भीलों की एक बस्ती में चाणक्य के बचे-खुचे साथियों ने जब आचार्य और चन्द्र को आता

देखा तो वे लपककर आगे बढे। युद्ध भी कैसी चीज़ है? एक पल मृत्यु को प्राप्त साथियों को देख व्यक्ति अश्रु बहाता है, वहीं जीवित बचे साथियों को देख प्रसन्नता से हँस पड़ता है। सैनिक का रोना और हँसना साथ चलने वाली क्रियाएँ हैं।

स्नान-ध्यान पश्चात् सभी साथी पुनः एकत्रित हुए। इन साथियों में मयूरध्वज तो घायल होने के कारण सम्मिलित नहीं हुआ, पर कुम्भ, जंगारि, तन्तु जैसे शिष्य और बलभद्र जैसे सेनापति भी उपस्थित नहीं थे। सोमशर्मा बोले, "आपको देख अत्यन्त प्रसन्नता हुई, आचार्य। परन्तु यहाँ अपने कई साथियों को न देख मन व्यथित है।"

चन्द्रगुप्त बोला, "क्या हुआ था, अमात्य?"

"बचते-बचाते हम कई जन उस धधकते वन से निकल तो आये थे राजन, परन्तु मृत्यु ने हमारा पीछा नहीं छोड़ा था। मागधी सेना ने हमें घेर लिया था। मृत्यु निश्चित जान हम उनसे भीड़ गये, पर संख्याबल में कमी और थकान के कारण हम धीरे-धीरे समाप्त हो रहे थे। तभी आर्य कुम्भ ने हम वरिष्ठों को युद्ध छोड़ निकल जाने का अनुरोध किया। वह मेरे सबसे छोटे पुत्र से भी कम आयु का युवक मुझे अधिकारपूर्वक आज्ञा दे रहा था कि मैं, चण्डवर्मा इत्यादि जैसे भी हो, निकल जाये। उसने और उसके साथियों ने हम आठ-दस जनों के लिए सुरक्षा दीवार जैसी बना दी और मागधियों को तब तक रोके रखा, जब तक कि हम सुरक्षित दूरी तक नहीं पहुँच गये। बलभद्र भी उनके साथ रुक गये थे। आचार्य, कुम्भ ने मुझसे कहा कि मैं उसकी ओर से आपको अन्तिम प्रणाम करूँ और चन्द्रगुप्त से कहूँ कि मित्र, बचपन से अब तक तुम्हारे साथ की गयी यात्रा मेरे जीवन की एकमात्र उपलब्धि है। बस, एक आकांक्षा शेष रह गयी कि तुम्हें भारत के सिंहासन पर बैठा देख न सका। उसने मुझसे कहा कि चन्द्र से कहना कि उसे मेरी यह इच्छा पूरी करनी होगी। जब तक वह ऐसा नहीं करता, मैं मुक्त नहीं हो पाऊँगा।"

चन्द्र फफककर रो पड़ा। उसने और कुम्भ ने अपनी यात्रा साथ मिलकर आरम्भ की थी। हाथ पकड़कर साथ चलने वाला मित्र चला गया, पर जाते-जाते भी आगे बढ़ते जाने की प्रेरणा दे गया। सब दुःखी बैठे थे। कहने को कुछ शेष नहीं बचा था। तभी भीलों का प्रमुख वहाँ उपस्थित हुआ और बैठते हुए बोला, "वीर पुरुषो, तुम लोग दीन अवस्था में वन में भटकते दिखे, अतः अपने धर्म का पालन करते हुए मैंने तुम लोगों को शरण दी है। परन्तु मैं तुम लोगों को नहीं जानता। तुम सब योद्धा प्रतीत होते हो। मुझे ज्ञात होना चाहिए कि तुम किस उद्देश्य से इस वन में आये हो? शत्रु हो या मित्र? निश्चिन्त रहो, यदि तुम शत्रु भी हुए तब भी शरणागत हो। अतः तुम्हारी कोई हानि नहीं होगी। परन्तु यदि शत्रु ही हो तो भोजन पाओ, एक-दो दिन विश्राम करो और अपने देश लौट जाओ।"

चण्डवर्मा को हँसी आ गयी, "अपना देश? क्या हम अपने देश में ही नहीं हैं? कदाचित् नहीं है! हम अपना देश बनाने ही तो निकले हैं। राष्ट्र-निर्माण में बाधक नन्द को मार्ग से हटाने ही तो आये थे, परन्तु भाग्य अभी हमारा साथ नहीं दे रहा।"

नन्द का नाम सुनते ही भील-प्रमुख उत्तेजित होकर उठ गया और बोला, "क्या कहा? नन्द? तुम सब नन्द के विरुद्ध युद्ध करने आये हो? क्या तुम सच कह रहे हो?"

भील की ऐसी उत्तेजित वाणी सुन सबको आश्चर्य हुआ। चण्डवर्मा को भी लगा कि उन्हें अपने अभियान के बारे में नहीं बोलना चाहिए था, परन्तु अब तो वे बोल चुके थे। भील, उनका आतिथेय प्रश्न कर रहा था। क्या बोलें, कितना बोलें, निश्चित नहीं कर पा रहे थे। तभी चन्द्रगुप्त अधिकार पूर्ण वाणी में बोला, "हाँ, प्रमुख। हम नन्द का नाश करने आये थे। मैं इस सेना का राजा हूँ। अब आप स्पष्ट बतायें कि आप क्या नन्द के पक्षधर हैं? यदि ऐसा है तो हम अभी यहाँ से प्रस्थान कर जाते हैं।"

भील उत्साहित वाणी में बोला, "नहीं-नहीं, मैं नन्द का पक्षधर नहीं। कोई भील, कोई किरात, कोई भी वनवासी उसका पक्षधर नहीं हो सकता। हम उसके शत्रु हैं और कामना करते हैं कि वह ऐसी घृणित मृत्यु को प्राप्त हो जो अब तक किसी को न मिली हो।" तनिक रुककर वह पुनः बोला, "तुमने बताया कि तुम राजा हो। नन्द का नाश करने आये हो। यदि ऐसा है तो तुम मुझे अपना मित्र मानो। यदि तुम उसका नाश करके मगध के राजा बनोगे तो मेरे, हम वनवासियों के भी राजा बनोगे। हमें राजा के रूप में नन्द और नन्दवंश का कोई भी व्यक्ति स्वीकार्य नहीं। हम तुम्हारी सहायता करेंगे। भीलों और किरातों को कम न समझना। वर्षों से हम प्रतिशोध की अग्नि में जल रहे हैं। हमें बस एक नेता की आवश्यकता है।"

चन्द्रगुप्त बोला, "नन्द अन्यायी है, यह हम जानते हैं, परन्तु हम आपके इस क्रोध का कारण जानना चाहते हैं।"

भील बोला, "मगध पर जब उसका बड़ा भाई उग्रसेन राज करता था, तब नन्द ने अपने भाइयों को मरवाने के लिए कुटिल चालें चली थीं। उसके कुछ भाई आखेट हेतु वन में आते रहते थे। उनसे हमारे अच्छे सम्बन्ध थे। इस पापी नन्द ने वनवासियों के भेष में हत्यारों को भेज अपने भाइयों और उनके सेवकों की हत्या करवा दी और दोष हम वनवासियों पर डाल दिया। वह अल्पबुद्धि उग्रसेन उसकी चाल समझ न पाया और उसके कहने पर हम वनवासियों के समूल नाश हेतु सेनाएँ भेज दीं। वनों में शान्ति से रहने वाले सैकड़ों भीलों और किरातों का निर्ममता से वध किया गया। प्राण बचाने के लिए हम वनों में और अन्दर चले गये। समय बीतने के साथ थोड़े-बहुत भील नगरों के निकट आ गये हैं, पर हम उस अत्याचार को भूले नहीं हैं। यदि तुम वास्तव में राजा हो, नन्द का नाश करने के लिए आये हो तो हम तुम्हारे साथ हैं।"

"ठीक है, प्रमुख। हमें आपकी सहायता सहर्ष स्वीकार्य है। परन्तु यहाँ आपकी संख्या अत्यन्त कम दिखायी देती है। अनुमानत: एक सहस्त्र, जिसमें बच्चे, वृद्ध और स्त्रियाँ भी हैं। युद्ध हेतु आप कितने युवक दे सकते हैं?"

"मैं इस समूह के साथ रहता हूँ, पर मेरे अन्तर्गत ऐसे दस समूह हैं और मुझ जैसे अनेकों प्रमुख हैं जो भिन्न वनों में शान्तिपूर्वक रह रहे हैं। आवश्यकता पड़ने पर हम एकजुट हो जाते हैं। तुम बस यह बताओ कि युद्ध कब करना है? दो माह का समय दो, तो तुम्हारे सम्मुख एक लक्ष युवकों को खड़ा कर दूँ।"

यह संख्या सुन सभी के हतोत्साहित मन में आशा की नई किरण फूट पड़ी, परन्तु चन्द्र पूर्ववत् गम्भीरता से बोला, "प्रमुख, क्या आपके वे एक लक्ष युवक युद्ध हेतु प्रशिक्षित हैं?"

"तुम नगर में रहने वालों की भाँति तो नहीं, पर वन का जीवन इतना कठिन होता है कि प्रत्येक युवक प्रकृति द्वारा प्रशिक्षण प्राप्त कर लेता है।"

"वह पर्याप्त नहीं। युद्ध में शीत अथवा ग्रीष्म से ही सामना नहीं होता। सामने बुद्धिहीन सिंह अथवा हिरन जैसे पशु नहीं होते। प्रशिक्षित योद्धाओं से लड़ने के लिए योद्धा का प्रशिक्षण चाहिए। वन्यजीवन का प्रशिक्षण वहाँ सहायक नहीं होगा।"

"तो हमें प्रशिक्षित करो। हमने वर्षों प्रतीक्षा की है। प्रशिक्षण में कुछ माह या वर्ष व्यतीत कर सकते हैं।"

"तो ठीक है, प्रमुख। जब हम यहाँ से जायें, तब आप अपने युवकों की पहली टुकड़ी को हमारे साथ भेज दें। अन्य समूहों को भी सूचित करें और इच्छुक युवकों एवं यदि युवतियों की इच्छा हो तो उन्हें भी बताये गये स्थान पर भेज दें। मेरे सहयोगी आपके सम्पर्क में रहेंगे। महादेव ने चाहा तो शीघ्र ही आपको आपका प्रतिशोध मिल जायेगा।"

"भील वर्षों से राजा विहीन रहे हैं। नन्द ने हम पर अत्याचार किया, परन्तु उसके पूर्ववर्ती राजाओं ने भी हमारे साथ कभी न्याय नहीं किया था। महल में रहने वाले राजा और नगरों में रहने वाले मन्त्री हम वनवासियों के बारे में कुछ जानते ही नहीं। वे हमारे आचार, हमारी परम्पराओं को हेय दृष्टि से देखते हैं। उनकी योजनाएँ नगरीय अथवा ग्रामीण जनता के दृष्टिकोण से बनती हैं, जिसमें हम वनवासियों का कहीं कोई स्थान नहीं होता। नन्द यदि परास्त हुआ तो तुम राजा बनोगे। ध्यान रखना कि राजा बनते ही कहीं तुम्हें भी यह राजदोष न लग जाये।"

"श्रीमान, चन्द्रगुप्त वचनों की अपेक्षा अपने कृत्वों द्वारा प्रमाण देने पर विश्वास करता है। भविष्य अभी आने वाला है। जब वह आ जाये, तब मेरा मूल्यांकन कर लीजिएगा। अभी से उस पर व्यथित होने का कोई लाभ नहीं।"

"यह भी ठीक है। आप लोग बैठिए, विश्राम कीजिए। संध्या का भोजन परम्परानुसार सामूहिक रूप से होगा। उसमें आप सभी आमन्त्रित हैं। मध्याह्न भोजन हेतु विभिन्न घरों से दो-दो अथवा चार-चार लोगों को निमन्त्रण दिया जायेगा। होने वाले राजा, मैं आपको और आपके साथियों को अपने घर भोजन हेतु आमन्त्रित करता हूँ। भोजन पक जाने पर आपको बुलाने हेतु अपने पुत्र को भेजूँगा।" इतना कहकर वह भील प्रमुख चला गया। इधर चन्द्रगुप्त के साथी इस एकाएक मिली सहायता से अभिभूत एक-दूसरे का मुँह देखते रह गये।

चन्द्रगुप्त बोला, "कैसी विचित्र लीला है! किस भाँति शनै:शनै: हमने एक सेना बनायी थी, जो एक ही बार में शत्रु से बिना लड़े ही समाप्तप्राय: हो गयी और उसके पश्चात् एकाएक ही उससे बड़ी सेना पुन: प्राप्त हो गयी। क्या इसे ही भाग्य कहते हैं, आचार्य?"

"पुत्र, इसे एक दृष्टि से भाग्य कह सकते हैं, परन्तु यह कर्मफल है। तुम्हारा नहीं, अपितु नन्द का।" चाणक्य बोले, "नन्द ने वर्षों पहले एक अत्याचार किया था, वह कभी तो फलीभूत होता ही। उसे कदाचित् इस हत्याकांड का स्मरण भी न हो। उसके लिए ये वनवासी इतने मूल्यहीन होंगे कि उसने कभी विचार भी नहीं किया होगा कि ये कभी उसके विरुद्ध एकजुट हो सकते हैं। पुत्र, सबल अथवा दुर्बल, किसी के भी प्रति किया गया आपका व्यवहार बहुगुणित होकर आपके पास वापस अवश्य आता है। तनिक विचारो कि यदि नन्द ने इन वनवासियों के साथ भला व्यवहार किया होता तो आज इनके बीच हमारी क्या स्थिति होती? अस्तु, हम सब रात भर के जगे और थके हुए हैं। उत्तम होगा कि थोड़ी देर विश्राम कर लिया जाये। यह सब चर्चा हम बाद में भी कर सकते हैं।"

यह सुनकर सभी लोग उठ गये। कुछ वहीं थोड़ी दूर पर घास के मैदान में हाथ पर सिर रखकर सो गये, तो कुछ बहती नदी में पैर डालकर उसके किनारों पर बैठ गये। कुछ पेड़ों की उभरी जड़ों के सहारे तो कुछ वनवासियों की अस्थायी कुटियों के बाहर रखी शैयाओं पर लुढ़क गये।

मध्याह्न होने पर वनवासी उनके निकट आये और उन्हें अपने घर भोजन हेतु आमन्त्रित किया। चन्द्रगुप्त और चाणक्य भील प्रमुख के घर पहुँचे और भोजन करने बैठ गये। उस कुटिया में एक छोटा बालक उधम मचाते हुए उन्मुक्त विचरण कर रहा था और उसकी दादी उसके पीछे-पीछे उसे भोजन करवाने के लिए बिठाने का प्रयास कर रही थी। अन्तत: थोड़ी डाँट और थोड़े दुलार से वह कुटिया के बाहर धप्प-से बैठ गया और सामने रखे भोजन के पात्र में अपनी उँगलियाँ डाल दीं। भोजन गरम था, अत: झट से उँगलियों को बाहर निकालकर उन पर फूँक मारने लगा। यह

देख उसकी दादी हँसते हुए बोली, "मेरा राजा बेटा तो राजाओं जैसा जड़बुद्धि है। अले ले, बड़ा होकर राजा बनेगा क्या?"

बालक अपनी बालसुलभ तुतलाती बोली में बोला, "लाजा भी ऐसे खाना खाता है, अम्मा?"

"चन्द्रगुप्त राजा तो ऐसे ही खाता है। थाली में खाना रखा हो तो तेरी तरह बीच में अँगुली डाल अपना हाथ जला लेता है। तू इधर अपनी थाली में देख। ये बीच में रखा भोजन कितना गरम है? पर यही भोजन जो किनारों पर है, इसे आसानी से खाया जा सकता है। पर राजा की बुद्धि, वह किनारों से धीरे-धीरे नहीं खाएगा, अपितु पहला ग्रास[1] बीच में से लेगा। स्वयं की उँगलियाँ भी जलाएगा और जीभ भी। चल, तू किनारे से खाना आरम्भ कर।"

बाहर बैठी बुढ़िया को नहीं पता था कि अन्दर बैठे दोनों पुरुष चाणक्य और स्वयं चन्द्रगुप्त हैं। उसे लगा था कि कोई साधारण सैनिक होंगे, और वैसे भी उसने अपनी समझ से बहुत धीमे स्वर में यह सब बातें कही थीं। बच्चों के साथ खेलते अथवा बात करते समय बड़ों को इसका भान ही नहीं रहता कि वे बच्चों के सम्मुख बच्चों की तरह तुतलाते हुए और सामान्य से तेज़ स्वर में बात करने लगते हैं। इधर अन्दर बैठे चन्द्रगुप्त को वृद्धा की बात सुन हँसी आ गयी। जो सामान्य-सी नीति वन में रहने वाली एक वनवासी वृद्धा तक तो ज्ञात है, उससे वह जीवन भर उत्तम शिक्षा पाने वाला, नीतिकुशल कहा जाने वाला चन्द्रगुप्त अनभिज्ञ था। क्या वह वास्तव में अनभिज्ञ था? नहीं, उसने तो विकल्प होने पर पहले मगध के स्थान पर अन्य छोटे राज्यों को विजित करने की बात कही थी। उसकी बात नहीं मानी गयी और वह सामूहिक निर्णय के साथ हो गया, परन्तु यह तो तब की बात थी जब उसे आचार्य ने राजा नहीं बनाया था। जब वह राजा बन गया, तब उसने वह क्यों नहीं किया जो उसके मन ने कहा था? पर क्या ऐसा करना निरंकुशता नहीं होती? उसके साथियों ने सामूहिक निर्णय लिया था। उसका मन स्वयं को ही तर्कों से काटता हुआ बोला, 'तो क्या हुआ? राजा का धर्म सबकी मन्त्रणा को सुनना है, पर मन्त्रियों की सारी बातें माननी ही हों तो फिर राजा की क्या उपयोगिता?'

भोजनोपरान्त आचार्य नियमत: कुछ समय तक अकेले पैदल चलते थे। आज जब वे चलने के लिए उठे तो उन्होंने चन्द्रगुप्त से भी साथ चलने के लिए कहा। वन का अपना सौंदर्य है। विशाल पेड़, भिन्न आकार और रंगों की पत्तियाँ, भिन्न प्रजातियों के मृग और वानर, भिन्न स्वरों और रंगों के पक्षी। कहीं गहरी तो कही उथली,

---

[1] ग्रास – कौर, निवाला

कहीं शान्त तो कही उग्र बहती नदी। चाणक्य इन प्राकृतिक सहज उपलब्ध रस को नेत्रों से पीते हुए बढ़े जा रहे थे, परन्तु चन्द्र उद्विग्न था। चाणक्य की तन्द्रा भंग करते हुए बोला, "आचार्य, मुझे आपसे कुछ बात करनी है। यदि आप उचित समझे तो कहीं बैठ जाया जाये?"

"अवश्य, राजन! आइए, इस नदी के किनारे जल में पैर डालकर बैठते हैं। जल में पैर डालने से एक तो हमारे पैरों को विश्राम मिलेगा, थकान मिटेगी, साथ ही मस्तिष्क भी शान्त होगा। और हाँ, नदी की छोटी मछलियों को हमारे पैरों की मृत त्वचा से भोजन मिलेगा। वे अपना भोजन भी कर लेंगी और हमारे पैर को सुन्दर भी बना देंगी।"

चन्द्रगुप्त चुपचाप चाणक्य के पीछे चलता हुआ नदी में पैर डालकर बैठ गया। वह स्वयं को यह विचार करने से न रोक पाया कि आचार्य कभी भी अनावश्यक बात नहीं करते थे। तो क्या वे मुझे अपना मस्तिष्क शान्त रखने को बोल रहे हैं? क्या वे मेरी उद्विग्नता को लक्ष्य करते हुए यह सब कर रहे हैं? आचार्य स्वयं इतने शान्त कैसे रह सकते हैं? हमारी सारी सेना मारी गयी, और जो इन भीलों-किरातों की नई सेना मिली है, वह पूर्णत: अप्रशिक्षित है। भील प्रमुख ने एक लाख सेना की बात कही है, और वो यदि इतने युवक-युवती ले भी आया, तब भी उनमें से कितने ही प्रशिक्षण अवधि में अयोग्य निकल जायेंगे? प्रत्येक युवक-युवती सैनिक तो नहीं बन सकता। सैनिक दृष्टि से अयोग्य युवक को मरने के लिए तो युद्ध में नहीं झोंका जा सकता न! मेरे कितने ही गुरुभाई इस अग्निकांड में मारे गये। मैं प्रतिशोध की अग्नि में जल रहा हूँ। मैं कैसे उद्विग्न न होऊँ?

चन्द्रगुप्त के मन की बात समझते हुए आचार्य बोले, "पुत्र! योगऋषि कृष्ण का वचन कभी मत भूलना कि हमारा कर्तव्य कर्म करना है। कर्म करते रहो, असफल हो जाओ तो पुन: कर्म करो। परिणाम हमारे वश में कभी नहीं होता। अत: सुविचारित एवं दृढ़ संकल्प के साथ कर्म करते जाओ।"

"परन्तु, आचार्य ..."

"कोई परन्तु नहीं, पुत्र। आज प्रात: के तुम्हारे व्यवहार से मैं अत्यन्त प्रसन्न हूँ। तुमने एक राजा की भाँति व्यवहार किया, परन्तु अब तुम सामान्य मानवी की भाँति विचार कर रहे हो, व्यथित हो रहे हो। उठो चन्द्रगुप्त, तुम उठो और भारत को उठाओ। तुम्हारा मार्ग बहुत लम्बा है। इस मार्ग में तुम्हें न जाने कितनी मृत्यु देखनी है, न जाने कितने छल का, विश्वासघात का सामना करना है। यह तो पहली ठोकर है। अभी न जाने कितनी ठोकरें तुम्हारी प्रतीक्षा कर रही हैं।"

"प्रयत्न करूँगा, आचार्य।"

"उत्तम, पुत्र। प्रयत्न करना ही पर्याप्त है। अब बताओ। क्या योजना है?"

"आचार्य! आप श्रेष्ठ गुरु हैं, परन्तु आज मुझे उस वृद्धा से भी एक शिक्षा मिली है। मैं उसकी नीति का अनुसरण करूँगा।" यह बोलते समय चन्द्रगुप्त के होंठ मन्द स्मिति में फैल गये थे। चाणक्य भी हँसते हुए बोले, "तुम्हारी हँसी बहुत प्यारी है, पुत्र। और हाँ, शिष्य को अपने विकास के लिए कभी भी एक गुरु तक सीमित नहीं होना चाहिए। शिक्षण सतत् प्रक्रिया है। अब तनिक विस्तार से बताओ, क्या योजना है तुम्हारे मन में?"

"आपकी सहमति से मैं चाहता हूँ कि स्वयं की शक्ति का पुनः विकास करूँ। ऐसी सेना का निर्माण करूँ जो किसी भी साम्राज्य को टक्कर दे सके। इन भीलों को प्रशिक्षित करूँ और उन राज्यों को अपने साथ आने के लिए निमन्त्रित करूँ जो एक राष्ट्र की अवधारणा से सहमत हों। मेरा अनुमान है कि मालव और क्षुद्रक हमारे साथ आ जायेंगे। अम्बष्ठ के राजा ने तो पहले ही अपनी सहर्ष सहमति दी हुई है। शूद्र और मुचुकर्ण भी हमारे साथ होंगे। इनके अतिरिक्त साम्ब, क्षतृ और वसाति ने यवनों की दासता सहर्ष स्वीकार की थी। उन्हें इसका दण्ड मिलेगा। यदि उन्होंने मेरे ध्वज को स्वीकार नहीं किया तो बलपूर्वक उन्हें दबाऊँगा। उन्हें भारत राष्ट्र के अन्तर्गत आना ही होगा।"

"और उन राज्यों का क्या, जो अधिक सामर्थ्यवान हैं?"

"आपका संकेत गान्धार, केकय एवं यौधेय हैं। गान्धार का आम्भी और केकय के पर्वतेश्वर फ़िलिप के अँगूठे तले दबे हुए हैं। गान्धार में वहाँ की जनता विद्रोह कर ही रही है। उन्हें अपना पूर्ण समर्थन देना है। आचार्य, उस अँगूठे को काट देना है। निकनोर जिस मार्ग पर गया है, फ़िलिप को भी उसी मार्ग का पथिक बनना होगा। इसका उत्तदायित्व आप पर है। अपने गूढ़पुरुषों को आदेश दें कि वे जैसे भी हो, उस यवन का वध कर दें।"

चाणक्य गम्भीर स्वर में बोले, "अब तुम वास्तविक राजा की भाँति व्यवहार कर रहे हो, पुत्र। फ़िलिप के न रहने पर गान्धार विजय सरल हो जायेगी, पर पर्वतेश्वर अभिमानी हैं। उनका क्या करोगे?"

"अभी कुछ स्पष्ट नहीं, आचार्य। समयानुसार निर्णय लिया जायेगा। हाँ, मुझे आशा है कि इस बार यौधेय राष्ट्रहित को समझेंगे। उनके अपराधबोध का अनुमान है मुझे। यौधेयों को समझाने के लिए यौधेय भूति को दूत बनाकर भेजूँगा।"

"उत्तम, पुत्र। चलो, माना कि यह सब हो गया, उसके पश्चात् क्या?"

"फिर हम एक-एक कर मगध के राज्यों पर आक्रमण करेंगे। हमारा आक्रमण तीव्र और शत्रु की दृष्टि से अनियोजित होगा। धीरे-धीरे मगध की राजधानी की ओर

बढ़ेंगे और अपने भाग्य की परीक्षा लेंगे। आचार्य, हमें सैनिकों की समस्या कदाचित् न हो, परन्तु संसाधनों हेतु धन चाहिए। अग्रश्रेणी और कठ समाप्तप्राय हैं, परन्तु इनका व्यापारी वर्ग पूरे भारत में फैला हुआ है। वे जीवित हैं और अवश्य ही प्रतिशोध हेतु व्यग्र होंगे। भारत में यवन अभी भी हैं और भविष्य में पुनः आ सकते हैं। मुझे पूर्ण विश्वास है कि इन जातियों के धनिक हमें अवश्य सहायता देंगे। अभिसार राज्य पहले से ही हमारी सहायता करता आया है। मगध के श्रेष्ठी तात धनदत्त भी हमारे साथ हैं। वे आपको प्रेम करते हैं। उनकी कृपा है हम पर। यदि वे चाहें तो पूरे भारत के श्रेष्ठियों से सम्पर्क कर हमारी सहायता हेतु धन संग्रह कर सकते हैं। इसके अतिरिक्त मैं चाहूँगा कि हम मन्दिरों, मठों से आग्रह करें कि यदि वे उचित समझें, तो धर्म और राष्ट्र के रक्षण हेतु हमारे सहायक बनें। सदियों से इन मन्दिरों-मठों में भक्तों द्वारा अर्पित धन संग्रहित हैं। वे यदि उसमें से छोटा-सा भाग भी कृपापूर्वक हमें दे सकें तो हमें धन की कोई कमी नहीं होगी।"

"वाह पुत्र, वाह। तुम्हारी योजना सुनकर मन प्रसन्न हो गया। तुम्हारी योजना अत्यन्त उत्तम है। हम इसी का अनुसरण करेंगे। अस्तु पुत्र, अभी तुम कुछ दिनों का विराम ले सकते हो। तुम्हारा सन्देश लेकर मुचिकर्ण, अम्बष्ठ इत्यादि राज्यों के लिए दूत भेज दिये जाएँगे, भीलों का प्रशिक्षण भी आरम्भ हो जायेगा और फ़िलिप को भी देख लिया जायेगा। इन सब कार्यों में तुम्हारी उपस्थित अनिवार्य नहीं। वर्षों बाद मगध के इतना निकट आये हो, अतः मेरा परामर्श है कि तुम कुछ दिन अपनी प्रथम गुरु, अपनी माता के सान्निध्य में रहो। उन्होंने वर्षों से तुम्हें नहीं देखा है।"

"जो आज्ञा, आचार्य।"

अभिसार में अपने सैन्य आधारस्थल पर पुनः मिलने की बात कहकर चन्द्रगुप्त अकेले ही मगध की ओर बढ़ चला। राजधानी में प्रवेश करने से पहले उसने अपने केश मुंडित करवा लिए और एक बौद्ध भिक्षु का भेष बना लिया। बौद्ध भिक्षुओं को यद्यपि नगर में प्रवेश करने अथवा नगर से बाहर जाने में तनिक भी कठिनाई नहीं होती थी, अपितु उनके साथ विशिष्ट नागरिक जैसा व्यवहार होता था, परन्तु यदि ऐसा न भी होता तब भी चाणक्य से सम्बन्धित कोई भी व्यक्ति नगरद्वार पर एक विशिष्ट कूट शब्द बोलकर नगर में प्रवेश कर सकता था। वक्रनाश के अथक प्रयासों के बाद भी गौतम द्वारा स्थापित भ्रष्ट तन्त्र सुचारू रूप से कार्यरत था। चन्द्रगुप्त पहले श्रेष्ठी धनदत्त से मिला एवं अपने उद्देश्य की पूर्ति हेतु उसने आर्थिक सहायता माँगी। धनदत्त उसे एक गुप्त कक्ष की ओर ले गये और द्वार खोलते हुए बोले, "राजन! पीढ़ियों से प्रतिवर्ष व्यापार के लाभ का सौवां भाग हम अपने अतिरिक्त वेतन के रूप में इस कक्ष में रखते आये हैं। इसे हम किसी भी मद में इच्छानुसार व्यय कर सकते हैं

और हमारे व्यापार पर इसके व्यय से कोई प्रतिकूल प्रभाव नहीं पड़ेगा। यह सारा द्रव्य मैं आपको समर्पित करता हूँ। आप इनका यथायोग्य उपयोग करें।"

चन्द्रगुप्त ने कक्ष में प्रवेश किया और एक-एक पिटक को खोलकर देखने लगा। किसी में हीरे भरे थे तो किसी में माणिक्य। अलग-अलग रत्नों की अलग-अलग विशाल पिटकाएँ। स्वर्ण एवं रजत मुद्राओं का भण्डार तो था ही, साथ ही स्वर्ण और रजत शिलाओं के विशाल पिंड रखे हुए थे। इतना धन देख चन्द्रगुप्त के नेत्र भारी हो उठे। कक्ष से बाहर आकर वह धन्य भाव से धनदत्त से बोला, "जब तक आप जैसे धनवान राष्ट्रधर्म हेतु धन का दान करते रहेंगे, धर्म इस भूमि पर विद्यमान रहेगा, तात।"

"आइए राजन, विश्राम कक्ष में चलें।" विश्राम कक्ष में यथोचित स्थान ग्रहण करने के पश्चात् धनदत्त बोले, "कुछ दिनों में मेरा सार्थ निकलने वाला है। यह समस्त धन या इसका अंश, जैसा आप कहें, आपके बताये स्थान पर पहुँचा दिया जायेगा।"

"आप कृपापूर्वक समस्त धन पहुँचा दें, तात। मेरा अनुमान है कि इस धन से हमारी कई आवश्यकताएँ पूरी होंगी, पर इतना ही पर्याप्त नहीं होगा। आटविक[1] सेना के लिए उपयुक्त वस्त्र, शस्त्र और अस्त्र लेने के लिए धन चाहिए। उन्हें प्रशिक्षित करने में धन पानी की भाँति बहेगा। मौल सेना का संख्याबल भी आशानुरूप होगा, उसके लिए भी धन चाहिए। इनके अतिरिक्त मेरा विचार है कि देश-विदेश से भृत सैनिकों की भी नियुक्ति की जाये। बाख्त्री, सुग्ध[2] इत्यादि प्रदेशों के सैनिक अत्यन्त कुशल और जीवट वाले होते हैं। अतः तात, आपका दिया दान कदाचित् पर्याप्त न हो।"

धनदत्त मुस्कुराते हुए बोले, "आपका अर्थ के प्रति इतना सुविचारित दृष्टिकोण प्रणम्य है। क्यों न हो, आप अर्थशास्त्र के प्रकांड विद्वान आचार्य चाणक्य के शिष्य जो हैं। अस्तु, मुझे एक बात बताएँ। आप अपनी योजनाओं को मेरे समक्ष इतने स्पष्ट भाव से कैसे व्यक्त कर सकते हैं? आपको नहीं लगता कि यह सब गोपनीय रहना चाहिए?"

"लज्जित न करें, तात। आप मेरे गुरु के लिए पितृतुल्य हैं। मैंने देखा है कि आपके सम्बन्ध में जब कोई चर्चा होती है तो वे कितने धन्यभाव से आपका स्मरण करते हैं। गुरु पिता के समान होता है। इस सम्बन्ध से आप मेरे पिता के भी पिता हैं।

---

[1] आटविक सेना – भील इत्यादि वनप्रान्तर में रहने वाली प्रजा से निर्मित सेना, मौल सेना – मूल नागरिकों की सेना, भृतसेना – वेतन लेकर किसी के भी पक्ष में लड़ने वाली सेना

[2] बाख्त्री – बैक्ट्रिया, सुग्ध – समरकन्द, बुख़ारा

फिर आपकी राष्ट्र और धर्म के प्रति निष्ठा से कौन परिचित नहीं? मैं सिंहासन और मुकुट विहीन राजा हूँ, तो आप और गौतम जैसे पुरुष मेरे मन्त्री हैं। मेरे उस अदृश्य सिंहासन के आधार तो आप ही लोग हैं। अतः आपसे गोपनीयता का व्यवहार करना कृतघ्नता होगी, तात।"

यह सुन धनदत्त भावुक हो गये और भीगे स्वर में बोले, "राजन! हम व्यापारियों को सदैव ही शंका की दृष्टि से देखा जाता है। कतिपय लोग हमारे वैभव को देख समझते हैं कि हम कोई रक्तजीवी राक्षस हैं जो अपने स्वार्थ की पूर्ति हेतु दूसरों के धन का भक्षण कर उस पर कुंडली मारकर बैठ जाते हैं। हम धर्म हेतु कितने ही तालाब और कुएँ बनवा दें, कितनी ही धर्मशालाओं का निर्माण और व्यवस्थापन करें, हमें सदैव ही सन्देह की दृष्टि से देखा जाता है। आपने मेरे प्रति अपना विश्वास प्रदर्शित कर मुझे अपना दास बना लिया है। मैं आपको निराश नहीं करूँगा। यथासम्भव धन की आपूर्ति सुनिश्चित करूँगा। आप निश्चिन्त रहें।"

"अच्छा तात, यह तो बतायें कि यह मगध प्रदेश में हो क्या रहा है? वीथियों में इतने श्रमण[1] क्यों घूम रहे हैं? जिधर देखो, उधर ही चीवर[2] पहने ये बौद्ध भिक्षु दिखायी देते हैं। भारत में संन्यास परम्परा आरम्भ से रही है, पर इतनी अधिक संख्या, वह भी नगरों में? दस-बारह वर्ष के बालक भी भिक्षु बने घूम रहे हैं। वाहीक प्रदेश में तो यह नहीं दिखते, फिर मगध में ही क्यों?"

"हमारे सनातन धर्म में सन्यास हेतु एक निश्चित आयु निर्धारित है। यद्यपि यह बहुत रूढ़ नहीं है। कोई बालक यदि जन्मजात संन्यासी प्रवृत्ति का है तो वह अपनी इच्छा से संन्यास ले सकता है, पर ऐसे लोग लाखों-करोड़ों में एक होते हैं। सनातन में युवावस्था प्राप्त करने के बाद संन्यासी बनने हेतु कठिन परीक्षाएँ हैं। वर्षों की तपस्या के बाद एवं कसौटी पर खरा उतरने के बाद ही संन्यासी होने की मान्यता मिलती है। फिर उनके कर्तव्य भी निर्धारित हैं। वे समाज को कुछ-न-कुछ अवश्य देते हैं। आवश्यकता पड़ने पर शस्त्र सज्जित भी हो सकते हैं। महात्मा बुद्ध ने जो मत स्थापित किया है, वह प्रणम्य है। परन्तु मेरी दृष्टि में उन्होंने संन्यास हेतु सनातन के बन्धनों को काटकर गलत उदाहरण प्रस्तुत किया। वे जन्मजात संन्यासी थे, अतः कदाचित् उन्हें लगा कि कोई भी संन्यासी बन सकता है। बालमन बड़ा कोमल होता है। वह जब इन श्रमणों को देखता है, उन्हें मिल रहे सम्मान को देखता है तो उसके प्रति आकर्षित होता है। वह संन्यास का वास्तविक अर्थ समझे बिना ही प्रवज्या[3]

[1] श्रमण – बौद्ध भिक्षु

[2] चीवर - भिक्षुओं के वस्त्र

[3] प्रवज्या - संन्यास, भिक्षुव्रत

लेकर भिक्षु बन जाता है। बौद्ध मत का पूरा सम्मान करते हुए मुझे यह कहने में कोई संकोच नहीं कि अधिकांश असफल युवक आजीविका का इतना सरल माध्यम देख भिक्षु बन जाते हैं। हमारा समाज साधु और श्रमण में भेद नहीं करता। वह उसी श्रद्धा से श्रमण को दान देता है, जिस श्रद्धा से साधु को दान देकर अनुगृहीत होता है। यह प्रवृत्ति घातक है, परन्तु कोई कुछ नहीं कर रहा। राजा नन्द को मदिरा और मैथुन से अवकाश नहीं। उनके अधिकांश अमात्य भी वैसे ही हैं। प्रधानामात्य राक्षस भली प्रवृत्ति के पुरुष हैं, वह प्रजा के हित हेतु सदैव प्रयत्नशील हैं, परन्तु सबसे अधिक दोष भी उन्हीं का है। बौद्ध मतावलम्बी होने के कारण उनके नेत्रों पर धर्म की पट्टी बँधी है, जिससे वह यह अनाचार, यह भ्रष्टाचार, इस कापुरुषत्व को देख ही नहीं पाते।"

चन्द्र चिन्तित स्वर में बोला, "यह तो चिन्ता की बात है, तात। यदि किशोर और युवा पीढ़ी इस गति से भिक्षु बनती रही तो राष्ट्र का सन्तुलन बिगड़ जायेगा। नहीं, इसे रोकना होगा। कोई भिक्षु बने, उससे आपत्ति नहीं, परन्तु वह अपनी अन्तरात्मा की पुकार पर ऐसा करे, न कि किसी अन्य को देख चीवर धारण कर ले। संन्यास को उसके वास्तविक अर्थ में ग्रहण करे, न कि कर्म से विमुख होकर कर्म के विकल्प के रूप में उसे धारण करे। मेरे विचार से पच्चीस वर्ष तक की आयु तक किसी को भी भिक्षु बनने से रोकने के लिए स्पष्ट प्रावधान होने चाहिए। पच्चीस वर्ष तक की आयु शिक्षा प्राप्ति की आयु है। बालक गुरुकुलों में, अपने घरों में शिक्षा प्राप्त करें। उसके पश्चात् यदि उन्हें लगता है कि संन्यास ही उनके लिए श्रेष्ठ है, तो संन्यास ले लें। अशिक्षित मनुष्य का निर्णय उसके और समाज, दोनों के लिए हानिकारक है।"

"अवश्य, राजन। यही होना चाहिए। मेरे विचार से राज्य की यदि यह नीति हो तो भिक्षु बनने की प्रवृत्ति में विराम लगेगा। संन्यास के योग्य व्यक्ति ही प्रवज्या लेंगे। पच्चीस वर्ष तक की आयु तक व्यक्ति को अपनी अभिरुचि, अपने लक्ष्य का भान हो जाता है। फिर विचारने वाली बात यह भी है कि जिस युवक ने वर्षों तक किसान, सैनिक, पुरोहित, लोहार, व्यापार इत्यादि की शिक्षा ली है, वह कर्महीन भिक्षु क्यों बनना चाहेगा?"

अन्य कई विषयों पर चर्चा करने के पश्चात् चन्द्रगुप्त समापन करता हुआ बोला, "अच्छा तात, अब आज्ञा दें। मुझे अपने गुरु के आदेशानुसार अपने प्रथम गुरु के समक्ष उपस्थित होना है।"

"अवश्य, राजन। एक अन्तिम बात कहना चाहता हूँ। आप इतने वर्षों से अपनी माता से दूर रहे और आज भी अपने गुरु के कहने पर ही माता के पास जा रहे हैं। क्या आपको स्वयं कभी यह विचार नहीं आया कि अपनी माँ से मिल आया जाये?"

चन्द्रगुप्त के आनन पर एक विचित्र-सा भाव आया, "नहीं, तात। मैं अपनी माँ को कभी भूला ही नहीं, जो उसे स्मरण करने की आवश्यकता पड़े। राष्ट्र में माँ और माँ में राष्ट्र, मैंने आचार्य से कुछ सीखा है तो यही सीखा है। फिर, आचार्य स्वयं इतने मातृवत्सल हैं कि माँ की अनुपस्थिति का कभी भान ही नहीं हुआ।"

×××

मुंडित केश और चीवरधारी चन्द्रगुप्त बिना किसी रोक-टोक के मगध की वीथियों में टहलता रहा। वाहीक प्रदेशों में वह बहुत घूमा था, धन-धान्य से पूर्ण नगरों को निकटता से देखा था, पर मगध के श्रेष्ठियों की अट्टालिकाओं की समतुल्यता वाहीक प्रदेश के राजमहल भी नहीं कर सकते थे। श्रेष्ठियों की गृहपंक्तियों से निकलकर वह एक नये उपनगर में प्रविष्ट हुआ। यहाँ नवधनाढ्य शासकीय कर्मचारियों के घर बने हुए थे। विशाल सड़कों के दोनों ओर सम्पन्नता जैसे छिटकी पड़ी थी। प्रत्येक घर जैसे दूसरे घर से होड़ लेता प्रतीत हो रहा था। कोई राजकर्मचारी इतना सम्पन्न कैसे हो सकता है, यह विचार करता हुआ चन्द्र मध्यमवर्ग और फिर निम्नवर्ग के उपनगरों में गया। कुम्भ के घर के आगे वह बहुत देर तक ठिठका खड़ा रहा। चाहता था कि जाकर उसके पिता और माता से मिले। कुम्भ की वीरता, उसके त्याग और आत्मोसर्ग को बताए, पर इतनी सामर्थ्य जुटा ही न पाया। क्या कहता कि उनका बेटा जो शिक्षा प्राप्त करने गया था, एक योद्धा की भाँति मगध पर आक्रमण करने आया था और मारा गया?

अन्ततः सूर्य के अस्त होने के उपरांत वह उन वीथियों की ओर बढ़ा, जिधर वर्षों पहले वह अपनी माँ को छोड़ आया था। दिन के प्रकाश में उसका उन गलियों में जाना और किसी महिला से मिलना अलक्षित नहीं रहता। वक्रनास के गूढ़पुरुष हर कहीं फैले हुए थे। अतः जब अन्धकार घना हुआ तब वह द्वार पर आकर खड़ा हुआ और धीमे स्वर में बोला, "भवति भिक्षां देहि!"

शूद्रों की बस्ती में बौद्ध भिक्षुओं का आना नई बात नहीं थी, पर कतिपय बौद्ध भिक्षु जो वास्तव में भिक्षु कहे जा सकते थे, वे ही निर्धनों के यहाँ भी समभाव से भिक्षा माँगने जाते थे। परन्तु ऐसा रात में तो नहीं देखा गया था। अतः तनिक उलझन के साथ एक प्रौढ़ स्त्री बाहर निकली और प्रणाम करते हुए बोली, "आज्ञा करें महात्मन, यह दरिद्रा आपको क्या अर्पित कर सकती है?"

मैले वस्त्र पहने, झुर्रियों और झाइयों वाले मुखड़े को देख चन्द्र भीगे स्वर में बोला, "बड़ी भूख लगी है, माँ। अपने हाथ का बना भोजन खिलाएगी अपने पुत्र को?"

मूरा इस विचित्र भिक्षु को देख-सुन अचम्भित थी। योद्धाओं जैसी काया का यह युवक चीवर पहनकर भिक्षा माँग रहा है, यह सोच उसके मन में तनिक वितृष्णा के भाव आये, परन्तु भूखे को खाली पेट वापस भेजना अनुचित होता। अतः वह उसे घर के अन्दर ले गयी और एक स्थान पर बिठाकर बोली, "आर्य, आप यहाँ विश्राम करें। घर के निवासियों का भोजन हो चुका है। मुझे पुनः चूल्हा जलाना होगा। समय लगेगा।"

"माँ! यदि तुझे आपत्ति न हो तो मुझे रसोई के सामने बैठने की अनुमति दे। यहाँ अकेले बैठ कर मैं क्या करूँगा? तेरे सामने बैठूँगा तो कुछ तेरी सुनूँगा, कुछ अपनी सुनाऊँगा। तेरा भी मन लगा रहेगा।"

इस बालसुलभ माँग पर मूरा तनिक अटपटा गयी, पर श्रमण की इच्छा का आदर करते हुए उसे खुले में बनी रसोई के पास ले आयी। भिक्षु वहीं बैठ गया और वृद्धा सूखी लकड़ियों में आग देने लगी। भिक्षु बोला, "तू प्रसन्न तो है, माँ?"

"भला मैं अप्रसन्न क्यों होऊँगी, आर्य?"

"तेरे परिवार में कौन-कौन है, माँ?"

"मेरा परिवार? मैं यहाँ एक आश्रिता की भाँति रहती हूँ। यह घर मेरे धर्मभाई का है। उसके परिवार में कोई नहीं है। मेरे अपने परिवार में मेरा एक पुत्र है, जिसे वर्षों पहले एक युवा ब्राह्मण अपना शिष्य बनाकर ले गया था। उसके बाद से मैंने अपने पुत्र को नहीं देखा।"

"अच्छा माँ, यदि तेरा वह पुत्र तेरे सामने आ जाये तो तू क्या करेगी? उसे पहचान लेगी?"

"अब वह पूर्ण युवा बन चुका होगा। उसके कन्धे चौड़े हो गये होंगे। उसे लम्बे बाल रुचते थे। अब उसके बाल कन्धे तक आते होंगे। दाढ़ निकल आयी होगी, चेहरा बड़ा हो गया होगा। दाढ़ी-मूँछ आ गयी होगी। उसका स्वर भारी हो चुका होगा। मुझे नहीं पता आर्य कि मैं उसे पहचान पाऊँगी या नहीं, पर वो तो मुझ वृद्धा को अवश्य ही पहचान लेगा। कुछ झुर्रियों की वृद्धि के अतिरिक्त मैं तो आज भी वैसी ही हूँ।"

"अच्छा माँ, यदि वह केश विहीन होकर आये, दाढ़ी-मूँछ मुंडवाकर आये, तब उसे नहीं पहचान पायेगी क्या?"

मूरा को उसकी बात समझने में तनिक समय लगा। अब तक तो उसने इस भिक्षु के चेहरे को ध्यान से देखा ही नहीं था। भिक्षु की इस बात पर वह अपलक उसे देखती रही, फिर अचानक उसकी ओर लपककर आयी और उसके सिर को अपने वक्ष में भींचकर रोते हुए बोली, "चन्द्र! तू मेरा चन्द्र है रे।" उसके सिर, कपोल, नेत्र,

कर्ण को अनगिनत चुम्बनों से अंकित करते हुए फूट-फूटकर रोती मूरा बोली, "हाय रे निर्दयी, तू कभी अपनी माँ से मिलने नहीं आया, और आज आया तो मेरे साथ ऐसा परिहास किया?" चन्द्र को अपनी दुर्बल भुजाओं में कसते हुए बोली, "मेरा बेटा, मेरा लाल, अब मैं तुझे कहीं नहीं जाने दूँगी। कितना दुबला है तू? खाता नहीं था क्या?"

चन्द्र भी रो रहा था, पर माँ की यह बात सुन उसे हँसी आ गयी। जब गया था तब किशोर था, आज पूर्ण युवक बनकर वापस आया है और माता की चिन्ता यह कि दुबला हो गया है। माताएँ ऐसी ही होती हैं। बेटा भले ही भीम जितना विशालकाय हो जाये, उसे वह पहले की अपेक्षा दुर्बल ही दिखायी देगा। इधर माता बोले जा रही थी, "निर्दयी, तुझे तनिक भी दया न आयी इस बुढ़िया पर? इतने विलम्ब से आया और आकर यह स्वांग किया। सीधे-सीधे बता नहीं सकता था कि तू मेरा चन्द्र है? भिक्षा माँगता है माँ से? निर्लज्ज!"

चन्द्र अपनी माँ के प्रेमपाश से तनिक मुक्त होता हुआ बोला, "पर माँ, मुझे सच में भूख लगी थी। आज सुबह से कुछ नहीं खाया।"

"हाय मेरा बच्चा! तू बैठ, मैं अभी तेरे लिए पकवान बनाकर लाती हूँ।"

"पकवान रहने दे, माँ। पतली वाली पीली दाल और रोटियाँ बना दे, बस। तेरे हाथों का बना भोजन, तेरे इन सुन्दर हाथों से खाऊँगा तो वह किसी पकवान से कम स्वादिष्ट नहीं होगा।"

"बातें बनाना नहीं भूला तू। अच्छा बैठ, मैं भोजन बनाती हूँ। या तू जाकर स्नान कर आ, तब तक भोजन भी बन जायेगा।"

चन्द्रगुप्त उठा और स्नान कर वापस आ गया। माता रोटियाँ सेंक रही थी। बोली, "बैठ, तुझे गरम-गरम बनाकर परोसती रहूँगी। तू खाते रहना।"

"नहीं माँ, सब एक साथ बना ले। फिर खाएँगे।"

बेटे माँ को नहीं समझ पाते कि उन्हें कितना आनन्द मिलता है जब वे अपने बच्चों को गरम-गरम रोटियाँ परोसती हैं। तनिक भी ठंडी रोटी खिलाने में उनका जी जलता है। पर माँ भी कहाँ समझ पाती है कि बेटे को गरम रोटी में नहीं, माँ के हाथ से भोजन करने में अधिक स्वाद आता है।

रोटियाँ बनने के बाद एक-एक ग्रास अपने हाथ से खिलाती मूरा पूछ बैठी, "तो तू क्या भिक्षु बन गया है रे? वो कपटी ब्राह्मण तुझे मुझसे छीनकर ले गया और तुझे भिक्षु बना दिया? इससे अच्छा तो तू मेरे ही पास रहता। कहाँ रहता है वो ब्राह्मण? मुझे उसके पास ले चलना। उस पापी को जब तक चार बातें सुना नहीं लूँगी, मुझे चैन नहीं आयेगा।"

माँ ऐसे ही बहुत कुछ बोलती रही और चन्द्र चुपचाप उसकी बातें सुनता रहा। एक पुत्र की दो माताएँ हों तो कदाचित् वे इसी भाँति एक-दूसरे को शाप देती होंगी। भोजन करने के बाद अविराम बोलती मूरा को अपने निकट बैठाते हुए चन्द्र बोला, "रुक जा, माँ। कितना बोलेगी? अब सुन कि तेरे उस कपटी ब्राह्मण ने मेरे साथ क्या-क्या अत्याचार किये? वह मुझे विद्यापीठ ले गया। सुबह-सुबह सूर्य निकलने से पहले मुझे उठा देता था और न जाने कितनी दूर तक दौड़ाता रहता। स्वयं भी मेरे साथ दौड़ता और देखता कि कहीं मैं रुककर विश्राम न कर लूँ। यदि कभी मुझे धीमा होते देखता तो बहुत ज़ोर-से डाँटता, कभी-कभी तो चपेट भी लगा देता। जब हम वापस आते तो विभिन्न प्रकार के कठिन व्यायाम कराता। योग करवाता। भोजन के लिए वह अत्यन्त कठोर था। कच्चे फल और वनपस्तियों के साथ जाने कैसी-कैसी वसायुक्त वस्तुएँ खाने के लिए बाधित करता। फिर वह बड़ी-बड़ी पोथियों के सम्मुख मुझे बिठा देता और उन्हें स्मरण करने, उनका वाचन करने और अपने निष्कर्ष निकालने के लिए कहता। माता, शारीरिक व्यायाम से कहीं अधिक कठिन कार्य था वह। वह कोई भी त्रुटि सहन नहीं करता था। उच्चारण जब तक सही न निकले, आगे नहीं बढ़ने देता था। वर्षों तक उसका यह अत्याचार सहा मैंने।"

मूरा समझ नहीं पाई कि वह कहना क्या चाहता है? इधर चन्द्र बोलता गया, "पता है माँ, वह इतना निर्दयी था कि कभी भी हमें विश्राम करने का अवसर नहीं देता था। पोथियों से पिंड छूटता तो कभी अश्वों के साथ तो कभी हस्तियों के साथ हमें झोंक देता। उन्हें नियन्त्रित करना, उन पर आरोहण करना सिखाता। कितना हिंसक था वह माँ, जो हम छोटे-छोटे बच्चों के हाथों में कभी धनुष पकड़ा देता तो कभी खड्ग। वह युद्ध की चर्चाएँ करता। पूर्व में हुए युद्धों और उनके व्यूहों का विशद वर्णन करता। वह शस्त्रों की प्रयोग विधि ही नहीं, उनके निर्माण की प्रक्रिया को भी सीखने के लिए बाध्य करता। मनुष्यों, अश्वों, हस्तियों की उपचार विधि भी सीखनी पड़ी मुझे। प्रातः से संध्या तक जाने क्या-क्या सीखते, इन बाहुओं से काम लेते-लेते हम बच्चे मानसिक रूप से थक जाते। भोजन की इच्छा नहीं होती थी। हाथों में इतनी सामर्थ्य न होती कि ग्रास तोड़ सकें। तब वह तेरा कुटिल ब्राह्मण हमें अपने हाथों से ठूँस-ठूँसकर खिलाता। फिर वह तब तक हमें इन्द्र, वरुण, शिव, राम, अर्जुन, कृष्ण की कहानियाँ सुनाता, जब तक हम सो नहीं जाते। उसके अत्याचार कभी रुकते ही नहीं थे। माँ, वह वास्तव में बहुत ही निर्दयी ब्राह्मण था।"

अपने आचार्य के स्मरण से चन्द्र की आँखें भर आयी थीं। मूरा भी लज्जित हुई कि जो व्यक्ति गुरु और माँ, दोनों के कर्तव्य एकसाथ निभाता आया था, उसे वह कितने-कितने अपशब्द बोल गयी। फिर भी वह तनिक सशंकित होकर बोली, "तो उसने जब तुझे इतनी उत्तम शिक्षा दी तो तू भिक्षु क्यों बन गया रे?"

"मेरी भोली माँ, तू पहले पूरी बात सुन ले। फिर देखना कि तेरे इस चन्द्र को तेरे उस कपटी ब्राह्मण ने क्या बना दिया है?" इसके पश्चात् चन्द्र ने आरम्भ से लेकर अन्त तक की सारी बातें उसे सविस्तार बतायीं। मूरा धन्य-धन्य हो उठी। उसका पुत्र समस्त भारत का सम्राट् बनेगा! उस ब्राह्मण ने उसके पुत्र को राजा बना दिया है! चाणक्य को मन-ही-मन प्रणाम करते हुए अत्यन्त प्रसन्न होकर मूरा ने चन्द्र के मस्तक पर आशीर्वाद स्वरूप चुम्बन अंकित कर दिया। माता की गोद में सिर रखकर नेत्र बन्द कर चन्द्र बोला, "पता है माता, अब तेरा चन्द्र चन्द्रगुप्त है।"

"तूने गुप्त उपनाम क्यों रखा, पुत्र?"

"माता, कई बार कई लोगों ने मेरे कुल, मेरे वंश को जानने की इच्छा व्यक्त की। मात्र 'चन्द्र' नाम से वे असहज हो उठते थे। अतः उनकी और अपनी सुविधा के लिए मैंने अपने गुरु आचार्य विष्णुगुप्त के उपनाम को अपना लिया।"

"उचित किया, पुत्र। तेरे गुरु ने शिक्षक के साथ-साथ पिता और माता का भी कर्तव्य निभाया है। पर पुत्र, क्या तुझे कभी इच्छा नही हुई कि तू अपने पिता को जाने, अपने कुल से परिचित हो?"

"तूने कभी बताया नहीं, मैंने कभी पूछा नहीं। गुरुकुल में कुल का कोई महत्व भी नहीं था, अतः कभी आवश्यकता भी नहीं पड़ी। फिर गुरु कहते हैं कि पुत्र कोई भी हो, किसी भाँति भी उत्पन्न हो, वह अन्य सभी की भाँति समान मानवीय अधिकार रखता है एवं माता, माता है। पुत्र को धन्यभाव से भरा होना चाहिए कि उसकी माँ ने उसका निर्माण किया है। माता के रक्त और दुग्ध से बना यह शरीर उसका ऋणी है कि मात्र उसी के कारण उसका अस्तित्व वर्तमान है। जिस मस्तिष्क से हम माता के प्रति अनर्गल विचार अपने मन में लाते हैं, वह मस्तिष्क भी माता के होने के कारण ही अस्तित्व में है। अतः माता सदैव पूजनीय है। उससे प्रश्न नहीं किया जा सकता।"

मूरा वर्षों से इस नगर में रहती आयी थी। नगर में कई ऐसी महिलाएँ थीं जिनकी सन्ततियों के पिताओं का कोई ज्ञान नहीं था, परन्तु समाज में उन स्त्रियों को बड़ी हेयदृष्टि से देखा जाता। महिलाएँ ही ऐसी महिलाओं के सम्बन्ध में गर्हित और घृणित बातें करती थीं। मूरा सबके दुःख में सम्मिलित होने वाली, सबका साथ देने वाली स्त्री थी, इसके पश्चात् भी उसके सम्बन्ध में भी महिलाएँ उल्टी-सीधी बातें करतीं। इधर यह अपना ही समाज था, उधर वो आचार्य था जो धर्मग्रंथों के आधार पर ऐसी माता को भी अन्य माताओं से कम नहीं मानता था और उस माता से उत्पन्न पुत्र से कोई भेद नहीं रखता था, परन्तु अब उसका चन्द्र बड़ा हो गया है, आचार्य की कृपा से पर्याप्त शक्तिशाली हो चुका था। जिस नन्द के भय से उसने सच्चाई को इतने वर्षों तक अपने हृदय के अन्तःस्थलों में कहीं गहरे दबा दिया था, उसे प्रकट करने का अवसर आ चुका था।

मूरा चन्द्र को अपनी गोद से उठाते हुए बोली, "उठ पुत्र, अपने नेत्र खोल और मेरी ओर देख। तू कुलहीन नहीं है। महान पूर्वजों का वंशज है तू। तू उस वंश से है, जिसके एक पुष्प ने शान्ति और अहिंसा का सन्देश पूरी मानवता को दिया है। तू उस वंश से है जिसके वीरों ने इस मगध साम्राज्य के निर्माण हेतु अपना रक्त बहाया है। पुत्र, तू राजाओं का वंशज है। नेपाल की तराई में बसे पिप्पलि-कानन के मौरीय गण के राजा मौर्य का पुत्र है तू। तेरे पिता इस विशाल मगध साम्राज्य के प्रमुख सेनापति थे। धर्म हेतु, न्याय हेतु, अबला स्त्री के पक्ष में सत्ताधारी से टकरा जाने वाले क्षत्रिय मौर्य का पुत्र है तू। वर्षों तक निष्ठापूर्वक मगध की सेवा करने के बाद नन्द द्वारा तिरस्कृत किये जाने पर तेरे पिता ने राज्य की सेवा से मुक्ति ले ली और अपने गणराज्य की ओर लौट गये। वर्षों बाद नन्द ने तेरे पिता से प्रतिशोध लेने के लिए हमारे गणराज्य पर आक्रमण किया और प्रत्येक नर-नारी की हत्या करवा दी। उस समय तू मेरे गर्भ में था। उस युद्ध में पराजय निश्चित थी, अतः राजा मौर्य ने अपनी रानी अर्थात् मेरे साथ समस्त गर्भवती नारियों को सुरक्षित निकाल ले जाने के लिए अपने श्रेष्ठ योद्धाओं को नियुक्त किया। सभी स्वस्थ नागरिक युद्ध करते हुए मारे गये, बालकों को वनों में खदेड़ दिया गया जो वन्यपशुओं के भक्ष्य बने। जिन नारियों को सुरक्षित निकाल दिया गया था, वे भी थकान, भूख-प्यास से एक-एक कर मरती गयीं। बस, ये बड़भागी तेरी माँ बची रही, ताकि वो मौरीय गण के एक पुष्प को जन्म दे सके। नन्द के गुप्तचर मुझे सर्वत्र खोज रहे थे। दीये के तले में ही अँधेरा होता है, अतः मैं तुझे लेकर मगध आ गयी। यहाँ क्षत्राणी बनकर रहती तो कदाचित् कभी न कभी पकड़ी जाती। अतः शूद्रों की बस्ती में रही। पुत्र, तेरे पिता की अन्तिम आज्ञा थी कि मौरीय गण का कोई शिशु यदि उन अभागी गर्भवती स्त्रियों के गर्भ से जन्म लेता है तो उसे योग्य गुरु के संरक्षण में दे दिया जाये। धर्म का मर्म जानकर वह अधर्मरूपी नन्द के नाश हेतु प्रयत्नशील हो। जानता है पुत्र, मैं यहाँ रहने के कुछ ही वर्षों में तेरे पिता की आज्ञा भूल चुकी थी। कदाचित् स्वर्ग में बैठे तेरे पिता को मेरी उदासीनता दिख गयी, और उन्होंने ही उस युवा ब्राह्मण को प्रेरित किया कि वह तुझे अपने संरक्षण में ले ले। देख, आज तू वही कर रहा है जो तेरे पिता तुझसे करवाना चाहते थे।"

चन्द्र अपलक अपनी माँ की बातें सुन रहा था। क्या इस सूचना से उसे अपने अन्दर किसी परिवर्तन का आभास हो रहा था? क्या क्षत्रिय राजा मौर्य का पुत्र होकर उसे कुछ भिन्न अनुभूति हो रही है? क्या अपने कुल पर किये गये अत्याचार से नन्द के प्रति क्रोध में कोई वृद्धि हुई है? चन्द्र के अन्तर्मन ने उत्तर दिया, नहीं। उसे कोई परिवर्तन प्रतीत नहीं हुआ। आजीवन स्वयं को शूद्र माना, अब क्षत्रिय हो गया।

क्या अन्तर आ गया इससे? नन्द के अत्याचारों की अनगिनत कहानियाँ उसे ज्ञात हैं। एक अत्याचार मौरीय गण के प्रति भी जुड़ गया। क्या उसे अब अधिक क्रोध आ रहा है? उसने अपनी माँ की ओर देखा। चेहरे पर झाइयाँ पड़ी हैं, कटि भी थोड़ी झुक गयी है। कभी उत्तम अलंकारों, रत्नों और वस्त्रों को धारण करने वाली उसकी रानी माँ आज एकवस्त्रा दरिद्र स्त्री है। कितनी आयु होगी माँ की? पैंतीस-चालीस! पर वह साठ वर्ष की प्रतीत होती है। इससे उसके पति को छीन लिया उस नन्द ने। उसके कारण ही माता को अपने पुत्र से इतने वर्षों तक दूर रहना पड़ा। न जाने कितनी माताओं से उनके पति, उनके पुत्रों को छीना गया है। अपनी माता सहित उन सभी माताओं का प्रतिशोध लेना है उसे।

मूरा अपने पुत्र को इस भाँति निश्चल बैठा देख भ्रमित हो गयी। ऐसी सूचना पर तो उसे उद्वेलित हो उठना था, पर यह इतना शान्त कैसे बैठा है? चन्द्र का हाथ पकड़ते हुए मूरा ने कहा, "पुत्र! क्या तुझे प्रसन्नता नहीं हुई? क्या तुझे क्रोध नहीं आ रहा?"

"मैं प्रसन्न हूँ, माँ। मुझे नन्द के प्रति क्रोध भी है। तुझे देखकर, तेरे पास वापस आकर मैं पहले से ही इतना अधिक प्रसन्न था कि अतिरिक्त प्रसन्नता के भाव उत्पन्न नहीं हुए। नन्द के प्रति क्रोध भी पहले से ही पर्याप्त है, अत: व्यक्तिगत क्रोध ने भी अतिरिक्त लक्षण नहीं दिखाए, पर माँ, तुझे वचन देता हूँ कि इस दुराचारी नन्द को दण्ड अवश्य मिलेगा। तू पुन: राजरानी बनेगी। मौरीय कुल का सर्वनाश करने निकले उस नन्द को और नन्दवंश को कदाचित् भारत भुला दे, परन्तु मौर्य को यह संसार कभी भूल नहीं पाएगा। पिता का नाम ही अब मेरा कुलनाम होगा।"

मूरा को सन्तोष हुआ। चन्द्र के कपोल छूते हुए बोली, "पुत्र, अब अधिक रात्रि हुई। चल, अब थोड़ा विश्राम कर ले।"

"नहीं, माता। मैं रुक नहीं सकता। रात्रि में ही मुझे यहाँ से निकल जाना है और तू मेरे साथ चलेगी।"

"पर पुत्र, यहाँ तेरे मातुल का क्या होगा?"

"वह मद्यप? वह तेरे आने से पहले भी तो जीवित था। आगे भी रह लेगा। वैसे माता, वह मेरा मातुल कैसे हुआ?"

"धर्म के नाते से, पुत्र। नायक गृद्ध मुझे एक वनवासी के घर ले आये थे। वहीं तेरा जन्म हुआ। तेरे जन्म के कुछ ही दिनों बाद नन्द के सैनिक हमें ढूँढते वहाँ आ पहुँचे थे। गृद्ध ने अकेले ही उनका सामना किया और वह वनवासी अपने परिवार को अनारक्षित छोड़ हम दोनों को लेकर वहाँ से निकल आया। गृद्ध मारे गये और मुझे न पाकर सैनिकों ने क्रोध में उस वनवासी परिवार की हत्या कर दी।

यह तेरा मातुल उसी वनवासी मित्र का भाई है। यह जैसा भी है, इसने कभी भी तेरी माँ को अपनी सगी बहन से कम नहीं समझा।"

"अच्छा, माँ। अपने वचनों के लिए क्षमा माँगता हूँ, पर हम अब यहाँ रुक नहीं सकते। तू मेरे साथ चल। मातुल का प्रबन्ध मैं करवा दूँगा। पर तू चल तो पायेगी न? बस, कुछ ही कोस चलना होगा। उसके पश्चात् तेरे लिए शिविका[1] की व्यवस्था हो जायेगी।"

"बेटा, वर्षों से परिश्रम करती आयी हूँ। कुछ कोस तो चल ही लूँगी। हाँ, शिबिका में कदाचित् न बैठ पाऊँ। पहले कभी बैठी जो नहीं। तू तो अश्व पर बैठेगा न? क्या मेरे लिए भी अश्व नहीं होगा तेरे पास? लगता है कि तू भूल गया कि तेरी माँ क्षत्राणी है। अश्वारोहण की शिक्षा तो मेरे रक्त में है।"

(14)

आचार्य अपनी कुटिया में बैठे संसाधनों का लेखा-जोखा जाँच रहे थे। प्रतिष्ठित धनिकों ने मुक्त हस्त से उन्हें दान दिया था, परन्तु सबसे अधिक सहायता मन्दिरों से प्राप्त हुई थी। राष्ट्र के विभिन्न मन्दिरों में आचार्य ने अपने उन शिष्यों को भेजा था जो वेदपाठी थे एवं जिनकी रुचि धर्म एवं धार्मिक कर्मकांडों में अधिक थी। इन शिष्यों ने नेपाल से लेकर सिंहल तक की यात्रा की थी, जिसमें से कुछ आर्थिक सहायता लेकर वापस भी आ गये थे। इस आरम्भिक सहायता को देख अनुमान लग सकता था कि चन्द्रगुप्त की इस सेना को अब धन एवं संसाधनों की कमी नहीं होने वाली।

कुटिया में एक सेवक ने प्रवेश किया और सूचित किया कि राजा चन्द्रगुप्त वापस आ गये हैं और उनके साथ एक स्त्री भी है। अभी सेवक अपनी बात पूरी भी नहीं कर पाया था कि चन्द्रगुप्त और मूरा ने कुटिया में प्रवेश किया। चन्द्रगुप्त तो आगे बढ़कर अपने गुरु के पैरों में गिर गया और मूरा वहीं खड़ी उस ब्राह्मण को देखती रह गयी। आचार्य ने चन्द्रगुप्त को उठाया और मूरा की ओर हाथ जोड़कर आगे बढ़े। उसके समक्ष पहुँचकर सिर झुकाकर प्रणाम किया तब मूरा की तन्द्रा टूटी। वह भरभराकर आचार्य के चरणों में गिर गयी। चाणक्य ने उसे तत्काल कन्धों से पकड़ कर उठाया और बोले, "यह क्या करती हैं, माता? आइए, बैठिए।"

मूरा बैठते हुए बोली, "आचार्य, मैं आपके ऋण से कैसे मुक्त होऊँगी?"

"मेरा आप पर कौन-सा ऋण है माता, जिससे आपको मुक्त होना है?"

---

[1] शिविका – पालकी, डोली

"मेरे पुत्र को आपने शिक्षित किया। उसे इस योग्य बनाया कि वह अपनी माँ का भरण-पोषण कर सके। समाज में एक प्रतिष्ठित जीवन जी सके। यह मेरे ऊपर ऋण ही तो है!"

"नहीं माता, यह ऋण आप पर नहीं। गुरु का ऋण अभिभावक पर नहीं, शिष्य पर होता है। गुरु इस ऋण को चुकाने का अवसर प्रत्येक शिष्य को देता है। चन्द्रगुप्त को भी ऐसा अवसर दिया जायेगा। आप यह बतायें कि आपकी यात्रा कैसी रही?"

"मेरी यात्रा? मेरी यात्रा पूर्ण हुई, आचार्य। और मैं इस यात्रा से सन्तुष्ट हूँ। मैं आपकी ऋणी इसलिए हूँ कि आपके बिना यह यात्रा सम्भव न थी। मैं तो अपना मार्ग भूल ही चुकी थी। वह आप थे, जिन्होंने अँगुली पकड़ कर मेरी यात्रा पूरी करवायी।"

चाणक्य कुछ समझ नहीं पाये। जिस मूरा से वे पिछली बार मिले थे वो कितनी संकुचित, कितनी डरी हुई थी। आज वही मूरा आत्मविश्वास से परिपूर्ण वाणी में संवाद कर रही थी। मूरा की उलझी बातों के स्पष्टीकरण के लिए उन्होंने चन्द्रगुप्त की ओर देखा। चन्द्रगुप्त बोला, "आचार्य, मेरा पूरा नाम चन्द्रगुप्त मौर्य है। मैं मगध के पूर्व सेनापति एवं मौरीय गण के राजा मौर्य तथा रानी मूरा का पुत्र हूँ। साथ ही, दुर्भाग्य अथवा सौभाग्य से मौरीय गण का एकमात्र जीवित पुरुष हूँ।"

इस सूचना ने चाणक्य को स्तम्भित कर दिया। न जाने कितने विचार उनके मन में आते चले गये। कुछ क्षण बाद स्वस्थ होकर वे पुनः बोले, "मेरे पास आओ, पुत्र। यहाँ मेरे निकट बैठो।" चन्द्रगुप्त के कन्धे पर हाथ रखकर आचार्य मूरा को सम्बोधित करते हुए बोले, "विधाता भी निराले खेल खेलता है, माता। पिछली पीढ़ी के कर्मों को अगली पीढ़ी आगे बढ़ाती है, भले ही उसे अपने पुरखों के कर्म ज्ञात हों या न हों। सेनापति मौर्य की पदावनति एवं निष्कासन के समय मैं मगध में ही था। बालक ही था, पर मुझे उन घटनाओं की स्मृति है। अधिकारी वर्ग में सेनापति मौर्य प्रथम पुरुष थे, जिन्होंने नन्द का पूरी शक्ति से विरोध किया था। प्रधानामात्य शकटार और अमात्य चणक ने भी उनका साथ दिया था। नन्द जब राजा बना और प्रतिशोध हेतु मौरीय गण के विनाश के लिए अपनी सेनाएँ भेजीं, तब प्रतिरोधस्वरूप चणक ने मन्त्रिमण्डल से त्याग-पत्र दे दिया था। प्रधानामात्य शकटार अपनी पूरी शक्ति से नन्द के अत्याचारों का विरोध करते रहे, पर अन्ततः उन्हें भी सज़ा मिली। उन्हें उनके पूरे कुटुम्ब सहित अँधेरी कोठरियों में सड़ने के लिए छोड़ दिया गया। वर्षों बाद अभी कुछ ही माह पूर्व उन्हें हमारे गूढ़पुरुषों ने मुक्त करवाया है। उन्हीं ने बताया कि उन आठ प्राणियों को एक व्यक्ति के बराबर भोजन दिया जाता था। उनकी पत्नी और सारे पुत्रों ने शकटार को विवश कर दिया कि वह भोजन वे ग्रहण करें, जिससे कि वे नन्द को समाप्त करने के लिए जीवित रहें। उधर शकटार के

विलुप्त हो जाने पर आचार्य चणक ने उन्हें ढूँढ़ने के लिए अथक प्रयास किये। फिर उन्होंने नन्द के विरुद्ध विद्रोह कर दिया। वे जनता में घूम-घूमकर उस पापी के प्रति विद्रोह की अग्नि जलाने के लिए सभाएँ करने लगे। कुछ प्रतिष्ठित आचार्यों और नागरिकों ने भी उनका साथ दिया। आचार्य चणक कदाचित् धीरे-धीरे सफल हो जाते, परन्तु उससे पूर्व ही नन्द ने चणक और उनके सभी साथियों की निर्मम हत्या कर दी एवं उनके शीश चौराहों के स्तम्भों पर गाड़ दिये गये। उन सबके ऐसे अन्त ने उस क्रान्ति की भ्रूणहत्या कर दी। उन सभी की समस्त सम्पत्ति छीन ली गयी थी। उनके परिवारों को मरने के लिए छोड़ दिया गया था।" कुछ रुककर चाणक्य पुनः बोले, "माता, मैं उन्हीं आचार्य चणक का पुत्र चाणक्य हूँ। चन्द्र और चाणक्य, दोनों का अपराधी एक ही है। आप निश्चिन्त रहें। जो कार्य सेनापति मौर्य और आचार्य चणक नहीं कर पाये, वह उनके पुत्र साथ मिलकर करेंगे। नियति भी यही चाहती है, अन्यथा वह मुझे चन्द्र का आचार्य बनने का सौभाग्य क्यों देती?"

इस प्रकार की अन्य अनेक बातें करते हुए जब एक प्रहर बीत गया, तब आचार्य चन्द्रगुप्त से बोले, "पुत्र! अपनी माँ के लिए एक सुविधाजनक कुटिया आवंटित कर दो। इनकी सेवा में कुछ सेविकाएँ नियुक्त कर दो। यह ध्यान रखना कि ये तुम्हारी ही नहीं, तुम्हारे गुरु की भी माता है।"

×××

अभिसार राज्य की सीमा के भीतर किसी अलग-थलग स्थान पर चन्द्रगुप्त की नई सेना का प्रशिक्षण चल रहा था। इस सेना में भील, कोल, किरात इत्यादि आटविक थे; मगध एवं अन्य राज्यों के असन्तुष्ट मौल सैनिक थे; वाहीक, बाख्त्री, सुग्ध, यवन, पारसिक, नेपाल, सिंहल इत्यादि देशों के भृत सैनिक थे। श्रीराम की वानर सेना की भाँति गहरे श्याम वर्ण के सैनिक से लेकर गेहुँए, श्वेत, लाल और पीत वर्ण के सैनिक भी थे। लगता था कि जैसे समस्त संसार के सभी वर्ण समूहों के व्यक्ति इस एक सेना में सम्मिलित हैं। सेना में मात्र पुरुष ही नहीं अपितु स्त्रियाँ भी थीं। प्रशिक्षण देने वालों में अधिकांश आचार्य के पट्टशिष्य थे, तो अम्बष्ठ, मालव, क्षुद्रक, शूद्र इत्यादि एक-राष्ट्र के समर्थक राज्यों के सेनापति भी थे। आचार्य का अनुमान था कि छह माह के भीतर कम से कम एक लाख पदाति, दस सहस्र अश्वारोही और दो सहस्र हस्ती सेना का निर्माण हो जायेगा। यद्यपि यह संख्या मगध सेना के सम्मुख कुछ भी नहीं थी, पर आशा थी कि यदि चन्द्रगुप्त की योजना सफल रही, तब इस सेना में इतने ही सैनिक और जुड़ जायेंगे। युद्धक सैनिक बनने में असफल रहने वाले लोग भी अन्य सहायक कार्यों में नियुक्त कर लिए जायेंगे।

आचार्य सेना का निरीक्षण कर रहे थे। सामने से गौतम को आता देख प्रसन्न भाव से बोले, "आइए-आइए, अग्रज। बहुत दिनों बाद दर्शन दिये आपने?"

गौतम ने अपने पीछे आ रहे समूह को वहीं रुकने के लिए कहा और आचार्य के साथ-साथ चलते हुए बोले, "आचार्य, हमने न जाने कितने यवन सैनिकों को घात लगाकर मार डाला है, पर उनकी शक्ति कम नहीं होती। गान्धार और अन्य स्थानों पर यवनों की पकड़ को दुर्बल करने के लिए यवन उच्चाधिकारियों का वध आवश्यक है, विशेषकर सेनापति फ़िलिप का, जो सभी छत्रपों को नियन्त्रित रखता है। आम्भी और पर्वतेश्वर फ़िलिप का बहुत सम्मान करते हैं। दूसरे शब्दों में, उससे दबकर रहते हैं। यदि फ़िलिप की मृत्यु हो जाये तो यवनों का जो भय या उनके प्रति जो निष्ठा बनी है, उसमें निश्चित कमी आयेगी। पर समस्या यह है कि फ़िलिप की सुरक्षा न केवल यवन अपितु भारतीय भी प्राणप्रण से कर रहे हैं। स्वामिभक्ति का उदाहरण प्रस्तुत कर रहे हैं हमारे राष्ट्रबन्धु। एक भी धनबल से बिकने तो सज्ज नहीं।"

"ओह, यह तो कोई उत्साहवर्धक समाचार नहीं। गान्धार हमें लेना ही होगा। उसके लिए फ़िलिप का मरना आवश्यक है। आप अपने प्रयासों में कोई कमी न रखें। अस्तु, ये आपके साथ इतनी युवा स्त्रियाँ क्यों हैं? क्या वे सेना में सम्मिलित होने आयी हैं?"

"उनमें से कुछ तो सेना में सम्मिलित होने आयी हैं, और कुछ उन यवनों की पत्नियाँ हैं, जिनका हमने वध किया है। ये गान्धार और केकय की वो युवतियाँ हैं जिनका विवाह अलक्षेन्द्र ने अपने सैनिकों से करवाया था। इनके यवन पतियों की मृत्यु के बाद इनका जीवन नर्क जैसा हो गया है। इनके पिता इन्हें अपने घरों में वापस रखना नहीं चाहते, क्योंकि उनका मानना है कि वे म्लेच्छों के साथ रहकर धर्मभ्रष्ट हो चुकी हैं। यवन इन्हें दास से अधिक कुछ समझते नहीं। किसी दास के भरणपोषण का उत्तरदायित्व तभी ले सकते हैं, जब उन्हें उन दासों से कोई सेवा प्राप्त हो अर्थात् ये उनकी अंकशायिनी बनें, तब ही वे इनका भरण-पोषण करेंगे अन्यथा नहीं। भारतीयों और यवनों, दोनों से ठुकरायी गयी इन युवतियों के दुःख का कारण स्वयं को मानकर मैं इन्हें यहाँ लेता आया। मैंने अनुचित तो नहीं किया न, आचार्य?"

"कदापि नहीं अग्रज, दुखियों की सहायता करना तो धर्म है। इन युवतियों को मेरे पास ले आएँ। सेना में सम्मिलित होने की इच्छुक युवतियों को इन विधवा युवतियों के पश्चात् आने को कहें।"

"जो आज्ञा।"

तनिक दूर पर एक खुले स्थान में शिला के आसन पर चाणक्य बैठ गये। विधवा युवतियाँ उनके पास आयी और प्रणाम करने के पश्चात् नीचे बैठ गयीं। एक-एक कर सबका परिचय प्राप्त करने के बाद चाणक्य बोले, "तुम सभी का यहाँ स्वागत है। तुम सब अपनी योग्यतानुसार कार्य चुन सकती हो अथवा तुम्हारी योग्यता देखकर तुम्हें किसी न किसी कार्य में नियुक्त कर लिया जायेगा। जीवन से निराश न हो। स्त्री को किसी पर आश्रित रहने की कोई आवश्यकता नहीं। पिता या पति जीवित हों, तब भी यथासम्भव रुचि अनुसार फलोत्पादक कार्य करने चाहिए। यदि पिता अथवा पति न हों या स्त्री निराश्रित हो तो उसे कोई न कोई कार्य करते हुए अपना भरण-पोषण स्वयं करना चाहिए। प्रत्येक व्यक्ति, स्त्री अथवा पुरुष स्वयं में ही समर्थ है कि उसे किसी का आश्रय न लेना पड़े। अभी तुम सब युवा हो। पुनः किसी से प्रेम कर सकती हो, कोई तुम्हें प्रेम कर सकता है। यदि ऐसा हो तो उत्तम अन्यथा यदि तुम्हारी इच्छा हो तो मैं स्वयं देखूँगा कि तुम्हारा योग्य पुरुषों से विवाह हो जाये।"

तनिक उग्र स्वभाव की एक युवती बोली, "यह कैसी विचित्र बात कर रहे हैं आप? हम कोई म्लेच्छ हैं जो पुनः विवाह करें? हमारा विवाह हो चुका है और विवाह तो एक ही बार होता है। आपको क्या लगता है कि कोई विधवा से विवाह करना चाहेगा? और यदि कर भी लिया तो क्या समाज उसे स्वीकार करेगा?"

"इसमें विचित्र बात तो कुछ नहीं, बेटी। यदि एक पुरुष एकाधिक विवाह कर सकता है अथवा अपनी स्त्री की मृत्यु के पश्चात् पुनः विवाह कर सकता है तो यह अधिकार स्त्री को भी है। ईश्वर की बनाई मानव रचना में किसी एक लिंग को सारी सुविधाएँ और दूसरे के भाग्य में कठोर बन्धन नहीं होने चाहिए। पुनर्विवाह शास्त्रसम्मत है।"

"परन्तु ..."

उसे टोकते हुए आचार्य बोले, "परन्तु कैसा, बेटी? क्या किसी यवन सैनिक से तुम्हारा विवाह तुम्हारी इच्छा से हुआ था? क्या तुमने उस यवन से प्रेमवश विवाह किया था? यदि नहीं, तो उस विवाह को इतना मान क्यों दे रही हो? तुम परम्पराओं के आधार पर पुनर्विवाह को अनुचित समझ रही हो तो परम्परा की ही बात करते हैं। क्या तुम्हारा उस यवन से पारम्परिक विवाह हुआ था? क्या वह विवाह वैदिक रीति से हुआ था? क्या वर और वधू के परिवार उस विवाह में आशीर्वाद देने के लिए उपस्थित थे? क्या मन्त्रोच्चार से विवाह का बन्धन दृढ़ किया गया था? अग्नि को साक्षी मानकर वर-वधू ने शपथ ली थी? तुम्हारे अभिभावक ने कन्यादान किया था? वर ने पाणिग्रहण किया था? वर के घर में तुम्हें वधू का सम्मान मिला? वर वधू को अपनी अर्धांगिनी मानता था? बोलो बेटी, क्या यह सब हुआ था?"

युवती इन प्रश्नों से हड़बड़ा उठी और सकुचाते हुए बोली, "नहीं आचार्य, यह सब नहीं हुआ था। हमारे ग्रामों में दस-दस घर छोड़कर प्रत्येक घर से विवाहयोग्य युवती को सैनिक उठा ले गये और यवनों की विचित्र रीति से हमारा विवाह करवा दिया गया। हमारे पति रात्रि में बस शयन हेतु हमारे पास आते थे।" यह बोलते हुए युवती के नेत्र झुक गये थे।

"तो बेटी, जब तुम अर्धांगिनी थी ही नहीं तो विधवा कैसे हो गयी? तुम्हारा विवाह नहीं, अपितु अपहरण हुआ था। तुमसे प्रेम नहीं, अपितु तुम्हारा भोग किया गया था।"

"परन्तु हमने तो उन्हें अपना पति मान लिया था। हम में से कुछ उनके पुत्रों को जन चुकी हैं। हम अब क्या करें? कहाँ जाएँ?"

"शान्तचित्त होकर मेरी कहीं बातों को ध्यान से सुनो। मैं तुम्हारी जीविका की बात कर रहा हूँ। उसके पश्चात् भी तुम्हारे मन से यह पराश्रित रहने की भावना नहीं निकल रही। तुम्हारे वास्तविक विवाह की बात कर रहा हूँ और तुम पिछले अपहरण को ही विवाह मानने का हठ किये बैठी हो। तुमने पुत्र उत्पन्न किये हैं, इससे कोई अन्तर नहीं पड़ता। यदि तुम विवाह करोगी तो जो भी तुम्हारा पति होगा, वह स्वयं ही तुम्हारे पुत्र का पिता भी बन जायेगा। शत्रु, आततायी और अपने बलात्कारी को अपना पति मानना छोड़ो। पति अपनी पत्नी के परिवार को अपना परिवार मानता है और यहाँ जिसे तुम पति समझ रही हो, उसने तुम्हारे परिवार को, तुम्हारे ग्राम को, तुम्हारे राज्य और तुम्हारे राष्ट्र को शत्रु मानकर उन पर बलात् अधिकार किया था। वह तुम्हारा शत्रु था, जिसका वध तुम्हें स्वयं ही कर देना चाहिए था। अस्तु, तुम सब स्वतन्त्र हो। यदि प्रजा की भाँति यहाँ रहना चाहती हो तो राजा चन्द्रगुप्त मौर्य तुम सबका रंजन करेंगे अन्यथा तुम जहाँ जाना चाहो, पूरी सुरक्षा के साथ तुम्हें वहाँ पहुँचा दिया जायेगा। अब तुम सब जाओ, विश्राम करो। अपने निर्णय की सूचना मुझे भिजवा देना।" उन सबके जाने के बाद गौतम उन स्त्रियों को ले आये जो सहर्ष इस युद्ध में सम्मिलित होने आयी थीं। चाणक्य ने उन सभी को बैठने के लिए कहा और सबका परिचय जानने के बाद बोले, "तुम सब इस राष्ट्र की नागरिक हो। इस राष्ट्र के संरक्षण एवं संवर्धन का भार इन पुरुषों की भाँति तुम पर भी है। राष्ट्रसेवा के लिए आवश्यक नहीं कि सब सैनिक ही बनें और युद्ध करते हुए परमगति को प्राप्त हों। तुममें से जो सैनिक बनने के शारीरिक और मानसिक मानदंडों को पूर्ण करेगी, वह अवश्य ही सैनिक बन सकती है। परन्तु सैन्य दल में मात्र युद्धक सैनिक ही नहीं होते। सैनिक, अश्व एवं गज भूखे पेट नहीं लड़ सकते, उन्हें भोजन चाहिए। सैन्य दल को चिकित्सक और परिचायक भी चाहिए। मानव और पशु जहाँ भी रहें,

कुछ न कुछ अपशिष्ट अवश्य ही उत्पादित करते हैं। अतः शुचिता एवं स्वच्छता हेतु कुछ ऐसे कर्मी भी चाहिए जो इन अपशिष्ट पदार्थों का निपटान कर सकें। ऐसे अन्य अनेक कार्य हैं, जिनमें आप अपना सहयोग प्रदान कर सकती हैं। अतः अपनी इच्छा और रुचि के अनुसार अपना कार्य चुन लें। जो सैनिक बनना चाहती हैं, वे परीक्षण हेतु सेनानायक के पास जाएँ। उनके द्वारा स्वीकृति मिलने के पश्चात् यदि प्रशिक्षण अवधि में आप सफल रहती हैं तो आपका सैन्य बल में स्वागत है अन्यथा सैन्यबल नहीं तो सैन्य सहायक दल में आप सम्मिलित हो सकती हैं। जायें, आज भर विश्राम करें। कल से आपका नवजीवन आरम्भ होगा।" सभी युवतियाँ प्रणाम कर उठ गयीं, परन्तु दस युवतियाँ बैठी रहीं। उन्हें संकुचित देख आचार्य बोले, "क्या तुम सब कुछ कहना चाहती हो?"

साहस बटोरकर एक युवती बोली, "प्रभु, हम सैनिक बनने के योग्य नहीं। अपनी शारीरिक क्षमता का भान हमें हैं, परन्तु सैन्य सम्बन्धित अन्य कार्य भी हम नहीं करना चाहतीं। हमें यवनों का रक्त पीना है, परन्तु हमें कोई मार्ग नहीं सूझता। प्रतिहिंसा की अग्नि से हम अत्यन्त पीड़ित हैं। कृपया हमें कोई अन्य उपाय बताएँ, जिससे हम इस अग्नि को सन्तुष्ट कर सकें।"

"तुमने अपना परिचय क्या दिया था?"

"हमारा कोई परिचय नहीं है, आचार्य। हम मरी हुई लड़कियाँ हैं।"

"इतनी निराशा क्यों? मुझे बताओ बच्चो, तुम्हारे साथ क्या हुआ था?"

"आचार्य, हम विभिन्न राज्यों से पकड़ी गयी कुमारियाँ हैं जिन्हें यवनों ने अपनी यौन-दासियाँ बना रखा था। युद्ध में हमारे राज्यों के पराजित होने के बाद हमारे साथ अनगिनत बार, अनगिनत व्यक्तियों द्वारा बलात्कार हुआ। कई युवतियाँ इस पीड़ा को सहन न कर उसी समय मृत्यु को प्राप्त हो गयीं। वे सौभाग्यशाली थीं, क्योंकि जो बच गयीं, उन्हें यवन अपने शिविरों में ले गये। हमें यौन दासियों के रूप में उनकी सेवा करनी होती थी। वे म्लेच्छ प्रतिदिन मद्यपान कर हमारे साथ ...। वे अधम पशुओं से भी गए-बीते हैं। हमने सुना था कि कुछ भारतीय युवतियों से यवनों ने विवाह किया था। वे हमारी अपेक्षा भाग्यशाली थीं कि उनका भोग मात्र एक पुरुष करता था, परन्तु हम? हम तो सार्वजनिक सम्पत्ति थे। भेड़ियों की भाँति हमें ...। उन बातों को बताते हुए मेरी जिह्वा ऐंठती है।" युवती लज्जावश आगे बोल न सकी और उसे सुनकर आचार्य स्तब्ध रह गये थे। युद्ध के उन्माद में म्लेच्छ बलात्कार करते हैं, यह तो उन्हें ज्ञात था। मनुष्य कभी-कभी राक्षस बन जाता है, परन्तु युद्ध पश्चात् भी किसी स्त्री के साथ ऐसा करना, यह दिखाता था कि यवन मनुष्य थे ही नहीं। वे मनुष्य योनि में राक्षस ही थे।

चाणक्य बोले, "ओह, हमें क्षमा करना जो हम तुम्हारी रक्षा को न आ सके, परन्तु फिर कभी किसी युवती के साथ ऐसा न हो, कोई दानवी संस्कृति हम पर आक्रमण करने का साहस न कर सके, इसी एक उद्देश्य की पूर्ति हेतु हम प्रयत्नशील हैं। अस्तु, तुम यदि सैन्यदल में सम्मिलित नहीं होना चाहतीं तो तुम ही बताओ कि हम क्या करें जिससे तुम सन्तुष्ट हो सको। क्या किसी सुदूर राज्य में, जहाँ इन यवनों की परछाई भी न पड़ सके, वहाँ तुम्हें भेज दिया जाये?"

वही युवती पुनः बोली, "नहीं आचार्य, हम मरी हुई लड़कियाँ हैं। जीवन नहीं चाहती, अपितु प्रतिशोध चाहती हैं। आप हमें ऐसे उपाय बताएँ, ऐसे गुप्त शस्त्र दें जिससे हम उनका वध कर सकें।"

"तो क्या तुम तीक्ष्ण अथवा रसद[1] बनना चाहती हो? परन्तु उसमें भी निपुणता प्राप्त करने के लिए प्रशिक्षण की आवश्यकता है। फिर तुम्हें शत्रु के आवास में अथवा आसपास रहना होगा। यह कार्य सेवक के भेष में हो सकता है, परन्तु तुम यदि वहाँ गयीं तो पुनः उसी पापकुंड में खींच ली जाओगी।"

"मैं पहले भी कई बार कह चुकी हूँ कि हम सब मृतक हैं। हमारे अन्दर जीने की कोई इच्छा नहीं। हमें यदि उन पापियों के वध के लिए कोई स्पष्ट मार्ग पता हो तो हम पुनः उस कुंड में गिरने के लिए सज्ज हैं।"

"ओह, मेरे बच्चो। तुम्हारी आत्माएँ पवित्र हैं, अक्षुण्ण हैं। इस नश्वर देह को इतना भी मान न दो। शान्त हो और अपने जीवन को नये पथ पर चलायमान रखो। यह पीड़ा समय के साथ समाप्त हो जायेगी। तुम पुनः किसी से प्रेम कर सकोगी, अपना एक परिवार बना सकोगी।"

"आचार्य, हम यहाँ अपने प्रतिशोध की अग्नि को शान्त करने का उपाय ढूँढ़ते हुए आयी थीं। इस देह का उपभोग उन म्लेच्छों ने अपनी घृणित लिप्साओं की पूर्ति हेतु किया था। हम इस देह का उपयोग उनके वध के लिए करना चाहती हैं। हम पुनः वापस उन्हीं के पास लौटेंगी और यथासम्भव प्रयास करेंगी कि उनका वध कर सकें। आपसे बड़ी आशा लगा रखी थी हमने। अस्तु, अब हमें आज्ञा दें।" इतना बोलकर सभी युवतियाँ एक साथ उठने लगीं, तब चाणक्य ने संकेत से उन्हें रुकने के लिए कहा, और बोले, "रुको, बच्चो। मैं अब तक एक अभिभावक की भाँति व्यवहार कर रहा था, परन्तु तुम्हारे हठ ने मुझे विवश कर दिया। अस्तु, मुझे यह बताओ कि जब तुम उनके पास होती हो तो किस अवस्था में होती हो? मेरा आशय तुम्हारे वस्त्रों से है।"

---

1 तीक्ष्ण अथवा रसद, उन गूढ़पुरुषों को कहा जाता है जो शूरवीर और क्रूर होते हैं और जो अपने प्राणों की चिंता किए बिना अपने शत्रु का वध करते हैं।

तनिक लज्जायुक्त वाणी में एक युवती बोली, "हम अधिकांशत: निर्वस्त्र होती हैं। म्लेच्छ प्रतिदिन ही उत्सव की मानसिकता में होते हैं। वे एक साथ बैठकर भोजन और मदिरापान करते हैं और हमें अति न्यून अथवा निर्वस्त्र अवस्था में मदिरा के चषक भरने होते हैं। वहाँ म्लेच्छ सार्वजनिक रूप से हमारे अंगों को ... और इच्छा होने पर वहीं सबके सामने ...।" युवती द्वारा अनकहे शब्द स्पष्ट प्रतिध्वनित हो रहे थे। युवती बोलती गयी, "आचार्य, जिस प्रकार मदिरा के एक पात्र से कई व्यक्ति मदिरापान हेतु अपने चषक भरते हैं और अपनी तृष्णा शान्त करते हैं, ये यवन हम स्त्रीरूपी पात्र से अपनी यौन क्षुधापूर्ति करते हैं। उनके प्रतिदिन अनवरत चलने वाले सामूहिक मांसभोज और मदिरापान में हमारा मर्दन, चुम्बन, नखक्षत, दन्तक्षत, संवेशन, प्रहणन, औपरिष्टकम[1] चलता रहता है। तात, आपके समक्ष यह सब बोलते हुए भी मेरी आत्मा को कष्ट होता है, परन्तु हम क्या करें? हमने इतना निर्लज्ज आचरण सहा है कि नारीसुलभ लज्जा का लेश भी अब हमारे पास शेष नहीं बचा है। हम पापिनी हैं। अब हमारे सहन करने की क्षमता समाप्त हो चली है। हम अन्तिम पाप करना चाहती हैं। उन नराधमों की हत्या कर अपने पापों की सूची में अन्तिम कृत्य जोड़कर धर्मराज की न्यायसभा में न्यायप्राप्ति हेतु जाना चाहती हैं। कृपया हमें मार्ग दिखायें।"

चाणक्य अत्यन्त द्रवित होकर बोले, "यह तुम्हारे पापकर्म नहीं है मेरे बच्चो। चित्रगुप्त की बही में यह पाप तुम्हारे लेखा में नहीं, अपितु इस राष्ट्र के उन व्यक्तियों के लेखा में लिखे जायेंगे जिनके ऊपर तुम्हारी रक्षा का, इस राष्ट्र की रक्षा का भार था। शासक वर्ग दोषी है, जो अपनी घृणित राजनीति के कारण शत्रु का एकजुट प्रतिरोध न कर सका। हमारे शास्त्रों में गौ, ब्राह्मण और स्त्री की सुरक्षा करना परम कर्तव्य माना गया है। यहाँ गौ का अर्थ मूक पशु है एवं ब्राह्मण का अर्थ बुद्धिजीवी विद्वान व्यक्तियों से है। पशु, विद्वान और पराश्रित स्त्री अपनी सुरक्षा स्वयं नहीं कर सकते, अत: हमारे पूर्वजों ने यह कर्तव्य निर्धारित किये थे। इस पाप का भार अपने कर्तव्यपालन में असफल रहे, मतिपूर्वम् असफल रहे व्यक्तियों पर है। अत: अपने मन से इस ग्रन्थि को निकाल दो और मुक्त हो जाओ।" चाणक्य की वाणी इतना कहने के बाद मूक हो गयी। कदाचित् वे कुछ विचार करने लगे थे। युवतियाँ उनके मुख को देखे जा रही थीं, और वे नेत्र मूँदे जाने क्या सोच रहे थे। यह नीरवता बोझिल होती जा रही थी कि एकाएक उन्होंने नेत्र खोले और उन युवतियों को सम्बोधित करते हुए बोले, "क्या तुम सब वास्तव में मृत्यु का वरण करना चाहती हो?

---

1 नखक्षत -नाखूनों से प्रहार, दन्तक्षत - दांतों से प्रहार, संवेशन - सम्भोग, प्रहणन – हाथ की भिन्न मुद्राओं से नायिका के अंगों पर प्रहार, औपरिष्टकम - मुख मैथुन

क्या तुम्हें अब कुछ भी करके वापस जीवन की ओर नहीं मोड़ा जा सकता? मैं वचन देता हूँ कि यदि तुम जीवन का चयन करती हो तो मैं स्वयं तुम सबके लिए योग्य वर का चयन करूँगा। तुम एक सुखी जीवन व्यतीत करोगी। तुम्हारा वंश बढ़ेगा। तुम अपने पति और अपनी सन्तानों को देख यह सारा दु:ख भूल जाओगी।"

एक युवती हताश स्वर में बोली, "नहीं, आचार्य। आप स्त्री नहीं, अत: आप हमारी व्यथा को समझ नहीं सकते। कोई स्त्री अपने ऊपर हुए ऐसे अत्याचार कभी भुला नहीं सकती। आप हमारे विवाह तो करवा देंगे, पर यह सुनिश्चित कैसे करेंगे कि जब हमारे पति हमसे प्रेम करने के लिए निकट आएँगे तो उनकी प्रेमिल क्रियाओं में, अन्तरंग क्षणों में हमें उन दैत्यों के कृत्यों का स्मरण नहीं होगा? नहीं तात, हम जीवन का नहीं, अपितु मृत्यु का वरण करती हैं। अपितु कर चुकी हैं। बस, यह देह छोड़ने से पूर्व यवनरक्त से अपनी आत्मा को स्नान करवाना चाहती हैं।"

"तो ठीक है। ऐसा ही होगा।" आचार्य ने तनिक दूर खड़े एक सेवक को संकेत से निकट बुलाया और अपनी कुटिया से लेखन सामग्री लाने का आदेश दिया। पत्र और अंकनी आने के पश्चात् उन्होंने लिखना आरम्भ किया और पत्र पूरा होने के बाद गौतम को निकट बुलाकर वह पत्र थमाया। इसके पश्चात् उन युवतियों को सम्बोधित करते हुए बोले, "तुम्हारी इच्छा पूर्ण होगी। तुम्हें मैं ऐसा अस्त्र बनाऊँगा जो अमोघ होगा। जाओ बच्चो, विश्राम करो। चिरनिद्रा में सोने से पूर्व तनिक विश्राम कर लो।"

जब वे युवतियाँ विश्राम हेतु जा रही थीं, उस समय चन्द्रगुप्त अपने आचार्य की ओर आ रहा था। उन युवतियों में एक युवती को देख वह ठिठक गया। उस युवती ने भी उसे देखा, पर उसके नयनों में पहचान के चिह्नों को न पाकर आगे बढ़ गया। आचार्य के सम्मुख आकर प्रणाम करने के पश्चात् बोला, "आचार्य, ये युवतियाँ यहाँ किसलिए आयी थीं? इनमें से एक को मैं जानता हूँ। वह अपने ..."।

चन्द्रगुप्त का वाक्य पूरा होने से पूर्व ही आचार्य ने हाथ के संकेत से उसे रोक दिया और बोले, "उनका अब कोई परिचय नहीं है, पुत्र। वे मात्र सैनिक हैं। सैनिकों के नाम नहीं होते, बस कर्तव्य और लक्ष्य होते हैं। और ये युवतियाँ तो आत्मघाती सैनिक हैं।"

चन्द्र नेत्र फैलाते हुए बोला, "आत्मघाती? मुझे ज्ञात है आचार्य कि सैनिक युद्ध में जाते हैं, तब उनके पास मात्र दो विकल्प होते हैं–मृत्यु अथवा विजय। परन्तु आत्मघात? यह कैसी युद्धनीति हैं?"

"ये विशिष्ट सैनिक हैं, पुत्र। इनका लक्ष्य मृत्यु अथवा विजय नहीं, अपितु मृत्यु एवं विजय हैं। विजय हेतु इनकी मृत्यु आवश्यक है।"

"आचार्य! हम ऐसे कैसे अपने किसी भी सैनिक को निश्चित मृत्यु की ओर ढकेल सकते हैं? यह अनुचित है।"

"पुत्र, मैंने सामर्थ्यभर प्रयास कर लिए हैं। तुम भी करके देख लो। यदि इनमें से एक भी इस मार्ग पर न जाना चाहे तो मुझे अतीव प्रसन्नता होगी। अस्तु, तुम यदि किसी विशेष कार्य से नहीं आये हो तो अभी जाकर विश्राम करो। मुझे अग्रज गौतम को कुछ निर्देश देने हैं।"

चन्द्रगुप्त उठते हुए बोला, "जैसी आज्ञा, आचार्य।" वापस लौटते हुए उसे ग्लुचुकायन की वह सभा याद आ गयी, जिसमें उसने उदाहरणार्थ एक युवती की ओर संकेत कर अपनी बात रखी थी। उस युवती का भाई उसका गुरुभाई सेयन था जो यवनों से हुए युद्ध में मारा गया था।

"हाँ तो अग्रज, आप यथाशीघ्र किसी गूढ़पुरुष को तक्षशिला विद्यापीठ भेजें। उसे यह पत्र दें और कहें कि वह इसे चिकित्सा एवं औषधि विभाग के अध्यक्ष को दे। मुझे पूर्ण विश्वास है कि इसे पढ़कर वे अपने योग्यतम शिष्यों को यहाँ भेज देंगे। वह गूढ़पुरुष उन सभी को यहाँ लिवा लाए।" चन्द्रगुप्त के जाने के पश्चात् गौतम को आदेश दे रहे आचार्य एकाएक रुक गये, और कुछ विचार करने के बाद बोले, "या ऐसा करें कि स्वयं आप जायें और उन्हें पूर्ण गोपनीयता के साथ यहाँ ले आएँ, पर पहले पत्र में जो लिखा है, वह आप पढ़ लें।"

गौतम ने पत्र पढ़ा और न समझने के भाव से बोले, "आचार्य, मैं तनिक भ्रमित हो रहा हूँ। आपने कुछ चिकित्सक बुलाए हैं, परन्तु हमारे पास तो पर्याप्त मात्रा में चिकित्सक एवं औषधियाँ हैं ही। इनकी क्या आवश्यकता? क्षमा चाहता हूँ, आपके विचार पर प्रश्न उठा रहा हूँ। यह मात्र जिज्ञासा ही है, आपका विरोध नहीं।"

"अग्रज, आप मुझसे इतना औपचारिक व्यवहार क्यों करते हैं? मैं आपको अग्रज कहता ही नहीं, अपितु मानता भी हूँ। अस्तु, हमारे पास जो चिकित्सक हैं वे सामान्य व्याधियों एवं युद्ध में लगे घावों के विशेषज्ञ हैं। मुझे ऐसे चिकित्सक चाहिए जो दन्तचिकित्सा और विषविज्ञान में विशिष्ट विज्ञता रखते हों। पत्र में मैंने विशेष चिह्नों का प्रयोग किया है। आशा है कि चिकित्सा विभाग के अध्यक्ष उन्हें समझ जायेंगे। यदि न समझ पाएँ तो आप तो हैं ही। एक बात और। मैंने ऐसा लिखा तो नहीं है, परन्तु आप मौखिक रूप से उन्हें यह सन्देश देने का प्रयास करेंगे कि वे अपने योग्यतम शिष्यों को भेजें। सम्भव हो तो योग्यतम शिक्षकों को भी। यदि वे स्वयं आ सकें तो इससे अधिक उत्तम कुछ नहीं होगा।"

कुछ समझ पाने में असमर्थ गौतम 'जो आज्ञा' बोल उठने को हुए कि उन्हें बैठे रहने का संकेत देकर चाणक्य बोलते गये, "आपको अपनी सारी योजना बताता हूँ, अग्रज।

ये जो युवतियाँ अभी यहाँ से गयी हैं, इन्होंने आत्मघात का निर्णय ले लिया है। इनकी इच्छा या कहें कि अन्तिम इच्छा है कि ये अपने हाथों यवनों का वध करें। यद्यपि ऐसा करते हुए मुझे ग्लानि हो रही है, परन्तु मैं कुछ न भी करूँ, तब भी ये युवतियाँ उसी पापकुंड में वापस लौटकर अपना होम करने के लिए उद्यत हैं। वे निश्चित मृत्यु का वरण कर चुकी हैं। अतः मुझे सुनिश्चित करना है कि वे अपने प्रयास में नितान्त असफल होने के स्थान पर सुनिश्चित रूप से सफल हों। मैं इन्हें विषकन्या बनाऊँगा। मैं चाहता हूँ कि इनके चवर्ण दन्त[1] के स्थान पर कृत्रिम दन्त लगाएँ जाएँ। इन कृत्रिम दाँतों के अन्दर ऐसा विष हो जो क्षण भर में किसी के भी प्राण हर ले।" आचार्य की ऐसी योजना सुन गौतम काँप उठे। जिसने न जाने कितने मनुष्यों को भिन्न रीतियों से यमद्वार तक पहुँचाया था, ऐसे व्यक्ति की देह में हुए सूक्ष्म कम्पन को लक्ष्य कर चाणक्य बोले, "अग्रज, यह सदैव स्मरण रखें कि धर्म की स्थापना हेतु किया गया प्रत्येक कर्म स्वयं धर्म है। आप फ़िलिप एवं अन्य पदाधिकारियों के वध हेतु कई माह से प्रयत्नशील हैं। ये युवतियाँ जो उनकी सेवा के लिए निर्वस्त्र बाध्य की जाती रही हैं, स्वयं अपनी इच्छा से यह कार्य करने हेतु प्रस्तुत हैं। इन्हें यह अवसर देकर आप और हम कुछ अनुचित नहीं कर रहे। अतः मन पर कोई बोझ न रखें। यथाशीघ्र गान्धार जायें और यह कार्य सम्पादित करें। साथ ही, अपने कुछ वीर गूढ़पुरुष ऐसी अन्य स्त्रियों की मुक्ति के लिए नियुक्त करें। उन सभी को उस पापकुंड से मुक्त करवाने का प्रयास करें। उनका भरण-पोषण करना और उन्हें समाज में पुनः सम्मानजनक पद प्रदान करना हमारा कर्तव्य है।" गौतम 'जो आज्ञा' बोल जाने लगे तो उन्हें रोककर आचार्य ने एक और आदेश दिया, "अग्रज, जिन युवतियों को आप यहाँ ले आये हैं, उनकी विश्वसनीयता अभी सिद्ध नहीं हुई है। सम्भव है कि वे शत्रु की गुप्तचर हों। अतः उचित होगा कि किसी भाँति उन्हें मिथ्या अथवा वास्तव में कम महत्व की, परन्तु अत्यधिक महत्व की प्रतीत होने वाली सूचनाएँ प्रस्तुत की जाएँ। यदि उनमें से कोई गुप्तचर हुई तो वे शीघ्र ही अपने साथियों से सम्पर्क करेगी। आगे आप स्वयं योग्य हैं।"

गौतम पहली बार तनिक प्रसन्न दिखे और आचार्य को प्रणाम कर आदेशों का पालन करने हेतु प्रस्थान कर गये।

×××

कभी भारत की प्रमुख राजनीतिक और व्यापारिक शक्ति रही उज्जयिनी आज गतयौवना प्रौढ़ा स्त्री की भाँति दिखायी देती थी। रसिक व्यक्ति द्वारा किसी सुन्दरी

[1] चवर्णदन्त – दाढ़ दाँत (Molar Teeth)

नवयौवना का नख-शिख दर्शन मनोहारी लगता है, परन्तु उसी सुन्दरी को प्रौढ़ावस्था में देख रसिक के मन में एक वितृष्णा का भाव जन्म लेता है। उज्जयिनी भी सुन्दर थी, पर उसका रूप ढल गया था। उसकी मादकता अब ओढ़ी हुई, कृत्रिम प्रतीत होती। नागरिकों के घर से यज्ञ का सुवासित धूम्र अब भी निकलता था, पर यह मात्र परम्परागत था। दान-धर्म का उत्साह नहीं था, क्योंकि दान देने वाले कम और लेने वाले अधिक हो गये थे। सजे-धजे रथों पर संभ्रान्त नागरिक आज भी दिखते थे, परन्तु रथों के पीछे भागते विपन्न घरों के नंग-धड़ंग बच्चे कारुणिक दृश्य पैदा कर देते। मगध सेना का एक छोटा-सा दल नगर में प्रवेश कर रहा था। कुछ वर्ष पहले की अत्यधिक चौड़ी सड़कें अब पतली हो गयी थीं। सड़क के दोनों ओर निर्धनों के अस्थायी निवास बन गये थे। सुबह की शुद्ध वायु किसी भी व्यक्ति के अन्दर उत्साह का संचार कर देती है, परन्तु यहाँ की वायु अशुद्ध थी। मानव एवं पशु अपशिष्ट की गन्ध रच-बस गयी थी।

वृद्धावस्था में प्रवेश कर रहे प्रधान सेनापति रन्धक शान्तिकाल में प्रतिवर्ष अपनी सैनिक टुकड़ियों के निरीक्षण हेतु विभिन्न नगरों में स्थापित सैन्य केन्द्रों पर भ्रमण करते थे। रन्धक का पूरा जीवन ही उहापोह में बीता था। सैनिक थे, अतः अपने राजा के निर्देशों का पालन उनका धर्म था। परन्तु हृदयहीन पाषाण नहीं थे, अतः आदेशों का पालन करते समय उनके मन पर बोझ बढ़ता चला जाता। सेना का उपयोग मात्र शत्रुदेश पर आक्रमण के लिए नहीं, अपितु अपने ही साम्राज्य के नागरिकों के शोषण में किये जाने पर उन्हें आन्तरिक पीड़ा होती। नन्द की विजिगीषु प्रवृत्ति जहाँ आसपास के छोटे राज्यों को एक-एक कर निगलती जाती, वहीं उन राज्यों को अपने मगध साम्राज्य में मिलाने के बाद भी उनके साथ शत्रु देश के नागरिक की भाँति ही व्यवहार किया जाता। शत्रुदेश के नागरिकों पर भी अत्याचार करना भारतीय परम्परा नहीं रही, परन्तु जो शासक अपनी मूल प्रजा को ही नहीं छोड़ता था, वह इन नये विजित प्रदेशों के नागरिकों पर जो भी अत्याचार करता, कम ही था। ऐसे-ऐसे कर लगा दिये गये थे, जिन्हें सुनकर मन वितृष्णा से भर उठता। श्रेष्ठी हो या कृषक, उत्तराधिकारी की मान्यता तभी मिलती, जब वे राज्य को उत्तराधिकार-कर अर्पित करते। यह कर नहीं, उत्कोच था। परिवार विघटित हो जाते, क्योंकि वास्तविक उत्तराधिकारी के स्थान पर इस कर को देने और अधिकारियों के करतल गर्म करने वाले लोग अपने परिवार के मुखिया बना दिये जाते। भाई अपने ही भाई का शत्रु बन जाता। मगध की राजधानी में बैठे लोगों को अनुमान ही नहीं था कि साम्राज्य के अन्य राज्यों में स्थिति कितनी भयानक, क्रूर और पक्षपाती थी। गरीबी बढ़ती जाती थी और इन गरीबों के संरक्षण अथवा उनके पोषण के स्थान पर उनका मर्दन होता।

मध्यमवर्ग यदि कभी मध्यम स्वर में भी विरोध करता तो सैनिकों के बल पर उन्हें शान्त करा दिया जाता। विधि ही व्यवस्था के बिगाड़ का कारण थी, और विधिव्यवस्था बनाये रखने के लिए सैनिकों का प्रयोग किया जाता। यह दुश्चक्र की चक्रवृद्धि थी। इन सबसे रन्धक को आत्मीय ग्लानि होती।

रन्धक अपने कर्तव्यों का पालन करने के पश्चात् साधु-सन्तों की संगत करते। मानसिक शान्ति की खोज उन्हें नित नये गुरुओं, सन्यासियों, श्रमणों के पास ले जाती। उनके निवास के निकट ही कुछ दिनों से एक साधु प्रवास कर रहे थे। रन्धक का व्याकुल मन उनसे मिलने को तड़प उठा। एक दिन वे सामान्य वस्त्रों में उस भीड़ के साथ बैठ गये जो साधु के प्रवचन सुन रही थी। साधु द्वारा बतायी गयी अपरिग्रह, संयम, अहिंसा की बातें उन्हें एक अलग ही लोक में ले जा रही थीं। प्रवचन की समाप्ति पर सभी साधु को प्रणाम कर चले गये, पर रन्धक बैठे रहे। साधु बोले, "निकट आकर बैठो, पुत्र।" निकट आकर साधु को पुनः प्रणाम कर रन्धक बैठ गये और रिक्त नेत्रों से उन्हें निहारने लगे। उनके सिर पर प्रेम से हाथ रखकर साधु बोले, "क्यों व्यथित हो, पुत्र? तुम तो संभ्रान्त व्यक्ति प्रतीत होते हो। अधिकारसम्पन्न दिखते हो। तुम्हारा शरीर स्वस्थ है। तो मन में कौन सी गाँठ बाँध रखी है जो नेत्र इतने रिक्त हैं?"

रन्धक को लगा कि उनकी स्वर्गीय माता ने उन्हें अपनी गोद में बिठाकर बड़े लाड़ से कुछ पूछा है। नेत्रों में अश्रु भर गये, गला भारी हो गया। बड़ी कठिनाई से बोले, "मेरी रक्षा करें, महात्मन। मेरा शरीर आपको भले स्वस्थ लगे, मेरी आत्मा रोगी हो चुकी है। अपने कुकर्मों के बोझ से मेरी साँस अवरुद्ध है। मैं इस संत्रास से उभरने के लिए छटपटा रहा हूँ, पर मुझे मार्ग नहीं दिखता। कृपया मुझे बतायें कि मैं क्या करूँ?"

"तुम सेनापति रन्धक हो न? सर्वशक्तिमान मगध साम्राज्य के राजा एवं प्रधानामात्य के पश्चात् सेनापति ही राज्य की सबसे बड़ी शक्ति है। ऐसे पद पर रहकर भी तुम इतने व्यथित क्यों हो, पुत्र?"

साधारण वस्त्रों में भी स्वामी ने उन्हें पहचान लिया, क्या ये त्रिकालदर्शी हैं, ऐसा विचार कर रन्धक बोले, "यह पद ही तो मेरी व्यथा का कारण है, प्रभु। मैं राजा के प्रति वचनबद्ध हूँ कि उसकी प्रत्येक आज्ञा का पालन करूँगा, परन्तु उसकी आज्ञाओं का पालन ही मेरे दुःख का कारण बन जाता है। उज्जयनि, महिष्मति, काशी, कलिंग इत्यादि राज्यों में प्रजा की न्यायपूर्ण माँगों को दबाने के लिए मुझे ऐसे आदेश दिये गये कि जब भी मैं भोजन हेतु ग्रास को अपने मुँह तक ले जाता हूँ तो लगता है कि मेरी उँगलियों में रक्त लगा है।"

"तुम तो क्षत्रिय हो, पुत्र। तुम्हारा तो व्यापार ही रक्त है।"

"कृपया क्षत्रियों के प्रति ऐसी अवधारणा न बनायें स्वामी। क्षत्रिय का व्यापार रक्त नहीं, जनकल्याण है। जिस प्रकार आप शान्ति का पाठ पढ़ाकर जनकल्याण करते हैं, हम उसी शान्ति को बनाये रखने के लिए दुष्टों का संहार करते हैं। नगर को स्वच्छ रखने के लिए किसी न किसी को मल के कुंड में उतरना होता है। जो स्वच्छता बनाये रखने के लिए गन्दगी में उतरे, उसे क्या गन्दा कहा जा सकता है? हम क्षत्रियों का परम उद्देश्य तो अहिंसा की स्थापना है। हमें हिंसक कहकर हमारा अपमान तो न करें, देव।"

"तो तुम हिंसा को उचित मानते हो।"

"यदि वह जनकल्याण के लिए हो तो अवश्य।"

"उत्तम। तो क्या तुमने अब तक जो हिंसा की, वह जनकल्याण के लिए थी? मल के कुंड में उतरकर तुमने सफ़ाई का कार्य किया? नहीं न? अब यह बताओ कि तुमने क्या वास्तविक क्षत्रिय धर्म निभाया? क्या राजा की प्रत्येक आज्ञा का पालन ही धर्म है? यदि आज्ञापालन धर्म होता तो तुम्हारे मन पर यह बोझ न होता। बोझ इसलिए है कि क्षत्रिय होकर भी तुम अन्याय के पक्ष में खड़े रहे।"

"हाँ स्वामी, यही बात है।"

"तो तुमने ऐसा क्यों किया?" रन्धक को कुछ न बोलता देख साधु पुनः बोले, "इसका स्पष्ट उत्तर सुनना चाहते हो? तो सुनो, तुम एक कायर व्यक्ति हो। वह क्षत्रिय ही कैसा, जो अन्याय के पक्ष में खड़ा रहे। तुम कायर इसलिए हो कि तुम न्याय के पक्ष में खड़े होने का दण्ड जानते हो। भयभीत हो कि कहीं तुम्हारे साथ भी वह न हो जो सेनापति मौर्य के साथ हुआ था।"

सत्य सदैव हमारे नेत्रों के समक्ष उपस्थित होता है, परन्तु हम उसकी ओर देखते ही नहीं। पर वही सच जब कोई आपसे कह दे तो मर्मान्तक पीड़ा होती है। रन्धक की भी वही दशा थी। साधु बोलते गये, "मुझे ज्ञात है रन्धक कि तुम महावीर हो। हाथों में शस्त्र होने पर शत्रुसेना को चीरते हुए निकल जाते हो, परन्तु क्या यह वीरता है अथवा मात्र युद्धकला की निपुणता? यदि किसी कला में निपुणता को ही वीरता कहा जाये तो किसी भित्ति पर कुशलता से चित्र उकेरने वाला चित्रकार भी वीर है। काष्ठ से उपयोगी वस्तुएँ बनाने वाला श्रमिक भी वीर है। क्या यह वीरता की सही परिभाषा है? वीरता प्रत्येक मनुष्य का आन्तरिक गुण है, नायक। सेनापति मौर्य वास्तविक वीर थे, जिन्होंने अन्याय के प्रतिकार हेतु राजवंश का प्रत्यक्ष विरोध किया। तुम तो उनके विश्वस्त अधीनस्थ अधिकारी थे। जब मौरीय गण के नाश हेतु सेनाएँ भेजी गयीं, तब तुमने क्यों नहीं इसका प्रतिकार किया? जब मौरीय गण का सर्वनाश हो गया,

तब तुमने धनानन्द से प्रश्न क्यों नहीं किया? तुम पदाति सेना के अध्यक्ष थे। यदि तुम इस अन्याय का प्रतिरोध करते, अपने साथ रथाध्यक्ष, गजाध्यक्ष, पोताध्यक्ष, अश्वाध्यक्ष को भी प्रोत्साहित कर सम्पूर्ण सेना को धनानन्द के इस कृत्य के विरोध में खड़ा कर देते तो क्या उस पापी राजा को चेतावनी नहीं मिल जाती कि यदि वह अधर्म-अन्याय करेगा तो उसकी सेना ही उसका विरोध करेगी? परन्तु तुमने क्षत्रिय धर्म का पालन नहीं किया। शान्त बैठे रहे और अपने पद द्वारा मिली सुविधाओं का भोग करते रहे। नन्द के विश्वासपात्र बन गये और प्रोन्नत होकर प्रमुख सेनापति भी बन गये। यह विचित्र नहीं है पुत्र कि तुम पापी से मिले लाभ भी लेते रहे और स्वयं को पीड़ित भी करते रहे कि तुम अधर्म के पक्ष में हो। स्पष्ट पक्ष क्यों नहीं चुनते? या तो हृदय से नन्द के पक्षधर बनो और उसकी आज्ञाओं का पालन करो अथवा हृदय से उसके विरोधी बनो और उसके नाश हेतु प्रयत्न करो?"

"परन्तु यह तो विश्वासघात होगा न? अपने ही राजा से विद्रोह?"

"राजा तो कंस भी था। क्या उसका विरोध कर कृष्ण ने कोई अधर्म किया था? रावण का विरोध कर विभीषण ने कोई पाप किया था? राजा को भले ही पृथ्वी पर भगवान का प्रतीक माना जाता हो, पर वास्तविकता यही है कि वह एक मनुष्य है जिसे प्रजा ने अपने रंजन हेतु राजा के पद पर नियुक्त किया है। राजा यदि निरंकुश हो, प्रजा पर अत्याचार करता हो तो उसे उस पद से हटाना ही धर्म है। विचारो कि इतिहास तुम में और सेनापति मौर्य में से किसे अधिक वीर मानेगा? इतिहास छोड़ो, जब तुम स्वयं अपने पूरे जीवन का मूल्यांकन करोगे तो स्वयं को किस रूप में देखोगे? नायक अथवा खलनायक? धर्मयोद्धा अथवा अधर्म का पक्षधर? वास्तविक क्षत्रिय अथवा क्षत्रिय के वेष में एक भीरु, पदलोलुप, रीढ़विहीन व्यक्ति?"

रन्धक लज्जा से गड़ गये। साधु चुप रहे और उसे सिर झुकाए विचार करते देखते रहे। एक घड़ी पश्चात् रन्धक निर्णायक वाणी में बोले, "आप सत्य कहते हैं, महात्मन। मैं अब नन्द का साथ नहीं दे सकता। मैं अभी यह सेनापति का पद छोड़ता हूँ। मैं सन्यास ले लूँगा।"

साधु हँसते हुए बोले, "इससे क्या होगा, पुत्र? तुम सेनापति का पद छोड़ दोगे। सन्यास लेकर किसी कुटिया में, किसी गुफा में, किसी वन में जाकर बैठ जाओगे। इससे नन्द के स्वास्थ्य पर क्या अन्तर आ जायेगा? तुम जाओगे तो कोई और सेनापति के पद पर नियुक्त हो जायेगा। नन्द के अत्याचार नहीं रुकेंगे। तुम्हारा पश्चात्ताप कितना अर्थहीन और पलायनवादी है? तुमने प्रत्यक्ष कर्म द्वारा अधर्म का साथ दिया और पश्चात्ताप हेतु निष्क्रिय सन्यास लेना चाहते हो? दुष्कर्म का पश्चात्ताप सद्कर्म द्वारा हो सकता है। सैनिक रूप में अधर्म का साथ दिया तो सैनिक रूप में ही धर्म का साथ दो।"

"तो मुझे आज्ञा दें। मुझे बतायें कि मैं क्या करूँ?"

"तुम्हें सेनापति मौर्य का स्मरण है? क्या तुम्हें शकटार और आचार्य चणक का भी स्मरण है?"

"अवश्य है, महात्मन।"

"तो उन्हीं आचार्य चणक के पुत्र आचार्य चाणक्य और सेनापति मौर्य के पुत्र चन्द्रगुप्त मौर्य एक सेना का निर्माण कर रहे हैं। शकटार भी उनकी योजनाओं के क्रियान्वयन के लिए प्रयत्नशील हैं। यथासमय वे पाटलिपुत्र पर आक्रमण करेंगे। उनका साथ दो।"

"क्या कहा? सेनापति मौर्य का पुत्र?"

"हाँ, मौर्य पुत्र चन्द्रगुप्त। यदि उस सेना ने नन्द को पराजित कर दिया तो चन्द्रगुप्त ही मगध के राजा बनेंगे।"

"अहा, मेरे अग्रज, मेरे मित्र, मेरे गुरु मौर्य का पुत्र मगध का सम्राट् बनेगा! यह सुनकर मुझे कितना आत्मिक सन्तोष मिल रहा है, मैं आपको बता नहीं सकता। तो यही निश्चित रहा, मैं सेनापति का पद त्यागकर पुत्र चन्द्रगुप्त का साथ दूँगा। मैं एक सैनिक के रूप में उसको अपनी सेवाएँ दूँगा।"

"क्या तुम शपथ लेते हो?"

"हाँ महात्मन, मैं पंचमहाभूतों, अपने पूर्वजों और अपने इष्टदेव की शपथ लेता हूँ कि मैं चन्द्रगुप्त मौर्य का साथ दूँगा। उसके अधीन रहकर मगध की सेवा करूँगा।"

"उत्तम। अब सुनो कि चन्द्रगुप्त की सेना में अनेकानेक सैनिक एवं पर्याप्त सेनापति हैं। उसके पास पर्याप्त धन भी है। तुम अपना सर्वोत्तम योगदान चन्द्रगुप्त की सेना में सम्मिलित होकर नहीं, अपितु नन्द की सेना में बने रहकर दे सकते हो?"

"वो कैसे, महात्मन?"

"नगरद्वारों पर अपने विश्वस्त सैनिकों को नियुक्त कर। सेना में ऐसे लोगों को महत्वपूर्ण पदों पर नियुक्त कर, जो समय आने पर तुम्हारे संकेत पर चन्द्रगुप्त का साथ दें। अनुशासित सेना अपने नायकों का आदेश मानती है। तुम्हें पदाति, अश्व, गज सेना के अध्यक्षों को अपने पक्ष में मिलाना होगा। जिनके प्रति शंका हो, उन्हें सम्भव हो तो उनके पद से हटाकर ऐसे नायक को नियुक्त करना होगा जो तुम्हारे आदेशों का अक्षरश: पालन करे। चन्द्र की सेना में सेनापति बनकर जो लाभ होगा, उससे कई गुना अधिक लाभ नन्द की सेना में बने रहने से होगा।"

"ऐसा ही होगा, महात्मन।" सेनापति रन्धक के स्वर में तनिक भी शिथिलता नहीं थी। उन्हें अपना कर्तव्य स्पष्ट दिख रहा था। आगे की योजना का चित्रण एवं मानसिक क्रियान्वयन करने के पश्चात्, जैसे कोई भूली बात उन्हें याद आ गयी हो,

साधु से बोले, "महात्मन, आपने एक साथ चणक, मौर्य और शकटार का नाम लिया था। चणकपुत्र चाणक्य और मौर्यपुत्र चन्द्रगुप्त के बारे में आपने बताया, परन्तु पूर्व प्रधानामात्य शकटार कहाँ हैं? वे क्या कर रहे हैं? क्या वे चन्द्रगुप्त की सेना के साथ हैं?"

"नहीं सेनापति। यद्यपि वे सेना के साथ नहीं हैं, परन्तु चन्द्रगुप्त का ही कार्य कर रहे हैं। वे मगध के आधारस्तम्भों को चन्द्रगुप्त की सहायता के लिए मना रहे हैं।"

"ओह, तो क्या उन्हें सफलता मिली है? अब तक कौन-कौन चन्द्रगुप्त का पक्षधर बना है? मुझे इसकी सूचना होगी तो मेरा काम सरल हो जायेगा।"

"हाँ, उन्हें सफलता मिली है। अन्य नाम तो समय आने पर आपको ज्ञात हो जाएँगे, परन्तु उनकी नवीनतम और सबसे महत्वपूर्ण सफलता आपको सहर्ष बता सकता हूँ। उनका नाम है प्रधान सेनापति रन्धक।"

रन्धक को कुछ पल तक कुछ समझ नहीं आया। फिर वे मुस्कुराते हुए महात्मन शकटार के चरणों में झुक गये।

(15)

'मेरे जीवन का प्राप्य क्या है?... मुझे क्या मिला यवनों का साथ देकर?... क्या मैं अधिक साधनसम्पन्न हो गया?... हाँ, हुआ न। अब मेरे पास पहले से कहीं अधिक भूमि है, परन्तु क्या मुझे पहले से अधिक सन्तुष्टि मिली? क्या मैं सन्तुष्ट हूँ?... तो क्या और अधिक भूमि का स्वामी बनने की इच्छा है? ऐसा है तो पुन: किसी विदेशी सम्राट् को आमन्त्रित करूँ और सारे भारत का राजा बन जाऊँ?... नहीं-नहीं, मुझे अधिक भूमि नहीं चाहिए। इस प्रकार नहीं। पर्वतेश्वर से अपनी ईर्ष्या का समुचित दण्ड भोग लिया है मैंने। अब और नहीं। पर्वतेश्वर को परास्त करने के लिए म्लेच्छों का साथ दिया। और इन म्लेच्छों ने मुझे मित्र के स्थान पर दास बना लिया! पर्वतेश्वर भी दास ही बन गये हैं, भले उनका मन इसे स्वीकार न करे। पूर्वी गान्धार से अधिक बड़े राज्य का क्षत्रप हूँ मैं। पर क्षत्रप हूँ, स्वतन्त्र राजा नहीं। पर्वतेश्वर ने भी तो मुझे पराजित करने के बाद क्षत्रप ही बनाया था। और... और यवनों ने भी यही किया। क्या अन्तर है दोनों में? मेरी स्थिति में क्या परिवर्तन आ गया?... पर क्या सच में कोई अन्तर नहीं। पर्वतेश्वर की अधीनता में मैं भले ही दु:खी था, कम-से-कम मेरी प्रजा तो प्रसन्न थी। उसे प्रत्येक कर्म पहले की भाँति ही करने की स्वतन्त्रता थी। उनके जीवन में कोई अन्तर नहीं आया था, परन्तु यवनों की अधीनता में क्या सब कुछ वैसा ही है? भ्रष्टाचार बढ़ गया है। यवन अधिकारियों को प्रसन्न करने के लिए

मेरे ही अधिकारी उन्हें उत्कोच देते हैं और स्वयं इसे मेरी जनता से छीनकर प्राप्त करते हैं। मेरा अपने ही अधिकारियों पर कोई नैतिक नियन्त्रण नहीं। होगा भी कैसे? मैं भी तो यवनाधिपति के सम्मुख उत्कोच लेकर पहुँचा था। अपनी आत्मा बेच दी थी और प्रतिफल में गान्धार से बड़ा अधिकारक्षेत्र प्राप्त किया। अब मेरे अधिकारी भी मेरे ही दिखाए मार्ग पर चल रहे हैं तो उनका क्या दोष? मेरा कोई नैतिक अधिकार बनता ही नहीं कि उन्हें रोक सकूँ। टोकता हूँ तो सिर झुकाकर सुन लेते हैं, पर पीठ पीछे वही सब करते रहते हैं।'

अपने विशाल महल की अट्टालिका पर टहलते हुए गान्धारराज आम्भी अपने कृत्यों एवं उसके परिणामों पर विचार कर रहा था। पिछले कई महीनों से उसकी मनोवृत्ति पूर्णतः परिवर्तित हो गयी थी। अब वह प्रायश्चित्त करना चाहता था, पर उसे कोई मार्ग नहीं सूझता था। 'ये चन्द्रगुप्त और आचार्य चाणक्य भी कैसे व्यक्ति हैं? क्या थे ये? शून्य से निकले दो व्यक्ति! जिनके पास कोई संसाधन नहीं था। एक भी सैनिक नहीं था इनके पास। भूमि के छोटे-से टुकड़े के भी स्वामी नहीं थे ये दोनों। कुछ पुस्तकों का पण्डित चाणक्य और कुछ रणनीतियों का पण्डित चन्द्रगुप्त। धनहीन चाणक्य, कुलहीन चन्द्रगुप्त। पर इन्होंने यवनों का प्रतिकार किया। धीरे-धीरे ही सही, इन्होंने ऐसा कुछ कर लिया जो किसी भी भारतीय राजा ने नहीं किया। इन्होंने राज्यों की सीमाओं से परे, परस्पर विरोधी भारतीय जनता को एक मार्ग दिखाया। आज प्रत्येक स्थान पर विद्रोह के स्वर सुनायी देते हैं। मेरे ही राज्य में कितने ही लोग यवनों के विरोधी हैं। प्रतिदिन इन विरोधी स्वरों को शान्त कर दिया जाता है, पर वे पुनः-पुनः उग आते हैं। चौराहों पर, पेड़ों पर इन विद्रोहियों के टँगे शव इन्हें हतोत्साहित नहीं करते। इन मृतकों में कितने ही तक्षशिला विद्यापीठ के ब्रह्मचारी हैं। क्या मेरे राज्य में ऐसा होना चाहिए था? क्या यवनों की दासता स्वीकार करते समय मैंने कभी यह सोचा भी था कि यह अत्याचार भी देखना पड़ेगा? इन हत्याओं का दोषी मैं हूँ। मैं अब और सहन नहीं कर सकता।'

आम्भी की विचारश्रृंखला रासहीन अश्व की भाँति इधर-उधर गतिमान थी कि उसके अश्व को एक सेवक के स्वर ने रोक दिया। एक यवन दूत आम्भी की सेवा में उपस्थित होने की अनुमति माँग रहा था। यद्यपि आम्भी की इच्छा किसी से भी मिलने की नहीं थी, परन्तु विजेताजाति के तुच्छ सैनिक को मना करने का नैतिक साहस पराजित राज्य के सर्वोच्च अधिकारी के पास भी कहाँ होता है? यवन दूत उपस्थित हुआ और यवन रीति से अभिवादन करने के पश्चात् बोला, "क्षत्रप महाराज आम्भी, विश्वविजेता एवं देवराज ज्यूस के पुत्र महान अलेक्ज़ेंडर ने आपको अपना स्नेह भेजा है एवं वे आपके स्वस्थ एवं आनन्ददायक जीवन की प्रार्थना करते हैं।

महाराज आम्भी, आपको विदित है कि महान अलेक्ज़ेंडर भारत से अपनी वापसी की यात्रा कर रहे हैं। कतिपय कारणों से पश्चिमी गान्धार के क्षत्रप एवं भारत में यवनों के सर्वोच्च सेनापति फ़िलिप अब अपनी सेवा देने में असमर्थ हैं। अतः महान अलेक्ज़ेंडर की आज्ञा से सर्वोच सेनापति का पदभार सेनापति युडेमस को दिया गया है। महान अलेक्ज़ेंडर की इच्छा है कि आप पूर्वी गान्धार के साथ-साथ पश्चिमी गान्धार का उत्तरदायित्व भी ग्रहण करें। सेनापति फ़िलिप की ही भाँति सेनापति युडेमस आपकी सहायता करने के लिए प्रतिबद्ध रहेंगे। यह उनका लिखित आदेश एवं अन्य प्रपत्र हैं। यदि आप सहमत हों तो कृपया इन पर अपने हस्ताक्षर कर दें।" इतना कहकर यवन दूत चुप हो गया और आम्भी के समक्ष यवन भाषा में लिखे प्रपत्र रख दिये।

आम्भी बहुत देर तक उन प्रपत्रों को देखता रहा, जिनमें लिखे शब्द उसके लिए नितान्त अपरिचित थे। 'क्या यवनाधिपति मुझे मेरी भाषा देववाणी संस्कृत में लिखा प्रपत्र नहीं भेज सकता था? अवश्य भेज सकता था। उसके पास कितनी ही भाषाएँ बोलने और लिपि का ज्ञान रखने वाले पुरुष हैं, संस्कृत जानने वाले लोग भी हैं। परन्तु नहीं, वह आदेश भेजेगा तो यवन भाषा में। क्या यह मुझे मेरी दासता को लक्षित करने का सुविचारित प्रयास नहीं है? हह, आत्मा तक तो बेच दी, अब लिपि और भाषा के लिए रो रहा हूँ।' आम्भी ने बिना पढ़े अथवा जाँच करवाये उन प्रपत्रों के निर्दिष्ट स्थानों पर हस्ताक्षर कर दिये और यवन दूत से बोला, "सम्राट् अलक्षेन्द्र को मेरा प्रणाम निवेदित करना दूत और उन्हें बताना कि उनका दास आम्भी उनके लम्बे एवं स्वस्थ जीवन की प्रार्थना करता है। उनसे कहना कि वे यात्रा में की गयी अपनी प्रगति की सूचना देते रहा करें। अस्तु, तुम मुझे यह बताओ दूत कि सेनापति फ़िलिप को क्या हुआ? वे अपनी सेवा देने में असमर्थ क्यों हो गये? क्या उनका स्वास्थ्य ठीक नहीं है, अथवा उन्हें किसी और उत्तरदायित्व हेतु नियुक्त किया गया है? वे भारत की सीमा में ही हैं या पारस अथवा ग्रीस लौट गये हैं?"

दूत सिर झुका कर बोला, "महाराज, मुझे इस सम्बन्ध में कुछ भी बोलने की अनुमति नहीं है। मैं आपका मौखिक सन्देश महान अलेक्ज़ेंडर तक पहुँचा दूँगा।"

"नहीं-नहीं। मौखिक नहीं, लिखित सन्देश। तुम अतिथिशाला में रुको। चाहो तो गान्धार के यवन शिविर में विश्राम करो। लिखित सन्देश तुम तक पहुँच जायेगा।" दूत चला गया, परन्तु फ़िलिप के सम्बन्ध में आम्भी का प्रश्न आम्भी को परेशान करने लगा। फिर जहाँ तक उसे ज्ञात है, युडेमस तो पदानुक्रम में बहुत पीछे है। भारत में रुके यवनों में फ़िलिप के बाद कम-से-कम छह सेनापति वरिष्ठता क्रम में उससे ऊपर हैं। उसने अपने एक गूढ़पुरुष को बुलाया और दूत के पीछे लगा दिया।

दूत अकेला तो नहीं आया होगा। उसके किसी साथी से वास्तविक समाचार जाना जा सकता है अथवा यदि दूत यवन शिविर में गया, तो वहाँ अपने देशवासियों के समक्ष अवश्य ही सच्ची बात बाहर निकलेगी।

संध्या तक सच्चाई बाहर आ ही गयी। ज्ञात हुआ कि पुष्कलावती में नित्य की भाँति रात्रि में मांस-मदिरा का भोज चल रहा था। उत्सव अपने अन्तिम चरण में था और प्रत्येक प्रतिष्ठित यवन की भुजाओं में गणिकाएँ थीं कि एकाएक ही आठ सेनापति मुँह से झाग उगलते हुए मर गये। उनके साथ की आठों गणिकाओं के साथ भी यही हुआ। स्पष्ट दिख रहा था एवं चिकित्सकीय परीक्षण से सिद्ध भी हुआ कि उन्हें विष दिया गया था। युवतियों ने अपने खोखले दाँतों के भीतर विष भर रखा था जिसे उन्होंने एक साथ सेनापतियों के मुखों में उगल दिया था। इसके पश्चात् यवनों ने सभी भारतीय युवतियों की जाँच की। उन्हें ऐसी बारह विषकन्याएँ और मिलीं जिन्हें तत्काल मार दिया गया। अगले दिन अन्य सभी निरपराध युवतियों एवं सभी भारतीय दासों को भी मार डाला गया। यवन शिविर की सुरक्षा बढ़ा दी गयी और इसकी सूचना सुदूर अलक्षेन्द्र को भेजी गयी। आश्चर्य की बात थी कि जो सूचना पश्चिमी गान्धार से सिन्धु नदी पार कर पूर्वी गान्धार तक नहीं पहुँच पाई, वह नदियों, पर्वतों को पार कर अलक्षेन्द्र तक पहुँच गयी और वहाँ से नये आदेश भी आ गये।

आम्भी जहाँ एक ओर यवनों की इस गुप्त एवं त्वरित रीत पर आश्चर्यचकित था, वहीं फ़िलिप इत्यादि की मृत्यु से सन्तुष्ट भी था। उसे लगा कि उसका अन्तर्मन जो प्रतिशोध लेना चाहता था, वह इन विषकन्या युवतियों के माध्यम से पूरा हुआ। उन कन्याओं के प्रति वह धन्यभाव से भर उठा। 'उन कन्याओं और आम्भी में क्या अन्तर है? समानता तो स्पष्ट है। वे कन्याएँ और मैं, दोनों ही यवनों के दास हैं। यवन उनका बलात्कार करते थे, तो क्या मेरा बलात्कार नहीं हुआ है? शारीरिक बलात्कार भी तो अन्ततः मानसिक बलात्कार ही है न? स्त्री को उसकी इच्छा के विरुद्ध भोगना। तो क्या पुरुष होकर या शारीरिक सम्पर्क न होने पर मैं कह सकता हूँ कि मेरा बलात्कार नहीं हुआ है? यह बलात् किया गया कृत्य ही तो है कि मेरे ही सामने मेरी प्रजा में से निर्धन युवतियों को उनकी इच्छा के विरुद्ध यवनों से विवाह करना पड़ा। यह बलात् कृत्य ही तो है कि मेरे राज्य में मेरे ही गान्धार के एवं अन्य राज्यों से आये प्रबुद्ध एवं बुद्धिजीवी नागरिकों को वृक्षों पर गले में रस्सी बाँधकर लटका दिया गया। मेरे राज्य के सैनिकों ने अनेकों युद्ध पहले भी लड़े थे, पर उन्होंने कभी शत्रु राज्य के कृषकों के खेत नहीं जलाए थे। नागरिकों के भवन नहीं जलाए थे। निःशस्त्र एवं निरपराध प्रजा की हत्या नहीं की थी। ये सब यवनों के आदेश से मेरे सैनिकों ने किये। क्या यह गान्धारराज के साथ बलात्कार नहीं था? अवश्य था।

परमवीर हैं वे युवतियाँ, जिन्होंने अपने बलात्कारी से प्रतिशोध लिया। और मैं... मैं कायर, निर्लज्ज जो अपने बलात्कारी द्वारा पुरस्कृत किया जाता हूँ तो धन्य भाव से भर उठता हूँ। ले आम्भी, और पुरस्कार ले। अपनी आत्मा को बेचने का पुरस्कार ले। अब तू पश्चिमी गान्धार का भी स्वामी बन गया। जैसे कोई गणिका नाचती है तो रसिक उससे प्रसन्न होकर उस पर स्वर्ण की वर्षा करते हैं, तू भी नाच रहा है और यवन तुझ पर भू-अधिकार की वर्षा कर रहे हैं। बटोर ले, सब बटोर ले। नाचता रह, पुरस्कृत होता रह। तू तो पुरुष वेश में वेश्या है, तुझे कैसी लज्जा?' आत्मग्लानि आम्भी को खाए जा रही थी। क्षत्रियकुल कलंक आम्भी अपने अश्रुओं से अपने पापों को धोने का निष्फल प्रयास कर रहा था। रोते-रोते बोला, "हे ईश्वर, मुझे दण्ड दे। मुझे दण्ड दे अथवा मुझे बता कि मैं कैसे प्रायश्चित्त करूँ? किसी हत्यारे को भेज जो मेरी ग्रीवा उतार लें अथवा किसी मार्गदर्शक को भेजें, जो मुझे मेरे कर्तव्य बताए।"

पुष्कलावती के यवन शिविर से जो बात बाहर नहीं निकली थी, तक्षशिला के यवन शिविर से वह तत्काल ही बाहर आ गयी। साधारण युवतियों द्वारा लिए गये इस प्रतिशोध ने क्रान्तिकारियों को उत्साहित कर दिया। जो विद्रोह अभी अत्यन्त धीमी गति से चल रहा था और मात्र राजधानी में ही दिखता था, वह पूरे गान्धार में स्थान-स्थान पर तीव्रता से भड़क उठा। यवनों की हत्याएँ होने लगीं। यवनों के पक्षधर भारतीय अधिकारियों को भी नहीं छोड़ा गया। प्रजा पूरी तरह से आन्दोलित थी कि दो सप्ताह के अन्दर ही चन्द्रगुप्त की विशाल सेना ने तक्षशिला को घेर लिया। तक्षशिला के यवन इस सेना को देख पलायन कर गये अथवा छुप गये। तक्षशिला के सैनिकों एवं नागरिकों ने देखा कि एक सुदर्शन रथ सबसे आगे खड़ा है। उसके ध्वज पर मयूर चिह्न अंकित है। उस रथ के थोड़ा ही पीछे एक और रथ है, जिस पर सूर्य चिह्न से अंकित भगवा ध्वज है। मयूरध्वज पर कोई युवा था, जिसे कुछ ही लोग पहचान पा रहे थे परन्तु भगवा ध्वज वाले श्यामवर्ण व्यक्ति को पहचानना कठिन नहीं था। कुछ वर्ष पूर्व तक जो युवा ब्राह्मण नगर की वीथियों में टहलते हुए प्रत्येक नागरिक को आशीर्वाद देता हुआ चलता था, जिसके पास कोई भी नागरिक अपनी समस्या लेकर आ सकता था और समाधान पाकर धन्यभाव के साथ वापस लौटता था, वह ब्राह्मण ब्राह्मण-वेश में एक क्षत्रिय की भाँति रथारूढ़ होकर तक्षशिला वापस लौट आया था। तक्षशिला वासियों ने अपने आचार्य विष्णुगुप्त को देख हर्षनाद किया। राज्य के सैनिकों ने द्वार खोल दिये। रक्त की एक बूँद नहीं गिरी और गान्धार पर मौर्य सेना का अधिकार हो गया।

मौर्य सेना के सेनापति मयूरध्वज के आदेश पर गान्धार सैनिकों ने अपने अस्त्र-शस्त्र मौर्य सैनिकों को सौंप दिये। सभी सैनिकों को अभय दिया गया एवं घोषणा की

गयी कि उन्हें उनके पूर्व पदों से अथवा कार्य से हटाया नहीं जायेगा। मयूरध्वज ने राजा चन्द्रगुप्त के आदेश पर यह भी घोषित किया कि तत्काल समर्पण करने वाले यवनों को जीवनदान दिया जायेगा अन्यथा उनका वध कर दिया जायेगा। नागरिक प्रशासन गान्धार के पूर्व अमात्य और अब चन्द्रगुप्त मौर्य के मन्त्रिमण्डल के सदस्य सोमशर्मा ने सँभाल ली। जनता स्वत:स्फूर्त मौर्य अधिकारियों का साथ दे रही थी। कहीं कोई विसंगति अथवा विद्रोह की एक अतिसूक्ष्म घटना नहीं घटी। परम्परा के अनुसार, पराजित राजा को विजेता के समक्ष उपस्थित होकर औपचारिक रूप से अपनी हार स्वीकार करनी होती थी। विजेता विजय के मद में चूर होकर पराजित राजा के राजमहल में अथवा उसके निवास में नहीं जाते थे। अत: चन्द्रगुप्त अपने साथियों के साथ तक्षशिला नगर के बाहर शिविरों में शान्तभाव से बैठे थे। उन्हें अधिक प्रतीक्षा नहीं करनी पड़ी।

प्रतिहारी ने सूचना दी कि महाराज आम्भी पधार रहे हैं। गान्धार की जनता एवं मौर्य सैनिकों ने देखा कि आम्भी औपचारिक राजसी वस्त्रों के स्थान पर किसी भिक्षु की भाँति साधारण श्वेत वस्त्रों में, पदत्राण[1] के बिना नंगे पैर, हाथ में अपना मुकुट लिए मौर्य शिविर की ओर बढ़े जा रहे हैं। उन्हें ससम्मान चन्द्रगुप्त के समक्ष ले जाया गया। आम्भी ने स्वयं से आधी वय के युवक राजा को देखा और उसके पास जाकर बिना कुछ बोले अपना मुकुट उसके चरणों में रख दिया। चन्द्रगुप्त अब तक बिना किसी राज्य का राजा था, परन्तु स्पष्ट था कि अब उसके पास गान्धार जैसा एक बड़ा राज्य था। यद्यपि आम्भी स्वयं ही अब राजा बने रहना नहीं चाहता था, परन्तु वह वास्तविकता को भी समझता था। कोई राज्यविहीन राजा विजित राज्य को परम्परानुसार पराजित राजा को लौटा तो नहीं देगा। चन्द्र तनिक विचलित होकर खड़े हो गये और मुकुट को उठाकर बोले, "यह क्या कर रहे हैं, राजन? राजमुकुट किसी के पैरों में नहीं रखे जाते।"

आम्भी हाथ जोड़कर बोला, "क्षमा चाहता हूँ, राजन। मैंने इतने अधिक और कहीं बड़े अपराध किये हैं कि उनके समक्ष यह अपराध कुछ भी नहीं। अस्तु, मेरा यह अपराध क्षमा हो। कृपया इस मुकुट को स्वीकार करें एवं गान्धार की निर्दोष प्रजा को अपना कर उन्हें अनुगृहीत करें।"

मुकुट को उचित स्थान पर रखकर चन्द्रगुप्त ने राजा आम्भी से बैठने का आग्रह किया। इस पर आम्भी पार्श्व में बैठे आचार्य चाणक्य को प्रणाम कर निर्दिष्ट आसन पर बैठ गया और बोला, "राजन, यद्यपि पराजित राजा की इच्छा का कोई मोल नहीं।

---

[1] पदत्राण – चप्पल, जूता, खड़ाऊँ इत्यादि।

अतः मैं बस प्रार्थना ही कर सकता हूँ कि आप गान्धार सिंहासन पर विराजमान हो। गान्धार की प्रजा ने बहुत कष्ट झेले हैं। अब उन्हें एक वास्तविक राजा की आवश्यकता है। मेरे अपराधों में उनका कोई दोष नहीं। अतः कृपा कर दोषी अर्थात् मुझे दण्ड दें एवं मेरी प्रजा को अभय देकर उनका रंजन करें।"

चन्द्रगुप्त बोले, "आपकी इच्छा अवश्य पूरी होगी, राजन। प्रजा को अभय दिया जा चुका है। सेनापति मयूरध्वज एवं अमात्य सोमशर्मा इसकी व्यवस्था कर रहे हैं। रही आपको दण्ड देने की बात, तो मैं आपके ही मुख से आपके अपराध सुनना चाहता हूँ।"

"मेरे अपराध तो समस्त भारत को ज्ञात हैं, राजन। अस्तु, मेरा पहला अपराध यह है कि मैंने अलक्षेन्द्र जैसे म्लेच्छ का न केवल गान्धार में स्वागत किया, अपितु उसके गान्धार आने से पूर्व ही उसकी सैन्य-असैन्य सहायता की। इसके पश्चात् केकय के विरुद्ध अभियान में मैंने उसकी सहायता की। भारत के अन्य राज्यों में भी यवन अभियान में मैं सहायक बना, परन्तु मेरा सबसे बड़ा और अक्षम्य अपराध यह रहा कि उसके सैनिक, उसके अधिकारी मेरी प्रजा पर अत्याचार करते रहे और मैं निर्वीर्य वह सब देखता रहा। मेरे अपराध क्षमायोग्य नहीं हैं, राजन।"

"ऐसा है तो यदि मेरे स्थान पर आप होते तो इन अपराधों के लिए क्या दण्ड देते अपराधी को?"

"मैं अंगभंग कर उसे भारत की सीमा के बाहर फेंक देता अथवा असम्मानजनक मृत्युदण्ड देता। उसके अंगों को विभिन्न राज्यों में प्रदर्शनी हेतु भेज देता, जिससे सबको शिक्षा मिलती कि राष्ट्रद्रोह का क्या परिणाम होता है?"

चन्द्रगुप्त हँसते हुए बोले, "ईश्वर की कृपा है कि आपको दण्ड देने का अधिकार नहीं है। किसी भी अपराध का न्याय करते समय हमें उस अपराध के पीछे की प्रेरणा को अनदेखा नहीं करना चाहिए। आपका पहला अपराध कि आपने अलक्षेन्द्र को आमन्त्रित किया। इसके पीछे आपका क्या उद्देश्य था? यही न कि आपने अपने से अधिक प्रबल शत्रु अर्थात् केकयनरेश पर्वतेश्वर के विरुद्ध एक अधिक प्रबल शत्रु से सन्धि की। आचार्य चाणक्य सहित हमारे पुरातन आचार्यों ने राजाओं के लिए कई नीतियों की व्याख्या की है, जैसे सन्धि, विग्रह, यान, आसन, संश्रय, द्वैधिभाव। सन्धि करना, किसी एक राजा के विरुद्ध दूसरे राजा से सन्धि करना तो कोई अपराध नहीं है। आपने भी इन नीतियों में से एक नीति का पालन किया। बस, गड़बड़ यह हुई कि जिससे आपने सन्धि की, वह भारतीय सभ्यता या किसी भी मानवीय सभ्यता से परे एक मानसिक विकृत समाज का प्रतिनिधि था। हमारे इतिहास में जिन्हें 'राक्षस' कहा गया है, वे भी इन यवनों से अधिक मानवीय थे।

आप कैसे इन म्लेच्छों के राक्षसत्व को जान सकते थे? आप सर्वथा निर्दोष तो नहीं हैं, परन्तु आपको वैसा दोषी नहीं माना जा सकता, जैसा आप स्वयं को समझते हैं।" चन्द्रगुप्त की बात सुनकर आम्भी के नेत्रों में जल भर आया। सच तो यही था कि उसने बस पर्वतेश्वर को पराजित करने के लिए यवनराज से मित्रता की थी। उसका उद्देश्य शुद्ध राजनीतिक एवं तत्कालीन परिपाटी के अनुसार ही था। सन्धि के पश्चात् आम्भी के अधिकार में कुछ शेष न बचा और वह प्रवाह में बहता चला गया।

चन्द्रगुप्त दयापूर्वक मुस्कुराते हुए बोले, "राजन, जिस प्रकार उपरोक्त छह गुण हैं, उसी प्रकार राजाओं के लिए कुछ आपत्तियाँ भी हैं। इन छह गुणों का यथास्थान उपयोग न करना ही आपत्ति है, परन्तु यह भी ऐसा दोष नहीं कि मृत्युदंड दे दिया जाये। अस्तु, आपके अनुसार आपका दूसरा दोष यह है कि आपके होते हुए भी यवन आपकी प्रजा पर अत्याचार करते रहे। इसका दण्ड आपको अवश्य मिलना चाहिए। क्या आप अपने दण्ड को स्वीकार करने के लिए प्रतिबद्ध हैं?"

आम्भी हाथ जोड़कर बोला, "आपका आदेश शिरोधार्य है, राजन। कृपया कोई दया न करें। मुझे मेरा उचित दण्ड दें।"

"ऐसा ही होगा। आम्भी, आपको आजीवन प्रजा की सेवा करने का दण्ड दिया जाता है। भारत राष्ट्र के सम्राट् के प्रतिनिधि के रूप में आपका कर्तव्य होगा कि आप अपनी पूरी क्षमता से प्रजा के हित हेतु कार्य करेंगे। आपको आदेश दिया जाता है कि आप स्वयं को भारत की रक्षापंक्ति का प्रथम सैनिक मानें एवं यदि कभी भविष्य में विदेशी आक्रान्ता भारत में प्रवेश करने का प्रयास करें तो आपके या आपके वंशजों के जीवित रहते वे सिन्धु नदी को पार न कर सकें। आपकी सुरक्षा व्यवस्था अत्यन्त दुर्बल है। दुर्ग को पुनः बनवाएँ और खाइयों को चौड़ा एवं गहरा करें। आप मित्रों एवं व्यापारियों के लिए भारत का द्वार ही न बनें, अपितु शत्रुओं के लिए अभेद्य दीवार भी बनें। आपकी गुप्तचर व्यवस्था नितान्त असफल रही है। उसे भंग कर दें एवं हमारे गूढ़पुरुषों के प्रमुख तात गौतम की देखरेख में एक नई गुप्तचर व्यवस्था का निर्माण करें। आपके कई मन्त्री एवं राजकर्मचारी भ्रष्ट हैं। उन्हें पदमुक्त करें एवं पुनः नये मन्त्रिमण्डल का गठन करें। आप सबके लिए एक आदर्श बनें। आप अपनी शक्ति भर प्रयास करें कि इतिहास आपको देशद्रोही के रूप में नहीं, अपितु राष्ट्र के रक्षक के रूप में स्मरण रखे।"

"जो आज्ञा, राजन।" गान्धारराज आम्भी का मुख कर्तव्यभावना से दमक रहा था, जैसे किसी अँधेरे गहन वन में भटक चुके किसी पथिक को एकाएक ही सूर्य की किरण दिख गयी हो। आम्भी को एक स्पष्ट मार्ग दिख गया था। उधर, चाणक्य अपने शिष्य चन्द्र की ऐसी प्रगति पर उसे सन्तुष्ट भाव से निहारते रहे।

आम्भी के प्रति चन्द्रगुप्त कैसा व्यवहार करता है, वह उन्होंने पूरी तरह उसके विवेक पर छोड़ा था। वे भी यह मानते थे कि आम्भी कोई अधर्मी शासक नहीं था। वह एक भटका हुआ भावुक व्यक्ति था जो अपनी प्रजा से प्रेम करता था। उसे एक अवसर देना उचित ही था। चन्द्रगुप्त में बड़ी सरलता से सारे सूत्र अपने हाथ में रख लिए थे। गान्धार का शासक आम्भी ही रहने वाला था, परन्तु अमात्य वर्ग में व्यापक परिवर्तन किया जायेगा, जिसमें उन व्यक्तियों की नियुक्ति की जा सकती थी जो एक–राष्ट्र के प्रति एवं चन्द्रगुप्त-चाणक्य के प्रति समर्पित हों। साथ ही राज्य की गुप्तचर व्यवस्था के सूत्रधार गौतम होने वाले थे, जो निश्चित ही ऐसे व्यक्तियों का चयन करते, जिनकी निष्ठा चन्द्रगुप्त एवं चाणक्य के साथ होती। आम्भी को पुनः राजा के रूप में प्रतिष्ठित कर चन्द्रगुप्त गान्धार के निवासियों का विश्वास भी जीत रहा था एवं नये अमात्य वर्ग तथा गुप्तचर विभाग की सहायता से वास्तविक सत्ता को अपने नियन्त्रण में भी रख रहा था।

उनकी विचारश्रृंखला सेनापति मयूरध्वज के आने से भंग हुई। सेनापति राजा से कह रहे थे, "राजन, तक्षशिला के समस्त सैनिकों ने आपके प्रति अपनी निष्ठा व्यक्त की है। अमात्य सोमशर्मा ने भी सूचित किया है कि समस्त अमात्यगण एवं श्रेष्ठिजन भी आपको अपना स्वामी स्वीकार करते हैं। प्रजा आपके एवं आचार्य चाणक्य के दर्शन हेतु वीथियों पर पुष्प इत्यादि लेकर खड़ी है। उनका उत्साह हमारे सैनिकों पर भारी पड़ रहा है। यवन सैनिकों ने भी बिना लड़े अपने शस्त्र गिरा दिये हैं एवं समर्पण कर दिया है। उनके सम्बन्ध में आपकी क्या आज्ञा है?"

चन्द्रगुप्त ने सेनापति से ही प्रतिप्रश्न किया, "यवन सैनिकों के सम्बन्ध में आपका क्या विचार है?"

"राजन! यद्यपि यवनों ने आत्मसमर्पण कर दिया है एवं परम्परानुसार उन्हें स्वतन्त्र कर देना चाहिए, परन्तु ये सैनिक भारतीय परम्परा नहीं मानते। सैनिक युद्धभूमि में हिंसा अवश्य करते हैं, परन्तु शान्तिकाल में अथवा युद्ध के पश्चात् उन्हें अहिंसक होना चाहिए। इन्होंने युद्ध में कम और युद्ध पश्चात् अधिक रक्त बहाया है, वह भी निरपराध नागरिकों का रक्त। परपीड़ा में इन्हें आनन्द आता है। यह निश्चित है कि ये सारे सैनिक सेनापति युडेमस के पास पुष्कलावती जायेंगे और कभी न कभी हम पर आक्रमण करेंगे। विषधर सर्प के इन सपोलों को जीवित नहीं छोड़ना चाहिए। इन्होंने अनगिनत अपराध किये हैं, अतः मेरी विनती है कि इन्हें तत्काल मृत्युदंड दे दिया जाये।"

सेनापति की ऐसी बात सुन विभूति विचलित होकर बोला, "क्षमा करें, राजन। युद्ध एवं हिंसा विशेष परिस्थितियों में ही शोभा देती है। यवन असंस्कृत हैं तो क्या हम भी उनके पदचिह्नों पर चल पड़ें? म्लेच्छों का प्रतिकार करते हुए हम स्वयं म्लेच्छ

तो न बन जाएँगे? राजन, यह नितान्त अनुचित बात है। ऐसे सामूहिक हत्याकांड से हम में और उनमें क्या अन्तर रह जायेगा?"

"तो तुम्हारी क्या सलाह है, विभूति?" चन्द्रगुप्त अपने सहपाठी से बोले।

"राजन! उचित है कि इन्हें अभी कारागार में रखा जाये। जब यवन पूरी तरह परास्त हो जाएँगे अर्थात् जब पुष्कलावती सहित यवनों के अधिकार की समस्त भूमि मुक्त हो जाएगी, तब इस प्रश्न पर पुनः विचार किया जाये। आपके नेतृत्व में यवनों की पूर्ण पराजय निश्चित है। युद्ध के पश्चात् अन्ततः तो सन्धि होगी ही।"

चन्द्रगुप्त आचार्य की ओर मुड़े और बोले, "क्या आप सहमत हैं आचार्य?"

"इस विषय पर आप ही निर्णय लें, राजन। मुझे तो मयूरध्वज एवं विभूति दोनों की ही बातें उचित लगती हैं।"

चन्द्रगुप्त समझ गये कि आचार्य उनकी परीक्षा ले रहे हैं। वह मन-ही-मन यह विचार कर हँस पड़े कि आचार्य सदैव ही परीक्षा लेने की मनःस्थिति में ही रहते हैं। कुछ विचारकर वे बोले, "सेनापति, आप अभी ऐसा करें कि उन सभी सैनिकों को एक खुले कारावास में रखें अर्थात् उन्हें एक स्थान पर एकत्रित करें और उनके चारों ओर रथसेना एवं अश्वारोहियों को नियुक्त करें। रथ के सैनिक तीर-धनुष के साथ एवं अश्वारोही सैनिक नग्न खड्ग लेकर सावधान मुद्रा में खड़े रहें। यह व्यवस्था हो जाये तो मुझे सूचित करें। हम स्वयं वहाँ उपस्थित होंगे एवं अपना निर्णय सुनाएँगे। और हाँ, उन्हें उनके शस्त्र लौटा दें।"

मयूरध्वज प्रसन्न हो गया। शस्त्रधारी सैनिकों के घेरे में यवनों को खड़ा रखने का एक ही कारण हो सकता है, उन म्लेच्छों का सामूहिक वध। मालव मयूरध्वज उनके रक्त से अपने निर्दोष मालव नागरिकों की निर्मम हत्या का अंशतः प्रतिशोध तो ले ही लेगा। विभूति एवं अन्य उपस्थित व्यक्तियों को इस आदेश का औचित्य समझ नहीं आया। जो भी आदेश होता, उसका पालन वे लोग कर सकते थे। स्वयं चन्द्रगुप्त को वहाँ जाने की क्या आवश्यकता थी? अस्तु, उन्होंने चन्द्रगुप्त को अपना राजा माना था, उसकी प्रत्येक इच्छा का पालन उनका धर्म था। अतः सब चुप रहे। इस शान्ति को आम्भी ने भंग किया एवं विनीत भाव से बोला, "राजन! सेनापति ने सूचित किया था कि तक्षशिला की प्रजा आपके एवं आचार्य के दर्शनों का लाभ लेना चाहती है। निवेदन है कि आप यहाँ से नगर की ओर प्रस्थान करें एवं अपने इस दास के महल में प्रवेश कर उसे पवित्र करें।"

चन्द्रगुप्त ने आचार्य की ओर देखा एवं उन्हें सहमत देखकर बोले, "अवश्य, राजन। मित्र भूति, तनिक बाहर जाकर तात गौतम या उनके किसी साथी को यहाँ लिवा लाओ।"

गौतम बाहर ही खड़े थे। तत्काल अन्दर आये और प्रणाम कर आज्ञा की प्रतीक्षा करने लगे। चन्द्रगुप्त बोले, "तात, राजा आम्भी की इच्छा है कि हम प्रजा से मिलते हुए यहाँ से उनके महल तक जाएँ। इस पर आपकी क्या राय है? क्या हम अभी चल पड़ें या एक-दो प्रहर पश्चात् अथवा आज विश्राम कर कल प्रात: राजा आम्भी की इच्छा का सम्मान करें?"

"राजन, राजा आम्भी का कथन उचित है। यहाँ इस शिविर में आपको कठिनाई हो रही होगी। महल में आपके विश्राम हेतु अधिक सुविधाएँ उपलब्ध हैं। प्रजा भी आपके दर्शनों के लिए आतुर है।"

सब समझ रहे थे कि चन्द्रगुप्त ने इस विषय पर गौतम से प्रश्न क्यों किया? गौतम यदि सकारात्मक उत्तर देते हैं, इसका अर्थ है कि यहाँ से महल तक का मार्ग छिपे शत्रुओं से पूर्णत: निरापद है। दो घड़ी पश्चात् विजयी सेना एवं पराजित राज्य के नागरिकों ने अभूतपूर्व दृश्य देखा। बहुत थोड़े-से अंगरक्षकों के साथ चन्द्रगुप्त ने नगर में प्रवेश किया। सबसे आगे श्वेत अश्व पर श्वेत वस्त्रधारी कृष्णवर्ण के आचार्य चाणक्य थे। आचार्य ने रथ की अपेक्षा अश्व पर बैठ कर नगर प्रवेश करना उचित समझा था। उनके पीछे राजकीय रथ पर चन्द्रगुप्त थे एवं उनके पार्श्व में राजा आम्भी खड़े थे। चन्द्रगुप्त ने आचार्य से आग्रह किया था कि वे सबसे आगे रहें, क्योंकि वे जानते थे कि वास्तविक विजय और वास्तविक नेता तो आचार्य ही हैं। साथ ही, वे तक्षशिला वासियों के लिए उनके अपने बन्धु थे, जिन्हें नागरिक विजेता नहीं अपितु अपना उद्धारक मानते थे। राजा आम्भी को अपने साथ रखकर उन्होंने यह दिखाया था कि वे आक्रान्ता नहीं थे। आम्भी की प्रसन्न एवं धन्य मुद्रा नागरिकों में आश्वस्ति का भाव पैदा कर रही थी। रथ के पीछे चन्द्रगुप्त के अन्य साथी शस्त्रविहीन मंगल वस्त्रों में थे। कहीं से भी कोई संकेत नहीं था कि ये विजयनी सेना के पदाधिकारी हैं। नागरिक भी पुष्पवर्षा एवं हर्षध्वनि से यह बता रहे थे कि वे उन्हें अपना मानते थे। यह भी सच ही था कि चन्द्रगुप्त सहित अधिकांश युवक एवं पदाधिकारी उनकी तक्षशिला से निकले छात्र थे, अत: उनके प्रति परायेपन का कोई भाव नहीं था।

महल में प्रवेश करने से पूर्व चन्द्रगुप्त की आज्ञा से मयूरध्वज उन्हें उस स्थान पर ले आया, जहाँ यवन सैनिकों को रखा गया था। एक विशाल मैदान के केन्द्र में अपने भालों, तलवारों एवं कवचों के साथ कुछ सहस्र यवन सैनिक खड़े थे और उन्हें घेरकर युद्ध की मुद्रा में सहस्रों भारतीय अश्वारोही खड़े थे। उनके साथ स्थान-स्थान पर हाथियों को भी खड़ा किया गया था। यवनों और भारतीय सैनिकों सहित अपने घरों की छतों से इस दृश्य को देख रही जनता को भी पूर्ण विश्वास था कि

राजा चन्द्रगुप्त इन यवनों को मृत्युदंड देंगे। यवनों को उनके शस्त्र कदाचित् इसलिए दे दिये गये थे कि वे अपना अन्तिम युद्ध लड़ सकें एवं लड़ते-लड़ते मारे जाएँ। हाथियों एवं अश्वों के सम्मुख पाँव-पैदल यवन कितनी देर टिक सकते थे? राजा चन्द्रगुप्त ने आसन्न मृत्यु के भय से मानसिक रूप से पहले ही आधी मृत्यु भोग रहे यवनों को देखा और उन सबको सम्बोधित करने के लिए एक हाथी पर खड़े होकर बोले, "यवन देश के सैनिको, मैं चन्द्रगुप्त यहाँ तुम्हारा न्याय करने के लिए उपस्थित हुआ हूँ। तुम सबने भारत की धरती पर भारतीयों के प्रति अनगिनत अपराध किये हैं। मुझे यह नहीं ज्ञात कि तुम्हारी संस्कृति में पाप एवं पुण्य की कोई अवधारणा है भी या नहीं, परन्तु मुझे यह अवश्य पता है कि तुम्हारे यहाँ भी सैनिक के लिए युद्ध करते हुए मरना गर्व की बात है। युद्ध में हत सैनिक स्वर्ग में अपने पूर्वजों के साथ बैठकर स्वर्ग को भोगता है। तुम्हारे अपराध अक्षम्य हैं। तुम्हें दण्ड अवश्य मिलेगा। मैं तुम्हें दो विकल्प देता हूँ। युद्ध करते हुए मारे जाओ या शस्त्र गिरा दो और एक सामान्य अपराधी की भाँति वधिक के हाथों मारे जाओ। तुम्हारी मृत्यु तो निश्चित है। तो बताओ, तुम किस भाँति मरना चाहोगे?"

यवन सेना चन्द्रगुप्त की बात पहले तो समझ ही नहीं पायी। फिर उनमें से एक आगे बढ़ा और बोला, "महान सैंड्रोकोटस, यदि मृत्यु निश्चित ही है तो हम अपने हाथों में तलवार पकड़े हुए मृत्यु का वरण करेंगे। हम हृदय से आपके आभारी हैं कि आपने हमें वीरों की भाँति मरने का अवसर दिया। आपकी उदारता के लिए धन्यवाद। हे महानतम राजा, हमारी एक अन्तिम विनती भी सुन लें। कृपया हमारी मृत देह का अन्तिम संस्कार हमारी रीति के अनुसार करवाने का आश्वासन दें। हमें मृत्यु के साथ-साथ थोड़ी सी अग्नि एवं नदियों का जल प्रदान करें।"

चन्द्रगुप्त प्रसन्न होकर बोले, "ऐसा ही होगा, सैनिक। तुम्हारी मृत देहों को नाव पर रखी चिताओं को अर्पित किया जायेगा। अब तुम सबने युद्ध का निर्णय ले ही लिया है तो तुम्हें एक और विकल्प देता हूँ। मैं जानता हूँ कि तुममें से अधिकांश सैनिक अपने देश के साधारण किसान हैं। यदि राजा को युद्ध की लालसा न हो तो तुम अपने खेतों में दिन भर परिश्रम कर अधिक प्रसन्न होते हो। तुम युद्ध के लिए आये थे, अभी भी युद्ध हेतु एवं निश्चित मृत्यु हेतु प्रस्तुत हो। अतः मैं तुम्हें विकल्प देता हूँ कि या तो अभी मेरी सेना के विरुद्ध युद्ध कर मारे जाओ या समय आने पर मेरी सेना के साथ मिलकर मेरे शत्रुओं के विरुद्ध युद्ध करो। तुममें से जो युद्ध में मारा जायेगा, वह अपने पूर्वजों एवं देवताओं के साथ स्वर्ग भोगेगा। जो युद्ध में विजयी होगा और जीवित बच जायेगा, उसके अपराध क्षमा कर दिये जायेंगे। उनमें से जो भी अपने देश वापस जाना चाहेगा, उसे जाने दिया जायेगा।

जो यहाँ भारत में ही रहना चाहेगा, सनातन मूल्यों का अनुपालन करते हुए रह सकेगा। जो भी तत्काल युद्ध एवं मृत्युदण्ड का चयन करता है, वह अपने स्थान पर खड़ा रहे। जो मेरी सेना में सम्मिलित होकर वास्तविक युद्धों में लड़कर अपनी मृत्यु अथवा जीवन तथा स्वदेशवापसी अथवा भारत में बस जाने के अवसर से पुरस्कृत होना चाहता है, वह अपने स्थान पर बैठ जाये। निर्णय तुम्हारा है।"

इतना कहकर चन्द्रगुप्त यवनों की प्रतिक्रिया की प्रतीक्षा करने लगे। उन्हें अधिक देर तक प्रतीक्षा नहीं करनी पड़ी। कोई भी सैनिक, वह चाहे किसी भी देश का हो, मृत्यु से भयभीत नहीं होता। युद्ध में लड़कर मरना उसके लिए गर्व की बात होती है, परन्तु लड़ने का उद्देश्य मृत्यु तो नहीं! और युद्ध में मृत्यु की भी श्रेणी सम्भव है, यह चन्द्रगुप्त के विकल्पों से परिलक्षित हो रही थी। दण्ड के रूप में मृत्यु या पुरस्कार के रूप में मृत्यु? विकल्प का चयन अत्यन्त सरल था। समूची यवन सेना अपने स्थान पर बैठ गयी।

चन्द्रगुप्त के इस न्याय से भारतीय पदाधिकारी आश्चर्यचकित रह गये। सेनापति मयूरध्वज को पहले तो समझ ही न आया कि अभी-अभी क्या घटित हो गया? उधर, आचार्य चाणक्य भी चन्द्रगुप्त की इस नीति से थोड़ी देर के लिए हतप्रभ रह गये थे, परन्तु उन्हें गर्व हुआ कि उन्होंने ऐसे नीतिवान पुरुष को राजा बनाने का निर्णय लिया था जो कोरी भावुकता के आधार पर निर्णय नहीं लेता अपितु प्रयोगात्मक विधि अपनाते हुए अपने शत्रु से भी अधिकतम लाभ उठा लेता है। यवन सैनिक भले ही अपराधी हों, परन्तु इनकी तत्काल मृत्यु से एक विद्रूप प्रतिशोध के अतिरिक्त क्या लाभ हो सकता था? चन्द्रगुप्त के निर्णय से इन युद्धप्रवीण अनुभवी यवनों की मृत्यु वास्तविक लाभ दे सकती थी। ये कुछ सहस्र यवन अब मौर्य सेना के पक्ष से युद्ध करेंगे और मरते-मरते भी दो-चार शत्रुओं को ले मरेंगे। शत्रु का शत्रु के विरुद्ध प्रयोग नीतिसम्मत है।

×××

गान्धार विजय के एक वर्ष के भीतर ही उत्तर-पश्चिमी भारत के अधिकांश राज्य चन्द्रगुप्त के अधीन आ गये। यवनों के आक्रमण के समय जिस प्रकार गान्धार ने अग्नि की प्रथम चिंगारी की भूमिका निभायी थी और एक-एक कर छोटे-बड़े राज्य मैसेडोनिया की भूमि बनते चले गये थे, उसी प्रकार गान्धार की मुक्ति ने पुनः वही भूमिका निभाई थी। पिछली बार विशाल यवन सेना और उसके अकल्पनीय, अकथनीय कुकर्मों का भय था, तो इस बार परतन्त्रता का जूआ उतार फेंकने का उत्साह था। चन्द्रगुप्त की भारतीय सेना किसी एक राज्य के सैनिकों से मिलकर

नहीं बनी थी, जिससे यह आभास हो कि कोई एक राज्य उन पर आक्रमण कर रहा है और उन्हें अपने अधीन करना चाहता है। उस सेना में गान्धार के सैनिक थे, तो गान्धार के चिरशत्रु रहे केकय के भी सैनिक थे। वनों में रहने वाले भील थे तो नगरों-ग्रामों के भृत और मौल सैनिक भी थे।

चन्द्रगुप्त अपने एक साम्रज्य का निर्माण कर रहा था और उस साम्राज्य में देखते ही देखते सौभूति, शिवि, मालव, क्षुद्रक, अम्बष्ठ, क्षत्र, वसाति, अग्रश्रेणी, शूद्र, मुचुकर्ण, ब्राह्मण, पातानप्रस्थ राज्य सम्मिलित हो गये। अलक्षेन्द्र को जिस-जिस राज्य से प्रखर प्रतिरोध झेलना पड़ा था और जिन्हें बलपूर्वक पराधीन किया गया था, उन राज्यों ने चन्द्रगुप्त को अपने मुक्तिदाता के रूप में देखा। जिन राज्यों ने अलक्षेन्द्र का विरोध किये बिना ही उसकी दासता स्वीकार कर ली थी, उन राज्यों की प्रजा आचार्य चाणक्य और आचार्य विष्णुशर्मा के वटुकों एवं स्नातकों द्वारा पहले से ही आन्दोलित थी। उन्होंने अपने शासकों की अवहेलना करते हुए मौर्य सेना का स्वागत किया। क्षत्र, वसाति, सौभूति जैसे राज्यों में बहुत कम बल प्रयोग से ही इन राज्यों के शासक झुक गये और प्रजा चन्द्रगुप्त एवं चाणक्य जैसे नेताओं को पाकर स्वयं को धन्य मानने लगी। इन सबके पीछे विशाल सेना और चन्द्रगुप्त का आकर्षक व्यक्तित्व तो था ही, परन्तु मुख्य भूमिका वर्षों से चाणक्य के गूढ़पुरुषों द्वारा किया गया प्रचार था, जिसके कारण प्रजा को यवनों की दासता से अन्तहीन घृणा के साथ अपने राज्यों के प्रमुखों की अक्षमता पर अत्यधिक क्रोध था। वे किसी दूर देश के यवन के दास बने रहने से अधिक श्रेयस्कर किसी भारतीय सम्राट् की प्रजा बनकर रहना मानते थे। चन्द्रगुप्त भले ही उनके गण का, उनके क्षेत्र का अथवा उनकी जाति का नहीं था, था तो सनातन मूल्यों का सम्मान करने वाला एक भारतीय ही। यवनों के आगे घुटने टेक देने वाले शासक से अधिक श्रेष्ठ तो वह युवा ही था, जिसके पीछे आचार्य चाणक्य खड़े थे और जिसके पीछे सारा भारत एकजुट होता हुआ दिख रहा था।

सेनापति मयूरध्वज का कार्य आजकल अत्यधिक बढ़ गया था। सेना जैसे-जैसे बड़ी होती जा रही थी, उनमें आन्तरिक कलह की सम्भावना भी बढ़ती जा रही थी। अम्बष्ठ सैनिक किसी वसाति या क्षत्र सैनिक को देखते ही भड़क उठता था तो मुचिकर्ण के सैनिक को देख साम्ब सैनिक के नेत्रों में रक्त उतर आता। ये सारे सैनिक चन्द्रगुप्त के प्रति निष्ठावान थे, आचार्य चाणक्य के प्रति उनके मन में अपार श्रद्धाभाव था, परन्तु वे भूल नहीं पाते थे कि सामने जो सैनिक खड़ा है, इसके किसी पूर्वज ने मेरे किसी पूर्वज का वध किया हो सकता है। मयूरध्वज यद्यपि बहुत प्रयास कर रहे थे कि कोई दुर्घटना न घटे, परन्तु ज्वालामुखी को फटने से कैसे रोका जाये,

यह वे समझ नहीं पा रहे थे। वे यह समस्या लेकर चन्द्रगुप्त और चाणक्य के पास जाने ही वाले थे कि स्वयं चन्द्रगुप्त का ही बुलावा आ गया।

मन्त्रणा हेतु एक अस्थायी शिविर बनाया गया था। जब मयूरध्वज ने उस शिविर में प्रवेश किया तो उन्हें सभी प्रमुख व्यक्ति अपने स्थानों पर बैठे हुए दिखे। चन्द्रगुप्त और आचार्य विष्णुगुप्त तो थे ही, आचार्य विष्णुशर्मा भी बैठे हुए थे। सेनापति के सहपाठी अजबिन्दु, कारीषि, तन्तु, कपिल, जंगारी, भूति, अरालि, विभूति, नाचिक, शिरीषी थे, तो अमात्य सोमशर्मा, अमात्य चण्डवर्मा भी थे। गान्धारराज आम्भी के साथ अन्य राज्यों के प्रमुख भी उपस्थित थे। भगवा वेषधारी एक वयोवृद्ध व्यक्ति को वे पहचान नहीं पा रहे थे। इतने लोगों की एक साथ उपस्थिति मयूरध्वज को विस्मय में डाल रही थी। उन्हें इस प्रकार भ्रमित देख चन्द्रगुप्त बोले, "मित्र मयूरध्वज, स्थान ग्रहण करो।" मयूरध्वज के बैठने के बाद चन्द्रगुप्त बोले, "मित्र, मुझे एवं हम सभी को तुम्हारे मन की व्यथा ज्ञात है। मालवों से युद्ध के समय एक क्षण ऐसा भी आया था, जब तुम चाहते तो उसी समय यवनाधिपति अलक्षेन्द्र का वध कर सकते थे, परन्तु तुमने ऐसा नहीं किया और अलक्षेन्द्र को जाने दिया। उस निर्लज्ज ने तुम्हारी सदाशयता का अनुचित लाभ उठाया और तुम्हारे व्यूह को असावधान पाकर छल किया। तुम्हारी सदाशयता के कारण मालवगण जीता हुआ युद्ध हार गये और न जाने कितने मालवों को अकाल मृत्यु का सामना करना पड़ा। इस एक क्षण की तुम्हारी दुर्बलता के कारण यवनों का उन रणनीतिक महत्व के स्थानों पर अधिकार हो गया, जिसके कारण मालवों और क्षुद्रकों के गठबन्धन का कोई अर्थ नहीं रह गया था। उन्हें सन्धि करनी पड़ी। अलक्षेन्द्र वहाँ मारा गया होता तो आगे के राज्य भी सुरक्षित रहते। अग्रश्रेणियों को अग्नि में भस्म न होना होता, ब्राह्मणों[1] को पेड़ों पर न लटकना पड़ता और पातालप्रस्थ वालों को अपनी भूमि न छोड़नी पड़ती।" यह सब सुनकर वीर मयूरध्वज का शीश झुक गया था। चन्द्रगुप्त आगे बोलते गये, "मित्र, मैं यह सब तुम्हें लज्जित करने के नहीं कह रहा, अपितु वास्तविकता बता रहा हूँ। यह पीड़ाजनक है, परन्तु इससे हमें सीख भी मिलती है कि सद्गुण का होना उचित है, पर हमें यह ध्यान रखना चाहिए कि हमारे सद्गुण हम पर ही भारी न पड़ जाएँ। शत्रु अन्ततः शत्रु है। उस पर दया करना मूर्खता है। यद्यपि हम सब यह जानते हैं कि तुम्हें अब यह सब बताने की आवश्यकता नहीं। अपनी उस भूल के प्रायश्चित्त हेतु तुम सतत् प्रयत्नशील हो। हम सब कभी न कभी विश्राम कर लेते हैं, पर तुम हो कि इतना अथक परिश्रम करते हो कि हम सब तुम्हारी कर्मठता से ईर्ष्या करने लगे हैं। मित्र, सिर उठाओ और मेरी ओर देखो।"

---

[1] यहाँ ब्राह्मण का अर्थ ब्राह्मण गण (राज्य) के नागरिकों से है, न कि ब्राह्मण वर्ण से।

आज्ञापालन हेतु मयूरध्वज ने बड़ी कठिनाई से शीश उठाया। उसके नेत्रों में नमी देख चन्द्रगुप्त बोले, "मित्र, सच्चा पश्चात्ताप ही पाप से मुक्ति दिलाता है। और तुमने तो कोई पाप किया भी नहीं था। तुम तो कुछ उत्तम कर रहे थे, जो वास्तविक धरातल पर सुखद परिणाम नहीं ला पाया। स्वयं को इतना कष्ट न दो मित्र और एक शुभ समाचार सुनो।"

मयूरध्वज को लगा था कि आज तक जो बातें सबके मन में थीं, उन्हें प्रकट कर उसे दण्ड दिया जाने वाला था, परन्तु शुभ समाचार! ऐसा क्या समाचार हो सकता है जिसके लिए पुरानी बातों को पुनः दोहराया गया? मयूरध्वज के नेत्र प्रश्न बन गये और कान सतर्क। चन्द्रगुप्त भी कुछ क्षण रुकने के बाद बोले, "मालव मयूरध्वज, आपको विदित हो कि मालव युद्ध में एक मालव वीर के भाले से उस म्लेच्छ अलक्षेन्द्र के वक्ष में जो घाव लगा था, वह प्राणघातक घाव था। अलक्षेन्द्र कभी भी उस घाव से ठीक न हो सका और अन्ततः वह मालव भाला ही उसकी मृत्यु का कारण बना। संसार को आक्रांत करने वाले उस दुष्ट का वध एक मालव ने किया है, मित्र। सहस्त्रों प्राणों का, अबला युवतियों का, अबोध शिशुओं का, सुन्दरत नगरों का, श्रद्धेय नदियों एवं पवित्र पशुओं का प्रतिशोध एक मालव ने ले लिया है। यदि तुमने कोई पाप किया भी था तो उस मालव वीर के भाले ने उस पाप का प्रतिकार कर लिया है। जाओ मित्र, और संसार को बता दो कि मालवों ने उस म्लेच्छ का न्याय कर दिया है।" इतना कहकर चन्द्रगुप्त चुप हो गये और वीर मयूरध्वज के नेत्रों से जल की एक धारा निकलकर गाल से होती हुई फिसलकर उसके वक्ष पर गिर पड़ी। चन्द्रगुप्त उठे और मयूरध्वज को गले लगाकर उसका अभिवादन किया। अन्य मित्रों ने भी मयूरध्वज का अभिनन्दन किया।

प्रसन्नता का ज्वार जब थम गया तब चन्द्रगुप्त ने गौतम को आदेश दिया कि भारत के प्रत्येक कोने में यह समाचार पहुँचा दिया जाये कि अलक्षेन्द्र मारा गया। इसके पश्चात् अन्य विषयों पर मन्त्रणा आरम्भ हुई। आचार्य चाणक्य बोले, "अलक्षेन्द्र की मृत्यु ने हमें सुअवसर दिया है कि हम अभी भी यवनों के अधिकार में जो भी भूमि है, उसे मुक्त करवा लें।"

मयूरध्वज बोले, "आप आदेश करें, आचार्य। अब मुख्यतः तीन ही स्थान बचे हैं जहाँ यवनों का अधिकार है–अभिसार, पुष्कलावती और केकय। आप जिधर संकेत करेंगे, मौर्य सेना उधर ही प्रस्थान करेगी।"

"अभिसार में किसी अभियान की आवश्यकता नहीं पड़ेगी। अभिसार के राजा आरम्भ से ही हमारे पक्ष में रहे हैं। तुम सबको ज्ञात है कि उन्होंने यवनों को सदैव भ्रम में रखा एवं हमारा साथ देते रहे हैं। मुझे विश्वास है कि अलक्षेन्द्र की मृत्यु का

समाचार मिलते ही वे उचित निर्णय लेते हुए तुरन्त ही अपने राज्य में स्थित यवनों को बन्दी बना लेंगे एवं स्वयं को मुक्त करते हुए राजा चन्द्रगुप्त के प्रति अपनी निष्ठा की घोषणा कर देंगे। पुष्कलावती और केकय ही मुख्य प्रश्न हैं। मुझे ज्ञात हुआ है कि अलक्षेन्द्र निःसन्तान है। राजा यदि निःसन्तान मर जाये तो राज्य में आन्तरिक कलह का बीजारोपण हो जाता है। अलक्षेन्द्र के पास एक से बढ़कर एक महत्वाकांक्षी सेनापति हैं। मेरा अनुमान है कि यवनों के विशाल साम्राज्य पर अधिकार पाने के लिए ये यवन आपस में ही लड़ मरेंगे। अग्रज गौतम के गूढ़पुरुषों ने पुष्कलावती के यवन शिविर से जो सूचना भेजी है, उसके अनुसार तीन यवन सेनापति अलक्षेन्द्र के स्थान पर सम्राट् बनने की क्षमता रखते हैं—एन्टीगोनस, टॉल्मी और सेल्युकस। देखना यह है कि भारत का यवन सेनापति युडेमस किसका पक्ष लेता है? अस्तु, वह जिसका भी पक्ष लें, वह निश्चित ही अपने अधिकार की भारतीय सेनाओं को भी युद्ध में ले जाने का प्रयास करेगा। गान्धारराज आम्भी से तो उसे एक सैनिक भी नहीं मिलने वाला। अभिसार के राजा भी अवश्य ही उसे दुत्कार देंगे। बस, एक यवन क्षत्रप, केकयनरेश पर्वतेश्वर शेष बचते हैं। वे पुरानी, रूढ़ परम्पराओं के वाहक हैं। उन्होंने यवनों का साथ देना स्वीकार कर लिया था, अतः सम्भव है कि वे युडेमस का साथ दें। हमें उन्हें ऐसा करने से रोकना होगा और उन्हें यह समझाना होगा कि उनकी निष्ठा भारत के प्रति होनी चाहिए। उनकी सेना को भारत की राजनीति में निर्णायक भूमिका निभानी चाहिए, न कि यवनदेश की। फिर उन्होंने जिसके प्रति निष्ठा की शपथ ली थी, वह तो मर गया। अब उसके साम्राज्य में उसी के सेनापति आपस में लड़ रहे हैं तो केकयनरेश को उनके बीच में पड़ने की क्या आवश्यकता है? मयूरध्वज, इस सम्बन्ध में तुम्हारी सेना की कोई भूमिका अभी स्पष्ट नहीं है। केकयनरेश को सेना के बल पर नहीं, अपितु कूटनीति के माध्यम से परास्त करने की आवश्यकता है।"

इस विषय पर अन्य लोगों के विचार जानने के पश्चात् चन्द्रगुप्त बोले, "तो यही निश्चित हुआ। केकयनरेश को समझाने का प्रयास किया जायेगा। मैं स्वयं जाऊँगा उनके पास। मुझे आशा है कि वे मुझे निराश नहीं करेंगे। अब यह सभा समाप्त की जाती है।" चन्द्रगुप्त के ऐसा कहने पर सभी लोग उठ गये और प्रणाम कर शिविर से बाहर हो गये। वहाँ बस चन्द्रगुप्त, चाणक्य, विष्णुशर्मा, मयूरध्वज और भगवावेशधारी वयोवृद्ध पुरुष शेष बचे। मयूरध्वज को उपस्थित देख चन्द्रगुप्त बोले, "कोई विशेष बात कहनी शेष थी, मित्र?"

मयूरध्वज बोलना तो चाहता था, परन्तु उस भगवा पुरुष को देख हिचक रहा था। यह भाँप कर आचार्य बोले, "तुम्हें जो भी कहना है, निःसंकोच कहो पुत्र। इनसे संकोच करने की आवश्यकता नहीं। ये मेरे पितृतुल्य तात शकटार हैं।

ये मगध साम्राज्य के प्रधानामात्य रह चुके हैं।" मयूरध्वज शकटार के सम्बन्ध में सब कुछ जानता था। उन्हें श्रद्धापूर्वक प्रणाम कर चाणक्य से बोला, "आचार्य, आपने मुझे प्रधान सेनापति का पदभार दिया है। मेरी सेना में भील हैं तो नगरी एवं ग्रामीण समाज से आने वाले सैनिक भी हैं। भारतीय सैनिक हैं तो यवन और पारसिक सैनिक भी हैं। भारतीय सैनिकों में ऐसे सैनिक हैं, जिन्होंने जन्म से यही पाठ पढ़ा है कि पड़ोसी राज्य का व्यक्ति उसका जन्मजात शत्रु है। गान्धार-केकय, अम्बष्ठ-वसाति, मुचिकर्ण-साम्ब, शूद्र-ब्राह्मण–ऐसे कितने ही राज्यों के सैनिक एक-दूसरे से शत्रुता का भाव रखते हैं। मालव और क्षुद्रक भी कभी शत्रु थे, परन्तु अब वे मित्र हैं। आपकी और राजा चन्द्रगुप्त की प्रेरणा से उनके गणों के बीच वैवाहिक सम्बन्ध स्थापित कर दिये गये थे, पर वह संक्रमण काल था। यवन द्वार पर खड़े थे, अतः वह उपाय सम्भव हो सका। मैं समझ नहीं पा रहा कि सदियों से एक-दूसरे के शत्रु रहे इन सैनिकों को कैसे मित्र बनाऊँ। यदि सैनिक एक-दूसरे पर विश्वास ही नहीं करेंगे, तो मैं इन्हें कितना भी प्रशिक्षित कर लूँ, हम कितनी ही विशाल सेना का निर्माण कर लें, वास्तविक युद्ध में छोटी-सी सेना के सम्मुख भी हमें पराजित होना पड़ेगा।"

समस्या सुनने के बाद चन्द्रगुप्त कुछ कहने ही वाले थे कि आचार्य को बोलता देख चुप रह गये। आचार्य बोले, "समस्या तो गम्भीर है, पुत्र। तात शकटार, आप अनुभवी व्यक्ति हैं। कृपया आप ही कोई उपाय बताएँ।"

शकटार मुस्कुराते हुए बोले, "द्रामिल[1], मैं जानता हूँ कि तुम भी इस समस्या का हल जानते हो। अस्तु, मयूरध्वज! तुमने कभी यह विचार किया है कि यवन युद्ध में इतने सफल कैसे रहे कि छोटे-से मकदूनिया से निकलकर मिस्रदेश और पारस जीतकर हमारे भारत के सीमावर्ती क्षेत्र में घुस आये? उनके नेता की महत्वाकांक्षा तो समझ आती है कि वह सारे संसार को जीतना चाहता था, परन्तु सैनिक किस उद्देश्य से युद्ध में इतनी वीरता से लड़े?"

मयूरध्वज को यह प्रश्न अत्यन्त साधारण लगा और आश्चर्य हुआ कि जिसकी प्रशंसा स्वयं आचार्य करते हैं, वे शकटार ऐसा प्रश्न कर रहे हैं। प्रश्न प्रत्यक्षतः उससे किया गया था, अतः उत्तर तो देना ही था। बोला, "सैनिक अपने राजा की आज्ञा का पालन करने के लिए युद्ध लड़ते हैं। उनके अपने व्यक्तिगत उद्देश्य नहीं होते। वैसे यवनों के पास उद्देश्य है भी। जीत के बाद नगर को लूटने एवं नागरिकों पर पाशविक अत्याचार से मिलने वाला सुख कदाचित् उनका उद्देश्य हो।"

---

1 चाणक्य के अनेक नामों में से एक द्रामिल भी है। उनकी माता का नाम द्रमिला था। इसके अतिरिक्त चाणक्य के पूर्वज दक्षिण भारतीय थे। द्रविण देशीय (द्रविड़) होने के कारण भी उन्हें 'द्रामिल' कहा गया।

"यह तो है ही, पर तुम मेरा प्रश्न नहीं समझे। चल रहे युद्ध में, प्रत्यक्ष युद्ध में ऐसी कौन-सी शक्ति है जो उन्हें अन्तिम साँस तक लड़ने के लिए प्रेरित करती है? अब राजा का आदेश कुछ भी हो, या युद्ध के पश्चात् कुछ भी मिलने वाला हो, जब सामने से मृत्यु दौड़ी चली आ रही हो, उस समय भी इतना विकट और सामंजस्यपूर्ण युद्ध कैसे कर लेते हैं यवन? कठों से युद्ध में निश्चित पराजय देख कर भी यवन लड़ते रहे थे। ऐसा कैसे हुआ या यवन सैनिकों ने जब भयभीत होकर अपने राजा की आज्ञा की अवहेलना की और वापस अपने देश जाने की बात कही तो उस हठी अलक्षेन्द्र को उनकी बात क्यों माननी पड़ी?"

मयूरध्वज निःशब्द शकटार को देखता रह गया। उसने ऐसा कभी सोचा ही नहीं था। शकटार चन्द्रगुप्त की ओर देखकर बोले, "राजन, मुझे ज्ञात हुआ था कि आरम्भिक दिनों में आप कुछ दिन यवनों की सेना में रहे थे। क्या आप मेरे प्रश्नों का उत्तर दे सकते हैं?"

चन्द्रगुप्त बोला, "मैत्री!"

शकटार उत्तर से प्रसन्न हुए और बोले, "हाँ, मैत्री! हम भारतीयों का दर्शन यह है कि जो वीर होते हैं, वे वसुन्धरा का भोग करते हैं। जीवित बचोगे तो पृथ्वी का भोग, और मृत्यु को प्राप्त हुए तो स्वर्ग में जाओगे। यही दर्शन यवनों का भी है। परन्तु हममें यह भावना व्यक्तिगत स्तर पर है और यवनों में सामूहिक स्तर पर। हम व्यक्तिगत शौर्य के लिए प्राण दे देते हैं, जबकि उनमें भी यह भावना होते हुए भी अपने साथ खड़े अन्य सैनिक के प्रति एक आत्मीय बन्धन उन्हें अन्तिम श्वास तक युद्ध करने के लिए प्रेरित करता है। भारतीय सैनिक युद्ध करता है और मृत्यु को प्राप्त होता है तो अन्य सैनिकों के मन में उस सैनिक की मृत्यु के प्रति सम्मान का भाव अवश्य होता है, परन्तु वे इसे व्यक्तिगत हानि नहीं मानते और पूर्ववत् युद्ध करते रहते हैं जबकि एक यवन के मरने पर उसके साथी सैनिक उस मृत सैनिक को अपनी व्यक्तिगत हानि मान प्रतिशोध की भावना से भर उठते हैं। वे तत्काल न्याय के लिए छटपटा उठते हैं। उस समय उनके मन में किसी स्वर्ग, पृथ्वी या युद्ध पश्चात् मिलने वाले पुरस्कार का लोभ नहीं रहता, वरन एक ही भावना उन्हें प्रेरित करती है कि उनके होते हुए उसके साथी की मृत्यु हो गयी।" चन्द्रगुप्त और मयूरध्वज दोनों पर एक दृष्टि डालकर शकटार बोलते गये, "आप लोगों का लक्ष्य पवित्र है। इस लक्ष्य की प्राप्ति के लिए आप अपनी सामर्थ्य से भी अधिक प्रयास कर रहे हैं, आगे भी करते रहेंगे। परन्तु एक साधारण सैनिक को इस लक्ष्य का अर्थ ही नहीं पता। आप भाषण देकर उसे प्रेरित अवश्य कर सकते हैं, परन्तु वह प्रेरणा उसे अधिक देर तक स्मरण ही नहीं रहेगी, क्योंकि वह उसका अपना लक्ष्य तो है ही नहीं।"

मयूरध्वज विनीत भाव से बोला, "आपकी बातें सत्य हो सकती हैं, तात। परन्तु मेरा प्रश्न तो यह था ही नहीं।"

"मुझे ज्ञात है, पुत्र। उसी प्रश्न का ही उत्तर देने का प्रयास कर रहा हूँ। यदि शत्रु में भी कोई उत्तम बात हो तो हमें उसे ग्रहण करना चाहिए। तुम्हारी समस्या यही है न कि सैनिक भिन्न राज्यों से हैं और उन राज्यों में सदियों से शत्रुता का भाव रहा है। जो सैनिक परस्पर शत्रु भाव रखते हों, वे भला युद्ध क्या करेंगे? यवनों में जिस मैत्री भाव की चर्चा मैं कर रहा था, वह इसलिए कि तुम यह विचार करो कि उनमें इस मित्रता का कारण क्या है? क्या तुम्हें ज्ञात है कि वे छोटी-बड़ी कैसी भी बात पर सामूहिक भोज करते हैं। साथ मिलकर भोजन करते हैं, उत्सव मनाते हैं। खेलों के आयोजन होते रहते हैं। ये सब परस्पर घुल-मिल जाने के उपाय हैं। उनकी सेना में भी अलग-अलग प्रान्तों के सैनिक होते हैं, पर साथ खाने, साथ खेलने से उनमें मैत्री की भावना विकसित होती है। अलक्षेन्द्र एक उत्तम रणनीतिकार था। तुम्हें ज्ञात होगा कि जब वह वापस लौटा, तब उसने जितनी भी भारतभूमि जीती, उसके लिए छह क्षत्रप नियुक्त किये। छह में से तीन यवन थे तो तीन भारतीय थे। यवनों की अधीनता में भारतीय थे, तो भारतीयों की अधीनता में यवन थे। पारस को जीतकर उसने पारसिकों को भी अपनी सेना में समाहित कर लिया था। कुछ उनके रंग में स्वयं को रँगा और कुछ उनको अपने रंग में रँगकर यवनों और पारसिकों के बीच के भेद को मिटाने का प्रयास किया। अब तुम बताओ मयूरध्वज, क्या हमारी सेना में ऐसा कोई प्रयास हुआ? भारतीय सैनिकों के बीच विविधता है, आपसी शत्रुता है। एक राष्ट्र की भावना कितनी भी प्रणम्य क्यों न हो, वह तुम्हारे जैसे उच्चाधिकारियों को भले प्रेरित करे और तुम सारे मतभेद भुलाकर इस पथ पर आगे बढ़ते जाओ, पर सैनिक के लिए ऐसा करना तनिक कठिन है। जन्म से ही उनके मन में भिन्न होने का, शत्रु होने का भाव भर दिया गया है। वह भाव भाषणों से दूर नहीं हो सकता। उसके लिए तुम्हें अन्य उपायों की ओर देखना होगा। सेनाओं के आपसी भेद को मिटाने का एक उपाय यह हो सकता है कि उन्हें आपस में मिला दो। सेना की किसी भी टुकड़ी में एकाधिक राज्यों के सैनिक रखो और उनका नायक किसी अन्य राज्य के सैन्यकर्मी को बनाओ। उन टुकड़ियों के बीच खेल प्रतियोगिताएँ कराओ। जीतने वालों को पुरस्कृत करो। सामूहिक भोजों का आयोजन करो। छोटे-छोटे अभियानों पर, आखेट पर भिन्न वर्गों एवं स्थानों के सैनिकों को एक दल के रूप में भेजो। भिन्न क्षेत्रों के भिन्न-भिन्न उत्सव हैं। ऐसी व्यवस्था करो कि उन सभी उत्सवों को सभी क्षेत्रों के सैनिक साथ मिलकर मनाएँ। एक-दूसरे के बारे में मात्र सुना भर है तुम्हारे सैनिकों ने, और जो सुना है वह नकारात्मक सुना है। उन्हें अधिकाधिक अवसर दो कि वे

एक-दूसरे को समझ सकें। वे स्वयं देखेंगे कि भिन्न राज्य का सैनिक भी उनकी भाँति ही वीर, सहिष्णु और सरल है। उनके मन में बैठा मैल एक-दूसरे के गुणों को देख शीघ्र ही बह जायेगा। शत्रुता का व्युत्क्रम मित्रता है। वह मित्रता पनपने दो।"

शकटार मन्त्रणा तो मयूरध्वज को दे रहे थे, पर नवयुवक राजा भी शिक्षित हो रहा था।

×××

स्वयं को मौर्यदूत कहने वाले एक युवक ने जो सूचना दी थी, उस पर मन्त्रणा हेतु केकयनरेश पर्वतेश्वर ने अपने प्रधान अमात्य और प्रधान सेनापति को बुला लिया था। उन दोनों अधिकारियों के आने से पहले वृषभ के समान पुष्ट कन्धों वाले लम्बे-चौड़े केकयराज की उद्विग्न चाल प्रतिहारियों को भयभीत किये दे रही थी। दोनों प्रमुख आकर प्रणाम कर खड़े हो गये, परन्तु अपने ही विचारों में मग्न उस पुरुषसिंह को उनके आने का भान नहीं हुआ। कुछ समय तक प्रतीक्षा करने के बाद प्रधान अमात्य ने आगे बढ़कर तनिक ऊँचे स्वर में पुनः प्रणाम किया, जिसने पर्वतेश्वर की विचारश्रृंखला को भंग कर दिया। उन दोनों को बैठने का आग्रह कर वे उसी प्रकार टहलते रहे और सहसा रुककर बोले, "आप दोनों को ज्ञात है, इस देश में अकस्मात ही एक नया राजा पैदा हो गया है! उसके पास अपना कोई राज्य नहीं है। वह कुछ माह पूर्व तक राजवंशी नहीं अपितु वंशहीन शूद्र था। वह राजा बनकर मुझसे भेंट करने आ रहा है। मुझसे, केकयनरेश पर्वतेश्वर से, मेरे पौत्र से भी कम आयु का बालक राजा बनकर भेंट करने आ रहा है। अमात्य, सेनापति, आप दोनों इस राज्य के आधारस्तम्भ हैं। कृपया बतायें कि हमें क्या करना चाहिए? क्या वह युवक वास्तव में एक राजा है? क्या हम उससे राजाओं की मर्यादा के अनुसार भेंट करें अथवा उसे राजा नहीं, अपितु सामान्य पुरुष मान कर उसकी विनती स्वीकार करते हुए तनिक देर के लिए मिल लें? अथवा मिले ही न? मैं केकयनरेश के साथ-साथ यवन क्षत्रप भी हूँ, और वह यवनों का घोर शत्रु। वह मित्र बनकर मिलने आ रहा है, परन्तु सम्भव है कि वह छल करे। वह विजिगीषु है, साम्राज्यवादी है, धीरे-धीरे सभी राज्यों को अपने अधिकार में लेता जा रहा है। वह दिन-प्रतिदिन शक्तिशाली होता जा रहा है। यदि उसकी यही गति रही तो एक दिन वह सर्वशक्तिमान शासक बनकर केकय राज्य पर चढ़ आयेगा। क्या भविष्य में संकट उत्पन्न कर सकने वाले पुरुष को अवसर मिलते ही मार्ग से हटा देना श्रेयस्कर नहीं है? अमात्य कुंडल, आप पूर्व अमात्य चण्डवर्मा के अधीन कार्य कर चुके हैं। वह चण्डवर्मा जो उस जगत विख्यात आचार्य चाणक्य के सहपाठी रहे हैं और न जाने कितनी बार केकय राज्य

के मंगल हेतु छल का प्रयोग कर चुके हैं। कृपया बतायें कि हमें इस कथित राजा चन्द्रगुप्त के साथ कैसा व्यवहार करना चाहिए?"

अमात्य कुछ उत्तर देने ही जा रहे थे कि सेनापति हाथ जोड़कर बोले, "प्रधानामात्य से पहले मुझे कुछ निवेदित करने की अनुमति दें, राजन।"

केकयनरेश की भृकुटि प्रश्नवाचक चिह्न बन गयी। नेत्रों में तनिक खिन्नता लिये ग्रीवा के संकेत से बोलने की अनुमति दे दी गयी। सेनापति बोले, "मेरा निवेदन प्रसंग के अनुरूप ही है, राजन। कुछ वर्षों पूर्व जो चन्द्रगुप्त हमारे पास आया था और जिसने हमारे साथ मिलकर यवनों के विरुद्ध युद्ध किया था, उसमें और आज के चन्द्रगुप्त में अत्यधिक अन्तर आ चुका है। आप उसे बन्दी बनाने अथवा उसका वध करने का विचार यदि बना रहे हैं तो उचित है कि हम प्रत्येक केकयवासी के लिए पर्याप्त घृत एवं काष्ठ की व्यवस्था कर लें क्योंकि मेरा अनुमान है कि यदि हमारी भूमि पर चन्द्रगुप्त के साथ कुछ भी अघटित हुआ, तो स्मरण रहे कि वह युवक राजा आचार्य चाणक्य के अनेक शिष्यों में से मात्र एक शिष्य है। उनके पास चन्द्रगुप्त का स्थान लेने वालों की कमी नहीं है। आप एक को समाप्त करेंगे तो उसके स्थान पर कोई और आ जायेगा। परन्तु वह जो भी होगा, प्रतिशोध अवश्य लेगा। राजन, आपका सैन्यबल आपकी किसी भी आज्ञा के पालन हेतु वचनबद्ध है, परन्तु मुझे यह कहते हुए तनिक भी संकोच नहीं कि आचार्य चाणक्य के सैन्यबल के सम्मुख हम वैसे हैं जैसे समुद्र के सम्मुख कोई नदी होती है। कदाचित् यवन भी हमारी सहायता हेतु अभी नहीं आ सकते। अलक्षेन्द्र की मृत्यु के पश्चात् उनमें आन्तरिक युद्ध चल रहा है। सेनापति युडेमस के पास हमारी ओर देखने का अवकाश नहीं है। उनकी दृष्टि मकदूनिया की ओर लगी है। राजन, मेरी प्रार्थना है कि आप भारत में उठ रही इस नई शक्ति को समय पर पहचानने का प्रयास करें और समयानुकूल व्यवहार करें। अस्तु, हम आपके सेवक हैं। आपकी जो भी आज्ञा होगी, उसे पूर्ण करने के लिए हम सज्ज हैं।"

सेनापति की बात सुन केकयनरेश अधिक खिन्न हो गये। अबकी अमात्य हाथ जोड़कर बोले, "राजन! सेनापति की बात सही है। अस्तु, जो बातें सेनापति को नहीं पता, वह मैं आपको बता देता हूँ। चन्द्रगुप्त, या कहें कि आचार्य चाणक्य की नीति ने हमारे पास कोई विकल्प छोड़ा ही नहीं है। आप जिन अमात्य चण्डवर्मा की बात कर रहे हैं, स्मरण रहे कि वे भी चन्द्रगुप्त के अमात्यमंडल में अपनी सेवा दे रहे हैं। केकय राज्य की प्रत्येक वीथी, नीति एवं राजा सहित अमात्यमंडली के प्रत्येक विचार से पूर्वपरिचित हैं वे। आचार्य चाणक्य द्वारा भेजे गये अनगिनत जन साधु, तापस, ब्रह्मचारी, व्यापारी, श्रमिक के रूप में हमारे राज्य में फैले हुए हैं

और निरन्तर एक-राष्ट्र की बातों से प्रजा को एक स्वर्णिम स्वप्न दिखा रहे हैं। प्रजा आपके प्रति निष्ठावान है, परन्तु वह आचार्य चाणक्य और उनके द्वारा नियुक्त राजा चन्द्रगुप्त से प्रेम करती है। यदि चाणक्य के शिष्य के साथ कुछ भी अनुचित हुआ, तो मुझे भय है कि कहीं आपकी प्रजा ही आपके विरुद्ध न हो जाये। राजन! निवेदन है कि आप पूरी गरिमा और मर्यादा के साथ उनसे मिलें। मिलने में कोई आपत्ति नहीं होनी चाहिए। मिले बिना हम यह कभी जान नहीं सकेंगे कि वे हमसे क्या चाहते हैं? उनकी माँगों की पूर्ति करने अथवा न करने का विकल्प तो है ही हमारे साथ।"

"तो आप दोनों चाहते हैं कि हम उस युवक राजा से मिलें? तो ठीक है, मिल लेंगे। परन्तु यदि उसने कुछ ऐसा माँग लिया जो हमारी गरिमा को ठेस पहुँचाने वाला हो या हमारी सामर्थ्य के बाहर हो, तब?"

अमात्य बोले, "तब आप नकारात्मक उत्तर दे सकते हैं। यह तो दाता का विशेषाधिकार है कि वह क्या और कितना देता है? और राजन, यह भी तो हो सकता है कि वह कुछ माँगने नहीं, अपितु कुछ देने आ रहे हों।"

अमात्य की इस बात ने पर्वतेश्वर को क्रोधित कर दिया। खिन्न स्वर में बोले, "वो कल का वंशहीन बालक, मुझे, केकयनरेश पर्वतेश्वर को कुछ देकर अनुगृहीत करेगा?"

"क्षमा चाहता हूँ, राजन। परन्तु राजनीति नम्यता का नाम है। बीते हुए कल के आधार पर नहीं, अपितु वर्तमान को देखते हुए एवं भविष्य के अनुमान पर निर्णय लेने की नीति ही राजनीति है। कल वह क्या थे, उससे बीते हुए कल को अन्तर पड़ता होगा। वर्तमान को तो वर्तमान स्थिति ही निर्धारित करेगी।"

यद्यपि केकयनरेश सन्तुष्ट नहीं थे, परन्तु अन्ततः उन्हें अपने अमात्यों की बात माननी पड़ी। उनका अहम भाव से भरा मन किसी अनाम कुलशील के व्यक्ति को अपने समकक्ष मानने को सज्ज नहीं था, अतः उन्होंने उस युवक राजा के सम्मान में स्वयं या अपने वंशजों द्वारा आगे बढ़कर स्वागत न करने का निर्णय लिया और इसका कार्यभार इन्हीं दो अमात्यों, यथा प्रधानामात्य और प्रधान सेनापति पर छोड़ दिया।

चन्द्रगुप्त यद्यपि इस भेंट के लिए स्वयं ही न्यूनतम सेना, अथवा कहें कि मात्र अपने अंगरक्षकों के साथ केकय राज्य की राजधानी जाने वाले थे, परन्तु आचार्य चाणक्य का परामर्श भिन्न था। वे जानते थे कि केकयराज एक गर्वोन्नत, स्वकेन्द्रित व्यक्ति थे। ऐसी मनस्थिति के व्यक्ति, मनुष्य की विनम्रता को उसकी दुर्बलता समझ लेते हैं। अतः आचार्य चाहते थे कि मौर्य यथासम्भव शक्ति प्रदर्शन करें और केकयराज सहित वहाँ के आम नागरिकों को भी स्पष्ट हो जाये कि मौर्यों को केकय

का साथ अवश्य चाहिए, पर वे स्वयंसमर्थ भी हैं। वे मित्रता की याचना नहीं, अपितु मित्रता का दान देने आ रहे हैं।

इस नवगठित संगठन में आचार्य का परामर्श साक्षात प्रभु का आदेश ही माना जाता था। अतः चन्द्रगुप्त जब केकय की राजधानी के द्वार पर खड़े हुए, तब उनके साथ स्वयं आचार्य तो थे ही, साथ ही उन सभी राज्यों के राजा अथवा गणपति भी थे, जिन्होंने चन्द्रगुप्त को अपना अधिपति स्वीकार कर लिया था। उन सभी राज्यों के प्रधानामात्य एवं प्रधान सेनापति भी साथ आये थे। इन उच्चत्तम अधिकारियों के व्यक्तिगत अंगरक्षकों की सेना ही एक सहस्त्र से थोड़ी ही कम थी। केकय राज्य की कुल सेना पचास सहस्त्र पदाति, तीन सहस्त्र अश्वारोही, एक सहस्त्र रथ और दो सौ हाथी से बनी थी। वहीं उसके नगरद्वार पर मैत्रीभाव से खड़ी सेना में एक लक्ष पदाति, पाँच सहस्त्र अश्वारोही और एक सहस्त्र हाथी खड़े थे। स्वागत के लिए नगरद्वार तक आये केकय राज्य के अधिकारियों के नेत्र ऐसी विशाल और सुसंगठित सेना को देख विस्मय से फैल गये। उन्हें अनुमान तो था कि मौर्य सेना पर्याप्त शक्तिशाली है, पर उनकी संख्या इतनी होगी, यह कल्पनातीत बात थी। ज्ञात हुआ कि यह तो सेना का मात्र एक भाग है। हतप्रभ अधिकारियों को इस सेना के नायक चन्द्रगुप्त से भेंट कर आगे की औपचारिकताओं पर विचार-विमर्श करने की आशा थी, परन्तु उन्हें इसकी अनुमति नहीं मिली। केकय अधिकारी मात्र मौर्य अधिकारियों से ही मिल सके। जितना स्वर्ण और मणि-माणिक्य वे चन्द्रगुप्त के लिए लाए थे, उतना स्वर्ण और मणि-माणिक्य प्रत्येक केकय अधिकारी को मौर्य अधिकारियों द्वारा प्रस्तुत किया गया। साथ ही केकयनरेश के लिए जो भेंट दी गयी, वह दस गुनी अधिक मात्रा में थी। केकय अधिकारियों को औपचारिक भेंटवार्ता के बाद मौर्य सेना के निरीक्षण हेतु आमन्त्रित किया गया। केकय के सेनापति और अमात्यों ने देखा कि साधारण सैनिकों के वस्त्र केकय सेनापति के वस्त्रों से कम वैभवशाली नहीं थे। उनके अस्त्र और शस्त्र अधिक चमकीले और नवीन थे। ऐसे प्रक्षेपक यंत्र थे और वह भी अत्यधिक मात्रा में, जो अब तक मात्र यवन सेना के पास दिखायी देते थे। साधारण सैनिकों और सेनानायकों के भोजन में कोई भिन्नता नहीं थी। उत्तम वस्त्र, उत्तम शस्त्र, उत्तम भोजन, उत्तम प्रशिक्षण से दमकते इन सैनिकों को देख केकय अधिकारी मन्त्रमुग्ध से चलते रहे। सैनिक एवं असैनिक युवतियों को देख अधिकारियों के मुख खुले रह गये। अतिथि के भोजन, निवास और सुरक्षा का उत्तरदायित्व आतिथेय का होता है। जैसी सुव्यवस्था इस सेना में थी, यदि इसका भार केकय राज्य को एक सप्ताह भी उठाना पड़ता तो उसकी अर्थव्यवस्था निश्चित ही डगमगा सकती थी। यद्यपि उन्होंने अपना उत्तदायित्व मान इसका निवेदन

अवश्य किया, पर जब उन्हें हठपूर्वक बताया गया कि सेना के मनुष्यों और पशुओं के भोजन एवं अन्य आवश्यकताओं का निर्वहन मौर्य ही करेंगे, तब उन्होंने छुटकारे की साँस ली।

अधिकारी जब वापस लौटे और जो देखा, उसे अपने राजा को बताया तो उनकी आँखें फटी रह गयीं। जिसे वे याचक समझ रहे थे, वह तो वास्तव में इतना शक्तिसम्पन्न निकला कि जिस क्षण चाहे, केकय को हस्तगत कर ले। अन्ततः तीन दिन बाद केकयराज पर्वतेश्वर ने चन्द्रगुप्त का अपने राजमहल में भव्य स्वागत किया। कुछ वर्षों पूर्व जिस चन्द्रगुप्त को उन्होंने कृपापूर्वक अपनी सैन्य समिति में स्थान दिया था, जो यवनों से युद्ध में निश्चित पराजय देख पलायन कर गया था, वह आज केकय से कहीं अधिक शक्तिशाली होकर एक राजा की भाँति सामने से चला आ रहा था। उस महाबाहु नरसिंह के तेज को देख सबके हाथ बरबस ही आपस में जुड़ गये। हाथ जोड़कर खड़े पर्वतेश्वर को देखते ही चन्द्रगुप्त तीव्रता से उनकी ओर बढ़े और उनके हाथों को पकड़कर बोले, "यह क्या करते हैं, तात? आप मुझसे आयु एवं अनुभव में कहीं अधिक बड़े हैं। भारतीय परम्परा में गुरुजन कनिष्ठों को प्रणाम नहीं करते, अपितु उन्हें अपना आशीर्वाद देते हैं। मैं तो आपके पौत्र से भी कुछ वर्ष छोटा हूँ, आपके पौत्र के समान हूँ। कृपया इन औपचारिकताओं में आशीर्वाद प्राप्ति के मेरे अधिकार को तो मुझसे न छीनें।"

उस वृद्ध राजा के मन में जो भी मैल था, वह ऐसी विनयशीलता देख बह चला। कहाँ तो उन्होंने सोच रखा था कि यह युवा राजा उनसे धृष्ट व्यवहार करेगा, और कहाँ उसका यह विनीत व्यवहार! पर्वतेश्वर प्रसन्न होकर बोले, "आयें राजन! केकय में आपका स्वागत है।" पीछे खड़े आचार्य चाणक्य को देख हाथ जोड़कर बोले, "आप भी पधारें, आचार्य।" आचार्य के पश्चात् उनका ध्यान अन्य व्यक्तियों पर गया। उन्हें देख वे विस्मय से भर उठे। वे सभी व्यक्ति शिवि, मालव, क्षुद्रक, अम्बष्ठ, क्षत्र, वसाति, अग्रश्रेणी, शूद्र, मुचुकर्ण, ब्राह्मण, पातानप्रस्थ राज्यों के राज्यप्रमुख थे। इनमें से प्रत्येक पद एवं प्रतिष्ठा में उनके समकक्ष था। उन सबको भी अभिवादन पश्चात् आसन ग्रहण करने का अनुरोध कर पर्वतेश्वर बोले, "आप सभी के दर्शन कर मैं अनुगृहीत हुआ। आशा है, आपको केकय राज्य में कोई असुविधा नहीं हुई होगी। राजन, आपका उत्कर्ष देख मेरे मन में ईर्ष्या का भाव उत्पन्न होता है, परन्तु सच कहूँ तो मैं आपको देख गर्व से भर उठा हूँ। आप स्वयं यहाँ उपस्थित हैं तो कोई गम्भीर बात ही होगी। आपको एवं आपके इन मित्रों को देख मुझे नहीं लगता कि आपको मेरी किसी भी सहायता की आवश्यकता पड़ेगी। अस्तु, आप आदेश करें। मैं उसे पूरा करने का यथासम्भव प्रयास करूँगा।"

चन्द्रगुप्त उनका हाथ पकड़कर बोले, "राजन, आप भारत के राजन्य वर्ग के सबसे दीप्तिमान नक्षत्रों में से एक हैं। आपकी कीर्तिगाथा कवियों की वाणी में प्रत्येक राज्य की राजसभाओं सहित वीथियों में गायी जाती है। बच्चों को प्रेरित करने के लिए माताएँ उन्हें आपके पराक्रम की कथाएँ सुनाती हैं। आपके सुशासन में आपकी प्रजा निर्भय होकर अपने धर्म का पालन करती है। व्यापारी एवं श्रमिक आपसे सन्तुष्ट हैं। हे राजन, आप आजीवन सूर्य की भाँति चमकते रहे हैं। परन्तु...", इतना कहकर चन्द्रगुप्त संकोचवश चुप रह गये। पर्वतेश्वर समझ गये कि यह युवा वह बोलना चाहता है, जिसे वे स्वयं अपने मन में भी हठपूर्वक नहीं लाना चाहते। तनिक लज्जित स्वर में बोले, "परन्तु क्या, राजन? आप तो सबको अभय देने वाले हैं, अतः आप निःसंकोच अपनी बात पूरी करें।"

"परन्तु राजन! आपकी सूर्य जैसी छवि पर ग्रहण लग गया है। हम सबकी यह इच्छा है कि आप उस ग्रहण को अपने ऊपर से हटा लें। ग्रहण लगाने वाला राहु मृत्यु को प्राप्त हो चुका है। मात्र उसकी मृतदेह की छाया ही आप पर पड़ रही है। हे राजाओं के सूर्य, कृपया अपनी गति को पुनः प्राप्त करें। चलायमान हों और इस छाया से स्वयं को मुक्त करें।" श्रोताओं को समझ आ रहा था कि यहाँ राहु का अर्थ अलक्षेन्द्र और 'मृतदेह की छाया' का अर्थ युडेमस से है।

"परन्तु मैं वचनबद्ध हूँ! हमारी परम्परा वचनभंग करने की नहीं है। जब यवनाधिपति ने मुझसे पूछा था कि वह मेरे साथ कैसा व्यवहार करे, तब मैंने उसे राजाओं की भाँति व्यवहार करने को कहा था। उसने मुझे मित्र कहा और विजेता होते हुए भी मेरा राज्य मुझे लौटा दिया। न केवल मेरा राज्य, अपितु विपाशा और वितस्ता[1] नदियों के मध्यवर्ती समस्त प्रदेशों का क्षत्रप भी बनाया। मैं अपनी पुरानी स्थिति से अधिक शक्तिशाली हूँ। मित्र अलक्षेन्द्र जीवित नहीं, क्या इसी आधार पर अपनी मैत्री और मेरे प्रति उसके विश्वास को तोड़ दूँ? यह अधर्म होगा, राजन। मुझे क्षमा करें, मैं ऐसा कुछ नहीं कर सकता।"

चाणक्य सहित सभी अतिथियों के आनन खिंच गये। चन्द्रगुप्त जब बोले तो उनकी वाणी में भी मृदुता अपने निम्नतर स्तर पर थी, "अधर्म? विश्वासघात? मैत्री? आपको सच में लगता है कि उस म्लेच्छ ने आपको मित्र बनाया था? मित्रता धर्म की यह कैसी विवशता, जो धार्मिक व्यक्ति को अधर्म करने के लिए प्रेरित करे? क्या विदेशी आक्रान्ता से मित्रता धर्म है? उसने दसियों बार आपके इस भारतवर्ष के राज्यों में रक्तजीवी राक्षसों को भी लज्जित करने वाले कर्म किये हैं। आपके राज्य की स्थिति एक रणनीतिक स्थान न होती और उसे आगे बढ़ने के लिए एक

---

[1] विपाशा - व्यास, वितस्ता - झेलम

ठोस आधार की आवश्यकता न होती, तब आप देखते कि आपका यह कथित मित्र आपके और आपके राज्य के साथ क्या करता? आप ऐसे व्यक्ति को मित्र कैसे मान सकते हैं जो आपके देश की युवतियों और युवकों को दास बनाकर दूसरे देशों में बेच देता हो? मनुष्य को मनुष्य तक न मानने वाला नराधम आपका मित्र है? तब तो आपको कठों के जड़मूल नाश पर अपनी भूमिका पर भी गर्व होगा। वे आपके मित्र नहीं थे। सम्भव था कि कभी भविष्य में आप कठों को परास्त कर लेते, पर आपके मित्र अलक्षेन्द्र ने तो कठों के प्रत्येक बच्चे और प्रत्येक युवती का वध कर दिया। जिस व्यक्ति ने मालवों से परास्त होने के बाद, कृपापूर्वक जीवनदान मिलने के पश्चात्, सन्धि का वचन देकर भी विश्वासघात किया और मालवों पर अतिशय अत्याचार किये, आप उसकी दासता से मुक्ति को विश्वासघात कहते हैं? आप परम्परा को लेकर इतने रूढ़ हैं कि नेत्रों पर पट्टी बाँध स्वयं के हाथों में कुल्हाड़ी लेकर अपने ही पैरों को काट रहे हैं। मेरे शब्दों के लिए मुझे क्षमा कीजियेगा राजन, परन्तु आप धर्म के आवरण में अपने पापों को छुपाकर समय के दण्ड से बच नहीं सकते।"

कतिपय मनुष्य अपनी त्रुटियों को बताये जाने पर प्रायश्चित के स्थान पर निर्लज्ज क्रोध से भर उठते हैं। पर्वतेश्वर भी ऐसे ही मनुष्यों में से एक थे। तनिक ऊँचे स्वर में बोले, "तो आप मुझसे क्या चाहते हैं?"

"मैं चाहता हूँ कि आप वास्तविक धर्म को पहचानें। अपने राजधर्म का पालन करें। इस दासता के पाश को अपनी ग्रीवा से उतार कर हमारा साथ दें। एक-राष्ट्र के हमारे स्वप्न को साकार करने में हमारी सहायता करें।"

अबकी जब पर्वतेश्वर बोले तो उनके स्वर में स्पष्ट क्रोध था, "ओह, अर्थात् मैं आपको अपना राजा मान लूँ? केकय पर आपकी अधिसत्ता स्वीकार कर लूँ और भारत विजय हेतु आपकी सहायता करूँ? आपको नहीं लगता कि यह मेरा अपमान है? मैं आपकी दासता क्यों स्वीकार करूँ? आप चाहते हैं कि जिस प्रकार ये सामने बैठे राजा आपके पीछे हाथ बाँधकर खड़े रहते हैं, मैं भी वैसा ही करूँ? मुझे क्षमा कीजिएगा, परन्तु मैं ऐसा कदापि नहीं कर सकता। आप अनुभवहीन हैं और मुझसे आधी से भी कम वय के हैं। क्या आपको सच में लगता है कि मैं आपकी इस दर्शनीय सेना के भय से आपके अधीन हो जाऊँगा? यह भ्रम अपने मन से निकाल दीजिए।"

चन्द्रगुप्त अभी कुछ प्रत्युत्तर देना ही चाहते थे कि आचार्य चाणक्य प्रखर वाणी में बोले, "केकयराज! क्या आपने उस यवन को अपना राजा नहीं मान लिया था? क्या उसकी अधिसत्ता स्वीकार कर भारत विजय हेतु उसकी सहायता नहीं की थी

और उससे प्राप्त भूमि का भोग नहीं कर रहे हैं? क्या आप भी राजा आम्भी की भाँति उसके पीछे हाथ बाँधकर खड़े नहीं हुए थे? चन्द्रगुप्त आपसे आधी आयु का है तो क्या वह म्लेच्छ आपका समवयस्क था? वह चन्द्रगुप्त से मात्र दस वर्ष बड़ा था और फिर भी आपसे आधी आयु से कम का था। चन्द्रगुप्त अनुभवी नहीं तो क्या वह यवन अनुभवी था? अपने देश में दशकों तक राज करने के बाद भारत विजय हेतु आया था? आप हमारी दर्शनीय सेना के भय से हमारे साथ खड़े नहीं होंगे, तो क्या जिस प्रकार यवनों से परास्त होने के बाद उनके साथ खड़े हुए थे, उसी प्रकार हमसे परास्त होने के बाद ही हमसे सन्धि करेंगे? यह कितने आश्चर्य की बात है कि आप एक विदेशी युवक से परास्त होकर, उसे अपना मित्र मान उसके अधीन हो जायेंगे। परन्तु एक भारतीय युवक, जो उस विदेशी के समान अनुभवहीन परन्तु अधिक शक्तिशाली है, आपसे युद्ध नहीं मित्रता का आकांक्षी है, उसके अधीन नहीं होंगे।"

पर्वतेश्वर से कभी किसी ने इतनी प्रखरता से बात नहीं की थी। वह पहले तो क्रोध से तन गये, पर कुछ ही क्षणों में आचार्य की बातों में नितान्त सत्य का भास कर लज्जा से झुक गये। चाणक्य तनिक मृदु स्वर में बोले, "राजन! चन्द्रगुप्त की ओर से मैं आपको वचन देता हूँ कि यदि आप हमारा साथ दें, तो आपकी स्थिति में कोई परिवर्तन नहीं आयेगा। आप पूर्व की भाँति ही केकय के राजा बने रहेंगे। बस, कुछ केन्द्रीय नियमों का पालन करना होगा। साथ ही, आपकी सेना मौर्य सेना में मिल जायेगी। आपके आसपास के राज्यों के साथ भी यही होगा। जिन राज्यों को आप शत्रु मानते हैं, वे भी आपके समान मौर्य साम्राज्य के अंग होंगे। इस प्रकार आपका कोई शत्रु नहीं बचेगा। हम सब एक होंगे और यदि भविष्य में कभी किसी शत्रु ने भारत पर आक्रमण किया तो हम सब मिलकर उसका सामना करेंगे।"

आचार्य का प्रस्ताव प्रत्येक दृष्टि से लाभकारी था, परन्तु हठी पर्वतेश्वर के लिए यह सब स्वीकार करना तनिक कठिन प्रतीत हो रहा था। वह यह मानने में अपनी हेठी समझते थे कि उन्हें किसी ऐसे युवक की अधीनता स्वीकार करनी होगी, जिसे कुछ वर्षों पूर्व यवनों से हुए युद्ध में उन्होंने एक साधारण सैनिक की भाँति अपनी सेना में स्थान दिया था। बहुत देर तक उन्हें विचारमग्न देख, और आनन पर अस्वीकृति के भाव देखकर गुरु और शिष्य के नेत्रों ने मूक संवाद किया। गुरु की स्वीकृति देख चन्द्रगुप्त बोले, "राजन! यदि आप आचार्य के प्रस्ताव से सहमत नहीं हैं तो भी निश्चिन्त रहें। हम बलप्रयोग नहीं करेंगे। हमारा मूल उद्देश्य तो मित्रता है। आप अभी जिस स्थिति में हैं, उसी स्थिति को स्वीकार कर मैं आपके सम्मुख मित्रता का प्रस्ताव करता हूँ। हमारा मुख्य लक्ष्य मगध है। मगध के विरुद्ध हमारे अभियान में एक मित्र राज्य की भाँति हमारा साथ दीजिए। मगध पर अभियान से यवनों की कोई हानि नहीं होने वाली।

हमारी सन्धि परम्परा के अनुरूप है और इसमें आपको कोई आपत्ति नहीं होनी चाहिए। मैं वचन देता हूँ कि यदि हम विजयी हुए तो आपकी प्रजा को भी इसका लाभ मिलेगा।" तनिक रुककर चन्द्रगुप्त पुनः बोले, "आप हमारे प्रस्ताव पर समुचित विचार कर लें। हमें आपके सकारात्मक उत्तर की प्रतीक्षा रहेगी। अब हमें आज्ञा दें।"

×××

केकय प्रदेश में चन्द्रगुप्त अपनी सैन्य सामर्थ्य का प्रदर्शन करते हुए पर्वतेश्वर से मिले थे। वे जानते थे कि पर्वतेश्वर अभिमानी व्यक्ति हैं। वे मात्र शक्ति की बात ही समझते हैं, परन्तु यौधेय वास्तविक रूप से अत्यन्त शक्तिशाली गणसमूह थे। वे शस्त्रोपजीवी कहे जाते थे, परन्तु मुख्यतः वे कृषक ही थे। पाँच सहस्र पार्षदों द्वारा चालित इस राज्य का प्रत्येक पार्षद राज्य की सेना के लिए एक हाथी देता था। वे शक्तिशाली थे, पर विनीत थे। युद्ध करते थे, परन्तु युद्ध उन्मादी नहीं थे। अपनी सीमाओं की रक्षा हेतु पूर्ण रूप से समर्थ एवं सज्ज थे, परन्तु दूसरों की सीमाओं का अतिक्रमण नहीं करते थे। ऐसे शक्तिशाली, परन्तु विनीत गणों के सम्मुख शक्ति प्रदर्शन गलत सन्देश ही देता। अतः चन्द्रगुप्त मात्र कुछ मित्रों के साथ यौधेयों की राजधानी बहुधान्यक आये और गणप्रमुख से भेंट करने का आग्रह किया। यद्यपि वे सहज सामान्य व्यवहार कर रहे थे, परन्तु तत्कालीन भारत में ऐसा कौन था जो चन्द्रगुप्त की शक्ति से अनभिज्ञ होता? यदि वे बहुधान्यक में सेना लेकर युद्ध हेतु आये होते तो यौधेय बिना किसी संकोच के उनसे मरणान्तक युद्ध करते। परन्तु जो व्यक्ति सामर्थ्यवान होकर भी एक सामान्य भेंट हेतु आग्रहपूर्वक द्वार पर खड़ा हो, उससे किस भाँति व्यवहार किया जाये, यह वे समझ नहीं पा रहे थे। अभी कुछ ही समय पूर्व उन्होंने चन्द्रगुप्त के गुरु आचार्य चाणक्य को रिक्त हाथ वापस लौटा दिया था, परन्तु तब से अब तक पंचनदियों में बहुत सारा जल बह चुका था।

यौधेयों के गणपति ने अपने प्रमुख गणप्रधानों के साथ चन्द्रगुप्त एवं उनके साथियों का स्वागत एक राजा की भाँति किया और अनेक औपचारिकताओं के पश्चात् बोले, "राजन! हमें आपके अभियान के सम्बन्ध में सब कुछ ज्ञात है। हम अपेक्षा कर रहे थे कि आप शीघ्र ही हमारे प्रदेश को हस्तगत करने अपनी सेना के साथ हमारा द्वार खटखटा रहे होंगे, परन्तु आपने तो हमें आश्चर्य में डाल दिया। इस भाँति, मात्र कुछ साथियों के साथ आपका यहाँ आना सिद्ध करता है कि आप एक निर्भीक व्यक्ति हैं। आपके साथी भी कौन, हम यौधेयों के ही रक्त। आपका अंगरक्षक भूति तो मेरा ही भ्रातृज है। यौधेयगण विनयशील वीरों का सम्मान करते हैं। कृपया बतायें कि आप हमसे क्या चाहते हैं?"

"पितृव्य, मुझे अपने भूति के समान ही समझिए। जिस भाँति यह भूमि भूति के लिए श्रद्धेय है, मेरे लिए भी है। मुझे अपने ही घर में, स्वजनों के बीच आने में भयभीत होने का कोई कारण नहीं दिखा। फिर आप तो भगवान कार्तिकेय के गण हैं। मैं भी मौर्य हूँ। हम दोनों के ध्वजचिह्न एक ही हैं, मयूरध्वज। यह इतिहास किसे नहीं पता कि आपने कभी भी किसी निःशस्त्र का छल से वध नहीं किया। युद्ध के समय आपसे अधिक युद्धप्रेमी कोई नहीं, वहीं शान्तिकाल में आपसे अधिक शान्तिप्रिय भी कोई नहीं है। तात, आचार्य चाणक्य का स्वप्न है कि हम भारत के लोग एक बार पुनः एकजुट हो जाएँ। हम भारतीय इतने समर्थ हैं कि विश्व की कोई भी अन्य जाति किसी भी क्षेत्र में हमसे अधिक योग्यता नहीं रखती, परन्तु हमारी विविक्तता हमें दुर्बल बना देती है। हमारी इस दुर्बलता को शत्रु देशों ने देख लिया है। उन्होंने पहला प्रयास भी कर लिया है। वे हमारे घर का मार्ग देख चुके हैं। प्रथम प्रयास में हमारी शक्ति को भांपकर यवन वापस लौट गये हैं। यह निश्चित समझिए कि शीघ्र ही वे अधिक शक्ति संचित कर पुनः आयेंगे। वे अधिक शक्ति के साथ पुनः आये, उससे पूर्व हमें भी अपनी शक्ति में समुचित बढ़ोत्तरी कर लेनी चाहिए। हमारी पितृभूमि पुनः पददलित हो, उससे पूर्व ही हमें उस भावी को रोकने का प्रयास करना चाहिए। अतः मेरा आपसे विनम्र निवेदन है कि आप भारत राष्ट्र की एक सशक्त भुजा बनें।"

"कृपया अपने प्रस्ताव को अधिक स्पष्ट करें। क्या आप चाहते हैं कि हम आपकी अधीनता स्वीकार करें?"

"नहीं, तात। इसे अधीनता जैसी नकारात्मक उपमा न दें। यौधेय स्वयं एक गणतन्त्र है। पाँच सहस्र पार्षदों द्वारा चालित इस राज्य के आप प्रमुख हैं। गणप्रमुख होकर क्या आप कह सकते हैं कि अन्य सभी यौधेयगण आपके अधीन हैं? जिस प्रकार आप समस्त यौधेयों के प्रमुख हैं, उसी भाँति सम्पूर्ण भारत का एक प्रमुख क्यों नहीं हो सकता? यौधेयगण जो भी उत्पादन, व्यापार, श्रम इत्यादि करते हैं, उसका लाभ इस राज्य की सीमा के अन्तर्गत प्रत्येक व्यक्ति को मिलता है। उसी भाँति क्या यह उचित नहीं होगा कि सम्पूर्ण भारत में जो भी उत्पादन, व्यापार, श्रम हो, उसका लाभ सबको मिले। जिस भाँति आपके किसी ग्राम पर शत्रु का आक्रमण होने पर समस्त यौधेयगण उस ग्राम की रक्षा हेतु सज्ज हो जाते हैं, क्या उसी भाँति भारत के किसी राज्य पर शत्रु का आक्रमण होने पर सम्पूर्ण भारत का सज्ज हो जाना अनुचित होगा? आपके राज्य में भी आन्तरिक कलह होती होंगी, जिनका समुचित न्याय आप करते होंगे। परन्तु इससे यौधेय और यौधेय में अन्तर तो नहीं आ जाता होगा? एक-राष्ट्र के रूप में भारत में भी आन्तरिक कलह होती हैं, आगे भी होंगी। इन कलहों के कारण भारतीय और भारतीय में अन्तर क्यों? आप इसे इस दृष्टि से देखिए कि

भिन्न-भिन्न यौधेयजन मिलकर यौधेय गण बनाते हैं, उसी भाँति भिन्न-भिन्न भारतीय मिलकर एक भारत बना रहे हैं। परिवार में चार भाई हों और वे आपस में शत्रुता रखें तो वे दुर्बल बने रहते हैं, जिसका लाभ पड़ोसी उठाता है। वह एक-एक कर सभी भाइयों को परास्त कर सकता है, पर जब चारों भाई मिल जायें तो पड़ोसी उनकी समग्र शक्ति देखकर ही पीछे हट जाता है।"

चन्द्रगुप्त की बातें सुनकर गणप्रमुख बहुत देर तक विचार करने के पश्चात् बोले, "आपकी बातें सुनने में बहुत भली लगती हैं, पर वास्तविकता के धरातल पर कई कठिनाइयाँ हैं। हम यह स्वीकार नहीं कर सकते कि कोई अन्य पुरुष हम पर अपने नियम थोपे। यह सोचकर ही विचित्र लगता है कि किसी दूर स्थान पर बैठा कोई राजा हमारे लिए नियम बनाये, हमारी सेनाओं को अपने अधीन रखे।"

"तात, कदाचित् मैं आपके सम्मुख अपनी बात सही से नहीं रख सका। राजा जो नियम बनायेगा, वह मात्र एक राज्य, जैसे कि यौधेय, के लिए नहीं होगा। वह समस्त भारत के लिए विधि की स्थापना करेगा। और यह भी स्मरण रखें कि उसके अमात्य मंडल में सभी राज्यों के योग्य पुरुष अमात्य के रूप में अपनी सेवाएँ देंगे। अमात्यमंडल के परामर्श से ही नियम बनते हैं। यदि विधि निर्माण का यह अर्थ है कि नियम थोपे जा रहे हैं, तो यदि कोई अमात्य यौधेयजन है अथवा मद्रजन है, तो क्या वह परोक्ष रूप से सम्पूर्ण भारत पर नियम नहीं थोप रहा? तात, यह मेरा वचन है कि आन्तरिक शासन व्यवस्था राज्यों के पास ही रहेगी तथा केन्द्रीय व्यवस्था इन्ही राज्यों के चयनित अमात्यों द्वारा निर्धारित होगी। आपकी सेना भारत की सेना होगी जो भारत के शत्रुओं पर काल बनकर टूटेगी। समस्त सेना पर किसी एक गण का अथवा एक राज्य का अधिकार नहीं होगा अपितु समस्त सेनाओं को आपस में मिलाकर योग्यतम नायकों को उनका नायक बनाया जायेगा। एक व्यवस्था होगी, जिसमें योग्यता के आधार पर दलपति, गुल्मपति, सेनानायक होंगे। पदाति सेना, अश्वसेना, हस्तिसेना, जलसेना इत्यादि के प्रधान होंगे। इनमें योग्यतम, वरिष्ठतम को प्रधान सेनापति बनाया जायेगा। तात, एक ग्राम में कई घर होते हैं, जिनमें भिन्न परिवार रहते हैं। घरों का समुच्चय ग्राम है। ग्रामों का समुच्चय राज्य है। किसी एक ग्रामवासी को ग्रामप्रधान बनाने से अन्य निवासियों का स्वतन्त्र अस्तित्व समाप्त नहीं होता। कई ग्रामप्रधानों में से एक राज्यप्रमुख बनता है। इससे किसी एक ग्राम का विलोपन नहीं हो जाता। उसी प्रकार एक राष्ट्र में कई राज्य हैं। जो व्यवस्था छोटे स्तर पर है, हमारा प्रयास उसे ही राष्ट्रीय स्तर पर क्रियान्वित करने का है।"

"यदि ऐसा है तो मैं अपने गणों के साथ विचार-विमर्श कर आपको अपने निर्णय से अवगत करा दूँगा। व्यक्तिगत रूप से मुझे आपके प्रस्ताव में कोई हानि

अथवा दुरभिसन्धि प्रतीत नहीं होती। गणसभा बुलाने और विचार-विनिमय में हमें कुछ दिनों का समय लगेगा। आप अतिथिशाला में विश्राम करें। हमारे पक्वान्न का स्वाद लें। यदि आपकी रुचि हो तो आखेट इत्यादि की समुचित व्यवस्था करवा दी जायेगी। मैं आपकी सेवा में शीघ्र ही उपस्थित होऊँगा।"

"जैसी आपकी इच्छा, तात। परन्तु मुझे तो घर का भोजन ही रुचता है। यदि कोई आपत्ति न हो तो मैं भूति के घर पर आपके निर्णय की प्रतीक्षा करूँगा। भूति ने मेरी माता को बड़ा कष्ट दिया है। अब मुझे भी तो यह अवसर मिले।" चन्द्रगुप्त की इस बात पर, सबके चेहरे पर जो तनाव अब तक दिख रहा था, वह एकाएक ही तिरोहित हो गया।

यौधेयों की गणसभा बैठी। पाँच दिन तक चले पक्ष-विपक्ष की चर्चाओं में यह निश्चित हुआ कि समय की माँग के अनुसार चन्द्रगुप्त को समस्त भारत का राजा मानते हुए यौधेयगण को भारत का अंग घोषित किया जाये। छठे दिन की प्रात: गणप्रमुख भूति के घर स्वयं चलकर आये और चन्द्रगुप्त के सम्मुख बैठ इधर-उधर की बातें करने लगे। बहुत देर तक उन्होंने कोई काम की बात नहीं कहीं, यह देख-सुन चन्द्रगुप्त के साथी व्यग्र होने लगे।

"पितृव्य! क्या कोई विशेष कार्य था?" अन्तत: भूति बोल पड़ा। भूति के लिए चन्द्रगुप्त एक मित्र ही नहीं, अपितु उसका राजा था। उसका राजा उसके घर रुका हुआ था और उसके काका जो कि गणप्रमुख भी थे, अनावश्यक वार्तालाप कर रहे थे। चिढ़ होनी ही थी। गणप्रमुख बोले, "भूति, तुम नहीं समझोगे, बेटा। चन्द्रगुप्त बेटे जैसा है। बेटे जब बड़े होने लगते हैं, तब पिताओं को समझ ही नहीं आता कि कब वह स्नेह औपचारिकताओं की भेंट चढ़ गया। मैं ऐसा पिता हूँ जो उस समयरेखा को स्पष्ट देख रहा हूँ। चन्द्र, हमारी सभा ने निर्णय लें लिया है। कुछ अनुबन्धों के साथ हम आपको अपना स्वामी स्वीकार करते हैं। हमारे लिए आप भारत सम्राट् हैं और यौधेय भारत का एक राज्य।"

चन्द्रगुप्त के सभी साथी प्रसन्न हो उठे। वे प्रसन्नता के अतिरेक में उछलना चाहते थे, पर मर्यादा में बँधे हुए बस अपने राजा का मुँह देखते रह गये। चन्द्रगुप्त ने विगत कुछ माह में ही एक नये गुण का अन्वेषण कर लिया था। उनके मन के भाव उनके आनन पर कम ही दिखते थे। यद्यपि वह अत्यन्त प्रसन्न थे, परन्तु बोलते समय उनके मुख से गम्भीर स्वर ही निकला, "धन्यवाद, तात! वीर यौधेयों का साथ मिलने से हमारा लक्ष्य इतना निकट प्रतीत होता है कि मैं उसकी सुगन्ध को सूंघ सकता हूँ। आपने कुछ अनुबन्धों के साथ इस एकीकरण को स्वीकारने की बात कही। मैं उन अनुबन्धों को जानना चाहता हूँ।"

"मुझे नहीं लगता कि इन अनुबन्धों पर आपको कोई आपत्ति होगी। यद्यपि मुझे आप पर पूर्ण विश्वास है, पर मेरे कुछ गण चाहते हैं कि स्पष्ट रूप से सभी अनुबन्ध पहले ही निश्चित कर लिए जाएँ।"

"जी, तात। आप बताएँ।"

"पहला तो यही कि हमें पूर्ण स्वतन्त्रता हो अर्थात् हमें दास न समझा जाये। हम आपके अंग बनकर रहेंगे, दास बनकर नहीं।" इतना कहकर स्वीकृति की प्राप्ति के लिए गणप्रमुख चन्द्रगुप्त का मुख देखने लगे।

"तात, आप एक बार में ही सारी बातें कह जाएँ। सभी बातों को सुनने के बाद मैं एक बार में ही अपना उत्तर दे दूँगा।"

"जैसी आपकी इच्छा। तो पहला तो यही कि हमें किसी भी अन्य राज्य, क्षेत्र या व्यक्ति के न्यून न माना जाये। हमारी बोली, रीतियों, प्रथाओं, परिधानों और संस्कृति को परिवर्तित करने का कोई प्रयास न हो। यौधेय गणराज्य का प्रशासक कोई यौधेय ही हो। यौधेयों की सेना अक्षुण्ण रखी जाएँ। उन्हें भंग न किया जाये और उनका नायक यौधेय ही हो। और सबसे प्रमुख बात कि यदि कभी भविष्य में हमें यह लगे कि आप या आपके वंशज अपने केन्द्रीय उत्तरदायित्व के प्रति निष्ठावान नहीं हैं, तो हम स्वयं को इस संघ से विलग कर सकें।"

मित्रों का उत्साह जाता रहा। यह कोई सकारात्मक अनुबन्ध नहीं थे, अपितु ऐसा प्रतीत होता था कि इन्हें रखा ही इसलिए गया है कि यह समागम सम्भव ही न हो सके। अस्तु, चन्द्रगुप्त की भंगिमा में कोई परिवर्तन नहीं आया। वे बोले, "पितृव्य, क्या ही अच्छा होता, यदि मुझे आपकी गणसभा द्वारा पारित इन अनुबन्धों पर सभा में ही बोलने का अवसर मिलता। तात, भारत एक विशाल देश है जहाँ इतनी विविधताएँ हैं कि विधाता भी इन्हें गिन नहीं सकता। यही इस देश की सुन्दरता है। एक जैसी बोली, एक जैसे परिधान, एक जैसी रीतियाँ–यह सुनने में ही कितना विचित्र लगता है? एक जैसी बोली? यंत्र एक जैसी बोली बोलते हैं, मनुष्य नहीं। एक जैसे परिधान? तनिक सोचिए कि यदि इस संसार के समस्त पक्षियों को कौवे की तरह काले रंग में रँग दिया जाये तो क्या नीलकंठ, मयूर या हंस हमें कभी भले लग पायेंगे? धरा पर नीलकंठ भी हों, मयूर भी, हंस भी हों और काक भी। पक्षियों की सुन्दरता ही विविधता में है। रीतियाँ भी एक कैसे हो सकती हैं? किसी प्रदेश में प्रचुर मात्रा में धान उगता है तो उनके संस्कारों में, कर्मकांडों में, उत्सवों में धान दिखता है। किसी के यहाँ अन्न अत्यन्त न्यून मात्रा में उपजता है अथवा नहीं उगता और वे अधिकांशतः पशुओं पर निर्भर हैं। अतः उनके यहाँ पशु उत्पादों, मांस इत्यादि का प्रयोग होता है। किसी का भोजन मछली है तो कोई कुछ वनस्पतियों को भी तामसिक

मानकर अग्राह्य मानता है। रीतियाँ और परम्पराएँ प्रकृति के तद्नुकूल होती हैं। हमारे देश में तो भगवान सूर्य भी भिन्न-भिन्न समयों पर उदय और अस्त होते हैं। अतः समाजों के बीच भिन्नता होना कोई अनुचित अथवा अप्राकृतिक नहीं है। हाँ, यह अवश्य है कि समयानुकूल परिवर्तन आवश्यक हैं, यह प्रकृति का मूल नियम है। जैसे अभी यहाँ एक नदी बह रही हो और किसी भी प्राकृतिक अथवा अप्राकृतिक कारण से नदी अपना मार्ग बदल लें तो हमें भी तद्नुकूल परिवर्तन करने होंगे।

"आपका दूसरा अनुबन्ध यह है कि यौधेयों का प्रशासक कोई यौधेय ही हो। यह मेरा वचन है कि आपका आन्तरिक प्रशासन पूर्ववत ही रहेगा। राज्य और केन्द्र के अधिकार स्पष्ट होंगे। विदेशी आक्रमण, प्राकृतिक आपदा इत्यादि जैसी परिस्थितियों के अतिरिक्त केन्द्र राज्य के आन्तरिक मामलों में हस्तक्षेप नहीं करेगा। यौधेयों की सेना को भंग नहीं किया जायेगा अपितु उन्हें भारत की सेना में समाहित किया जायेगा। आप यौधेयों की सेना का प्रमुख किसी यौधेय को बनाने की बात करते हैं, जबकि मैं कहता हूँ कि कोई यौधेय यदि योग्य है तो वह समस्त सेना का प्रमुख सेनापति बन सकता है।

"आपका अन्तिम अनुबन्ध भी अनावश्यक है। मैं वचन दूँ या आप वचनबद्ध हों, इसका कोई अर्थ नहीं क्योंकि यह तो पुरातन काल से चला आ रहा है। कोई भी सम्राट् या उसका वंश अनन्तकाल तक इस देश के सम्राट् पद पर नहीं बना रह सकता। कुछ दशकों अथवा शतकों अथवा सहस्त्राब्दियों के पश्चात् कोई न कोई वंशज अकुशल, अक्षम, दुर्बल अथवा अन्यायी निकल ही आता है। तब अमात्यों, राज्यों अथवा जनता में से ही कोई एक उठता है और चले आ रहे राजवंश का नाश कर एक नये राजवंश की स्थापना करता है। राजतन्त्र गणतन्त्र में परिवर्तित होते हैं, गणतन्त्र राजतन्त्र में परिवर्तित होते हैं। हमारे पास आपके गण का ही उदाहरण है। पुरुवंशी उशीनर के पुत्र नृग की पत्नी युधा से यौधेय हुए। यौधेय तक वंशानुगत राजतन्त्र ही चला आ रहा था। यौधेय के वंशजों ने समयानुसार राजतन्त्र को गणतन्त्र में परिवर्तित कर लिया। ऐसे ही अनेक उदाहरण हैं, जिसमें गणतन्त्रों ने राजतन्त्र का रूप ले लिया। यदि मैं अथवा मेरा कोई वंशज अन्यायी, अधर्मी अथवा अक्षम हुआ तो व्यवस्था परिवर्तन के लिए प्रजा किसी अनुबन्ध की ओर नहीं देखेगी। वह तो होगा ही।"

गणप्रमुख प्रसन्न होकर बोले, "उत्तम, मैं आपके इन कथनों को ही आपका वचन मानकर सन्तुष्ट हूँ, एवं आपको अपना सम्राट् स्वीकार करता हूँ। गणसभा को मैं सन्तुष्ट कर लूँगा।" कुछ देर विचार कर गणप्रमुख पुनः बोले, "मेरा एक व्यक्तिगत प्रश्न है। यदि गणसभा ने आपका प्रस्ताव अस्वीकार किया होता, तब आप क्या करते?"

"तब? तब मैं बलप्रयोग करता। तात, मेरा उद्देश्य किसी एक राज्य के हठ के सम्मुख परास्त नहीं हो सकता। यदि भारत एक रहा होता तो क्या कोई अलक्षेन्द्र कभी किसी मालव को पराजित कर पाया होता? ग्लुचुकायन नगर जलाकर क्षार कर दिया गया, अग्रश्रेणी की स्त्रियों को सामूहिक आत्मदाह करना पड़ा। क्षमासहित एक प्रश्न पूछता हूँ। यदि हम एक होते तो क्या आप कठों की सहायता हेतु आगे न बढ़े होते? माना कि कठों ने आपसे सहायता की औपचारिक माँग नहीं की थी, परन्तु आप भी जानते हैं कि कठों के समूल नाश का दोष यदि पर्वतेश्वर को दिया जा सकता है, तो वह दोष भिन्न मार्ग से आप पर भी पड़ता है। हमें भविष्य नहीं पता। हमने यवनों को अभी देखा है। यवन अधिक शक्तिशाली होकर पुनः आ सकते हैं। सम्भव है कि इस संसार में यवनों से भी अधिक बर्बर जातियों का अस्तित्व हो और वे आज या कल, निकट भविष्य में या शताब्दियों बाद भारत पर चढ़ आएँ। विलग रहने के हठ से एक राज्य स्वयं तो दुर्बल सिद्ध होगा ही, समस्त राष्ट्र को दुर्बल कर देगा। शृंखला की कड़ियों को एक होना ही होगा। एक-दूसरे के साथ, एक-दूसरे के सामर्थ्य के बल पर स्वयं को और पूरी शृंखला को शक्ति देनी होगी। यदि एक भी कड़ी दुर्बल हुई तो पूरी शृंखला छिन्न-भिन्न हो जायेगी। आपकी सभा ने बोली, भाषा, पहनावे और संस्कृति को अक्षुण्ण रखने की प्रबल माँग रखी थी। यह सब तभी सम्भव है जब आपके आगे और पीछे वाली कड़ियाँ सुरक्षित रहें। वे टूटेंगी तो आप टूटेंगे। आप बचेंगे तो आपके आसपास की कड़ियाँ बची रहेंगी। कोई कड़ी यदि विलग रहने की बात करे तो समस्त राष्ट्र, समस्त समाज और स्वयं उस कड़ी के हित में मैं बलप्रयोग से उसे वापस उस शृंखला में जोड़ दूँगा।"

(16)

पर्वतेश्वर के अतिरिक्त वाहीक प्रदेश के लगभग सभी राज्यों ने चन्द्रगुप्त की अधीनता स्वीकार कर ली थी। पर्वतेश्वर जटिल व्यक्ति थे, परन्तु एक दृष्टि से देखें तो वे अत्यन्त सरल प्रतीत होते थे। उनकी अपनी दृष्टि में वे अलक्षेन्द्र के मित्र बने थे, न कि उनके अधीन कोई करद अथवा क्षत्रप राजा। अलक्षेन्द्र आयु में भले छोटा हो, पर वह विजेता की भाँति आया था, एक राजा के रूप में आया था, अतः वह शत्रु अथवा मित्र के रूप में उन्हें स्वीकार्य था। परन्तु चन्द्रगुप्त तो जैसे उनके घर के किसी सेवक का बालक रहा हो और अब एकाएक ही उनके बराबर बैठकर उन्हें अपने सम्मुख घुटने के बल बैठने का आदेश दे रहा हो। उसे लोग अब भले ही 'राजा' कहने लगे हों, पर वो है तो भाग्य का धनी एक युवक ही। उस कुटिल कौटिल्य ने किसी और

शिष्य को राजा बना दिया होता, तब यह चन्द्रगुप्त कहाँ होता? राजा बनना-बनाना क्या बालकों का खेल है? जैसे बालकों की किसी टोली में एक बालक-बालिका पति-पत्नी बन जाते हैं और सभी बच्चे उनकी सन्ततियाँ, जिसमें प्रत्येक बच्चे को उस युग्म को अपना माँ-बाप मानना ही होता है। ये चाणक्य-चन्द्रगुप्त की जोड़ी भी तो वही कर रही है। महीनों तक विचार-विनमय के पश्चात् पर्वतेश्वर ने अन्ततः निर्णय ले ही लिया। वे किसी की भी अधीनता स्वीकार नहीं करेंगे। अलक्षेन्द्र मृत्यु को प्राप्त हो चुका है, अतः उसके साथ ही वह सन्धि भी समाप्त हुई, जिसके अन्तर्गत वह यवनों के सहायक बने थे। चन्द्रगुप्त यद्यपि उगता हुआ सूर्य है, परन्तु केकय उसके अधीन रहने की अपेक्षा सदैव की भाँति स्वतन्त्र रहना चाहेगा।

यौधेयों की राजधानी बहुधान्यक में जब केकय का दूत पहुँचा, तब उसे बताया गया कि राजा चन्द्रगुप्त अपने उच्चाधिकारियों के साथ मन्त्रणा कक्ष में हैं। यद्यपि उसे तत्काल भेंट की अनुमति मिल गयी। दूत को यह देख बड़ा आश्चर्य हुआ कि जिस व्यक्ति का नाम कहीं अत्यधिक श्रद्धा से तो कहीं अत्यधिक भय से लिया जाता है, और जो भारत सम्राट् बनने निकला है, वह सामान्य वस्त्रों में सामान्य जन की भाँति सबके साथ, उनके बराबर के आसनों पर बैठा हुआ था। दूत ने उन्हें प्रणाम किया और अन्य व्यक्तियों को देखने के लिए अपनी ग्रीवा को घुमाया। यह देख चन्द्रगुप्त बोले, "दूत, इन सबसे तुम्हारा परिचय मैं करवाता हूँ।" हाथ के संकेत से एक-एक व्यक्ति को दिखाते हुए बोले, "ये हैं हमारे गुरु, आचार्य विष्णुगुप्त चाणक्य। उनके निकट बैठे हैं तक्षशिला विद्यापीठ के ही एक अन्य आचार्य श्रीयुत विष्णुशर्मा। उनके पश्चात् वार्धक्य से भीष्म पितामह जैसे लगने वाले इन महात्मन का नाम शकटार है। ये मगध राज्य के पूर्व प्रधानामात्य रह चुके हैं। अपने ही राज्य के पूर्व प्रधानामात्य चण्डवर्मा को तो तुम पहचानते ही होगे। उनके निकट गान्धार के पूर्व प्रधानामात्य श्री सोमशर्मा हैं। यह मेरी बायीं भुजा पर हमारी सेना के प्रमुख सेनापति मयूरध्वज हैं। उनके पश्चात् अन्य पदाधिकारी हैं। अब तनिक ठीक मध्य में बैठे व्यक्ति को देखो। क्या तुम उन्हें पहचानते हो?"

दूत द्वारा न कहने पर वे बोलते गये, "ये हैं तात गौतम। इनके द्वारा हमें सभी आवश्यक सूचनाएँ तत्काल मिल जाती हैं। तुम क्या सन्देश लेकर आये हो, वह मुझे तुम्हारे मुख से सुनने की आवश्यकता नहीं। वह मैं पहले से ही जानता हूँ। तुम्हारे राजा ने हमारा प्रस्ताव अस्वीकार कर दिया है और तुम्हें इसलिए भेजा गया है कि तुम अपने शब्दों की मधुरता से यह निश्चित कर सको कि उनके नकार को सुनकर हमारी सेनाएँ कहीं केकय पर ही न चढ़ बैठें। तुम्हारे राजा विचित्र हैं, दूत। विश्वविजय को निकले विदेशी आततायी की अधीनता स्वीकार कर लेंगे,

परन्तु अपने ही देश को एक करने निकले व्यक्ति के अधीन कार्य करने में उन्हें लज्जा आती है। अस्तु, उनका विचार ठीक ही था कि कहीं मौर्य सेनाएँ उन पर आक्रमण न कर दें। मुझे यही करना चाहिए। मेरा राजधर्म मुझे इसकी अनुमति देता है, परन्तु मेरे पास समय नहीं है। आपस में ही युद्ध करने में मेरी कोई रुचि नहीं। नहीं चाहता कि मेरे हाथों अनावश्यक हिंसा हो। तो ठीक है, दूत। अपने राजा से कहना कि वे आनन्दपूर्वक अपने स्वतन्त्र राज्य का भोग करें। वे ऋषि मार्कण्डेय नहीं हैं और न ही हनुमान, विभीषण अथवा अश्वत्थामा की भाँति उन्हें लम्बी आयु का आशीर्वाद मिला है। राज्य के प्रति उनकी आसक्ति की अधिकतम अवधि की समाप्ति तक मैं उनके राज्य को अपने अधीन नहीं करूँगा, परन्तु उन्हें अपनी पूरी सेना मुझे देनी होगी। सेना भी और उसके आवागमन, भोजन एवं शस्त्रादि का व्यय भी। मगध से युद्ध की घड़ी निकट आ गयी है। अधीनता न सही, सहायता तो कर ही सकते हैं। हाँ, यदि इसमें भी उन्हें आपत्ति हो तो उनसे कहना कि उन्हें अपने निर्णय को मुझ तक पहुँचाने के लिए अपनी ओर से दूत भेजने की आवश्यकता नहीं। यह भी कहना कि मौर्य सेना पर्याप्त शक्तिशाली है। मगध के बाद वह उन भारतीय राज्यों की ओर बढ़ेगी, जिनकी सेनाएँ मौर्य सेना में समाहित नहीं हुई हैं। इसके अतिरिक्त उन्हें एक वचन भी देना होगा कि वे यवनों को किसी भी प्रकार की सहायता नहीं देंगे। यवनों के बीच आपसी युद्ध चल रहा है। वे सहायता माँगने अवश्य आयेंगे। हम भारतीयों को उसमें पड़ने की कोई आवश्यकता नहीं। एक भी पण, अश्व, गज या सैनिक अथवा अन्न का एक दाना भी यवनों की सहायता हेतु केकय से गया तो मैं इसे राष्ट्रद्रोह मानूँगा और स्वयं अपने हाथों इसका दण्ड दूँगा। अब तुम जाओ। उन्हें मेरा प्रणाम कहना।"

दूत का मुख खुला रह गया। कहाँ तो वह न जाने कितने वाक्य-विन्यास सोच कर आया था, और कहाँ उसे एक भी शब्द बोलने का अवसर ही नहीं मिला। दूत के चले जाने के पश्चात् अपने गले को साफ करते हुए शकटार बोले, "हाँ, तो मैं कह रहा था कि हमारी ओर से सभी आवश्यक चरण पूर्ण हो चुके हैं। पाटलिपुत्र में प्रत्येक वीथी में और पूरे मगध के प्रत्येक ग्राम में हमने अपने व्यक्ति खड़े कर दिये हैं। पिछले दो माह से उनकी बातों ने मगध को उत्तेजित कर दिया है। यह समझिए कि घास को पूरी तरह से सुखा लिया गया है और आपको बस उसमें आग लगानी है। जिस क्षण मौर्य सेनाएँ पाटलिपुत्र में घुसेंगी, वे जनता को अपना स्वागत करता हुआ पाएँगी। जनता को यह भलीभाँति ज्ञात है कि आप दोनों आचार्य-शिष्य कौन हैं? उन्हें आप दोनों में आप दोनों के पिताओं की छवियाँ दिखती हैं, जिन्होंने उनके लिए अपने प्राणों को अर्पित कर दिया था। भावनात्मक रूप से पूरी प्रजा आपके साथ है।"

आचार्य चाणक्य बोले, "वह सब तो ठीक है तात, पर युद्ध तो सेना के शस्त्र और मन्त्रियों की मन्त्रणाओं द्वारा सम्पन्न होगा। उसके लिए आपने क्या सोचा है?"

आचार्य के इस प्रश्न पर शकटार दो पल चाणक्य का मुख देखते रहे। 'यह चाणक्य अपने पिता से कितना भिन्न है! वर्ण के अतिरिक्त न आनन में कोई साम्यता है न यह उनकी भाँति स्पष्ट वक्ता है। चणक होते तो सारी बातें स्वयं ही अपने मुख से कहते चले जाते, पर उनका यह पुत्र स्वयं कम-से-कम बोलता है और अपनी बातों को दूसरों के मुख से कहलवाता है। जो प्रश्न यह मुझसे पूछ रहा है, वास्तव में उसका उत्तर स्वयं उसी के पास है क्योंकि सारी योजना तो उसी की है। मैंने तो बस उस योजना पर अन्वायोजित हो सकने वाले व्यक्तियों को बिठा दिया है।' वे प्रकटतः बोले, "मन्त्रियों को सँभालने का कार्य गौतम का है। क्यों, गौतम?"

"हाँ आर्य, हमारे लिए सबसे घातक कोई है तो वह वक्रनास है। उसी के कारण हमें पिछली बार पराजय का मुख देखना पड़ा था, परन्तु इस बार उसे ऐसा कोई भी अवसर नहीं मिलेगा। उसे मार्ग से बहुत पहले ही हटाया जा सकता था, पर तब उसका स्थान जो भी लेता, वह भी वक्रनास की भाँति हमारे लिए घातक हो सकता था। अतः हमने उसके पश्चात् उसका स्थान ले सकने वाले सभी अधिकारियों पर ध्यान दिया और जितने भी योग्य सम्भावित उत्तराधिकारी थे, उन्हें किसी न किसी कारण से अनुपलब्ध करवा दिया। उनमें से एक, जो हमारा पक्षधर हो सकता था, की स्थिति दृढ़ करते गये। हमें बस सही अवसर पर वक्रनास को मार्ग से हटा देना है।"

"और आपने उन कथित योग्य सम्भावित उत्तराधिकारी अधिकारियों को मार्ग से कैसे हटाया?" औशनस विधि से दुराव रखने वाले अमात्य सोमशर्मा स्वयं को रोक नहीं पाये।

"क्या आप वास्तव में यह जानना चाहते हैं?" गौतम ने सोमशर्मा के नेत्रों में देखकर यह प्रश्न किया, फिर वे चन्द्रगुप्त की ओर मुड़े। उनकी ओर से भी जिज्ञासा प्रदर्शित करने पर बोले, "एक अधिकारी के सुदूर गाँव की भूमि पर एकाएक ही कुछ धृष्ट व्यक्तियों ने अपना अधिकार जमा लिया था। उन्होंने उसे इतना विवश किया कि वह दीर्घावकाश लेकर अपने गाँव में ही आकर बस गया। एक अधिकारी का एकमात्र पुत्र अत्यन्त अस्वस्थ हो गया था। मृत्यु के मुख तक पहुँचे उस किशोर को एक तापस ने अपने मन्त्रबल से वापस जीवन की ओर खींच लिया, परन्तु मन्त्रबल को अधिक सामर्थ्यशाली बनाने के लिए तापस ने उस किशोर के माता-पिता को हिमालय पर स्थित सभी धार्मिक स्थानों पर गंगाजल चढ़ाने के लिए कहा था। एक अन्य अधिकारी की इच्छा व्यापारी बनने की थी, परन्तु पूंजी के अभाव में वह कुछ

कर नहीं पा रहा था। उसे कहीं से नगण्य ब्याज पर पूंजी मिल गयी, अतः वह शासकीय सेवा छोड़कर चला गया। ऐसी ही छह अन्य कथाएँ हैं। क्या आप चाहते हैं कि मैं उन सभी को आपके सम्मुख प्रस्तुत करूँ?"

"नहीं तात, इतना पर्याप्त है", चन्द्रगुप्त बोले।

"जो आज्ञा, राजन! परन्तु मुझे एक बात कहने की अनुमति दी जाये। अमात्य सोमशर्मा की सोच तो स्पष्ट है ही, अन्य व्यक्ति भी यही सोचते होंगे कि हम गूढ़पुरुष कोई रक्तजीवी राक्षस हैं जो अपने विरोधियों की हत्याएँ करने में अवर्णनीय सुख भोगते हैं। 'मार्ग से हटा दिया' का एक ही अर्थ समझा लोगों ने कि हमने उन अधिकारियों की हत्या कर दी। क्या किसी को यह लगता है कि अपने घर में पत्नी-बच्चों से प्रेम करने वाले सैनिक को युद्ध में किसी का गला काटने में आनन्द आता है? हम गूढ़पुरुष भी मात्र कर्तव्यभावना के वशीभूत सारे कर्म करते हैं और मानव हत्या सदैव ही अन्तिम उपाय होता है। अमात्य सोमशर्मा, मानव हत्या का बोझ बहुत भारी होता है। बोझ कौन उठाना चाहता है भला?"

आचार्य चाणक्य तनिक खिन्न होकर बोले, "आप सभी विषय पर बने रहें। हाँ, तो वक्रनास का उपाय हो गया। अन्य मन्त्रियों के लिए क्या सोचा है?"

"धनानन्द के अधिकांश मन्त्री अयोग्य हैं। मात्र चाटुकारिता और सम्बन्धों के आधार पर उन्होंने मन्त्रिपद प्राप्त किया है। प्रधानामात्य राक्षस के कुशल प्रबन्धन के कारण ही इतना जर्जर मन्त्रिमण्डल चल पा रहा है। आपकी आज्ञा हो तो राक्षस को भी ...।"

अधूरी बात का अर्थ लगाना कठिन नहीं था, पर चाणक्य अपनी ग्रीवा को नकार में हिलाते हुए बोले, "नहीं अग्रज, अमात्य राक्षस को कैसी भी हानि नहीं पहुँचनी चाहिए। मगध राज्य उनका ऋणी है। युद्ध पश्चात् भी राज्य को उनकी आवश्यकता होगी। अस्तु, मगध सेना की क्या व्यवस्था की गयी है?"

इस प्रश्न का उत्तर शकटार ने दिया, "राक्षस महत्वाकांक्षी था। जब मैं प्रधानामात्य था, तब वह मेरे विरोधी गुट का सबसे युवा अमात्य था, पर धीरे-धीरे ऐसी परिस्थितियाँ बनीं कि वह आगे बढ़ता गया और आज प्रधानामात्य है। वह बौद्ध है और यह सर्वमान्यता है कि बौद्ध अहिसंक होते हैं। उससे आशा थी कि वह मौर्य सेना को दुर्बल करता चला जायेगा, परन्तु उसने ऐसा नहीं किया अपितु उसे अधिकाधिक सशक्त बनाया। सेनापति मौर्य को उनके पद से हटाने के बाद नन्द ने चाटुकारों को सेना के उच्च पदों पर बिठा दिया था, परन्तु धीरे-धीरे ही सही, राक्षस ने सेना को चाटुकारों से मुक्त कर दिया और सेना में मात्र योग्य व्यक्तियों को ही रहने दिया।" चन्द्रगुप्त की ओर देखकर शकटार बोलते गये, "तात, तुम्हारे पिता अद्भुत

व्यक्ति थे। शकटार से सब भयभीत रहते थे, परन्तु अपनी दृष्टि में सही होने पर वे प्रधानामात्य और राजा किसी का भी भय नहीं मानते थे। उन्होंने योग्य व्यक्तियों को अपने उपसेनापतियों और नायकों के रूप में नियुक्त किया था। उनका ही एक शिष्य, रन्धक आज मगध का मुख्य सेनापति है। वह तुम्हारा पक्षधर है। रथसेना, जलसेना, अश्वसेना और गजसेना के कई सेनापति आँख मूँदकर वह करेंगे, जो रन्धक उनसे करने को कहेगा। पदानुक्रम में रन्धक से ठीक नीचे के चार-पाँच सेनापति, जो रन्धक के पश्चात् मुख्य सेनापति बनने की अभिलाषा रखते हैं, वे कदाचित् उसकी आज्ञा का पालन न करें अर्थात् यदि रन्धक उन्हें शस्त्र रखने के लिए कहे तो वे ऐसा नहीं करेंगे, परन्तु वे युद्ध के लिए मना नहीं कर सकते। अतः रन्धक उन्हें अग्रिम टुकड़ियों का नायक बनाकर सीमावर्ती नगरों और ग्रामों की रक्षा करने के लिए भेजेगा। मुख्य सेना से अलग हुए ऐसे छोटे गुटों को परास्त करना आसान होगा। हमारी योजना यदि इसी प्रकार चली तो पाटलिपुत्र तक पहुँचते-पहुँचते हमारी अनगिनत विजयों के समाचार से मगध सेना का उत्साह भंग हो चुका होगा। फिर मुख्य युद्ध में उनकी आधी से अधिक सेना निश्चल खड़ी रहेगी। मात्र वे सेनानायक युद्ध करेंगे जो रन्धक के प्रभाव में नहीं होंगे या जो राक्षस की भाँति राजा की भक्ति को ही राजधर्म समझते हों।"

×××

मात्र दो वर्ष पूर्व पाटलिपुत्र नगर के बाह्य क्षेत्रों के वनों में आक्रमण करने के उद्देश्य से सेना सहित छुपे हुए चन्द्रगुप्त में, और आज पाटलिपुत्र नगर के बाहर खुले स्थान पर अपनी विजयनी सेना के साथ पड़ाव डाले चन्द्रगुप्त में आकाश-पाताल का अन्तर था। पिछली बार वह मात्र अपने साथियों और कुछेक मित्र राज्यों का नाममात्र का राजा था, परन्तु अब वह केकय के अतिरिक्त सम्पूर्ण वाहीक प्रदेश का सम्राट् बनकर मगध को जीतने और लगभग सम्पूर्ण भारत का सम्राट् बनने की इच्छा के साथ उपस्थित हुआ था। उसकी तीव्रगामी सेना मार्ग में पड़ने वाले मागधी मांडलिक राज्यों एवं उपनगरों को पूर्णतः पराभूत कर कुछ महीनों में ही पाटलिपुत्र के द्वार पर आ खड़ी हुई थी। दस सेनापतियों के अधिकारी नायक को सामने रखकर, दायें एवं बायें पक्ष में अश्वसेना एवं पृष्ठभाग में हस्तिसेना से संरक्षित जब भावी सम्राट् मगध विजय के लिए निकले थे, तब उनके साथ यौधेयों से लेकर पातालप्रस्त तक के राजा एवं गणपति सेनानायकों के रूप में उनके साथ चले थे। आटविक, मौल और भृतसेना में भिन्न भारतीय राज्यों के युवक तो थे ही, युवतियाँ भी थीं। भारतीय सैनिक थे तो साथ में यवन और पारसिक सेना भी थी। आँधी की भाँति

बढ़ते इन भिन्न वर्णों की सेनाओं के प्रधान सेनापति मयूरध्वज ने इनका समुचित उपयोग किया था। चन्द्रगुप्त और अन्य साथी सहपाठियों से विचार-विमर्श कर उसने मार्ग में पड़ने वाले राज्यों, उपनगरों, मांडलिक राजाओं की सेना के विरुद्ध आचार्य चाणक्य द्वारा पढ़ाए गये सांग्रामिक विद्या का यथोचित प्रयोग करते हुए समव्यूह, विषमव्यूह, मध्यभेदी, शुद्धव्यूह, असंहत, दण्डव्यूह (विकृति, दृढ़क, श्येन, संजय, विजय, स्थूलकर्ण, चमूमुख, इषास्य, सूचिमुख, बलय आदि), भोगव्यूह (शकट, मकर, परिपतन्तक आदि), मण्डल व्यूह (चक्र, सर्वतोभद्र, दुर्जय आदि), असंहत (गोधाव्यूह, काकपदी, कर्कटक शृंगि आदि), अरिष्ट, अचल इत्यादि व्यूहों के द्वारा निरन्तर विजय प्राप्त की थी। इस विशाल सेना ने एक क्षण के लिए भी शत्रु पर दया न दिखाते हुए नृशंस युद्ध किया था। भागते शत्रु को घेरकर मारा था। पैदलों को अश्वों से, अश्वों को रथों से और रथों को हाथियों से नष्ट कर दिया था।

सेना पिछली विजयों से उत्साहित थी, और अब मात्र अन्तिम युद्ध शेष था जिसमें उसे अन्तिम पराक्रम करते हुए मगध शक्ति के केन्द्र पाटलिपुत्र को जीतना था। कल प्रातः की पहली किरण के साथ युद्ध करना निश्चित हुआ था। सारी सेना विश्राम कर रही थी, परन्तु चन्द्रगुप्त अपने आचार्य एवं अन्य साथियों के साथ 'अथर्ववेद' के मन्त्रों से हवन कर रहे थे। वेदपाठी ब्राह्मणों का समूह विजय दिलाने वाले और शत्रुओं को स्वर्ग पहुँचाने वाले आशीषों का पाठ कर रहा था। संध्या तक यज्ञ करवाने के पश्चात् चन्द्रगुप्त अकेले ही अपनी सेना में भ्रमण करने निकले। वे प्रत्येक समूह के पास गये और उनके साथ बैठकर उन्हें उत्साहित किया। वह सैन्य चिकित्सकों के पास भी गये और किसी भी वस्तु की कमी को यथाशीघ्र उपलब्ध करवाने का आश्वासन दिया।

प्रातः हुई और सम्पूर्ण सेना व्यूहबद्ध होकर खड़ी हो गयी। हाथी पर बैठे राजा ने अपनी सेना को और सामने व्यूहबद्ध खड़ी मगध सेना को देखा। आचार्य चाणक्य और तात शकटार के मन्त्रयुद्धों ने मगध सेना की अत्यधिक क्षति अवश्य की थी। पश्चात् इसके भी सामने खड़ी शत्रु सेना किसी भी स्तर पर उनकी अपनी सेना से हेय नहीं थी। चन्द्रगुप्त की सेना तो मात्र कुछ माह से ही विजय प्राप्त कर रही थी, परन्तु मगध की सेना ने शताब्दियों से सतत् विजय का स्वाद चखा था। जो विविधता मौर्य सेना में थी, वैसी ही विविधता मागधी सेना में भी थी। मौर्य सेना में सुदूर उत्तर और पश्चिम के सैनिक थे, तो मागधी सेना में भी मध्य, पूर्व और दक्षिण के सैनिक थे। मौर्य सेना नये साम्राज्य का निर्माण करने निकली थी, वही मागधी सेना अपने साम्राज्य को बचाने के लिए मरणान्तक युद्ध हेतु सज्ज थी। मगध के प्रमुख सेनापति ने भले ही छल से सेना को दुर्बल कर दिया हो, परन्तु वह उसे इतना दुर्बल नहीं कर पाये थे कि शत्रु को आसान विजय प्राप्त हो सके।

चन्द्रगुप्त अपने हाथी से उतरे और अश्व पर बैठ सेना के सम्मुख आ खड़े हुए। उन्होंने सेना के अग्र भाग में खड़े अपने गुरु चाणक्य को प्रणाम किया और प्रशस्त वाणी में बोले, "मेरे साथियो, ईश्वर की इच्छा और गुरु की प्रेरणा से मैं आपको यहाँ तक ले आया हूँ। हमने मिलकर एक स्वप्न देखा था। बाहरी शत्रुओं से माँ भारती की रक्षा हेतु हमें स्वयं को उन सम्भावित शत्रुओं से अधिक श्रेष्ठ बनाना होगा। मित्रो, हमारे राष्ट्र की उज्ज्वल छवि पर एक यवन कलंक लगा चुका है। उस कलंक को हम धो नहीं सकते। इतिहास में यह लिखा जायेगा कि सुदूर मकदूनिया से एक म्लेच्छ आया और हमारे देश को भयभीत कर, इसे लूटकर, इसे सहस्त्र घाव देकर वापस लौट गया। मेरे राष्ट्र के वीर सपूतों ने उसका प्रबल प्रतिकार किया। वह विजेता की भाँति आया था, पर हमने उसे लौटा दिया। वह और उसके सैनिक अपने हृदयों में हमसे परास्त होकर गये थे, परन्तु मित्रो, यह सत्य है कि वह एक-एक कर हमारे राज्यों को लीलता हुआ आगे बढ़ा था। हमारी भूमि पर उसने यवनों के नगर बसाये। हमारे धन और धान्य का उसने शोषण किया। वह वापस लौट गया, पर वह अपने जैसे म्लेच्छों के लिए एक मार्ग खोल गया है। भविष्य में वह या अन्य कोई उससे अधिक सेना लेकर पुनः आक्रमण कर सकता है। अतः यह विधाता की ही इच्छा है कि हम भिन्न-भिन्न राज्यों में बँटे भारतीय एक हो जाएँ। हम यदि संगठित हों तो कोई विदेशी हम पर आक्रमण करने की सोच भी नहीं सकता। एक राष्ट्र की हमारी इस शुभेच्छा का सबसे प्रबल विरोधी कोई है तो यह सामने खड़ी सेना का अधिपति मगधनरेश धनानन्द है। इस धनानन्द ने अपनी प्रजा पर अनगिनत अत्याचार तो किये ही हैं, साथ ही इसने अपने आसपास के राज्यों को भी भयभीत कर रखा है। यह उनका रंजन नहीं करता, अपितु उनके संसाधनों का उपभोग करता है। इसका सबसे बड़ा अपराध तो यही है कि जब हम वाहीक प्रदेश के निवासी अपने राष्ट्र की रक्षा के लिए तन-मन से युद्धरत थे, यह भारत का सबसे शक्तिशाली सम्राट् तन-मन से भोग-विलास में निमग्न था। इसने भारतीय होने का कर्तव्य नहीं निभाया। राष्ट्रबन्धुओं को मरने दिया और स्वयं सुख की नींद सोता रहा। मैं यहाँ आप सबके सहयोग से इसे दण्ड देने के लिए उपस्थित हुआ हूँ। मित्रो, मैं आपका राजा नहीं हूँ अपितु आपकी ही भाँति एक वेतनभोगी व्यक्ति हूँ। मुझे यह राज्य अपने सुख के लिए नहीं चाहिए। मैं आपके साथ मिलकर इस राष्ट्र की रक्षा हेतु इसे इतना शक्तिशाली बनाना चाहता हूँ कि कोई शत्रु इसकी ओर आँख उठाकर भी न देख सके। साथियो, यह मगध भी भारत है, परन्तु आज यह मगध भारत के ही विरोध में खड़ा है। राष्ट्र और धर्म के विरोध में जो भी खड़ा हो, उसका समूल नाश करना ही राष्ट्रप्रेम है, यही वास्तविक धर्म है। मैं मगध को उसके अधर्म का दण्ड देने जा रहा हूँ। क्या आप मेरा साथ देंगे?"

चन्द्रगुप्त को ध्यान से सुन रही सेना ने प्रबल चीत्कार से अपने राजा के प्रश्न का उत्तर दिया। चन्द्रगुप्त पुनः बोले, "मित्रो, वेदों में यज्ञ की दक्षिणा के समय जब यज्ञ स्नान होता है तब यजमान को आशीर्वाद दिया जाता है कि तुम्हें वही गति प्राप्त हो, जो युद्ध में शूरवीरों को प्राप्त होती है। जिस गति को प्राप्त करना सभी मनुष्यों का परम लक्ष्य है, जिसके लिए अथाह ज्ञान और विकट तपस्या की आवश्यकता होती है, वह एक शूरवीर सैनिक को सहज उपलब्ध है। आओ मेरे साथ, राष्ट्र हमें पुकार रहा है। दूर दिख रहे मगध के उस राजभवन की प्रमुख अट्टालिका पर लहराते उस ध्वज को देखो। मैं तब तक आगे बढ़ता रहूँगा, जब तक उस ध्वज को उतार कर वहाँ भगवा ध्वज न लगा दूँ। क्या आप मेरा साथ देंगे?"

शंखों की ध्वनि और अस्त्रों की झनकार से मौर्य सेना ने अपना उत्तर दिया। चन्द्रगुप्त ने अपने खड्गकोष से खड्ग निकाला, अश्व को सामने खड़ी मगध सेना के सम्मुख किया और 'हर-हर महादेव' का प्रबल उद्घोष करते हुए तीव्रता से आगे बढ़ चला। क्षण भर में ही अपने नायक को कई हाथ दूर जाता देख सेना हतप्रभ खड़ी रह गयी, फिर एकाएक ही नायक चन्द्रगुप्त के अधिकार की सारी सेना 'हर-हर महादेव' कहते हुए शत्रु सेना पर टूट पड़ी।

मौर्यों का आक्रमण इतना तीव्र था कि मगध सेना के अधिकारियों को कुछ सोचने एवं प्रतिक्रिया देने का अवसर ही नहीं मिला। सुसंयत कर्म अथवा सुसंयत विचार का प्रतिवाद सम्भव है, अतार्किक कर्म का कोई प्रतिकार करे भी तो कैसे? चन्द्रगुप्त का खड्ग इतनी चपलता से गिरता और उठता था कि शत्रु को निश्चित मृत्यु का पता भी नहीं चलता और वह कटकर नीचे गिर चुका होता। बायें हाथ में पकड़ी हुई ढाल को उसने फेंक दिया और उसमें भी खड्ग पकड़ लिया। दौड़ते अश्व पर दोनों हाथों से तलवार घुमाते रक्त से नहाए इस प्रचण्ड वीर को देख मागधी सेना काई की भाँति फट गयी कि कौन इस कार्तिकेय के अवतार से युद्ध करे? पैदलों के बीच उन्मुक्त विचरण करते हुए वह शत्रु अश्वारोहियों की ओर बढ़ चला। शत्रु अश्वारोही ने उसके सिर का लक्ष्य लेकर खड्ग प्रहार किया, परन्तु वह अपने घोड़े की पीठ पर, पीठ के बल झुक गया और दोनों हाथों को दोनों दिशाओं में फैला दिया जिससे सामने से आते अश्वारोहियों की टाँगें और अश्वों की ग्रीवाएँ कटती चली गयीं। वह अश्व पर बैठकर, उस पर लेटकर और कभी-कभी दौड़ते अश्व से उतरकर दौड़ते-दौड़ते युद्ध कर रहा था। अपने राजा के पराक्रम से अभिभूत उत्साही मौर्य सेना भी अतुलित पराक्रम का प्रदर्शन कर रही थी। लगभग आधे पहर तक इस अनियन्त्रित युद्धकला का घोर प्रदर्शन करने के बाद चन्द्रगुप्त अपनी टुकड़ी के साथ अपनी सेना की ओर लौट गया।

मौर्य सेना के अन्य नायक निश्चल अपने स्थान पर खड़े थे। उन्हें पूर्व में ही आदेश दे दिये गये थे कि जब तक उन्हें स्पष्ट आदेश न दिया जाये, वे युद्ध की उत्तेजना को स्वयं पर हावी न होने दें। चन्द्रगुप्त ने हाथ-मुँह का प्रक्षालन किया और सेनापति मयूरध्वज को अपनी ओर देखता पाकर उसे सम्बोधित करते हुए बोले, "मित्र, कुछ कहना चाहते हो?"

"हाँ राजन! मैं हतप्रभ हूँ कि आप यूँ एकाएक ही बिना किसी योजना के शत्रु सेना के बीच धँसते क्यों चले गये? हम सब यहाँ आपके लिए प्राणोत्सर्ग करने को तत्पर बैठे हैं, फिर आपने स्वयं को ही संकट में डालना क्यों उचित समझा? क्षमा करें, आपका यह व्यवहार मुझे और अन्य सेनापतियों को तनिक भी नहीं भाया। यदि आपको कुछ हो जाता तो हमारे अभियान का क्या होता? आप कहेंगे कि तो क्या हुआ, मेरे स्थान पर अन्य कोई राजा बन जाता। परन्तु राजन, यहाँ यह आपके छत्र के नीचे जो नायक, सेनापति, राजा और सैनिक आये हैं, वे मात्र आपको ही राजा मानते हैं। आपके प्रति निष्ठा ही इन्हें यहाँ तक ले आयी है। क्या आपको ज्ञात नहीं कि आपके न रहने पर इनका उत्साह भंग हो जाता और हमारा अभियान इस अन्तिम क्षण में विफल हो जाता।" मयूरध्वज ने किंचित क्रोध में अपने मन की बात कह दी।

चन्द्रगुप्त आगे बढ़े और अपने सखा के कन्धों पर हाथ रखकर बोले, "तुम्हारा कहना सही है, मित्र। मैं अपने व्यवहार के लिए क्षमा माँगता हूँ। परन्तु तुम्हें आश्वस्त कर दूँ कि मैंने जो किया, वह अनियोजित नहीं था। हमारी सेना ने तुम्हारी, तन्तु, कपिल, जंगारी, भूति, अराली, नाचिक इत्यादि मित्रों की वीरता को कई युद्धों में देखा है, परन्तु सेना के अधिकांश सैनिकों ने मुझे कभी युद्ध करते नहीं देखा। तनिक सोचो कि यदि आज भी मैं पीछे हाथी पर बैठा युद्ध संचालन के व्याज से मात्र युद्ध देखता रहता तो क्या ये सैनिक इस भाँति उत्साहित होते, जैसे अभी तुम्हें दिख रहे हैं? सैनिकों को उत्साह से भर देना मेरा लक्ष्य था, जो पूरा हुआ। अस्तु, अब हम वैसा युद्ध करेंगे, जैसा तुम्हारे मन में है।" इधर-उधर देखकर उन्होंने भूति को आदेश दिया, "तुम अपनी सेना लेकर अभी आगे बढ़ो और जिस प्रकार मैंने अनियन्त्रित युद्ध किया था, वैसा ही युद्ध करो। मेरे वापस लौट आने पर मागधी किंचित विश्राम की अवस्था में होंगे। उन्हें इसका अवसर नहीं देना है।" भूति उसी समय सेना लेकर मागधियों पर टूट पड़ा। चन्द्र ने धनुर्धर टुकड़ी के नायक नाचिक को आदेश दिया, "तुम दायें पक्ष से आगे बढ़ो और आकाश को अपने बाणों से पाट दो।" यवनों के नायक से कहा, "तुम लोग अपने शिला प्रक्षेपास्त्रों का मुख मगध की हस्तिसेना की ओर करो। प्रक्षेपास्त्रों में शिला नहीं, अपितु उन गोलों का प्रयोग करो जिसे आचार्य की देखरेख में हाथियों को विचलित करने वाली औषधियों से बनाया गया है।"

यौधेय सेनापति प्रियवन्दक को आदेश दिया, "आप अपनी सेना लेकर बायें पक्ष से होते हुए घूमकर मागधी सेना के पीछे चले जायें और पाटलिपुत्र नगर तथा उनकी सेना के बीच किसी भी प्रकार के संचार अथवा सहायता को बाधित कर दें। स्मरण रहे कि कोट[1] की ओर से आप पर भारी बाणवर्षा होगी।"

मयूरध्वज ऐसी योजना से प्रसन्न हो उठा और बोला, "उत्तम, राजन। अब ...?"

उसकी बात काट कर चन्द्रगुप्त बोले, "धैर्य रखो, मित्र। मेरी बात पूरी हो जाने दो। हाँ, तो इस प्रकार जब सामने खड़ी सेना भूति से युद्ध करने में व्यस्त होगी, जब उसे दायें और पीछे से घेर लिया जायेगा, उसके हाथियों को व्यस्त कर दिया जायेगा, तब हम गतिमान चक्रव्यूह की सहायता से शेष कार्य सम्पन्न करेंगे।"

चन्द्रगुप्त की बात समाप्त होने पर आचार्य चाणक्य बोले, "और मेरे लिए क्या आदेश है, राजन?"

"आप अपनी टुकड़ी के साथ अवसर की प्रतीक्षा करें। तत्पश्चात् आपको क्या करना है, यह आप भलीभाँति जानते हैं, आचार्य।"

योजनानुसार सारी रणनीतियों को क्रियान्वित किया गया। भूति आधे प्रहर तक अनियन्त्रित युद्ध कर वापस आ गया था। इस आधे प्रहर में धनुर्धर टुकड़ी को एक पक्ष में अपने विशाल धनुषों को स्थापित करने का अवसर मिल गया था और अब वे एक-एक पल में दस-दस सहस्र बाणों को छोड़ रहे थे। यवन प्रक्षेपास्त्रों से निकले गोले हाथियों के बीच फटकर उन्हें विचलित कर रहे थे। यौधेयों की टुकड़ी ने मागधियों के पीछे लौटने तथा किले से आने वाली सहायता को पूर्णतः बाधित कर दिया था। भूति के वापस लौटते ही हाथियों से संरक्षित पहियों पर नुकीले तीक्ष्ण फलकों वाले रथों से बने घूर्णनशील वलय ने धीरे-धीरे बढ़ना आरम्भ किया। अपनी धुरी पर घूमते और आगे बढ़ते इस वलय ने मागधी सेना को निगलना आरम्भ कर दिया। उस विशाल व्यूह के अन्दर पैदल चल रहे मालववीरों के हाथों से निकल रहे भाले शत्रुओं के प्रमुख सेनापतियों और नायकों को लक्ष्य कर रहे थे। क्षत्र, वसाति, भगल, सौभूति इत्यादि जिन राज्यों ने यवनों के सम्मुख निर्लज्ज समर्पण किया था, उन राज्यों के सैनिक अपने मस्तक पर लगे इस लांछन को मिटाने के लिए घोर युद्ध कर रहे थे।

एक समय ऐसा आया कि मगध सेना हाहाकार कर उठी और सेना की एक बड़ी टुकड़ी बायें पक्ष में मौर्य सेना को न पाकर उधर से निकल भागी। पर क्या बायें पक्ष को अनारक्षित रखना चन्द्रगुप्त की भूल थी? अनुमानतः आधे क्रोश[2] की

[1] कोट – किला, दुर्ग

[2] क्रोश – कोस, एक कोस में 3.12 किलोमीटर

दूरी पर एक विशाल और क्लान्तिहीन सेना उनके स्वागत के लिए खड़ी थी। सेना के नायक आचार्य चाणक्य ने उन्हें आत्मसमर्पण करने का आदेश दिया, जिस पर कुछेक मागधियों ने ध्यान नहीं दिया और तत्काल मारे गये। अन्य सभी ने अपने शस्त्र गिरा दिये।

इधर आगे चक्रव्यूह, पीछे यौधेयों की टुकड़ी, दायें पक्ष से बाणवर्षा से त्रस्त मागधी सेना धीरे-धीरे संकुचित हो गयी थी। तभी बायें पक्ष से निकल भागी सेना वापस लौट आयी। मागधी सेना को कुछ समझने का अवसर मिलता, उससे पूर्व ही भागती आ रही सेना के नायक ने संकेत देने वाले ध्वज को विशिष्ट रूप से लहराकर पाटलिपुत्र के द्वार खुलवा दिये और भगोड़ी सेना यौधेयों से बचते हुए धड़धड़ाते हुए नगर में प्रवेश कर गयी।

पाटलिपुत्र नगर चारों ओर से विशाल परिखाओं से संरक्षित था, जिसमें नहर के माध्यम से सदैव ही गंगा और शोण नदियों का जल भरा रहता था। उसमें विशाल मगरमच्छ होते थे, अतः उसे तैरकर पार करना प्राणघातक होता। साथ ही किले की दीवारों पर खड़े धनुर्धारी ऐसे किसी भी अतिक्रमणकारी का बड़ी ही सुगमता से वध कर सकते थे। अभी तो युद्ध चल रहा था, अतः किले की दीवारों पर असंख्य धनुर्धारी थे, जो कितनी भी विशाल सेना को परिखा के बाहर ही रोकने में सक्षम थे। जब किले के प्रहरियों को भागकर वापस आती सेना का ध्वजसन्देश दिखा तो उन्होंने तत्काल ही द्वार खोल दिया था। विशाल द्वार किले से लगी काष्ठ की एक विशाल पटरी थी, जिसे लोहे के सिक्कड़ों के माध्यम से नीचे किया जाता था, जो परिखा पर अस्थाई पुल का निर्माण करती थी। ऐसे कुल चौंसठ द्वार थे। वापस लौटती सेना के अन्तिम अश्वारोही के नगर में प्रवेश करते ही काष्ठ की पटरी को ऊपर खींच लिया गया। कुटिल कौटिल्य की योजना फलीभूत हुई। नगर में प्रवेश करने वाली मागधी सेना, मागधी सेना के वेश में चाणक्य के नेतृत्व में मौर्य सेना थी।

कुछ ही घड़ी में एक-एक कर चौंसठों द्वार खुलते चले गये। मगध सेना को लगा कि उनकी सहायता के लिए नई स्वस्थ सेना को भेजा जा रहा है, पर दरवाजों से चिड़िया का बच्चा भी नहीं निकला। सहायता मिलने की प्रत्याशा लगभग तुरन्त ही घोर निराशा में बदल गयी जब रक्षक दीवार की चौकियों पर मागधी ध्वज गिरते हुए और उनके स्थान पर मयूरध्वज लगते हुए दिखे। मगध की सबसे प्रमुख सुरक्षा व्यवस्था टूट चुकी थी। एकाएक ही मौर्यों की अधिसंख्य सेना मुख्य युद्धभूमि के निकट के द्वारों को छोड़ अन्य द्वारों से नगर में प्रवेश कर गयी। नगर के अन्दर भी विकट युद्ध की संभावना थी, पर आज दोनों पक्षों के लिए आश्चर्यों का दिन था। नगर के अन्दर खड़ी मागधी सेना निश्चल खड़ी रही। चाणक्य और शकटार की कूटनीति फलित हुई थी।

नगर के अन्दर आ चुकी सेना ने शंखध्वनि कर नागरिकों को सूचित किया कि मगध पराजित हो चुका है। तत्काल ही सेना के रथों पर मौर्य ध्वज के साथ श्वेत ध्वज लगा दिये गये, जिससे नागरिकों को अभय मिले। इधर चाणक्य अपनी टुकड़ी के साथ निरन्तर आगे बढ़ते जा रहे थे। वे मार्ग में पड़ने वाले सभी महत्त्वपूर्ण भवनों एवं ऊँची अट्टालिकाओं के शीर्ष पर मौर्य ध्वज लगवाते जा रहे थे। उनका मन रुक-रुककर मगध की वीथियों में अपने बचपन को देखने की लालसा से भर उठता, पर वे हठपूर्वक उन स्मृतियों को अपने मस्तिष्क से झटकते जाते और ऐसा करने पर उनके रथ की गति तीव्रतर होती जाती। भिन्न वीथियों को पार करने के बाद प्रशस्त मार्ग से चलकर सामने मगध साम्राज्य का केन्द्र, सात तलों वाला कैलाश पर्वत की भाँति निश्चल एवं सूर्य की भाँति देदीप्यमान राजमहल खड़ा था, जिसके सामने मगध सम्राट् के निजी अंगरक्षकों की सेना शस्त्रबद्ध खड़ी थी। चाणक्य ने वल्गा खींच अपने रथ को रोका और गरजते हुए बोले, "मागधी वीरो, दुष्ट धनानन्द अब तुम्हारा राजा नहीं रहा। सम्राट् चन्द्रगुप्त की विजयनी सेना ने उसे पूर्णतः परास्त कर दिया है। आज की तिथि में नन्द की सत्ता मात्र इस महल तक सीमित हो चुकी है। सम्राट् चन्द्रगुप्त के प्रतिनिधि के रूप में मैं विष्णुगुप्त चाणक्य तुम्हें आत्मसमर्पण करने का आदेश देता हूँ।"

चाणक्य को अपना उत्तर तत्काल मिला। अंगरक्षकों की सेना से एक बाण निकला और देखते ही देखते चाणक्य के कन्धे में घुस गया। आचार्य ने निराशा में अपनी ग्रीवा हिलायी और यह सोचकर व्यथित हो उठे कि उनके हाथों अभी और कितनी हिंसा लिखी है। ये मागधी सैनिक अपने मन में अपना कर्तव्य ही तो पूर्ण कर रहे हैं। पापियों के पापों का दण्ड निर्दोष सैनिकों को भोगना पड़ता है, पर कर भी क्या सकते हैं? अधर्म के पक्ष में जो भी खड़ा हो, उसका वध करना ही धर्म है। अतः आचार्य ने अपने सिर को झटककर मन में उठ रही दया-ममता को निर्दयता से कुचल दिया और अपनी टुकड़ी सहित अंगरक्षकों की टुकड़ी पर टूट पड़े। उनका हस्तलाघव देखते ही बनता था। वे जैसे खड्गयुद्ध नहीं अपितु नृत्य कर रहे हों। उनकी लचकदार काया शत्रुसैनिकों के सभी वारों को निष्प्रभ कर रही थी, पर उनके हाथ के एक-एक संचलन से एकाधिक शत्रुसैनिक गिरते जा रहे थे। उनके नग्न वक्ष पर श्वेत यज्ञोपवीत अब रक्त और मज्जा से सनकर कालिमा युक्त लालिमा को प्राप्त हो चुका था। यंत्र की भाँति तीव्रतम गति से चलता उनका शरीर अन्तिम सैनिक के कटकर गिरते ही शान्त हो गया। क्षण भर में ही उनके मुख की भंगिमा परिवर्तित हो गयी। वे पुनः अपने शिक्षक रूप में आ गये। इस बीच सभी चौकियों को हस्तगत करते हुए शेष मौर्य सेना भी वहाँ आ पहुँची थी।

चाणक्य ने उन्हें महल को घेर लेने का आदेश दिया और महल के द्वार पर थोड़ी देर प्रतीक्षा की। उन्होंने सोचा था कि नन्द सामान्य शिष्टाचार का पालन करते हुए आत्मसमर्पण करने के लिए महल के बाहर आ जायेगा। जब ऐसा नहीं हुआ तो उन्होंने कुछ सैनिकों के साथ महल में प्रवेश किया। निरीह सेवक-सेविकाओं के बीच भगदड़ मच गयी। आचार्य स्वयं एक-एक कक्ष में जाकर चूहे की भाँति छुपे हुए नन्द को उसके बिल से खींचकर निकालना चाहते थे, परन्तु यह उनकी गरिमा के प्रतिकूल था। अतः अपने सैनिकों को आदेश देकर वे महल से बाहर आ गये और मृत सैनिकों के शवों के बीच सीढ़ियों पर बैठ गये।

उन्हें सीढ़ी पर बैठा देख मौर्य सैनिकों ने उनके आसपास गिरे पड़े शवों को तत्काल हटा लिया। एक स्त्री सैनिक कहीं से भीगा हुआ वस्त्र ले आयी और हठपूर्वक उनके आनन, वक्ष और पीठ को साफ किया। उस सैनिक को स्नेह से देखते हुए हुए आचार्य बोले, "हो गया, बेटी। सब साफ हो गया।" सैनिक वापस जाने लगी, तो उसे रोककर बोले, "अच्छा बेटी, मैं युद्ध के उन्माद में अन्य बातों को देख नहीं पाया। क्या पूर्ण विजय प्राप्त हो चुकी है?"

युवती बोली, "हाँ आचार्य, हमारी सेना ने नगर के प्रत्येक मुख्य भवन को, सैन्य-असैन्य मुख्यालयों और शस्त्रागारों को अपने अधिकार में ले लिया है। नगर में उपस्थित प्रत्येक अमात्य को बन्दी बना लिया गया है।" सामने से एक समूह को आता देख उनकी ओर संकेत करते हुए बोली, "वो देखिए आचार्य, आर्य शिरिषी उन्हें एक साथ आपके समक्ष ला रहे हैं।"

आचार्य तनिक आश्चर्य से बोले, "मेरे समक्ष! सम्राट् चन्द्रगुप्त कहाँ हैं? बंदियों को उनके समक्ष प्रस्तुत करना चाहिए।"

"तात, वे तो अभी युद्धभूमि में ही हैं। बाहर अभी भी युद्ध चल रहा है। मागधी बहुत कम बचे हैं, पर वे प्राणपण से युद्ध कर रहे हैं।"

"ओह, अब तो युद्ध समाप्त हुआ। नगर पराजित हुआ। अमात्यगण बन्दी बना लिए गये। राजा चूहे की भाँति इस विशाल महल के किसी कोने में दुबका पड़ा है। अब निर्दोष सैनिकों का वध, वध नहीं निर्मम हत्या है। सम्राट् के पास तत्काल सन्देश भेजो कि वे युद्ध समाप्त करें, मागधी वीरों को वस्तुस्थिति समझायें और समर्पण करने के लिए कहें। बेटी, तुम ही जाओ। इन बन्दी अमात्यों में से किसी एक को अपने साथ लेती जाओ। अपने पक्ष के किसी अमात्य के मुख से वास्तविकता जानकर वे वीर सैनिक अवश्य ही शस्त्र रख देंगे।" युवती 'जो आज्ञा' कहते हुए सबसे वरिष्ठ दिख रहे एक अमात्य के साथ युद्धभूमि की ओर चल पड़ी।

शिरिषी आचार्य और सैनिक के वार्तालाप की समाप्ति की प्रतीक्षा कर रहा था। सैनिक के जाते ही आचार्य को प्रणाम करते हुए बोला, "आचार्य, ये नन्द के अमात्यगण आपके सम्मुख उपस्थित हैं। इनके विषय में क्या आज्ञा है?"

"यदि यह गुरुकुल होता तो मैं अवश्य आज्ञा देता, पुत्र। यह तो सम्राट् के कार्यक्षेत्र की बात है। अस्तु, तुम इन सभी मान्य व्यक्तियों को भिन्न-भिन्न कक्षों में ठहरा दो। इनकी सेवा में कुछ सैनिकों को भी रखो। इनके सम्बन्ध में अन्तिम निर्णय तो सम्राट् ही करेंगे।"

सारे अमात्य समझ ही रहे थे कि भिन्न कक्षों में उन्हें रखना और उनकी सेवा में सैनिकों को रखने का अर्थ अवरोधन ही है। यद्यपि वे इससे अधिक बुरे व्यवहार की कल्पना किये बैठे थे। जब अमात्यगणों को शिरिषी ले जाने लगा, तब चाणक्य उठे और उनमें से एक व्यक्ति को पहचानकर उसके निकट आये, और प्रणाम करते हुए बोले, "महात्मन राक्षस! विष्णुगुप्त का प्रणाम स्वीकार करें। कृपया आप इस समूह से बाहर आये और मेरे निकट बैठें।"

राक्षस ने भी आचार्य को प्रणाम किया और उनके साथ वहीं सीढ़ियों पर बैठकर बोले, "कहिए ब्राह्मणश्रेष्ठ, मेरे लिए क्या आदेश है?"

"आर्य, मैं आपको क्या आदेश दूँ? आप तो स्वयं ही अपने धर्म को जानते हैं एवं निष्ठापूर्वक उसका पालन करते हैं। मैं तो बस आपसे आपकी आगे की योजना के सम्बन्ध में जानना चाहता हूँ।"

"मेरी योजना? मेरी योजना तों यही है कि मैं कुछ भी करके अपने सम्राट् महाराज धनानन्द की इस पराजय को विजय में परिवर्तित कर दूँ। आक्रमणकारी सेना को और उसके नेताओं को मगध से बाहर कर दूँ, परन्तु अब यह सम्भव नहीं, आचार्य। अतः अब मेरी बस यही इच्छा है कि मैं सन्यास ले लूँ और अपना शेष जीवन कपिलवस्तु अथवा सारनाथ में बिताऊँ। ये दोनों ही स्थल मुझे तथागत की निकटता का भास दिलाएँगे।"

"धनानन्द तो अब अतीत हो चुका, आर्य। आप अपने अन्तर्मन में जानते हैं कि वह एक अहंकारी, प्रजा-अहितकारी, दुर्बुद्धि राजा था। वह समाजद्रोही, राज्यद्रोही एवं राष्ट्रद्रोही था। अधर्म की सत्ता बहुत दिनों तक चलती रही हो, इसका यह अर्थ तो नहीं कि उसे सदैव के लिए चलने दिया जाये? मुझे भलीभाँति ज्ञात है कि आपने उस अधर्मी की छत्रच्छाया में भी धर्मानुकूल आचरण किया है। आप ही थे जिसने नन्द की उच्छृंखलताओं को नियन्त्रित किया। तात! मेरी हार्दिक इच्छा है कि आप अपने पद पर बने रहें। चन्द्रगुप्त और इस राष्ट्र को आप जैसे अनुभवी व्यक्तियों की आवश्यकता है। तनिक विचारिये, जब नन्द जैसे अधर्मी के शासन में भी आप प्रजा

कल्याण हेतु इतना कुछ कर पाये हैं तो चन्द्रगुप्त के शासन में आप कितना कुछ कर पायेंगे। हमारा प्रथम और अन्तिम दायित्व तो प्रजा कल्याण ही है। आप सन्यास लेकर अपने दायित्वों से मुख तो नहीं मोड़ सकते!"

"यदि आपकी और चन्द्रगुप्त की यही इच्छा है तो मैं इस पर विचार करूँगा, परन्तु मेरा निवेदन है कि महाराज नन्द एवं उनके परिवार को जीवनदान दिया जाये।"

"तात, यह निर्णय तो सम्राट् करेंगे, परन्तु मैं आपको स्पष्ट बता दूँ कि नन्द के परिवार को कोई हानि नहीं पहुँचायी जायेगी। चन्द्रगुप्त धर्म की स्थापना हेतु सम्राट् बने हैं। नन्द का परिवार भी अब सामान्य प्रजा है। वह निरपराधी प्रजाजन का अहित क्यों करेंगे? परन्तु इसी तर्क पर यह भी नितान्त सत्य है कि वे किसी भी अपराधी को, भले ही वह किसी भी वर्ग का हो, दंडित अवश्य करेंगे।"

"तो क्या महाराज नन्द की प्राणरक्षा का कोई उपाय नहीं है?" चाणक्य को कुछ न बोलता देख राक्षस बोला, "उत्तर देने की आवश्यकता नहीं है, आचार्य। आपके प्रस्ताव पर विचारने के लिए मुझे कुछ समय की आवश्यकता है।"

"अवश्य! आप अपने निवासस्थल पर ही विश्राम करें। मुझे आपके सकारात्मक उत्तर की प्रतीक्षा रहेगी।"

आचार्य पुनः वहीं बैठ गये। व्यक्ति जब अपने लक्ष्य को पा लेता है तो उसे कई क्षणों तक समझ ही नहीं आता कि अब आगे उसे क्या करना है? चाणक्य ने वर्षों पूर्व एक स्वप्न देखा था और उसे फलीभूत करने के लिए अथक प्रयास किये थे। अपनी योजना को क्रियान्वित करने के लिए उनका मष्तिष्क वर्षों तक सतत् क्रियाशील रहा था। एक क्षण के लिए भी उस उर्वर मष्तिष्क को विश्राम करने का अवसर नहीं मिला था। परन्तु आज, एकाएक ही करने को कुछ शेष था ही नहीं। उनके शिष्य के मार्ग में अब कोई बाधा नहीं थी। वह अनौपचारिक रूप से भारत का सम्राट् बन चुका था। अब आगे क्या? अब उनका लक्ष्य क्या होना चाहिए? राजनीति ने उनके अब तक के पूरे जीवन को व्यस्त रखा था। अब क्या उन्हें आगे भी राजनीति में ही निमग्न रहना चाहिए अथवा किसी अन्य क्षेत्र में अपनी उपयोगिता की परीक्षा लेनी चाहिए। वे यही सब सोच रहे थे कि स्वयं अपनी तथा शिष्य चन्द्रगुप्त की जय-जयकार से उनकी तन्द्रा भंग हुई। शीश उठाकर देखा। सामने से अपने अश्व पर आरूढ़ उनका चन्द्रगुप्त तीव्रता से उनके पास आ रहा था। उसके साथ ही उनके अन्य शिष्य भी थे। प्रत्येक गण एवं राज्य के प्रमुख उसके पीछे चले आ रहे थे। उनके सखा आचार्य विष्णुशर्मा एवं चण्डवर्मा भी साथ थे। बालसखा आचार्य अच्युत भी थे। पिता चणक के मित्र शकटार भी अपने रथ पर बैठे उन्हीं की ओर चले आ रहे थे।

चाणक्य अपने मित्रों, शिष्यों को एक साथ विजयनी मुद्रा में प्रफुल्लित देख आत्मसन्तोष से भरे बैठे रहे। चन्द्रगुप्त अश्व से उतरकर हाथ जोड़े आगे बढ़ा और उनके चरणों में अपना शीश नवा दिया। आचार्य उठे और चन्द्रगुप्त को उठाकर गले से लगा लिया। उन्होंने अपने अन्य शिष्यों की ओर देखा और उनकी ओर बाँहें फैला दीं। अजबिन्दु, मयूरध्वज, कारीषि, तन्तु, कपिल, जंगारी, भूति, अराली, नाचिक, शिरिषी इत्यादि सभी शिष्य लपकते हुए आगे बढ़े और सबने आचार्य को घेरकर उन्हें गले लगा लिया। सामने खड़ी सेना और उनके नायक देखते रहे कि जैसे माताएँ अपने पुत्रों को गले से लगाकर अपना वात्सल्य उड़ेलती हैं, आचार्य ने अपने शिष्यों को गले लगा रखा था। इन्हीं शिष्यों के बल पर तो आज चाणक्य ने वह कर दिखाया था जो कुछ समय पूर्व तक सोचना भी असम्भव प्रतीत होता था।

शिष्य और गुरु, सबके नेत्रों से जलधाराएँ बह रही थीं। आचार्य चाणक्य व्युपजाप करते हुए बोले, "मेरे बच्चो, तुमने आज अपने गुरु को उसकी गुरु दक्षिणा दे दी।"

चन्द्रगुप्त अपने गुरु के प्रेमिल पाश से मुक्त हुआ और बोला, "आचार्य, गुरु दक्षिणा चुकाकर मैं आपके ऋण से मुक्त नहीं हो सकता। आप मात्र गुरु ही नहीं हैं, आप ही मेरे पिता एवं आप ही मेरी माता हैं। आप मेरे लिए साक्षात् ईश्वर हैं। मुझ निराधार, अनाथ, निर्बल बालक को आपने धूल से उठाया, उसे शिक्षित किया, उसे सबल बनाया और आज इस महान राष्ट्र की सेवा करने के योग्य बनाया। हे पिता, आपने इस भारत को पुनः संगठित किया है। इसे इसकी वास्तविक शक्ति का भास कराया है। छोटे-छोटे राज्यों में बँटे इस राष्ट्र को एकसूत्र में पिरोने वाले हे महात्मन, आप सच्चे अर्थों में राष्ट्रपिता हैं। इस राष्ट्र के एक कृतज्ञ नागरिक का प्रणाम स्वीकार करें, राष्ट्रपिता!"

इतना कहकर चन्द्रगुप्त हाथ जोड़ घुटनों के बल बैठ गया। अन्य शिष्यों की भी यही भावना थी, अतः वे सब भी घुटनों के बल बैठ गये। सम्राट् को इस प्रकार बैठा देख उस विशाल प्रांगण में उपस्थित सभी राजा, गणप्रमुख और समस्त सेना भी चाणक्य के सम्मान में झुक गयी। यहाँ तक कि आचार्य के पितृतुल्य शकटार भी स्वयं को इस महान राजनीतिज्ञ के आगे झुकने से स्वयं को रोक नहीं पाये।

सबको इस प्रकार अपने सम्मुख शीश नवाये देख आचार्य ने अपने सिर को झटका एवं स्वयं को अहंकार से ग्रसित होने से बचाते हुए सबको अपने पैरों पर खड़े होने का आग्रह किया और सबको सम्बोधित करते हुए बोले, "मित्रो, आप सभी के सम्मिलित प्रयासों से आज हमें यह विजय प्राप्त हुई है। मैं आप सभी को इसकी बधाई देता हूँ। जिस प्रकार परिवार में रहने वाले प्रत्येक व्यक्ति का कर्तव्य होता है

कि वह परिवार के रक्षण एवं पालन हेतु प्रयास करे, उसी प्रकार राष्ट्र के प्रत्येक नागरिक का कर्तव्य है कि वह अपनी ओर से राष्ट्र के रक्षण एवं पालन का पूर्ण प्रयास करे। परिवार का नेता अधिकांशतः माता अथवा पिता होता है। परिवार माता अथवा पिता से ही आरम्भ होता है। अतः परिवार का पिता सम्भव है, परन्तु राष्ट्र किसी एक व्यक्ति से आरम्भ नहीं होता। यह तो सदैव से ही था, और यदि इसके नागरिक योग्य रहे तो आगे भी अक्षुण्ण रहेगा। मेरे प्रिय शिष्य चन्द्र ने मुझे 'राष्ट्रपिता' कहा है। मैं स्पष्ट कहना चाहता हूँ कि मैं इस राष्ट्र का तुच्छ सेवक मात्र हूँ। मैंने जो भी किया है, वह एक नागरिक की कर्तव्यभावना के वशीभूत होकर किया है। मैं आप सबकी भाँति इस माँ भारती का, इस पितृराष्ट्र का एक पुत्र मात्र हूँ। कृपया मुझे 'राष्ट्रपिता' कहकर मुझसे मेरे राष्ट्रपुत्र होने के सहज अधिकार को, मेरे अभिमान को मुझसे विलग न करें।" कुछ क्षण रुकने के पश्चात् वे पुनः बोले, "अस्तु, हम आज विजयी हुए हैं। आप सबको विजयोत्सव मनाना चाहिए।"

ब्राह्मणक जनपद के गणप्रमुख को सम्बोधित करते हुए बोले, "तात, आप कृपया पक्ष और विपक्ष से वीरगति को प्राप्त हुए सैनिकों के अन्तिम संस्कार की व्यस्था देख लें। उन्हें पूरे राजकीय सम्मान के साथ विदा करें।" गणप्रमुख 'आज्ञा का पालन होगा' कहते हुए अपनी टुकड़ी के साथ चले गये। आचार्य सेनापति मयूरध्वज से बोले, "पुत्र, तुम सेनापति रन्धक, तात शकटार और अम्बष्ठ गण के गणपति के साथ यहीं रुको।" चन्द्रगुप्त से बोले, "राजन! आप विश्राम करें। अपने साथ सभी गणमान्य व्यक्तियों को भी ले जायें और नगर के बाहर अपने शिविरों में विश्राम करें। यदि आपकी सम्मति हो तो रात्रि में विजयोत्सव मनाएँ। नृत्य-संगीत का आनन्द लें।"

सभी ने तत्काल आज्ञा का पालन किया। अपनी टुकड़ी के साथ सेनापति रन्धक, सेनापति मयूरध्वज, अम्बष्ठ गणपति और शकटार के अतिरिक्त अन्य सभी नगर से बाहर अपने शिविरों में लौट गये।

"आर्य रन्धक, हम आपके ऋणी हैं। यदि आपका साथ न मिला होता तो इतनी कठिनाइयों के पश्चात् मिली यह विजय कदाचित् सम्भव न होती। आपके ही कारण हमें मगध सेना के तिहाई भाग से ही युद्ध करना पड़ा। यदि सम्पूर्ण मगध सेना युद्ध करती तो जाने परिणाम क्या होता?" आचार्य कृतज्ञतापूर्वक बोले।

सेनापति हाथ जोड़कर बोले, "आचार्य, मैंने आपका नहीं, अपितु राष्ट्र एवं मानवता का साथ दिया है। मुझे भलीभाँति ज्ञात है कि संसार मुझे 'देशद्रोही' कहेगा। विचित्र बात है न, आचार्य। मगध के बाहर जन्मा व्यक्ति अथवा मगध की राजकीय सेवा से बाहर का व्यक्ति मगध पर आक्रमण करे तो वह देशभक्त, और मगध का नागरिक अथवा शासकीय कर्मचारी यदि मगध के अन्यायी, अधर्मी राजा के

के विरुद्ध कर्म करे तो राष्ट्रद्रोही! अस्तु, जब संसार आज भी महात्मा विभीषण को स्वयं पुरुषोत्तम राम के पक्ष से युद्ध करने के बाद भी उन्हें 'घर का भेदी' कहकर अपमानित करता है तो मैं तो एक नगण्य सेनानायक ही हूँ।"

"तात, राष्ट्रभक्ति को मापना यद्यपि सम्भव नहीं है, परन्तु मेरी दृष्टि में राष्ट्र हेतु अपनी भौतिक धन-सम्पदा को अर्पित करने वाले, अपनी सन्ततियों का अर्पण करने वालों से भी अधिक पूज्य वे राष्ट्रभक्त हैं जो अपने सुनाम की भी बलि चढ़ा देते हैं। विभीषण को समाज जो भी कहे, पर उनके बिना धर्म की विजय सम्भव न थी। मैं आपकी स्थिति समझता हूँ और आपके बलिदान के आगे नतमस्तक हूँ।"

"लज्जित न करें, आचार्य।"

"अस्तु, आप और सेनापति मयूरध्वज मिलकर नगर और नगर के बाहर की सुरक्षा व्यवस्था सुनिश्चित करें। जब तक चन्द्रगुप्त का राज्याभिषेक नहीं हो जाता, अमात्यों की नियुक्ति नहीं हो जाती, तब तक सैनिक व्यवस्था लागू करें। तात शकटार, आप अनुभवी हैं। राज्याभिषेक के पश्चात् मन्त्रिमण्डल की नियुक्ति होगी। अत: आप गौतम के साथ मिलकर उन योग्य व्यक्तियों की सूची बनायें, जिन्हें अमात्य बनाया जा सकता है। स्मरण रहे कि हम अब मात्र मगध नहीं अपितु भारत राष्ट्र के अमात्यमण्डल की बात कर रहे हैं।" अम्बष्ठ गणपति को सम्बोधित करते हुए आचार्य बोले, "तात, मुझे चन्द्रगुप्त ने बताया था कि आप 'एक राष्ट्र एक सम्राट्' की परिकल्पना से अभिभूत हो उठे थे और तत्काल ही स्वयं को भावी सम्राट् की सेवा में नियुक्त कर लिया था। तात, आज राष्ट्र एवं सम्राट् परिकल्पना नहीं, अपितु साक्षात् हमारे समक्ष उपस्थित हैं। आप कृपया सम्राट् के राज्याभिषेक हेतु आवश्यक कार्रवाई का संचालन करें। इस कार्य में आप अन्य गणप्रमुखों को भी सम्मिलित करें। आचार्य विष्णुशर्मा और आचार्य अच्युत इस कार्य में आपके सहायक होंगे।"

जब सब दिये गये कर्तव्यों की पूर्ति के लिए चले गये, तब आचार्य भी उठे और उन वीथियों की ओर बढ़े जहाँ कभी उनका बचपन बीता था।

नन्द अभी भी अपने विशाल महल के किसी कोने में छिपा बैठा था।

×××

युद्ध सदैव ही अव्यवस्था का कारण बनते हैं। यदि विजेता स्थिरबुद्धि हो, न्यायी हो तो उस अव्यवस्था पर शीघ्र ही नियन्त्रण पा लेता है। चन्द्रगुप्त का राज्याभिषेक ऐसी उथल-पुथल में करना सम्भव नहीं था, अत: सैनिक प्रशासन की आज्ञा से पहले उन तत्वों को पकड़ा गया जो अव्यवस्था फैलाने के लिए उत्तरदायी थे।

अपराधी प्रवृत्ति के व्यक्तियों को तत्काल कारावास भेज दिया गया, एवं कुछ को सार्वजनिक दण्ड दिया गया। चन्द्रगुप्त यह समझते थे कि प्रजा के पालन हेतु यदि नागरिकों को निर्भय करना आवश्यक है, तो अपराधियों में भय का संचार करना भी समान महत्व रखता है। एक सप्ताह तक चली ऐसी निर्मम कार्रवाई ने सर्वत्र शान्ति स्थापित कर दी। प्रजा भयभीत न हो, इसलिए अन्य अनेक उपाय किये गये। अनावश्यक करों को तत्काल प्रभाव से निरस्त कर दिया गया। युद्ध के कारण नगर एवं नागरिकों की जो भी आर्थिक हानि हुई थी, उसकी तत्काल क्षतिपूर्ति कर दी गयी। धीरे-धीरे कठोर प्रतीत होती सैनिक व्यवस्था को वापस लिया गया। सुरक्षाकर्मियों को आदेश दिया गया कि वे स्वयं को जनता का सेवक समझें एवं नागरिकों से ससम्मान वार्ता करें। किसी भी वर्ग के नागरिक की समस्या को यथाशीघ्र सुलझाने का प्रयास करें। प्रशासन ऐसा हो कि कोई नागरिक यदि किसी अधिकारी के समक्ष अपनी समस्या लेकर आये तो उसे किसी अन्य अधिकारी के पास अथवा अन्य कार्यालय में न भेजा जाये, अपितु समस्या को जानकर स्वयं ही सम्बन्धित अधिकारी एवं कार्यालय से सम्पर्क कर समस्या को सुलझाने का प्रयास किया जाये। व्यक्ति द्वार-द्वार न भटके, अपितु न्याय व्यक्ति के द्वार पर स्वयं उपस्थित हो।

राज्याभिषेक के लिए तीन माह पश्चात् की तिथि निर्धारित की गयी थी। इस अवधि में मगध साम्राज्य के अन्तर्गत आने वाले क्षेत्रों में शान्ति व्यवस्था सुनिश्चित की गयी। चन्द्रगुप्त के प्रति निष्ठा रखने वाले सभी राजा एवं गणपति तो वहाँ उपस्थित ही थे, शेष भारत के सभी राजाओं को राज्याभिषेक में सम्मिलित होने का निमन्त्रण भेज दिया गया था। सुदूर दक्षिण के राजा भी उत्तरभारत में हुए इस परिवर्तन से अछूते नहीं रहे थे। कुछ भय से और कुछ भारत राष्ट्र के महत उद्देश्य को समझकर दक्षिण भारत के अधिकांश राजाओं ने भी सम्राट् के प्रति अपनी निष्ठा व्यक्त की थी।

इस अवधि में दूर-दूर से राजन्य वर्ग, ऋषि वर्ग, व्यापारी वर्ग नये सम्राट् के राज्याभिषेक में सम्मिलित होने पाटलिपुत्र में उपस्थित हो गया। चाणक्य की देख-रेख में शकटार इत्यादि के प्रयासों से कार्यकारी अमात्यमण्डल का चयन कर लिया गया। धनानन्द को बन्दी बना लिया गया था और गौतम उससे उन स्वर्ण एवं रत्न भंडारों का पता निकलवाने में सफल हुए थे, जो उसने अपने दीर्घ शासनकाल में एकत्र कर रखे थे।

अन्ततः एक युग की समाप्ति और एक युग के प्रवर्तन का दिन आ ही गया। अंग, मगध, काशी, कोशल, वज्जी, मल्ल, वत्स, चेदि, पांचाल, कुरु, मत्स्य,

शूरसेन, अवंति, गान्धार, कम्बोज, नेपाल, मद्रक, त्रिगर्त, यौधेय, शिवि, अम्बष्ठ, सौवीर, बंग, कलिंग इत्यादि राज्यों के एकच्छत्र सम्राट् के राज्याभिषेक का दिन। इन सभी राज्यों के प्रमुखों की उपस्थिति में चन्द्रगुप्त को रत्नों से सुशोभित चौकी पर बिठाया गया। आचार्य विष्णुगुप्त चाणक्य, आचार्य विष्णुशर्मा, आचार्य अच्युत एवं अन्य ब्राह्मणों ने समुद्रों एवं भारतवर्ष की सभी नदियों के जल से चन्द्रगुप्त का अभिषेक किया। पहले ब्राह्मणों ने, फिर कन्याओं ने और उनके पश्चात् मयूरध्वज, भूति, आम्भी जैसे योद्धाओं ने और धनदत्त जैसे व्यापारियों ने उनका अभिषेक किया। यद्यपि अभी चन्द्रगुप्त का विवाह नहीं हुआ था, अतः ब्राह्मणों ने कुछ व्यवस्था बनाई जिससे यह निश्चित हुआ कि जब भी सम्राट् का विवाह हो, उनकी इच्छानुसार साम्राज्ञी का भी अभिषेक सम्पन्न हो।

इसके पश्चात् भारत के सम्राट् के शीश पर सुशोभित होने वाले किरीट एवं अन्य आभूषणों से चन्द्रगुप्त को विभूषित किया गया। यौधेय प्रमुख ने छत्र लगाया, ब्राह्मणक एवं शूद्रक गणपतियों ने चँवर डुलाया। मालव, सौभूति, कलिंग इत्यादि राज्यों के प्रमुख हाथ जोड़े खड़े रहे। देश भर से आयी नृत्यांगनाओं ने अपनी कलाओं का अर्पण किया।

गौतम इस पूरी प्रक्रिया का, उपस्थित अतिथियों एवं परिस्थितियों का सिंहावलोकन कर रहे थे। पर्वतेश्वर की अप्रसन्न मुद्रा उनकी दृष्टि से छिपी नहीं रही थी। पूर्व प्रधानामात्य राक्षस भी असहज दिख रहे थे। यद्यपि उन्होंने राजकीय सेवा में पुनः सम्मिलित होने के स्पष्ट संकेत नहीं दिये थे, परन्तु आचार्य का विचार था कि उन्हें मनाने में वे सफल रहेंगे। पूर्व राजा धनानन्द का परिवार भी राज्याभिषेक में आमन्त्रित था। उसकी तेजस्विनी और रूप-माधुर्य से परिपूर्ण पुत्री दुर्धरा का सौंदर्य चन्द्रगुप्त के शीश पर रखे किरीट के रत्नों से भी अधिक देदीप्यमान था। दुर्धरा चन्द्रगुप्त को एकटक देखे जा रही थी। कामदेव का व्यवसाय भी विचित्र है। वे परस्पर शत्रुओं के ऊपर भी अपने प्रेमबाण चलाने से नहीं चूकते। दुर्धरा अब तक के भारत के सर्वाधिक शक्तिशाली सम्राट् की बेटी थी, चन्द्रगुप्त कदाचित् वर्तमान विश्व के सबसे शक्तिशाली सम्राट् थे। अतः दुर्धरा का सम्राट् की ओर आकर्षित होना एक तरह से असामान्य भी नहीं था।

राज्याभिषेक सम्पन्न हुआ। सम्राट् ने अपने आचार्य को मूक प्रणाम किया और अपने सभी मित्रों की ओर देखकर मुस्कुराये। मित्रों के आनन पर खिली हँसी को देख उन्हें सन्तोष हुआ। सम्राट् उठ खड़े हुए और एक-एक कर अपने सभी सहपाठियों के गले लगे और अपने शीश के किरीट के अतिरिक्त शरीर पर पहने आभूषणों को निकाल कर मित्रों को पहनाते चले गये। इसके पश्चात् वे व्यापारी वर्ग

से मिले और उन्हें प्रणाम कर राजन्य वर्ग के सम्मुख आ खड़े हुए। सभी गणप्रमुखों और राजाओं को यथोचित उपहार देते हुए वे अन्तिम राजा के सम्मुख ठिठक गये। गान्धारराज आम्भी के हाथों को पकड़कर बोले, "राजन, आप भारत की उस नगरी के राजा हैं जो पूरे भारत को प्रतिभाओं की आपूर्ति करता है। तक्षशिला विद्यापीठ से निकले विद्यार्थी समस्त भारत को अपनी सेवाएँ देते हैं। विद्यापीठ का रक्षण परमावश्यक है। इसके अतिरिक्त गान्धार भारतवर्ष का द्वार है। उस द्वार से मित्र भी आते हैं और शत्रु भी आ सकता है। अतः हे राजन, मैं आपको अपना खड्ग देता हूँ कि इससे आप भारत के पुररक्षिन् के रूप में अपना कर्तव्य निभाएँ। मित्रों को अभय दें, एवं शत्रुओं को बता दें कि यदि उन्होंने भारत की ओर कुदृष्टि डाली तो गान्धारराज के हाथों में भारत सम्राट् का यह खड्ग उनका सामना करने के लिए तत्पर है।" पश्चात्ताप से भरे आम्भी ने सजल नेत्रों से खड्ग को अपने कोष में रखा और हाथ जोड़कर खड़ा रह गया।

आचार्यगणों, मित्रों, अमात्यों को वहीं छोड़ सम्राट् महल से बाहर आ गये। बाहर विशाल प्रांगण में सामान्य जनता अपने सामने सम्राट् को पाकर अभिभूत हो उठी। एकाएक ही स्वतःस्फूर्त जय-जयकार से महल की दीवारें काँप उठीं। सम्राट् प्रजा के और निकट आ गये एवं हाथ जोड़ प्रजा को प्रणाम कर बोले, "मैं आपका सम्राट् नहीं, आपका सेवक मात्र हूँ। कृपया मेरी नहीं, राष्ट्र की जय बोलें।"

'माँ भारती की जय' से दिशाएँ भर उठीं।

(17)

बहुत देर तक अपनी प्रजा के बीच स्वच्छन्द विचरण करते हुए चन्द्रगुप्त को एकाएक ध्यान आया कि अब वे पूर्व की भाँति अपनी इच्छा से अपने समय को व्यतीत नहीं कर सकते। उन्हें प्रजा के बीच घूमना भले ही कितना ही अच्छा क्यों न लगे, उन्हें और प्रजा, दोनों को इस कारण भावनात्मक बल क्यों न मिले, परन्तु राजा और प्रजा के बीच के सेतु की नींव तभी सुदृढ़ होती है जब प्रजा की भौतिक, आर्थिक एवं शैक्षिक आवश्यकताओं की पूर्ति हेतु सर्वोत्तम मार्ग का निर्माण हो। यह प्रजा के बीच घूमकर नहीं, अपितु अपने अमात्यों और प्रशासनिक अधिकारियों के बीच बैठकर योजनाओं की परिकल्पना से लेकर उनके क्रियान्वयन से ही सम्भव है। अतः सम्राट् सभा में वापस लौट आये।

आचार्य चाणक्य सहित अन्य सभी उनकी प्रतीक्षा कर रहे थे। उनके आते ही प्रधानामात्य के पद को छोड़ नये अमात्यों को उनके पदों पर नियुक्त करने की

औपचारिकताएँ पूरी की गयी। आचार्य चाणक्य की इच्छा थी कि राक्षस इस पद को सुशोभित करें, पर राक्षस अभी तक नये सम्राट् को एवं नई परिस्थितियों को स्वीकार नहीं कर पाये थे। वे धनानन्द के प्रति अभी भी निष्ठा रखते थे। सम्राट् चन्द्रगुप्त की इच्छा थी कि आचार्य ही इस पद को ग्रहण करें और भारत की दशा एवं दिशा निर्धारित करने में अपने अब तक के प्रयासों को पूर्व की भाँति चलायमान रखें। उत्सव जैसी इन परिस्थितियों में सारे अधिकारी एवं गणमान्य व्यक्ति उन्मुक्त होकर आपसी वार्ता में निमग्न थे। अत: चाणक्य और चन्द्रगुप्त के बीच चल रही वार्ता को कोई सुन नहीं रहा था।

"आचार्य! यह राज्य आपका ही दिया हुआ है। आपके ही प्रयासों से आज आपका यह शिष्य अभिषिक्त सम्राट् बना है। तात, मुझे सम्राट् बनाकर अब अनाथ तो न बनाइये। मैंने अब तक जो भी किया है, जो कुछ भी प्राप्त किया है, आपके सान्निध्य में, आपके आशीर्वाद से किया है। सम्राट् होकर भी हूँ तो मैं अन्तत: एक मनुष्य ही। मुझे, आपके शिष्य को, भारत सम्राट को आपके मार्गदर्शन की, आपकी मन्त्रणा की सदैव आवश्यकता रहेगी। आप भी तो राष्ट्र का अभ्युत्थान चाहते हैं। कृपया प्रधानामात्य के पद को ग्रहण करें, आचार्य।" चन्द्रगुप्त अनुनय करते हुए बोले।

"पुत्र, यदि तुम सामान्य मनुष्य होते तो आज सम्राट न होते। मैंने अवश्य ही तुम्हें सम्राट बनने के मार्ग में सहायता प्रदान की है, परन्तु पुत्र, यदि मैं न भी होता तब भी तुम किसी अन्य मार्ग से इस पद तक अवश्य ही पहुँचते। प्रत्येक मनुष्य का गन्तव्य निश्चित है। गन्तव्य तक पहुँचने के मार्ग भिन्न हो सकते हैं। नदी के पार जाना हो तो कोई तैरकर जाता है तो कोई नाव से। कोई नाव का शुल्क चुकाता है तो कोई स्वयं अपनी नाव बनाकर नदी पार करता है। शुल्क चुकाने के लिए आवश्यक मुद्रा का अर्जन उसने कैसे किया अथवा स्वयं की नाव बनाने के लिए उसने क्या प्रयास किए, इससे यह ज्ञात होता है कि उसका मार्ग नैतिक था अथवा अनैतिक? पर किसी भी मार्ग से वह नदी पार कर ही लेता है। अस्तु, पुत्र! तुम्हारे ही वचनों का आलम्बन लेकर कहता हूँ, और यह बात मित्र चण्डवर्मा भी कह चुका है कि यदि यह सब मेरे कारण ही सम्भव हुआ है तो मैं ही क्यों नहीं सम्राट् बन गया? ऐसा इसलिए पुत्र क्योंकि प्रत्येक मनुष्य अपनी रुचि के अनुसार कर्म करने पर ही समाज को अपना सर्वश्रेष्ठ दे सकता है। तुम सम्राट् बनकर समाज को जो दे सकते हो, वह मैं नहीं दे सकता। सम्राट् बनना, राज्य संचालन मेरी प्रकृति में है ही नहीं। तुम्हारा जन्म सम्राट् बनने के लिए हुआ है और मेरा जन्म आचार्य बनने के लिए। मैं समाज को आचार्य बनकर जो दे सकता हूँ, वह सम्राट् अथवा

प्रधानामात्य बनकर नहीं दे सकता। अतः पुत्र, मैं अन्तिम बार कह रहा हूँ, कृपया मुझे अब इस राजनीति से दूर रखो।"

"आचार्य! यदि यही आपकी इच्छा है तो ऐसा ही होगा। आप प्रधानामात्य नहीं बनना चाहते तो यही सही, परन्तु आपको ही इस पद के लिए योग्य व्यक्ति का चयन करना है।"

"मैं तो चाहता हूँ कि मगध के पूर्व प्रधानामात्य राक्षस ही इस पद पर पुनः प्रतिष्ठित हों, परन्तु वे अभी उहापोह में हैं। थोड़ा समय लगेगा, पर मैं उन्हें मना लूँगा।"

"और तब तक, आचार्य? इस पद को रिक्त तो नहीं रखा जा सकता।"

"तुम्हारे साथियों में एकाधिक पूर्व प्रधानामात्य हैं, पुत्र। उनमें से किसी की नियुक्ति कर सकते हो। मगध के ही पूर्व प्रधानामात्य शकटार हैं, केकय के पूर्व प्रधानामात्य चण्डवर्मा हैं, गान्धार के पूर्व प्रधानामात्य सोमशर्मा हैं। इन सबके अतिरिक तुम्हारे कई सहपाठी इस पद की योग्यता रखते हैं। तुम्हारे विशाल साम्राज्य में अनेकों राजा हैं, उनके मन्त्रिमण्डल हैं। अलक्षेन्द्र के प्रति अभियान में तुमने प्रत्येक राज्य का भ्रमण किया है। उनकी राजसभाओं में, गणसभाओं में भाग लिया है। तुम इन सभी को व्यक्तिगत रूप से जानते हो। इन पूर्व अमात्यों, अपने सहपाठियों, अधीनस्थ राजाओं, उनके अमात्यों में से किसी का चयन कर लो।"

आचार्य की इस बात पर कुछ देर विचार करने के बाद सम्राट् बोले, "आचार्य, निश्चित ही इनमें में कई योग्य होंगे, परन्तु यदि इनमें से कोई भी इतना योग्य होता कि उसे भारत का प्रधानामात्य बना दिया जाये तो उसका नाम आप स्वयं ही प्रस्तावित कर देते। आप राक्षस के अतिरिक्त अन्य किसी को योग्य नहीं पाते, और मैं आपके चयन के प्रति अपनी सम्मति व्यक्त करता हूँ। परन्तु जब तक राक्षस सहमत नहीं होते, तब तक इस पद पर किसी न्यून योग्यता वाले व्यक्ति को नियुक्त करना कल्याणकारी नहीं होगा। नये राज्य का आरम्भ इस प्रकार तो नहीं होना चाहिए। अतः आचार्य, मेरी इच्छा है कि जब तक आपका मनवांछित व्यक्ति आपको नहीं मिल जाता, तब तक मेरा मनवांछित व्यक्ति इस पद को सुशोभित करें। आचार्य, अपने शिष्य की यह विनती स्वीकार कर उसे अनुगृहीत करें। कृपया मुझे सम्राट् की भाँति आदेश देने पर विवश न करें।"

चन्द्रगुप्त के मुख से निकले अन्तिम वाक्य को सुन आचार्य का मुख प्रसन्नता से खिल उठा। प्रफुल्लित होकर बोले, "पुत्र, मुझे पुनः विश्वास हो गया कि भारत सम्राट् के लिए मेरा चयन कितना सही था। जो सम्राट् राज्य की भलाई हेतु अपने परिजनों की इच्छा के विरुद्ध भी निर्णय ले सकता है, जो अपने गुरु तक को आदेश

दे सकता है, वह निश्चित ही श्रेष्ठ राजा बन सकता है। सम्राट्! मुझे आपका आदेश सहर्ष स्वीकार्य है।"

राजसभा में अब आज की तिथि के तय कार्यक्रमों के अनुसार अन्य कोई कार्य करना शेष नहीं बचा था, अतः सम्राट् विश्राम हेतु अपने लिए आरक्षित भवन में चले गये। भवन की ओर जाते हुए मार्ग में ही वे अपनी माँ, राजमाता मूरा के दर्शनों का लोभ संवरण न कर सके और एक प्रहर तक अपनी माँ की गोद में सिर रखे सोते रहे। तत्पश्चात् अपने भवन की ओर गये। भवन में प्रवेश करते ही उनके नवनियुक्त स्वागताधिकारी ने सूचित किया कि केकयराज पर्वतेश्वर एवं धनानन्द की पुत्री आयुष्मती दुर्धरा उनके दर्शनों के इच्छुक हैं। उन्हें भिन्न कक्षों में ठहराया गया था। सम्राट् ने पहले पर्वतेश्वर से मिलने का निश्चय किया।

कक्ष में प्रवेश करते ही केकयराज औपचारिकतावश खड़े हो गये और करबद्ध प्रणाम करते हुए बोले, "अभिनन्दन सम्राट्! मैं बहुत देर से आपकी प्रतीक्षा कर रहा था।"

प्रणाम के प्रत्युत्तर में प्रणाम करते हुए सम्राट् बोले, "आशा है कि आप इस विलम्ब हेतु मुझे क्षमा करेंगे। मैं राजमाता के पास चला गया था। अस्तु, बतायें, मैं आपके लिए क्या कर सकता हूँ?"

"सम्राट्, आपको ज्ञात ही है कि मगध अभियान में केकय ने अपना पूर्ण समर्थन दिया है। अब अभियान पूर्ण हुआ, अतः मैं आपसे अपने राज्य वापस लौट जाने की अनुमति लेने आया था।"

"अरे, इतनी शीघ्र? कृपया कुछ और दिन तो रुकें। आपके सान्निध्य में मुझे बहुत कुछ सीखने को मिलता है। आपके पौत्र अत्यन्त योग्य व्यक्ति हैं। मुझे आशा है कि आपकी अनुपस्थिति में वे राज्य का संचालन भली भाँति कर रहे होंगे। साथ ही आपका राज्य अब चहुँओर से मित्रों से घिरा हुआ है। अब आपको किस बात की चिन्ता है?"

"अवश्य-अवश्य। पौत्र मलयकेतु कुशल प्रशासक है और अब केकय के सभी सीमावर्ती राज्य आपके अधीन हैं तथा आप केकय के मित्र हैं। तथापि, मेरा अपने राज्य की ओर प्रस्थान करना ही उचित है।"

"यदि आपकी यही इच्छा है तो मैं आप पर दबाव नहीं डालूँगा। आप स्वेच्छा से जा सकते हैं। भविष्य में भी मगध के लिए आपके द्वार सदैव खुले हैं। आप जब चाहें, मित्र के अधिकार से मगध आ सकते हैं। आपकी कैसी भी सहायता करने में मुझे हार्दिक प्रसन्नता होगी।"

पर्वतेश्वर मुस्कुराकर रह गये। उन्हें चुप देख सम्राट् पुनः बोले, "क्या कोई अन्य बात है राजन जो आप संकोचवश कह नहीं पा रहे? कृपया निःसंकोच बोलें।"

पर्वतेश्वर समझ नहीं पा रहे थे कि वे किस प्रकार अपने मन की बात कहें? अन्ततः बोले, "सम्राट्, कृपया अन्यथा न लीजिएगा। अन्य सभी राज्यों ने आपकी अधीनता स्वीकार करने के पश्चात् आपका साथ दिया था, परन्तु हम स्वतन्त्र रहते हुए एक मित्र की भाँति आपके पक्ष से लड़े। हमें जन-धन की हानि हुई है। युद्ध में विजय प्राप्त करने से आप आज सम्राट् के पद पर सुशोभित हैं। आपके अधीन राज्यों को पद, मान एवं अन्य लाभों से लाभान्वित किया गया है, परन्तु केकय को तो बस हानि ही उठानी पड़ी है। हमारी सीमा और अधिकारक्षेत्र पूर्ववत नहीं हैं। अतः आपसे विनम्र निवेदन है कि हमारी क्षतिपूर्ति हो और हमें वह भूमि प्रदान की जाये जिस पर हमारा अधिकार है।"

ऐसी माँग से अचम्भित चन्द्रगुप्त बोले, "राजन, युद्ध में अर्थ और जन की हानि तो होती ही है। हम वीरगति को प्राप्त केकय वीरों के ऋणी हैं। यद्यपि अभी आर्थिक दृष्टि से मगध भी युद्ध के कारण पूर्व की भाँति सबल नहीं है, तथापि एक निश्चित समयावधि में प्रतिपूर्ति कर दी जायेगी। मैं इसके लिए वित्तमन्त्री को निर्देशित कर दूँगा। अस्तु, आपके अधिकारक्षेत्र की कौन-सी भूमि अब आपके पास नहीं है जो अब आप मुझसे वापस पाना चाहते हैं?"

"सम्राट्, अभिसार राज्य वर्षों से केकय का करद राज्य रहा था। मेरे स्वर्गीय पिता की सेना ने उन्हें परास्त किया था। गान्धार को स्वयं मैंने परास्त किया था। कठ भी केकय के अधीन आ गये थे। अतः न्याय की दृष्टि से इन तीन राज्यों पर हमारा अधिकार है। कृपया ये राज्य हमें प्रदान किये जाएँ।"

पर्वतेश्वर की बात सुनकर सम्राट् क्रोधित हो उठे। सामने बैठे व्यक्ति के अनुभव और शूरवीरता का वह सम्मान करते थे, परन्तु ऐसी अनुचित माँग को कैसे माना जा सकता था? दो-तीन गहरी साँसें लेकर, अपने क्रोध को तनिक शान्त कर सम्राट् बोले, "राजन, क्या आपको अब तक समझ नहीं आया कि यह पूरा अभियान भारत के किसी भूभाग पर, अर्थात् मात्र मध्यप्रान्त पर अधिकार पाना नहीं था। अपितु भारत को एक सशक्त, एकीकृत साम्राज्य बनाना था। आप चाहते हैं कि मैं भारत के मध्यप्रान्त तक सीमित रहूँ और भारत के सीमावर्ती प्रदेश आपको सौंप दूँ? भारत की सीमा को पुनः उसी स्थिति में पहुँचा दूँ, जिसमें वह कुछ वर्षों पूर्व था ताकि पुनः कोई म्लेच्छ आये और भारत के द्वार पर अपने पैर पोंछकर चला जाये? अभिसार आपके अधिकार में था, गान्धार को आपने जीत लिया था, पर जब यवन आये, तब क्या हुआ था? आयु के कारण आपकी स्मृति क्षीण तो नहीं हुई है न?

स्पष्ट सुनिए, अभिसार और गान्धार को आपने भले किसी समय जीत लिया हो, पर उन पर आपका अधिकार कभी नहीं था। अगर अधिकार रहा होता तो अभिसार ने स्वतन्त्र रूप से अलक्षेन्द्र के विरुद्ध उन शक्तियों की सैन्य-असैन्य सहायता न की होती जो उस म्लेच्छ से युद्ध कर रहे थे। गान्धार स्वतन्त्र रूप से अलक्षेन्द्र से सन्धि न कर लेता। आप अपने मन में उन्हें अपने अधीन मानते रहिए, पर सत्य तो यही है कि परिस्थितियोंवश जिस यवन की अधीनता आपने स्वीकार की थी, उसने भी केकयराज, गान्धारराज और अभिसारराज को एक समान मानकर व्यवहार किया था। उसने भारत के अपने अधिकार क्षेत्र की भूमि पर छह छत्रप नियुक्त किये थे, जिसमें तीन भारतीय थे। वे तीन भारतीय आप तीनों ही थे। आप किस अधिकार से, किस तर्क से गान्धार और अभिसार पर अपना अधिकार बता सकते हैं? और कठ, कठ आपके अधीन? मेरे शब्दों के लिए मुझे क्षमा कीजिएगा राजन, पर कठों का नाम लेते आपको लज्जा नहीं आती? वस्तुतः जिन्होंने यवनों को इतना भयभीत कर दिया था कि उन्हें अपनी माताओं का स्मरण हो आया था, जिन्होंने यवनों को पराजय की सीमा तक ढकेल दिया था, वे आज समूल नष्ट हो चुके हैं। मकदूनिया से चला जो यवन कठों की भूमि में निस्तेज नेत्रों से गिरा पड़ा होना चाहिए था, उसने एक-एक कठ की निर्ममता से हत्या की। मैं स्वयं उस युद्ध में उपस्थित था, केकयराज। दस-दस, पन्द्रह-पन्द्रह वर्ष के बालक-बालिकाओं को युद्ध करते और मरते हुए देखा था मैंने। राष्ट्रभक्ति और आत्मबलिदान के सर्वोच्च शिखर पर विराजमान उन प्रातःस्मरणीय कठों की भूमि पर आप इसलिए अधिकार माँग रहे हैं कि आपने उन म्लेच्छों का साथ दिया जिन्होंने निःशक्त पुरुषों और दूधमुँहे बच्चों तक को अग्नि में झोंक दिया था?"

चन्द्रगुप्त की यह मुद्रा देख पर्वतेश्वर अचम्भित रह गये और सिर झुका कर खड़े रहे। सम्राट् बोलते गये, "यह कभी न भूलिएगा राजन कि आप भारत राष्ट्र के मात्र एक राज्य के शासक हैं और मैं भारत सम्राट् हूँ। केकय भारत का अभिन्न भाग है और वह सदैव भारत का भाग रहेगा। कोई भी सीमावर्ती राज्य किसी स्वतन्त्र सत्ता का भोग नहीं कर सकता। उसके पास स्वतन्त्र सत्ता नहीं होनी चाहिए क्योंकि स्वतन्त्र होने के कारण वह निरंकुश होगा, समस्त राष्ट्र के सापेक्ष दुर्बल होगा और परास्त होने पर शत्रुओं के आधार स्थल की भाँति कार्य करेगा। अपितु केकय सीमावर्ती राज्य नहीं है, परन्तु उसे गान्धार या अभिसार देने पर वह सीमावर्ती राज्य बन जायेगा। राजन, आप शूरवीर हैं, जाग्रत इतिहास हैं, परन्तु आपमें 'स्व' का तत्व अत्यधिक है। आप विजिगीषु हैं, पर अब नहीं। आपके सभी सीमावर्ती राज्य अब मगध साम्राज्य के भाग हैं। कृपया अपनी स्वतन्त्रता का अनुचित लाभ न उठाइए।

अपने राज्य की सेवा कीजिए, मुझे राष्ट्र की सेवा करने दीजिए।" इतना कहकर सम्राट् चुप हो गये। पर्वतेश्वर ने संकेत समझा और प्रणाम कर कक्ष से बाहर चले गये।

केकयराज के चले जाने के पश्चात् सम्राट् ने कुछ पलों तक स्वयं को शान्त करने का प्रयास किया और उस कक्ष की ओर बढ़े, जिसमें धनानन्द की पुत्री उनकी प्रतीक्षा कर रही थी। दुर्धरा ने उन्हें आते देखा और औपचारिक प्रणाम करते हुए खड़ी हो गयी। उसके खड़े होने, हाथों को जोड़कर प्रणाम करने और तनिक मुस्कुराने से उसकी पूरी काया में हुए आलोड़न से चन्द्रगुप्त ठगे-से खड़े रह गये। शरीर का एक-एक भाग सायास अपनी ओर आकर्षित करता था। केश घनश्याम, चिकने, घने और भूमि को स्पर्श करते प्रतीत होते थे। औपचारिक मुस्कान से उसकी रुचिर दन्तावली की झलक मिली थी। श्वेत दन्तपंक्ति में सभी दाँत एकसमान थे और चमक रहे थे। दोनों नेत्र बड़े और निर्मल थे। ग्रीवा की नसें स्पष्ट दिखती थीं। ग्रीवा के नीचे का भाग प्रगल्भ और उठा हुआ था, और जो मणियों से विभूषित था। कटि इतनी पतली कि मुट्ठी में आ जाये। कमलगन्धा, इन्दीवराक्ष, पुष्ट कुच-युगल, कृशोदरी, स्थूल ऊरु वाली उस उत्तप्त तन्वी पद्मिनी के आनन पर पिता के पराजित होने एवं बन्दी बना लिए जाने के कारण यद्यपि शोक के लक्षण थे, इसके पश्चात् भी उसके जैसा सौंदर्य कदाचित्त देवकन्याओं के पास भी नहीं था। उसके सौंदर्य से अभिभूत चन्द्रगुप्त उसे कुछ क्षण देखते ही रह गये थे, फिर उनके मन ने उन्हें मर्यादा का भान कराया। उन्होंने बड़ी कठिनाई से अपने नेत्रों को इस साक्षात सौंदर्य के पान से रोका और स्वयं को नियन्त्रित कर अन्यत्र देखते हुए बोले, "कहिए देवी, मौर्य पुत्र चन्द्रगुप्त आपकी क्या सहायता कर सकता है?"

स्त्री किसी भी आयु की हो, वह पिपासित नेत्रों को पहचान लेती है। वह चाहती है कि लोग उसके सौंदर्य की ओर आकर्षित हों, परन्तु वह यह नहीं चाहती कि लोग उसे वासना की दृष्टि से देखते रह जायें। आरम्भ में उसे चन्द्रगुप्त पर तनिक क्रोध भी आया था, परन्तु वह स्वयं को यह सोचने से न रोक सकी कि राज्याभिषेक के अवसर पर उसने भी तो सिंह के अयाल जैसे बाल, उन्नत ललाट, गभीर नेत्र, प्रेरक और अधिकारयुक्त वाणी, विशाल कन्धों, घुटनों तक आती लम्बी भुजाओं, उन्नत वक्ष, सपाट पेट, मोहक मुस्कान वाले चन्द्रगुप्त के सौंदर्य का पान किया था। दुर्धरा को कुछ न बोलता देख सम्राट् पुनः बोले, "देवी, क्या कोई ऐसी बात है जिसे कहने में आपको संकोच हो रहा है? आप निश्चिन्त होकर अपनी बात कहें।"

"सम्राट्!", कल तक वह जिसे एक उपद्रवी विद्रोही मानती आयी थी, उसे 'सम्राट्' सम्बोधित करते हुए दुर्धरा को विचित्र सा लगा, "आप भारत सम्राट् हैं। आपने संसार के सबसे शक्तिशाली राजा को धर्मानुसार परास्त किया है। मैं उन्हीं राजा की पुत्री हूँ। परम्परानुसार पराजित राजा को युद्धपश्चात् अभय दिया जाता है। मैं आपसे निवेदन करने आयी हूँ कि कृपया मेरे पिता, पूर्व मगधराज को जीवनदान दिया जाये और उन्हें कारावास से मुक्त किया जाये।"

"धनानन्द मात्र एक पराजित राजा ही नहीं हैं, राजकुमारी। उन्होंने कई ऐसे कर्म किये हैं, जिनका न्याय अभी शेष है।"

कल तक जिस युवती के मुख से निकली कोई भी इच्छा राज्यादेश होती थी, जिसकी इच्छा को पूरा करने में समस्त मगध दत्तचित्त हो उठता था, आज उसे निवेदन करना पड़ रहा था। इतना ही नहीं, अपितु उसकी इच्छा को स्पष्ट नकारा जा रहा था। अपमान, दु:ख, विवशता और क्रोध के सम्मिश्रण ने दुर्धरा की वाणी को तनिक वक्र बना दिया, "सम्राट्, पिता धनानन्द कोई सामान्य व्यक्ति नहीं हैं जो उनका न्याय हो। वे एकराट, सर्वक्षत्रान्तक, द्वितीय परशुराम महापद्मनन्द के पुत्र हैं, जिन्होंने ऐक्ष्वाकव, पांचाल, काशी, हैहय, कलिंग, शूरसेन, अश्मक, मैथिल जैसे राजवंशों का उच्छेद किया। गंगा-यमुना से लेकर गोदावरी तक के तटों तक उनका साम्राज्य था। उन्होंने अनुलँघित शासन किया था। मेरे पिता ने भी उनके साम्राज्य का सतत् विस्तार किया। जिस अलक्षेन्द्र से आप अपने साथियों के साथ मिलकर छिप-छिपकर युद्ध करते रहे थे, वह म्लेच्छ मेरे पिता की सामर्थ्य सुनकर ही श्वान की भाँति अपनी पूँछ दबाकर भाग गया था। मेरे पिता नवाधिकनवतिकोटीनामधिप[1] कहे जाते हैं। आप उनके साथ सामान्य अपराधियों की भाँति व्यवहार नहीं कर सकते।"

चन्द्रगुप्त दुर्धरा की बात सुनते रहे। कदाचित् पुत्रियाँ अपने पिता के दोषों को नहीं देख पातीं या उन दोषों को ही गुण समझ लेती हैं। "राजकुमारी, आपकी कही सारी बातें सही हैं।" सम्राट् बोले, "परन्तु आपने उन बातों के पीछे की सच्चाई को अनदेखा किया है। आप यहाँ मेरे समक्ष यह निवेदन लेकर आयी हैं कि पराजित राजा को परम्परानुसार जीवनदान देना चाहिए। साथ ही, आप अपने दादा महापद्मनन्द का उल्लेख बड़े गर्व से करती हैं कि उन्होंने अनगिनत राजवंशों का मूलोच्छेद किया। विचित्र बात नहीं है? आपके दादा ने पराजित राजाओं को मार डाला, उनके वंश समाप्त कर दिये, आप उन्हें 'सर्वक्षत्रान्तक' कहकर गौरव का अनुभव करती हैं, और मुझे परम्परा का पाठ पढ़ा रही हैं कि पराजित राजा का वध नहीं करना चाहिए?

---

[1] निन्यानबे करोड़ का स्वामी

अस्तु, महापद्मनन्द ने भले ही युद्ध में अथवा युद्धपश्चात्त जो भी किया हो, उनका शासन न्यायपूर्ण था। प्रजा उनसे प्रेम करती थी, परन्तु यही बात आपके पिता के लिए नितान्त असत्य है। आपके पिता नवाधिकनवतिकोटीनामधिप थे, पर क्यों थे, कैसे थे? किसी राजा के पास इतनी निजी सम्पत्ति हो ही कैसे सकती है?" दुर्धरा की भृकुटि सिकुड़ गयी। सम्राट् बोलते गये, "आपको मेरे शब्दों से दुःख होगा, पर सत्य तो यही है कि आपके पिता राजा नहीं, चोर थे। उन्होंने प्रजा पर अनगिनत कर लगाये और प्राप्त धन को राजकोष में रखने के स्थान पर स्वयं के उपयोग के लिए अन्यत्र छुपाते गये। मगध के तत्कालीन प्रधानामात्य शकटार ने इस चौर्यकर्म का विरोध किया तो उन्हें कुटुम्ब सहित बन्दी बना लिया। उनके सबसे बड़े पुत्र की हत्या उनके नेत्रों के सम्मुख स्वयं धनानन्द ने की। अन्य छह पुत्रों को भूख से तड़पा-तड़पाकर मार डाला।"

दुर्धरा यह आरोप सुन तड़प उठी और तीखे स्वर में बोली, "आप निश्चित ही मिथ्या प्रचार के शिकार हैं, सम्राट्! मेरे पिता एक प्रेमालु व्यक्ति हैं। राजा की मर्यादा बनाये रखने के लिए उन्हें कभी-कभी कठोर स्वर में बोलते सुना है, परन्तु आपके आरोप नितान्त असत्य एवं घृणित हैं।"

"मैं आपकी मनोभावना समझता हूँ, राजकुमारी। पर आपको भी समझना होगा कि एक व्यक्ति जिस प्रकार का व्यवहार अपनी पुत्री के साथ करता है, वैसा ही व्यवहार अन्य व्यक्तियों के साथ भी करे, यह आवश्यक नहीं। प्रत्येक व्यक्ति के एकाधिक रूप हो सकते हैं। धैर्य रखिए और धनानन्द के पापों को सुनिए। धनानन्द ने अनगिनत युवतियों का अपहरण किया, उनका शीलभंग किया और उन्हें शून्य में विलीन करवा दिया। उन लड़कियों में से एक के पिता ने आपके दादा से न्याय की माँग की थी, जिसके परिणामस्वरूप आपके पिता को पाँच वर्षों के लिए मगध से निष्कासित किया गया था। प्रमुख सेनापति मौर्य ने उस पिता को न्याय दिलाने का प्रयास किया था। राजा बनने के बाद आपके पिता ने सेनापति को पदच्युत कर दिया एवं उनके पूरे गण की हत्या करवा दी। पुरुष, महिलाएँ, बच्चे, सब उसके प्रतिशोध की अग्नि में स्वाहा हो गये। मैं उसी सेनापति का पुत्र हूँ।"

"परन्तु..."

"अभी और सुनिए, राजकुमारी। महापद्मनन्द के मन्त्रिमण्डल में एक और अमात्य थे, जिन्होंने धनानन्द के अत्याचारों से व्यथित होकर अमात्य पद का त्याग कर दिया और गुरुकुल की स्थापना की। जब प्रधानामात्य शकटार बन्दी बना लिए गये, तब उन्होंने आन्दोलन चलाया। आपके पिता ने उनकी और उनके सभी साथियों की चल-अचल सम्पत्ति छीन ली और इसके पश्चात् उन सभी के शीश मगध के

चौराहों पर टाँग दिये। उस ब्राह्मण अमात्य का नाम चणक था। आचार्य चाणक्य उन्हीं के पुत्र हैं।"

दुर्धरा यह सब सुन अत्यन्त विचलित हो उठी। चन्द्रगुप्त कुछ क्षण रुककर पुनः बोले, "और हाँ राजकुमारी, आप जो यह कह रही हैं कि म्लेच्छ अलक्षेन्द्र आपके पिता के भय से भाग गया, तो इसकी सत्यता भी सुन लीजिए। आचार्य चाणक्य धनानन्द से सहायता माँगने आये थे। मद में चूर धनानन्द ने उन्हें दुत्कार दिया था। अलक्षेन्द्र मगध तक नहीं पहुँच पाया, क्योंकि अन्य अनेक छोटे-बड़े राज्यों ने पग-पग पर उसका सामना किया। कितने ही सैनिक मारे गये, कितने ही ग्राम उजड़ गये। एकाधिक बार उसे पराजय की सीमा तक पहुँचाया गया। जो अलक्षेन्द्र आसान विजय पाते हुए भारत की भूमि तक पहुँचा था, उसे यहाँ एक-एक पग भूमि के लिए कठोर युद्ध लड़ने पड़े। अनेकानेक कुटिल युक्तियों की सहायता से उसकी सेना को अशक्त, अस्वस्थ और हतोत्साहित किया गया। आपका यह विचार सही है कि वह किसी राज्य की सैन्य सामर्थ्य से भयभीत होकर वापस मुड़ गया था, परन्तु अपने तथ्यों को सही कर लीजिए। वह मगध से नहीं, अपितु पराक्रमी यौधेयों से डरकर आगे नहीं बढ़ा था। और हाँ, वह उल्टे पैर वापस नहीं मुड़ा था, मुड़कर अन्य राज्यों की ओर चला गया था। उसी मार्ग पर अनेक वीर जातियों ने उसका प्रबल प्रतिकार किया। मालवों और क्षुद्रकों की सम्मिलित शक्ति के समक्ष उसे झुकना पड़ा था और सन्धि करनी पड़ी थी। एक मालव वीर के तीर ने उसे घायल कर दिया था। उसी घाव के कारण वह तड़प-तड़पकर मरा। राजकुमारी! जब इस देश के एक भाग का बच्चा-बच्चा विदेशी आततायी से युद्ध कर रहा था, जब उन राज्यों की युवतियाँ तक हाथों में खड्ग लेकर चण्डी का अवतार बन अश्व पर बैठ यवनों की टुकड़ियों पर टूट रही थीं, जब अपने शील की रक्षा हेतु अनगिनत नारियों ने धधकती अग्नि में स्वयं को स्वाहा कर लिया था, तब भारत देश के सबसे शक्तिशाली राज्य मगध के राजा अर्थात् आपके पिता नेत्र मूँदे सो रहे थे। आप मुझसे आशा करती हैं कि मैं परम्परा का पालन करते हुए उन्हें जीवनदान दे दूँ? ऐसे अधम, दुराचारी, समाजद्रोही, राष्ट्रद्रोही व्यक्ति का न्याय न करने का पाप मुझसे नहीं होगा। यदि आप चाहें तो न्यायसभा में स्वयं उपस्थित हो सकती हैं। आपके पिता को अपना अधिवक्ता चुनने का, अपना पक्ष रखने का पूरा अवसर मिलेगा। यदि वह निर्दोष सिद्ध हुए तो उन्हें मुक्त किया जायेगा अन्यथा उन्हें वही दण्ड मिलेगा जिसके वह पात्र होंगे।"

दुर्धरा स्वयं को संयत न रख सकी। रोते हुए बोली, "परन्तु मैं अपने पिता से प्रेम करती हूँ। मैं आपसे भी प्रेम करती हूँ। कृपया ..."।

सम्राट् ने उसका वाक्य पूरा न होने दिया, "प्रत्येक अपराधी के पिता-माता, पुत्र-पुत्री, पत्नी-बहन उससे प्रेम करते हैं। न्याय व्यक्तिगत भावनाओं से प्रभावित नहीं हो सकता। अस्तु, अब आप जाये और विश्राम करें। मैं न्याय के क्षेत्र में पक्षपाती नहीं हो सकता। मुझे क्षमा करें।"

(18)

नगर के कोलाहल से दूर, गंगा नदी के तट पर एक साधारण-सी पर्णकुटी इस प्राकृतिक परिवेश में कौतूहल का भाव जगा रही थी। दो प्रकोष्ठों वाली इस कुटिया के बाहर एक स्वस्थ अश्व और एक गाय बिना किसी बन्धन के विचरण करते हुए दिख रहे थे। इनके अतिरिक्त अन्य वन्य जीवन भी उस कुटिया के चारों ओर पुष्पित पल्लवित था। मृगों की एक टोली, मयूरों का एक छोटा-सा समूह, एक मादा श्वान और उसके कुछ शावक, कई प्रकार के पक्षी और बिना किसी बाधा के बढ़ते हुए पौधे।

उस कुटिया में एक ब्राह्मण दिन-रात लेखन कार्य में व्यस्त रहता था। कुछ वर्ष पूर्व तक यह ब्राह्मण पूरे आर्यावर्त और समस्त भारत का सबसे प्रसिद्ध व्यक्ति हुआ करता था, जिसके एक संकेत पर साम्राज्य बनते थे और मिट्टी में मिल जाते थे। वह अपनी कर्मभूमि तक्षशिला वापस लौट जाना चाहता था, पर सम्राट् मोहवश उसे राजधानी से बाहर जाने की अनुमति नहीं देते थे। सम्राट् का विचार था कि अभी वे इतने नीतिनिपुण, कार्यकुशल नहीं हुए कि उन्हें अपने आचार्य के मार्गदर्शन की आवश्यकता न पड़े।

आचार्य विष्णुगुप्त चाणक्य के कुछ लक्ष्य पूरे हो चुके थे। उन्होंने अपने अपराधियों को परास्त किया था। उन्होंने भारत को एक सूत्र में बाँध दिया था। अब उनके समक्ष दूसरा लक्ष्य था, अपनी विद्या को लेखनबद्ध करना और उसे संसार को समर्पित करना। माह में एक बार सम्राट् स्वयं इस कुटिया में उपस्थित होकर उनका आशीर्वाद प्राप्त कर लेते थे। हाँ, यदि अतिआवश्यक हो, राजकार्य में किसी मन्त्रणा की आवश्यकता हो तो वे आचार्य को राजमहल में बुला भी लेते थे। गौतम यद्यपि अब एक अमात्य थे, राजा के प्रमुख परामर्शदाता थे, परन्तु वे अभी भी अपने अनुज चाणक्य से प्रति सप्ताह मिलने आते और संसार भर में फैले अपने गुप्तचरों की सूचनाओं से उन्हें अवगत कराते। आचार्य के बालमित्र आचार्य अच्युत और सहपाठी अमात्य चण्डवर्मा भी यदाकदा अपने विष्णु से मिलने आते रहते। वयोवृद्ध शकटार ने सन्यास ले लिया था। उनकी अवस्था ऐसी नहीं रह गयी थी कि वे कहीं आ जा सकें, पर वे भी चाणक्य के सान्निध्य का लोभ छोड़ नहीं पाते थे।

आज कदाचित् कोई विशेष दिन था। यह पहली बार था कि आचार्य ने स्वयं ही अपने इन हितमित्रों को अपनी कुटिया पर आमन्त्रित किया था। अच्युत, चण्डवर्मा, गौतम, शकटार आ चुके थे और कुटिया के बाहर चाणक्य को अपना कार्य समाप्त कर लेने की प्रतीक्षा कर रहे थे। चाणक्य एक पात्र को हाथ में पकड़े गाय दूह रहे थे। चाणक्य भी अब कोई युवा नहीं रह गये थे, फिर इतना तेजस्वी व्यक्ति छोटे-मोटे कार्य स्वयं करे, यह देख संन्यासी शकटार को भी विचित्र लगता था। तनिक खिन्न वाणी में बोले, "तुम भारत के सिंहासन पर किसी पशुपालक को बिठा सकते हो, पर अपने पशुओं के लिए एक सेवक नहीं रख सकते? बूढ़े हो रहे हो पुत्र, कुछ कार्य दूसरों के लिए भी छोड़ दिया करो।"

चाणक्य दूध दूह चुके थे। गाय को थपथपाते हुए, उसे स्नेह से देखते हुए बोले, "पितृव्य, आपकी दृष्टि में गौ सेवा और गौ रस प्राप्त करना सम्भवतः कोई कार्य हो, मेरी दृष्टि में तो यह मात्र प्रेम है। क्या अपने माता-पिता की सेवा, अपने बच्चों से दुलार करना भी कार्य की श्रेणी में आयेगा? यह गौ तो मेरे परिवार का अंश है। और देखिए न, मेरे परिवार में तीन ही सदस्य हैं–मैं, मेरा अश्व और मेरी गौ।" यह कह कर चाणक्य सशब्द हँस पड़े।

हँसी बड़ी संक्रामक होती है। वैसे भी इस धीर-गम्भीर ब्राह्मण को हँसते हुए कम ही देखा गया था। अच्युत और चण्डवर्मा भी कभी अनौपचारिक हुआ करते थे, पर अब वे भी आदरमिश्रित भय के साथ आचार्य को देखते थे, परन्तु आज की बात विचित्र थी। चाणक्य हँस रहे थे। गोविष्[1] से बने कण्डों और शुष्क लकड़ियों को सुलगाकर उस पर दूध के पात्र को रखने के पश्चात् आचार्य अपने अश्व के पास गये और उसकी पीठ सहलाने लगे। शकटार पास आये और बोले, "बेटा, अब तो तुमने सब कुछ प्राप्त कर ही लिया है। अब अपने परिवार को बढ़ाने के सम्बन्ध में विचार क्यों नहीं करते? तुम्हारी आयु अभी इतनी भी नहीं हुई कि विवाह न कर सको। तुम कहो तो मैं किसी योग्य स्त्री ....।"

शकटार चाणक्य के निरन्तर हिलते सिर को देख संकुचित होकर चुप हो गये। उन्हें चुप देख और अपने अन्य मित्रों के नेत्रों में प्रश्न देख आचार्य हँसते हुए बोले, "अरे पितृव्य, इस जन्म में तो इस दरिद्र का विवाह होना सम्भव नहीं। अभी न जाने कितने कर्म शेष हैं, न जाने कितने स्वप्न अधूरे हैं? लगता तो नहीं कि अपने इस जीवन में उन्हें प्राप्त कर पाऊँगा। अब इसी में विवाह भी कर लिया तो हो लिया कल्याण।"

---

[1] गोबर, Cow dung

अच्युत साहस करके बोले, "विष्णु! विवाह तो सभी करते हैं। शास्त्रों में भी गृहस्थ आश्रम को सर्वश्रेष्ठ बताया गया है। तुम ये जो छोटे-मोटे कार्य करते हो, गाय की सेवा, भोजन पकाना इत्यादि। यदि विवाह कर लो तो भाभी जी यह सब कार्य कर लेंगी, तुम्हारा ही समय बचेगा। भौतिक कार्य वे कर लेंगी, तुम अपनी साधना करते रहना या यदि वे विदुषी हुईं तो तुम्हारे लेखन कार्य में सहायक सिद्ध होंगी।"

"अब आप लोग इस विषय को यहीं समाप्त करें। विवाह एक पवित्र कर्म है, पर उसके साथ अनेक उत्तरदायित्व भी आते हैं। यह सब मैं पहले भी चण्डवर्मा से कह चुका हूँ। आइए, बैठते हैं।"

सबको समुचित स्थानों पर बिठाकर चाणक्य दूध के पात्र ले आये और सबको वितरित करते हुए बोले, "अच्युत! मैं यह गौ सेवा, भोजन पकाना इत्यादि अपने हाथों से करता हूँ, इसका यह अर्थ नहीं कि इन कार्यों के लिए अन्य कोई है ही नहीं। सम्राट् स्वयं अनगिनत अवसरों पर यहाँ कुछ सेवकों को नियुक्त करने की इच्छा प्रकट कर चुके हैं। मेरे कितने की अन्य शिष्य यही चाहते हैं। मुझे इसमें कोई आपत्ति भी नहीं है। पर मैं दिन भर लेखन-पठन करता रहता हूँ। लिखते-पढ़ते थकान होने लगती है तो इन्हीं छोटे-मोटे कार्यों को करके अपना मनोरंजन कर लेता हूँ। अब सम्राट् इसके लिए सेवक लगा दें या तुम मेरा विवाह करवा दो तो यह सुख तो मेरे हाथ से निकल जायेगा न!" कुछ विचारकर आचार्य गौतम से बोले, "अग्रज, साम्राज्ञी का स्वास्थ्य कैसा है? उनके दिन भी अब पूरे होने वाले होंगे।"

"हाँ आचार्य, आयुर्वेदाचार्यों के अनुसार साम्राज्ञी पूर्णतः स्वस्थ हैं एवं आशा है कि इसी सप्ताह में मगध साम्राज्य को उनका युवराज मिल जायेगा।" गौतम प्रसन्नता से बोले।

"युवराज ही क्यों, किसी कन्या का जन्म भी तो हो सकता है।" अच्युत ने शंका जताई।

आचार्य उसी प्रसन्न मुद्रा में बोले, "तो क्या हुआ? पुत्र हो या पुत्री, वह योग्य हुआ तो भारत के सिंहासन पर बैठेगा।"

इस वार्ता से शकटार तनिक क्षुब्ध हो उठे थे। उनकी ऐसी अप्रसन्न मुद्रा देख आचार्य बोले, "क्या हुआ, पितृव्य? आपका स्वास्थ्य तो ठीक है?" शकटार वृद्ध व्यक्ति थे, अतः ऐसा प्रश्न उचित ही था।

शकटार खिन्न वाणी में बोले, "जिस मनुष्य ने मेरी पहली सन्तान, मेरे मदन का मेरे ही समक्ष किसी वधिक की भाँति वध कर दिया हो, जिसने मेरे अन्य छह पुत्रों को भूखे मार दिया हो, उसकी आसन्नप्रसवा सन्तान का समाचार सुन मन खिन्न हो गया, पुत्र। विष्णु, मुझे कभी समझ नहीं आया कि तुमने सम्राट् का विवाह नन्द की

पुत्री दुर्धरा से क्यों हो जाने दिया? नन्द का न्याय क्यों नहीं किया गया? वह मेरे पुत्रों का एवं तुम्हारे पिता का हत्यारा था। मात्र मगध साम्राज्य की सीमा से निष्कासित कर देना, यह तो तर्कसंगत न्याय न हुआ!"

गौतम की ओर वक्रदृष्टि से देखने के पश्चात् आचार्य बोले, "तात, दुर्धरा सम्राट् से प्रेम करती थी। सम्राट् भी उसकी ओर आकर्षित थे। युवा व्यक्ति को यदि उसका प्रेमी न मिले तो वह कुण्ठित हो उठता है। एक कुण्ठित युवा समाज के लिए हानिकारक है। यदि वह युवा स्वयं सम्राट् हो तो उसकी कुण्ठा समस्त राष्ट्र के लिए दुर्भाग्य लाती है। अस्तु, यही एक कारण नहीं था, तात। प्रधानामात्य के पद के लिए मुझे राक्षस के अतिरिक्त अन्य कोई भी पात्र व्यक्ति नहीं मिल रहा था। राक्षस नन्दवंश के प्रति भक्ति रखते हैं। धनानन्द नहीं, महापद्मनन्द के वंश के प्रति। उस वंश की कन्या को अभिषिक्त साम्राज्ञी बनाने से यदि चन्द्र की इच्छा और मेरी कामना पूर्ण होती हो, तो मुझे इस विवाह को अपनी अनुमति देने में कोई आपत्ति नहीं थी। दुर्धरा योग्य है, वह अपने पिता की भाँति क्रूर नहीं अपितु माँ गंगा की भाँति वात्सल्य भाव से परिपूर्ण है। वह जितनी सौन्दर्यमति है, उतनी ही विदुषी है। चन्द्र की जीवनसंगिनी के रूप में उससे अधिक योग्य युवती अन्य कोई नहीं थी तात।"

"ठीक है, परन्तु न्याय? नन्द को जीवनदान देने का क्या अर्थ था? वह किसी दूर देश में बैठा आनन्दपूर्वक अपना जीवन बिता रहा होगा, और वहाँ ऊपर मेरे पुत्र मुझे धिक्कार रहे होंगे।"

आचार्य ने उपस्थित सभी लोगों को देखा। गौतम तो सब जानते ही थे, अच्युत और चण्डवर्मा उनके मित्र थे। सभी विश्वासपात्र व्यक्ति थे, अत: चाणक्य ने वह बात प्रकट कर देना ही उचित समझा, जिसे वे विगत कई वर्षों ने अपने भीतर समेटे हुए थे। वे उठे और शकटार के पास जाकर उनका हाथ पकड़कर बैठ गये और बोले, "तात, जब मगध पर मौर्यसेना का अधिकार हुआ और चन्द्र सम्राट् बना, तब भारत राष्ट्र का संविधान बना नहीं था। उस समय सम्राट् की इच्छा ही दंडविधान थी। मैंने ही चन्द्रगुप्त से कहा था कि नन्द को राज्य से निष्कासित करने का दण्ड दिया जाये।"

शकटार क्रोधित हो उठे, "परन्तु क्यों? वह पापी मृत्युदंड का पात्र था और तुमने उसे जीवनदान दे दिया!"

"तात, मेरी बात तो पूरी सुन लें। नन्द यदि यही मगध में मृत्यदंड पा जाता, तब मैं अपना प्रतिशोध कैसे ले पाता? मगध की सीमा से निकलते ही मैंने उसे द्वन्द्व की चुनौती दी थी। तात, मेरा वर्षों का क्रोध उस दिन मेरे शरीर से प्रवाहित हुआ था।

उसके शरीर की प्रत्येक अस्थि को चूर करने के बाद मैंने अपने इन्हीं हाथों से उसकी ग्रीवा को उसके धड़ से अलग कर दिया था।"

शकटार, अच्युत और चण्डवर्मा यह सुन विस्मित हो उठे। बहुत देर तक कोई कुछ नहीं बोला। इस नीरवता को शकटार ने भंग किया और बोले, "अहा, यह तुमने मुझे पहले क्यों नहीं बताया, पुत्र? मैं यही सुनने के लिए तो अब तक अपनी इस जर्जर काया को ढोता चला आ रहा था। आज मुझे वर्षों बाद पहली बार चैन की नींद आयेगी। धन्यवाद, तुम्हारा बहुत-बहुत धन्यवाद ..."।

अश्वों के उच्छ्वास ने उनके प्रवाह को बाधित कर दिया। दृष्टि घुमाकर देखा तो सम्राट् चन्द्रगुप्त अपने अंगरक्षकों के साथ आते हुए दिखे। कुटिया की सीमा से बहुत पहले सम्राट् अपने अश्व से उतर गये और अपने सभी शस्त्रों को वहीं उतार कर नंगे पाँव आगे बढ़े। उनके साथ साम्राज्य के प्रधानामात्य राक्षस भी थे। सम्राट् के स्वागत के लिए सभी द्वार की ओर बढ़े। निकट आने पर सम्राट् पूरी श्रद्धा से आचार्य के चरणों में झुक गये। उन्हें आशीर्वाद देने के पश्चात् आचार्य ने राक्षस को देखा और उन्हें दोनों हाथों को जोड़े प्रणाम की मुद्रा में झुका हुआ पाया। आचार्य आगे बढ़े और राक्षस के हाथों को पकड़ कर बोले, "आइए प्रधानामात्य, आइए। इस कुटिया में आपका स्वागत है।"

राक्षस अभिभूत हो उठे। वे आचार्य के साथ कुटिया की ओर बढ़े और उनके पीछे सम्राट् सहित सभी मित्रगण चले। सम्राट् की तुलना में स्वयं को अधिक मान मिलता देख राक्षस प्रसन्न भी थे और संकुचित भी, पर अन्य सभी समझ रहे थे कि मात्र राक्षस के अतिरिक्त अन्य सभी से चाणक्य सहज अनौपचारिक व्यवहार कर रहे थे। सभी को कुटिया के अन्दर बिठाने के बाद चाणक्य बोले, "आप सभी मेरे हित-मित्र हैं। आज मैं प्रसन्न हूँ और इस प्रसन्नता में आप सभी को अपना सहभागी बनाने के लिए आप लोगों को यहाँ बुलाया है।" उन्होंने अपने निकट रखी एक मोटी सी पांडुलिपि उठायी और जैसे कोई माँ अपने बालक को स्नेह से स्पर्श करती है, पांडुलिपि को उसी भाँति सहलाते हुए बोले, "मेरे पूर्वजों ने इस ग्रन्थ को लिखना आरम्भ किया था, परन्तु सभी अपने अन्य कर्तव्यों की पूर्ति करने में इतने व्यस्त रहे कि इसे कभी पूर्ण न कर सके। यह उत्तरदायित्व एक पीढ़ी से दूसरी पीढ़ी के पास आता गया। जब यह ग्रन्थ मेरे पास आया, तब मैं बालक ही था। शिक्षा प्राप्ति के पश्चात् मैं भी भौतिक जीवन में उलझता चला गया। पिछले कुछ वर्षों में ही मुझे इतना अवकाश मिला कि मैं इस ग्रन्थ पर ध्यान केन्द्रित कर सकूँ। आप सबके समक्ष इस ग्रन्थ को प्रस्तुत करते हुए मुझे हार्दिक प्रसन्नता हो रही है। यह ग्रन्थ 'अर्थशास्त्रम्' समाज को अर्पित है। सम्राट् से निवेदन है कि इसकी प्रतियाँ बनवाकर

वे पूरे भारत के प्रत्येक गुरुकुल में इसे वितरित करवा दें। गुणीजनों को यदि यह ग्रन्थ योग्य लगा तो मेरी इच्छा है कि इसे गुरुकुलों के पाठ्यक्रम में सम्मिलित किया जाये। सम्राट् से विनती है कि वे भी समय निकालकर इसे पढ़ें और यदि उचित समझे तो इसमें वर्णित विधियों और विधानों को अपने संविधान में सम्मिलित करें।"

सम्राट् भृकुटि सिकोड़कर बोले, "आचार्य, क्या यह वही ग्रन्थ है जिसे आपने मुझे क्रय करने के लिए ..."

"हाँ पुत्र, यह वही ग्रन्थ है।"

सम्राट् उठे और पांडुलिपि को प्रणाम करते हुए बोले, "माता सरस्वती के अंश, मैं आपका ऋणी हूँ। यदि आप न होते तो कदाचित् मैं आज भी किसी ग्राम अथवा वन में भेड़ और बकरियाँ चरा रहा होता।"

अच्युत के अतिरिक्त अन्य किसी को सम्राट् एवं आचार्य की बात समझ न आयी। प्रधानामात्य पूछ बैठे, "आचार्य! मैं जितना जानता हूँ, उसके अनुसार कह सकता हूँ कि आप जीवित व्यक्तियों में सर्वाधिक मेधावान पुरुष हैं। आपके द्वारा लिखित ग्रन्थ अवश्य ही सदियों तक समाज को दिशा दिखाता रहेगा। अस्तु, यह क्रय-विक्रय और भेड़-बकरियों की क्या बात है? यदि अन्यथा न लें तो कृपया इस रहस्य से हम सबको अवगत कराएँ।"

पक्षिलस्वामी चाणक्य मुस्कुराते हुए बोले, "आपके मधुर वचनों के लिए आभार अमात्य, परन्तु यह कहना कि यह ब्राह्मण ही सर्वाधिक मेधावान व्यक्ति है, अतिशयोक्तिपूर्ण है। आप अन्वेषण करें तो हिमालय की कन्दराओं में, मरुस्थलों में, नगरों और ग्रामों में, नदियों और समुद्रों के तटों पर, यहाँ तक कि श्मशानों में भी एक से बढ़कर एक विद्वान आपको आज, बीते हुए कल और आने वाले कल में मिलते रहेंगे। अमात्य, भारत के पास विपुल धन-सम्पदा है, जो सम्भव है कि कल न रहे। परन्तु ईश्वर ने भारत को मेधा का आशीर्वाद दिया है, यह कभी भी किसी भी काल में रिक्त नहीं होगा।"

आचार्य की बात समाप्त हो जाने के पश्चात् सम्राट् बोले, "आपके प्रश्न का उत्तर मैं देता हूँ, प्रधानामात्य। मैं बचपन में भेड़-बकरियाँ चराता था। एक बार हम कुछ मित्र खेल रहे थे, तभी आचार्य विश्राम करने के लिए निकट ही एक वटवृक्ष के नीचे बैठे हुए थे। ईश्वर की कृपा से इन्होंने इस अकिंचन में कुछ देखा और अपना शिष्य बनाने की इच्छा प्रकट की। मैं अपने मद्यप मातुल की अभिरक्षा में था, या कहें कि उनकी सम्पत्ति था। यदि मैं आचार्य के साथ चला जाता तो मातुल को जो लाभ मुझसे प्राप्त हो रहे थे, वे उनसे वंचित रह जाते। मातुल मुझे छोड़ने को तैयार नहीं थे, अतः आचार्य ने मुझे क्रय कर लिया और मातुल को इतनी धनराशि दे दी कि वे

वर्षों तक की चिन्ता से मुक्त हो गये। आचार्य स्वयं इतने समर्थ नहीं थे, अतः उन्होंने अपने इस ग्रन्थ को बेच दिया था। उस समय मैं ही इस ग्रन्थ को बेचने के लिए मगध के प्रत्येक आचार्य के पास गया था। कोई भी इस महान ग्रन्थ को क्रय करने का पाप नहीं करना चाहता था। सौभाग्य से आचार्य अच्युत जो आचार्य के बालमित्र हैं, इन्होंने इस ग्रन्थ को पहचान लिया और इसे धरोहर के रूप में अपने पास रखकर हमें उतनी मुद्राएँ दे दीं, जितनी की हमें आवश्यकता थी। मैं आज भले ही सम्राट् हूँ, पर हूँ आचार्य का दास ही। उन मुद्राओं ने मेरी उस काया को इनका दास बनाया ही था, बाद में इनके दिये ज्ञान और प्रेम ने मेरी आत्मा को भी अपना दास बना लिया।"

आचार्य उठे और सम्राट् के निकट बैठकर बोले, "पुत्र, गुरु की सार्थकता तभी है, जब उसे योग्य शिष्य मिले। गुरु कितना ही विद्वान क्यों न हो, शिष्य के बिना उसकी कोई उपयोगिता नहीं।"

कुटिया के द्वार पर हुए आहट ने उन सबका ध्यान आकर्षित किया। एक सैनिक अन्दर आने की अनुमति चाहता था। चाणक्य के संकेत से वह अन्दर आया और सबको प्रणाम करने के पश्चात् बोला, "क्षमा करें, सम्राट्। मैं राजमहल में भी गया था। वहाँ आप नहीं मिले तो मैं प्रधानामात्य के कार्यालय एवं निवास पर गया। ज्ञात हुआ कि आप दोनों यहाँ है।"

सम्राट् समझ रहे थे कि सैनिक कोई महत्वपूर्ण सूचना लेकर आया है, जिसे सबके सम्मुख कहने में हिचक रहा है। उसे आश्वस्त करते हुए बोले, "पहले तुम तनिक जल पियो और निःसंकोच बोलो। यहाँ सभी व्यक्ति विश्वासपात्र हैं।"

"जो आज्ञा। सम्राट्, मुझे गान्धारराज आम्भी ने आपकी सेवा में भेजा है। गान्धारराज की सभा में यवनाधिपति सेल्युकस का दूत उपस्थित हुआ था। उसने बताया कि यवनों के राज्य का विभाजन हो गया है। एंटीगोनस ग्रीस का, टॉल्मी मिस्र का और सेल्युकस बेबीलोन का सम्राट् नियुक्त हुआ है। सेल्युकस के अनुसार उसके अधिकार क्षेत्र में सिन्ध से पंचनद तक की भूमि है, जिसे वह वापस चाहता है।"

सम्राट् भृकुटि सिकोड़कर बोले, "तुम सार-संक्षेप न बताओ। विस्तार से बताओ कि क्या हुआ था?"

"जो आज्ञा। यवनदूत गान्धारराज की सभा में उपस्थित हुआ। वह अपनी समझ से एक यवन क्षत्रप की सभा में आया था, परन्तु गान्धारराज ने उसे स्पष्ट बता दिया कि न वो किसी यवन के क्षत्रप हैं और न भारत की कोई भूमि यवनों के अधिकार में है। सकल भारत सम्राट् चन्द्रगुप्त द्वारा शासित है एवं आम्भी उनके नाम पर गान्धार का राजकार्य देखते हैं। यह सुनकर दूत विचलित हुआ। प्रतीत होता है कि

उसे अपने सम्राट् की ओर से अत्यधिक छूट प्राप्त थी। मेरे शब्दों के लिए क्षमा करें सम्राट्, क्योंकि मैं मात्र उस दूत के शब्दों को दोहरा रहा हूँ। वह बोला कि बालक यदि उत्पात मचाकर यह घोषणा कर दे कि भवन के चार प्रकोष्ठ उसके हैं तो घर के बड़े उसका मन रखने के लिए उसकी बात मान जाते हैं। इसका अर्थ यह नहीं कि वे चार प्रकोष्ठ सच में उसी के हो गये। वह आगे बोला कि महान अलक्षेन्द्र ने यह भूमि बाहुबल से प्राप्त की थी और जब तक इस पृथ्वी का अस्तित्व है, यह भूमि यवनों की ही होगी। हाँ, यदि चन्द्रगुप्त को राजा बने रहने की इतनी ही इच्छा है तो वे विजेता[1] सेल्युकस की अधीनता स्वीकार कर लें और उनके छत्र के नीचे निर्बाध शासन चलाएँ।"

सैनिक की यह बात सुनकर प्रधानामात्य राक्षस को क्रोध आ गया, परन्तु उन्हें आश्चर्य हुआ कि सम्राट् सहित अन्य सभी प्रसन्न दिख रहे थे। यह कैसा विचित्र व्यवहार है, सबके मस्तिष्क तो नहीं पलट गये? उधर सम्राट् बोले, "फिर क्या हुआ? आम्भी ने क्या कहा?"

गान्धार सैनिक वक्ष फुलाकर बोला "सम्राट्! राजा आम्भी ने क्या कहा, उसे शब्दशः कहना कठिन है। अस्तु, मैं प्रयास करता हूँ। उन्होंने अपने खड्ग को हाथ में लिया और उसे दिखाते हुए बोले, "सावधान म्लेच्छ! तुम मर्यादा की सीमा पार कर रहे हो। दूत अवध्य होता है, परन्तु उसे भी दण्ड दिया जा सकता है। भारत सम्राट् के प्रति एक भी अपमानजनक शब्द यदि अब तुम्हारे मुख से निकला तो तुम्हारी जिह्वा काट ली जायेगी। जाओ और जाकर अपने म्लेच्छ राजा से कह दो कि भारतवर्ष परिवर्तित हो चुका है। अब यहाँ छिटपुट राज्य और राजा नहीं, अपितु भारतवर्ष और उसके सम्राट् खड़े हैं। यदि युद्ध की इतनी ही लालसा है तो सेल्युकस अपनी समस्त सेना लेकर आ जाये। भारत का यह प्रहरी सम्राट् के दिये हुए खड्ग की शक्ति से प्रतिकार हेतु सज्ज है। और यदि उसे सिन्ध तक आने में कोई समस्या हो तो तुम जैसे किसी दूत को भेजकर सूचित कर दे। भारत की सेना उसे बेबीलोन या मकदूनिया तक युद्ध का दान देने उपस्थित हो जायेगी।"

"मुझे आम्भी से यही आशा थी।" सम्राट् राक्षस को सम्बोधित करते हुए बोले, "तो प्रधानामात्य, यवनों से एक अन्तिम युद्ध होना निश्चित है। क्या हमारे पास पर्याप्त सैन्य शक्ति है?"

"सम्राट्, आपको ज्ञात ही है कि प्रधान सेनापति मयूरध्वज आपकी आज्ञा से भारत के दक्षिणी क्षेत्रों में मौर्य ध्वज प्रतिष्ठापित करने गये हैं। अभी मगध में दो

---

[1] विजेता – निकेटर, Nicator, Νικάτωρ

लाख पदाति, बीस सहस्त्र अश्वारोही, दो सहस्त्र रथ और तीन सहस्त्र हाथी हैं। अब यह पर्याप्त हैं अथवा नहीं, यह तो शत्रु सेना का सैन्यबल देखकर ही बताया जा सकता है।"

सम्राट् कुछ क्षण विचार करते रहे। फिर उन्होंने आचार्य की ओर देखा और पूछा, "आचार्य! आप आदेश करें। हमें क्या रणनीति अपनानी चाहिए?"

"पुत्र! हमारा अभियान यवनों के कारण ही आरम्भ हुआ था। अब यवन पुनः द्वार पर खड़े हैं। पिछली बार हम उनका उचित स्वागत नहीं कर सके थे। अब कर सकते हैं। तुम अब सम्राट् हो। एक सम्राट् की भाँति उनका स्वागत करो।"

"ऐसा ही होगा, आचार्य!" अमात्य गौतम की ओर देखकर सम्राट् ने आज्ञा दी, "अमात्य! अभी इसी क्षण आप अपने तीव्रगामी अश्वारोही को सेनापति मयूरध्वज के पास भेजें और उन्हें मेरी इच्छा से अवगत कराएँ। मयूरध्वज से कहें कि वे अपना सारा अभियान स्थगित कर सेना के साथ गान्धार पहुँचें। मैं भी यहाँ उपस्थित सेना के साथ उनसे गान्धार में मिलूँगा। आप उन सभी राज्यों में भी सन्देश भेजें जो मगध साम्राज्य के अन्तर्गत आते हैं। नेपाल, अंग, बंग, कलिंग, यौधेय, केकय, अभिसार, सौभूति, शिवि, मालव, क्षुद्रक, क्षत्रिय, अम्बष्ठ, अग्रश्रेणि, शूद्र, मुचिकर्ण, ब्राह्मण, पातालप्रस्थ इत्यादि सभी राज्यों की सेनाएँ भी तत्काल गान्धार आकर मुझसे मिलें। आचार्य की इच्छा है कि हम उन यवनों का उचित स्वागत करें तो उनका उचित स्वागत ही होगा। यवनों को हम दिखायेंगे कि भारत यदि एकजुट हो जाये तो वह दिखता कैसा है?"

गौतम तत्काल उठे और राजाज्ञा के पालन हेतु प्रस्थान कर गये। चाणक्य अभी भी मुस्कुरा रहे थे। सम्राट् भी मुदित थे। यह देख राक्षस उलझ गये और संकोच भरे स्वर में बोले, "सम्राट्, आचार्य, मैं आप दोनों की प्रसन्नता का कारण नहीं समझ पा रहा हूँ। 'अर्थशास्त्रम्' पूर्ण हुआ, इसलिए यह प्रसन्नता है या कोई अन्य कारण है?"

सम्राट् बोले, "अमात्य, ग्रन्थ तो कारण है ही, पर सेल्युकस द्वारा युद्ध की माँग अधिक प्रसन्नता का कारण है। मैं आश्चर्यचकित भी हूँ। आप सभी को बताऊँ कि जब मैं सिंहासन पर बैठा, तब मेरी हार्दिक इच्छा थी कि मैं यवनों को सिन्ध के पार ही नहीं अपितु हिन्दुकुश के पार फेंक दूँ। भारत की प्राकृतिक सीमा सिन्धु नहीं हिन्दुकुश है। तब आचार्य ने मुझसे कहा था कि अभी यवन आपस में ही उलझे हैं। यदि अभी उन पर आक्रमण किया गया तो वे आपसी शत्रुता भुलाकर एक होकर हमारा प्रतिकार करेंगे। उन्हें आपस में लड़ने दो, उनकी शक्ति कम होने दो और अपना ध्यान इस नये राज्य को स्थापित करने, इसे संगठित करने में केन्द्रित करो। विगत वर्षों में यवन दुर्बल हुए हैं और हम भारतीय सबल होते गये हैं।

अब इतने वर्षों बाद हिन्दुकुश तक के भूभाग को पुनः भारत में सम्मिलित करने का अवसर हमारे समक्ष उपस्थित है। आप ही बताएँ, यह प्रसन्नता का कारण है या नहीं? साथ ही हमें महाराज पर्वतेश्वर की हत्या का प्रतिशोध लेने का अवसर भी मिलेगा। आपको ज्ञात ही है कि यवन सेनापति युडेमस ने सैन्य सहायता न देने पर उनकी हत्या कर दी थी और उनकी हस्तिवाहिनी का अपहरण कर लिया था।"

×××

गान्धार की भूमि पर समस्त भारत की सैन्य शक्ति मौर्य ध्वज की छत्रच्छाया में एकजुट खड़ी थी। सामने यवन सेना थी। यवन सेना के गूढ़पुरुष कभी पेड़ों पर चढ़कर, तो कभी किसी ऊँचे स्थान पर खड़े होकर मौर्य सेना की थाह लेने का असफल प्रयास कर रहे थे। मौर्य सेना का दायाँ विस्तार क्या है, वह बायें पक्ष में कितनी दूर तक फैली हुई है, वह पीछे कितनी दूर तक विस्तृत है, यह अनुमान लगाना भी उनके लिए कठिन हो रहा था। उन्होंने भारतीयों की शक्ति का आकलन करने के लिए कितने ही गूढ़पुरुष भेजे थे, पर उनमें से एक भी वापस नहीं लौट पाया था। कदाचित् भारतीयों ने उनका वध कर दिया हो। पिछली बार जब यवन केकयराज से युद्ध करने आये थे, तब उनकी हस्तिसेना देख अचम्भित रह गये थे कि कोई सैकड़ों हाथियों को कैसे युद्धभूमि में ला सकता है, और न केवल ला सकता है अपितु उन्हें अश्वों की भाँति युद्ध में प्रयुक्त भी कर सकता है। उन कुछ सौ हाथियों को देख ही उनकी आँखें फटी रह गयी थीं, परन्तु सामने इस विशाल सैन्य सागर में सहस्रों हाथी खड़े थे। मगध सेना का अग्र पक्ष ही स्पष्ट दिख रहा था और वह यवनों को भयभीत करने के लिए पर्याप्त था। सहस्र हाथी, फिर सहस्र रथ, फिर सहस्र अश्व, फिर से सहस्र हाथी, फिर से उतने ही रथ, फिर से उतने ही अश्व और यह क्रम अनेकों बार दोहराया गया था। सेना की टुकड़ियों के साथ ऊँची उठी हुई पताकाएँ वायु के साथ लहराते हुए समुद्र की लहरों का आभास देती थीं। पीछे खड़ी पदाति सेना से रह-रहकर उठ रहे 'हर-हर महादेव' के घोष से यवनों के हृदय बैठे जाते थे। हाथियों की चिंघाड़ के बीच शंखों और अन्य सैन्य वाद्ययंत्रों की लहरियों से उनके पेट में तितलियाँ उड़ने लगी थीं।

मौर्य सेना के आगे एक स्वर्णअलंकृत गज पर भारत सम्राट् चन्द्रगुप्त मौर्य स्वयं सुशोभित थे। वे गज पर खड़े थे और उनके बायें हाथ में नग्न खड्ग और दायें हाथ में गज की पीठ से लगा भाला था। सम्राट् के पीछे भगवान सवितानारायण पृथ्वी के दूसरे भाग का भ्रमण कर अब भारतभूमि के व्योम में प्रकट हो रहे थे। उनकी रश्मियाँ भारत सम्राट् से होते हुए भूमि पर गिर रही थीं, जिससे सम्राट् की परछाईं

एक विराट् आकार ग्रहण कर यवनों को ललकार रही थी। सम्राट् इस समय क्रोध में थे। यवनों ने दो रात्रि पूर्व गान्धार पर औचक आक्रमण किया था। राष्ट्र के प्रहरी के रूप में नियुक्त गान्धारराज आम्भी ने उनका प्रबल प्रतिकार किया था और यवनों को पीछे लौटने पर विवश कर दिया था, परन्तु इस युद्ध में वे अत्यधिक घायल हो गये थे और मृत्युशैया पर अन्तिम श्वास तक अपने पूर्व कृत्यों की क्षमायाचना करते रहे थे। वे सम्राट् को बताना चाहते थे कि अपने रक्त से उन्होंने अपने पापों को धोने का प्रयास किया है, परन्तु सम्राट् के गान्धार पहुँचने से पहले ही उनकी आत्मा ने उनकी काया का साथ छोड़ दिया था।

सम्राट् का विचार पहले यवनों को मात्र विवश करना था, पर अब वे क्रोध में थे। पहले पर्वतेश्वर की छल से हत्या और अब आम्भी के बलिदान ने उन्हें यवनों के रक्त का प्यासा बना दिया था। सम्राट् ने अपनी कटि से शंख निकाला और पूरी शक्ति से उसे फूँक दिया। शंखध्वनि निकलने की देर थी कि भारत की धनुर्धर सेना के धनुषों से निकले बाणों ने राहु बनकर सूर्य की किरणों को ढक लिया। इस लौहवर्षा से बचने के लिए यवनों ने अपनी परम्परागत रक्षात्मक शैली का प्रदर्शन किया। दस गुणे दस के आयताकार संयोजन में अनुशासनबद्ध खड़े सैनिकों ने अपनी मानव लम्बाई जितनी बड़ी ढालों से स्वयं को ढक लिया जिससे भारतीयों के छोड़े अधिकांश बाण व्यर्थ हो गये। इस बाणवर्षा से स्वयं को बचा लेने की प्रसन्नता व्यक्त करने के लिए उनके गलों से हर्ष चीत्कार अभी निकला ही था कि काँपती धरती ने उनका सन्तुलन बिगाड़ दिया। संसार में यवन जहाँ भी गये थे, उनका यह दस गुणे दस का संयोजन, उनके दस गज लम्बे भालों और उनकी ढालों का उत्तर किसी भी सेना के पास नहीं था, परन्तु लोक हो या परलोक, दर्शन हो या युद्ध, भारतीय उत्तर ढूँढ़ ही लेते हैं। उन्होंने संसार के सबसे बड़े जीव को युद्ध का एक शस्त्र बना लिया था। नेत्रों के सम्मुख वे विशालकाय जीव चिंघाड़ते हुए दौड़े चले आ रहे थे। यवनों ने अपनी ढालों को आगे किया और अपने लम्बे भाले तानकर खड़े हो गये कि हाथी जब इन तीक्ष्ण भालों को देखेंगे तो वे उनके ऊपर चढ़ने के स्थान पर दायें अथवा बायें पक्ष से निकल जायेंगे। उनकी योजना पूर्णतः वैज्ञानिक थी। पशु हो या मनुष्य, उसका अवचेतन मन उसे स्वयं को बचाने के लिए प्रेरित करता ही है। दौड़ते चले आ रहे गजों की पहली पंक्ति सच में उन तने भालों पर न चढ़ यवनों के आयताकार संयोजन के दायें अथवा बायें पक्ष से निकल गयी, परन्तु उनके आगे बढ़ते ही यवन अपने पैरों पर खड़े न रह सके। वे धड़ाधड़ गिरते चले गये थे। हुआ यह था कि पहली पंक्ति का प्रत्येक गज अपने साथ दस-दस हाथ लम्बे वृक्ष के तने घसीटते हुए चल रहा था। रस्सियों के सहारे तनों के दोनों छोरों को

गजों की पीठ से बाँधा गया था। जब हाथी आगे बढ़े तो उनके साथ घिसटते चले आ रहे तनों ने यवनों को मिट्टी का स्वाद चखा दिया। हाथियों की दूसरी पंक्ति ने इन कराहते सैनिकों को अपने पैरों से कुचलना आरम्भ किया। युद्ध आरम्भ होते ही मात्र कुछ क्षणों में ही इसका परिणाम निश्चित हो चुका था। एक भी भारतीय अश्वारोही अथवा पदाति सैनिक अभी अपने स्थान से हिला भी नहीं था और यवनों की सारी पदाति सेना छिन्न-भिन्न हो चुकी थी। सेल्युकस ने अपनी अश्वसेना को आगे भेजा। अश्व हाथियों से बचते हुए भारतीयों की ओर दौड़ पड़े। सामान्यतः अश्वारोहियों का सामना अश्वारोही ही करते हैं, परन्तु भारतीय अश्वसेना अपने स्थान पर ही खड़ी रही और रथसेना आगे बढ़ी। जो नीति यवनों के पक्ष में गजों को लेकर सत्य थी, वही नीति भारतीयों के पक्ष में अश्वों को लेकर सही थी। दौड़ते चले आ रहे अश्व रथों से बचकर आगे निकल जाना चाहते थे, परन्तु रथों के चक्रों में लगे एक-एक हाथ के नुकीले लौह फलक उनकी टांगों को काटते चले गये। कोई अश्वारोही यदि कुशलता से उन्हें रथ से दूर ले भी जाता तो किसी न किसी रथ से छोड़ा गया तीर उनके अंग विदीर्ण कर ही देता।

यवन सेनापतियों को समझ नहीं आ रहा था कि वे इन गजों और रथों का क्या उत्तर दें? युद्ध के नाम पर उनके सैनिक और अश्व उसी प्रकार घायल अथवा मृत होकर गिरते जा रहे थे, जिस प्रकार वर्षाऋतु में दीये के प्रकाश की ओर आकर्षित होकर उड़ने वाले कीट गिरते चले जाते हैं। युद्ध की यज्ञाग्नि में यवनों की समिधाएँ झोंकी जा रही थीं। 'निकेटर' सेल्युकस अपने घोड़े पर बैठा निराश नेत्रों से अपने सहयोगियों के चेहरों को देख रहा था कि कोई तो ऐसा परामर्श दे जिससे इस निश्चित हार को टाला जा सके। तभी उन्हें ज्ञात हुआ कि भारतीय सेना का दायाँ और बायाँ पक्ष वर्तुलाकार पथ पर उनकी ओर बढ़ रहा है अर्थात् कुछ ही क्षणों में उन्हें पूर्णतः घेर लेगा और उनके पास पीछे लौटने का मार्ग भी शेष नहीं बचेगा। कई यवन सेनापति यह देख उद्विग्न हो उठे और सेल्युकस को विचारशून्य पाकर युद्ध छोड़ भागने लगे। उनके साथ उनकी सेनाएँ भी पीछे लौटीं। अभी वे भागकर आधे योजन भी नहीं गये थे कि सामने उन्हें वैसी ही चतुरंगिणी सेना के दर्शन हुए, जैसी वे पीछे छोड़कर आये थे। इस सेना के दायें-बायें पक्ष भी उन्हें घेर रहे थे। भारतीय सेना उन्हें योजनों लम्बे क्षेत्र में घेर रही थी। यवन पीछे नहीं लौट सकते थे, आगे नहीं बढ़ सकते थे तो दायें-बायें भागने लगे। उनकी यह दौड़ निरर्थक ही थी, क्योंकि आगे और पीछे की भारतीय सेना का वर्तुल पूर्ण हो चुका था और यवन विशाल वृत्त में चूहे की भाँति फँस चुके थे। अब भारतीय सैनिक अपनी इच्छा से किसी यवन सैनिक का या उनके छोटे गुटों का चयन कर आखेट करने लगे।

कोई भाला फेंककर मारता तो कोई बाण मारता। किसी का मन आया तो रथ चढ़ा दिया, तो किसी ने हाथी का उपयोग उचित समझा। अब युद्ध नहीं, अपितु भारतीय सैनिकों द्वारा युद्धाभ्यास हो रहा था। अन्तर मात्र इतना था कि वास्तविक युद्धाभ्यास में किसी का वध नहीं किया जाता है। एक समय के बाद यवन पूर्णतः निराश हो चुके थे। यवनों को सैनिक होने का सम्मान नहीं दे रहे थे भारतीय। वन्यपशु या निर्जीव वस्तु समझ कर हिंसा का तांडव हो रहा था। महादेव रुद्र के गण रक्त-स्नान कर रहे थे। माँ काली को जैसे कटोरे भर-भर का यवन-दानवों का रक्त चढ़ाया जा रहा था। सैनिक युद्ध में मृत्यु से नहीं डरते, पर अब युद्ध नहीं हो रहा था और न ही सम्मानजनक मृत्यु मिल रही थी। विजेता जाति के दर्प से भरे यवनों का सारा अहंकार भारतभूमि पर धूल-धूसरित पड़ा हुआ था। उन्होंने अपने शस्त्र गिरा दिये और स्वयं भूमि पर बैठ दोनों हाथों को हवा में उठाकर आत्मसमर्पण कर दिया। भारतीय सैनिकों को स्पष्ट आदेश थे कि किसी भी यवन पर दया न दिखायी जाये, परन्तु आदेश देने वाले सम्राट् को भी इसकी आशा नहीं रही होगी कि युद्ध के मात्र एक प्रहर में ही यवन सैनिक घुटने टेक देंगे। भारतीय सैनिक वीर हो सकता है, युद्ध में अतिशय क्रूर हो सकता है, परन्तु समर्पण कर चुके सैनिक का वध नहीं कर सकता। अतः सभी यवनों को बन्दी बना लिया गया। उधर सेल्युकस ने भी मरने की अपेक्षा आत्मसमर्पण ही उचित समझा और श्वेत पताकाओं को लहरा दिया गया। चन्द्रगुप्त ने उन पताकाओं को देखा और अपने सेनापतियों को आदेश देकर वे अपने शिविर में लौट आये।

भारतीय मृतक सैनिकों को हटा लिया गया था एवं प्रत्येक घायल सैनिक को, वह भारतीय हो अथवा यवन, चिकित्सा हेतु अस्थायी चिकित्सा शिविरों में ले जाया गया था। परन्तु जीवित यवन सैनिकों को, उनके सेनापतियों को और स्वयं महान विजेता की पदवी धारण करने वाले यवनाधिपति सेल्युकस निकेटर को अपने मृत सैनिकों के बीच दिन भर खड़ा रखा गया।

अन्ततः संध्या के समय भारत सम्राट् चन्द्रगुप्त के सम्मुख सेल्युकस और उसके प्रमुख सेनापतियों को लाया गया। सब मुँह लटकाये खड़े थे। सम्राट् बोले, "यवनाधिपति सेल्युकस! आप मेरे राष्ट्र पर अकारण युद्ध करने के अपराधी हैं। बतायें कि आपके साथ किस प्रकार का व्यवहार किया जाये?"

यवन इतिहासकारों ने वितस्ता के तट पर लड़े गये उस युद्ध का विशद वर्णन किया है, जिसमें पर्वतेश्वर की पराजय के पश्चात् अलक्षेन्द्र उससे यही प्रश्न करता है और पर्वतेश्वर के उत्तर से प्रसन्न होकर उसे अपना मित्र बना लेता है।

सेल्युकस भी उस युद्ध में एक सेनापति था और उसने इस प्रसंग को अपने सामने घटित होता हुआ देखा था। उसने भी वही उत्तर दिया जो उत्तर पर्वतेश्वर ने दिया था। बोला, "मेरे साथ वही व्यवहार हो जो एक राजा दूसरे राजा के साथ करता है!"

सम्राट् ऊँची आवाज में गरजते हुए बोले, "लज्जा नहीं आती आप यवनों को? मैंने सुना है कि आपके साहित्य में उस अलक्षेन्द्र को महान लिखा गया है। क्या महानता है उसकी? अपने पिता की हत्या करने के बाद, पिता के बने बनाये साम्राज्य के बल पर वह पागलों की भाँति निर्दोष राज्यों को हस्तगत करने निकल पड़ा। नगरों को जीतने के बाद उन्हें आग में झोंक दिया। यह महानता है? सैनिक और असैनिक का भेद नहीं पता उसे? आत्मसमर्पण कर चुके सैनिकों का एवं असैनिक नागरिकों का वध महानता है? युवतियों का बलात्कार और उनका क्रय-विक्रय महानता है? यह महानता है तो आप यवनों के दर्शन में ही कोई खोट है। आपको समझ ही नहीं कि पाप क्या होता है और मनुष्यता किसे कहते हैं? आप मुझसे वह व्यवहार चाहते हैं जो एक राजा दूसरे राजा के साथ करता है। वैसा ही व्यवहार न, जैसा आपके उस कथित महान अलक्षेन्द्र ने हमारे पूज्य केकयराज पर्वतेश्वर के साथ किया था? बोलिये, मेरे प्रश्न का उत्तर दीजिए?"

सेल्युकस सम्राट् की ऐसी प्रतिक्रिया से अचम्भित रह गया था। उसने तो सोचा था कि ऐसे उत्तर से सम्राट् भी उसी भाँति प्रसन्न हो उठेंगे जैसे अलक्षेन्द्र प्रसन्न हो उठा था। चन्द्रगुप्त के नेत्रों की ज्वाला से सेल्युकस की आत्मा दग्ध हो रही थी। बड़ी कठिनाई से उसके मुख से बोल फूटे, "हाँ सम्राट्। मैं वैसे ही व्यवहार का आकांक्षी हूँ।"

"आप यवन सच में बड़े निर्लज्ज प्राणी हैं। आपकी मित्रता की परिभाषा भी दूषित है। क्या मित्रता का यह अर्थ होता है कि एक व्यक्ति दूसरे व्यक्ति के अधीन हो जाये? आपके उस अलक्षेन्द्र ने मित्रता के नाम पर शोषण किया था। उसने केकय में यवन स्कन्धावार का निर्माण किया। यही नहीं, उसके निर्माण एवं रख-रखाव का सारा व्यय केकय के सिर पर थोप दिया। उसने केकय की युवतियों के बलात् विवाह अपने उजड्ड सैनिकों के साथ करवाया। केकय की सेना का उपयोग अपने लाभ के लिए किया और उसमें पर्वतेश्वर की इच्छा सम्मिलित नहीं थी।"

अपने निकट बैठे चण्डवर्मा की ओर संकेत करते हुए सम्राट् बोलते चले गये, "इन्हें पहचानते हैं आप? ये केकय के पूर्व प्रधानामात्य हैं। केकय की सेना के दुरुपयोग से क्षुब्ध होकर इन्होंने अपनी राजकीय सेवा का त्याग कर दिया था। मित्र बनाया था अलक्षेन्द्र ने। मित्र को क्या इतना विवश किया जाता है कि उसे अपनी मूल संस्कृति छोड़ मित्र की संस्कृति अपनानी पड़े? क्या आप मेरे मित्र बनने के

पश्चात् स्वयं को मेरे अधीन देख पायेंगे? क्या आपकी इच्छा के विरुद्ध मैं आपकी सेना का उपयोग आपके ही यवनदेश को विजित करने के लिए कर सकता हूँ? क्या मैं आपके धन-संसाधन का उपयोग कर आपकी ही भूमि पर भारतीय नगरों की स्थापना कर सकता हूँ? क्या मैं बिना एक पण चुकाए आपके पशुधन का अपहरण कर भारतीय राज्यों की सेवा के लिए भेज सकता हूँ? यदि यही मित्रता है तो इन प्रश्नों पर अपनी सहमति व्यक्त करें। मित्र के रूप में दास बनने की इच्छा हो तो मैं निश्चित ही आपको अपनी मित्रता का लाभ दूँगा।"

सेल्युकस की ग्रीवा झुकी हुई थी। वह बोलता भी तो क्या बोलता? परन्तु कुछ तो बोलना ही था, अतः बहुत सोच-विचार कर बोला, "सम्राट्! मुझे वास्तव में मित्रता का अर्थ नहीं पता है। कदाचित् आप सही हैं कि हमारे दर्शन में ही कोई खोट है। अस्तु, मैं आपसे वैसी मित्रता का अभिलाषी हूँ, जैसी मित्रता आप भारतीय निभाते हैं। मैं सन्धि चाहता हूँ।"

सम्राट् का क्रोध तनिक शान्त हुआ। वे बोले, "यवनाधिपति सेल्युकस, मित्रता को पनपने में समय लगता है। हम भारतीय आप यवनों के विजेता चरित्र को जानते हैं। यह आप हैं जिन्हें हम भारतीयों के सम्बन्ध में कुछ भी ज्ञात नहीं है। अस्तु, हम आपसे सन्धि अवश्य करेंगे। परन्तु वह यहाँ नहीं, भारत की राजधानी में होगा। वहाँ हमारे प्रधानामात्य आपको सन्धि के अनुबन्धों से अवगत कराएँगे।"

सेल्युकस तनिक आश्चर्यचकित होकर बोला, "प्रधानामात्य क्यों? स्वयं आप क्यों नहीं?"

"यह आपकी समझ में नहीं आयेगा।" वे चण्डवर्मा की ओर देखकर बोले, "अमात्य, यवनाधिपति एवं उनके सभी प्रमुख सेनापति आपकी अभिरक्षा में रहेंगे। आप इन्हें उन सभी नगरों का भ्रमण करवाते हुए पाटलिपुत्र ले आएँ, जिन राज्यों पर कभी यवनों का प्रत्यक्ष अथवा अप्रत्यक्ष शासन रहा है। कुछ अन्य आदेश मैं आपको एकान्त में भी दूँगा।" निकट ही बैठे स्वर्गीय गान्धारराज आम्भी के पुत्र की ओर स्नेह से देखते हुए सम्राट् बोले, "अब आप गान्धार के राजा हैं। जब तक यवनों और भारतीयों के मध्य सन्धि नहीं हो जाती, तब तक यवनसेना आपकी अभिरक्षा में रहेगी।" फिर उन्होंने सेल्युकस को सम्बोधित किया और बोले, "यवनराज! मैं पाटलिपुत्र में आपकी प्रतीक्षा करूँगा।"

इस युद्ध के तीन माह पश्चात् चण्डवर्मा यवनाधिपति और उसके सेनापतियों को लेकर पाटलिपुत्र में भारत के प्रधानामात्य राक्षस के कार्यालय में उपस्थित हुए। इन तीन माह में वे यवनों को उन राज्यों में ले गये थे, जिनमें यवनों ने अपने नगर और ग्रीक देवी-देवताओं के मन्दिर बनाये थे। यवन राजा और उसके पदाधिकारियों

के नेत्रों के सम्मुख ही उन्हीं के निजी अंगरक्षकों के द्वारा उस सभी नगरों एवं मन्दिरों को धूल में मिला दिया गया। चण्डवर्मा ने यह निश्चित किया था कि घन की प्रत्येक चोट को यवन सुनें और प्रत्येक संरचना को गिरते हुए स्वयं अपने नेत्रों से देखें। भारत भूमि पर प्रत्येक यवन संरचना का अस्तित्व मिटा दिया गया था।

प्रधानामात्य राक्षस ने यवनाधिपति का स्वागत किया और उन्हें आसन पर बिठाया। चण्डवर्मा भी बैठे। अन्य यवन खड़े ही रहे। सेल्युकस विगत तीन माह से हो रहे सतत् अपमान से टूट चुका था एवं कुछ भी करके वापस अपने बेबीलोन लौट जाना चाहता था। राक्षस बोले, "यवनराज, भारतवर्ष की राजधानी पाटलिपुत्र में आपका स्वागत है। आशा है, इस यात्रा में आपको बहुत अधिक कष्ट नहीं उठाने पड़े होंगे। मुझे ज्ञात हुआ है कि अमात्य चण्डवर्मा आपको सीधे यहीं लेते आये हैं। मेरे मित्र को चाहिए था कि वे आपको कुछ दिन विश्राम करने देते, फिर यह कष्ट देते। अस्तु, मेरी इच्छा है कि आप कुछ सप्ताह यहाँ विश्राम करें। सन्धि की चर्चा हम आपके पूर्णत: स्वस्थ होने के पश्चात् करेंगे।"

भारत अभियान में परास्त होने के बाद राक्षस पहले व्यक्ति थे, जिन्होंने यवनों से इतना मृदु व्यवहार किया था। सेल्युकस ने सुन रखा था कि राक्षस बौद्धमत को मानता है जिसका आधार ही अहिंसा एवं दया है। कदाचित् यह व्यक्ति यवनों से कठोर व्यवहार न करें, यह सोच सेल्युकस का चित्त तनिक स्वस्थ हुआ। परन्तु वह कुछ और दिन भारत में रुकने का अभिलाषी नहीं था, अत: विनम्रतापूर्वक बोला, "आपकी दयालुता प्रणम्य है, प्रधानामात्य। मुझे आपकी राजधानी में कुछ दिन रुकने में अत्यधिक प्रसन्नता होती, परन्तु वहाँ गान्धार में यवनसेना मेरी प्रतीक्षा कर रही होगी। साथ ही, हमें बेबीलोन से निकले अत्यधिक समय हो चुका है। अत: कृपया सन्धि के अनुबन्धों से हमें सूचित करें और सन्धि हो जाने के पश्चात् हमें वापस लौट जाने की अनुमति दें।"

"जैसी आपकी इच्छा, यवनराज। आप हमारे अतिथि हैं, आपकी इच्छा सर्वोपरि है। अस्तु, सन्धि का प्रथम अनुबन्ध यह है कि भारत पर आपके आक्रमण के प्रतिकार में हमें अपने राजकोष से धन का व्यय करना पड़ा था। कुछ अश्व और सैनिक भी वीरगति को प्राप्त हुए थे। इन सबकी प्रतिपूर्ति आपको करनी होगी। क्या यह अनुबन्ध आपको स्वीकार्य है?"

"जी, स्वीकार है।"

"दूसरा अनुबन्ध यह है कि जब आपके पूर्व सम्राट् अलक्षेन्द्र ने भारत पर आक्रमण किया था तब उन्होंने यहाँ से कई बार पशुधन को यवनदेश भेजा था। कोई साठ सहस्त्र बैल तो केकय से ही भेजे थे। इनके अतिरिक्त अन्य सम्पत्ति,

जैसे धन और धान्य भी भेजा था। कई युवकों और युवतियों को भी दास बनाकर मकदूनिया और पारस के नगरों में बेच दिया गया था। इन सबकी सूची है हमारे पास। उन सभी युवकों और युवतियों को वापस करना होगा। यदि वे जीवित न हों तो उनके परिजनों को समुचित दण्ड देना होगा, जिसका निर्धारण हम बाद में करेंगे। धन-धान्य और पशुधन की प्रतिपूर्ति करनी होगी। क्या यह अनुबन्ध आपको स्वीकार्य है?"

इस अनुबन्ध से तो बेबिलोन का राजकोष ही रिक्त हो जायेगा, परन्तु पराजितों के पास विकल्प ही क्या होता है? अतः सेल्युकस ने मरे मन से इसे भी स्वीकार किया।

राक्षस तीसरा अनुबन्ध पढ़ते हुए बोले, "भारत के जो भी प्रदेश आज भी यवनों के अधिकार में हैं, वे आपको वापस करने होंगे।"

यह अनुबन्ध सुन सेल्युकस चिहुंक उठा। कौन-सी भारत भूमि? सिन्धु तक का क्षेत्र तो पहले ही चन्द्रगुप्त के अधिकार में है! भृकुटि सिकोड़कर बोला, "कौन-से भारतीय प्रदेश?"

"हिन्दकुश पर्वतमाला और उससे लगा समस्त प्रदेश, अर्थात् उपरिशएन[1]। यह ऐतिहासिक और प्राकृतिक रूप से भारत की सीमा है। हिंदुकुश के दक्षिण-पश्चिम में हरह्वैती नदी के समस्त प्रदेश, अर्थात् अर्खोसिया[2]। साथ ही आरिया[3] भी। यह भी आपको देना होगा। इनके अतिरिक्त दक्षिण का गदरोसिया[4] भी। यह सभी प्रदेश मूलतः भारत ही है। इन क्षेत्रों में बहने वाली नदियों–कुभा, क्रमू, सुवास्तु, गोमती[5] का विवरण तो हमारे वेदों में ही है। यह अवश्य है कि वहाँ के लोगों के वर्ण अत्यधिक गौर होते हैं, तो शेष भारत उस क्षेत्र को श्वेत-भारत कहता है। अस्तु, क्या आपको यह अनुबन्ध भी स्वीकार है?"

सेल्युकस यह अनुबन्ध सुनकर क्षुब्ध हो उठा था। चिढ़े स्वर में बोला, "आप भारतीय इतने निर्दयी क्यों होते हैं? आपके पहले दो अनुबन्ध हमें निर्धन करने के लिए क्या कम हो रहे थे जो इतना बड़ा भूभाग भी आप हमसे छीन लेना चाहते हैं? मुझे तो लगा था कि आप बौद्ध हैं, आपमें दया-ममता होगी। पर आप भी उतने ही क्रूर हैं जितने अन्य लोग हैं।"

---

1 उपरिशएन - परोपनिसदी, काबुल

2 अर्खोसिया – आर्कोसिया, कन्दहार

3 आरिया - हेरात

4 गदरोसिया – जड्रोसिया, मकरान, बलूचिस्तान

5 कुभा – काबुल, क्रमू – कुर्रम, सुवास्तु - स्वात, गोमती - गुलम

राक्षस मुस्कुराते हुए बोले, "हम भारतीय और निर्दयी? निर्दयी होते तो आप यहाँ बैठकर अनुबन्धों को पढ़ नहीं रहे होते, अपितु हेडिज़ के दास चारोन को सिक्के का भुगतान कर रहे होते, ताकि वह आपको आचरन नदी को पार करवा सके।[1] क्रूर होते तो पराजित होने के बाद भी आपकी सेना गान्धार में नहीं होती, अपितु वह भी आपके पीछे पंक्तिबद्ध खड़ी होती कि कब चारोन आपको नदी पार करवा कर वापस लौटे और उनमें से किसी एक को ले जाये। हम कुछ छीन नहीं रहे आपसे। वह वापस ले रहे हैं जो आपने हमसे छीन लिया था। और हाँ, बौद्ध हो या जैन, ईश्वरवादी हो या अनीश्वरवादी, हम भारतीय राष्ट्र को लेकर भिन्न विचार नहीं रखते। राष्ट्र सदैव ही सर्वप्रथम है। मत भूलिए कि हम आक्रमणकारी नहीं हैं, आप हैं। हम पराजित नहीं हुए हैं, आप हुए हैं। आप सन्धि चाहते हैं, इसलिए आपसे सन्धि की जा रही है। आप सन्धि न करने के लिए स्वतन्त्र हैं। हम आपसे युद्ध करने के लिए सज्ज हैं। यह पूर्णत: आपकी इच्छा पर निर्भर है कि आप भारत से शत्रुता चाहते हैं अथवा मित्रता? एक बात और। यहाँ राजतन्त्र है, फिर भी राजा निरंकुश नहीं हो सकता। प्रधानामात्य मात्र अपनी इच्छा से राष्ट्रनीति निश्चित नहीं कर सकता। आपको यदि यह लगता है कि उपरोक्त अनुबन्ध मात्र मेरे मस्तिष्क की उपज है तो यह आपका भ्रम है। इन अनुबन्धों का निश्चय सम्राट् और अमात्यमण्डल ने मिलकर किया है और इसमें प्रात:स्मरणीय आचार्य चाणक्य की सहमति है।"

सेल्युकस बोलता भी तो क्या बोलता? राक्षस की एक-एक बात नितान्त सत्य थी। वह कुछ वर्ष पहले के भारत में और आज के एकीकृत भारत के अन्तर को स्पष्ट देख रहा था। उसे अभी अपने देश में एंटीगोनस से भी तो युद्ध करना था। यदि एक ओर भारत और दूसरी ओर एंटीगोनस शत्रु बनकर खड़े रहें तो उसका अस्तित्व समाप्त होने में समय ही कितना लगेगा? उसने विचार किया कि यदि भारत वास्तव में उसका मित्र बन जाये तो वह यवनदेश में अपने शत्रुओं पर सहज ही विजय प्राप्त कर लेगा। भारत सम्राट् और उसके मन्त्रियों के मन में यवनों को लेकर जो कटुता है, उसे समाप्त करने की आवश्यकता है ताकि भविष्य में जब कभी इनकी आवश्यकता हो तो ये मेरी सहायता के लिए दौड़े चले आएँ। वह बहुत देर तक विचार करने के बाद बोला, "ठीक है, प्रधानामात्य। मुझे आपके अनुबन्ध स्वीकार्य हैं, परन्तु मेरी भी कुछ इच्छाएँ हैं।"

---

[1] यवनों की मान्यता के अनुसार मृत व्यक्ति के नेत्रों पर सिक्के रखकर उनका दाह संस्कार किया जाता है। एक दूत मृत व्यक्ति को इहलोक और परलोक के बीच बहने वाली नदी आचरन को पार करवाता है, जिसका शुल्क यह सिक्के होते हैं।

"हाँ-हाँ, अवश्य। बताएँ, हम आपके लिए क्या कर सकते हैं?"

"भारतीयों और यवनों के बीच की यह शत्रुता सदैव के लिए समाप्त हो जानी चाहिए। मुझे विश्वास है कि आप कभी भी हम यवनों पर आक्रमण नहीं करेंगे अर्थात् यवनदेश की सीमा का अतिक्रमण नहीं करेंगे। अब तक तो ऐसा सोचा भी नहीं जा सकता था, परन्तु भारतीयों की इस नवीन आक्रामक मानसिकता ने हमें सशंकित कर दिया है। अस्तु, मेरी इच्छा है कि हम मित्रता का ऐसा सुदृढ़ बन्धन स्थापित करें कि यह आशंका सदैव के लिए समाप्त हो जाये।"

"हम भी यही चाहते हैं कि विश्व में शान्ति रहे। मित्रता एक-दूसरे को बहुत कुछ दे सकती है। शत्रुता तो बस विनाश ही करती है।"

"तो, मेरी इच्छा है कि यवनों और भारतीयों के बीच वैवाहिक सम्बन्ध स्थापित हों। मेरी पुत्री हेलन गुणी एवं अतीव सुन्दरी है। सम्राट् चन्द्रगुप्त से बढ़कर योग्य पुरुष संसार में अन्यत्र नहीं है।"

"ओह, आप चाहते हैं कि सम्राट् और आपकी पुत्री का विवाह हो जाये। आप अन्य कुछ भी चाहते हैं?"

"इस युद्ध में मेरी सैन्य शक्ति अत्यन्त क्षीण हो गयी है। आपके अनुबन्धों को पूर्ण करने पर हम अत्यन्त दुर्बल हो जाएँगे, जिससे सम्भव है कि मेरा शत्रु एंटीगोनस मुझे परास्त कर दे और बेबीलोन को हस्तगत कर ले। आपकी हस्तिसेना का कोई उत्तर हमारे पास नहीं है। एंटीगोनस के पास वह हस्तिसेना है जो युडेमस भारत से लेता गया था, परन्तु यवनों को उन्हें संचालित करने का प्रशिक्षण नहीं मिला। वे सारे गज आज भी एंटीगोनस के पास हैं, परन्तु किसी काम के नहीं। यदि उचित समझें तो हमें पाँच सौ गज प्रदान करें, जिससे हम पुनः सबल हो सकें और अपने शत्रुओं पर विजय प्राप्त कर सकें। हमें प्रशिक्षक भी प्रदान करें जो यवनों को सिखाएँ कि गजों को किस भाँति अपने नियन्त्रण में रखा जाये?"

"और इन गजों का प्रयोग आपने हमारे ही ऊपर किया, तब?"

"अमात्य, पाँच सौ गज आपकी इतनी विशाल गजसेना के सम्मुख क्या कर लेंगे?"

राक्षस कुछ पल विचार करते रहे। यदि सेल्युकस वास्तव में इतना दुर्बल हो गया कि अपने शत्रु से परास्त हो जाये तो भारत की सीमा पर एक नया यवनाधिपति होगा। सम्भव है कि भारत को पुनः युद्धभूमि में उतरना पड़े। उससे श्रेष्ठ तो यही है कि सेल्युकस को ही सीमा पर बने रहने दिया जाये। वे बोले, "ठीक है, यवनराज। हम आपको पाँच सौ गज देंगे। साथ ही, उन गजों को युद्धभूमि में संचालित करने वाले पाँच सौ सैनिक भी। ये सैनिक युद्ध में आपकी सहायता करेंगे, परन्तु यदि कोई

युद्धभूमि में वीरगति को प्राप्त होता है तो आपको भारतीय नियमानुसार उनके परिजनों को आर्थिक सहायता देनी होगी। प्रशिक्षक अभी रहने देते हैं।"

"जैसा आप उचित समझें। और विवाह का क्या? क्या सम्राट् और मेरी पुत्री के विवाह पर आप सहमत हैं?"

"राजन! यह राजनीतिक विवाह अवश्य है, पर है विवाह ही! सम्राट् एवं उनके परिजनों की अनुमति के बिना इस विषय पर मैं आपको कोई वचन नहीं दे सकता। अस्तु, मेरे मन में एक विचार है। जब बात भारतीयों और यवनों की मित्रता की है तो मात्र भारत सम्राट् और यवन राजकुमारी का ही विवाह क्यों? हमारे देश में विवाहयोग्य पुरुषों की कमी नहीं, और निश्चित ही आपके यहाँ विवाहयोग्य युवतियों की कमी नहीं होगी। हमारे कितने ही सेनापति और अमात्य अभी युवक ही हैं और सम्राट् की भाँति योग्य भी हैं।" सेल्युकस के पीछे खड़े यवन सेनापतियों की ओर संकेत करते हुए राक्षस बोलते गये, "इन सेनापतियों की पुत्रियाँ भी होंगी! यदि सम्राट् अपने विवाह के लिए सहमत होते हैं तो मेरा परामर्श है कि उनके साथ ही हमारे प्रतिष्ठित युवाओं के विवाह आपके यहाँ के प्रतिष्ठित परिवारों की पुत्रियों से हो जाएँ।"

निकट बैठे चण्डवर्मा सिर झुकाकर मुस्कुराने लगे, उधर यवनों को भी समझ आ गया कि यह केकय और गान्धार में यवनों का भारतीय ललनाओं से विवाह का प्रतिशोध है।

राक्षस आगे बोले, "और हाँ, एक महत्वपूर्ण बात तो रह ही गयी। अब जब हम मित्र हो ही चुके हैं तो परम्परानुसार भारत का एक प्रतिनिधि अर्थात् राजदूत आपकी सभा में उपस्थित होना चाहिए। इसी प्रकार आपका एक प्रतिनिधि हमारी सभा में होना चाहिए।" जिस चण्डवर्मा ने भारत में स्थापित सभी यवन नगरों और प्रतिमाओं को चूर-चूर कर दिया था, उनकी ओर संकेत कर राक्षस बोले, "भारत की ओर से अमात्य चण्डवर्मा आपकी सभा में बैठेंगे। आप भी अपने राजदूत को शीघ्र ही नियुक्त कर लें। राजदूत के माध्यम से ही आपको सूचित कर दिया जायेगा कि सम्राट् आपके विवाह प्रस्ताव को स्वीकृत करते हैं अथवा नहीं?"

"जैसा आपको उचित लगे। हमारी ओर से विद्वान मेगस्थनीज़ यवन राजदूत होंगे। वर्तमान में वे गदरोसिया में राजदूत के रूप में अपनी सेवाएँ दे रहे हैं। अब चूँकि गदरोसिया आपका हुआ, अत: वहाँ किसी यवन राजदूत की कोई आवश्यकता नहीं है। अस्तु, क्या अब हम प्रस्थान कर सकते हैं?"

"अवश्य। आप कुछ दिन विश्राम करें। अपनी इच्छा से जब भी आप जाना चाहें, जा सकते हैं। आज संध्या तक इन अनुबन्धों के पत्र आपको भेज दिये जायेंगे।

कृपया उन्हें भलीभाँति पढ़ने के पश्चात् उस पर अपने हस्ताक्षर कर हमें अनुगृहीत करें।"

सेल्युकस उठा और चाणक्य के प्रतिरूप प्रतीत होने वाले राक्षस को प्रणाम कर कक्ष से निकल गया। संध्या तक सन्धि पर भारत सम्राट् और यवनाधिपति के हस्ताक्षर हो गये थे। भारतीय एवं यवन अधिकारियों का एक दल अगली प्रातः ही इन अनुबन्धों को पूर्ण करने के लिए मगध से निकल गया। बस, दो ही माह में उपरिशएन, अर्खोसिया, आरिया और गदरोसिया के प्रदेशों के सभी किलों पर मौर्य साम्राज्य का भगवा ध्वज फहराने लगा। आधुनिक कलियुग के प्रथम भारतीय सम्राट् ने भारत की उस प्राकृतिक, ऐतिहासिक और वैज्ञानिक सीमा को प्राप्त कर लिया था जो सहस्रों वर्षों से केन्द्रीय भारत के नियन्त्रण में नहीं था[1]। जब भारतीय अधिकारियों का दल वापस अपनी राजधानी पहुँचा तो उनके साथ यवन देश की राजकुमारी हेलन और उनकी कुछ सखियाँ भी थीं, जो विभिन्न गणमान्य यवनों की पुत्रियाँ अथवा बहनें थीं। भारतीय ज्योतिषियों ने सबकी कुंडलियों के गहन अध्ययन के पश्चात् उन सबके विवाह की तिथि निश्चित की। सर्वप्रथम सम्राट् एवं कुमारी हेलन का विवाह सम्पन्न हुआ। पश्चात् इसके मयूरध्वज, शिरीषि, अजबिन्दु, कपिल, भूति इत्यादि युवकों के विवाह भी सम्पन्न हुए। आचार्य चाणक्य ने यह अवश्य सुनिश्चित किया कि कोई भी यवन युवती किसी भी भारतीय की प्रथम पत्नी न हो एवं उन्होंने स्वयं अपने शिष्यों को यह चेतावनी भी दी कि जब तक कोई यवनी भारतीय संस्कृति को पूर्णतः अपना न ले, उसे प्रमुख पत्नी का पद न दिया जाये।

विवाह सम्पन्न होने के बाद सभी यवन अपने देश लौट गये। उनके साथ भारत के प्रतिनिधि के तौर पर औशनस नीति के विद्वान अमात्य चण्डवर्मा भी गये। यवनों की ओर से मेगस्थनीज़ को भारतीय राजसभा में स्थान मिला।

राजकार्य सुचारू रूप से चल रहा था। एक दिन आचार्य चाणक्य स्वयं सम्राट् के समक्ष उपस्थित हुए और आशीर्वाद देते हुए बोले, "पुत्र! अब मुझे आज्ञा दो।"

चन्द्र अचम्भित होते हुए बोले, "हे पिता, मैं आपका पुत्र आपको किस भाँति आज्ञा दे सकता हूँ? आप आदेश करें, मैं उसे पूर्ण करने का वचन देता हूँ।"

आचार्य स्नेहसिक्त वाणी में बोले, "नहीं, पुत्र। आदेश नहीं, अनुरोध। अब मेरा कार्य यहाँ पूर्णतः समाप्त हो चुका है। भारत को तुम जैसा सम्राट् मिल गया।

---

[1] यह एक तथ्य है कि कालान्तर में, ग्रेट और महान कहे जाने वाले ब्रिटेन और मुगल भी इस सीमा को पाने के स्वप्न ही देखते रहे थे, कभी नियंत्रण न पा सके।

राष्ट्र की सीमाएँ सुरक्षित हुईं। शास्त्रशक्ति और क्षात्रशक्ति पुनः अपने पुराने वैभव की ओर अग्रसर है। व्यापारियों को संरक्षण प्राप्त है और प्रत्येक नागरिक को न्याय की प्राप्ति हो रही है। यहाँ मेरी कोई उपयोगिता शेष नहीं पुत्र। अब मुझे वापस तक्षशिला विद्यापीठ लौट जाने दो, जिससे मैं पुनः तुम जैसे शिष्यों को शिक्षित कर सकूँ। कुछ अन्य विषयों पर भी मुझे बहुत कुछ लिखना है। मैंने अर्थ पर लिखा और उसे समाज को समर्पित कर दिया। अब सोचता हूँ कि काम और न्याय पर भी कुछ लिखूँ। यहाँ राजधानी में यद्यपि तुमने मुझे पर्याप्त अवकाश दिया है, परन्तु यहाँ मैं एक कूटनीतिज्ञ के रूप में देखा जाता हूँ। राज्याधिकारी, राजनीति के शिष्य, भिन्न राज्यों के अधिकारीगण एवं सामान्य प्रजा भी मुझसे मिलने आते रहते हैं। मैं उन सभी से प्रेम करता हूँ और उनके सान्निध्य से धन्य होता हूँ, परन्तु साथ ही मेरी विचारश्रृंखला बाधित होती है। लेखन कार्य बारम्बार रुक जाता है। अतः अपने शिष्य चन्द्र से एवं अपने सम्राट् चन्द्रगुप्त मौर्य से मेरी विनती है कि वे मुझे अपने स्नेहबन्धन से मुक्त करें एवं तक्षशिला विद्यापीठ जाने की अनुमति दें।"

सम्राट् अपने आसन से उठे और चाणक्य के चरणों को पकड़कर भूमि पर बैठ गये। उनके चरणों को अपने अश्रुओं से धोते हुए बोले, "मैं सम्राट् हूँ। जो चाहे, पा सकता हूँ। संसार का सारा सुख मुझे सहज ही प्राप्त है, पर मेरा सच्चा सुख तो आपके ये चरण ही हैं। इन्हें अपने नेत्रों से कैसे दूर जाने दूँ, आचार्य?"

अपने शिष्य के शीश पर हाथ फिराते चाणक्य बोले, "पुत्र! मैं भी कहाँ तुम्हें छोड़कर जाना चाहता हूँ? पर कर्तव्य तो पुत्र और शिष्य से भी पहले आते हैं न? क्या तुम्हारे आचार्य ने इसकी शिक्षा नहीं दी थी?"

चन्द्रगुप्त अपने नेत्र पोंछते हुए बोले, "ऐसा कुछ शेष बचा ही नहीं, जो मेरे आचार्य ने मुझे न सिखाया हो। ठीक है आचार्य, यदि यही आपकी इच्छा है तो यही सही। आप जायें और संसार को 'अर्थशास्त्रम्' जैसे अन्य अनेकों ग्रन्थों का उपहार दें, परन्तु जाने से पहले मुझे अन्तिम शिक्षा देते हुए जाएँ।"

"मैं सदैव के लिए अंतर्धान नहीं हो रहा पुत्र कि तुम्हें अन्तिम शिक्षा देने की आवश्यकता हो। और शिक्षा तो कभी अन्तिम हो ही नहीं सकती। संसार में कितना कुछ सीखने के लिए है।"

"आप कुछ तो कहें आचार्य।"

"पुत्र, हमारे समाज की आत्मा उसकी सहिष्णुता है। देखना कि यह सहिष्णुता कभी कम न हो। साथ ही, यह भी देखना कि इसकी अति भी न हो कि सहिष्णुता के नकारात्मक प्रभाव पड़ने लगें। अन्याय का प्रतिकार न करना कायरता है, सहिष्णुता नहीं। माता यदि अपने पुत्र को कभी मारती भी है, तब भी पुत्र उसी के पीछे आता है।

प्रजा को पुत्र मान उसकी माता बनने का प्रयास करना। जीवन के साथ-साथ शिक्षा भी मौलिक अधिकार होना चाहिए। स्त्रियों का आभूषण लज्जा है। विप्रों का आभूषण वेद हैं। प्रत्येक व्यक्ति का आभूषण धर्म है। सारे भूषणों का भूषण स्त्री का शिक्षित होना है। प्रत्येक नागरिक को शास्त्र एवं शस्त्र की शिक्षा मिलनी चाहिए। पुत्र, सुख का मूल धर्म है, धर्म का मूल अर्थ है और अर्थ का मूल राज्य है। राज्य की सत्ता इन्द्रियों पर विजय से ही सम्भव है। मनस्वी राजा को चाहिए कि वह मनस्वी पुरुष को ही अपना मन्त्री बनाये। स्नेह के कारण किसी अपात्र, उद्दण्ड, अशिक्षित सम्बन्धी को मन्त्री न बनाये। तुम्हें ज्ञात है कि विष से भरे अंग को काट दिया जाता है। यदि पराया भी हितकारी हो तो उसे अपना बन्धु मानना चाहिए और यदि माता भी दुष्ट हो तो उसे छोड़ देना चाहिए। हंस श्मशान में नहीं बैठता, समुद्र प्यास नहीं बुझाता, सज्जन असज्जन से प्रेम नहीं करता। मनस्वी पुरुष का कभी अनादर न करना और नीच पुरुष से कोई आशा न रखना। दुर्जन सदैव ही पीड़ा देते हैं। रत्न मूल्यवान होते हैं, पर उनमें भी छिद्र तो होते ही हैं। ऐसे ही विद्वान पुरुष में भी कुछ दोष हो सकते हैं। कुछ दोषों के कारण बहुत सारे गुणों से युक्त पुरुष को छोड़ना मूर्खता है। किसी का भी अतिशय विश्वास न करना। तालाब से जल निकालने के लिए मनुष्य को थोड़ा झुकना पड़ता है। जिसे अपना कार्य सिद्ध करना हो, उसे बहुत सीधा भी नहीं होना चाहिए। बछड़ा भी अपनी माता के स्तनों को टक्कर मारकर ही दूध प्राप्त कर पाता है। स्वयं को अमर समझकर धन का अर्जन करो। इन्द्र भी यदि धनहीन हो तो उसका कोई आदर नहीं करता, वहीं धनवान कुरूप भी हो तो आदर पाता है। जो प्राप्त नहीं, उसे पाने का प्रयास करना, जो मिल गया उसकी रक्षा करना, रक्षित वस्तु की वृद्धि करना और इस रक्षित वस्तु का प्रजाहित में उपभोग करना ही राजतन्त्र का मूल है। आलसी पुरुष को वस्तु की प्राप्ति नहीं होती, अपितु वह तो प्राप्त वस्तु की रक्षा भी नहीं कर सकता। शत्रु सेना से ही वश में आता है। सेना से ही राजा प्रजा की रक्षा कर सकता है। सेना से सम्पत्ति की प्राप्ति होती है। सेना सबल हो तो समझो कि अपनी रक्षा हो गयी। वृद्धि और विनाश अपने ही अधीन है, पुत्र। अन्न के बराबर कोई धन नहीं, भूख के बराबर कोई शत्रु नहीं, अहंकार के समान कोई शत्रु नहीं। कभी भी किसी भी विद्या की उपेक्षा नहीं करनी चाहिए। नीच और म्लेच्छ का ढंग अपनाना गलत है, पर उनके गुणों को हेय दृष्टि से नहीं देखना चाहिए। यदि उनके पास भी कोई विद्या है तो उसे ग्रहण करना चाहिए। सर्प के विष से भी अमृत का निर्माण होता है। विद्वान, गुरु और वल्लभ पुरुषों से व्यर्थ विवाद उचित नहीं और सभा में शत्रु की निन्दा भी उचित नहीं। कुटुम्ब के हित के लिए किसी एक व्यक्ति के हित को, ग्राम के हित के लिए किसी एक कुटुम्ब के

हित को और राष्ट्र हित के लिए किसी एक ग्राम के हित को भुला देना उचित है। राजा को देशकाल देखकर व्यवहार करना चाहिए। जो ऐसा करता है, उसके पास लक्ष्मी चिरकाल तक रुकी रहती हैं।"

चन्द्रगुप्त विनीत स्वर में बोले, "धन्य हुआ, आचार्य। एक विनती और है। यदि भविष्य में आपको लगे कि मैं निरंकुश हो रहा हूँ तो आप मुझे सही मार्ग दिखाने अवश्य आयेंगे।"

"यह कोई कहने की बात नहीं, पुत्र। राजा जब-जब निरंकुश होगा, तब-तब प्रजा में से ही कोई कभी चाणक्य बनकर तो कभी कोई चन्द्रगुप्त बनकर उसकी निरंकुशता को समाप्त करने उठ खड़ा होगा। अस्तु, अब मैं चलता हूँ।"

×××

पाटलिपुत्र के सिंहद्वार पर सम्राट् सहित सारा राजतन्त्र एवं प्रजा नेत्रों में अश्रु लिए राष्ट्र के महानतम नागरिक को विदा करने के लिए उपस्थित था। चाणक्य ने सबकी ओर प्रेम से देखा और सबका अभिवादन करते हुए अपने अश्व पर बैठ गये। अश्व मुड़ा और धीरे-धीरे जनसमूह से दूर होता चला गया। सम्राट् सोचते ही रह गये कि अभी आचार्य पलटेंगे और एक अन्तिम बार उनके ममतामयी चेहरे को देखने का सौभाग्य मिलेगा, परन्तु आचार्य और अश्व का आकार छोटा होता गया। वह एक बिन्दु में परिवर्तित हो गया और अन्ततः विलुप्त हो गया।

❑❑

सन्दर्भ ग्रन्थ

1. The Early History Of India (From 600Bc To The Muhammadan Conquest. Including The Invasion Of Alexander, The Great).
   Vincent A. Smith, Second Edition, *Oxford At The Clarendon Press*, 1906.
2. Hindu Polity, A Constitutional History Of India In Hindu Times [Part I & Ii].
   Kashi Prasad Jaiswal, *The Bangalore Printing & Publishing Co. Ltd. Bangalore City* 1943.
3. Chandragupta Maurya And His Times [Sir Williammayer Lectures, 1940-41].
   Radha Kumud Mookerji, *University Of Madras* 1943.
4. A Life Of Alexander, Chapter 57-67 From The Parallel Lives.
   Plutarch
5. M. Junianius Justinus, Epitome Of Pompeius Tragus' Philippoc Hstories, Book 11.
   translated by Rev. J.S. Watson (1853)
6. कौटिलीय **अर्थशास्त्रम्**
   डॉ. श्यामलेश कुमार तिवारी, जी.पी. शास्त्री, चौखम्बा सुरभारती प्रकाशन, वाराणसी
7. विशाखदत्त प्रणीत **मुद्राराक्षसम्**
   आचार्य जगदीशचंद्र मिश्र, *चौखम्बा विद्याभवन,* वाराणसी

8. वात्स्यायनमुनि प्रणीत **कामसूत्रम्**

डॉ. पारसनाथ द्विवेदी, *चौखम्बा सुरभारती प्रकाशन*, वाराणसी

9. श्रीमन्महर्षि वेदव्यास प्रणीत **महाभारत**

गीताप्रेस, गोरखपुर

10. श्रीमद्वाल्मीकीय **रामायण**

गीताप्रेस, गोरखपुर

11. गौतमीयम् **न्यायदर्शनम्**

उदयवीर शास्त्री, *विजयकुमार गोविंदराम हासानन्द*

12. सोमदेव भट्ट विरचित **कथासरित्सागर**

अनुवादक स्वं पं. केदारनाथ शर्मा सारस्वत, *बिहार राष्ट्रभाषा परिषद*

13. मौर्य साम्राज्य का इतिहास,

सत्यकेतु विद्यालंकार, *श्री सरस्वती सदन*, मसूरी

14. **महावंश**

अनुवादक भदंत आनन्द कौसल्यायन, *हिंदी साहित्य सम्मेलन*, 1942

15. The Mahavamsa Tika, The Commentary On The Mahavamsa.

नव नालंदा महाविहार, नालंदा पटना

16. **आर्यमंजुश्रीमूलकल्पः**

महामहोपाध्याय त. गणपति शास्त्री

17. श्री हरिषेणाचार्यरचित **बृहत्कथाकोश**

अनुवादक पं. राजकुमार शास्त्री, *भारतवर्षीय दिगंबर जैन संघ*, मथुरा

18. रत्नविज्ञान

श्री पं. राधाकृष्ण पाराशर, *चौखम्भा भारती अकादमी*

